Claudio Monteverdi · Briefe

Claudio Monteverdi, Gemälde von Bernardo Strozzi (um 1640)
(Innsbruck, Tirol. Landesmuseum Ferdinandeum)

Claudio Monteverdi
Briefe
1601–1643

Herausgegeben und kommentiert
von Denis Stevens

Aus dem Italienischen von Sabine Ehrmann
und aus dem Englischen
von Hans-Horst Henschen

Mit 10 Abbildungen und 1 Karte

Piper
München Zürich

Die Originalausgabe erschien 1980 unter dem Titel »The Letters of Claudio Monteverdi« bei Faber and Faber Limited, London. Für die deutsche Ausgabe wurden die Kommentare von Hans-Horst Henschen aus dem Englischen, die Briefe unter Berücksichtigung der englischen Version von Sabine Ehrmann aus dem Italienischen übersetzt.

Glossar: Sabine Ehrmann
Redaktion: Jan Bremme

ISBN 3-492-02679-6
© 1980 by Denis Stevens
Alle Rechte der deutschen Ausgabe:
© R. Piper GmbH & Co. KG, München 1989
Gesetzt aus der Times-Antiqua
Gesamtherstellung: H. Mühlberger, Gersthofen
Printed in Germany

Dem Gedächtnis meiner Eltern

William James Stevens (1896–1977)
Edith Ruby Stevens (1896–1977)

Inhalt

9

Synoptisches Verzeichnis der Briefe

Mantua

Venedig

Venedig

Abbildungsverzeichnis

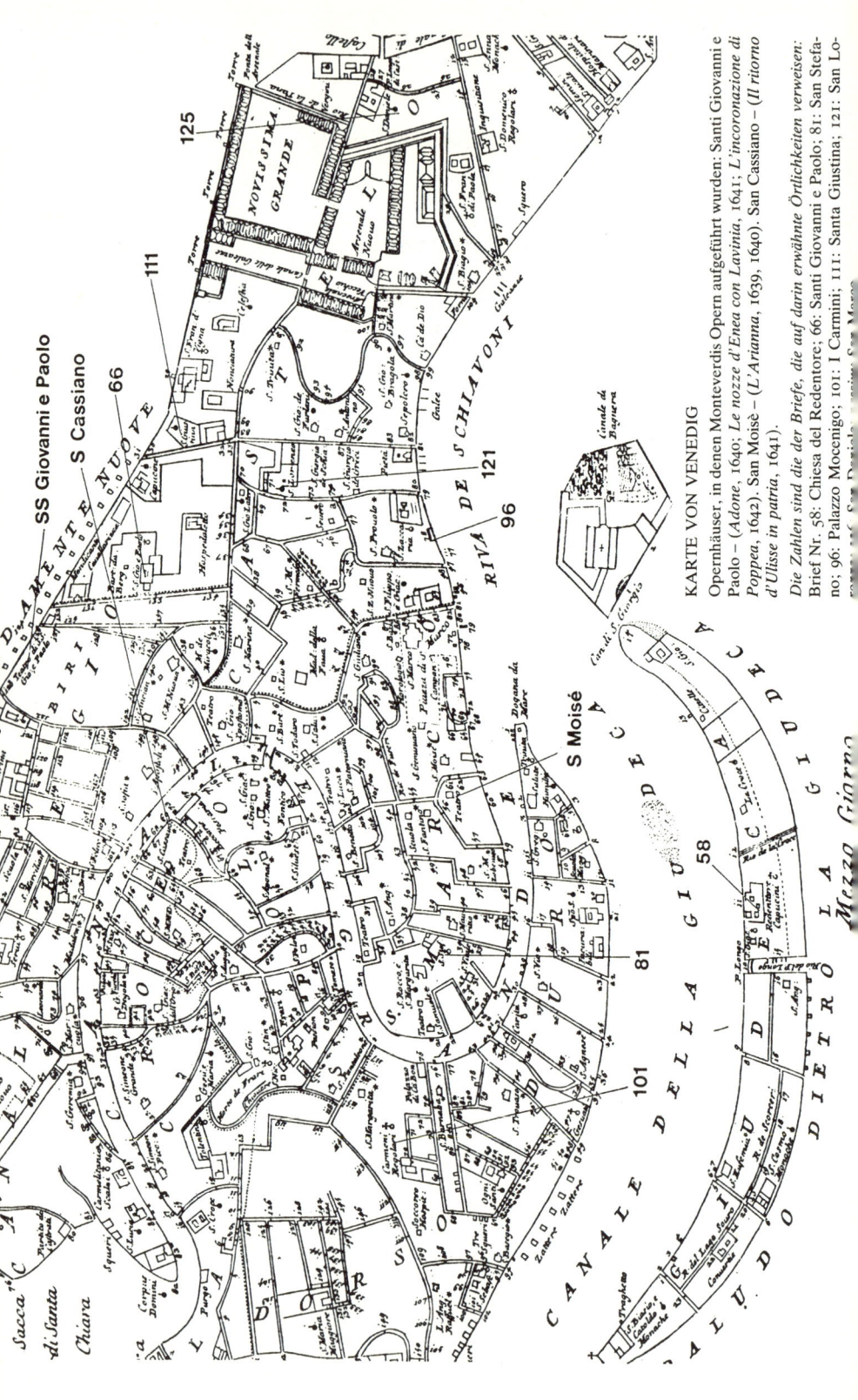

SS Giovanni e Paolo

S Cassiano

S Moisé

KARTE VON VENEDIG

Opernhäuser, in denen Monteverdis Opern aufgeführt wurden: Santi Giovanni e Paolo – (Adone, 1640; Le nozze d'Enea con Lavinia, 1641; L'incoronazione di Poppea, 1642). San Moisè – (L'Arianna, 1639, 1640). San Cassiano – (Il ritorno d'Ulisse in patria, 1641).

Die Zahlen sind die der Briefe, die auf den darin erwähnte Örtlichkeiten verweisen: Brief Nr. 58: Chiesa del Redentore; 66: Santi Giovanni e Paolo; 81: San Stefano; 96: Palazzo Mocenigo; 101: I Carmini; 111: Santa Giustina; 121: San Lo-

Vorwort zur deutschen Ausgabe

Für diese Ausgabe wurden einige Änderungen und Korrekturen in den Briefen und Kommentaren vorgenommen. Dies geschah angesichts einiger in der Zwischenzeit veröffentlichter Forschungsergebnisse (Bücher, Artikel und Besprechungen) und nach Gesprächen mit Freunden und Kollegen, die die 1980 erschienene Ausgabe kritisch gelesen haben. Da einige wichtige Bücher, die Aspekte der italienischen Musik des frühen 17. Jahrhunderts behandeln, erschienen, nachdem die Schlußkorrekturen Ende 1978 vorgenommen worden waren, waren einige Änderungen notwendig. So hat Carlo Vitali einen weiteren Brief, der aus dem Jahre 1630 (Nr. 122) datiert, gefunden, der in »Nuova Rivista Musicale Italiana«, XN (1980) 410–412, veröffentlicht wurde. Ein Kommentar und die Übersetzung wurden in die vorliegende Ausgabe miteinbezogen. Der italienische Text ist bei Nuove Istituto Editoriale in Mailand erschienen.

Das Frontispiz wurde durch Bernardo Strozzis ›Monteverdi‹ ersetzt, da Pamela Askew in ihrem Artikel »Feti's ›Portrait of an Actor‹ Reconsidered«, erschienen im »Burlington Magazine«, CXX (1978), nachgewiesen hat, daß es sich bei dem berühmten Gemälde nicht um ein Porträt von Monteverdi, sondern von Tristano Martinelli handelt.

Besonders bedanken möchte ich mich bei Dr. Eva Lax, Budapest, für ihre großzügige Mithilfe in Fragen der Textinterpretation, sowie bei †Prof. James H. Moore, Universität Chicago, und Dr. Tim Carter, Universität Lancaster, für ihre detaillierten und sachkundigen Besprechungen.

Santa Barbara, im Frühjahr 1989   D. S.

Vorwort

Im Laufe vieler Jahre setzte ich mich mit dem Quellenmaterial zu Monteverdis Musik auseinander – im Hinblick auf eine Veröffentlichung, Aufführung oder Aufzeichnung in einer Art und Weise, die seine wahren Absichten deutlicher widerspiegeln könnte. Aber ich kam nie auf den Gedanken, daß die editorischen Probleme, mit denen ich mich zu befassen und die ich zu lösen hatte, sich auch (und sogar in noch größerer Zahl) in seinem schriftlichen Nachlaß bemerkbar machten, insbesondere in seinem Briefwechsel, soweit er erhalten geblieben war. Ich zog von Zeit zu Zeit einige Briefe zu Rate, um bestimmte Probleme, seine Musik betreffend, besser zu verstehen; aber erst Anfang August 1964 begann ich das Bedürfnis nach einer vollständigen und umfassend kommentierten englischen Ausgabe aller bisher – in Mantua oder andernorts – entdeckten Briefe zu verspüren.

In dem umfangreichen Bündel von Korrespondenz, die sich auf dieses Projekt bezieht, finde ich zwei Mitteilungen von Freunden, deren sich über die Jahre hinziehende Ermutigung einer der Hauptgründe war, daß ich schließlich diese Arbeit beenden konnte. Die eine ist eine in bezeichnender Weise höfliche und hilfreiche Antwort (3. November 1964) auf eine Frage, die ich an Federico Ghisi in Florenz richtete; die andere, ein Brief von Albi Rosenthal (vom 11. Januar 1965), einem außergewöhnlichen Musiker, Linguisten und Bibliophilen, erwähnt meinen »nur allzu gerechtfertigten Vorschlag, daß [Monteverdis] gesamter Briefwechsel ins Englische übersetzt werden sollte (wie dunkel manche Stellen hier und da auch sein mögen!)«.

Und damit, glaube ich, begann alles. Die Kühnheit einer zweiten Jugend flüsterte mir ein, die Aufgabe sei in etwa anderthalb Jahren zu erledigen, aber ein zwischen Lehre, Forschung, Musikausübung, Reisen und einer anregenden Familie geteiltes Leben bestimmte schließlich, daß die Frist anderthalb Jahrzehnte dauerte. Sie erwiesen sich als ereignisreiche und schwierige Jahre, versetzten mich allmählich aber doch in die Lage, die Materialien zu sammeln und daran zu arbeiten, wo und wann immer die freie Zeit es mir erlaubte. Ich hielt mir ständig vor Augen, daß die Dinge gewöhnlich länger dauern und mehr kosten, als sie eigentlich sollten, und da das so ist, ist es hier meine erste Pflicht, allen Organisationen und Stiftungen zu danken, die meine Arbeit unterstützt haben: der Accademia Monteverdiana, der American Philosophical Society, der Charlotte Brechmin Foundation, der Chapelbrook Foundation, der Fondazione G. Cini und der Rockefeller Foundation. Während eines Studienaufenthaltes im Rockefeller Foundation's Study and Conference Center in Bellagio in Italien wurde der Hauptteil der Übersetzungsarbeit abgeschlossen. Ich erkenne dankbar den über die bloßen Amtspflichten hinausgehenden Beistand nicht nur des liebenswürdigen Direktors des Centers, Dr. William C. Olson, sondern auch den einer seiner wichtigsten Beiräte an, von Sir Herbert Butterfield.

Den Mitarbeitern aller Bibliotheken, in denen ich gearbeitet habe, möchte ich meinen wärmsten Dank für ihre geduldige Hilfe und Mitarbeit zum Ausdruck bringen; insbesondere Giovanni Battista Pasucci, dem früheren Direktor des Archivio di Stato in Mantua. In Bologna war mir Dr. Gino Nenzioni, Direktor des Civico Museo Bibliografico Musicale, eine große Hilfe, während meine Arbeit in der Bibliothèque Nationale in Paris gerade zur rechten Zeit von der Unterstützung François Lesures profitierte. Die Möglichkeit, Archive, Notenmaterial und ikonographische Quellen zu benutzen, wurde mir freundlicherweise von den Beamten des Archivio di Stato, der Biblioteca Marciana und des Museo Correr (alle in Venedig) eingeräumt; ähnliche Vergünstigungen erwiesen mir die Mitarbeiter der Biblioteca del Conservatorio di San Pietro a Majella in Neapel und des Archivio Storico e Notarile del Governatorato in Rom.

Nachdem ich Freunden und Kollegen lange Zeit mit Bitten um Rat und Hilfe zur Last gefallen bin, weiß ich, daß ich ihnen nie durch eine bloße Erwähnung im Vorwort angemessene Vergeltung erweisen kann; und doch hoffe ich, daß sie diesen Ausdruck meines aufrichtigen Dankes für ihre wertvollen Gespräche und brieflichen Hinweise annehmen werden. Professor Nino Pirrotta bekundete beinahe von Anfang an lebhaftes Interesse an dem Projekt und versäumte es nie, zu erklären, zu verdeutlichen und zu kommentieren, wann immer ich mich an ihn um Hilfe wandte. Andere Fragen wurden mir bereitwillig und rasch von Professor Putnam Aldrich, Dr. Thomas Bridges, Signor Domenico de' Paoli, Professor Federico Ghisi, den Professoren Lander und Carol MacClintock, Dr. Maria Teresa Muraro, Professor Warren Kirkendale, Professor Gustave Reese, Pater Alec Robinson, Mr. Albi Rosenthal,

Professor Glenn Watkins, Dr. Agostino Ziino u. a. beantwortet. Für spezielle Ratschläge in bezug auf Mantua bin ich Professor Pierre Tagmann zu Dank verpflichtet, der auch das Typoskript las und viele wertvolle Vorschläge machte. Professor Robert A. Hall jr. war so freundlich, die Übersetzungen zu überprüfen, und auch er machte zahlreiche Korrekturvorschläge, für die ich in der Tat sehr dankbar bin. Für das Endergebnis übernehme ich die volle Verantwortung.

Für die Hilfe bei der Beschaffung von Photokopien möchte ich Professor Gordana Lazarevich, Signor Edgardo Pasucci, Miss Ann Percy, meiner Tochter Daphne Stevens und Professor Piero Weiss danken, der mir 1966 auch dabei half, das Vorhaben in Angriff zu nehmen. Für vielerlei Schreibarbeiten zu Beginn meiner Arbeit bin ich Sheila Stevens sehr verpflichtet. Meine Verleger haben mir gegenüber große Geduld und viel Einfühlungsvermögen bewiesen: im Verlag Faber & Faber haben Mr. Peter du Sautoy, Dr. Donald Mitchell, Mr. Giles de la Mare und Mr. Patrick Carnegy mir großzügig Zeit und Rat zur Verfügung gestellt. Für die wertvollen Gelegenheiten, meine Übersetzungen im Rundfunk auf die Probe zu stellen, bin ich Mr. Robert Layton von der British Broadcasting Corporation und Mr. Doug MacDonald von der Canadian Broadcasting Corporation in Toronto zu großem Dank verpflichtet.

Mein wärmster Dank gebührt meiner Gattin Lillian, die das Typoskript immer wieder las und mich (hoffentlich nicht vergeblich) mahnte, verständlicher und genauer zu schreiben, als ich das normalerweise tue; und die schließlich die vornehme Kunst der Toleranz in einer Art und Weise pflegte, wie ich sie schwerlich verdiene.

Santa Barbara, Oktober 1979   D. S.

Einleitung

*... poichè gli errori quasi annelli di catena l'uno con l'altro s'abbracciono**

Als Ferdinando Gonzaga, der Sechste Herzog von Mantua, im Früh-
herbst 1616 diese Worte an Monsignore Soardi in der Päpstlichen Kurie richtete, dachte er nicht als der Dichter, der er so brennend gern
gewesen wäre, sondern als der Politiker und Potentat, den das Geschick ihn zu werden genötigt hatte. Die Irrtümer, auf die er anspielte –
verkettet und untrennbar wie Ursache und Wirkung –, waren keine
Irrtümer der Skandierung oder der Syntax, und wahrscheinlich spürte
er bereits, daß das Ende der Kette auch das Ende seines Hauses bedeuten würde, wie es kurz nach seinem Tode dann auch tatsächlich der Fall
war.

Er konnte jedoch nicht ahnen oder gar in Rechnung stellen, daß in
kommenden Jahren die politischen Irrtümer wenigstens der Zahl nach
von den unglaublichen Fehltranskriptionen bestimmter Dokumente in
den Schatten gestellt werden würden, die damals in seinen eigenen
Archiven abgelegt wurden, und doch war eben das der Fall, als 1929
die erste einigermaßen vollständige Sammlung von Monteverdis Briefen unter der Leitung von G. F. Malipiero veröffentlicht wurde, dem
alle Bewunderer Monteverdis so viel verdanken. Und obwohl es Malipiero wie Rawdon Brown, der die umfangreichen *Calendars of State
Papers – Venice* für die *Rolls Series* herausgab, für zweckmäßig hielten,
Mitarbeiter zu verpflichten, so beruhte ihre Arbeit auf dem anspruchs-
vollen Gebiet der Paläographie doch keinesfalls auf angemessener und
sorgfältiger Quellenprüfung.

Einige der krasseren Fehler in den *Calendars* wurden von Alessandro Luzio in seinem Katalog des *Archivio Gonzaga* (Bd. II, S. 118)
kenntlich gemacht, aber die der Malipiero-Ausgabe von Monteverdis
Briefen blieben jahrelang unbemerkt und unkorrigiert, mit dem Ergebnis, daß Übersetzungen in andere Sprachen die Unklarheiten des italienischen Textes noch vergrößerten. Ironischerweise bieten die früheren,
wenn auch weniger vollständigen Briefsammlungen, die 1885 von Davari und 1926 von Prunières transkribiert und veröffentlicht wurden,
häufig verläßlichere Lesarten als die späterer Herausgeber. Die folgen-

---

* ... weil die Irrtümer gleichsam wie die Ringe einer Kette ineinandergreifen.

den Beispiele für fehlerhafte Transkription aus den ersten zehn Briefen
in Malipieros Sammlung zeigen, daß, wenn auch viele Fehler geringfügig sind, sie die Bedeutung eines Satzes doch leicht verdunkeln oder
verändern und die Übersetzung entsprechend beeinträchtigen können.

Nr.	*Zeile*	*Malipiero*	*Monteverdi*
I	33	forti	forse
2	23	ne	vi
	51	potra et farmi	gratie e favori
3	5	ditte	dette
	41	suo	mio
	43	venendo	vivendo
4	17	ma non mi	ma mi
5	5	non mi sono	non sono
6	57	hanno	ha anco
	81	Rerighi	Rovighi
	92	muta	morta
7	28	questi	queste
8	8	rispettiva	risposero
	16	Sirenci	Sirena
	53	ave	uno
	75	li vurete	se voreste
9	6	giungeva	giongera
10	44	mi	me

Die neueste italienische Ausgabe von Domenico de' Paoli (1973)
übertrifft bei weitem die früheren unzureichenden Lesarten, behält
zugleich aber einige problematische bei, die im Italienischen wenig
oder keinen Sinn ergeben und deshalb jedem Übersetzungsversuch
trotzen.

Im Jahre 1966 begann ich photographische Kopien jedes bekannten,
von Monteverdi geschriebenen (oder diktierten) Briefes oder Dokuments zusammenzutragen, in der Absicht, zunächst einmal eine genaue
Version des Originaltextes herzustellen und davon später eine Übersetzung ins Englische anzufertigen. Das erwies sich als durchaus keine
leichte Aufgabe, wenn mir dabei auch viel Hilfe zuteil wurde, die auf
den vorangehenden Seiten dieses Buches angemessen gewürdigt worden ist; und ich bedaure sehr, daß ökonomische Gründe die Publikation meiner italienischen Version neben der hier gebotenen Überset-

zung ausschließen. Wo immer diese meine Übersetzung mit der italienischen Fassung von Davari, Vogel, Prunières, Malipiero oder de' Paoli
nicht übereinzustimmen scheint, läßt sich die Erklärung dafür in einigen Worten oder Sätzen finden, die bisher fortgesetzt verlesen worden
sind, und in den Fällen, die besondere Schwierigkeiten in bezug auf
sprachliche oder Dialektwendungen ins Spiel bringen, werden in den
Fußnoten weitere Verständnishilfen geboten.

Handschrift und literarischer Stil

Irrige Transkriptionen einzelner Worte sind gewöhnlich das Ergebnis
fehlenden Verständnisses und fehlenden Einfühlungsvermögens in
Monteverdis Handschrift, die eine verbreitete Form von Kanzleischrift
war, wie sie weitgehend auch als Buch- oder Briefschrift Verwendung
fand. Ihr lebhafter Charakter, ihre Eleganz und ihre rasche Beweglich-
keit spiegeln die Spontaneität eines kreativen oder mitteilsamen Geistes wider, und in der von Monteverdi kultivierten besonderen Vielgestaltigkeit – ein Ableger der *cancellaresca testeggiata* – wird die Wirkung durch die langschleifigen Aufschwünge und andere, besonders an
den Großbuchstaben erkenntliche dekorative Züge erhöht. Wie in dieser Schreibweise üblich, ist der Vokal *e* offen, ähnlich einem *c* mit
gesondertem Dach, und wird deshalb häufig mit *c* oder *i* verwechselt.
Als Monteverdi um das Jahr 1573 zur Schule zu gehen begann, mag er
Zugang zu Büchern wie dem *Essemplare* gehabt haben, das 1560 in
Rom von Gianfranco Cresco da Milano veröffentlicht wurde; natürlich
aber machte seine Handschrift im Laufe der Jahre Wandlungen und
Veränderungen durch, wie sie der Zwang zur Eile oder der Beginn
einer Arthritis mit sich brachten.

Im Hinblick auf den literarischen Stil gibt es vieles, was das Interesse
des Kenners humanistischer Prosa zu wecken vermag, denn Monteve-
dis Wort- und Satzfluß hält nicht selten den Vergleich mit dem Besten
seiner Musik aus. Man spürt in manchen längeren Briefen jene gleiche
weiße Glut, deren Verquickung von Improvisation und formaler Disziplin ein solch straffes Meisterwerk wie den *Combattimento* oder die
Chaconne *Zefiro torna* ins Leben rief. Das Thema wird angeschlagen,
alsbald in den unerbittlichen Kontrapunkt von Nebenthemen verwo-
ben, weiterentwickelt und mittels parenthetischer Andeutungen entfal-

tet, auf die dann die Rückkehr zum Hauptthema und das Hinstreben zur Schlußkadenz folgen. Seine Briefe spiegeln in vieler Hinsicht seine Musik wider.

Die sicheren Grundlagen von Monteverdis Satzbau und Syntax liegen tief im Nährboden des klassischen Latein mit seiner ausgewogenen Eleganz und klaren Satzstruktur. Die Gesamtanlage dagegen ist humanistisch, und zwar in ihrem leidenschaftlich bewegten Fluß und ihrer Abhängigkeit nicht so sehr von *ablativi absoluti* als von Partizipialkonstruktionen, die das Hauptverb tief in den Mittelteil des Briefes zurücknehmen. Die Sätze sind lang und verschachtelt und vertrauen zumeist sehr auf kürzere Satzteile und Konjunktivformen als Kontrast, ebenso auf die verbreitetsten rhetorischen Figuren und nicht wenige grammatische Kunstgriffe, die manchmal den Eindruck vermitteln, als seien sie nur hingesetzt worden, um den Übersetzer auf die Probe zu stellen.

In der Einleitung zu Brief Nr. 18, der aus einem einzigen extrem langen, sauber ausbalancierten und interpunktierten Satz besteht, ist der Versuch gemacht worden, die innere Struktur in einer Weise zu analysieren, die seine Klarheit und Logik, seine Bewegung und Bedeutung hervortreten läßt. Dieselbe Technik ließe sich auf den Großteil der anderen Briefe ebenfalls anwenden, ausgenommen diejenigen, die eher in die Kategorie kurzer Mitteilungen oder Begleitschreiben fallen.

Wenn es einen Hauptschlüssel zur verriegelten Gesamtanlage von Monteverdis Prosa gibt, so muß er in seiner Interpunktion gesucht werden – seiner Interpunktion, wie sie tatsächlich notiert oder, aus Kontext und Syntax erschließbar, stillschweigend vorausgesetzt wird. Manche seiner Kommentatoren, die nie müde werden, sich über seinen Mangel an Interpunktion zu beklagen, demonstrieren damit zugleich ihre völlige Unvertrautheit mit den Autographen, in denen an Interpunktionszeichen geradezu Überfluß herrscht, wenn sie auch in einem Maße verblaßt sind, daß sie sich auf Photokopien kaum mehr ausmachen lassen. Bei der Anfertigung meiner Übersetzung bin ich nach vielen Jahren des Experimentierens und wenigstens vier Überarbeitungen zu der Überzeugung gekommen, daß es manchmal besser ist, den Versuchungen eines Gliederungsstrebens zu widerstehen, das lange Sätze in kurze zerstückelt, und um jeden Preis den großen Spannungsbogen der ursprünglichen Sätze beizubehalten. Das ist nicht nur durch den Gebrauch von Kommata und Semikola, sondern auch durch die

Verwendung von Parenthesen und Gedankenstrichen erzielt worden, die – gemeinsam oder getrennt – immer so benutzt werden, wie es der jeweilige Satz erfordert. Ich vertraue darauf, daß der Leser durch diese Methode nicht abgeschreckt wird, die – wenn sie die Verständnis- und Auffassungsspanne auch gelegentlich überdehnt – doch wenigstens den Vorteil hat, Monteverdis fließende Symmetriebögen unversehrt aufrechtzuerhalten.

Brief Nr. 6 bietet ein hervorragendes Beispiel für solche mächtig bewegten Abschnitte, die in einer auf eine Klimax zusteuernden Sequenz gereiht werden, die ganz und gar verfehlt werden kann (und von den meisten Übersetzern auch tatsächlich verfehlt worden ist), wenn man den Gedankenfluß unterbricht und dabei versäumt, das Schlüsselwort *fortuna* zu wiederholen, das jeden gedanklichen Neuansatz des Schreibers einleitet. Es wäre sicherlich möglich gewesen, diesen oder irgendeinen anderen Brief in einer Weise zu übersetzen, die das Bild eines verbindlichen, urbanen, geschäftsmäßigen Mannes vermittelt, der sein Anliegen einem Hofbeamten vorträgt: dennoch schien es mehr im Einklang mit Monteverdis Charakter zu stehen (wie sein Stil ihn zu erkennen gibt), an allen diesen Redewendungen und Umschreibungen, Hyperbeln und Meiosen, kurz an allem festzuhalten, was zur Abrundung eines wahren Porträts beiträgt.

Der Themenkreis

Abgesehen davon, daß die Briefe ein deutliches Bild der Persönlichkeit des Komponisten vermitteln, wie sie sich in den letzten zweiundvierzig Jahren seines Lebens entwickelte, enthüllen sie auch scharfumrissene Details aus seiner beruflichen Laufbahn und darüber hinaus farbige Skizzen mancher der Musiker und Hofleute, die er kannte und mit denen er zusammenarbeitete. Was sich daraus ergibt, ist ein faszinierendes Panorama der gesellschaftlichen Bedingungen der Zeit, namentlich insoweit, wie sie auf einen rastlos tätigen *maestro di capella* und Komponisten einwirkten, der in einer Schlüsselphase der Musikgeschichte in Mantua, Venedig und Parma amtierte. Die Zeitspanne der Briefe (1601–43) fällt mit den Entwicklungsjahren der italienischen Oper zusammen, ebenso mit denen ihrer verwandten Gattungen – Ballett, *torneo* und Intermedium. Es finden sich darin Erörterungen von

Opernästhetik und Problemen der Inszenierung, Aspekten der Besetzung und Instrumentation, von Alltagsbeziehungen zu Mäzenen und Librettisten, ganz zu schweigen von den Mühen und angestrengten Versuchen der Vervielfältigung umfangreicher Partituren lange vor den Tagen der Photokopie.

Andere Briefe, die sich gelegentlich zu Gruppen zusammenschließen, behandeln Fragen wie die der Einstellung von Bläsern, des Stimmumfangs von Sängern (ebenso ihres Timbres und ihrer Verzierungskunst); schildern Schauspieler der *commedia dell'arte* und ihre kleinen Eifersüchteleien; die Alchimie als eine Art harmloses Hobby eher denn als ernsthafte und hauptamtliche Berufstätigkeit; die zahlreichen Schwierigkeiten, die der Erziehung von Söhnen in einer für ihren freizügigen Lebensstil bekannten Stadt entgegenarbeiteten; Gesundheit und Krankheit in ihren Auswirkungen auf schöpferische Arbeit und Reisen; die finanzielle Lage aus den verschiedensten Perspektiven – aus der des um Anerkennung kämpfenden Komponisten, der mit knapper Not durchzukommen versucht und sich um gerechte Bezahlung sorgt (die er zum Teil nie erhielt); aus der des immer feilschenden Musikers, gleich ob Sänger, Instrumentalist oder Besetzungs- und Instrumentationsfachmann; und von der späteren und höheren Warte des erfolgreichen Künstlers aus, der beträchtliche Geldsummen für besondere Aufträge und Verpflichtungen zu fordern in der Lage ist.

Was die musikalische »Innen«-Politik betrifft, so zögert Monteverdi nie, die Vorhänge hochzuziehen und kenntlich zu machen, was an den Höfen und Kirchen wirklich vor sich ging, wo das Leben dem Außenseiter häufig verdächtig rosig erschienen sein muß. Rivalisierende Cliquen, korrupte Beamte, Verleumdung und üble Nachrede – all das wird mit völlig ungeschminkter und manchmal erschreckender Offenheit deutlich. Monteverdi wird von seinen Auftraggebern geprellt, von einem seiner Choristen verunglimpft, zu einem Arbeitstempo gezwungen, das ihm nicht behagt; und doch ist er zu anderen Zeiten über kleine Erfolge glücklich – über eine hilfreiche Hand für seine Söhne, ein Konzert, das glücklich verlief, eine ehrenvolle Aufforderung zur Komposition einer Musik aus Anlaß einer Adelshochzeit.

Jenseits und über die Alltagswelt hinaus, in der durchaus auch bewaffnete Räubereien oder Drohungen seitens des Inquisitors vorkommen können, führen beträchtliche Abschnitte der Briefe, die zum Verständnis dessen beitragen, was in Monteverdis musikalischer Sphäre vor sich ging. Er erwähnt Werke, die erhalten geblieben sind – *L'Orfeo, Arianna, Il Combattimento, Tirsi e Clori* – und läßt dem Leser die Ohren mit Berichten über verlorengegangene klingen: *La finta pazza Licori,* wahrscheinlich die erste komische Oper; Messen und Vespern für das Weihnachtsfest in der Markuskirche; *Armida,* das Seitenstück zu *Il Combattimento;* Bühnenwerke und Ballette, Madrigale und Motetten, Kanzonen und Intermedien; und glücklicherweise sind darunter auch einige, die sich mit einem angemessenen Grad von Sicherheit identifizieren lassen, wenn ihre Titel auch nicht auftauchen – die beiden Petrarca-Madrigale aus Buch VI, die Motette zum Feste Unserer Lieben Frau vom Berge Karmel, die Intermedien zu *Le tre costanti* (deren Existenz, von einer vereinzelten Fußnote abgesehen, bisher noch nicht einmal bemerkt worden ist); das achtstimmige *Dixit Dominus,* das von früheren Monteverdi-Forschern als fünfstimmige Komposition betrachtet worden ist, und einige Motetten für besondere Feste und Gelegenheiten.

Probleme der Identifizierung

Monteverdi erwähnt seine Freunde, Verwandten und Kollegen häufig in einer spontan-ungezwungenen und deshalb kryptischen Art und Weise – hier ein Spitzname, dort ein Vorname, bald ein Titel oder Rang, und gelegentlich ein vollständig dunkler Hinweis, der anfangs jeden Versuch, die betreffende Person zu identifizieren, vereitelt. Über einen Zeitraum von zehn Jahren hin habe ich mir ein Verzeichnis dieser Namen angelegt, Biographien zusammengetragen und der Identität der Personen nach bestem Wissen und Gewissen nachgespürt, bis ich schließlich bei weit über hundert Gestalten anlangte, die auf der ganzen Skala von Ruhm bis völliger Unbekanntheit angesiedelt waren. Vieles verdanke ich den von Stefano Davari für das *Archivio Gonzaga* in Mantua angelegten Verzeichnissen und Hinweisen, eine Quelle, die auch von Domenico de' Paoli für sein Teilregister der zitierten Personen benutzt wurde, das seinerseits den ersten publizierten *personalia*-Versuch für die Briefe als Ganzes darstellt. Immer blieben jedoch noch ungefähr zwei Dutzend Persönlichkeiten übrig, deren Identität mir auch weiterhin verschlossen blieb, bis ich schließlich in der Lage war,

Cremona, Mantua und Venedig mit genügend Zeit zur Vervollständigung der erforderlichen Nachforschungen zu besuchen.

Erst dann war es mir möglich, den mantuanischen Ärzten Bertoletti und Bruschi auf die Spur zu kommen; weiter den Sängern Amigoni, Bisucci (dem »jungen Mann aus Bologna«), Lazerini, Tarroni und anderen; den Komponisten Bianchi (unter dem Namen »Giulio Cesare Cremonese« verborgen) und Ignazio Donati und dem Organisten Grillo – der zwar nicht namentlich erwähnt wird, obwohl Monteverdi Silvester 1622 schreibt, daß einer der Organisten der Markuskirche vor anderthalb Monaten ins andere Leben hinübergegangen sei, eine beiläufige Bemerkung, die Grillos in den Standardnachschlagewerken bisher nicht verzeichneten Tod annähernd auf den 15. November zu datieren hilft. Andere Gestalten im Drama, viele davon verschwommen, aber wichtig, kommen aus allen Lebensbereichen und den verschiedensten Berufen: unter den Patriziern mit musikalischen Neigungen finden sich Bembo, Giustiniani und Mocenigo; der Kaiserliche Gesandte in Venedig, Rossi, dessen Vorliebe für das Harpsichord als Vorläufer des Cembalos auch anderswo bezeugt ist; Giovanni Spiga, Juwelier am Hofe der Gonzaga, und der geheimnisvolle »Signor Bergamaschino«, dessen wirklicher Name Antonio Callegari war. Hinzu kommen die realen Menschen, die sich hinter weltlichen und geistlichen Titeln verbergen – Dogen, Äbte, Universitätsrektoren, Bischöfe und Kardinäle –, und plötzlich füllt sich die Bühne mit einer nahezu unglaublichen Mannigfaltigkeit von Armen und Reichen, Niedrigen und Mächtigen, Berühmten und Namenlosen. Der Kreis von Monteverdis Freunden und Bekannten war in höchstem Maße weitläufig.

Ein verwandtes, aber eigenständiges Identitätsproblem erhebt sich, wenn man versucht, die Empfänger verschiedener Briefe ausfindig zu machen. Monteverdi hatte die (wenn auch nicht unveränderliche) Gewohnheit, einen Einblatt-Bogen zu verwenden, ihn zu falten, zu siegeln und den Namen des Adressaten auf die Rückseite zu schreiben: in solchen Fällen läßt sich der Name leicht ermitteln, selbst wenn die Tinte schon verblaßt sein mag. Andere Briefe wurden in Notenstöße gestopft, wieder andere, mehrere Seiten lang, ursprünglich in eine Art Umschlag oder Mappe (mit dem Namen des Empfängers) gelegt, die schon seit langem ausrangiert worden sind.

Wenn kein Name oder zusätzlicher Anhaltspunkt gegeben ist, scheint es reine Mutmaßung zu sein, ob der Brief für Chieppio, Iberti oder

Marigliani bestimmt oder ob der tatsächliche Empfänger ein Kardinal, Herzog oder Fürst gewesen sein mag. Natürlich bestehen zwischen Davari, Prunières, Malipiero und de' Paoli weitreichende Meinungsverschiedenheiten in bezug auf die Identifizierung des jeweiligen *destinario*, und doch läßt sich in den meisten Fällen sichere Gewähr sowohl aus den Grußformeln zu Beginn und zu Ende jedes Briefes als auch aus den Ehrenbezeigungen gewinnen, die im Text selbst benutzt werden. Allgemein gesprochen, jede Person wird auf eine Art und Weise angeredet, die mit den Erfordernissen der höfischen Etikette in Einklang steht, und an dieser Anredeform wird festgehalten, bis der Rang oder Titel sich ändert – von Prinz zu Herzog, von Kardinal zu Herzog oder von Graf zu Marchese. Monteverdi irrt sich im gesamten Korpus der 127 Briefe nur zwei oder drei Mal, und auch dann nur, weil er eine kürzlich eingetretene Rang- oder Stellungsveränderung vergessen hatte. Seine Anredeformeln sind deshalb höchst verläßlich, und die Übersetzung versucht die Hierarchie der Titelgebung so widerzuspiegeln, daß sie das Problem der Identifizierung jedesmal ganz deutlich macht.

Verzeichnis der Anredeformen

HERZOG ODER PRINZ
Serenissimo [mio Singolar] Signore et Padron Collendissimo
[Mein] Durchlauchtigster [und Einziger] Herr und Hochverehrter Gebieter

HERZOGIN
Serenissima Signora et Padrona Collendissima
Durchlauchtigste Fürstin und Gnädigste Herrin

KARDINAL
Illustrissimo et Reverendissimo Signore mio et Padron Collendissimo
Euer Erlaucht und Hochwürden, mein Gnädigster Herr

AUSLÄNDISCHER HERZOG, PROKURATOR, MARCHESE, JÜNGERER SOHN EINES HERZOGS
Illustrissimo et Eccelentissimo mio Signore et Padron Collendissimo
Euer Erlaucht und Exzellenz, mein Gnädigster Herr

RATSHERR (ERSTEN RANGES)
Illustrissimo mio Signore et Padron Collendissimo
Euer Erlaucht, mein Gnädigster Herr

RATSHERR (ZWEITEN RANGES)
Illustrissimo mio Signore et Padron Osservandissimo
Euer Erlaucht, mein Hochedler Herr

RATSHERR (DRITTEN RANGES)
Molto Illustre mio Signore et Padron Osservandissimo
Mein vielmals geehrter, hochgeschätzter Herr

Die ungewöhnliche Anredeform »Molto Illustre et Reverendissimo mio Signore et Padron Collendissimo« (die im Kopf der Briefe 123 und 124 auftaucht) entspricht nahezu genau der, die Graf Bardi 1634 in seinem Schreiben an G. B. Doni benutzte, und es steht deshalb mit Sicherheit fest, daß die beiden Briefe Monteverdis zu Fragen der Ästhetik und Theorie an Doni gerichtet waren, als dieser als Sekretär des Kardinalskollegiums fungierte, wenn sein Name auch nicht genannt wird.

Verschiedene im Laufe eines Briefes benutzte Ehrenbezeigungen können also zur Lösung eines Identitätsproblems beitragen. Ihre Funktion und Bedeutung wird in den entsprechenden Einleitungskommentaren behandelt, besonders da, wo die Zuschreibung zweifelhaft ist. Bei der Übersetzung dieser Hinweise im Brieftext selbst, die von Monteverdi in der Form von »V. E. Illma«, »A. V. S.«, »V. S.« usw. abgekürzt werden, bin ich seinem Beispiel gefolgt und habe das englische Äquivalent ebenfalls abgekürzt, so daß ich – anstelle der (in einem Einzelbrief vielleicht zwanzig Mal) benutzten sperrigen Wendung »Your Most Illustrious Lordship« [Euer Erlauchteste Hoheit] einfach »Your Lordship« [Ew. Hoheit] verwendet habe. Im Brief 5 an Kardinal Ferdinando Gonzaga ist »V. S. Illma et Rev.^{ma}« zu »Your Eminence« [Ew. Eminenz] abgekürzt.

Archivierung und Zustand der Briefe

Wie weit verstreut die Briefe auch sein mögen, die überwiegende Mehrheit – 111 von 127 – liegt genau dort, wo man sie zu finden

erwartet hatte: im *Archivio di Stato* in Mantua. Die Gonzaga, welche
Mängel man ihnen auch sonst vorwerfen mag, beschäftigten hervorragende und gewissenhafte Archivare, dank deren Bemühungen es heute
möglich ist, das pulsierende Leben eines Stadt-Staates in seiner Blütezeit von Tag zu Tag zu rekonstruieren. Es hätte uns sogar noch mehr
Material zur Verfügung gestanden, wenn andere mantuanische Empfänger von Briefen des Komponisten sie sicher und unversehrt in einem
Tresor aufbewahrt hätten. Zweifellos schrieb er an seine dortigen Verwandten: seinen Schwiegervater, seinen Schwager und an seinen Sohn
Massimiliano, nachdem der eine Arztpraxis eröffnet hatte. Ebenso
muß er in häufiger Verbindung mit seinem Rechtsbeistand Bagozzi und
anderen Beamten des Hofes, der Stadt und des Klerus gestanden haben. Die Musiker Campagnolo, Dognazzi, Rubini und die ganze Familie Basile – Adriana, ihr Gatte und ihre Schwestern – könnten Dut-
zende von Briefen Monteverdis aus Venedig erhalten haben. Und doch
ist nichts von all dem erhalten geblieben, und wir verfügen auch nicht
über Abschriften von Briefen an ihn, abgesehen von einer Handvoll
kurzer Vermerke in den venezianischen Archiven.

Auch die vier Briefe an den Herzog von Bracciano fanden sich dort,
wo man sie erwartet hatte: in den Orsini-Archiven, von wo aus sie in
den Gewahrsam des *Archivio Capitolino* in Rom übergingen. Im *Archivio di Stato* von Venedig liegen vier weitere Briefe, die Monteverdi
an die Prokuratoren von San Marco und an den Dogen Francesco
Erizzo gerichtet hat. In Florenz, der Stadt, in der G. B. Doni geboren
wurde und starb, gibt es zwei Briefe, die unzweifelhaft an ihn gerichtet
und von seiner Familie dem Sammler Basevi überlassen wurden, der
sie seinerseits dem Konservatorium weitergab.

Die Logik läßt einen jedoch im Stich, wenn man den gegenwärtigen
Aufbewahrungsort von fünf an den Marchese Bentivoglio gerichteten
Briefen klären soll, der in Ferrara lebte, als Monteverdi an der Musik
zur Hochzeit der Farnese in Parma arbeitete. Diese fünf Briefe gelang-
ten auf verschiedene Weise nach Forlì, Neapel, Bologna, Paris und
Oxford, während ein sechster (Nr. 121), früher in der Sammlung
Heyer in Köln, jetzt möglicherweise in New York, bis zum gegenwärti-
gen Augenblick aber noch immer nicht aufgefunden worden ist.

Ein weiterer nichtaufgefundener Brief wird von Carlo Valbianchi in
Raccolte e Raccoglitori di Autografi in Italia (Mailand 1901, S. 186)
verzeichnet. Weder ein Datum noch eine Beschreibung wird gegeben,

wohl aber der Name des Eigentümers, und zwar der eines Cavaliere Dottore Luigi Azzolini aus der Via Principe Amadeo 56, Rom. An diese Adresse gerichtete Nachforschungen über den heutigen Verbleib dieses Briefes führten zu nichts, obwohl er möglicherweise einer der drei in Neapel, Bologna oder Paris gewesen sein kann, weil deren neuere Herkunft auch weiterhin unbekannt bleibt. Es ist einigermaßen verständlich, daß manche Briefe den Archiven in Ferrara entnommen und später privat verkauft wurden, sobald sich herausstellte, daß ein Monteverdi-Autograph einen attraktiven Preis zu erzielen vermochte; das Ergebnis ist glücklicherweise das, daß sie noch immer in sicheren Händen sind. Und eben das zählt auf die Dauer.

Die Briefe sind auf Papier von unterschiedlichem Format geschrieben, das von 18 × 26 cm bis zu 20 × 28 cm reicht, und bestehen entweder aus einem einzigen gefalteten Blatt (das dann die obigen Größen ergibt) oder aus einer von einem Doppelblatt abgerissenen Seite. Manchmal riß Monteverdi die beschriebene Seite so von der leeren ab, daß manche Worte am Zeilenende entstellt wurden. Bei den längeren Briefen fügte er nötigenfalls einzelne oder gefaltete Blätter hinzu. Die in Mantua werden in einem besonderen, von Davari begründeten Monteverdi-Archiv aufbewahrt, und in diesem wichtigsten Konvolut finden sich auch zwei von Baldassare Monteverdi, dem Vater des Komponisten, geschriebene aus dem Jahre 1608. Jedem Umschlag und jedem Brief ist eine Nummer aufgestempelt worden, um die korrekte Abfolge der Seiten aufrechterhalten zu können. Die Idee eines besonderen Konvoluts ergab sich anscheinend aus den zahlreichen Gesuchen durchreisender Wissenschaftler, die Briefe von Künstlern, Architekten und Musikern, die in Diensten des Hofes gestanden hatten, untersuchen wollten.

Die ungleichmäßige Verteilung der Briefe in den letzten zweiundvierzig Lebensjahren des Komponisten liefert hinreichend Beweise dafür, daß eine beträchtliche Anzahl davon verlorengegangen sein muß, vielleicht unwiederbringlich. Es ergibt sich, daß wir für jedes Jahr aus der Zeitspanne zwischen dem ersten und dem letzten vorhandenen Brief im Durchschnitt über drei verfügen; ganz offensichtlich ist die Gesamtzahl von 127 lediglich ein Bruchteil derer, die er tatsächlich geschrieben haben muß.

Verzeichnis der Briefe pro Jahr

(Für die in diesem Verzeichnis ausgelassenen Jahre sind keine Briefe belegt)

1601	1	1617	7	1627	26
1604	2	1618	2	1628	5
1607	1	1619	6	1630	2
1608	2	1620	27	1632	1
1609	2	1621	6	1633	1
1610	2	1622	7	1634	1
1611	2	1623	4	1637	1
1613	1	1624	1	1643	1
1615	4	1625	4		
1616	4	1626	4		

Angesichts der Vermutung, daß viele Leser mit bloßem Durchblättern der Briefe statt mit stetiger Lektüre vom ersten bis zum letzten beginnen werden, habe ich den jeweiligen Kommentar dem betreffenden Brief vorangestellt, um die Szene zu erhellen, die genannten Personen kenntlicher zu machen und alle besonders schwierigen Interpretationsprobleme zu erörtern. Die Kommentare werden es, wie ich hoffe, dem Leser erleichtern, ohne größere Schwierigkeiten die subtilen Untertöne jedes Briefes aufzuspüren – über seine Gesamtbedeutung in bezug auf Monteverdis Leben hinaus.

Abschließend ein Wort zur Ehrenrettung Monteverdis, der nicht nur beschuldigt worden ist, es an Interpunktion fehlen lassen, sondern auch Titel falsch zitiert und Namen entstellt zu haben. In Wirklichkeit tat er nichts dergleichen. Alle sogenannten »Monteverdi-Irrtümer« stammen von Gelehrten, die seine Handschrift ungenau transkribiert haben. In den folgenden Übersetzungen ist seine idiosynkratische Art und Weise der Schreibung von Personen- und Ortsnamen jedoch vereinheitlicht worden, weil ein allzu rigides Festhalten an altertümlichen Schreibweisen und Dialektformen ins Gegenteil, nämlich in Pedanterie, umgeschlagen wäre.

Bibliographische Information

Zu Beginn der Einführung zu jedem Brief findet sich: der Name der Stadt; die Bibliothek; Standortnummer und Signatur; Zahl der erhaltenen Bögen; Zahl der Seiten des Briefes; ungekürzter Name und

Adresse des Empfängers, wenn im Original verzeichnet [wo nicht, aus anderen Anhaltspunkten erschlossen und in eckigen Klammern hinzugefügt]; Umschlag (wenn vorhanden); Datum; Verweise auf publizierte Fassungen des italienischen Textes. (Zu Einzelheiten von Autoren und Büchern siehe die Bibliographie.)

N. B. Identifizierungen von Personen, die in den Briefen erwähnt werden (Fußnoten mit alphabetischen Referenzen), werden im Laufe des ganzen Buches als Hilfe für diejenigen Leser wiederholt, die sich einzelnen Briefen widmen möchten.

BRIEFE
UND
KOMMENTARE

Die Familie von Vincenzo I. Gonzaga

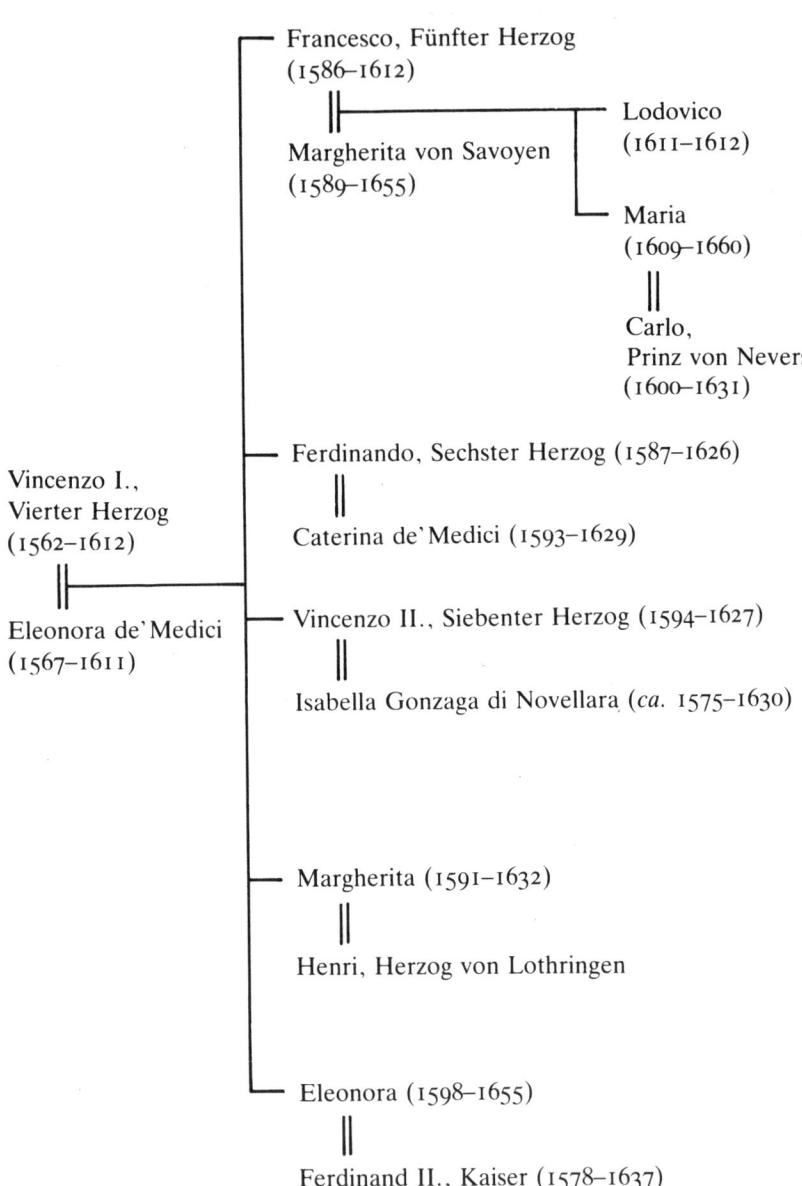

Francesco, Fünfter Herzog
(1586–1612)
‖
Margherita von Savoyen
(1589–1655)

Lodovico
(1611–1612)

Maria
(1609–1660)
‖
Carlo,
Prinz von Nevers
(1600–1631)

Ferdinando, Sechster Herzog (1587–1626)
‖
Caterina de'Medici (1593–1629)

Vincenzo I.,
Vierter Herzog
(1562–1612)
‖
Eleonora de'Medici
(1567–1611)

Vincenzo II., Siebenter Herzog (1594–1627)
‖
Isabella Gonzaga di Novellara (ca. 1575–1630)

Margherita (1591–1632)
‖
Henri, Herzog von Lothringen

Eleonora (1598–1655)
‖
Ferdinand II., Kaiser (1578–1637)

1

Mantua, Archivio Gonzaga, Cassetta 6, ff. 77–78. Doppelblatt: 3 Seiten und Adresse –»an Seine Durchlauchtigste Hoheit, meinen Gnädigsten Herrn, den Herzog von Mantua, [in] Canisa«. *(28. November 1601.)* Davari, 82; Malipiero, 127; Paoli, 17.

Zwei auf geradezu wunderliche Weise faszinierende Aspekte dieses Briefes – der kein Autograph ist, sondern die Abschrift eines Kanzlisten – stellen den gesamten übrigen Text in den Schatten. Der eine ist der, daß der Brief die belagerte Stadt Kanizsa[1] wenige Meilen östlich der gegenwärtigen Grenze zwischen Jugoslawien und Ungarn, wo, wie Monteverdi glaubte, Herzog Vincenzo mit seiner Armee lagerte, nie hat erreichen können; der andere liegt darin, daß bestimmte Aspekte völlig mißverstanden und die Motive des Schreibenden in Frage gestellt worden sind, weil Pallavicinos Tod in allen musikalischen Handbüchern vor *Grove's Dictionary of Music and Musicians* (6. Ausgabe) neunundzwanzig Wochen vordatiert wurde.

Die Einschätzung von Stil und Inhalt variiert von de'Paoli –»ein kleines Meisterwerk an Takt«[2] – bis hin zu Redlichs Kennzeichnungen – »typisch... expressiv«, »böswillig«[3]. In Wirklichkeit war Monteverdi weder taktvoll noch böswillig: er war absolut ehrlich und unumwunden, und er ist, im Gegensatz zu seinen neueren Kommentatoren, gewöhnlich durchaus verläßlich. Kurz nach seiner Heirat mit Claudia Cattaneo am 20. Mai 1599[4] war der Komponist als Mitglied des musikalischen Gefolges des Herzogs auf eine Reise nach Nordeuropa geschickt worden. Es gelang ihm, den wenig späteren und entschieden weniger angenehmen Feldzug durch die Sümpfe von Südungarn zu vermeiden, als Vincenzo, von einem persönlichen Bedürfnis nach militärischem Ruhm bewogen, am 18. Juli 1601 von Mantua aus an der Spitze eines Heeres aufbrach, das sich mit päpstlichen Truppen, florentinischen Söldnern und deutschen Landsknechten zu einem

---

[1] Im Italien der Zeit unter dem Namen Canisa oder Canissa bekannt.
[2] Paoli, *Monteverdi,* 77.
[3] Redlich, 13, 170.
[4] Gallico, »Documents«, 71. Es ist früher nicht bemerkt worden, daß Eugenius Cagnatius, einer der Zeugen der Taufzeremonie, dieselbe Person wie Eugenio Cagnani sein könnte, der Autor einer am 19. Februar 1612 an Herzog Francesco gerichteten *Lettera cronologica.* Dieser Brief lobt Monteverdi und Striggio für ihren *Orfeo,* in dem der virtuose Tenor Francesco Rasi auftrat. Wenn die Rolle, die er übernahm, auch nicht besonders bezeichnet wird, so machen seine Stimme und sein künstlerisches Format doch deutlich, daß er den Part des Orpheus gesungen haben muß. Zum vollständigen Text des Briefes siehe *Mantova: Le Lettere,* II, 621.

Frontalangriff auf die türkische Armee unter Hannam Pascha vereinigen sollte.

Monteverdi hatte eine schwerwiegende Entschuldigung für sein Verbleiben in Mantua, weil seine Frau ihr erstes Kind erwartete. Am 27. August wurde der Säugling in der Kirche Santi Simone e Giuda getauft und erhielt die Namen Francesco Baldassare, aus Ehrerbietung für Prinz Francesco (in der Kirche repräsentiert von einem anderen Francesco, »Illustrissimus D. Franciscus de Odinis«, wie in den Kirchenbüchern verzeichnet ist) und für den Vater des Komponisten, Baldassare Monteverdi. In der Zwischenzeit waren die beiden Herrschaften, die insgeheim Monteverdis beruflichen Aufstieg blockierten, sehr rege gewesen: Gian Giacomo Gastoldi[5], der die Verantwortung für die Musik in der herzoglichen Kapelle in Santa Barbara trug, und Benedetto Pallavicino, der mit Vincenzos privater Kammer- und Kirchenmusik betraut war.

Vincenzo gewann bereits einen gewissen Einblick in seine Feldzugsprobleme, bevor er überhaupt das Schlachtfeld erreichte, denn sein Aufenthalt in Graz machte ihm nur zu bald die Existenz von – so geringfügigen wie erbitterten – Eifersüchteleien zur Frage, wer wem Befehle zu erteilen hatte, deutlich. Es hatte sich da eine wirklich wenig disziplinierte und disparate Armee mit zu wenig Kanonen und zu vielen Befehlshabern zusammengefunden, und zu der Zeit, da sie Kanizsa erreichte, waren die Türken bereits darüber im Bilde, daß für sie wenig Grund zu Befürchtungen vorlag. Nach weiteren Querelen über Fragen von Rang und Autorität gelang es Vincenzo, einen Ausfall zu machen, der ihm jedoch keinerlei taktischen Vorteil vor dem Feind eintrug. Dann begann ihn ein altes Leiden erneut zu quälen – eine Knieverletzung, die ihn ans Zelt fesselte und ihm Zeit zum Nachdenken über andere Angriffsmethoden verschaffte. Hoffnungslos den Einflüsterungen und Verheißungen seiner Alchimisten verfallen, die er sich in beträchtlicher Zahl am Hof hielt, schrieb er nach Mantua und drängte sie, eine neue Art von Kanonenkugeln zu erfinden, die einschläfernde oder giftige Gase im türkischen Heerlager verstreuen könnten.

Außer zusätzlichen Ausgaben erbrachte das nichts; aber im Laufe der Zeit verschlechterte sich das Wetter in Kanizsa, und sogar Vincenzo (der doch sicherlich gut umsorgt gewesen sein dürfte) verlegte sich auf Wehklagen über die völlig widrigen und unbehaglichen Umstände. Sein junger Sekretär, der künftige Autor des Librettos für Monteverdis *Orfeo*, fand die heißen Tage und die froststarren Nächte für jemanden, der an ein gemäßig-

---

[5] Zu Gastoldis Stellung siehe Jeppesen, 317–319, wo die genauen Geburts- und Todesdaten aufgeführt sind: 1554–1609 (4. Januar).

teres Klima gewöhnt war, äußerst schwer zu ertragen, während sein Vorgesetzter, Annibale Chieppio, an Eleonora Gonzaga schrieb, daß die wolkenbruchartigen Regenfälle seine Matratze durchweicht hätten.[6] Und auch die Kampfmoral wurde durch das zunehmend bedrohliche türkische Feuer und die Ankunft deutscher Verstärkungen nicht gehoben, deren Befehlshaber, Oberst Roswurm, nicht den geringsten Zweifel daran ließ, daß Vincenzos Heer und Befehlsführung gleichermaßen unzulänglich seien.

Der einst so stolze, aber jetzt kleinlaute Herzog hatte eben noch an seinen Zeremonienmeister Federico Follino geschrieben und ihm eine Reihe glänzender *tableaux*, die die Belagerung und den Fall von Kanizsa darstellten, zur Aufführung beim kommenden Karneval (1602) skizziert. Und jetzt blieb nichts anderes übrig, als Befehl zu geben, das Lager abzubrechen, und die Ironie fügte es, daß die mantuanischen Truppen bereits den Schauplatz ihres schlammigen Mißgeschicks verließen, als Follino am 28. November seinen Brief über das von ihm entworfene prächtige Bühnenbild[7] und Monteverdi sein Gesuch um Ernennung zum *maestro di capella* schickten. Keiner der beiden Briefe erreichte Vincenzo, weil er sich bereits auf den Weg nach Westen gemacht hatte; sie können ihm aber in Graz oder irgendwo in größerer Heimatnähe in die Hände gekommen sein. Die schmutzverkrustete Armee erreichte, nach der mühsamen Überquerung des winterlichen Brenners, am 18. Dezember Mantua, und statt Jubel gewannen Gefühle der Erleichterung die Oberhand. Jeder Betroffene wollte sein Gesicht wahren, und zu diesem Zweck gab man sich beträchtliche Mühe, die Regenten anderer Fürstentümer von Vincenzos guten Absichten, wenn nicht sogar von seiner Tapferkeit zu überzeugen.[8]

Die Irreführung beginnt mit dem ersten Satz von Monteverdis Brief an den Herzog. Er *beeilt* sich, um die Stellung zu ersuchen, die einst Giaches de Wert innehatte, wobei er nahezu voraussetzt, daß, gleichgültig wer sonst noch im letzten Jahrzehnt mit der Leitung von Vincenzos Privatkapelle betraut gewesen sein mochte, de Werts Name derjenige war, der einem sofort dabei einfiel. Da die Handbücher Pallavicinos Tod jedoch einheitlich auf den 6. Mai 1601 verlegen, erscheint es merkwürdig, bei der Lektüre eines am 28. November geschriebenen Briefes auf ein Geständnis der Eile zu stoßen, so als hätte Monteverdi kaum das Begräbnis abwarten können, bevor er in die Fußstapfen des Verstorbenen zu treten versuchte. De'Paoli, der das Datum des 6. Mai als erster erwähnte, war auch der erste, der rhetorische Fragen über die inzwischen verstrichene Frist

---

[6] Errante, »Forse che sì«, 56.
[7] Errante, »Forse che sì, 106–109.
[8] Coniglio, 376.

stellte.[9] Hätte Monteverdi auf den Herzog warten sollen, um ihm die Bittschrift zuzustecken? War der Zeitpunkt ungelegen, mit dem Türkenfeldzug in so greifbarer Nähe?

Das komplexe Pallavicino-Problem reicht zurück bis zu Vogels bereits 1887 geschriebener bahnbrechender Untersuchung.[10] Er vermutete, wenn auch mit typisch wissenschaftlicher Vorsicht, daß das kontinuierliche Erscheinen weiterer Publikationen nach 1601 zugunsten eines Todes *nach* 1605 spräche und daß Pallavicino sich zu der Zeit, als Monteverdi auf seinen »Tod« verwies, in ein Kloster zurückgezogen habe. Eitner stimmte dieser Vermutung zu, die bis zu Louis Schneiders biographischer und kritischer Darstellung von 1921 – dem ersten seriösen Monteverdi-Buch auf Französisch[11] – nicht ernsthaft angefochten wurde. Das Problem wurde viele Jahre später teilweise von Claudio Sartori[12] gelöst, der die Erklärung gab, daß Pallavicino, der auch nach 1601 weiterhin Musik veröffentlichte, der Sohn des Komponisten war, dessen Vorname zufällig ebenfalls Benedetto lautete.

Bedauerlicherweise nahm Sartori de'Paolis vermutetes Datum des 6. Mai unbefragt hin, obwohl sich nicht sagen läßt, wie dieser Tag und Monat in diese sonst so verdienstvolle Publikation aus dem Jahre 1945 Eingang fanden. Kein vor diesem Zeitpunkt erschienenes Handbuch führt im Zusammenhang mit Pallavicinos Tod jenes Datum an, und doch schreibt jedes spätere[13] Sartori ab. Das richtige Datum, nämlich der 26. November 1601, hätte man leicht finden und verifizieren können, und zwar in einem ausgezeichneten, 1926 in englischen und französischen Ausgaben erschienenen Buch über Monteverdi – *La Vie et l'œuvre de Claudio Monteverdi* von Henry Prunières[14]. Das Datum wird nicht nur zweimal im Textteil gegeben, sondern taucht auch in einer Fußnote auf, die auf die

---

[9] Paoli, *Monteverdi*, 77.

[10] Vogel, 324.

[11] Schneider, 44.

[12] Sartori, »Monteverdiana«, 411.

[13] Siehe *Baker* (1958); *Encyclopédie de la Musique* (1961); *Grove* (1954); *Honegger* (1970); *La Musica* (1968); *MGG* (1962); *Riemann* (1961); *Ricordis Dizionario* (1959); *Ricordis Enciclopedia* (1964). Ähnlich verzeichnen alle seit 1945 geschriebenen Bücher und Aufsätze, wann immer Pallavicinos Tod erwähnt wird, das falsche Datum.

[14] Paris: Librairie de France. Nicht zu verwechseln (wie das in vielen Bibliographien der Fall ist) mit dem früheren und kleineren Band des Autors, *Monteverdi,* der 1924 bei Alcan erschien (revidierte Ausgabe 1931). Die im gleichen Jahr wie die französische veröffentlichte englische Ausgabe der späteren und umfangreicheren Untersuchung (1926) ist von Dover Publications (New York 1972) neu aufgelegt worden.

freundliche Hilfe Pietro Torellis verweist, des damaligen Direktors des *Archivio di Stato* in Mantua.[15]

Und damit löst sich das Problem mit einem Schlage: Pallavicino starb am 26. November, und Monteverdi schrieb zwei Tage später an den Herzog, wobei er mit einer gleichsam entschuldigenden Bemerkung über seine Eile bei der Bewerbung um die Stellung begann. Er erwähnt die Mißgunst anderer, so als wollte er dem Herzog in Erinnerung rufen, daß das Leben für einen Hofmusiker und Komponisten, besonders wenn er zufällig Erfolg hatte, nicht leicht war. Und Monteverdi konnte, im Alter von 33 Jahren, voller Stolz auf sechs eigene Veröffentlichungen und manche Beiträge zu Sammelwerken anderer Komponisten und Herausgeber zurückblicken. Er wurde in Ferrara, Cremona, Mailand und Verona[16] hochgeschätzt, ganz zu schweigen von Venedig, wo viele seiner Werke publiziert und neuaufgelegt worden waren.

Der Großteil dieser Musik war seinem Zuschnitt nach jedoch weltlichen Charakters und umfaßte Kanzonen, Madrigale und dramatische Szenen zur Verwendung bei Inszenierungen von Guarinis *Il pastor fido* in Ferrara und Mantua. Das erklärt, warum Monteverdi den Herzog um ein größeres Betätigungsfeld bittet, und zwar auch in Motetten und Messen. Obwohl er wenig Kirchenmusik zur Erbauung des Herzogs geschrieben hatte, sollte doch nicht vergessen werden, daß es beim Feldzug von 1595 für die Musiker durchaus nichts Ungewöhnliches war, Vespern zur Begleitung einer Portativ-Orgel zu singen, und man hat die Vermutung geäußert, daß Monteverdi, weil er an jenem Feldzug teilnahm, wohl auch die im offiziellen Bericht erwähnten Vespern komponiert haben könnte.[17]

Der Hauptteil des Briefes verzeichnet vier Namen – Striggio, de Wert, Rovigo und Pallavicino –, und zwar in einem Zusammenhang, der eine Art Nachfolge nahelegt, an der Monteverdi irgendeinen Anteil oder Vorteil zu haben gehofft hatte. Alessandro Striggio der Ältere, der am 29. Februar 1592 im Bezirk Cervo starb,[18] genoß den Status eines höchst bewunderten, aber unbezahlten Musikbediensteten am Hofe der Gonzaga. Giaches de Wert war titularischer *maestro di capella* an Santa Barbara, und zwar von etwa 1582 bis zu seinem Tode am 6. Mai 1596; der Hauptanteil seiner

---

[15] Prunières, 208: »Am Montag, dem 26. November 1601, starb Benedetto Pallavicino aus dem Bezirk Montenegro nach einmonatiger Fieberkrankheit im Alter von fünfzig Jahren.«

[16] Verona und nicht Cremona war die Heimatstadt des Grafen Marco Verità, des Widmungsträgers des Ersten Madrigalbuches (1587).

[17] Errante, »Forse che sì«, 31.

[18] Dokumentarischer Beleg, freundlicherweise mitgeteilt von Professor Pierre Tagmann.

späteren Arbeiten fiel in den Bereich von Madrigal oder Drama.[19] Francesco Rovigo, der nach einem lukrativen Zwischenspiel in Graz im Jahre 1591 nach Mantua zurückgekehrt war, machte sich einen Namen als Organist, trat aber ebenso als Komponist von geistlicher und weltlicher Vokalmusik hervor.

Wenn Monteverdi, als Sänger, Geiger und Komponist, auch einen etwas anderen Eindruck machte als seine Vorgänger und vielleicht aus eben diesem Grunde für weniger geeignet gehalten wurde, ihre Nachfolge anzutreten, so hatte er offensichtlich doch bereits früher einige Anstrengungen unternommen, sich eine Bestallung zu sichern, da er das Wort »ausharren« und später die Formulierung »erneut nachsuchen« benutzt. Betont werden muß, daß er sich nicht um die musikalische Leitung an Santa Barbara bewarb, denn die lag in den Händen von Gastoldi. Sein Gesuch an den Herzog bezog sich auf die Leitung der Privatkapelle des Herzogs, die ihn auf Reisen immer begleitete, und auf den weitläufigen und nur locker definierten Bereich der Kammermusik. Seinem Gesuch wurde stattgegeben, und am 10. April 1602 gewährte der Herzog Monteverdi und seiner Familie auch das mantuanische Bürgerrecht.[20]

[19] Zu einer umfassenden Darstellung von Leben und Werk siehe MacClintock, *Wert*.
[20] Wenn der erste Erlaß auch verlorengegangen ist, so wurde im Juni 1628 von Herzog Carlo doch eine neue Beglaubigung gewährt. Siehe Davari, 84.

Mantua, 28. November 1601; an HERZOG VINCENZO GONZAGA, in Canissa

Durchlauchtigster Herzog, mein Gnädigster Herr,
wenn ich mich nicht beeile, anläßlich des Todes von Pallavicino[a] von Ew. Hoheit Gunst persönlich den Titel zu erbitten, den früher Signor Giaches[b] für die Musik innehatte, so könnte sich vielleicht zu meinem Schaden der Neid in den Absichten anderer – mehr durch Gerede als durch die Musik selbst – solcher Machenschaften[c] bedienen, die Ew. Hoheit Wohlwollen gegenüber meiner Person beeinträchtigen und Euch glauben machen könnten, meine Zurückhaltung sei der Furcht vor meiner Unfähigkeit entsprungen oder einer Selbstüberschätzung,

[a] Benedetto Pallavicino.
[b] Giaches de Wert.
[c] *sifatti modi* hat in diesem Kontext eine pejorative Bedeutung.

durch die ich ehrgeizig auf das warte, was ich eigentlich als der bescheidene Diener, der ich bin, mit besonderer Demut von Herzen erbitten und suchen müßte.

Wenn ich ferner nicht danach trachtete, die Gelegenheit zu ergreifen, Ew. Hoheit zu dienen, sooft sich ein Anlaß dazu bietet, dann hättet Ihr besonderen Grund, Euch mit Recht über meinen nachlässigen Dienst zu beklagen; und wenn meine bescheidenen Fähigkeiten nicht zugleich (zu guten Zwecken) nach bedeutenderen Gelegenheiten suchten, um sich in Motetten und Messen Eurem höchst erlesenen musikalischen Geschmack als von einigem Wert zu erweisen, dann hättet Ihr berechtigten Anlaß, Euch über mich zu beklagen.

Und schließlich könnte die Welt, nachdem sie mich, mit großem Eifer meinerseits und Wohlwollen Eurerseits, nach dem Tode des berühmten Signor Striggio[d] im Dienst Ew. Hoheit hat ausharren sehen, dann nach dem des vortrefflichen Signor Giaches, ein drittes Mal nach dem des vortrefflichen Signor Franceschino[e] und schließlich noch nach dem des fähigen Messer[f] Benedetto Pallavicino, mit gutem Grund über meine Nachlässigkeit murren, wenn ich mich nicht – nicht wegen meiner Fähigkeiten, sondern wegen der treuen und besonderen Ergebenheit, an der ich im Dienste für Ew. Hoheit immer festgehalten habe – um die jetzt freie Stelle in diesem Bereich der Diözese bewürbe und nicht in jeder Hinsicht mit großer Dringlichkeit und Demut um den obigen Titel erneut nachsuchte.

Aus all den genannten Gründen und vielleicht auch aus denen, die Euer Wohlwollen – zu meinen Gunsten – noch hinzufügen könnte (da Ihr es niemals verschmäht habt, meinen bescheidenen Kompositionen Gehör zu schenken), bitte ich flehentlich darum, mir die Stelle eines Meisters[g] der Kirchenmusik sowohl als auch der Kammermusik zu gewähren, die ich, wenn mich Eure Güte und Gunst damit würdigen werden, mit der Demut antreten werde, die einem bescheidenen Diener zukommt, wenn er von einem großen Fürsten wie Ew. Hoheit begünstigt und gefördert wird, vor denen ich mich verbeuge und meine

---

[d] Alessandro Striggio der Ältere.
[e] Francesco Rovigo.
[f] Im Gefolge der dreifachen Wiederholung von *Signor* setzt *Messer* (im Verein mit dem Wort »fähig«) Pallavicino leicht herab.
[g] Hier wird die alte Form *mastro* gebraucht.

demütigste Ehrerbietung erweise, indem ich Gott jeden Tag um die größte Zufriedenheit bitte, die ein ergebener und getreuer Diener für seinen Herrn nur sehnlichst wünschen kann.

Mantua, 28. November 1601

Ew. Hoheit   demütigster und dankbarster Diener
                  Claudio Monteverdi

2

Mantua, Archivio Gonzaga, Cassetta 6, ff. 81–82. Doppelblatt: 3 Seiten und Adresse »an den Durchlauchtigsten Herzog von Mantua und Monferrato, meinen Herrn und Meister, [in] Casale Monferrato[1]«. *(27. Oktober 1604.)* Malipiero, 129; Paoli, 21; Prunières, 231.

Die zwischen den Briefen 1 und 2 liegenden drei Jahre waren für die gesamte Familie Monteverdi sehr ereignisreich. Die Bestätigung seiner Berufung an den Hof und der mantuanischen Bürgerschaft im Jahre 1602 muß für den Komponisten wie die Ouvertüre zu einer neuen Ära geklungen haben, und seine persönlichen Gefühle fanden in einem bestimmten Maße auch in seiner Musik ihren Widerhall. Am 2. April 1602 widmete Lodovico Grossi da Viadana dem Marchese Alfonso d'Este ein Werk, das bestimmt war, die künftige Entwicklung der Kirchenmusik zu verändern – die *Cento concerti ecclesiastici,* deren *falsobordone*-Figurationen später in Monteverdis *Dixit Dominus* von 1610 wiederauftauchen sollten.[2] Das Anwachsen des allgemeinen Interesses am *basso continuo* und seinen Möglichkeiten bewog Herzog Vincenzo, seiner Instrumentensammlung eine Orgel und eine Laute hinzuzufügen.[3] Monteverdis gemehrtes gesellschaft-

---

[1] Casale Monferrato war der Regierungssitz großer Landstriche, die den mantuanischen Gonzaga von Kaiser Karl V. im Jahre 1536 zugesprochen worden waren. Diese Gebiete brachten, wenn sie auch eine starke Schutzzone zwischen dem zu Savoyen gehörigen Turin und dem spanischen Mailand bildeten, für die mantuanische Verwaltung doch endlose Querelen mit sich, und doch standen gerade zur Zeit Vincenzos die allgemeinen Bedingungen zum Besten. Er befestigte Casale mit großem Aufwand, und entweder er oder seine Minister statteten der Stadt häufige Besuche ab, in deren Dom in neuerer Zeit unerwartete musikalische Schätze geborgen worden sind.
[2] Viadana: *Cento concerti ecclesiastici,* hrsg. von C. Gallico, Kassel 1964.
[3] Bertolotti, 80 (Briefe von Girolamo Stauber und G. M. Lughari, 1602).

liches Ansehen und Gehalt ermutigten ihn, das Haus seines Schwiegervaters in der Pfarrei Santi Simone e Giuda zu verlassen und sich eine näher
am Herzogspalast gelegene Wohnstatt zu suchen. Wenn die Lage dieses
Hauses heute auch nicht mehr mit Sicherheit ausgewiesen werden kann, so
steht dennoch fest, daß es in der Pfarrei von San Pietro gestanden haben
muß, deren Taufregister die Namen der Tochter des Komponisten, Leonora Camilla (die nicht lange am Leben blieb), und seines Sohnes Massimiliano verzeichnet.[4]

Dieser Umzug fand vermutlich Ende 1602 statt, denn am 20. Februar
1603 – als das kleine Mädchen getauft wurde – hatte Monteverdis Familie
bereits in ihrer neuen Pfarrgemeinde Wohnung genommen. Die nach der
Herzogin benannte Leonora hatte als Taufpaten den Grafen Giulio Caffino
(der von seinem Sohn vertreten wurde) und die Gräfin Polissena Gonzaga,
die Tochter von Prinz Francesco Gonzaga von Castiglione delle Stiviere.[5]
Wenn Komponisten auch weniger Bedeutung beigemessen wurde als Sängern, so wurde Monteverdis Name doch in einem Brief von Arcangiolo
Manara aus Verona an den Herzog von Mantua mit dem des virtuosen
Tenors Rasi verbunden, beides Musiker, die für ihr hervorragendes Können gerühmt wurden, namentlich als Theorbenspieler.[6] Vor allem war
Monteverdi von Freunden umgeben, von denen der Kornettist Giulio Cesare Bianchi, ebenfalls aus Cremona gebürtig, später die »casa Monteverdi« in jener Stadt übernehmen und Claudios Rosenkranzlitanei und
mehrere seiner Motetten veröffentlichen sollte.[7]

Am 1. März 1603 widmete Monteverdi sein Viertes Madrigalbuch den
»erlauchtesten Oberen und Gnädigsten Herren der Accademici Intrepidi
von Ferrara«, indem er sie seiner immerwährenden Wertschätzung und
Dankesschuld für die vielen Gunstbezeigungen versicherte, die sie ihm und
seinen Musikerkollegen gewährt hatten.[8] Dieses Gefühl der Verpflichtung
spiegelt sich auch in seiner Wahl dichterischer Texte von Arlotti, Moro,
Rinuccini, Tasso und vor allem Guarini wider, ein sicherer Hinweis auf seine
Vertrautheit mit einem Großteil der literarischen Kultur außerhalb von
Mantua und ein verläßliches Zeichen für das Ausmaß seines Anteils an der
ferraresischen Inszenierung von Il pastor fido im Jahre 1595.[9]

---

[4] Gallico, »Documenti«, 68.
[5] Coniglio, 482 (und Tafel 3).
[6] Bertolotti, 81. Monteverdis Instrumente waren wahrscheinlich Violine, Viola und
viola bastarda; es ist aber durchaus möglich, daß er auch die Theorbe spielte, eine
Lautenart.
[7] Pontiroli, Monteverdi, 52.
[8] Paoli, 387–389.
[9] Cavicchi, 147.

Herzog Vincenzo, der ständig nach weiteren Ergänzungen dessen Ausschau hielt, was man – nicht ohne eine gewisse Berechtigung – seinen musikalischen Harem genannt hat, trat im Juni 1603 in Verhandlungen mit dem päpstlichen Sänger Paolo Faconi ein, der ihm versprach, (für angeblich musikalische Zwecke) eine talentierte dreizehnjährige Sopranistin zu besorgen, Caterina Martinelli mit Namen. Ihr Vater wollte, aus Argwohn, Vincenzos Interesse könnte durchaus anderen als musikalischen Aspekten gelten, nicht Gefahr laufen, sie unter irgendeinem erfundenen Vorwand der Unzulänglichkeit aus Mantua zurückgeschickt zu bekommen, und schrieb deshalb an den Gesandten des Herzogs in Rom und ersuchte darum, zu einem allen passenden Zeitpunkt von einem Arzt und einer Hebamme die Jungfräulichkeit des Mädchens prüfen zu lassen.[10] Vincenzo, durchaus auf der Hut, schlug vor, Caterina solle, um allen Argwohn zu besänftigen, im Hause von Monteverdi untergebracht werden, »unserem *maestro di musica*, der eine Gattin und andere Verwandte hat«. Und so vermehrte sich gegen Ende des Sommers der ohnehin schon große Hausstand des Komponisten um ein weiteres Mitglied: ein reizender Gast, Schülerin und vielleicht auch Babysitterin. Claudia, damals am Anfang ihrer dritten Schwangerschaft, mag über ein wenig Hilfe glücklich gewesen sein.

Im Mai 1604 wurde den Monteverdis ein Sohn geboren, Massimiliano Giacomo, und bei seiner Taufe am 10. Mai vertrat Graf Ottavio Massimiliano di Collalto den Erzherzog Maximilian als Pate, und als Patin fungierte die dreizehnjährige Prinzessin Margherita, vertreten von Vittoria Nuvolona. Die Enge im Haus wurde etwas drangvoller, die Ruhe war weniger sicher. Kirchen- und Kammermusik hielten den Komponisten völlig in Atem, und irgendwie mußte er dennoch die Zeit zum Nachdenken und zur Niederschrift seiner Erwiderung auf die nörgelnde Pedanterie Artusis erübrigen. Im Vorwort zu seinem Fünften Madrigalbuch versprach Monteverdi, seine`Theorie der *Seconda pratica* zu veröffentlichen; als aber im Jahre 1607 der Zeitpunkt dazu gekommen war, wurde sie zu einem eher polemischen als musikalischen Dokument, und zwar mehr im Namen seines Bruders als in seinem eigenen.[11]

Ende Oktober, als Monteverdi seinen Brief an den Herzog schrieb, war die Lage beträchtlich weniger hoffnungsvoll als sechs Monate zuvor. Er war zwar in der Lage, sich mit Kritikern auseinanderzusetzen, seine Familie durchzubringen, an seiner Musik zu arbeiten und seine bereits kränkelnde Frau zu umsorgen; aber ein Leben ohne Geld war durchaus keine

---

[10] Ademollo, 37 (Brief vom 28. Juni 1603).
[11] Strunk, 405.

leichte Sache. Sein eigenes Honorar war, genau wie das von Claudia und das ihres Vaters Giacomo Cattaneo, seit fünf Monten nicht bezahlt. Der verantwortliche Übeltäter war Ottavio Benintendi (oder Belintento, wie Monteverdi seinen Namen schreibt),[12] der Hofschatzmeister, dessen unverantwortlich unehrenhaftes Verhalten ein im Jahre 1609 gegen ihn eröffnetes Gerichtsverfahren nach sich zog.[13]

Die Sorge, Frustration und berechtigte Empörung des Komponisten springen aus nahezu jeder Zeile des Briefes ins Auge. Er weiß, daß die Schuld weder beim Herzog noch bei seinem Ratspräsidenten[14] liegt, und er scheut sich nicht, den Schuldigen namhaft zu machen und sein unkooperatives und unerfreuliches Verhalten zu beschreiben. Er geht sogar so weit, einen Weg vorzuschlagen, wie die schändlichen Praktiken dieser Rechnungshofbeamten mit Erfolg umgangen werden könnten – nämlich durch direkte Zahlung der Gehälter aus dem im Bezirk Viadana erhobenen Fundus von Steuern und Zöllen, damals einem wichtigen Lehen der Gonzaga.[15] Es ist nicht nur die Stornierung der Summen, die ihn aufbringt. Wie schlimm sie auch gewesen sein mag, schlimmer noch sind die Zeitverschwendung und die sich daraus ergebenden Unterbrechungen eines angestrengten Arbeitstages. Monteverdi läßt keinen Zweifel daran, daß von einem Künstler nicht verlangt werden kann, wirkungsvolle Arbeit zu leisten, wenn ihm nicht ein einigermaßen friedliches Leben zugesichert wird.

---

[12] Das offensichtlich ironische Wortspiel, das Monteverdi in seinem Brief an den Herzog nicht zu machen wagte, wurde dann unwillentlich in einer modernen Falschübersetzung dieses Satzteils begangen: »wie gut seine Absichten auch sein mögen« (Arnold, *Monteverdi*, 15), wo die zuwiderhandelnde Partei der Präsident selbst sein soll!

[13] Davari, 98.

[14] Wahrscheinlich war es Alessandro Striggio, der laut der dritten Auflage (Mantua 1613) von G. B. Basiles Wasserballett *Le avventurose disavventure* diese Stellung im Jahre 1613 innehatte.

[15] Gallico, »Dazi«, 242.

Mantua, 27. Oktober 1604; an HERZOG VINCENZO GONZAGA, in Casale
Monferrato

Durchlauchtigster Herr und Hochverehrter Gebieter,
wegen der letzten Vergütung[a] ist es in der Tat angemessen, daß ich
mich an die grenzenlose Güte Ew. Hoheit wende, weil sie es schließlich
ist, die Euren Willen bezüglich der Bezahlung lenkt, die mir von Eurer
Großmut bewilligt wurde. Deshalb knie ich vor Euch mit der größtmöglichen Demut und bitte Euch, Ihr mögt geruhen, Euren Blick nicht
auf meine – in diesem Brief vielleicht vorhandene – Dreistigkeit zu
lenken, sondern vielmehr[b] auf meine große Notlage, die der Anlaß für
mein Schreiben ist: nicht auf den Herrn Ratspräsidenten[c], der bei zahlreichen Gelegenheiten so sehr freundlich und gütig den Auftrag dazu
gegeben hat, sondern eher auf Belintento[d], der ihn nur ausführen
wollte, wenn es ihm gefiel. Und nachdem es nun dazu gekommen ist,
mußte ich mich geradezu daran gewöhnen[e], ihm verpflichtet zu sein –
und nicht der grenzenlosen Güte Ew. Hoheit, die durch ihre unendli-
che Bereitschaft auch Dienern wie mir, deren Verdienst, gemessen an
der allgemeinen Hochachtung vor den großen Leistungen Ew. Hoheit,
gering ist, einen Gefallen tut –, obwohl er sich mir gegenüber höchst
unmanierlich verhalten hat, als er mir diese Zahlungen nicht gewähren
wollte.
    Mein Bittschreiben erreicht Ew. Hoheit in der Absicht, Euch zu
bitten, Ihr mögt anzuordnen geruhen, daß ich meine (ausstehenden)
Gehälter, die sich auf insgesamt fünf Monate belaufen, bekomme, eine
Lage, in der sich auch meine Gattin Claudia und mein Schwiegervater[f]
befinden. Die Summe vergrößert sich sogar noch, weil wir keine Hoffnung sehen, daß wir die künftigen Zahlungen[g] erhalten werden, es sei
denn auf ausdrückliche Weisung Ew. Hoheit. Ohne diese Grundlage ist

---

[a] Gehalt im Gegensatz zu gewöhnlichen Naturalien (*provigione ordinaria* – siehe Brief
   Nr. 6) wie Brot, Fleisch, Fisch, Öl und Kerzen.
[b] *si bene* für *bensi*.
[c] Alessandro Striggio.
[d] Ottavio Benintendi.
[e] *usar termine*, wörtl. »sich an die Bedingung (oder den Zustand) gewöhnen«.
[f] Giacomo Cattaneo.
[g] *future [paghe]*.

meine ganze Arbeit hinfällig und zugrunde gerichtet, weil mir Tag für Tag Widrigkeiten zustoßen, die zu beheben ich keine Mittel habe.

Trotz alledem habe ich mich, um die Zahlungen zu erhalten (wenn schon nicht die für alle Monate, so wenigstens die für einen einzigen), morgens und abends in den Pflichten des Gebets, der Demut und Höflichkeit geübt, bei denen ich nahezu meine ganze Arbeitszeit vertan habe und ständig vertue, die ich eigentlich für die Neigungen und Wünsche Ew. Hoheit einsetzen sollte, da ich mich in der Tat in einer so verantwortlichen Stellung befinde und von Euch begünstigt bin. Trotzdem kann ich nichts bekommen.

Wenn ich es wert bin, die besondere Gunst, um die ich Euch ersuche, durch die grenzenlose Güte Ew. Gnaden zu erlangen, bitte ich Euch von ganzem Herzen darum, mir diese Gunst zu gewähren, die nicht nur darin besteht, daß ich bezahlt werde[h], sondern daß ich (und das werde ich jedesmal als eine noch größere Gunst empfinden) nicht durch diesen Belintento ausbezahlt werde, weil ich sicher bin, daß Ew. Hoheit mir irgendeinen beliebigen anderen nennen könnten, der mir irgendwie entgegenkäme und Genugtuung erwiese, wenn nicht in Taten, so doch wenigstens in Worten, wenn nicht in Erfolgen, so doch in Ehrenbezeigungen, wenn nicht immer, dann doch wenigstens ein einziges Mal. Und ich weiß nicht, aus welchem Grund sich dieser Mensch mir gegenüber so verhält.

Wenn sich Euer Gunstbeweis auch auf die Zollgebühren Viadanas[i] erstrecken würde, dann wären wir völlig zufrieden. Durch die grenzenlose Güte Ew. Gnaden und die vielen anderen mir erwiesenen außerordentlichen Gunst- und Gnadenerweise beruhigt, hoffe ich, daß ich (kraft solcher Gnaden- und Gunsterweise) mit dem begünstigt werde, um was ich Ew. Hoheit ersucht habe. Weil ich nichts anderes zu tun vermag, werde ich Unseren Herrn bitten, er möge Ew. Hoheit, vor der ich mich neige und meine untertänigste Ehrerbietung erweise, ein langes Leben schenken.

Mantua, 27. Oktober 1604

Ew. Hoheit   untertänigster und dankbarster Diener
              Claudio Monteverdi

---

[h] *non solo [questa volta ma] ... ogni volta.*
[i] Der Ort, nicht der Komponist.

3

Mantua, Archivio Gonzaga, Cassetta 6, f. 84. Einzelblatt: 2 Seiten [an Vincenzo, Herzog von Mantua]. *Anlage:* Ballettmusik. *(Dezember... 1604.)* Malipiero, 131; Paoli, 24; Prunières, 232.

Obwohl es sich hier um einen der sehr wenigen Briefe handelt, die keinen Hinweis auf das Datum der Niederschrift enthalten, darf mit Sicherheit angenommen werden, daß sich der Komponist damals zur Weihnachtszeit im Hause seines Vaters in Cremona aufhielt. Das Fehlen jedes besonderen Grußes zum Weihnachtsfest oder Jahreswechsel weist darauf hin, daß der Brief wahrscheinlich in die erste Dezemberhälfte gehört; in diesem Falle könnte er fünf oder sechs Wochen später als Brief Nr. 2 datiert werden. Monteverdis gelegentliche Abwesenheit von Mantua entband ihn nicht seiner Pflichten als Komponist, wenn er die vorübergehende Befreiung von Proben und Aufführungen auch genossen haben mag.[1] Bei dieser Gelegenheit forderte der Herzog ihn auf, ein Ballett über das Thema des von der Mondgöttin Selene umworbenen Schafhirten Endymion zu schreiben, das in der alten griechischen Sagenwelt in verschiedenen Versionen ausgeschmückt und zu Monteverdis Zeiten von Dichtern wie John Lyly[2] und Ascanio Pio di Savoia zu neuem Leben erweckt worden war, deren Intermedien für die Festlichkeiten in Parma im Dezember 1628 eine Liebesszene mit Diana und Endymion enthielten.[3]

---

[1] Die nächsten fünf Briefe, alle aus Cremona, enthalten Hinweise auf die von Monteverdi seitens seiner Auftraggeber erwartete Arbeit (hauptsächlich Kompositionsarbeit). Brief 4 (1607) an Iberti bezieht sich auf Madrigale; Nr. 5 (1608 an Kardinal Ferdinando Gonzaga auf ein nicht näher bezeichnetes Musikstück; Nr. 6 (1608) an Chieppio erwähnt die Rückkehr zur Plackerei in Mantua; Nr. 7 (1609) an Striggio befaßt sich mit einer Monodie, die zu einem Madrigal umgeschrieben werden kann; Nr. 8 (1609) an Striggio bewertet die Persönlichkeit und Musik von Galeazzo Sirena.

[2] *Endimion, the Man in the Moone* (1585). Es gibt verschiedene voneinander abweichende Fassungen der Fabel, aber die Motivkombination von Liebe, ewigem Schlaf und Mondgöttin ist in den meisten anzutreffen.

[3] Siehe Brief 105. Ungeachtet von Monteverdis Bezugnahme auf Endymion taucht der Name im gedruckten Libretto nicht auf, das einfach den Ausdruck *pastore* verwendet. Das mit 1617 angegebene Datum dieses Briefes (obwohl Monteverdi 1627 gemeint haben muß) hat manche Autoren zu der Annahme verleitet, daß ein Intermedium mit dem Titel *Gli amori di Diana e di Endimione* 1617 für Parma geschrieben wurde (Paoli, *Monteverdi*, S. 219, 220, 236). Diese Verwirrung wurde von Frank Walker in einer Mitteilung an *Music and Letters*, XXIX (1948), S. 433 f., erhellt. Durch einen seltsamen Zufall aber war Ende 1615 in Mantua ein *Endimione* geplant (Ademollo, 232; Davari, 114), anscheinend ein Werk von Herzog Ferdinando. Es läßt sich nicht klären, ob es sich da um eine *favola* oder ein Ballett gehandelt hat, aber Striggio

Monteverdis Musik ist anscheinend nicht erhalten geblieben, war wahr-scheinlich jedoch für eine Aufführung in der Karnevalszeit des Jahres 1603 bestimmt; manche Aspekte davon wurden von dem manieristischen Maler und Bühnenbildner Federico Zuccharo (ca. 1539–1609) in dessen *Il passagio per Italia* beschrieben.[4] Besondere Erwähnung widmet er der Musik, die er im Palazzo del Te hörte, wo die Akustik der Sala dei Giganti nach-hallende Harmonien sanft hervorbrachte.[5] Obwohl er durchaus mit Monteverdi zusammengetroffen sein kann, erwähnt er ihn doch nie namentlich und beschreibt auch nichts dem Ballett *Endimione* Ähnliches, das, wenn es nur aus zwei *entrate* und zwei *balletti* bestanden hat, in der Tat ein kurzes Werk gewesen sein muß. Aller Wahrscheinlichkeit nach waren die beiden von Monteverdi erörterten Abschnitte jedoch Teile eines größeren Projekts, dessen musikalischer Anteil sogar zwischen verschiedenen Komponisten aufgeteilt worden sein kann, wie es in Mantua damals der Brauch war.

Monteverdi erwähnt bei diesem Ballett vier Unterabschnitte: eine *entrata* und einen Tanz für die Sterne, eine *entrata* für die Schäfer und einen gemeinsamen Tanz für die Schäfer und die Sterne. Er hat mit der Arbeit am Tanz für die Schäfer begonnen, und sein Plan für das Alternieren von Orchesterklangfarben und Tänzerinnen scheint der folgende gewesen zu sein:

A	*tutti*	alle Sterne
B	Streicher à 5	erstes Sternenpaar
A	*tutti*	alle Sterne
C	Streicher à 5	zweites Sternenpaar
A	*tutti*	alle Sterne

Die kurze, gefällige Melodie (A) soll refrainartig wiederholt werden, wenn das Streichquintett seine dazu kontrastierende *aria* oder *arie* beendet hat, denn die konnten in der vorgeschlagenen Weise (B, C) variieren, auch wenn die Baßstimme die gleiche blieb.[6] Etwas diesem Schema sehr Ähnli-ches läßt sich seinem Ballett *De la bellezza le dovute lodi*[7] entnehmen, das

---

bezieht sich darauf, als ob es bereits fertig vorgelegen hätte, und folglich darf die Möglichkeit seiner Identität mit dem *Endimione* von 1604 nicht ausgeschlossen wer-den. Ferdinando, damals siebzehn Jahre alt und ein frühreifer Dichter, arbeitete häu-fig mit Monteverdi zusammen.

[4] Bologna: Bartolomeo Cocchi, 1608.

[5] Ademollo, 52. Ebenso erwähnt er, daß ein Flüstern in einer Ecke des Raumes, wenn auch im Zentrum unhörbar, in der entgegengesetzten Ecke doch deutlich vernehmbar war. Doni (II, 171) erörtert ein vergleichbares akustisches Phänomen im Herzogspa-last.

[6] Wie in den *entrate* für *Il ballo delle Ingrate* (1608).

[7] Ausgabe von Malipiero, X, 62.

eindeutig aus der späten mantuanischen Periode stammt, weil es in den *Scherzi musicali* aus dem Jahre 1607 erschien. Obwohl ein Gesangsballett (wie es *Endimione* auch gewesen sein könnte), beruht es in beträchtlichem Maße auf dem Wechsel von Tonarten, Stimmlagen und Tempi, ein Merkmal, das in der modernen Druckfassung verwischt worden ist.[8]

Ein weiteres wichtiges Problem, das Monteverdi erwähnt, ist das der Instrumentierung, die er zu verwenden beabsichtigt. In dieser Hinsicht legt er eine ebenso systematische wie künstlerische Einstellung an den Tag: wenn alle Sterne tanzen, erklingen auch alle Instrumente, und wenn nur zwei Sterne tanzen, sind allein die Streicher zu hören. Die Zusammensetzung der *tutti* spezifiziert er nie; sie wurden offensichtlich jedoch von Streichern, Holz- und wahrscheinlich auch Blechbläsern ausgeführt. In einem etwa sieben Jahre später datierten und an den Prinzen Francesco gerichteten Brief (Nr. 12, 26. März 1611) äußert sich Monteverdi über einen unlängst empfohlenen Bläser, dessen angebliche Fähigkeiten bemerkenswert vielseitig waren: Blockflöte, Flöte, Kornett, Fagott und Posaune. Überdies spielte er auch noch Violine und Viola. Die *tutti* bestanden deshalb fraglos aus eben diesen Instrumenten, und in Anlehnung an die Struktur französischer Ballettmusiken war die Besetzung fünfstimmig, mit einem entsprechend vollen Mittelregister wie dem des nur wenig späteren *Ballo delle Ingrate*[9].

Was die in diesem Brief erwähnten Personen betrifft, so hatte der jüngere Bruder des Komponisten, Giulio Cesare, 1604 den Dom von Mantua verlassen und eine Anstellung bei Hofe angenommen, und der Tänzer Giovanni Battista (kein weiterer Name wird verzeichnet) war aller Wahrscheinlichkeit nach sowohl mit der Choreographie betraut als auch ein *star* im doppelten Sinne des Wortes. De'Paoli vermutet, daß der im Zusammenhang mit der geplanten Aufführung von *Il pastor fido* von 1592 erwähnte ›Jseppe Ballarino‹ trotz des leicht abweichenden Namens derselbe gewesen sein könnte; es gibt jedoch keinen Beweis dafür und auch keinen Grund für die Annahme, daß ein und derselbe Choreograph für eine so lange Reihe von Jahren im Amt geblieben sein könnte.[10] Der Schluß des Briefes mit seiner stark betonten Bitte um Rücksichtnahme

---

[8] Nach den Schlußkadenzen auf »fior d'amore« und »contra beltade« sollte eine Wiederholung des ersten *balletto* folgen. Wird das versäumt, ergibt sich eine Kette ununterbrochener Dreiergruppen.

[9] Die ursprüngliche Malipiero-Ausgabe hat die zweite Violinstimme ausgelassen, die eine bemerkenswerte harmonische Nuance und zusätzliche Klangfülle beisteuerte. Diese fehlende Stimme wurde zum ersten Mal in meiner Ausgabe des Balletts von 1960 wiedereingefügt (Schott, London und Mainz).

[10] Paoli, 348.

hinsichtlich des von ihm in kurzer Zeit erwarteten Arbeitsausmaßes macht deutlich, daß ernsthafte Probleme in bezug auf Gehaltszahlungen nicht die einzigen Unannehmlichkeiten waren, mit denen Monteverdi sich im Herbst und Winter des Jahres 1604 auseinanderzusetzen hatte. Seine Gesundheit und Arbeitskraft, durch Überarbeitung und die aus den mantuanischen Sümpfen aufsteigenden Ausdünstungen geschwächt, waren auf einen Tiefpunkt gesunken und nur durch angemessene Erholung wiederherzustellen. Ruhe aber wollten die Gonzaga ihm aber nicht gewähren.

Cremona, Dezember 1604; [an HERZOG VINCENZO GONZAGA, in Mantua]

Durchlauchtigster Herr und Hochverehrter Gebieter,
vor zehn Tagen erhielt ich vom Kurier einen Brief Ew. Hoheit, der mir den Auftrag gab, zwei *entrate* zu komponieren: die eine für die Sterne, die auf den Mond folgen sollen, die andere für die Schäfer, die nach Endymion auftreten;[a] außerdem zwei kleine Tänze[b]: den einen für die besagten Sterne allein und den anderen für die Sterne und Schäfer zusammen.

Mit dem sehnlichsten Wunsch, Ew. Hoheit zu gehorchen und Euren Befehlen bereitwilligst zu dienen, mit dem ich immer erfüllt war und bis zu meinem Tode auch erfüllt sein werde, ging ich also daran, zuerst den kleinen Tanz der Sterne zu komponieren. Aber ich konnte in der Anweisung nicht herausfinden, wie viele Sterne es beim Tanzen sein müssen, und beabsichtigte, nach einem alternierenden Plan zu komponieren, was mir neu, schön und vergnüglich schiene, daß nämlich zuerst alle Instrumente eine gefällige, kurze Melodie[c] spielen, zu der auch alle Sterne tanzen, daß dann die fünf *Viole da braccio* ein Thema[c] aufnehmen, das sich von der ersten Melodie abhebt (während die anderen Instrumente schweigen), und nur zwei Sterne dazu tanzen (während die anderen stehenbleiben), und daß sie am Ende dieses Duoabschnitts die erste

---

[a] »Folgen«; »nach...auftreten«: der Gebrauch des frequentativen *seguitare* legt hier nahe, daß es sich eher um die Fortsetzung der Handlung als um die Nachfolge in jemandes Fußstapfen handelt.
[b] *balletti.*
[c] *aria.*

Melodie mit allen Instrumenten und allen Sternen wiederholen und man diese Abfolge fortsetzt, bis alle Sterne zwei und zwei getanzt haben. Weil ich aber die genaue Zahl nicht kannte und diese Information unentbehrlich ist (gesetzt den Fall, Ew. Hoheit fänden an solch einer alternierenden Einrichtung, wie ich sie dargelegt habe, Gefallen), habe ich die Ausführung aufgeschoben, bis ich die genaue Zahl kenne. Um sie in Erfahrung zu bringen, habe ich an Giovanni Battista[d], den Tänzer geschrieben, damit er sie mir durch meinen Bruder mitteilen läßt.

Inzwischen habe ich das Stück für die Schäfer und die Sterne komponiert, das ich jetzt Ew. Hoheit sende. Ich habe es, verehrter Herr, mit der gewohnten Ergebenheit und willigen Bereitschaft, Euch zu dienen[e], vertont, der ich mich immer befleißigte und befleißigen werde, aber ohne den Gehorsam meiner Körperkräfte, deren ich mich in der Vergangenheit, als sie meinem Willen zu Diensten waren, erfreute, die jetzt aber von den zurückliegenden Anstrengungen noch so matt und geschwächt sind, daß sie weder durch Medikamente noch durch Diät noch durch das Einschränken meines Arbeitspensums vollständig (wohl aber teilweise) zurückgekehrt sind.

Ich hoffe jedoch, die verlorenen Kräfte mit Gottes Hilfe zurückzugewinnen, und wenn es soweit ist (wenn es Seiner Göttlichen Majestät gefällt), werde ich Ew. Hoheit inständig bitten, mich um Gottes willen nie wieder mit soviel Arbeit auf einmal und dazu in so kurzer Zeit zu überlasten, weil es sicher ist, daß mein großes Anliegen, Euch zu dienen[f], und die übermäßige Anstrengung mir mein Leben mit Sicherheit verkürzen würden, das dann, wenn es länger dauert, womöglich Ew. Hoheit dienen und meinen armen Söhnen helfen kann. Verehrter Herr, wenn sich Ew. Hoheit von mir, weder was die Qualität noch was die Schnelligkeit anbelangt, derzeit so bedient fühlen, wie Ihr es vielleicht erwartet habt und wie es mein Anliegen war (und ich es auch immer ersehnt habe), dann tadelt also weder meinen guten Willen noch meine Gesinnung, weil beide immer das als höchste Gunst und als höchsten Beweis Eures Wohlwollens ansehen werden, was ihnen Ew. Hoheit zu befehlen geruhen, vor denen ich mich neige, Euch demütigste Ehr-

---

[d] Giovanni Battista Ballarino.
[e] *servirlo* mit Bezug auf *Signore*.
[f] *servirla* mit Bezug auf *Altezza*.

erbietung erweise und für Euch von Unserem Herrn das vollkommen-
ste Glück erbitte.
Cremona, Dezember 1604
Ew. Hoheit   untertänigster und ergebenster Diener
              Claudio Monteverdi

4

Mantua, Archivio Gonzaga, Cassetta 6, ff. 87–88. Doppelblatt: 2 Seiten und Adresse – »an Euer Erlaucht, meinen Gnädigsten Herrn
Annibale Iberti[1], Ratsherrn seiner Durchlauchtigsten Hoheit in Genua«. *Anlage:* Madrigal. *(28. Juli 1607.)* Davari, 87; Malipiero, 133;
Paoli, 27.

Ein Zeitraum von wenig mehr als zweieinhalb Jahren trennt den folgenden
Brief vom vorhergehenden, und in dieser Phase erprobt und entwickelt
Monteverdi die Zwillingsformen von Oper und Madrigal in einer Weise
weiter, die den künftigen Verlauf der Musikgeschichte unwiderruflich prä-
gen und verändern sollte. Mehrere seiner Vertonungen von Abschnitten
aus Guarinis *Il pastor fido,* aller Wahrscheinlichkeit nach für eine Aufführung dieses ermüdenden, aber epochemachenden Schäferspiels im Jahre
1598 in Mantua geschrieben, wurden heimlich kopiert und noch im gleichen Jahr dem Feind in Ferrara in die Hände gespielt. Die Schimpfkanona-
den des Domherrn Artusi[2] lösten eine erbitterte Kontroverse aus, die sich
weder rasch noch leicht schlichten ließ; und wie Monteverdi schwer zu
erzürnen war, so nahm er sich auch Zeit, bevor er diese – jetzt zu Madrigalen umgestalteten – Auszüge aus dem Schäferspiel in seinem Fünften Madrigalbuch veröffentlichte, dessen Widmung an Vincenzo Gonzaga das
Datum des 30. Juli 1605 trug.
    Dieser musikalische Glücksfall, kühn in seiner Harmonik und mit seiner
Benutzung von Continuo-Instrumenten für die letzten sechs Stücke durch-

---

[1] Dies ist der erste von vielen Briefen an Iberti, der (als Adressat) in verschiedenen
italienischen, französischen und englischen Ausgaben des Briefwechsels mit Striggio
verwechselt worden ist.
[2] Ein diesbezüglicher Auszug ist abgedruckt bei Strunk, 393–404. Siehe auch Palisca,
»Artusi«, 133–136.

aus gewagt, wurde durch zwei scheinbar harmlose Gedichte eingeleitet, die sich auf Claudio bzw. Monteverdi bezogen.[3] Sie waren das Werk eines Karmelitenbruders, Cherubino Ferrari, Theologe am mantuanischen Hof und enger Freund wie glühender Bewunderer des Komponisten. Ferrari war vielleicht kein großer Dichter; aber er machte sich auf gefällige Weise sein geistliches Gewand zunutze, um den Herzog auf die Lage Monteverdis hinzuweisen, indem er um »Liebe, Gnade und Gunst« im Gegenzug für ein aufrichtiges Geschenk bat. Im Lichte von Brief 3 erhält diese Bitte von dritter Seite eine besondere Bedeutung. Dasselbe gilt für die Anspielung auf Zerberus und den Hades im zweiten Gedicht, das keiner der *cognoscenti* lesen konnte, ohne dabei nicht den im fernen Bologna schimpfenden Artusi vor Augen zu haben.

Jedenfalls scheint der Herzog seinen *maestro di musica* nach dem Empfang eines stattlich gebundenen Widmungsexemplars von Buch V nicht überbeansprucht zu haben. Er verstrickte sich mehrere Monate lang in ein ziemlich ungewöhnliches Stück musikalischer Diplomatie, und zwar in den Versuch, einen portugiesischen Organisten, Juan Leite Pereira, der zur Rückkehr in sein Heimatland und die Stille seines Klosters beordert worden war, nach Mantua zu ziehen. Vincenzo überredete den Mann durch Beeinflussung von Agenten, Freunden und Kardinälen, Rom ohne päpstliche Erlaubnis zu verlassen, aber er war im Februar 1606 noch immer nicht in Mantua.[4] Im selben Monat schickte Prinz Ferdinando Gonzaga aus Pisa Einzelheiten über ein Turnier und ein Ballett an seinen Bruder Francesco in Mantua.[5] Es war bereits Karnevalszeit, und die Brüder wetteiferten miteinander bei der Planung verschiedener Arten höfischer Lustbarkeiten. Von den beiden war Ferdinando der Dichter und Musiker, Francesco dagegen der Planer und Organisator.

Mantua hatte seit *Il pastor fido* kein wirklich großes theatralisches Ereignis mehr gesehen, und Francesco beratschlagte deshalb im Gefühl von Aufregung und Erwartung mit einem der jüngeren Hofsekretäre, Alessandro Striggio, dessen Vater in früheren Zeiten ein berühmter Musiker gewesen war. Striggio erbot sich, eine neue Fassung der Orpheus-Sage zu schreiben, und die Idee wurde bereitwillig aufgegriffen. Er benötigte aber auch einen Komponisten mit beträchtlicher Bühnenerfahrung, und die Florentiner (insbesondere Marco da Gagliano) standen nicht immer zur

---

[3] Diese Gedichte sind so offensichtlich als zusammengehöriges Paar konzipiert, daß es schwer zu verstehen ist, warum Barblan in seiner ausgezeichneten Biographie sie einzeln behandelt und das erste für aus einer sehr viel früheren Periode stammend hält. Siehe Barblan, »La vita«, S. 20, 26 [Fußn. 28] und 43.
[4] Bertolotti, 85.
[5] Bertolotti, 86.

Verfügung. Sigismondo d'India hatte Mantua betreten und wieder verlassen, ohne einen tieferen Eindruck gemacht zu haben, denn seine besten Arbeiten sollten erst in ferner Zukunft entstehen. Salomone Rossi, im August 1606 der Verpflichtung entbunden, ein gelbes Zeichen am Hut zu tragen, wurde damit zu einem der privilegiertesten Mitglieder der Jüdischen Gemeinde Mantuas; sein eigentlich Bestes aber leistete er in der Kammermusik. Für ein Bühnenwerk bot sich nur eine einzige Möglichkeit – Monteverdi.

Die Komposition von *L'Orfeo, favola in musica,* muß nahezu ein ganzes Jahr in Anspruch genommen haben. Brief 4 macht deutlich, daß sogar ein fünfstimmiges Madrigal bei Monteverdi eine volle Woche Arbeitszeit erforderte, besonders deshalb, weil er nur morgens und abends zu komponieren pflegte.[6] Die Oper kann Mitte November fertig gewesen sein, als seine Frau Claudia einen leidenschaftlichen Brief an Annibale Chieppio schrieb und darin um finanzielle Unterstützung aus dem angeblich wohlhabenden Steuerbezirk Viadana bat.[7] Dann begann die Abschrift der Stimmen, die Verpflichtung der Sänger und die Planung der Proben. Mit dem großen Francesco Rasi in der Titelrolle war der Erfolg eigentlich schon gesichert,[8] aber es gab noch einen enormen Berg Arbeit zu bewältigen. Monteverdi war wieder einmal an einer Produktion beteiligt, die Neuland betrat und seine körperlichen Ressourcen aufs äußerste beanspruchte. Zu Beginn des Sommers 1607 kehrten er, seine kränkelnde Frau und seine beiden kleinen Söhne wieder in Baldassares Haus in Cremona zurück.

In auffälligem Kontrast zu dieser bekümmerten und verarmten Familie brachen Vincenzo und sein Hofstaat zu einem Sommeraufenthalt in Sampierdarena auf, einem damals noch unberührten Strand in der Nähe von Genua. In kurzer Zeit gaben sie 100 000 *scudi* aus – so jedenfalls Benedetto Moro, ein venezianischer Beamter, der dem Senat in durchaus deutlichen Formulierungen über den Verdruß berichtete, der von Vincenzos verarmten Untertanen zum Ausdruck gebracht wurde.[9] Ein unendlich kleiner Teil dieses Aufwands kam vermutlich Don Bassano Casola und einer unter seiner Leitung stehenden Sängergruppe zugute, die den Hof

---

[6] Siehe den Brief von Antonio Goretti an den Marchese Bentivoglio vom 27. November 1627, zitiert in der Einleitung zu Brief 115.

[7] *Cf.* Brief 2. Claudia bittet darum, der Herzog »möge gewähren, daß unser Gehalt von den Steuern der Stadt Viadana bezahlt wird, eine Gunst, die, wenn sie gewährt wird, die bedeutsamste von allen sein wird« (Mantua, Archivio di Stato, Busta 2705. Brief vom 14. November 1606).

[8] Siehe Eugenio Cagnanis Brief, *Mantova: Le Lettere,* II, 621.

[9] Errante, »Forse che sì«, 25–26.

ans Meer begleitet hatte, um von Zeit zu Zeit mit Konzerten aufzuwarten. Es war, Monteverdis Beschreibung nach zu urteilen, ein reiner Männerchor mit – höchstwahrscheinlich – Kastraten, einem männlichen Alt und dem üblichen Tenor und Bass.[10] Instrumentalisten werden nicht erwähnt, und es ist deshalb wahrscheinlich, daß das dem Brief beigefügte Musikstück lediglich eine Reihe unbegleiteter Singstimmen erforderte.

Von besonderer Bedeutung ist die tiefe Besorgnis, wie sie Monteverdi hinsichtlich der ordentlichen Probe eines neuen und ungewohnten Stückes an den Tag legt. Er zögert nicht, einen ihm übergeordneten Hofbeamten zu bitten, dafür Sorge zu tragen, daß die Noten nur ja recht früh ausgehändigt werden, so daß Bassano Casola mit den Sängern ihre Stimmen durchgehen kann.

Da er verspricht, »das andere Sonett« so bald wie möglich zu schicken, dürfen die beiden Kompositionen – beides Vertonungen von Sonetten für unbegleitete Singstimmen – als auf Gedichten eines einzigen Autors beruhendes, zusammengehöriges Paar betrachtet werden. Ein namentlicher Hinweis fehlt jedoch, und es werden auch keine Incipits gegeben. Die handschriftliche *partitura,* die den Brief begleitet hat, ist verlorengegangen. Monteverdi hatte jedoch nicht die Angewohnheit, seine neuen Kompositionen abzuschicken, ohne zunächst eine Kopie für sich selbst davon zu machen, und zweifellos wurde diese Kopie für die nächste Madrigalveröffentlichung bereitgehalten.

Das war Buch VI (1614), das Vertonungen verschiedener Gedichtformen enthält – sieben davon sind Sonette. Zu dieser Gruppe müssen auch die für Sampierdarena geschriebenen gehören, und es trifft sich, daß fünf davon für Singstimmen und obligates Clavicembalo gesetzt sind, die beiden restlichen dagegen für *a cappella*-Chor – die berühmten Vertonungen von *Zefiro torna* und *Ohimè, il bel viso,* beide von Petrarca.[11] Wenn diese Zuschreibung auch nicht absolut bewiesen ist, darf es doch als ziemlich sicher gelten, daß die beiden Sonette die Bindeglieder zwischen dem traurigen Sommer 1607 und dem sieben Jahre später folgenden Madrigalbuch darstellen – dem einzigen der neun, dem keine Widmung vorangestellt ist. Es bedurfte auch keiner, weil der Grundton von Buch VI der von Klage und ehrerbietiger Huldigung ist, und die Petrarca-Sonette stammen aus dem Teil seines *Canzoniere,* der »in morte di madonna Laura« geschrieben ist.

Am 10. September 1607 starb Claudia, die Frau des Komponisten. Sie

---

[10] Es mag sich hier um dieselbe Gruppe, möglicherweise sogar mit einigen derselben Sänger, gehandelt haben, die den Feldzug von 1595 begleitete. Errante, »Forse che sì«, 31.

[11] Siehe Pirrotta, 42; Stevens, »Necklace«, 371–372.

wurde im Dom von Cremona beigesetzt; aber weil sie nicht aus Cremona selbst gebürtig war, wurden ihre Gebeine später nach San Nazaro über-führt.[12]

[12] Santoro, *Monteverdi,* 72.

Cremona, 28. Juli 1607; an ANNIBALE IBERTI, in Genua [Sampierda-rena]

Euer Erlaucht, mein Gnädigster Herr,
sobald Seine Hoheit[a] aus Mantua abgereist war, ging auch ich weg, um meinen Vater in Cremona zu besuchen, wo ich mich noch befinde. Aus diesem Grund habe ich den Brief Ew. Gnaden erst am 20. dieses Monats erhalten, und so habe ich mich, als ich den Auftrag Seiner Hoheit gesehen hatte, sofort darangemacht, das Sonett zu vertonen. Sechs Tage bin ich damit beschäftigt gewesen, und außerdem zwei weitere Tage, um es auszuprobieren und nochmals neu zu schreiben. Ich mühte mich beim Komponieren mit derselben Bereitschaft des Herzens[b], die ich immer bei jeder meiner Kompositionen an den Tag legte, um dem höchst erlesenen musikalischen Geschmack Seiner Hoheit auf treffliche Weise zu dienen.

Aber ich mühte mich nicht mit derselben Körperkraft, weil ich mich ein wenig unpäßlich fühlte. Dennoch hoffe ich, daß das Madrigal Seiner Hoheit nicht mißfällt. Sollten Ew. Gnaden aber unglücklicherweise womöglich zu einem gegenteiligen[c] Schluß kommen, so bitte ich Euch, mir aus dem oben genannten Grund zu verzeihen.

Dies also ist die Musik, die ich komponiert habe. Ew. Gnaden werden mir aber einen Gefallen tun, wenn Ihr sie (bevor sie Seine Hoheit hören werden) zuerst Signor Don Bassano[d] aushändigt, damit er sie einstudieren und Sicherheit in seinem Part gewinnen kann, zusammen mit den anderen Sängern, weil es für den Sänger sehr schwierig ist, einen Part aufzuführen, den er zuvor nicht geübt hat, und zudem von

---

[a] Vincenzo, Vierter Herzog von Mantua.
[b] *affetto d'animo* in Gegenüberstellung zu körperlicher Stärke: *forze di corpo* (nächster Absatz).
[c] *contrario.*
[d] Bassano Casola, *vice-maestro di capella.*

großem Nachteil für die Komposition selbst, weil man sie nicht vollständig versteht, wenn man sie zum ersten Mal singt.

Das andere Sonett werde ich Ew. Gnaden möglichst bald fertig komponiert schicken, denn ich habe seinen Aufbau bereits im Kopf[e]. Sollte ich aber nach der Meinung Seiner Hoheit etwa zuviel Zeit in Anspruch genommen haben, dann laßt es mich bitte wissen, und ich werde die Komposition sofort schicken. Indem ich Ew. Gnaden demütige Ehrerbietung erweise und Euch darum ersuche, mich zu Euren Dienern zu rechnen, erbitte ich für Euch von Unserem Herrn alles Glück.

Cremona, 28. Juli 1607

Ew. Gnaden   Diener von Herzen
              Claudio Monteverdi

[e] *nella mente mia nella sua orditura.*

5

Mantua, Archivio Gonzaga, Cassetta 6, f. 92. Einzelblatt: 1 Seite [an Kardinal Ferdinando Gonzaga]. *Anlage:* Noten. *(26. November 1608.)*
Malipiero, 134; Paoli, 31; Prunières, 233.

Laut Prunières war dieser kurze Begleitbrief für Chieppio bestimmt. Santoro dagegen spricht sich für den Herzog aus.[1] Aber die Anredeform paßt in beiden Fällen nicht, weil sie den Ausdruck »Reverendissimo« enthält, den Malipiero mit einem nicht-identifizierten Kleriker in Verbindung bringt. De'Paoli war der erste, der richtig vermutete, daß der Empfänger Kardinal Ferdinando Gonzaga war, und obwohl sich dafür kein Beweis finden läßt, können doch die Briefe 10 und 11 dafür einstehen, die beide dieselbe Anredeform wie der hier folgende aufweisen und ebenfalls musikalische Kompositionen erwähnen.

An diesem Punkt seiner Laufbahn kannte Monteverdi nur einen Kardinal, der auch Komponist war, und das war Ferdinando, der älteste Sohn des Herzogs. Im Januar 1608 einsetzend, bietet ein umfangreiches Repertoire von Briefen von Cini, Gagliano, Peri, Rinuccini und G. B. Strozzi –

[1] Santoro, *Monteverdi,* Tafel XXIII.

sämtlich Florentiner – eine identische Grußformel,[2] denn am 24. Dezember des vorangegangenen Jahres war Ferdinando zum Kardinal erhoben worden.[3] Das »Eccellentissimo« wich dem »Reverendissimo«; und doch handelte es sich um denselben jungen Mann, der Seite um Seite – mit Gedichten und Musik – füllte und zusammen mit seinen beiden Brüdern mit dem ganzen Aplomb eines Berufsschauspielers auf der Bühne agierte.[4]

Wenn Ferdinando im allgemeinen die Florentiner favorisierte, so trat Francesco als Förderer von Monteverdi hervor, indem er ihn zur Aufführung von *Orfeo* ermunterte. Der Komponist muß wenigstens bis zum 10. August 1607 in Cremona geblieben sein, dem Tag, als er zum Mitglied der Accademia degli Animosi gewählt wurde.[5] Dann wandte er sich nach Mailand, so daß sein Freund Cherubino Ferrari Teile der Oper zu hören bekam, die einen enthusiastischen Brief des musikliebenden Theologen an Herzog Vincenzo zur Folge hatten.[6] Die Heimkehr ins Vaterhaus und die Erinnerung an Krankheit und Tod seiner Frau löschte ihm jedoch die Triumphe der Vergangenheit aus dem Gedächtnis und legte einen tiefen Schatten über die Zukunft.

Unter den vielen Freunden, die Kondolenz- und Beileidsbotschaften sandten, war auch Federico Follino, ein begabter Erfinder und Chronist von Lustbarkeiten am Hofe. In einem Brief vom 24. September bat er Monteverdi, nach Mantua zurückzukehren und zu den bevorstehenden Hochzeitsfeierlichkeiten von Francesco Gonzaga und Margherita von Savoyen eine Musik zu komponieren, womit er sich den größten Ruhm auf Erden erringen könne.[7] Wenn diese erhabene Verheißung auch einen gewissen Anteil an der Überredung des trauernden Komponisten zur Mitarbeit am Festakt gehabt haben mag, so ist es doch ebenso möglich, daß er nur zustimmte, weil er wußte, daß einzig totales Vergraben in Arbeit seinen Schmerz lindern konnte.

Als er am 9. Oktober mit Francesco die Planung erörterte, bemerkte er, wieviel Arbeit da in relativ kurzer Zeit geleistet werden mußte, und flehte deshalb seinen fürstlichen Gönner an, dem Herzog mit dem Anliegen zu schreiben, innerhalb einer Woche doch wenigstens einen Teil der Hoch-

---

[2] Siehe besonders Davari, Appendix II, 173–183; Ademollo, 53–71, 82–86.
[3] Ademollo, 58.
[4] Diese Formulierung von Beltrame wird bei Ademollo, 60, zitiert.
[5] Sommi, *Monteverdi*, 22.
[6] Davari, 86. Sieben Monate später beschrieb Ferrari in einem Brief an den Herzog von Modena seine Erfahrungen mit Theateraufführungen der verschiedensten Art und erwähnte auch, daß Monteverdi sich mit ihm über seine Kompositionen zu beraten pflegte (Prunières, 210, Fußn. 59).
[7] Davari, 88.

zeitslyrik zu schicken.[8] Obwohl Monteverdi und Rinuccini enge Freunde waren, mußte die höfische Etikette doch strikt befolgt werden: Komponist an Prinz, Prinz an Herzog, Herzog an Sekretär, Sekretär an Hofpoet und dann das Ganze noch einmal im umgekehrten Sinne. Das Libretto kam nicht innerhalb einer Woche an; aber in weniger als vierzehn Tagen traf Rinuccini selbst ein, und Komponist und Dichter waren in der Lage, ihre Probleme direkt miteinander zu besprechen.

Zu dieser Zeit gab Monteverdi der jungen Sängerin Caterina Martinelli Musikunterricht, die anfangs bei ihm und seiner Familie wohnte und später, am 7. November 1606, in ein anderes Haus umzog. Während sie die Rolle der Ariadne einstudierte, wurde sie ein Opfer der Blattern und starb am 8./9. März 1608.[9]

Francesco blieb in der ersten Hälfte des Jahres 1608 der eigentliche Mittelpunkt von Monteverdis Aktivität. Auf die Hochzeitszeremonie, die am 19. Februar in Turin stattfand, folgten eine Festmusik und theatralische Darbietungen, die jedoch nahezu vollständig von den Aufführungen in Mantua im Mai und Juni in den Schatten gestellt wurden – *Arianna, Il ballo delle Ingrate, Il sagrificio di Ifigenia* und die Intermedien für Guarinis Stück *L'Idropica*. Aber auch Ferdinando wurde keineswegs vernachlässigt oder vergessen: mehrere seiner Beiträge zu einer weitgehend überarbeiteten *Dafne*, die zur Karnevalszeit aufgeführt wurde, trugen ihm viel künstlerisches Ansehen ein, wie sie auch seinem geistlichen Rang die gebührende Ehrung zuteil werden ließen. Er war ständig mit Dichtern und Musikern in Florenz in Berührung und überließ die mantuanische Gruppe weitgehend der Obhut seines Bruders.

Das kann erklären helfen, warum sich Ferdinando gegen Ende des Jahres plötzlich mit der Bitte um Beistand an Monteverdi wandte. Die Idee dazu war ihm genau ein Jahr zuvor gekommen, als Francesco Cini – in der Hoffnung, seinen *Tetide* in die Festdarbietungen des Jahres 1608 aufgenommen zu sehen – an Ferdinando geschrieben und ihm vorgeschlagen hatte, Peri solle die wichtigsten Rezitativ- und Arienteile und Monteverdi die Chorpartien der Intermedien und die Solo- und Chorpartien der Götter schreiben.[10] Während sich das ganze Projekt zerschlug, kann Cinis Idee, durch den Einsatz der Dienste mantuanischer Musiker Geld zu sparen, Ferdinando durchaus bewogen haben, an Monteverdi zu denken, insbesondere deshalb, weil ein höchst geachteter junger Sänger, Francesco

---

[8] Davari, 88, Fußn. 2, woraus erhellt, daß Francesco den Brief am Tag nach seiner Unterredung mit Monteverdi schrieb.
[9] Ademollo, 44–45.
[10] Davari, 177.

Campagnolo, dem Kardinal gerade dargelegt hatte, die Musik in Florenz sei abscheulich und die Musiker der Stadt unzulänglich.[11]

Wie Ferdinandos Auftrag genau gelautet hat, ist unbekannt; aber Monteverdis ungewöhnlich prompte Ablieferung der Musik läßt vermuten, daß der Text nicht sehr lang gewesen sein kann. In einem eloquenten Schmeichelbrief vom 27. November hatte der Vater des Komponisten die Herzogin Eleonora gebeten, beim Herzog Fürsprache einzulegen und einem Diener in solch schlechtem Gesundheitszustand eine ehrenhafte Entlastung zu gewähren, und zu gegebener Zeit schickte Chieppio eine angemessen formulierte Antwort.[12] Deshalb ist es unwahrscheinlich, daß Ferdinando von Monteverdi erwartet haben könnte, die für Mantua vorbereiteten Libretti von Gabriello Chiabrera zu vertonen, der sie als »zwei kleine Geschichten, die gesungen und auf der Bühne dargestellt werden können«, beschrieb.[13] Vielleicht handelte es sich um den Auftrag, eines von Ferdinandos eigenen Gedichten zu vertonen, an denen ja kein Mangel war.

[11] Davari, 93, Fußn. 2 (31. Oktober 1608, nach der Rückkehr von den Hochzeitsfeierlichkeiten des Sohnes des Großherzogs und Marias von Österreich).
[12] Santoro, *Monteverdi*, 75. Ein früherer Brief an den Herzog (9. November) löste weder eine Bewilligung noch eine Antwort aus.
[13] Ademollo, 84.

Cremona, 26. November 1608; [an KARDINAL FERDINANDO GONZAGA, in Mantua]

Euer Erlaucht und Hochwürden, mein Gnädigster Herr,
ebenso geneigt wie begierig, Ew. Eminenz[a] zu dienen, begann ich, sobald der Diener angekommen war, Euren Auftrag auszuführen, der die Komposition betrifft, die ich Euch schicke. Und obwohl ich offen sagen kann, daß ich Ew. Eminenz durch die Unpäßlichkeit infolge der Anstrengungen (von der ich mich noch nicht erholt habe), die ich in den vergangenen Tagen da drüben[b] auf mich nehmen mußte, nicht so dienen werde wie ich es ersehne, so mag dennoch mein guter Wille um Eurer Güte willen anerkannt werden. Indem ich Euch versichere, daß ich keine größere Gunst werde erlangen können als immer Ew. Emi-

[a] Hier wird die normale Anrede für einen Kardinal gebraucht, obwohl Monteverdi die bei der Begrüßung übliche längere Anredeform benutzt.
[b] *costi* im Sinne von »drüben in Mantua«.

nenz zu dienen (der ich zum Schluß demütigste Ehrerbietung erweise),
erbitte ich für Euch von Unserem Herrn das Glück, das einem so
bedeutenden Fürsten zukommt.
Cremona, 26. November 1608
Ew. Eminenz   demütigster und ergebenster Diener
               Claudio Monteverdi

6

Mantua, Archivio Gonzaga, Cassetta 6, ff. 95–96. Doppelblatt: 3 Seiten und Adresse »an Euer Erlaucht, meinen Hochedlen Herrn Annibale Chieppio, Ratsherrn Seiner Durchlauchtigsten Hoheit, Mantua«.
Anlage: Ein Brief von Federico Follino. *(2. Dezember 1608.)* Davari,
94; Malipiero, 135; Paoli, 33; Prunières, 233; Vogel, 429.

Bestimmte Aspekte des folgenden Briefes (der an Länge nur noch von
Nr. 49 übertroffen wird) haben früheren Monteverdi-Biographen eine
Reihe merkwürdiger Probleme gestellt. Der gewöhnlich verläßliche Prunières vermutete, daß Striggio der Adressat sei,[1] obwohl seine Erörterung
des Inhalts mit viel mehr Recht die Rolle von Chieppio hervorhebt, dessen
Name auf f. 96 v. auftaucht. Aber der Brief konnte schwerlich »schnurstracks und in einem Zug«[2] geschrieben sein, denn er beginnt mit der
klaren Feststellung, daß der Tag, an dem das Schreiben in Angriff genommen wurde, der 30. November war, und er schließt mit dem Datum des
2. Dezember. Offensichtlich also in einem Zeitraum von beinahe drei Tagen geschrieben, trug er seinem Autor eine Menge Ärger und Angst ein,
denn Chieppio war, obwohl ein *selfmademan* von beträchtlichem Vermögen und Einfluß, von vergleichsweise geringer Herkunft und hatte dem
Komponisten gegenüber immer Gefühle warmherziger Wertschätzung gezeigt.
    Prunières erwähnt auch einen Brief von Monteverdi an Chieppio, »der
nicht entdeckt worden ist«.[3] Diese kurze Äußerung weist jedoch darauf
hin, daß die Quelle der Verwirrung bis zu Brief 5 zurückreicht, der angeb-

---

[1] Prunières, 233; Brief IV.
[2] Prunières, 90.
[3] Prunières, 211, Fußn. 77.

lich unter diesem Datum an Chieppio adressiert worden sein soll,[4] obwohl der tatsächliche Empfänger Kardinal Ferdinando Gonzaga war. Folgendes ereignete sich tatsächlich. Monteverdis Krankheit und Rückzug nach Cremona im Sommer 1608 brachte im Grunde eine Unterbrechung seines Dienstes am Hofe mit sich, wenn er auch ein Musikstück und eine Antwort auf das Ersuchen des Kardinals schickte, wie jetzt deutlich ist. Aber zu der Zeit hatte Baldassares Brief den Herzog bereits erreicht (9. November)[5], und es war eine Diskussion im Gange, ob es ratsam sei, Monteverdi die Nachfolge in der musikalischen Leitung von Santa Barbara einzuräumen, weil Gastoldi ernsthaft erkrankt war und nur noch wenige Monate zu leben hatte. Eine solche Ernennung würde ein höheres Gehalt und weniger Arbeit bedeutet haben; und an diesem Punkte seiner Laufbahn wünschte sich Monteverdi angesichts der maßlosen Anforderungen der Bühnenkomposition sehnlichst einen Wechsel. Am Ende aber wurde die Stellung Antonio Tarroni zuerkannt.[6]

Am Tage, nachdem Monteverdi dem Kardinal sein Musikstück geschickt hatte, schrieb Baldassare einen weiteren Brief nach Mantua, diesmal an die Herzogin Eleonora (27. November)[7], und bat sie, bei ihrem Gatten zu vermitteln und dem kränkelnden Claudio eine ehrenhafte Entlassung zu sichern. Unglücklicherweise standen Eleonora und der Herzog derzeit nicht auf bestem Fuße, und sie benutzte den Brief wahrscheinlich als Vorwand, um ihm wegen der andauernden zügellosen Extravaganz, die er seinen Sängerinnen entgegenbrachte, und der relativen Vernachlässigung seiner Komponisten Vorhaltungen zu machen. Derart verspottet und in Wut gebracht, muß der Herzog Chieppio aufgefordert haben (wahrscheinlich am 29. November), sofort einen Brief an Monteverdi abzuschicken und ihm die Rückkehr an den Hof zu befehlen. Der Brief traf zweifellos am letzten Tag des Monats ein, und Vater und Sohn müssen bei der Lektüre bemerkt haben, daß sich ihre vollkommen angemessenen Gesuche aufgrund der gespannten Situation in Mantua, für die natürlich keiner von ihnen verantwortlich war, in brisanten Sprengstoff verwandelt hatten.

Da die Bitten Baldassares an den Herzog und die Herzogin fehlgeschlagen waren, war die einzig verbleibende Möglichkeit der direkte Weg, und das erklärt die Länge und den Ton von Monteverdis Brief an Chieppio: Es ist ein Brief vom Typ »letztes Gefecht«, in dem der Komponist in hervorragender Weise seine Rhetorikkenntnisse einsetzt, um den Gonzaga und überdies alle, die für die höfische Verwaltung zuständig waren, unter

---

[4] Prunières, Brief III.
[5] Faksimile bei Santoro, *Monteverdi*, Tafeln XXIV–XXV.
[6] Jeppesen, 319; Tagmann, 381–382.
[7] Faksimile bei Santoro, *Monteverdi*, Tafeln XXVI–XXVII.

Druck zu setzen. Letzten Endes war er damals einundvierzig Jahre alt und konnte auf zahlreiche Publikationen und mehrere spektakuläre Aufführungen zu seinem (und seines Auftraggebers) Ansehen verweisen; und doch waren sein Gehalt und ihm gewährte Vergünstigungen nicht viel höher als die der fünfzig Bogenschützen, die einen Teil der herzoglichen Leibwache ausmachten.[8] Deren Gehalt betrug 1608 180 *scudi* pro Jahr, zuzüglich freier Unterbringung. Monteverdi verdiente 200 *scudi* und hatte für seine Unterkunft selbst aufzukommen.[9]

Zusätzlich zu seiner Sorge für die Familie hatte er sich um Caterina Martinelli als Gast und Schülerin zu kümmern. Sein Brief gibt zu verstehen, daß irgend jemand es dem Herzog in den Kopf gesetzt haben mußte, dadurch Geld zu sparen, daß er ihm eine Gehaltserhöhung (auf 300 *scudi*) gewährte und ihm dann unverzüglich einen weiteren Schüler und Untermieter aufhalste, den jungen Tenor Francesco Campagnolo. Als er dagegen Widerspruch erhob, brachte man Campagnolo im Hause irgendeines anderen unter und kürzte Monteverdis Gehalt um 60 *scudi,* so daß ihm nur 240 verblieben. Ungefähr zur selben Zeit wurde dem Dichter Chiabrera[10] ein jährliches Einkommen von 300 *scudi* gewährt, wenn er auch (wie Monteverdi) praktisch darum ersuchen mußte, um es zu bekommen. Drei Jahre später sollte sich Adriana Basile – zugegebenermaßen eine große Künstlerin – eines jährlichen Einkommens von 2000 *scudi* erfreuen, dazu einer palastartigen Wohnung, Schmucks, Mobiliars und zahlloser zusätzlicher Belohnungen.[11]

Wenn die Gonzaga und ihre Schatzmeister nur irgend die Künstler beschwindeln konnten, an deren bemerkenswerten Talenten sie sich doch so aufgeschlossen erfreuten, so taten sie das auch, und sei es unter dem windigsten Vorwand. Sogar noch 1628, als Stadt und Herzogtum bereits mitten auf dem Weg in den Untergang waren, wurden die Brüder Giovanni Battista und Orazio Rubini zur Hochzeit des Königs von Ungarn als musikalische Emissäre an den damals in Prag residierenden Kaiserhof entsandt. Aber bei der Ankunft dort wurden die Musiker gewahr, daß man sie anstatt einer Bezahlung in Talern (wie es ihnen durch Anweisung von Carlo von Nevers versprochen worden war) mit Gulden entschädigte, die sie nicht haben wollten.[12]

Im ersten Teil seines Briefes an Chieppio beschreibt Monteverdi seine

---

[8] Errante, »Forse che sì«, 25.
[9] 1197 *lire* (Davari 98) = 200 *scudi*, weil der mantuanische *scudo* damals sechs *lire* wert war.
[10] Ademollo, 182.
[11] Ademollo, 175.
[12] Quazza, *La guerra,* I, 95.

körperlichen Leiden, die von einer ernsthaften Art von Migräne bis zu einem Fall von Gürtelrose gereicht zu haben scheinen. Nahezu mit Sicherheit übertrieb er nicht, denn Benvenuto Cellini ist bekanntlich ebenfalls an den stinkenden Ausdünstungen der Sümpfe erkrankt und hat keine Zeit verloren, die Stadt zu verfluchen und sie zu verlassen.[13] Es folgt eine großartige Zurschaustellung rhetorischen Talents, in der das Wort »fortuna« eine ganze Serie von »si«-Bedingungen beherrscht und Chieppio eine gedrängte Liste echter Beschwerden vor Augen führt, darunter Eingriffe in Gehalt und Nebeneinkünfte, Verlust von Aufträgen und einer Pension, eine Livree von dürftiger Qualität und viele zeitraubende Arbeiten für geringes Entgelt.[14]

Monteverdi legt eine bemerkenswerte Vertrautheit mit den Gehältern und Ersparnissen anderer berühmter Musiker an den Tag, wahrscheinlich deshalb, weil der mutmaßliche Wert anderer auf jedem beliebigen Gebiet menschlicher Aktivität nie aufgehört hat, das Interesse derer zu wecken, die, vielleicht mit einigem Recht, spüren, daß sie weniger wohlhabend sind. Im Falle von Palestrina und de Monte beruhte das wahrscheinlich auf bloßem Hörensagen; aber er kann sich für Marenzio und die beiden ferrareser Komponisten Luzzaschi und Fiorino auf leidlich zuverlässige Informationsquellen berufen haben. Rovigo, der eine Zeitlang in Mantua in Diensten war, stellte kein Problem dar.

Aber die Zukunftsaussichten für Monteverdi erwiesen sich in Mantua als ebenso düster und unerfreulich wie die Sphinx für Orpheus in seinem eigenen Musikdrama, das vor knapp zwei Jahren entstanden war. Marco da Gagliano, der Mantua besuchte, um ein kurzes Intermedium für Guarinis *L'Idropica* zu liefern, hatte für die Arbeit von bloß zwei Monaten den gleichen Betrag bezogen wie Monteverdis Jahresgehalt. Es nimmt durchaus nicht wunder, daß sich ein Beigeschmack von Empörung in einem Brief findet, dessen zwangsläufig höfliche Sprache sich kaum damit abgibt, den wirklichen Grund für seinen Wunsch nach Entlassung zu verheimlichen.

Alles, was sich sagen läßt, ist, daß der Brief einschlug und das Ergebnis

---

[13] Barblan, »La vita«, 83, Fußn. 78. Der nach Bertolotti zitierte Umstand, daß viele Mantuaner ein hohes Alter erreichten, demonstriert lediglich, daß die gebürtigen Einwohner (zu denen Cellini und Monteverdi nicht gezählt werden dürfen) in großem Maße immun geworden waren.

[14] Paoli, 37, deutet die Bezugnahme auf Vincenzos Gesuch um Musik als Auftrag für den *Orfeo*. Aber diese Oper wurde für Prinz Francesco und die Accademia, nicht aber für eine Hochzeit geschrieben. Worauf sich Monteverdi bezieht, ist sicherlich die Forderung des Herzogs nach theatralischen Werken, die bei den Hochzeitsfeierlichkeiten von 1608 aufgeführt werden sollten.

glücklich war, und aus all dem läßt sich möglicherweise Chieppios freundliches Interesse ersehen. Am 19. Januar 1609 ordnete Vincenzo Gonzaga, Vierter Herzog von Mantua und Monferrato, an, daß sein berühmtester Musiker eine jährliche Pension von 100 *scudi* erhalten sollte,[15] und eine Woche später wurde sein Gehalt auf 300 *scudi* pro Jahr erhöht.[16] Der Zahlmeister aber war noch immer Benintendi; und der Kampf um die Pension setzte sich bis ins Todesjahr des Komponisten fort.

[15] Tiepolo, 136, nach Monteverdis eigener, 1643 der venezianischen Signoria eingereichten Kopie.
[16] Davari, 98.

Cremona, 2. Dezember 1608; an ANNIBALE CHIEPPIO, in Mantua

Euer Erlaucht, mein Hochedler Herr,
heute, am letzten Tag des November, habe ich von Ew. Gnaden einen Brief erhalten, dem ich entnommen habe, daß Seine Hoheit[a] befehlen, ich solle so bald wie möglich nach Mantua kommen. Sehr geehrter Signor Chieppio, wenn er es befiehlt, daß ich komme und mich erneut mit anstrengender Arbeit abmühe, so versichere ich Euch, daß mein Leben dann, wenn ich mich von der anstrengenden Arbeit an der Theatermusik nicht ausruhe, sicherlich kurz sein wird, weil ich mir als Folge der vergangenen Überanstrengung ein Kopfleiden zugezogen habe, und einen so heftigen Juckreiz um die Taille, der sich durch die vorgenommenen Ausbrennungen, durch die Einnahme von Purgiermitteln, durch Aderlaß und andere starke Mittel bis jetzt nur teilweise heilen ließ. Mein Vater[b] schreibt die Ursache des Kopfleidens meiner anstrengenden Tätigkeit zu und die des Juckreizes dem Klima von Mantua, das mir nicht bekommt, und er befürchtet, das Klima allein werde in kurzer Zeit meinen Tod verursachen können. Denkt nur, Ew. Gnaden, was dem meine Arbeit hinzufügen würde. Wenn seine Hoheit befehlen, daß ich komme und um Gunst und Wohlwollen von seiner Güte und Liebenswürdigkeit entgegennehme, so sage ich Ew. Gnaden, daß mir das Schicksal, das ich neunzehn Jahre hindurch in Mantua erfahren habe, Veranlassung gegeben hat, es mir feindlich und nicht

[a] Vincenzo, Vierter Herzog von Mantua.
[b] Baldassare Monteverdi.

freundlich gesinnt zu nennen; auch wenn es mir die Gunst erwiesen hat, daß ich von Seiner Hoheit, dem Herzog, damit beehrt wurde und ihm in Ungarn dienen durfte, hat es mir dazuhin seine Gunst entzogen, als es mir für diese Reise zusätzliche Ausgaben auflud, die unser armer Hausstand beinahe heute noch verspürt.

Als mich mein Schicksal[c] in den Dienst Seiner Hoheit nach Flandern rief, ist es mir bei der Gelegenheit auch feindlich gesinnt gewesen, indem es meiner Frau Claudia, die in Cremona lebte, für unseren Haushalt mit der Magd und dem Diener Ausgaben auflud, obwohl sie damals von Seiner Hoheit nur 47 Lire im Monat bekam, außer den Dinaren, die mir mein Vater zusteckte.

Als mir mein Schicksal schon dadurch einen Dienst erwies, daß mir Seine Hoheit, der Fürst, damals mein Gehalt von 12½ Scudi mantuanischer Währung auf 25 Scudi im Monat erhöhte, wandte es sich auch dadurch gegen mich, daß der oben genannte Fürst sich danach entschloß, mir durch Don Federico Follino ausrichten zu lassen, er wolle, daß ich mit dieser Gehaltserhöhung für die Kosten für Signor Campagnolo, der damals noch ein Knabe war, aufkäme. Weil ich keinen Streit wollte, mußte ich 5 Scudi pro Monat für diese Ausgaben zurücklegen. So verblieben mir die 20 Scudi, die ich jetzt habe.

Als mich mein Schicksal letztes Jahr schon dadurch begünstigte, daß der Fürst mich einlud, bei den Musikstücken für die Hochzeitsfeierlichkeiten mitzuwirken, war es mir wiederum feindlich gesinnt, indem es mich eine nahezu unmögliche Arbeit ausführen ließ, und außerdem mußte ich unter Kälte, fehlender Kleidung, Knechtschaft und beinahe auch unter dem Mangel an Lebensmitteln leiden (bedingt durch den Verlust der Unterstützung für meine Frau Claudia und durch den Ausbruch der schweren Krankheit), ohne daß ich von Seiner Hoheit in irgendeiner Weise in der Öffentlichkeit eine Unterstützung erfahren hätte, obwohl Ew. Gnaden wissen, daß die Gunstbezeigungen großer Fürsten ihren Dienern sowohl hinsichtlich der Ehre als auch hinsichtlich des Nutzens zuträglich sind, besonders anläßlich des Besuchs von Fremden.

Als mir mein Schicksal von Seiner Hoheit eine Livree bewilligte, die ich anläßlich der Hochzeitsfeierlichkeiten tragen sollte, schädigte es

---

[c] *se m'ha fatto chiamare.* Das Subjekt dieses und der folgenden fünf Abschnitte ist *fortuna.*

mich wiederum dadurch, daß sie aus einem Stoff war, der aus Seide und Florettseide gearbeitet war, ohne Unterkleid, ohne Strümpfe und Strumpfbänder, und einen Mantel ohne Seidenfutter[d], weshalb ich aus eigener Tasche 20 Scudi mantuanischer Währung aufwenden mußte.

Wenn mich mein Schicksal schon begünstigt hat, indem es mir so überaus viele Gelegenheiten bot, mit den Aufträgen Seiner Hoheit betraut zu werden, so hat es mir wiederum dadurch zugesetzt, daß der Fürst zu mir immer über harte Arbeit sprach und niemals darüber, mir die Freude einer nützlichen Sache zu verschaffen.

Wenn mir schließlich (um nicht weiter fortzufahren) mein Schicksal schon gewogen war, indem es mich glauben ließ, ich erhielte von Seiner Hoheit eine Pension von 100 Scudi mantuanischer Währung aus der Hand des Platzverwalters[e], so hat es mir seine Gunst dann wiederum entzogen, denn nach der Hochzeit waren es nicht mehr 100 Scudi, sondern nur noch 70 (dazu der Verlust meiner zusätzlichen Bezahlung und der Verlust des Geldes für die vergangenen Monate), als ob mein Schicksal über die 100 Scudi erstaunt wäre, weil sie zu viel sind. Wenn sie den 20 Scudi hinzugefügt werden, die ich beziehe, dann machte es ungefähr 22 Golddukaten[f] im Monat. Wenn ich sie erhalten hätte, was hätte ich für meine armen Söhne beiseite gelegt?

Orazio della Viola hätte sehr hart arbeiten müssen, um ein Jahreseinkommen von 500 Scudi zu beziehen, ohne die üblichen Nebeneinkünfte[g], wenn er nur die oben genannten monatlichen Bezüge gehabt hätte. Auch Luca Marenzio hätte viel arbeiten müssen, um ebensoviel zu verdienen, gleichfalls Philipp de Monte und Palestrina, der seinen Söhnen Gelder im Wert von mehr als 1000 Scudi hinterließ. Luzzaschi und Fiorino[h] hätten viel arbeiten müssen, um ein Einkommen von 300 Scudi pro Person zu beziehen, das sie dann ihren Söhnen hinterlassen haben. Schließlich hätte sich (um nicht mehr aufzuzählen) Franceschino Rovigo abplagen müssen, um 7000 Scudi beiseite zu legen, wie

[d] *fodra di cendado.* Manchmal auch *zendado* geschrieben und als Sendel (Sandal; ein Seidenmaterial) bekannt.

[e] *capitaniato della piazza.* Die Behörde, die den Hauptplatz und die von dessen Lage profitierenden Kaufleute beaufsichtigte.

[f] Venezianische Golddukaten, die ihrem Werte nach 12,5 % höher notierten als die entsprechenden mantuanischen Münzen.

[g] *provigione ordinaria* mit Bezug auf Naturalienbewilligungen im Gegensatz zum Gehalt *(ultima provigione). Cf.* den Anfangssatz von Brief Nr. 2.

[h] Luzzasco Luzzaschi; Ippolito Fiorino.

er es tat, wenn er nur das genannte Gehalt bezogen hätte, das schwerlich ausreicht, um die Kosten für einen Haushaltsvorstand, einen Diener und seine Kleidung zu bestreiten. Außerdem weiß ich nichts davon, daß er – wie ich – zwei Söhne hat. Wenn ich also, sehr geehrter Herr, den Schluß aus dem Gesagten zu ziehen habe, so will ich sagen, daß ich in Mantua niemals Gunst und Wohlwollen zu empfangen habe, sondern vielmehr von meinem widrigen Schicksal den letzten Stoß zu erwarten habe.

Ich weiß sehr gut, daß Seine Hoheit, der Fürst, die besten Absichten gegen mich hegen, und ich weiß auch, daß er ein sehr großzügiger Fürst ist; ich bin aber in Mantua sehr unglücklich, und Ew. Gnaden werden das daraus ersehen, daß ich weiß, daß Seine Hoheit – nach dem Tod meiner Frau Claudia – den Entschluß faßten, mir seine Unterstützung zuteil werden zu lassen. Als ich aber in Mantua angekommen war, änderte er plötzlich seinen Sinn und gab zu meinem Unglück keinen derartigen Auftrag. Deshalb habe ich bisher mehr als 200 Scudi verloren und verliere mit jedem Tag mehr. Wie gesagt, er beschloß also, mir die 25 Scudi monatlich zu geben, als er plötzlich seinen Sinn änderte, so daß es zugegebenermaßen mein Unglück ist, in Mantua zu sein.

Was wollen Ew. Gnaden deutlichere Beweise? 200 Scudi an Messer[i] Marco da Gagliano zu geben, von dem man schwerlich sagen kann, er habe etwas getan, und mir, der ich das tat, was ich tat, nichts zu geben! Weil Ihr wißt, daß ich in Mantua krank und unglücklich bin, bitte ich Euch, sehr verehrter Signor Chieppio, mir aus Liebe zu Gott eine ehrenhafte Entlassung aus dem Dienst Seiner Hoheit zu gewähren, weil ich weiß, daß ich daraus mein ganzes Glück gewinnen werde. In einem seiner Briefe, in dem mich Don Federico Follino im vergangenen Jahr von Cremona aus zu den Hochzeitsvorbereitungen nach Mantua einlud, versprach er mir das, was Ew. Gnaden aus seinem Brief ersehen können, den ich Euch schicke. Und am Ende geschah dann nichts, und wenn ich wirklich etwas besaß, dann waren es 1500 Verse, die vertont werden mußten.

Lieber Herr, helft mir, eine ehrenhafte Entlassung zu erreichen, weil mir das am besten zu sein scheint und sich dann Klima, Arbeit und mein Geschick ändern werden. Und was kann mir im schlimmsten Fall anderes passieren als daß ich arm bleibe wie ich es schon bin? Was

---

[i] *Messer:* hier im pejorativen Sinne gebraucht wie bei Pallavicino (Brief Nr. 1).

meine Ankunft in Mantua betrifft, so werde ich, damit meine Entlassung im Einvernehmen mit der Gunst Seiner Hoheit vor sich geht, wenn er es nicht anders wünscht, Ew. Gnaden versichern, daß ich Seine Hoheit immer, wo ich auch sein werde, zu meinem Herrn und Meister erklären und ihn mit meinen demütigen Gebeten bei Gottes Majestät anerkennen werde. Mehr kann ich nicht tun. Denn was Gunst und Wohlwollen, die ich in so reichem Maße von Euch, sehr verehrter Signor Chieppio, erfahren habe, anbelangt, so könnt Ihr sicher sein, daß ich niemals daran denke, ohne rot zu werden, wenn ich mich erinnere, wie lästig ich Euch gefallen bin. Was aber meine bescheidenen Kräfte nicht ausrichten können, das werden schließlich mein Herz und meine Stimme erreichen, wenn sie Eure grenzenlose Freundlichkeit rühmen und meine fortwährende Verpflichtung gegenüber Ew. Gnaden, denen ich zum Schluß Ehrerbietung erweise und Euch die Hand küsse.
Cremona, 2. Dezember 1608
Ew. Gnaden   für immer dankbarster Diener
                Claudio Monteverdi

7

Mantua, Archivio Gonzaga, Cassetta 6, ff. 99–100. Doppelblatt: 3 Seiten und Adresse – »an Euer Erlaucht, meinen Hochedlen Herrn Alessandro Striggio, Hochwürdigsten Ratsherrn Seiner Durchlauchtigsten Hoheit in Mantua«. *(24. August 1609.)* Malipiero, 139; Paoli, 40; Prunières, 236.

Dies ist Monteverdis erster erhalten gebliebener Brief an Alessandro Striggio, damals Sekretär und Hofrat im selben Dienstrang wie Chieppio, den er bei der Ungarnexpedition des Jahres 1601 begleitet hatte. Beiden stand die Anrede »osservandissimo« zu, ihrem Vorgesetzten Iberti dagegen »collendissimo«. Als Musiker (und damit bloßer Diener in der Hofhierarchie) war Monteverdi äußerst peinlich darauf bedacht, die korrekten Anrede- und Grußformen zu beachten, und die genauen Einzelheiten dieses Verfahrens tragen häufig zur Identitätsbestimmung des Empfängers bei.[1]

[1] Siehe auch die Einleitung zu Brief 5.

Nach zwei Wochen schickte Striggio eine Antwort, die der Komponist am 9. September erhielt, der seine eigene Replik auf den 10. September datierte. Die Briefe 7 und 8 sollten somit als Paar aufgefaßt werden – und obendrein als einzigartiges Paar, denn sie sind die beiden einzigen Briefe Monteverdis, die aus dem Jahre 1609 übriggeblieben zu sein scheinen. Beide Briefe erörtern neben anderen Problemen Bläserfragen, denn Prinz Francesco beabsichtigte ein Ensemble von Cornetti (Zinken)und Posaunen mit nach Casale Monferrato zu nehmen, das für Freiluftanlässe ebenso zu gebrauchen war wie für Tafelmusik.[2] Aber die Briefe sind in englischen und französischen ebenso wie in italienischen Ausgaben schwerwiegenden Mißdeutungen ausgesetzt gewesen, weil Monteverdis sorgfältige Unterscheidung von Vincenzo und Francesco – »il Serenissimo Signor Ducca« und »l'Altezza Sua del Signor Principe« – übersehen oder außer acht gelassen worden ist.[3] Der Prinz war noch anderthalb Jahre später auf der Suche nach Bläsern, wie aus Brief 12 deutlich wird.

Monteverdi bestätigt den Empfang der zu vertonenden Texte, gibt aber nicht den geringsten Hinweis darauf, daß Striggio der Autor ist. Obwohl Komponist und Poet bereits beim *Orfeo* zusammengearbeitet hatten und 1620 bei der Aufführung von *Apollo* ihre Kräfte erneut vereinen sollten,[4] stammen die Verse, auf die hier angespielt wird, doch beinahe mit Sicherheit von einem anderen. Marc' Antonio Ferretti hatte dem Herzog Anfang August ein Schäferspiel geschickt und einen Prolog hinzugefügt, den er einem Brief vom 23. September beilegte; von Musik ist da jedoch nicht die Rede.[5] Monteverdis frühere Erfahrung mit Guarinis Schäferspiel hatten ihn davon überzeugt, daß es durchaus möglich war, ein Gedicht in Form einer Arie zu vertonen und es dann später für ein Vokalquintett umzuschreiben,[6] und später sollte er dieselbe Umarbeitungspraxis bei seinem *Lamento d'Arianna* anwenden, das die Venezianer entzückte, aber die Mißbilligung von Giovanni Battista Doni[7] erntete.

---

[2] Monteverdis Vertrautheit mit Blasinstrumenten und ihren Spielern mag bis zu einem gewissen Grade auf seinen Freund und Schüler Giulio Bianchi zurückzuführen sein, einen virtuosen Kornettisten aus mantuanischen Musikerkreisen.

[3] Prunières, 212, Fußn. 79; Paoli, 40, wo die Vermutung geäußert wird, daß eher der Herzog als sein Sohn ihn mit der Frage des Bläserensembles gängelte.

[4] Aber nicht *Tirsi e Clori*, dessen Text »marinistisch« ist (Pirotta, 49). Marini weilte von 1608 bis 1615 am Hof von Carlo Emanuele I., dem Herzog von Savoyen, und seine Dichtung wurde dort und in Mantua besonders bewundert.

[5] Ademollo, 85.

[6] Siehe die *Pastor fido*-Madrigale *(sic)* in Buch IV und V.

[7] Doni, II, 98 (Neupaginierung nach dem Register). ».. composto a più voci dal medesimo Monteverdi, a richiesta di un nobile Veneziano«. In Monteverdis Korrespondenz tauchen die Namen dreier venezianischer Adliger auf: G. M. Bembo (Brief 41, 1620),

Dennoch ist die Möglichkeit groß, daß die vom Herzog ausgewählten Verse von einem der bei ihm derzeit gerade in Gunst stehenden Dichter stammten, etwa von Gabriello Chiabrera oder Giambattista Marini. In diesem Falle würde man erwarten, einen geeigneten Kandidaten für die fragliche Komposition unter den Arien und Madrigalen zu finden, die später in Monteverdis verschiedenen Sammlungen veröffentlicht wurden. Dort aber ist keine monodische Vertonung von Chiabrera auszumachen; und das auf Marini beruhende einzige Solostück ist *Tempro la cetra* (Buch VII), das sich nicht für eine Ensemble-Fassung eignete. Möglich ist, daß Monteverdi, nachdem er Striggio eine Kopie geschickt hatte, die Arie für fünf Stimmen umschrieb und sie 1614 veröffentlichte – der nächsten geeigneten Gelegenheit –, als Buch VI erschien. Dieses Sechste Buch enthält mehrere fünfstimmige Vertonungen von Gedichten Marinis, und die Musik stammt bekanntlich aus den letzten fünf Jahren des Komponisten in Mantua.[8]

Im zweiten Absatz läßt Monteverdi keinen Zweifel daran, daß er sich jetzt auf Prinz Francesco bezieht, denn er hat seinen Bruder Giulio Cesare gebeten, »L'Altezza Sua del Signor Principe« eine speziell gebundene Partitur des *Orfeo* zu überreichen, weil ein Paket mit Vorausexemplaren von Amadinos Pressen in Venedig aus bereits auf dem Weg war. Der in Cremona weilende Komponist überließ die Bindearbeiten und die Präsentation von Geschenkexemplaren seinem Bruder, hielt es jedoch für ratsam, Striggio als Librettisten und Hofsekretär zu gegebener Zeit ein paar Worte fallen zu lassen. Der dreiundzwanzigjährige Widmungsträger, wahrscheinlich beeindruckt und gerechtermaßen stolz, muß bemerkt haben, daß die Schirmherrschaft über ein bedeutendes Werk im Leben eines so jungen Herrn durchaus selten ist.

---

der regelmäßige musikalische Abendveranstaltungen abgehalten haben soll; Lorenzo Giustiniani (Briefe 72–76, 1622), zu dessen Hochzeit im Jahre 1630 Monteverdi seine *Proserpina rapita* schrieb; und Girolamo Mocenigo (Brief 96, 1622; Brief 118, 1628), sein besonderer Schirmherr, für den er den *Combattimento* schrieb. Wenn Giustiniani auch zu jung war, um das in Rede stehende Werk 1611 in Auftrag gegeben haben zu können, so war Bembo doch schon 1613 aktiv, wie Grillos Brief zeigt. Der wahrscheinlichste Kandidat aber ist Mocenigo, der zur Zeit der Premiere von *Arianna* genau siebenundzwanzig Jahre alt war. Eine andere Stellungnahme von Doni entlastet Monteverdi großmütig: »... non ha colpa il Signor Baudio *(sic)* ... in haver ridotto in Madrigali il lamento della sua Ariadna, più per compiacere ad altri, che a se stesso, come egli medesimo in una sua lettera confessa«. Doni mag sich da auf einen Brief in seinem eigenen Besitz beziehen, denn obwohl der Lamento in den Briefen 19 und 124 erwähnt wird, erörtert Monteverdi doch weder die polyphone Fassung noch seine Gründe, sie auszuarbeiten.

[8] Pirrotta, 43.

Noch immer an den Prinzen[9] gewandt, bringt Monteverdi das kompli-
zierte Geschäft der Verpflichtung eines Bläserensembles zur Sprache. Honorare, Bedingungen und Repertoire interessieren ihn in erster Linie, weil
er darauf bedacht ist sicherzustellen, daß die Musiker nicht überbezahlt
werden (das erwähnte Familientrio mit Vater und zwei Söhnen fordert
ebenso viel Geld, wie nur fünf Jahre zuvor der Komponist selbst verdiente), und er macht sich Gedanken über ihr technisches Niveau auf dem
Gebiet der leichten wie der ernsten Musik.[10] Monteverdi war ein höchst
gewissenhafter Agent, wie dieser und der folgende Brief mit aller Deutlichkeit zeigen, und er war sich durchaus auch der heiklen politischen
Probleme bewußt, die mit der Abwerbung von Musikern in Diensten von
Don Pedro Enrique de Acevedo[11] in Zusammenhang standen, des Grafen
von Fuentes und Gouverneurs von Mailand.

[9] »al detto Serenissimo Signor Principe«. Francesco, der erstgeborene Sohn des Herzogs, wurde ebenfalls mit »Serenissimo« angeredet, wie sich aus der Widmung und
dem Vorwort zu *Orfeo* ersehen läßt.
[10] Zu weiteren Einzelheiten über mantuanische Bläser siehe Cavalcabò, *passim.*
[11] Geb. Zamora 1525, gest. Mailand 1610. Nach hervorragenden militärischen Leistungen in Italien, Portugal und Frankreich schlug er die Verwaltungslaufbahn ein und war
Generalgouverneur der Niederlande (1595), Generalkapitän der spanischen Armee
(1596) und Gouverneur und Generalkapitän des Staates Mailand (1600). Er war ein
enger Freund von Kardinal Borromeo.

Cremona, 24. August 1609; an ALESSANDRO STRIGGIO, in Mantua

Euer Erlaucht, mein Hochedler Herr,
ich habe einen Brief Ew. Gnaden mit dem Text erhalten, den zu vertonen Seine Hoheit[a] in Auftrag gegeben haben. Der Brief traf gestern,
am 23. dieses Monats, ein. Möglichst bald werde ich mich daransetzen
den Text zu vertonen, und ich werde, wenn die Komposition beendet
ist, Ew. Gnaden davon Kenntnis geben oder sie eigenhändig nach
Mantua bringen, weil ich bald zu Diensten sein will. Ich habe vor den
Text zunächst für eine Solostimme zu komponieren, wenn aber Seine
Hoheit befehlen, ich solle die Arie fünfstimmig setzen, dann werde ich
das tun.
     Ich habe Ew. Gnaden über nichts weiter zu berichten als über den
Orfeo: ich hoffe, mein Bruder[b] wird morgen, am 25., den fertigen

[a] Vincenzo, Vierter Herzog von Mantua.
[b] Giulio Cesare Monteverdi.

Druck vom Drucker[c] erhalten, der ihn ihm durch den Kurier, der gerade morgen ankommt, aus Venedig schicken lassen will. Sobald er ihn erhalten hat, wird er ein Exemplar binden lassen und es Seiner Hoheit, dem Prinzen[d], schenken. Dann bitte ich Ew. Gnaden, an Seine Hoheit einige Worte zu richten, die ihm den sehnlichen Wunsch meines Herzens kundtun, ihm nämlich zu beweisen, daß ich ihm ein höchst ergebener und untertäniger Diener bin und Seiner Hoheit (die viel verdienen) wenig gebe aus Mangel an günstigen Gelegenheiten, aber nicht etwa aus Mangel an geistreichen Einfällen.

Ihr werdet mir einen Gefallen tun, wenn Ihr außerdem bei dieser Gelegenheit den genannten Prinzen wissen laßt, daß ich – wie er mir zu tun aufgetragen hat – mit den Zinken- und Posaunenbläsern gesprochen habe, und daß sie mir geantwortet haben, sie kämen, um Seiner Hoheit zu dienen, aber nur unter diesen zwei Bedingungen: erstens wollten sie von Seiner Hoheit gerne durch Bittbriefe an den Grafen von Fuentes[e] (oder wen es sonst betrifft) unterstützt werden, damit sie die fälligen Löhne kassieren[f] können, nachdem der Graf von Fuentes sich im Staate Mailand aufhält, und damit Ew. Gnaden verstehen, daß diese Löhne fällig sind, weil sie im Schloß von Cremona[g] spielen. Die zweite Bedingung ist die, daß der Vater und die beiden Söhne, die sämtliche Blasinstrumente spielen, monatlich gerne 12 Scudi pro Person hätten. Dieser Forderung widersetzte ich mich sogleich und erklärte ihnen, Seine Hoheit bezahlten 8 Scudi, mit denen sie meiner Meinung nach zufrieden sein sollten. Darauf haben sie weder ja noch nein gesagt.

Die zwei anderen Spieler wären, so glaube ich, für weniger Geld zu haben, weil sie nicht so kompetent sind wie diese drei. Sie spielen gut zusammen und ohne weiteres sowohl Tanzmusik als auch Kammermusik[h], weil sie jeden Tag üben. Ich werde in dieser Sache auf eine Antwort warten und werde tun, was Seine Hoheit befehlen und nicht über den Befehl Seiner Hoheit hinausgehen. Damit schließe ich, indem ich

[c] Ricciardo Amadino.
[d] *L'Altezza Sua del Signor Principe* (Francesco Gonzaga).
[e] Don Pedro Enrique Acevedo, Conde di Fuentes.
[f] *scodere (riscuotere)*.
[g] Castello di Santa Croce.
[h] *et da ballo et di musica*.

Ew. Gnaden Ehrerbietung erweise und Euch bitte, mich in Euren Gunsten zu halten.

Cremona, 24. August 1609

Ew. Gnaden   Diener von Herzen
                 Claudio Monteverdi

8

Mantua, Archivio Gonzaga, Cassetta 6, ff. 102–103. Doppelblatt: 4 Seiten [an Alessandro Striggio, in Mantua]. *(10. September 1609.)* Malipiero, 140; Paoli, 43; Prunières, 237.

Im Cremona der Zeit Monteverdis gab es zwei Arten von Bläserensembles: die *pifferarii* (Stadtpfeifer), die in den Straßen und bei besonderen Festlichkeiten spielten, und das Quintett mit Kornetten und Posaunen, dessen Aufgabe es war, die Musik im Schloß zu übernehmen. Diese zweite Gruppe zögerte nicht, sich auf den Komponisten zu verlassen, als der sie fragte, wie sie denn wohl ihren Vertrag brechen könnten, wenn sich das einmal als nötig erweisen sollte. Aber bevor Striggio noch Prinz Francescos Wünsche in bezug auf die Bläser in Erfahrung bringen konnte, schrieb Seine Hoheit direkt aus der Sommerresidenz der Gonzaga in Maderno[1], um Monteverdis Meinung über den Organisten und Komponisten Galeazzo Sirena einzuholen, der wie er aus Cremona gebürtig war. Dieser am 4. September zugestellte Brief räumte ihm weniger als eine Woche ein, um Sirena auszuhorchen, den er seit vielen Jahren kannte; als aber Striggios Brief zur Bläserfrage am 9. September eintraf, antwortete Monteverdi unverzüglich, denn er hatte den rechthaberischen jungen Organisten von San Agostino bereits befragt und sich zu überlegen begonnen, was denn – wenn überhaupt etwas – hinter Francescos dringlichem Gesuch um Aufklärung steckte.

    Francesco und Margherita, die nach der Geburt ihrer Tochter Maria am 19. Juli in Maderno geblieben waren, freuten sich – vom zeitlichen, wenn nicht sogar vom gefühlsmäßigen Standpunkt aus – auf die für den Herbst

---

[1] Der Palast, von dem heute nichts mehr erhalten geblieben ist, wurde von A. M. Viani zu einem Schätzpreis von 100 000 Goldscudi erbaut. Er war von Mantua aus über Mincio und Peschiera zu Wasser und zu Land zu erreichen.

vorgesehene Rückkehr nach Casale Monferrato. Die Probleme der Regierung dieses kleinen, aber stark befestigten Vorpostens des Gonzagareiches erforderten die Anwesenheit eines fähigen Prinzen – wenigstens für den größeren Teil des Jahres –, und da Francesco der Erstgeborene war, gab es nichts Naheliegenderes als seine Wahl. Sein jüngerer Bruder Ferdinando, der sich mit seinen Musikern und Dichtern ergötzte, überredete zu der Zeit Sante Orlandi Sänger für ihn zu sammeln,[2] oder las gerade ein neues Stück, *Amaranta pescatrice,* das ihm Giovanni Villifranchi aus Florenz geschickt hatte.[3] Der Karneval des Jahres 1610 verlangte seine Aufmerksamkeit.

Obwohl als Dienstherr seiner Musiker hauptsächlich mit seinem Bläserquintett befaßt (das in Brief 12 noch einmal auftauchen wird), kümmerte sich Francesco auch um seine Kapelle und insbesondere um ihren Organisten. Ihm war das Gerücht zugetragen worden, Sirena könne für die vakante Stelle geeignet sein; also schrieb er an Monteverdi und ersuchte ihn um seine unvoreingenommene Meinung – so unvoreingenommen, wie sich das unter diesen Umständen erhoffen ließ. Es wird allgemein angenommen, daß Monteverdi in dieses Gesuch mehr hineinlas, als beabsichtigt war, wobei es »typisch ... für seinen argwöhnischen Charakter [war], daß er fürchten mochte, Sirenas Ernennung könne seine eigene Position als Leiter des *gesamten* Musiklebens in Mantua gefährden«.[4]

Er zeigt jedoch weniger Argwohn als Besorgnis – eine nur zu begründete Besorgnis, wenn man die Unzuverlässigkeit des Fiskus der Gonzaga zusammen mit den flatterhaften Zügen ihrer Mentalität in Rechnung stellt. Sie waren eine seltsame und launische Dynastie, freigebig zum einen Zeitpunkt, knauserig zum anderen; und der Sand ihrer verbleibenden Zeit rann rasch durch das Stundenglas. Als Witwer mit zwei kleinen Söhnen, die er zu versorgen hatte, fürchtete Monteverdi, daß ein neuer Organist für Francescos Kapelle sich schließlich auch um den Titel eines *maestro di musica* bewerben könne, und was würde denn passieren, wenn der Prinz selbst die Herzogswürde übernahm? Francesco hatte dann zu entscheiden, ob er den Amtsinhaber seines Vaters weiterverpflichten oder ihn durch einen anderen – vielleicht jüngeren und anpassungsfähigeren – aus seiner eigenen Umgebung ersetzen sollte.

Und doch wußte Monteverdi nur zu gut, daß Sirena ihm nicht ebenbürtig

---

[2] Bertolotti, 91.

[3] Ademollo, 85.

[4] *Monteverdi Companion,* 31. Man beachte, daß Monteverdi in Mantua nie die musikalische Gesamtleitung innehatte, denn es gab umfangreiche musikalische Ensembles an Santa Barbara und San Pietro, mit denen er nichts zu tun hatte.

war. Er hatte ihn bei den festlichen Sitzungen der Accademia degli Animosi[5] spielen gehört und seine Aufmerksamkeit angelegentlich der in San Agostino praktizierten Kirchenmusik zugewandt. Im Gegensatz zu Monteverdi, dessen zahlreiche publizierten Werke fünf Madrigalbücher und eine Opernpartitur umfaßten, konnte Sirena auf nichts verweisen, das auch im Druck erschienen war. Monteverdis erste umfassende Kirchenmusiksammlung lag bereits beim Drucker, während Sirenas Messen erst 1626 erscheinen sollten.[6]

Und so schreibt Monteverdi, die für ihn ungewohnte Rolle des Musikkritikers übernehmend, über die Werke, die er gehört hat, und berichtet Striggio, daß die Musik, obwohl sie gut klingt, schwer aufzuführen sei. Er fügt hinzu, daß Sirena klug, aber eingebildet sei, und verhehlt kaum seinen Sarkasmus, wenn er darauf hinweist, daß sein Widerpart mit Armut an und selbstgerechter Überzeugtheit von seinen eigenen Ideen gleichermaßen gut ausgestattet sei – ein scharf-pointiertes Zeugma, das zweifellos aus seiner früheren Rhetorikausbildung herrührt. Aber Monteverdi ist in höchstem Maße fair, lobt er doch Sirenas instrumentales Talent, seine Bläsermusiken und manche Aspekte seines Musikantentums. Er hat ihn sogar gebeten, nach Mantua zu kommen und dort eine bestimmte Probezeit abzuleisten, so daß der Prinz bei einem seiner häufigen Heimatbesuche in der Stadt sich selbst ein Urteil bilden mag.

Aber Sirena mochte davon nichts hören, und Anfang des neuen Jahres war Francesco nach Turin gereist, während Striggio vorübergehend in Casale Monferrato Wohnung genommen hatte. Dennoch korrespondierten sie aber weiterhin über den *Orfeo*, ein Hinweis darauf, daß Monteverdi die beiden geistig stark weiterbeschäftigte.[7]

---

[5] Sommi, *Monteverdi*, 34–35.

[6] Die Motette *Salvum me fac* in Ercole Portas *Vaga ghirlanda* (Bologna 1613) soll auf einem »tenore di Galeazo Cremonese« beruhen, der mit Galeazzo Sirena identisch sein kann. Siehe Sartori, *Bibliografia*, I, 190–191. Wie auch immer, seine erste Veröffentlichung scheint die Motette *O amantissime et dulcissime Jesu Christe* in Bonomettis *Parnassus Musicus Ferdinandaeus* von 1616 zu sein. Ein Buch mit Messen erschien zehn Jahre später in Venedig (Gardano), und zu der Zeit war er zum Organisten am Dom von Cremona ernannt worden, wo seine Musik zu kirchlichen Festanlässen große Bewunderung erregt zu haben scheint. Zwei solche Ereignisse werden in Bresciani-MSS. (Pontiroli, »Notizie«, 170) bei besonderer Erwähnung von Werken für fünf oder sechs Chöre beschrieben, die in engelhafter Harmonie sangen. Laut Bresciani starb Sirena im Jahre 1636 (Pontiroli, »Notizie«, 157).

[7] Bertolotti, 92.

Cremona, 10. September 1609; [an ALESSANDRO STRIGGIO, in Mantua]

Euer Erlaucht, mein Hochedler Herr,
am 9. dieses Monats habe ich einen Brief Ew. Gnaden erhalten, der mir
den Auftrag erteilt hat, ich solle die Bläser bis auf weiteres nicht verpflichten, sondern solle sie vielmehr in der Hoffnung auf eine Verpflichtung hinhalten. Das habe ich getan und hätte es auch ohne weitere Anweisung getan. Nun werde ich es jedenfalls mit größerer Sicherheit ausführen, weil es Euer Auftrag ist. Ich habe vor drei Tagen zu
diesen Leuten gesagt:»Wenn der Kommandeur oder der Schloßver-
walter wüßten, daß Ihr abreisen wollt, würde er Euch dann die Erlaubnis dazu geben?« Sie antworteten, er gäbe ihnen nicht nur keine Erlaubnis dazu, sondern werde ihre Abreise auf jede Weise zu verhindern
suchen. »Und sollte sich das einmal als nötig erweisen, wie würdet Ihr
Euch entfernen?« Sie antworteten:»Wir würden gehen, ohne etwas zu
sagen«. Weiter verhandelte ich in dieser Sache nicht, aber Ew. Gnaden
haben nun selbst von den Schwierigkeiten gehört, die ihr Weggang
macht.

Am 4. dieses Monats habe ich außerdem einen Brief von Seiner
Durchlaucht, dem Prinzen[a], aus Maderno[b] erhalten. Er teilt mir mit, ich
solle Erkundigungen einholen, ob ein gewisser Galeazzo Sirena, Komponist und Organist, kommen wolle, um in die Dienste Seiner Hoheit
zu treten, und welches Gehalt er fordere; außerdem solle ich der genannten Hoheit über seine Befähigung und Begabung berichten. Weil
ich diesen Galeazzo sehr gut kenne – ja er kam sogar täglich, um mich
zu Hause aufzusuchen, so daß ich ihn deswegen persönlich kenne – tat
ich meine Pflicht, sobald ich den Auftrag erhalten hatte.

Er antwortete mir sogleich, er habe nicht im Sinn, Prinzen zu dienen,
sondern wünsche in Mailand zu bleiben als *maestro di capella* an der
Kirche von La Scala[c] (weil ihm wohl gewisse Sänger aus Mailand versprochen hatten, ihm diese Stelle zu verschaffen), da er, wie er sagt, bei
dieser Gelegenheit seinen Lebensunterhalt damit verdienen könne,
daß er unterrichte, Musik für die Stadt mache, für die Mönche kompo-

---

[a] Prinz Francesco.
[b] Heute bekannt unter dem Namen Toscolano-Maderno am Westufer des Gardasees.
[c] Santa Maria della Scala.

niere und Gitarren und Clavicembali zum Verkauf herstelle. Deshalb hoffe er, auf diese Weise in kurzer Zeit reich zu werden.

Darauf antwortete ich, ich wünschte, daß er ein wenig über meine Worte nachdenke und daß er – wenn er schon nicht in den Dienst des Prinzen treten wolle – mir wenigstens sage, welche Entschuldigung ich vorbringen solle. Nachdem ich ihn mehrere Male gesehen hatte und nichts dabei herausgekommen war, hielt ich es also für gut, Ew. Gnaden zu schreiben, wer dieser Mann ist, damit Ihr Seine Hoheit davon unterrichten könnt. Wenn ich nämlich darauf bestehe zu warten, bis er mir antwortet und dann erst Seiner Hoheit schreibe, dann fürchte ich, Seine Hoheit könnten, weil ich langsam bin, denken, ich sei auch im Ausführen seiner Befehle nachlässig.

Deshalb berichte ich Ew. Gnaden folgendes: Dieser Galeazzo ist 37 Jahre alt, arm, mit Frau und Söhnen, mit einem Vater, der sein Geld als Arbeiter in der Wagen- und Sänftenfabrik[d] in Poggio verdient, und mit einer noch viel ärmeren Mutter, die den ganzen Tag in der Spinnerei arbeiten muß. Dieser Mann hat ein universales Talent, und wenn er sich anstrengt, macht er seine Sache nicht schlecht. Er setzte sich daran, ein Psalterium zu bauen, und er machte es sehr gut; er setzte sich daran, eine Chitarrone zu verfertigen, und wiederum machte er seine Sache sehr gut, und gleichfalls baute er ein Clavicembalo und viele andere handgemachte Dinge. In der Musik ist er zwar bewandert, aber er ist von sich eingenommen und besteht darauf, daß das, was seinem Geiste entspringt, das Schönste seiner Art ist. Und wenn andere das nicht so schnell sagen, sagt er es als erster. Von seinem Werk habe ich nur Teile aus den beiden achtstimmigen Messen gehört, aus der einen das *Kyrie* und das *Gloria*, und aus der anderen alles außer dem *Sanctus* und dem *Agnus Dei* (weil er mehr als das nicht komponiert hat) und ein *Credo* einer vierstimmigen Messe, ein *Dixit* zu zwölf Stimmen und einige vierstimmige Canzonen, die mit Streichern oder Blasinstrumenten zu spielen sind. Diese sind sehr bequem aufzuführen, kunstfertig gearbeitet und mit einigen neuen Einfällen. Die Messen aber und das *Dixit* sind in einem Stil, der zwar reich an Wohlklang ist, aber schwer zu singen, weil er ständig gewisse Gesangspartien und Pausen aufeinanderfolgen läßt[e], was die Sänger allzu sehr beansprucht und ermüdet.

---

[d] *scranne da poggio*
[e] *va cozzando* (= caccianelo)

Ich bin überzeugt davon, daß er sich auch dem anpassen würde, was Seine Hoheit fordern. Weil ich aber von einer solchen Tätigkeit seinerseits nichts gehört habe, will ich meine Meinung dazu nicht äußern. Ich glaube nämlich, daß es ihn nicht wenig Mühe kostet, bis er mit dem Theater vertraut ist, da er seine Jahre mit dem Komponieren von geistlichen Gesängen verbracht hat und auch große Mühe hat, mit eigenen Werken Anklang zu finden, weil er eigensinnig ist. Ich weiß, daß er mit Armut an und selbstgerechter Überzeugtheit von seinen eigenen Ideen gut ausgestattet ist und bin nicht sicher, ob Seine Hoheit mit ihm vollständig zufrieden wären. Deshalb sagte ich zu ihm:»Weil ich weiß, daß Ihr gut bezahlt werden wollt, wird es Euch, damit Seine Hoheit wissen, für wen so große Summen aufgewendet werden müssen, nur geringe Mühe machen, das zu tun, was Seine Hoheit befehlen werden. Wenn Ihr darum für drei Monate probeweise in Mantua bleiben und dort Eure Fähigkeiten zeigen wollt, dann werde ich veranlassen, daß Ihr dort ein Zimmer, Dienstpersonal, Verpflegung und hinterher auch eine Vergütung bekommt. So könnt Ihr den Vertrag abschließen«. Darauf antwortete er, er wolle das nicht, und ich fügte hinzu:»Keines Eurer Werke ist im Druck erschienen, deshalb kann man über Eure Fähigkeiten kein Urteil abgeben; außerdem wollt ihr weder probeweise kommen noch habt Ihr jemals Musik fürs Theater gemacht. Wie wird man ohne eigene Praxis Kenntnis von einer Sache bekommen können?«

Wie Ew. Gnaden gesehen haben, hat er folgende Fähigkeiten: Er besitzt nicht geringe Überzeugungskraft, aber nicht allzu viel Befähigung, sich bei den Sängern beliebt zu machen. Denn die von Cremona wollen nicht unter ihm singen, obwohl sie ihn schätzen. Zudem spricht er gerne schlecht von dritten. Was denn sein Orgelspiel angehe, so spielt er gemäß seiner Kenntnis des Kontrapunkts, aber nicht mit geläufiger Hand, denn er besitzt keine Fertigkeit dafür, Läufe zu spielen oder Triller, Akzente oder andere Verzierungen, und er gibt selbst zu, er mache daraus keine Profession, obwohl er in San Agostino hier in Cremona die Orgel spielt. Das tut er jedoch, weil er arm ist.

Zwei oder drei Tage danach bat er mich, ich solle ihm sagen, ob ihn der Durchlauchtigste Prinz (wenn er Seiner Hoheit dienen werde) als *maestro di capella* oder für eine andere Stelle wolle. Darauf antwortete ich ihm, ich würde die Absicht des Prinzen nicht kennen. Ich hielt es also für angebracht, Signor Striggio, Ew. Gnaden ein paar Worte über die Dinge, die mich beunruhigen, zu schreiben, weil ich meine, daß es dem Prinzen freisteht, das zu tun, was Seiner Hoheit gefällt und beliebt, also entweder ihn oder andere zum *maestro di capella* zu ernennen (wenn er ihm tatsächlich diesen Titel geben will, was ich nicht weiß), beim Tod Seiner Durchlaucht. Sollte der allmächtige Gott wollen, daß ich den Fürsten überlebe, was würdet Ihr mir dann zu tun raten, wenn der Prinz bereits einen *maestro di capella* hat? Soll ich dann Mantua verlassen?

Ich möchte gerne von Ew. Gnaden wissen (auf die diskrete Weise, von der ich weiß, daß Ihr sie besser zu handhaben versteht als ich sie erklären kann), ob Seine Hoheit diese Absicht haben, so daß ich in Erfahrung bringen kann, was zu tun ist. Verzeiht mir, wenn ich allzu ausführlich gewesen bin, aber gebt die Schuld meiner Unkenntnis, die nicht zuließ, daß ich es gelernt habe, mich kurz zu fassen. Damit bleibe ich von Herzen Euer Diener und küsse Euch die Hände, indem ich Euch bitte, mich in Eurer Gunst zu behalten, und Euch wissen lasse, daß ich bald in Mantua sein werde.

Cremona, 10. September 1609
Ew. Gnaden   Diener von Herzen
              Claudio Monteverdi

9

Mantua, Archivio Gonzaga, Cassetta 6, f. 106. Einzelblatt: 2 Seiten [an Herzog Vincenzo Gonzaga, in Maderno]. *(9. Juni 1610.)* Malipiero, 144; Paoli, 48; Prunières, 239.

Das Jahr 1610 bietet, wie das vorhergehende, nur zwei Briefe aus Monteverdis Feder; diesmal aber sind beide an Mitglieder der Familie Gonzaga gerichtet. Im Januar war Prinz Francesco zeitweilig von Casale abwesend und in Turin zu Besuch, wobei er Striggio zurückließ, der sich um einige seiner offiziellen und persönlichen Interessen zu kümmern hatte. Unter diesen persönlichen Interessen figurierten Musik und Theater auch weiterhin an vordringlichster Stelle, wie sich aus einem Briefwechsel Ende Januar und Anfang Februar ersehen läßt. Francesco sandte den Text eines Balletts, der vertont werden sollte, und bat um die Entsendung bestimmter Hofmusiker. Ein Postskriptum ermahnt den emsigen Sekretär, eine Kopie der *Orfeo*-Partitur abzuschicken, obwohl es nicht sicher ist, ob damals eine Aufführung der Oper in Erwägung gezogen wurde. In seiner Antwort vom 4. Februar sagt Striggio, daß er auf die Kostüme und die Musiker noch immer wartet, ebenso auf Ercole Marigliani, damals ein jüngerer und rang-niedrigerer Sekretär, der Striggios Interesse an der Verfertigung von Libretti teilte.[1]

Da Striggio 1610 nach Casale Monferrato versetzt worden war und später stark in politische Geschäfte mit Mailand verstrickt werden sollte, müssen die Briefe, die angeblich zwischen 1610 und 1615 an ihn adressiert worden sind, anderen Empfängern zugeschrieben werden. Fortgesetzte Mißhelligkeiten mit Savoyen und Spanien zwangen die Gonzaga, ihren diplomatischen Einfluß mit wachsender Sorgfalt und Schlauheit zu entfalten, und als Striggio Mantua verließ, wurde seine Stellung von Iberti über-nommen, dessen Auslandskarriere 1612 zu Ende gegangen war und der damit freie Hand hatte, die Korrespondenz mit Venedig und Deutschland zu überwachen.[2] Monteverdi, der von 1613 an sein Tätigkeitsfeld nach Venedig verlagert hatte, blieb deshalb mit Iberti in Berührung.

Herzog Vincenzo konnte sich, nach einer Reihe mühseliger und schlep-pender Verhandlungen mit der Sängerin Adriana Basile aus Neapel, im Frühjahr 1610 schließlich auf die Ankunft dieser hochbegabten Künstlerin und ihrer engsten Familienmitglieder freuen. Ottavio Gentile, diplomati-scher Geschäftsträger in Rom, schickte dem Herzog Nachricht von ihrer Durchreise daselbst,[3] wo auch Kardinal Ferdinando sie hörte und von ihren hervorragenden Fähigkeiten als Sängerin und Instrumentalistin be-richtete. Zu der Zeit, da sie und ihr Gefolge nach Bracciano, Florenz und Mantua weitergereist waren, war der Kardinal geradezu in Verzückung verfallen.[4]

Schwer verständlich ist, daß der Herzog als Empfänger von in ein steti-ges Begeisterungscrescendo eingebetteten Briefen an irgendeine andere Sängerin denken konnte, wo doch »la prima donna del mondo« bereits auf dem Wege nach Norden war; er mag jedoch die Aufstellung einer ganz besonderen und höchst virtuosen Madrigalgruppe vor Augen gehabt haben – eine Krone von Stimmen, deren glänzendster Edelstein kein anderer war als Adriana.

Deshalb war ein Bote von Maderno aus (wo Vincenzo und eine Hand-voll seiner Höflinge die kühle Brise des Gardasees genossen) mit einem

---

[1] Bertolotti, 92.
[2] Quazza, *Diplomazia*, 43; Coniglio, 426.
[3] Ademollo, 122.
[4] Ademollo, 127.

Brief an Pandolfo Grandi[5] abgeschickt worden, einen der besten Tenöre unter den Hofmusikern, der ihn davon in Kenntnis setzte, er solle – über seine eigenen Dienste hinaus, die er in Bereitschaft zu halten habe – sich nach dem besten Alt umsehen, der zu finden sei, selbst wenn das die Verpflichtung eines Neulings bedeutete.

Grandi, in Modena geboren und mit den dortigen Musikern noch immer in Kontakt, setzte sich natürlich mit einem davon in Verbindung, als der Brief ankam, war jedoch verpflichtet, Monteverdis Meinung über den Mann einzuholen (denn eine Altpartie konnte damals, wie heute, auch von einem männlichen Alt gesungen werden), weil der als *maestro di musica* letztlich für die Qualität des Ensembles verantwortlich war. Das erklärt Monteverdis Sorge nicht nur um die stimmliche Fähigkeit und Gewandtheit des Kandidaten – dessen Name nicht genannt wird –, sondern auch um seine Verwendbarkeit in einer Madrigalgruppe. Ein deutlicher Hinweis auf die Eile, in der das Vorsingen arrangiert wurde, ergibt sich aus der Bemerkung, daß der Mann gezwungen war, nach Maderno abzureisen, bevor noch eine *ad hoc*-Gruppe zusammengestellt werden konnte.

Dieser Brief ist in mancher Hinsicht ein Pendant zum vorhergehenden, denn beide werfen ein Licht auf Monteverdis Fähigkeiten als Kritiker: Der eine äußert sich freimütig zu einem Komponisten und Organisten, der andere zu einem Sänger, dessen gute und schlechte Seiten fachmännisch analysiert und bewertet werden. Vierzehn Tage nach Empfang dieses Berichts über das Probesingen hörte der Herzog von der sicheren Ankunft Adrianas in Mantua und eilte nach Porto, wo sie bereits von der Herzogin empfangen worden war. Antonio Pavese, der am 25. Juni an Kardinal Gonzaga schrieb, geriet angesichts der Schönheit der Stimme der Diva ins Schwärmen und erwähnte, daß von allen in Bewunderung verharrenden Zuhörern keiner bewegter war als Monteverdi.[6] Noch vor Ende des Jahres sollte er nach Florenz und Rom reisen, aber selbst die besten dortigen Sängerinnen vermochten ihn nicht so zu beeindrucken wie Adriana Basile.

---

[5] Er war von 1591 bis wenigstens 1621 in Diensten (Jeppesen, 318), und sein Name taucht auf späteren Gehaltslisten auf (MacClintock, *Wert*, 48; Bertolotti, 97). Im Jahre 1618 steuerte er zwei Werke zu den Scipione Gonzaga von Bozzolo gewidmeten *Motetti* Malgarinis bei.
[6] Ademollo, 155.

Mantua, 9. Juni 1610; [an HERZOG VINCENZO GONZAGA, in Maderno]

Durchlauchtigster Fürst, mein Gnädigster Herr,
durch Messer Pandolfo[a] bin ich von Ew. Hoheit beauftragt worden,
einen gewissen Alt, der aus Mantua gekommen ist, anzuhören, der
darauf brennt, Ew. Hoheit zu dienen. Ich geleitete ihn deshalb sofort
nach San Pietro[b] und ließ ihn eine Motette zur Orgel singen. Ich hörte
eine schöne Stimme, kräftig und tragend, und wenn er auf der Bühne[c]
singt, wird man ihn überall sehr gut hören, was Brandino[d] nicht so gut
gelingt.

Er hat einen sehr guten *trillo*, macht passende Koloraturen[e] und
singt seinen Part in Motetten sehr sicher. Ich hoffe, er wird Ew. Hoheit
nicht mißfallen. Er hat einige kleine Fehler, ich will sagen, er ver-
schluckt manchmal ein wenig die Vokale, beinahe in der Art von Messer Pandolfo, und manchmal schickt er die Vokale durch seine Nase
und läßt sie dann zwischen den Zähnen hervorkommen[f], was das entsprechende Wort unverständlich macht. Die *gorgia* schlägt er nicht, wie
es notwendig wäre, auch versüßt er sie an gewissen anderen Stellen
nicht. Aber ich bin fest davon überzeugt, daß er das alles bei sich
korrigiert, sobald man ihn darauf hingewiesen hat. Mit Madrigalen
konnte ich ihn nicht hören, weil er schon zur Abreise bereit war, um
Ew. Hoheit zu Diensten zu stehen, so daß ich von dem, was ich bei ihm
gehört habe, Ew. Hoheit Bericht erstatte. Weil Ihr mir nichts anderes
befohlen habt, will ich hier meinen Brief schließen, indem ich Ew.
Hoheit demütigste Ehrerbietung erweise und Unseren Herrn bitte, er
möge Seine Hoheit lange bei guter Gesundheit und in seiner Gnade
erhalten.
Mantua, 9. Juni 1610
Ew. Hoheit   untertänigster und dankbarster Diener
                    Claudio Monteverdi

[a] Pandolfo Grandi aus Modena.
[b] Der Dom von Mantua.
[c] *sena* (= *scena*).
[d] Antonio Brandi, ein männlicher Altist.
[e] *gorgia*.
[f] *sdrussilare* (= *sdrucciolare*).

10

Mantua, Archivio Gonzaga, Cassetta 6, ff. 108–109. Doppelblatt:
3 Seiten [an Kardinal Ferdinando Gonzaga, in Rom]. *(28.Dezember
1610.)* Malipiero, 145; Paoli, 51; Prunières, 239.

Das Fehlen einer Anrede bei diesem Brief hat verschiedenen Mutmaßungen zur Identität des Empfängers Raum gegeben. Davari, der erste, der
seinen Inhalt erörtert, vermutete, daß Monteverdi an den mantuanischen
Botschafter in Rom, Aurelio Recordati, schrieb;[1] aber obwohl die Anredeform einem Botschafter in der Tat angemessen wäre, hebt der Inhalt des
Briefes doch mit Nachdruck hervor, daß Francesco, der Sohn des Komponisten, ein Vasall der Familie Gonzaga ist und unter dem besonderen
Schutz des Empfängers steht. Das weist deutlich auf ein Mitglied der Familie hin, und weil der zweite Teil des Briefes bei musikalischen Problemen
verweilt, insbesondere bei der künstlerischen Liaison zwischen der Sängerin Adriana Basile (siehe Abb. 7) und Kardinal Ferdinando Gonzaga, wäre
der wahrscheinlichste Kandidat wohl eben Ferdinando.

Wenn Monteverdi auch mit vollkommenem Anstand um eines der Lieder des Kardinals bitten konnte, hätte er auf ein solches Geschenk doch
schwerlich von einem Botschafter, der weder Dichter noch Komponist
war, oder von Striggio hoffen dürfen (wie Malipiero das sehen will), denn
zu der Zeit wirkte der Ratsherr in Diensten Prinz Francescos in Casale
Monferrato. Mehr noch, Monteverdis Gesuch um eilige Hilfe bei der
Überredung von Papst Paul V. – oder des Kardinal-Prodatars, – seinem
Sohn ein Stipendium zu gewähren, kann nur an jemanden mit einflußreichen Verbindungen in Rom gerichtet gewesen sein, vorzugsweise an einen
Gonzaga und Musiker.

Bei seiner Wendung an den Kardinal unterlief Monteverdi einer seiner
ganz seltenen Irrtümer, denn in der Eröffnungsanrede fehlt das entscheidende Wort »Reverendissimo«. Dennoch stimmt die im Text des Briefes
benutzte Ehrenbezeigung – »V. S. Illma« – mit der in seinen anderen Briefen an den Kardinal[2] überein.

Um den Brief in seinen angemessenen Kontext einzuordnen, ist ein
gewisses Verständnis der Interessen und Unternehmungen des Kardinals
erforderlich. Bis zu einem bestimmten Grade von seinem älteren Bruder
in den Schatten gestellt, führte Ferdinando in Rom doch ein aktives Leben und schrieb Gedichte und Musik (darunter Verse zum Lobe Adriana

---

[1] Davari, 100.
[2] Briefe 5 und 11.

Basiles und Arien für die Mitglieder seines eigenen Ensembles), wie er
auch mit Musikern in Venedig, Mantua und Florenz in Berührung blieb.
Ottavio Rinuccini, der ihm am 24. Juni 1610 aus Florenz schrieb, zollt
einem Duett und mehreren Arien Monteverdis höchstes Lob, die von jedermann bewundert wurden, besonders aber von Jacopo Peri.[3] Ungefähr
zur selben Zeit setzt die sicher in Mantua angekommene Adriana Basile
den Kardinal von der zufriedenstellenden Beendigung ihrer Reise in
Kenntnis und erbittet einige seiner Kompositionen, eine Bitte, auf die er
am 3. Juli antwortet, mit dem Versprechen, eine Kopie von *Vita della mia
vita* und eine andere neue Arie beizufügen, die ihr hoffentlich nicht mißfällt.[4]

Den Empfang des Briefes und der Noten am 15. Juli bestätigend, weist
Adriana Basile darauf hin, daß sie anstatt zweier Arien nur eine erhalten
hat, deren Titel *Care pupille amate* lautet. Damit um eine wichtige Komposition des Kardinals gebracht, bittet sie um eine spezielle Gunst, die sie
zweifellos dafür entschädigen wird – ein Stück Holz vom Wahren Kreuz,
das er sicherlich von Kardinal Borghese erhalten kann.[5] Leider ist der
Kardinal krank und die Reliquie unerreichbar; also schickte Ferdinando
ihr einige Schmuckstücke, für die sie ihm äußerst dankbar ist. Aber sie
bittet weiter um Arien, vorzugsweise um beschwingte in der Art einer
frottola (der Begriff taucht recht spät auf) oder einer *canzonetta*.[6]

Während dieses liebenswerte Geplänkel sich gemächlich fortspann, bereitete sich Monteverdi auf seine Reise nach Rom vor; dorthin wollte er
ein Exemplar seiner kürzlich veröffentlichten (und dem Papst gewidmeten) Messen, Vespern und Motetten mitnehmen und den Kardinal-Prodatar in Hinsicht auf finanzielle Unterstützung bei der Erziehung seines
Sohnes aushorchen. Mitte September hatte Prinz Francesco seinem Bruder über den Besuch des Komponisten geschrieben und ihn um Gastfreundschaft und Hilfe gebeten.[7] Herzog Vincenzo gewährte ebenfalls
seinen Beistand und schrieb Empfehlungsbriefe an die Kardinäle Montalto und Borghese, die beide nicht nur musikalisch, sondern in ihrer Förderung von Musikern auch sehr aufgeschlossen waren. Sie antworteten zu

---

[3] Davari, 99.
[4] Ademollo, 156.
[5] Ademollo, 158.
[6] Ademollo, 160. Der Autor glaubt, daß sich »Signor Giuseppe« auf Monteverdi bezieht, und das könnte sich möglicherweise aus einem Schreibfehler Adrianas ergeben
haben. Damals konzentrierte sich der Komponist in der Tat auf weltliche Musik vor-
wiegend ernsten Charakters, die später in Buch VI (1614) veröffentlicht werden
sollte, wie wir aus Bassano Casolas Brief (Davari, 99) wissen.
[7] Paoli, 50.

gegebener Zeit und versprachen, Monteverdi beizustehen, so weit sie konnten[8].

Am 25. September schickt Adriana einen sehr befremdeten Brief an Kardinal Ferdinando: Er muß sie vergessen haben, von räuberischen Sirenen umgeben, wie er das in Rom nun einmal ist. Natürlich singt sie im Vergleich dazu nur dürftig, aber sie wird niemals seine Liebenswürdigkeit ihr gegenüber vergessen, sie hängt sehr an *Care pupille amate*, sie bittet um mehr Werke dieser Art und freut sich, ihn bald in Mantua zu sehen.[9] Ihre Äußerung über die Sirenen ist natürlich nur eine schwach verhüllte Anspielung auf ihre große Rivalin Hippolita Marotta,[10] deren Talente und Verzierungskünste, neben zahllosen anderen Zeitgenossen, auch vom Kardinal bewundert wurden. Lebhafte Vergleiche der beiden Sängerinnen sollten sich bis wenigstens 1620 fortsetzen, als die Prinzessin Giulia Felice d'Este schrieb, daß La Marotta, wenn sie auch die bessere Stimme habe, doch nicht so anziehend sei, während La Basile den Reiz von vornehmer Lebensart *und* großer Stimme besitze.[11]

Kardinal Ferdinando, wahrscheinlich bemüht, die Ängste der Lieblingssängerin seines Vaters zu beschwichtigen und ihren gereizten Stolz wieder zu versöhnen, reiste nach Mantua und verbrachte die zweite Oktoberhälfte damit, Hofbekanntschaften zu erneuern und mit Adriana Duette zu singen, wahrscheinlich zu Monteverdis Begleitung. Anfang November aber verließ der Kardinal den Stammsitz seiner Dynastie und legte in Ponte di Lagoscuro eine Pause ein, um ihr einen persönlichen Dankesbrief mit allen guten Wünschen zu schreiben.[12] Seine Reise nach Rom fortsetzend, traf er dort kurz vor Monteverdi ein und war in der Lage, ihn überall dort vorzustellen, wo es sich der Komponist und seine Gönner erhofft hatten. Bei seiner Rückkehr wurde Monteverdi jedoch gewahr, daß ihm sehr viel weniger gelungen war, als er sich vorgenommen hatte, und sobald die Weihnachtsfeierlichkeiten vorbei waren, nahm er die Feder zur Hand und schrieb wegen der Stipendienfrage an den Kardinal.

Er beendet Brief 10 mit einem Vergleich von Hippolita Marotta, Francesca Caccini (die in Florenz für ihn sang) und Adriana Basile, der er ohne Zögern die Krone zuerkennt. Sie entzückt Augen und Ohren des Publikums, wenn sie sich nur einstimmt, bevor sie überhaupt noch den Mund geöffnet hat. Es schleicht sich jedoch ein Mißton ein: Monteverdi berich-

---

tet, daß Adriana, als sie ihn die Lobsprüche wiederholen hörte, die ihr *in absentia* von den Kardinälen Montalto, Borghese und Gonzaga gezollt wurden, plötzlich sehr eifersüchtig wurde und Kardinal Ferdinand beschuldigte, La Marotta höher einzuschätzen, was denn auch der Grund dafür sei, daß er ihr trotz unaufhörlicher Bitten seine Arien vorenthalte. An diesem Punkt nimmt Monteverdi die Sache selbst in die Hand und fleht den Kardinal an (möglicherweise deshalb, weil er gespannte Beziehungen zwischen dem Prälaten und der Sängerin vermutet), *ihm* eine Arie zu schicken, wenn er denn schon *ihr* keine schickt. Dieses Gesuch wurde Mitte des folgenden Jahres erhört, wie Brief 11 zeigen wird.

Mantua, 28. Dezember 1610; [an KARDINAL FERDINANDO GONZAGA, in Rom]

Euer Erlaucht, mein Gnädigster Herr,[a]
mit diesem Brief bitte ich Gott sehr herzlich darum, er möge Ew. Gnaden einen guten Beginn des neuen Jahres gewähren, einen trefflichen Fortgang[b] und den bestmöglichen Erfolg für alle Eure erlauchten Pläne; außerdem möge er mir immer die Gelegenheit geben, mich in der Gunst Ew. Gnaden verdient zu machen, mit deren Hilfe ich ganz gewiß, bevor ich sterbe, das Glück genießen werde, auf das ich hoffe, nämlich meinen Sohn im Seminar in Rom mit einem Benefizium der Kirche zu wissen, das für Verpflegung und Unterkunft[c] aufkommt, denn ich bin arm. Ohne diese Gunst kann ich von Rom nichts zur Unterstützung Franceschinos[d] erhoffen, der schon ein junger Priester geworden ist, um in diesem Dienst unter dem Schutz und als untertänigster Diener Ew. Gnaden zu leben und zu sterben. Er ist Vasall des Durchlauchtigsten Hauses Gonzaga, stammt von Eltern ab, die lange Zeit Diener Ew. Hoheit waren, und kommt aus einer Ehe, die mit ausdrücklicher Zustimmung des Durchlauchtigsten Fürsten Vincenzo geschlossen wurde. Und wenn Rom ihm mittels der Gunst Ew. Gnaden

---

[a] Der in seiner Anredeform gewöhnlich überaus gewissenhafte und beständige Monteverdi läßt hier das gebräuchliche *Reverendissimo* aus.
[b] *mezzo*: in diesem Kontext ein nahezu unübersetzbares Wortspiel, da das Wort Bestandteil des »Beginn ... Mitte ... Ende«-Satzes ist, der sich ganz natürlich aus den Neujahrsgrüßen entwickelt.
[c] *donzena* (= *dozzina*).
[d] Der damals neun Jahre alte Francesco Monteverdi.

nicht helfen wird, dann werden er und sein Bruder so arm bleiben, daß sie schwerlich mit Brot und Wein ins neue Jahr gehen können, weil ich daran Mangel habe.

Ich werde mich um ein einfaches Benefizium oder etwas anderes bemühen, das ein ausreichendes Gehalt einbringt, damit mein Wunsch von Seiner Heiligkeit, dem Papst[e], erfüllt werden kann, wenn Ew. Gnaden ihn und mich zur gleichen Zeit zu unterstützen geruhen (wie ich es von Eurer grenzenlosen Güte erhoffe), entweder bei Seiner Heiligkeit oder bei dem Monsignore Prodatar[f]. Sonst wagte ich es nicht, Euch nochmals um eine Gunst zu bitten, weil ich fürchte, daß ich euch, als ich in Rom war, zu sehr lästig gefallen bin.

Bevor ich von Rom abreiste, hörte ich Signora Hippolita[g] sehr schön singen; in Florenz hörte ich die Tochter des Signor Giulio Romano[h] sehr schön singen und Laute und Clavicembalo spielen; aber in Mantua hörte ich die Signora Adriana[i] wunderschön singen, wunderschön spielen und wunderschön deklamieren. Auch wenn sie schweigt und sich einstimmt, besitzt sie Qualitäten, die man bewundert und zu Recht lobt. Ich mußte ihr versichern, wie sehr sie die erlauchten Kardinäle Montalto und Borghese[j] verehren und achten und wie sehr das in höherem Maße auch Ew. Gnaden tun. Auf das Lob Ew. Gnaden antwortete sie: »Signora Hippolita besitzt würdigere Eigenschaften, die in den Augen dieses Herrn höher geachtet werden als meine und die ich nicht habe. Denn ich habe das große Lob, das er ihr spendete, wohl gehört«.

Aber ich habe das ersehnte Ziel anscheinend nicht erreicht, denn sie fügte hinzu: »Wenn der Kardinal Gonzaga mich so schätzte wie Ihr glaubt, dann hätte er mich mit einem seiner schönen Gesänge gewürdigt, so daß ich ihn singen könnte«. Lieber Herr, belohnt mich mit

---

[e] Papst Paul V.
[f] *Dattario,* der Kardinal, der der Behörde vorstand, die insbesondere mit der Prüfung der Berechtigung von Bewerbungen um päpstliche Benefizien betraut war.
[g] Hippolita Marotta, deren Gönner Kardinal Montalto war.
[h] Francesca Caccini. Vogel, 357, Fußn. 2, fragt sich, ob dieser besondere Hinweis auch Settimia gelten könne; sie hatte jedoch 1609 Ghivizzani geheiratet und lebte mit ihm in Lucca. Monteverdi hatte sie bereits singen hören, denn sie übernahm die Rolle der Venus in der *Arianna*-Premiere von 1608.
[i] Adriana Basile.
[j] Borghese: Monteverdi schreibt, statt Borghese, irrtümlicherweise ›Perretti‹, den zweiten Namen von Kardinal Montalto. Der Ehren-Plural und die Pluralform des Verbs verweisen darauf, daß er sich in der Tat auf zwei Kardinäle bezog.

einem dieser Gesänge, damit ich sie damit überzeugen kann. Bei dieser Gelegenheit bitte ich Euch auch, Signor Sante[k] zu beauftragen, daß er mir den Gesang mit der Begleitung der beiden Chitarronen schickt, der mir von Ew. Gnaden versprochen worden ist, damit ich ihn Seiner Hoheit an einem Freitagabend im Spiegelsaal zu Gehör bringen kann. In allem werde ich Euer ergebenster Diener bleiben und erweise Euch hier zum Schluß die untertänigste Ehrerbietung und küsse Euch die Hände.

Mantua, 28. Dezember 1610

Ew. Gnaden   untertänigster und dankbarster Diener
               Claudio Monteverdi

[k] Sante Orlandi, damals Musikdirektor von Kardinal Ferdinando Gonzaga.

11

Mantua, Archivio Gonzaga, Cassetta 6, ff. 118–119. Doppelblatt: 3 Seiten [an Kardinal Ferdinando Gonzaga, in Rom]. *(22. Januar 1611.)* Davari, 133; Malipiero, 149; Paoli, 57; Prunières, 240.

In Brief 10 hatte Monteverdi Kardinal Ferdinando um eine seiner Kompositionen gebeten, um zu heilen, was sich als Bruch, oder richtigzustellen, was sich als Mißverständnis zwischen zwei Musikern zu erweisen drohte, die einander in Wirklichkeit bewunderten. Vielleicht von Monteverdis Botschaft guten Willens zum Neuen Jahr bewegt, entschloß sich der Kardinal, darüber nachzudenken; aber er hatte bereits an Adriana geschrieben und keine Antwort erhalten. Wieder und wieder schrieb er, immer mit dem gleichen Ergebnis. Schmollte die Diva, weil er ihre Rivalin gelobt hatte? Schließlich antwortete sie am 11. Januar 1611 mit dem erklärenden Hinweis, seine Briefe müßten verloren gegangen sein,[1] aber ihre Entschuldigung scheint auf taube Ohren gestoßen zu sein. Monteverdi aber war überglücklich, da er aus Rom nicht nur eine sondern zwei Arien erhielt, und sie von einem Brief begleitet waren, dessen dankbare Bemerkungen ihn besonders erfreuten.

[1] Ademollo, 162 (Brief vom 11. Januar 1611).

Fünf Monate später versicherte Ferdinando Adriana aus Florenz auf würdevolle und höfisch-geziemende Weise, er sei immer noch darauf gespannt, sie zu sehen, um einmal mehr des Genusses ihres reizenden Umgangs teilhaftig zu werden.[2] Aber noch immer nicht schickte er die ersehnte Arie. Er scheint seine Reise nach Florenz in der Hauptsache aus musikalischen Gründen unternommen zu haben, denn er hatte wegen einer unvollendeten, auf Francesco Cinis *Tetide*[3] beruhenden Oper mit Peri in Verbindung gestanden und wahrscheinlich seine dortigen Kontakte zu Dichtern und Musikern zu erneuern gehofft.

Aus Mantua berichtend, beschreibt Monteverdi ihm die wöchentlichen Konzerte, an denen Adriana beteiligt war, hebt sie in den Himmel und weist mit Nachdruck auf die Zahl und den besonderen Rang der Gäste hin. Darunter fanden sich die Herzogin Eleonora, die damals nur noch knapp zehn Monate zu leben hatte, und ihr Gatte Herzog Vincenzo, der sie nur um eine kurze Zeitspanne überleben sollte.[4] Die Dame Isabella von San Martino, Witwe von Don Ferrante Gonzaga, von dem sie mehrere Kinder hatte, und Schwester von Alfonso Graf von Novellara und Erzbischof von Rodi, war dazu ausersehen, in den konvulsivischen Wirren, die zum mantuanischen Erbfolgekrieg führten, eine entscheidende Rolle zu spielen. Nach Ablauf von fünf Jahren sollte sie noch immer anziehend genug wirken, den jüngsten Sohn des Herzogs (ebenfalls Vincenzo mit Namen) in eine Eheaffäre zu verstricken, die das Haus Gonzaga erschütterte, die römische Kurie aufbrachte und alle Höfe Europas nahezu acht Jahre lang mit Gerüchten und übler Nachrede versorgte.[5]

Nachdem Monteverdi der höfischen Gesellschaft sein Lippenbekenntnis erwiesen hat, wendet er sich dem unendlich anziehenderen Bereich der Musik zu und gibt dem Kardinal eine seiner Lieblingsmethoden bei der Ausarbeitung eines generalbaßbegleiteten Madrigals preis. Die Musiker in Casale Monferrato (wahrscheinlich die Brüder Rubini)[6] sollen Theorben

---

[2] Ademollo, 162 (Brief vom 16. Juni 1611).

[3] Davari, 183.

[4] Sie starb am 8. November 1611, Vincenzo am 11. Februar 1612.

[5] Errante, »Il processo«, berichtet über die Affäre mit bemerkenswerter Ausführlichkeit, auf der Grundlage von Dokumenten im Archivio Gonzaga und andernorts.

[6] Der Ausdruck *casaleschi* taucht in mantuanischen Dokumenten häufig als eine Art Beschreibung oder Spitzname der Brüder Rubini (Giovanni Battista und Orazio) auf, die bereits 1597 als Geiger am Hof von Mantua bedienstet und auch als Komponisten bekannt waren (Bertolotti, 73). Eine Motette in Malgarinis Anthologie von 1618 ist von »G. B. Rubino Casalasco del Violino«, und ihre Kompositionsfreudigkeit mag auch ihre Gewandtheit auf der Theorbe erklären. Zu anderen Hinweisen auf sie als Geiger siehe Paoli, 59; Quazza, *La guerra*, II, 95; Bertolotti, 103.

verwenden, deren selbständig vibrierende Akkorde vom sanften Klang einer kleinen Orgel mit Holzpfeifen gestützt werden, und auf dieser üppigen harmonischen Grundlage sollen dann die Stimmen von Adriana und Giovanni Battista Text und Melodie des Madrigals *Ahi, che morire mi sento*[7] aus der Feder des Kardinals zu Gehör bringen. Der Name des Komponisten aber soll bis nach der Aufführung ungenannt bleiben.

Gelegentlich hat man vermutet, daß der geheimnisvolle »Don Giovanni Battista« Adrianas Bruder G. B. Basile gewesen sein könnte.[8] Er war ein sehr bewunderter Dichter, aber es gibt keinerlei Beleg für seine stimmlichen Fähigkeiten; und selbst wenn er singen gekonnt hätte, bliebe die eher gelinde Ehrenbezeigung »Don« schwer erklärlich. Im Jahre 1633 beispielsweise, als er in den Stand eines Hofadeligen erhoben wurde, sprechen die Dokumente von ihm nie mehr als »Don«.[9] Aber die Vertreter niederer Dienstränge wie Monteverdis Kollegen Bassano Casola und Antonio Tarroni wurden häufig »Don« genannt, und da G. B. Sacchi zu der Zeit in Mantua weilte und sich später bei Striggio um eine Kaplanstelle am Dom bewarb, kann er der fragliche Sänger gewesen sein.[10]

Einmal mehr verdeutlichen Monteverdis hartnäckige Bitten um eine Pfründe zur Unterstützung seines Sohnes die Art von Überblick, über die ein Bittsteller gewöhnlich verfügte. Im April bewarb sich ein mantuanischer Musiker in Novara bei Herzog Vincenzo um ein vakantes Kanonikat,[11] und es kann durchaus sein, daß Monteverdi davon Kenntnis bekam. Er bittet den wahrscheinlich in Rom weilenden Kardinal um Hilfe, aber wenn seine Zahlen in bezug auf die Novara-Pfründe auch genau (oder annähernd genau) sind,[12] so ergibt sich aus den verfügbaren Berichten doch, daß das Bistum damals in Wirklichkeit nicht vakant war.

Im Sommer hatte Margherita einen Sohn, Lodovico, zur Welt gebracht, der (wie allgemein angenommen wurde) für den Fortbestand der männlichen Linie der Gonzaga sorgen würde. Der Kardinal aber, der ein wenig im Schatten seines älteren Bruders stand, entschloß sich, nach Neapel zu reisen, wo er einen Brief von Adriana erhielt, die ihn bat, dort auf sie zu

---

[7] Unter späteren Vertonungen dieses Gedichts finden sich die von G. Stefani (1623) und Francesco Monteverdi (1624).

[8] Paoli, 59.

[9] Ademollo, 199.

[10] Bertolotti, 92, 97.

[11] Bertolotti, 93.

[12] Eubel, IV, 262: Auf Carolus a Basilica Petri folgte 1593 Ferdinandus Taberna, der 1615 starb. Es besteht kein Grund zu der Annahme, daß die bischöfliche Nachfolge 1611 unterbrochen wurde. Der Dom von Novara war mit drei Dignataren und zweiunddreißig Domherren besetzt, wobei das Pfründenaufkommen 8500 *scudi romani* betrug.

warten, bis sie selbst im Oktober die Reise nach Süden anträte.[13] Sie brach dann nach Casale auf, G. B. Sacchi nach Rom,[14] und Ferdinando begab sich nach Paris, um an den Trauerfeierlichkeiten für Heinrich IV. teilzunehmen. Bei seinem dortigen Aufenthalt erhielt er Briefe von ihr und Jacopo Peri, der Maria de' Medici wiedersehen wollte,[15] und hörte einige der neuesten bei Hofe vorgetragenen Arien Guédrons, die Ende November dann den Weg nach Mantua fanden.[16] In mancher Hinsicht hatte das Jahr besser geendet, als er gehofft hatte, denn Adriana war wieder besänftigt, und die Staatsgeschäfte schienen, ohne ihn zu behelligen, in erträglicher Entfernung zu verharren.

[13] Ademollo, 164.
[14] Bertolotti, 93.
[15] Ademollo, 189.
[16] Bertolotti, 93.

Mantua, 22. Januar 1611; [an KARDINAL FERDINANDO GONZAGA, in Rom]

Sehr geehrter, hochwürdigster Herr und hochverehrter Gebieter, soeben habe ich den äußerst liebenswerten Brief Ew. Gnaden zusammen mit den beiden wunderschönen, vertonten Madrigalen erhalten. Den Brief habe ich mehrmals gelesen, die Madrigale habe ich für mich sogleich wieder und wieder gesungen, ich habe Madrigale und Brief immer wieder tief beruhigt geküßt, weil ich aus dem Brief ersah, wie groß das Wohlwollen Ew. Gnaden gegenüber einem Eurer geringsten Diener – wie ich es bin – ist, der es nicht verdient.

Jeden Freitagabend macht man im Spiegelsaal Musik. Signora Adriana[a] kommt, um zu singen, und sie verleiht den Kompositionen solche Kraft und besondere Anmut und erfreut dabei so sehr die Sinne, daß dieser Ort gleichsam zu einem neuen Theater wird. Ich glaube, die Festlichkeiten der Konzerte werden nicht zu Ende gehen, ohne daß der Durchlauchtigste Herzog[b] am Eingang Wachen aufstellen lassen muß. Denn ich schwöre Ew. Gnaden, daß am vergangenen Freitag nicht nur

[a] Adriana Basile.
[b] Herzog Vincenzo.

der Herzog und die Herzogin^c, Donna Isabella von San Martino^d, der Marchese und die Marchesa von Solferino^e und Damen und Herren des ganzen Hofes zum Zuhören gekommen sind, sondern auch noch mehr als hundert andere Herren aus der Stadt.

Bei einer solchen Gelegenheit werde ich für die Musiker aus Casale^f die Chitarronen zur Begleitung der Holzorgel, die sehr sanft klingt, einsetzen, und so werden Signora Adriana und Don Giovanni Battista^g das wunderschöne Madrigal *Ahi che morire mi sento* und das andere Madrigal nur zur Orgelbegleitung singen. Morgen werde ich die genannten Kompositionen Signora Adriana vorlegen, und ich weiß, wie teuer sie ihr sein werden.

Auch will ich ihr den Namen des Komponisten erst nennen, wenn sie die Kompositionen gesungen hat. Über den Ausgang dieser Angelegenheit werde ich Ew. Gnaden unterrichten.

Ich werde es nicht unterlassen, mich darum zu kümmern, daß Franceschino, mein kleiner Sohn^h und untertänigster Diener Ew. Gnaden, drei Tugenden lernt: zunächst Gott mit Fleiß und Ehrfurcht zu dienen, dann das Abfassen von Briefen und drittens ein wenig Musik. Denn es scheint mir bisher so, daß ihm sowohl Triller als auch Koloraturen sehr gut gelingen, so daß er mit der Gunst Ew. Gnaden von Gott und Seiner Heiligkeit^i die Gunst erlangen kann, um die ich Euch jede Stunde in meinen schwachen Gebeten bitte.

Ich weiß nicht, verehrter Herr, ob es allzu kühn ist, wenn ich Euch jetzt bitte – der Bischofssitz von Novara^j ist frei, der ein Einkommen von 8000 Scudi gewährt –, daß Ihr hier für die Pension meines Sohnes ein Wort einzulegen geruht, damit man ihm dort den Unterhalt bezahlt, der mindestens 100 goldene Scudi beträgt. Wenn ich in der Tat allzu voreilig gewesen bin, Euch damit zu belästigen, dann vergebt mir bei

---

^c Vincenzo und Eleonora.
^d Isabella di Novellara, Schwester von Graf Alfonso und Witwe von Don Ferrante Gonzaga di Bozzolo.
^e Cristierno Gonzaga di Solferino und seine Gemahlin Marcella, geb. Malaspina.
^f *casaleschi*, ein Wort, das von den Mantuanern zur Bezeichnung der Einwohner von Casale Monferrato im allgemeinen benutzt wurde; hier wahrscheinlich mit Bezug auf die Brüder Rubini (Orazio und Giovanni Battista).
^g Giovanni Battista Sacchi.
^h Francesco Monteverdi.
^i Papst Paul V.
^j Novara, eine Bischofsstadt dreißig Kilometer westlich von Mailand.

der Liebe Gottes. Aber wenn ich die Gunst womöglich erlangen kann, welche Zufriedenheit fühlte ich dann im Herzen! Dann schiene es, als hätte mein Herz alles Gold der Welt erworben.

Lieber Herr, helft mir, wenn es durch Eure grenzenlose Gunst möglich ist, und seht eher auf Eure grenzenlose Bereitschaft, mir Gunst zu erweisen, als auf meine Verdienste, weil ich sehr gut weiß, daß ich nichts anderes besitze als das, was Eurer grenzenlosen Güte entspringt. Ich neige mich vor Ew. Gnaden, erweise Euch untertänigste Ehrerbietung und erbitte für Euch von Unserem Herrn alles vollkommene Glück.

Mantua, 22. Januar 1611

Ew. Gnaden und Hochwürden   untertänigster und dankbarster
                               Diener
                               Claudio Monteverdi

12

Mantua, Archivio Gonzaga, Cassetta 6, ff. 115–116. Doppelblatt: 3 Seiten [an Prinz Francesco Gonzaga, in Casale Monferrato]. *Anlage: Noten. (26. März 1611.)* Davari, 134; Paoli, 54.

Als Adressat dieses Briefes wird gewöhnlich Herzog Vincenzo Gonzaga angenommen, weil die Anredeform »Serenissimo« und die zahlreichen Bezugnahmen auf »L'Altezza Vostra Serenissima«[1] normalerweise, wie in den ersten drei Briefen, dem Herzog gelten. Es gab jedoch noch ein weiteres Familienmitglied, das das Recht auf diese Anredeform hatte, wie es Monteverdis Vorwort zum *Orfeo* unter Beweis stellt, dessen Anrede- und Schlußformeln exakt mit denen des vorliegenden Briefes übereinstimmen. Er war in der Tat an Prinz Francesco in Casale Monferrato gerichtet, wo Giulio Cesare (der jüngere Bruder des Komponisten) mit den Proben zu der Musik beschäftigt war, die er für die auf den 29. April 1611 anberaumten Aufführung von Ercole Mariglianis *Il Rapimento di Proserpina* geschrieben hatte.[2]

---

[1] Die letzte unmittelbar hinter dem Datum, wird von Malipiero und de' Paoli als »V. S. Illma« gegeben. Davari transkribierte sie korrekt.

[2] Solerti, *Albori,* I, 157.

Da aus Brief 7 deutlich wird, daß die Verpflichtung von Bläsern ein besonderes Anliegen Prinz Francescos blieb, dessen normaler Aufenthaltsort um diese Zeit Casale Monferrato war, bestätigt Monteverdis neuer Bericht über einen Kandidaten für das Ensemble die Identität des Empfängers. Ein weiterer Beleg ist die Bezugnahme auf seinen eigenen Bruder und auf die direkt zitierte Redeweise des Prinzen (die er in seinen Briefen um der größeren Wirkung willen häufig benutzt).[3]

Der Mittelsmann zwischen dem Prinzen und dem Komponisten war Giulio Cesare Bianchi, ein aus Cremona gebürtiger bekannter Kornettist und Komponist von bescheidenen Fähigkeiten, überdies ein früherer Schüler Monteverdis, der ungefähr zehn Jahre älter war als Bianchi.[4] Wenn ihre beruflichen Laufbahnen auch auseinanderstrebten, hielten die beiden Männer doch an einem freundlichen Umgang fest, und im Jahre 1620 veröffentlichte Bianchi zwei Bände Kirchenmusik, die zweiundvierzig eigene und sieben Kompositionen seines Lehrers enthielten.[5] In einem Steuerschätzungsverzeichnis von 1637 wird er als Mieter von Monteverdis Haus in Cremona geführt;[6] sie müssen also in ihren letzten Lebensjahren noch immer Kontakt zueinander gehabt haben.

Es ist nicht bekannt, wer der junge Musiker war und ob er später verpflichtet wurde; vielleicht wurde er für den *Rapimento* in Dienst gestellt, der zur Feier des Geburtstages des Prinzen und möglicherweise der Geburt eines zweiten Kindes von Margherita aufgeführt werden sollte. Dieses auf den Namen Lodovico getaufte Kind hätte das Haus Gonzaga vor dem Erlöschen bewahren können, aber eine Pockenerkrankung brachte es im zarten Alter von anderthalb Jahren ums Leben.

Das Leben Herzog Vincenzos war für seine drei Söhne durchaus kein in jeder Hinsicht leuchtendes Vorbild. Jeder von ihnen erbte, in größerem

---

[3] Wie in Brief 10 an Kardinal Ferdinando.

[4] Sommi, *Monteverdi*, 35, Fußn. 38, zitiert das Bresiani-MSS. in der Libreria Civica von Cremona: Bd. XXVIII *(Uomini insigni di Cremona)* erwähnt, daß Bianchi viele Jahre im Dienste des Hofes von Mantua stand, in seiner Geburtsstadt das Kornett spielte und zwei seiner Veröffentlichungen Papst Paul V. und Kardinal Montalto widmete. Auch in Piacenza verbrachte er einige Zeit. Dieses Quellenmaterial ist auch bei Pontiroli, »Musicisti«, 167, aufgeführt. Derselbe Artikel (169) geht näher auf die Pflichten der Bläser in Cremona ein, und zwar anhand einer undatierten, wahrscheinlich aber nicht viel später als 1616 geschriebenen Eintragung: »Auf der Piazza Maggiore begannen zwei Trompetergruppen zu spielen, dann marschierten vier Trommler und ein Paar Pfeifer zur Unterhaltung der Zuschauer abwechselnd vor und zurück, bald die einen, bald die anderen spielend.«

[5] RISM 1620, ³*Libro primo* (Paris, Uppsala); 1620, ⁴*Libro secondo* (Frankfurt, Warschau).

[6] Pontiroli, *Monteverdi*, 52.

oder kleinerem Maße, seinen Hang zu Extravaganz und seinen Mangel an Zukunftsvorsorge; ebenso aber legten sie eine löbliche Begeisterung für die Künste und die nahezu naive Überzeugung an den Tag, daß die Lebensweise ihrer Schauspieler und Musiker vollkommen zufriedenstellend sei. Die Gonzaga neigten dazu, möglichst niedrige Gehälter zu zahlen (ausgenommen berühmte Sängerinnen) und gleichzeitig die höchstmöglichen künstlerischen Ansprüche zu stellen. Obwohl Monteverdis junger Kandidat mehrere Instrumente zu spielen versicherte, wurde er daran erinnert, daß der Prinz eine große Skala von Musik, in der Hauptsache Vokalmusik – und zwar Kammer- wie Freiluftmusik – zu hören wünsche.[7]

Von den drei geistlichen Werken, die Monteverdi dem Prinzen schickte, ist das erste in allen der verfügbaren Briefausgaben bis auf eine falsch zitiert worden. Davari führte seinen Titel 1885 korrekt mit *Dixit a 8* auf, aber seither ist es immer wieder als *Dixit a 5* aufgetaucht, was das Problem aufwirft, daß sich unter allen erhalten gebliebenen Werken des Komponisten nirgendwo ein solcher für diese Stimmenzahl vertonter Psalm ausfindig machen läßt. Überhaupt kein Zweifel besteht an der Richtigkeit der Zahl 8, und jedenfalls würde kein Komponist der Zeit Monteverdis, der etwas auf sich hielt, den ersten der Vesperpsalmen für weniger als acht auf zwei Chöre verteilte Stimmen ausgeschrieben haben. Sein erster Versuch dieser Art in der Anthologie des Jahres 1610 setzt drei verschiedene Gruppen voraus – einen sechsstimmigen Chor, sechs Solisten und ein Begleitensemble aus ebenso vielen Instrumenten mit Orgel-Continuo.

Das an Francesco geschickte *Dixit* war wahrscheinlich eines der Werke, die später in der *Selva morale* von 1641 oder in der postum edierten Sammlung von 1650 veröffentlicht wurden.[8] Was die zweistimmige Motette zur Erhebung der Hostie betrifft, so kommen als die wahrscheinlichsten Werke das *O bone Jesu* (Donfrid, 1622) und das *Venite sitientes* (Calvi, 1624) in Betracht, weil sich keines der anderen Duette auf Gott oder das Heilige Sakrament bezieht. Noch beschränkter ist die Auswahl schließlich sogar im Hinblick auf eine fünfstimmige Motette zu Ehren der Heiligen Jungfrau, denn dieser Zueignung entspricht nur ein einziges Werk: das *Exultent caeli et gaudent angeli* in Calvis Anthologie aus dem Jahre 1629. Wie in Brief 4 dringt Monteverdi darauf, daß die Musik vor der Aufführung angemessen geprobt wird – eine Mahnung, die ganz unnötig ist, aus-

---

[7] Der Begriff *canzoni francese* könnte sich natürlich auch auf die in zahlreichen zeitgenössischen Publikationen greifbaren instrumentalen *canzoni* beziehen.
[8] Man beachte, daß das erste *Dixit* jeder Sammlung teilweise auf demselben Material beruht, wenn sie auch verschieden einsetzen. Die frühere Fassung ist zweifellos die bessere von beiden.

genommen in einer Gesellschaft, die an übereilte Entscheidungen, unvermeidliche Verwirrung und die ständige Gefahr kaum geprobter Interpretationen gewöhnt ist.

Mantua, 26. März 1611; [an PRINZ FRANCESCO GONZAGA, in Casale Monferrato]

Durchlauchtigster Fürst, mein Gnädigster Herr,
Ew. Hoheit haben Messer Giulio Cesare[a] aus Cremona, der den Zink spielt, die Weisungen hinterlassen, daß Ihr, sollte man jemanden finden, der Blockflöte, Zink, Posaune, Traversflöte und Fagott spielt, den gerne engagieren würdet, weil die fünfte Stimme im Bläserensemble fehlt. Ich wende mich brieflich an Euch, um Ew. Hoheit wissen zu lassen, daß hier ein junger Mann von etwa 26 oder 28 Jahren ist (ich weiß nicht, ob er nur auf der Durchreise ist oder ob er eigens hierher gekommen ist), der die genannten Instrumente mühelos gut und sicher zu spielen versteht. Ich habe ihn nämlich sowohl Blockflöte als auch den Zink spielen hören. Außerdem sagt er, daß er auch noch die Viola da gamba und die Viola da braccio spielen könne.

Auf den ersten Blick schien er mir rechtschaffen und gebildet zu sein. Ich fragte ihn (aus eigenem Antrieb) nach seinen Forderungen, wenn der Fall eintreten sollte, daß Ihre Hoheiten[b] ihn gerne in ihren Diensten hätten. Aber so sehr ich ihn auch bat, er wollte sich nur zu folgender Erklärung herablassen: Wäre er einer solchen Gunst würdig, dann würde er alles, was man ihm zugestehe, als großes Glück betrachten, da er keine anderen oder größeren Wünsche habe als dienen zu lernen und zum Dienen fähig zu sein.

Im eigenen Interesse fragte ich ihn aus und sagte:»Sollte Euch der Durchlauchtigste Fürst engagieren wollen, dann würde er nicht nur gerne eine Vielzahl von Blasinstrumenten hören, sondern hätte es auch gerne, wenn die genannten Instrumentalisten sowohl in der Kammer, der Kirche und bei feierlichen Umzügen[c] spielen als auch auf den Stadtmauern, und zwar bald Madrigale, bald *canzoni francesce*, bald Arien und bald Tänze«. Er antwortete mir, er täte alles, weil er es

---

[a] Giulio Cesare Bianchi.
[b] Francesco und Margherita.
[c] *dietro alle vie.*

immer als großes Glück ansähe, dazu fähig zu sein, in irgendeiner Sache Ihrer Durchlauchtigsten Hoheit dienen zu können. Er sagte, er werde zum Osterfest in Mantua bleiben. Deshalb können Ew. Hoheit den Auftrag erteilen, der Euch in dieser Sache zusagt.

An dieser Stelle meines Briefes erbitte ich auch für Euch von Unserem Herrn ein glückliches Osterfest und flehe Euch an, Ihr mögt das *Dixit* zu acht Stimmen anzunehmen geruhen, das zu schicken mir Ew. Hoheit auftrugen. Zugleich sende ich Euch auch eine kleine Motette zu zwei Stimmen, die bei der Elevation[d] gesungen wird, und eine andere zu fünf Stimmen für die glückselige Jungfrau. Sobald die Karwoche vorbei ist, werde ich einige Madrigale schicken und anderes mehr, von dem ich glaube, daß es Ew. Hoheit gefällt.

Ihr werdet mir einen besonderen Gefallen tun, wenn Ihr diese Kompositionen meinen Bruder[e] sehen laßt, bevor Ew. Hoheit sie hören werden, damit sowohl mein Bruder als auch die Sänger und Instrumentalisten gemeinsam mit der Musik zu den genannten Gesängen vertraut werden können, weil dann Ew. Hoheit durch meine bescheidenen Noten weniger verletzt werden. Und damit erweise ich Euch demütigst Ehrerbietung und erbitte für Euch sehr herzlich mit der größten Zuneigung, deren ich fähig bin, Unseren Herrn um die Erfüllung all Eurer großherzigen Pläne und um den Erhalt Eurer Gesundheit.

Mantua, 26. März 1611
Ew. Gnaden   untertänigster und dankbarster Diener
                Claudio Monteverdi

---

[d] *levazione di N. S.*
[e] Giulio Cesare Monteverdi.

13

Mantua, Archivio Gonzaga, Cassetta 6, ff. 122–123. Doppelblatt:
4 Seiten [an Annibale Iberti, in Mantua]. *(12. Oktober 1613.)* Malipiero, 151; Paoli, 62; Prunières, 241.

Zwischen den Briefen 12 und 13 liegt ein ungewöhnlich langer Zeitraum.
Diese zwei Jahre und sieben Monate, für die Gonzaga von Schrecken und
Chaos erfüllt, waren auch für Monteverdi und seinen jüngeren Bruder
schwierig und entscheidend. Sie müssen sich oft gefragt haben, was wohl
aus ihnen werden würde, wenn der Herzog stürbe,[1] und als er ganz plötzlich erkrankte und (absurderweise) mitten im Karneval des Jahres 1612
verschied, nahmen die Zukunftssorgen der beiden Brüder zu. Aber Claudio war bereit, seine praktische Veranlagung einzusetzen, und weniger als
einen Monat nach Vincenzos feierlichem und prächtigem Leichenbegängnis wurde Francesco, dem Fünften Herzog von Mantua, eine Denkschrift
unterbreitet, in der es um Beistand in eben jener alten Frage einer Pfründe
für das zwölfjährige Kind ging, das seinen Namen zu Ehren des neuen
Herrschers erhalten hatte.
   Schon für seine bloße Hartnäckigkeit verdient Monteverdi Bewunderung. Er hatte beim Papst gebeten, beim Kardinal-Prodatar nachgesucht,
wenigstens drei Kardinälen geschmeichelt, die Unterstützung Herzog Vincenzos in Anspruch genommen und wandte sich jetzt an Francesco, der
entgegenkommenderweise einen Empfehlungsbrief an Aurelio Recordati
in Rom schrieb. Das Gesuch wurde an den Kardinal von Santa Cecilia
weitergereicht, aber über die Pfründe war leider schon verfügt worden.[2]
Als die Nachricht Ende März eintraf, herrschte Enttäuschung im monte-
verdischen Haushalt; für Niedergeschlagenheit aber blieb keine Zeit, weil
der Herzog und die Herzogin bereits ihre Geburtstagsfeierlichkeiten geplant hatten und ein Ballett zur Aufführung in ihrer Villa in Porto am 7.
und 8. Mai vorbereitet werden mußte.[3] Der darauffolgende Monat wurde
weitgehend von den Krönungsfeierlichkeiten in Anspruch genommen.
   Inzwischen hatte Enzo Bentivoglio aus Ferrara, Monteverdi als eines
der führenden Mitglieder der Accademia degli Intrepidi (und sein künfti-
ger Mitarbeiter in Parma) gut bekannt, für die unersättlichen Gonzaga ein
torneo entworfen.[4] Es wurde wegen Vincenzos Tod beinahe mit Sicherheit

---

[1] Siehe den vorletzten Absatz von Brief 8.
[2] Davari, 100.
[3] Ademollo, 197.
[4] Guido Bentivoglio an seinen Bruder Enzo: »del torneo che V. S. prepara di fare ad

verschoben und später unter Mitwirkung Francescos umgearbeitet, um im Juli die Wahl von Kaiser Matthias zu feiern.[5] Obwohl die Dokumente diesbezüglich wenig hergeben, muß Monteverdi dabei sicherlich als musikalischer Leiter, wenn nicht sogar als Komponist beteiligt gewesen sein, und er mag die Unterstützung von Giulio Cesare erhalten haben, der bereits Musik für Francesco in Casale geliefert hatte.[6]

Etwas aber blieb heikel. An eben dem Tage (20. Juli), da Antonio Pavese über das Gedränge glanzvoller Persönlichkeiten berichtete, beklagte sich die berühmteste Sopranistin ganz Italiens bei Kardinal Ferdinando darüber, daß sie ihre neuen Mäzene kaum je zu Gesicht bekäme und es überdrüssig sei, eingesperrt gehalten zu werden.[7] Für den modernen Betrachter der Szene scheint die Situation völlig ungereimt zu sein. Es ist jedoch ein ständig wiederkehrendes Syndrom in der Pathologie der Machtpolitik, daß der Tod oder die Entthronung eines Herrschers sehr häufig auf die Amtsenthebung derer hinausläuft, die als seine Favoriten gegolten haben. Vielleicht geschah aber das eben im Mantua des Jahres 1612, denn Adriana war von Vincenzo in die Stadt geholt worden, wie Monteverdi viele Jahre zuvor. Francesco scheint wenig mit Adriana zu schaffen gehabt zu haben, möglicherweise deshalb, weil er von der musikalisch-literarischen Liaison mit seinem Bruder Ferdinando Kenntnis hatte; bei einer Gelegenheit schickte er ihr jedoch Fische, die er in Modena gefangen hatte, und frische Früchte, während seine in Goito dahinschmachtende Gattin Adriana zu kommen bat, um ihr vorzusingen und die Zeit vertreiben zu helfen.[8]

Francescos Gleichgültigkeit in bezug auf Adrianas Persönlichkeit und musikalische Begabung ist bis zu einem gewissen Grade verständlich. Schwer zu enträtseln sind dagegen die Gründe für seine Beendigung des Beschäftigungsverhältnisses mit Claudio und Giulio Cesare Monteverdi, die er am 30. Juli aussprach.[9] Da ihr fachlich-musikalisches Können schwerlich in Zweifel gestanden haben kann, fragt man sich, ob die rührigen Brüder vielleicht irgendeine Verbindung zu den Farnese geknüpft hatten, denen Francesco im selben Monat den Krieg erklärt hatte, um eine Beleidigung seines verstorbenen Vaters zu rächen. Wenn Monteverdis Be-

---

instanza del duca di Mantova, io non so che dirmi«. Brief vom 11. Februar 1612 (Panigada, 430).

[5] Arnold, 25.

[6] Solerti, *Albori*, I, 157.

[7] Ademollo, 194.

[8] Ademollo, 195.

[9] Santoro, *Monteverdi*, 83. Siehe auch Soardis Brief vom 31. Juli und Orlandis Schreiben vom 3. August (Davari, 104).

ziehung zum Hof von Parma ernstlich auch erst weitere fünzehn Jahre
später Gestalt annehmen sollte,[10] so hätte doch bereits der leiseste Hinweis
auf einen künstlerischen Umgang genügt, Francescos Zorn zu erregen.
Eine der ersten Aufgaben für Sante Orlandi, der vorübergehend mit der
Leitung der herzoglichen Privatkapelle betraut worden war, bestand darin,
an Ferdinando zu schreiben, und zwar in der Hoffnung, daß er unter den
ihm ja so gut bekannten römischen Musikern einen Nachfolger für Monteverdi ausfindig machen könnte. Der Kardinal schlug unverzüglich Giovanni Francesco Anerio vor, aber die Nachricht von der Vakanz hatte
bereits Ferrara erreicht, wo sich Pietro Maria Marsolo, musikalischer Leiter der Domkapelle, sofort durch Einsendung von Briefen und Kompositionen um die Stelle beworben hatte.[11]

Monteverdi wandte sich nach der Rückkehr ins Haus seines Vaters in
Cremona, wo er den August verbrachte, im September nach Mailand, wo
er aller Wahrscheinlichkeit nach seine Freunde Cherubino Ferrari und
Aquilino Coppini besuchte.[12] Dort hatte er auch Kontakt zu Alessandro
Striggio, der damals mit einer diplomatischen Mission betraut war, die
Verhandlungen mit dem neuen Gouverneur der Stadt mit sich brachte,
dem Marchese von Ynojosa.[13] Aber die Neiderzungen, von skandalösen
Gerüchten im Zusammenhang mit Monteverdis Abreise aus Mantua ange-
stachelt, begannen weitere Lügen zu verbreiten und ihn des Wunsches zu
bezichtigen, die von Vincenzo Pellegrini am Mailänder Dom bekleidete
Anstellung an sich zu reißen.

Schlimmer noch, Herzog Francesco wurde gemeldet, Monteverdi habe
sich selbst Schimpf und Schande zugezogen, weil er eine Aufführung liturgischer Musik im Duomo verpatzt hätte. Der Herzog beauftragte daraufhin Campagnolo, den bekannten Tenor, sich an Striggio zu wenden und die
Wahrheit in Erfahrung zu bringen,[14] und als dessen Antwort eintraf, kam
zutage, daß Monteverdi sich nie in die Kirchenmusik im Dom eingemischt
hatte, daß dagegen seine zahlreichen Konzerte in Privatwohnungen größten Erfolg und Beifall gefunden hatten.[15] Dieser Briefwechsel beweist, daß
seinen Freunden und seinem früheren Dienstherrn in Mantua noch immer
daran gelegen war, sein rühmliches Ansehen zu verteidigen.

Ende November brach in Mantua eine Pockenepidemie aus. Eines ihrer
ersten Opfer war Lodovico, der kleine Sohn von Francesco und Margherita

---

[10] Siehe Reiner, Lavin, Nagler, *passim*.
[11] Davari, 105–107.
[12] Sartori, »Monteverdiana«, 401.
[13] Quazza, *Diplomazia*, 43.
[14] Vogel, 430 (Dokument 9); 26. September 1612.
[15] Davari, 104; 10. Oktober 1612.

und einzige legitime Erbe des Hauses Gonzaga. Lodovico starb am 3. Dezember, und kaum drei Wochen später folgte ihm sein Vater ins Grab. Mantua und sein Herrscherhaus standen an der Schwelle einer Katastrophe. Ferdinando eilte in Begleitung seines *maestro di musica* Sante Orlandi von Rom aus zurück und übernahm die Staatsgeschäfte. Noch vor Ende Januar war er tief in die Politik verwickelt, da Carlo Emanuele von Savoyen sich entschlossen zeigte, Striggios erfolgreiche Arbeit zunichte zu machen, indem er Mailand überredete, sich mit ihm zu einem Angriff auf Casale Monferrato zu verbünden. Überdies hielt Francescos Witwe, obwohl die Ehe, die Mantua und Savoyen hätte verbünden sollen, durch dessen Tod aufgehoben worden war, wunderlich-hartnäckig daran fest, daß sie schwanger sei und daß, wenn sie einen Sohn zur Welt brächte, er die Nachfolge im Herzogtum anzutreten hätte und nicht Ferdinando.

Angesichts solcher tiefgreifender Spannungen begann das musikalische Leben in Mantua zu leiden. Paolo Faconi fuhr jedoch unbeirrt fort, Sänger für den Kardinal-Herzog zu besorgen, und graste Rom nach Sopranen, Altstimmen, Tenören und Bässen ab, als ob nichts geschehen wäre. Am 9. Februar schrieb er an Ferdinando wegen eines begabten jungen Chorknaben, der sich sehnlichst wünschte, kastriert zu werden.[16] Und am 16. März veröffentlichte der immer produktive Bruder von Adriana die dritte Auflage seines Wasserballetts *Le Avventurose Disavventure* mit einer Widmung an»Alessandro Striggio, Conte di Corticelli, et presidente dignissimo del ducale magistrato di Mantova«.[17] Die neue Krisensituation, die durch Margheritas Abreise von Mantua und den Angriff ihres Vaters auf Casale noch verschärft wurde, zwang Striggio, Mailand erneut zu verlassen und seinen Aufgabenbereich dem alternden Iberti zu übertragen, dessen diplomatische Mission im Ausland ihr Ende gefunden hatte.[18]

Wenn der verstorbene Herzog auch wenig Interesse an Adriana geäußert hatte, so begann sein jüngerer Bruder doch bald zu zeigen, daß er sie dafür entschädigen wollte, indem er ihr aus Casale und Nizza auf ausgelassen-bombastische Weise von seinen soldatischen Großtaten berichtete.[19] Von Musik ist dabei nicht die Rede, und es fällt auch nicht der Name seines früheren Lehrers Monteverdi, dessen derzeitiger Aufenthaltsort bloßer Vermutung überlassen bleiben muß. Wahrscheinlich hielt er sich bei seinem Vater und seinen beiden Söhnen in Cremona auf, während sein Bruder im nahegelegenen Castelleone wohnte und arbeitete.

[16] Bertolotti, 90.
[17] Ademollo, 201.
[18] Quazza, *Diplomazia*, 43.
[19] Ademollo, 202.

Im fernen Venedig starb am 10. Juli Giulio Cesare Martinengo, *maestro di musica* an San Marco. Lange kränkelnd und verarmt, hinterließ er das dürftige Vermächtnis eines wenig leistungsfähigen, ausgelaugten Chores und eines in den Augen der Prokuratoren etwas befleckten Ansehens, die denn auch keine Zeit verloren, bei den Botschaftern und Geschäftsträgern in Rom, Padua, Vicenza, Brescia, Bergamo, Mailand und Mantua nach möglichen Kandidaten für die vakante Stelle Ausschau zu halten.[20] Schon in diesem Stadium erwähnten sie, daß Monteverdis Name bereits genannt worden war, so daß ihre Nachforschungen weitgehend darauf gerichtet blieben, Urteile über seine muskalischen Fähigkeiten einzuholen. Diese Kommentare schlugen wahrscheinlich alle anderen eingereichten Unterlagen aus dem Feld, denn die Prokuratoren gaben sich nicht einmal damit ab, eine kurze Kandidatenliste aufzustellen: Sie luden einfach Monteverdi ein, der am 19. August eine öffentliche Probe seines Könnens ablegte. Das von ihm ausgewählte Werk war die sechsstimmige Messe *In illo tempore*, die drei Jahre zuvor in Venedig im Druck erschienen war. Sie wurde morgens in San Giorgio geprobt, und zwar mit durch Instrumente verdoppelten Chorpartien, und nachmittags zur Begleitung zweier Orgeln in San Marco aufgeführt.

Der ohne jeden Aufschub verpflichtete und mit der Summe von 50 Dukaten als Spesenaufwand[21] entschädigte Monteverdi kehrte im Triumph nach Cremona zurück und gab einen Teil des Betrages für einen neuen Serge-Mantel aus, dessen Wärme zu genießen ihm jedoch leider versagt blieb, weil er in der Nähe von Sanguinetto auf der Straße von Mantua nach Este ausgeraubt wurde, als er von Venedig aus mit seinen beiden Söhnen und einem Hausmädchen den Heimweg antrat. Noch heute macht die flache und einsame Landschaft in der Abenddämmerung einen etwas unheimlichen Eindruck. Der von drei Räubern inszenierte Angriff mag sorgfältig geplant gewesen sein, denn der Kutscher (dessen Verhalten Monteverdi höchst verdächtig vorkam) wußte sicherlich von seiner Ernennung an San Marco und von seiner Absicht, mit seiner Familie und seinen sämtlichen Habseligkeiten von Mantua nach Venedig umzuziehen. Da es keine weiteren Passagiere gab und niemand Waffen zum Schutz bei sich hatte, war es ein leichter Überfall, und der Kutscher wird wahrscheinlich auf der Rückfahrt seinen Gewinnanteil eingestrichen haben. Monteverdi verlor nahezu alles, was er besaß, und schrieb unverzüglich wegen finanzieller Unterstützung an Iberti.[22]

---

[20] Arnold, »Succession«, 208; siehe auch Arnold, 202 (Dokument 3).
[21] Arnold, 202 (Dokument 1).
[22] Der Gebrauch von »Collendissimo«, die Abwesenheit Striggios in Mailand und die Beauftragung Ibertis mit venezianischen Angelegenheiten verweisen auf ihn als Emp-

Obwohl der Brief in musikalischer Hinsicht nichts Ergiebiges enthält, wirft er doch ein bemerkenswertes Licht auf die damaligen Reisebedingungen in der Lombardei und erhellt insbesondere die Angriffsmethoden, die sich solche Räuberbanden zurechtgelegt hatten. Er sagt sogar etwas über ihre veralteten Feuerwaffen aus,[23] deren Hauptzweck offenbar darin bestand, die Opfer einzuschüchtern, (zum Glück für die Musikgeschichte) aber nicht zu töten.

fänger, außerdem der Umstand, daß Monteverdi einräumt, bereits an den Präsidenten des Magistrats geschrieben zu haben, ein Amt, das damals Striggio innehatte.
[23] Zu weiteren Einzelheiten siehe Stevens [Communication] und Gallico, »Assalito«.

Venedig, 12. Oktober 1613; [an ANNIBALE IBERTI, in Mantua]

Euer Erlaucht, mein Gnädigster Herr,
ich lasse Ew. Gnaden wissen, daß wir, als ich mich in Gesellschaft des Kuriers von Mantua befand und mich mit ihm[a] nach Venedig begab, in Sanguinetto[b] – nicht im Ort selbst, sondern etwa zwei Meilen entfernt – von drei Wegelagerern ausgeraubt wurden: Unversehens kamen aus einem Feld, das an die Straße angrenzt, zwei dunkelhäutige[c] Männer hervor, mit spärlichem Bartwuchs und mittelgroß, bewaffnet mit einer Radflinte mit gespanntem Hahn. Einer der beiden näherte sich mir und erschreckte mich mit seiner Flinte, der andere griff den Pferden in die Zügel, die, ohne den geringsten Widerstand zu leisten, langsam weitergingen[d] und in das Feld hineinzogen.
Die Straßenräuber zwangen mich, sobald ich abgestiegen war, niederzuknien; einer der beiden mit der Flinte bewaffneten Männer verlangte meinen Geldbeutel und der andere die Koffer vom Kurier. Der lud sie vom Wagen ab und öffnete dann einen nach dem anderen. Der Schurke packte das, was ihm gefiel, und der Kurier überließ ihm bereitwillig alles. Ich jedoch lag die ganze Zeit auf den Knien, von dem anderen mit dem Gewehr festgehalten. So nahmen sie alles mit, was ihnen gefiel, während der dritte der drei Räuber, der einen Degen in

---

[a] *partendomi con esso lui* (pleonastisch).
[b] Sanguinetto: ca. 6 Kilometer östlich von Nogara zwischen Legnago und Nogara.
[c] *chiera* (= *cera*).
[d] *andasevano* (= *se andavano*) durch Metathesis.

der Hand hielt und Schmiere gestanden war, weiterhin Ausschau hielt, ob niemand von der Straße her käme.

Als sie alles gründlich durchwühlt hatten, kam der, der beim Kurier die Sachen durchsucht hatte, zu mir und befahl mir, ich solle mich ausziehen, weil er sehen wolle, ob ich noch Geld bei mir hätte. Nachdem er sich aber überzeugt hatte, daß ich keines mehr besaß, ging er in derselben Absicht zu meinem Hausmädchen hin, das sich mit zahlreichen Bitten, Beschwörungen und Tränen zur Wehr setzte und erreichte, daß er es in Ruhe ließ. Hierauf wandte er sich wieder den Sachen und den Koffern zu und machte aus dem Schönsten und Besten ein Bündel. Als er nach Kleidungsstücken suchte, fand er meinen Serge-Mantel[e], lang und nagelneu, den ich mir eben erst in Cremona hatte machen lassen.

Er sagte zum Kurier: »Gib mir diesen Mantel«, doch als der Schurke sah, daß er ihm zu lang war, befahl er: »Gib mir einen anderen«, worauf er sich den Mantel meines Sohnes nahm. Da er ihn aber für zu kurz befand, sagte nun der Kurier: »Mein Herr, er gehört diesem armen Seminaristen, gebt ihn ihm zurück«, und er gab sich zufrieden. Desweiteren entdeckte der Kurier das Gewand des Knaben und verfuhr dann ebenso, und als er unter vielen Bitten nach den Sachen des Hausmädchens verlangte, gab sie ihm der Schurke zurück. Aus dem übrigen machten sie ein großes Bündel, nahmen es auf die Schultern[f] und trugen es davon. Wir packten dann die Reste zusammen und begaben uns in einen Gasthof.

Am nächsten Morgen erstatteten wir in Sanguinetto Anzeige, dann reisten wir ab (– ich war sehr betrübt –) und erreichten Este[g]. Von dort nahmen wir ein Boot nach Padua, das die ganze Donnerstagnacht[h] und beinahe den ganzen Freitag auf Sand gelaufen festsaß, weil sich keiner darum kümmerte, daß es loskomme. Schließlich fuhren wir gegen ein Uhr mittags los, bei starkem Regen und Wind, im ungedeckten Boot[i]

---

[e] *rassa* (= *rascia*, aus Rashka in Jugoslawien).

[f] *a bazzolo* (von cremonesisch *bazzol* = Joch).

[g] Este: der Ort, an dem Reisende die Route verließen, um sich auf dem Wege durch den Canale di Battaglia nach Padua und dann weiter durch die Brenta nach Venedig einzuschiffen, im *burchiello*, der musikalisch in Banchieris *La barca di Venezia per Padova* (1605) besungen wurde.

[h] *giobia* (= *giovedi*).

[i] *burchio*, im Gegensatz zu *la barca di Padova*.

und nur mit unserem Kurier am Ruder, der dabei wahrhaft Mühe hatte[j], und wir trafen in Padua ein, das wir nur mit Mühe bis 6 Uhr abends erreichen konnten.

Am Samstagmorgen erhoben wir uns frühzeitig und wollten nach Venedig aufbrechen. Länger als zwei Stunden warteten wir auf die Abreise. Während wir uns in Padua aufhielten, legte sich der Kurier einen Arm in die Schlinge und erklärte, das sei bei der Angelegenheit mit den Mänteln geschehen, als er beraubt worden sei. Weil ich wußte, daß der Kutscher weder berührt noch durchsucht worden war, war ich sehr verblüfft. Dieses Verhalten des Kuriers ließ alle, die bei uns waren, Verdacht schöpfen, weil sie an ihm zunächst keine Verletzung bemerkt hatten.

Einer aus dem Boot nach Padua sagte zum Kurier: »Was ist das für eine Lüge, Bruder«, und als er weitere Worte hinzufügen wollte (wohl im Scherz, nehme ich an), ließ sich der auf kein Gespräch mehr ein. So erreichten wir am Samstag um 17 Uhr Venedig, während er auf der ganzen Fahrt im Boot lachte und scherzte. Dort blieb er nur zwei Stunden und kehrte dann nach Mantua zurück. So sind die Dinge gewesen. Weil hier bei mir der andere Kurier aus Mantua gewesen ist und sich bei mir beklagte, er habe gehört, ich hätte den vorherigen Kurier verdächtigt, antwortete ich ihm, ich hätte keinerlei Verdacht geschöpft und hielte den für einen anständigen Menschen. Aber es stimmt wohl, daß er sich den Arm am Samstagmorgen in die Schlinge legte wegen des Vorfalls, der sich am vergangenen Mittwochabend ereignet hatte, und dabei hatte ihn keiner auch nur angerührt, und er war den ganzen Freitag über auf dem Schiff gefahren.

Ich lasse Ew. Gnaden wissen, daß ich diesen Mann nicht verdächtigt habe. Wäre mir ein solcher Gedanke in den Sinn gekommen, dann hätte ich Ew. Gnaden sofort Bescheid gegeben. Wohl aber sage ich, daß das Verhalten, das der genannte Kurier zeigte, indem er sich den Arm in die Schlinge legte, zu denken gab. Wenn die Sache wirklich zu Bedenken Anlaß gibt, überlasse ich sie dem überaus klugen Ermessen Ew. Gnaden. Was mich anbelangt, so hege ich keinen Verdacht und bemühe mich um nichts, es sei denn um das, was aus der Hand Gottes kommt. Ich versichere Euch, verehrter Herr, daß mir Gegenstände und

---

[j] *bona fatica* (ironisch).

Geld im Wert von mehr als hundert Venezianischen Dukaten geraubt
wurden.

Als ich in Mantua war, hatte ich die Ehre, vom Herrn Präsidenten[k]
eine Halbjahresrente zu erhalten, und ich habe noch eine weitere gut,
die fällig ist, weil bereits drei Monate vergangen sind. Ich habe ihm von
meinem großen Unglück erzählt. Wenn Ihr die Güte hättet, für mich
beim Herrn Präsidenten ein gutes Wort einzulegen (obwohl ich weiß,
daß das Entgegenkommen des Herrn Präsidenten groß ist), dann
werde ich das als größte Wertschätzung erachten, weil ich sie, mein
Herr, sehr nötig habe. Hiermit erweise ich Ew. Gnaden demütigste
Ehrerbietung und erbitte für Euch von Gott wahres Glück.

Venedig, 12. Oktober 1613

Ew. Gnaden   demütigster und dankbarster Diener

                  Claudio Monteverdi

[k] Präsident [des Magistrats], damals Alessandro Striggio.

14

Mantua, Archivio Gonzaga, Cassetta 6, f. 131. Einzelblatt: 2 Seiten [an
Herzog Ferdinando Gonzaga, in Mantua]. *(22. August 1615.)* Malipiero, 156; Paoli, 74.

Sie konnten ihn nicht vergessen, und selbst wenn sie es versuchten, so
wurden sie von den musikalisch interessierten Mitgliedern anderer Für-
stenhäuser doch ständig an den ungewöhnlichen Künstler erinnert, den sie
verloren hatten. Im Dezember 1613 schrieb Francesco de' Medici an den
Kardinal-Herzog und bat um ein Exemplar von *Arianna*, das denn auch
noch rechtzeitig vor Jahresende abgeschickt und bestätigt wurde.[1] Aber
Monteverdi war gezwungen gewesen, dem Musikdrama den Rücken zu-
zukehren, und zwar wenigstens für einige Jahre, weil er vollauf mit der
Wiedereinführung von Ordnung und Disziplin im Chor von San Marco
ausgelastet war. Ein unangenehmes Mitglied dieses Chores, Domenico

[1] Davari, 123.

Aldegati, stach nämlich 1613 auf einen Sängerkollegen ein und beleidigte viele Jahre später sogar den Maestro selbst.[2] Der 1614 in Mantua herrschende Mangel an Zeit und Neigung zu größeren Festlichkeiten war weitgehend auf die drückenden Probleme in Casale zurückzuführen, die die Energien und finanziellen Ressourcen Ferdinandos und seiner Regierung aufzehrten.[3] Bei Abwesenheit von Striggio und mit Iberti als seinem Vertreter hatte der Bereich der künstlerischen Bestrebungen wenig Aufschwung zu verzeichnen, und die mantuanischen Virtuosen machten sich in andere Städte und Länder davon. Francesco Rasi, der Tenor, der die Titelrolle im *Orfeo* gesungen hatte, verbrachte einige Zeit in Österreich und mag sogar seinen mantuanischen Erfolg wiederholt haben, als die Oper 1614 in Salzburg aufgeführt wurde.[4] Adriana war weiterhin unglücklich, weil sie vom Herzog an einem Besuch Veronas gehindert worden war, zu dem sie ein Marchese eingeladen hatte.[5]

Eine einfühlsame und treffende Beschreibung von Ferdinandos Charakter auf dieser Stufe seiner Laufbahn stammt aus der Feder von Giovanni da Mulla, dem venezianischen Botschafter in Mantua.[6] »Er ist von mittlerer Größe, zurückhaltend in seinem Benehmen (im Gegensatz zu manchen seiner nahen Verwandten), von angenehmer Erscheinung, umgänglich, mit einem liebenswürdigen, würdevollen Antlitz. Er scheint gesund zu sein und würde sich vielleicht noch besser fühlen, wenn er sich von seinem Hofarzt fernhielte. Oft hört man ihn sagen, daß er keinen anderen Zeitvertreib oder Trost habe als die Musik und ohne sie sterben würde. Seine natürliche Neigung gilt der Dichtung und der Musik: Er schläft wenig, und seine Ideen sollen ihm angeblich nachts kommen, weil er jeden Morgen mit irgend einem neuen künstlerischen Projekt aufwacht.«

Eines Morgens gab er sich jedoch mit etwas Wichtigerem als nur Musik oder Dichtung ab. Da er kürzlich Camilla begegnet war, der jungen Tochter eines seiner Hofbeamten, Ardizzino Fàa, erlaubte er sich, sich in sie zu verlieben und – Kardinalspurpur hin oder her – von Heirat zu sprechen, obwohl sie ihrer Herkunft nach tief unter seiner Herrscherwürde und, was Rom anging, jenseits der Grenzen des für ihn Erlaubten stand. Anfangs ging er jedoch mit Vorsicht zu Werke und ließ bekannt werden, er beabsichtige auf die Kardinalswürde zu verzichten, um sich richtiggehend zum Herzog krönen zu lassen. Da eine Hochzeit nach Musik verlangte, begannen sich seine Sekretäre zu tummeln und waren schließlich so glücklich, Giro-

---

[2] Prunières, 213. Siehe auch Brief 126.
[3] Coniglio, 413.
[4] Antonicek, 267; Einstein, »Emissär«, 31.
[5] Ademollo, 204–207.
[6] Errante, »Il processo«, 648.

lamo Frescobaldi zu überreden, Rom zu verlassen und für ein Jahresgehalt von 600 *scudi* nach Mantua zu kommen – also für genau die doppelte Summe, die Monteverdi in seinen letzten Jahren bei Hofe verdient hatte.[7] Monteverdi, der als Mitarbeiter noch nicht in Betracht gezogen worden war, begann jedenfalls die ersten Früchte seines Erfolges in Venedig zu genießen. Der Chor konsolidierte sich, und wahrscheinlich im Juni oder Juli 1614 erschien sein Sechstes Madrigalbuch, das insofern von den anderen abstach, weil ihm keine Widmung vorangestellt war, das aber Werke enthielt, die des Todes seiner Gattin Claudia und der Sängerin Caterina Martinelli gedachten. Angelo Grillo, der musikalische Abt von Capo d'Istria, schrieb im August 1614 an den Komponisten und dankte ihm für ein Widmungsexemplar,[8] und auch später noch rühmte er in einem Brief an G. B. Magnavacca die Schönheiten dieser neuen Veröffentlichung.[9]

Der Großteil der Madrigale reicht zeitlich in die letzten sechs Jahre Monteverdis in Mantua zurück und ist gefühlsmäßig und künstlerisch untrennbar mit seinen dortigen Erlebnissen verknüpft. Die Stimmbücher, vom üblichen unterwürfigen Kniefall vor einem prinzlichen Gönner entbunden, müssen einen doppelt tiefen Eindruck auf die Mantuaner und besonders auf Ferdinando gemacht haben, der für die Florentiner Schmeicheleien eines Giovanni del Turco[10] nur taube Ohren hatte und sich südwärts nach Neapel, an Margherita Basile, die Schwester Adrianas, und ostwärts nach Venedig an den Komponisten wandte, den sein verstorbener Bruder törichterweise hatte ziehen lassen. Er war entschlossen, Camilla Fàa zu heiraten, und wenn ihm Monteverdi, Frescobaldi und Margherita Basile zur Verfügung standen, konnte die Hochzeit mit der prächtigsten Musik in ganz Italien begangen werden.

Die Pläne für die Hochzeit nahmen, wenn sie auch noch nicht weit vorgeschritten waren, doch wenigstens Gestalt an;[11] und zu diesem Zweck hatte der Herzog ein Libretto geschrieben, von dem er hoffte, Monteverdi würde es vertonen. Da aber das Manuskript nicht erhalten geblieben zu sein scheint und jede weitere Erörterung des Projekts fehlt, kann die ganze Angelegenheit in den Limbus mantuanischer Entwürfe verwiesen werden, die zwar beredet wurden, aber nie zur Reife kamen.

Am 6. Februar 1615 schrieb Ferdinando an Adriana Basiles Mutter und bat sie um die Mitwirkung Margheritas, der jüngeren Schwester Adrianas

---

[7] Bertolotti, 91.
[8] Brief von G. B. Grillo (Ausgabe von 1616), III, 127, zitiert nach Einstein, »Grillo«, 177.
[9] Einstein, »Grillo«, 177–178.
[10] Davari, 108.
[11] Ademollo, 209, 212.

und einer bemerkenswert vielversprechenden Sängerin. Wieder liegt eine gewisse Dringlichkeit in seinem Beharren darauf, daß die Hochzeit bald stattfinden müsse, aber die neapolitanische Familie, die sich entweder widersetzte oder kein Verständnis für diese Art Druck aufbrachte, schickte Margherita erst im April auf die Reise.[12]

In der zweiten Februarhälfte kam, nach langwierigen Verhandlungen, Girolamo Frescobaldi in Mantua an.[13] Aus dem nahen Ferrara gebürtig, war ihm die Lombardei durchaus nicht fremd; was er in Mantua hörte und sah, war dennoch genug, ihn nach einem Aufenthalt von knapp drei Monaten rasch wieder nach Rom aufbrechen zu lassen. Kein Wunder, daß Monteverdi nicht auf eine Rückkehr brannte. Wenn er in Venedig blieb, war er in der Lage, speziell für die Karwoche an San Marco Musik zu liefern, wo sein Sohn Francesco als Gesangssolist tätig war. Wenn der Komponist auch ein Sonderhonorar von 50 Golddukaten (und sein Sohn deren zehn) verdiente,[14] hatte er im Augenblick doch keine Pläne, eine umfangreiche Anthologie mit Kirchenmusik zu veröffentlichen. Aber die Gelegenheitspublikationen anderer versuchten, ein oder zwei Motetten Monteverdis einzubeziehen, wobei sich ein vielversprechender Anfang mit dem Duett *Cantate Domino* in Bonomettis *Parnassus Musicus Ferdinandaeus* ergab.[15] Dem Erzherzog Ferdinand gewidmet, der der spätere Kaiser Ferdinand II. und Gatte von Eleonora Gonzaga werden sollte, macht diese Anthologie deutlich, daß auch andere Komponisten neben denen des Grazer Hofkreises sich darum bemühten, ihre Verbindungen zu den Habsburgern aufrechtzuerhalten.

Wenn Monteverdi versuchte, den Erzherzog zu ehren, so waren andere entschlossen, ihn selbst als Komponisten zu würdigen. Tarquinio Merulas Vorwort zu seinen *Canzoni a quattro*, auf den 1. Juni datiert, wendet sich an keinen besonderen Widmungsträger, aber die neunte Kanzone ist Claudio Monteverdi zugeeignet, wie er ein gebürtiger Cremoneser.[16] In Mantua tändelte Ferdinando auch weiterhin mit musikalischen Projekten, wurde Margherita Basiles aber bald überdrüssig und verheiratete sie am 27. Juni mit Ettore Cattaneo Dadi.[17] Die großmütige Laune des Herzogs übertrug sich sogar noch auf Margheritas Bruder Lelio, dem er Teile der Rentenstiftung Eugenio Cagnanis gewährte, eines hervorragenden Bürgers von Man-

---

[12] Sie kam Ende April in Mantua an, und Ferdinando teilte das Cornelia Basile in seinem Brief vom 1. Mai mit (Ademollo, 209).

[13] Bertolotti, 91.

[14] Arnold, 36.

[15] Siehe *Gesammelte Werke*, ed. Malipiero, XVI, 409; ebenso Federhofer, 167.

[16] Sartori, *Bibliografia*, I, 212.

[17] Ademollo, 211.

tua, der bei Monteverdis Hochzeit Trauzeuge gewesen war.[18] Aber Anfang
August war Margherita der herzoglichen Gnade verlustig gegangen,[19] das
zwischen Mantua und Savoyen getroffene Abkommen vom 20./21. Juli
war teilweise bereits ungültig geworden, und Ferdinando hielt, trotz allen
Widerspruches, an seiner Absicht fest, Camilla Fàa zu heiraten. Monteverdi hatte von all dem zweifellos Kenntnis und sah, während er seine
rückständigen Zahlungen einforderte, eine durchaus günstige Gelegenheit,
sich nach möglichen neuen Aufträgen zu erkundigen.

[18] Ademollo, 213; Gallico, »Documents«, 71.
[19] Ademollo, 214.

Venedig, 22. August 1615; [an HERZOG FERDINANDO GONZAGA, in
Mantua]

Durchlauchtigste, Einzige Hoheit, mein Gnädigster Herr,
da Ew. Hoheit sehr wohl wissen, daß der Durchlauchtigste Fürst Vincenzo seligen Angedenkens mir den Gefallen zu tun geruhte, mir pro
Jahr hundert Scudi zur Verfügung zu stellen oder auch einen Fonds,
von dem ich ohne Schwierigkeiten das oben genannte Jahreseinkommen abheben könnte, habe ich deshalb – ich habe nämlich noch niemals das genannte Geld vom herzoglichen Schatzamt bekommen, dessen Aufgabe es ist, mir das Geld auszuhändigen – immer zu dem Mittel
gegriffen, mir alle sechs Monate im nachhinein die Schecks ausstellen
zu lassen, die mir bereitwillig ausgehändigt wurden und für die ich, bis
auf zwei, auch das Geld erhielt.
    Ich habe mich, durch die Vermittlung meines Schwiegervaters[a],
mehrere Male an den sehr erlauchten Vorsitzenden des Magistrats[b]
gewandt, damit er anordne, daß auch die beiden genannten Zahlungen
beglichen werden, weil sich in dem Erlaß der folgende Wortlaut findet:
»Indessen befehlen wir dem Vorsitzenden unseres Magistrats, daß er
unsere Schenkung und Verpflichtung ohne weiteren Befehl und Auftrag ausführe, weil dies unser wohlüberlegter Wunsch ist«.[c]

[a] Giacomo Cattaneo.
[b] Vielleicht nicht mehr Striggio, der hilfreicher hätte sein können, wäre er nicht im
    fernen Mailand gewesen.
[c] Monteverdi zitiert das aus seiner eigenen Kopie des Dokuments, die er bis an sein
    Lebensende aufbewahrte (siehe Brief Nr. 127).

Aber als mir mein Schwiegervater mitteilte, es stehe Ew. Hoheit zu, den Auftrag zu erteilen (gemäß einer neuen, allgemeinen Anordnung, die von Euch gegeben wurde), und ich aber durch eine große Notlage geplagt werde, weil es jetzt an der Zeit ist, für das ganze Jahr vorzusorgen, und ich der grenzenlosen Güte und Menschlichkeit Ew. Hoheit sicher bin, habe ich den Mut gefaßt, Euch (wie es meine Gewohnheit ist) zu bitten und aus tiefstem Herzen anzuflehen, Ihr wolltet anzuordnen geruhen, daß mir die beiden oben genannten (noch ausstehenden) Beträge ausgehändigt werden, damit ich für den Lebensunterhalt meiner beiden Söhne[d] aufkommen kann, was keine geringen Kosten verursacht, die ich bestreiten muß, weil ich mich in der Tat danach sehne, daß meine Söhne, die in Mantua geboren sind, mehr als nur mittelmäßig die Tugenden erlernen, und weil ich wünsche, daß Ihr mich damit zu würdigen geruht, daß ich diese außerordentliche Gunst genießen kann, die mir der Durchlauchtigste Fürst Vincenzo, mein besonderer Herr – Gott hab' ihn selig – zuteil werden ließ.

Gleichfalls bitte ich Euch mit derselben herzlichen Zuneigung, mich von Zeit zu Zeit mit einigen Aufträgen würdigen zu wollen, damit ich der Welt und mir selbst zu verstehen geben kann, daß ich (obwohl ich ein äußerst geringer und unbedeutender Diener bin) nicht völlig unwürdig bin, Ew. Durchlauchtigste Gunst zu empfangen. Möge Gott Ew. Hoheit in seiner heiligen Gnade lange gesund erhalten und mir Verdienste schenken, die der Befehle Ew. Hoheit würdig sind, der ich demütigste Ehrerbietung erweise.

Venedig, 22. August 1615
Ew. Hoheit   demütigster und dankbarster Diener
              Claudio Monteverdi

---

[d] Francesco, vierzehn, und Massimiliano, elf Jahre alt.

15

Mantua, Archivio Gonzaga, Cassetta 6, ff. 133–134. Doppelblatt.
3 Seiten [an Annibale Iberti, in Mantua]. *(6. November 1615.)* Malipiero, 158; Paoli, 76; Prunières, 244.

Es nimmt kaum wunder, daß das Gesuch des Komponisten vom 22. August auf taube Ohren stieß, denn die Pläne hinsichtlich Ferdinandos Hochzeit mit Camilla Fàa – ganz abgesehen von seinem Verzicht auf die Kardinalswürde – belegten während der Sommermonate den gesamten Hof mit Beschlag. Wenn es auch eine heimliche Hochzeit werden sollte, erhielt doch beinahe jedermann in Mantua – und eine beträchtliche Menge Ohrenzeugen »draußen« nicht minder – täglich Kenntnis von den Fortschritten. Der Franziskaner und Komponist Lodovico Viadana schickte aus Ferrara Musik,[1] und an den von Lelio Arrivabene in seinem Brief vom 4. November an den Herzog von Urbino erwähnten Darbietungen waren zweifellos auch eine Vielzahl einheimischer Musiker beteiligt.[2] Ein früherer Brief von Arrivabene hatte ihn bereits davon unterrichtet, daß die Hochzeit bevorstand,[3] obwohl es wegen der gesellschaftlichen Kluft zwischen dem Herzog und der schönen Bürgerlichen wenig Zeichen der Billigung gab.

Von all dem Klatsch und den bei Hofe kursierenden Gerüchten wurde etwas, das Monteverdi zu betreffen schien, ihm schließlich von dem Kapuzinermönch Cesare Cattaneo, dem Bruder der verstorbenen Gattin des Komponisten, zugetragen. Über Fra Cesare ist wenig bekannt, abgesehen davon, daß er 1621 nach Ägypten reiste und einen Affen heimbrachte; er war jedoch mit großer Sicherheit Mitglied des Kapuzinerklosters in Mantua.[4] Da es für predigende Mönche vergleichsweise leicht war, Zugang zu den niedrigeren Stufen der Hofhierarchie zu finden, kann es durchaus möglich gewesen sein, daß Fra Cesare eben dort hörte (oder zu hören meinte), der Herzog habe die Ermächtigung erteilt, Monteverdi seinen *fondo* zu gewähren. Dieser Fonds wurde wahrscheinlich von den Hochzeitsaufwendungen aufgezehrt, aber Monteverdi ersuchte in einem Brief an den Herzog vom Juli des folgenden Jahres noch einmal darum.

Obwohl dieser Pseudo-*fondo* von den Gonzaga ständig und schamlos wie ein Köder vor dem Maul des Esels hin und her geschwenkt wurde, so

---

[1] Bertolotti, 95.
[2] Ademollo, 216.
[3] Ademollo, 214.
[4] Bellonci, 221.

ergibt sich doch aus dem um Zusammenarbeit bemühten Tonfall von Brief 16, daß der Komponist tatsächlich der Meinung war, ein Wechsel sei unterwegs. Wann immer sie etwas von Monteverdi wollten, ließen sie ein Gerücht über den Kapitalfonds zirkulieren, weil sie ganz genau wußten, daß einer seiner Verwandten die Nachricht nach Venedig übermitteln würde. Und wenn sie seine diesbezüglichen Hoffnungen weckten, konnten sie einer unverzüglichen und bejahenden Antwort sicher sein, wenn sie ihm ihren Auftrag schickten.

Venedig, 6. November 1615; [an ANNIBALE IBERTI, in Mantua]

Euer Erlaucht, mein Gnädigster Herr,
durch die hohen Unkosten, die ich für den Lebensunterhalt meiner Söhne[a] aufbringen muß, weil ich wünsche, daß sie lesen und schreiben lernen und an Gottesfurcht und Achtung vor der Welt zunehmen, schien es mir deshalb immer sehr notwendig, sie zusammen mit ihrem Lehrer in meinem Haus zu versorgen, so daß sie und er mich zusammen im Jahr mehr als zweihundert Dukaten gekostet haben – ich selbst beziehe dreihundert Dukaten von San Marco und hundert Dukaten dank der Schenkung, die mir Seine Durchlaucht, Fürst Vincenzo[b] seligen Angedenkens, zu gewähren geruhte. Weil ich aber diese hundert Dukaten (obwohl ich sie dringend benötige) nicht bekommen kann, wandte ich mich (durch all diese Unkosten veranlaßt) schon vor einem Monat oder früher mit einem Brief an die grenzenlose Güte Seiner Hoheit, Herzog Ferdinando[c].

Von meinem Schwager, dem Kaupzinermönch[d], erhielt ich zur Antwort, Ew. Gnaden hätten nicht nur meinen Brief erhalten, sondern auch die Vollmacht (sie ist der Güte Seiner Hoheit zuzuschreiben), mir nicht nur durch die hundert Scudi, die ich bei der herzoglichen Schatzkammer aus vergangenen Zahlungen gut habe, Trost zukommen zu lassen, sondern mir auch den Fonds zu verschaffen, von dem ich dann ohne Schwierigkeiten mein jährliches Einkommen abheben kann. Ihr

---

[a] Francesco, vierzehn, und Massimiliano, elf Jahre alt.
[b] Vincenzo Gonzaga, Vierter Herzog von Mantua.
[c] Ferdinando Gonzaga, Sechster Herzog von Mantua. Der Brief, auf den Bezug genommen wird, ist Nr. 14, der zweieinhalb Monate zuvor abgeschickt wurde.
[d] Fra Cesare Cattanco (siehe auch die Briefe Nr. 18 und 71).

könnt sicher sein, daß ich mich, als ich von meinem Schwager hörte, daß Ew. Gnaden diesen Auftrag erhalten haben, sogleich beeilte, Gott für solch eine treffliche Gunst zu danken, und daß ich mich sehr freute, weil ich weiß, daß Ew. Gnaden immer mein großer Gönner und Förderer gewesen sind.

Ich will Euch nicht von meinen vergangenen Unpäßlichkeiten erzählen, die ich noch häufig – einmal im Kopf und einmal im Körper – als Folge der großen Anstrengungen[e] spüre, die ich mit der *Arianna* auf mich genommen habe, noch will ich Euch von meinen beiden Söhnen erzählen, die in Mantua geboren und aufgewachsen sind (weil tatsächlich Fürst Vincenzo der Garant meiner Ehe war), noch habe ich diesen Durchlauchtigsten Hof bei Gott nicht in so jämmerlicher Lage verlassen, daß ich nach 21 Jahren nicht mehr als fünfundzwanzig Scudi mitnehmen kann. Ich will Ew. Gnaden schließlich jetzt nichts weiter berichten, weil ich weiß, daß Ihr sehr gut und umfassend informiert seid.

Ich werde nur mit immerwährender Bitte darum ersuchen, daß Ihr dafür zu sorgen geruhen wollt, daß ich durch diesen segensreichen Fonds unterstützt werde, von dem ich dann diese glückverheißenden hundert Scudi abheben kann, damit ich so ein Zeichen der Wertschätzung meiner Mühen empfange und ein Zeichen der Gunst, die mir durch Fürst Vincenzo (seligen Angedenkens) zuteil wurde und dazu ein Zeichen der Hilfe für meine armen Söhne. Außerdem bitte ich darum, daß Ihr auch dafür sorgt, daß diesen Herren Musikern, die dem derzeitigen Fürsten dienen, gezeigt wird, daß so wie sie – ich weiß das sehr wohl – begünstigt und geehrt werden, es auch denen zuteil wird, die Fürst Vincenzo dienten.

Lieber Herr, ich bitte Euch bei der Liebe Gottes, mich doch in dieser Sache zu unterstützen, was zugleich meinen Söhnen, meiner Ehre und der Erinnerung an die Hochherzigkeit des Fürsten Vincenzo dienen wird; denn auch Gott gebietet, daß dem armen Diener der Lohn nicht von früh bis spät vorenthalten wird. Dann werden die Stadt Venedig und auch andere Städte sehen, daß ich zu einem Teil für meine Mühen entlohnt werde, während sie sich jetzt wundern, weil sie nichts sehen.

Ich habe nichts weiter zu sagen als mich der Güte Ew. Gnaden anheimzustellen, auf die ich all meine Hoffnung setze. Deshalb unterlassen es weder ich noch meine armen Söhne (und wir werden es auch

---

[e] *il pattir grande* (manchmal verlesen zu *quand'e*).

nicht unterlassen), Gott um die allerhöchste Verherrlichung Eurer Person zu bitten und um die Erfüllung all Eurer ehrenhaften Wünsche. Hier erweise ich Euch demütige Ehrerbietung und küsse Euch die Hände.

Venedig, 6. November 1615[f]

Ew. Gnaden   dankbarster Diener
                Claudio Monteverdi

[f] Prunières gibt den 5. November als Datum.

16

Mantua, Archivio Gonzaga, Cassetta 6, ff. 136–137. Doppelblatt: 3 Seiten [an Annibale Iberti, in Mantua]. *Anlage:* Vier Szenen aus *Tirsi e Clori. (21. November 1615.)* Davari, 109; Malipiero, 159; Paoli, 79.

Wenn das Manuskript des Balletts *Tirsi e Clori* auch nicht erhalten geblieben ist, so bewahrt das Archivio Gonzaga doch nicht nur den folgenden Brief, sondern auch einen am gleichen Tage geschriebenen Begleitbrief des mantuanischen Geschäftsträgers in Venedig, Camillo Sordi, auf.[1] Darin berichtet er Cavaliere Annibale Iberti (dessen Name und Titel in aller Vollständigkeit aufgeführt werden):»Heute hat mir Monteverdi versprochen, mir eine Abschrift eines Balletts zukommen zu lassen, so daß Ihr es Ihrer Hoheit aushändigen könnt. Wenn er es schickt, wie ich hoffe, wird es dem Umschlag beigefügt sein; und er erbietet sich, mehr dazu beizutragen und sich beim Schreiben ganz nach dem Geschmack Ihrer Hoheit zu richten. Er wird auch eine Beschreibung der Art und Weise schicken, wie es gesungen und aufgeführt werden sollte.«

Dieses Begleitschreiben steht deshalb als ein seltenes Beispiel für einen Bericht über einen Brief ein, den Monteverdi im Begriff war zu schreiben; und als der Brief und die Noten im Amt des Geschäftsträgers eintrafen, fielen sie beinahe genau wie versprochen aus. Weil der Brief in aller Eile hingeworfen ist, sind einige Worte schwer zu entziffern.[2]

[1] Busta 1547, Nr. 3 (freundlicherweise mitgeteilt von Professor Pierre Tagmann).
[2] Davaris Lesarten sind zumeist richtig, ausgenommen zwei; die späteren Textfassungen von Malipiero und Paoli sind weniger verläßlich.

Ihre genaue Deutung ist jedoch ein Problem von ganz ungewöhnlicher
Wichtigkeit, weil wir es hier mit einem wertvollen Beweisstück in bezug
auf die Aufführungspraxis zu tun haben, sowohl allgemein – hinsichtlich
des barocken Generalbasses – als auch speziell mit dem Blick auf *Tirsi e
Clori.*[3]

Weil Monteverdi den musikalischen Entwurf einem ihm bereits ausge-
händigten (oder von ihm gefundenen) Text anpaßte, ist seine Bereitschaft,
ihn gegebenenfalls auch zu verändern, ein Beweis für die auch weiterhin
verbreitete Praxis, ganze Strophen aus einer Komposition zu streichen und
neue dafür einzusetzen.[4] Bedauerlicherweise wissen wir nicht, ob Ferdinando am ursprünglichen Text festhielt oder einen neuen hinzufügte, und
wenn er das tat, wer ihn geschrieben hatte.[5] Die Verse, die zusammen mit
der Musik in Buch VII veröffentlicht sind, stammen wahrscheinlich nicht
von Striggio, denn der Brief Sordis macht deutlich, daß der Empfänger und
Koordinator Iberti war.

Fünf Tage vor der Niederschrift des Briefes hatte Ferdinando Verzicht
auf die Kardinalswürde geleistet. Gleichsam als Entschädigung für die Fa-
milienehre wurde sein Bruder Vincenzo nominiert, der aber nie nach Rom
ging noch gar das Birett trug. Er hatte andere Eisen im Feuer, insbesondere eine anziehende Witwe, Isabella di Novellara, die nicht weit von
Mantua in San Martino dall'Argine lebte. Monteverdi, der ihr bei Konzerten im herzoglichen Palast vorgestellt worden war, erwähnte Ferdinando
gegenüber ihren Namen in seinem Brief vom 22. Juni 1611; in Mantua
aber hatte damals niemand auch nur die leiseste Ahnung von dem bevorstehenden skandalösen Jahrzehnt.[6]

[3] Herausgegeben von Kenneth Cooper (Penn State Music Series, Nr. 14)
[4] Ein weiteres Beispiel dafür, wobei Giambattista Guarini mitbetroffen war, wird bei
Kirkendale, 46, angeführt.
[5] Siehe Pirotta, 49.
[6] Errante, »Il processo«, *passim.*

Venedig, 21. November 1615; [an ANNIBALE IBERTI, in Mantua]

Sehr geehrter Herr und hochverehrter Gebieter,
der Resident[a] Seiner Hoheit[b] von Mantua, wohnhaft in Venedig und
mein verehrter Herr, beauftragte mich in den vergangenen Tagen
durch einen Brief Ew. Gnaden (auf Befehl Seiner Hoheit von Mantua,

[a] Camillo Sordi.
[b] Ferdinando, Sechster Herzog von Mantua.

meines Herrn) damit, einen Tanz zu komponieren, ohne dem Auftrag weitere Einzelheiten beizufügen, im Unterschied zu den Aufträgen des Durchlauchtigsten Fürsten Vincenzo – Gott hab' ihn selig –, der mir solche Angelegenheiten mit sechs, acht oder neun Strophen[c] anzuordnen pflegte. Außerdem pflegte er mir Angaben bezüglich des Inhalts zu machen, und ich suchte darauf die Musik[d] und das metrische Schema[e], die ich dafür sehr angemessen und passend hielt, abzustimmen.

Weil ich glaubte, ein Tanz mit sechs Strophen[f] falle nach dem Geschmack Seiner Hoheit aus, suchte ich daher sofort das vorliegende Ballett, dem noch zwei Strophen fehlten, zu beenden. In der Absicht, das Ballett Seiner Hoheit vorzulegen, begann ich damit in den vergangenen Monaten, weil ich geglaubt hatte, ich käme diesen Sommer in gewissen Geschäftsangelegenheiten nach Mantua.

Ich sende das Ballett durch den Residenten Ew. Gnaden, damit Ihr es Seiner Hoheit vorlegen könnt. Ich hielt es außerdem für richtig, dem Ballett anzuzeigen, daß ich – wenn Seine Hoheit in diesem Ballett entweder eine Änderung der Musik[g] verlangen sollten oder die Erweiterung um langsame und schwere Sätze oder um vollstimmigere und solche ohne imitierende Abschnitte (wobei Seine Hoheit dem vorliegenden Text keine Beachtung schenken, den man leicht ändern kann, obwohl er durch die Beschaffenheit seines Metrums und die Nachahmung des Gesangs nützlich sein wird) oder wenn Seine Hoheit gar insgesamt eine Änderung verlangen sollten – daß ich Euch also bitte, für mich dafür zu sorgen, daß Seine Hoheit den Auftrag neu zu regeln geruhen, da ich es als ergebenster und von dem Wunsche, die Gunst Seiner Hoheit zu erlangen, in höchstem Maße erfüllter Diener nicht versäumen werde, zur Zufriedenheit Seiner Hoheit zu handeln.

Wenn aber die vorliegende Komposition dem Geschmack Seiner Hoheit glücklicherweise entspräche, dann hielte ich es für gut, sie in einem Halbkreis aufzuführen, an dessen Außenseiten eine Chitarrone und ein Clavicembalo aufgestellt sind. Das eine Instrument spielt den Baß für Clori und das andere den für Tirsi. Beide halten auch selbst eine Chitarrone in der Hand, die sie spielen, und sie sollten zu ihrem

---

[c] *mutanze.*
[d] *armonia.*
[e] *tempi.*
[f] *Tirsi e Clori* (Buch VII).
[g] *uria.*

Instrument und den beiden oben genannten singen. Besser wäre es, wenn Clori eine Harfe statt einer Chitarrone hätte.

Nachdem sie den Dialog gesungen haben und beim Tanzrhythmus angekommen sind, hielte ich es überdies für gut, dem Tanz sechs[h] weitere Stimmen hinzuzufügen, damit es insgesamt acht Stimmen sind, acht *viole da braccio*, ein Kontrabaß und eine *spinetta arpata*[i]. Zudem wäre es gut, wenn man auch zwei kleine Lauten verwenden könnte. Ich hoffe, daß der Tanz Seiner Hoheit nicht mißfällt, wenn er mit einem dem Charakter der Melodien[j] angemessenen[k] Tempo[l], ohne allzu große Anstrengung[m] von Sängern und Instrumentalisten und mit Verstand auf seiten des Tänzers aufgeführt wird.

Wenn Ihr das Ballett die Herren Sänger und Instrumentalisten eine Stunde, bevor es Seine Hoheit hören sollen, sehen ließt, wäre das sehr gut. Mir ist die gegenwärtige Gelegenheit außerordentlich lieb gewesen, nicht so sehr, um mich den Befehlen Seiner Hoheit ganz bereit zu zeigen, die ich so sehr ersehne und begehre, als vielmehr, um mich bei Ew. Gnaden von ganzem Herzen als treuer Diener in Erinnerung zu bringen, indem ich Euch bitte, Ihr wolltet[n] mir indessen die Treue bewahren und mich Eurer Befehle für würdig erachtet, der ich Euch demütige Ehrerbietung erweise und für Euch von Unserem Herrn wahre Zufriedenheit und alles Glück erbitte.

Venedig, 21. November 1615
Ew. Gnaden   wohlgeneigter Diener
                 Claudio Monteverdi

[h] *sei.*
[i] Ein harfenförmiges Spinett (keine *spala*).
[j] *arie.*
[k] *apropriata.*
[l] *battuto.*
[m] *senza infocare.*
[n] *voli (= voglia).*

17

Mantua, Archivio Gonzaga, Cassetta 6, f. 139. Einzelblatt: 1 Seite [an Annibale Iberti, in Mantua]. *(28. November 1615.)*[1] Malipiero, 163; Paoli, 82.

Wahrscheinlich wendet sich Monteverdi auch weiterhin an Iberti, wenn er die Hoffnung zum Ausdruck bringt, der Herzog möge mit der restlichen Musik zu *Tirsi e Clori* zufrieden sein. Ferdinando aber ließ es sich nicht nehmen, auch anderswo nach musikalischen Begabungen Ausschau zu halten, weil es durchaus bekannt war, daß Monteverdi, obwohl ein Genie, sich gelegentlich auf etwas sprunghaft-unberechenbare Art und Weise benehmen konnte, da er sein Arbeitstempo selbst bestimmte und die Noten oft spät schickte. Seine Hoheit erkundigte sich folglich bei dem neapolitanischen Komponisten Muzio Effrem und schickte ihm, als er erfuhr, er sei gewillt, nach Mantua zu kommen und dort zu arbeiten, 300 *scudi* an Reisekosten.[2]

---

[1] Prunières, 223, gibt den richtigen Tag, aber das falsche Jahr an, wenn er diesen Brief unter die 1617 geschriebenen einreiht. Malipiero verzeichnet das richtige Jahr, aber den falschen Tag.
[2] Bertolotti, 96.

Venedig, 28. November 1615; [an ANNIBALE IBERTI, in Mantua]

Euer Erlaucht, mein Gnädigster Herr,
ich habe die Mitteilung Ew. Gnaden erhalten, daß Ihr das Ballett[a] nicht nur entgegengenommen, sondern auch Seiner Hoheit vorgelegt habt. Weil man über das Wenige, das Seine Hoheit[b] anzuhören geruhten, sagt, es habe ihm gefallen, war ich über diese Nachricht unendlich erfreut, weil ich mich nicht nur von ganzem Herzen danach sehne, Seiner Hoheit mit größter Bereitschaft zu dienen, sondern auch wünsche, daß meine Arbeit den Beifall Seiner Hoheit findet.

Jetzt warte ich darauf zu hören, wie Seiner Hoheit der Rest gefallen hat oder was Seine Hoheit befehlen werden, weil ich es, wenn ich mit neuen Befehlen betraut werde, nicht unterlassen werde, unter Einsatz

---

[a] *Tirsi e Clori.*
[b] Ferdinando, Sechster Herzog von Mantua.

aller meiner körperlichen und geistigen Kräfte erneut das auszuführen, was mir aufgetragen wird. In der Zwischenzeit ersuche ich Ew. Gnaden, mich weiterhin als Euren Diener zu betrachten, indem ich Euch bitte, Ihr mögt mich damit würdigen, daß ich Euch dienen kann. Hiermit erweise ich Euch demütige Ehrerbietung und erbitte für Euch von Unserem Herrn all Eure wahre Zufriedenheit.

Venedig, 28. November^c 1615

Ew. Gnaden   Diener von Herzen
                Claudio Monteverdi

^c Monteverdi schrieb zunächst die Zahl 24 und veränderte sie dann in 28.

18

Mantua, Archivio Gonzaga, Cassetta 6, f. 142. Einzelblatt: 1 Seite [an Herzog Ferdinando Gonzaga, in Mantua]. *(27. Juli 1616.)* Malipiero, 164; Paoli 83; Prunières, 245.

Seinem äußeren Erscheinungsbild nach ungewöhnlich, erzählt dieser Brief in der Handschrift eines berufsmäßigen Schreibers eine doch nur allzu vertraute Geschichte. Monteverdi, der Eindruck auf den zögernden Ferdinando machen wollte, gab für ein sorgfältig gearbeitetes Stück Kalligraphie Geld aus, das er wohl nur schlecht entbehren konnte, wobei die Hauptgründe die waren, daß die Lebenshaltungskosten in Venedig stiegen und seine heranwachsenden Söhne einen ganztags mit ihnen arbeitenden Hauslehrer brauchten. Das war der beste und sicherste Weg, ihnen eine angemessene Erziehung zu geben. Zur gleichen Zeit hatte er wahrscheinlich begonnen, im Hinblick auf seinen Erfolg bei der Reorganisation und Vervollkommnung der Kirchenmusik an San Marco die Prokuratoren mit Bittschriften um eine Gehaltserhöhung zu bestürmen, und diese Gehaltserhöhung – von 300 auf 400 Dukaten – wurde ihm am 24. August gewährt.[1]

Vorderhand klagte er über seinen Mangel an Grundeinkünften, und zwar in der Hoffnung, Ferdinando einen Beitrag abzupressen, der inzwi-

[1] Sommi-Picenardi, 156.

schen mit üppigen Zeremonien, die am 5. und 6. Januar in San Pietro und im herzoglichen Palast stattfanden, zum Sechsten Herzog von Mantua und zum Vierten Herzog von Monferrato gekrönt worden war. Da diese Krönung lediglich die formale Bestätigung eines allgemein akzeptierten Umstands war, läßt sich daran zweifeln, ob sie Ferdinandos Stimmung besserte oder seine Freigebigkeit steigerte. Seine heimliche Ehe mit Camilla Fàa löste innerhalb und außerhalb von Hof und Stadt Mantua auch weiterhin feindselige Reaktionen aus, während die Erhebung seines jüngeren Bruders zum Kardinal unglücklicherweise mit einer blinden Leidenschaft für Isabella di Novellara zusammenfiel, der Witwe von Ferrante Gonzaga di Bozzolo,[2] einem Angehörigen einer der kleineren Nebenlinien des Hauptstammbaums. Es war der zögernde Beginn einer Kette von Ereignissen, die zu einer fernen, aber unvermeidlichen Katastrophe führten.

Friedlicher verlief das Leben sicherlich in Venedig, dessen Notenpressen Monteverdis wachsendem Ansehen gelegentlich Tribut zollten. Am 1. Mai 1616 widmete der Komponist Pietro Lappi aus Cremona Giovanni Pietro Ghirardello eine Sammlung von Kanzonen, deren Stimmenzahl von vier bis dreizehn reichte. Das letzte Stück, eine Kanzone zu dreizehn Stimmen, trägt den Titel *La Monteverde*;[3] ob es aber als Geschenk für Monteverdi oder als Geburtstagsgruß für dessen Sohn komponiert wurde (der 1614 seinen 13. Geburtstag feierte), bleibt bloßer Vermutung überlassen. Die Komposition könnte sogar des Jahres gedacht haben, in dem Monteverdi in Venedig ankam.[4]

Es ist häufig behauptet worden, Monteverdis Prosa sei atemlos, es fehle ihr an Interpunktion und Phrasierung; in Wirklichkeit verwendet er ungewöhnlich viel Sorgfalt darauf, seine Satzkadenzen auszubalancieren, indem er in seine Briefprosa manche der Muster übernimmt, die er so wirkungsvoll in seiner Musik einsetzt. Dieser Brief besteht aus einem einzigen, wenn auch langen Satz, dessen verschiedene Unterglieder entsprechend den Regeln der Rhetorik gegeneinander abgesetzt werden; trotz seiner Länge aber herrscht darin der Eindruck sinnvollen Flusses und eines Schwungholens vor, das den Leser durch ein Labyrinth von Behauptungen und Feststellungen zu einer Klimax von glühender Intensität führt. Wenn der Brief wahrscheinlich auch keinerlei Wirkung auf Ferdinando ausgeübt

---

[2] Auch bekannt als Isabella di San Martino dall'Argine (der Name ihres Wohnsitzes). Siehe Brief 11.
[3] Lappis Veröffentlichung ist (in einem vollständigen Satz von Stimmbüchern) in der Biblioteca Capitolare von Verona erhalten geblieben.
[4] Daß Zahlenspielen bei solchen Huldigungswerken eine bedeutsame Rolle zukam, läßt sich an vielen Beiträgen zu den *Fiori poetici* verifizieren, die nach Monteverdis Tod von seinem Freund Marinoni gesammelt und veröffentlicht wurden.

hat, so bleibt er in dieser besonderen Anlage doch ein Meisterstück litera-
rischer Komposition, das man wie folgt analysieren kann:

1.0 finanzielle Notlage
1.1 sehr großer Mangel an
    1.1.1 Brot
    1.1.2 Wein
    1.1.3 und anderen Dingen
1.2 Verarmung
    1.2.1 hauptsächlich wegen der Erziehung der Söhne, die
        1.2.1.1 dort *(costì)* in Mantua geboren sind
        1.2.1.2 hier *(costà)* in Venedig leben
    1.2.2 aber auch wegen der hohen Lebenshaltungskosten
2.0 Bitte an den Herzog
2.1 Monteverdi bittet mit der größten
    2.1.1 Aufrichtigkeit, deren er fähig ist
    2.1.2 Untertänigkeit, zu der er verpflichtet ist
3.0 gewünschtes Ergebnis der Bitte
3.1 der Herzog möchte die Zahlung veranlassen
    3.1.1 für wenigstens drei Halbjahre
    3.1.2 später der ganzen Kapitalsumme
4.0 die Antwort des Herzogs an den Kapuziner
4.1 dieser Mensch, Monteverdis Schwager
    4.1.1 kennt die dringlichen Bedürfnisse des Komponisten
    4.1.2 trägt seine eigenen glühenden Bitten vor
5.0 Monteverdis eigene Gebete
5.1 er bittet Gott den Herrn
    5.1.1 dem Herzog Wohlbefinden zu gewähren
    5.1.2 ihm selbst die Gnade zu schenken, sein Diener zu bleiben
6.0 Schlußwendung.

Kurzum: »Meine finanzielle Situation zwingt mich, Euch zu bitten, mir
Zinsen und Kapital auszuzahlen. Der Herr segne Euch.«

Venedig, 27. Juli 1616; [an HERZOG FERDINANDO GONZAGA, in Mantua]

Durchlauchtigste Hoheit, mein Gnädigster Herr,
die gewaltige Notlage, Durchlauchtigste Hoheit, in der ich mich derzeit
befinde, weil ich notwendigerweise meinen armen Haushalt mit Brot,
Wein und vielen anderen Dingen versorgen muß und weil ich verarmt

bin, hauptsächlich durch die Erziehung meiner Söhne[a], die dort in Mantua geboren und aufgewachsen sind und für die ich hier in Venedig wegen der gefahrvollen Freiheit einen Hauslehrer unterhalten muß, und weil außerdem die Lebenshaltungskosten, die wir hier in der Stadt haben, sehr hoch sind, treibt mich dazu, Euch mit der größten Aufrichtigkeit, deren ich fähig bin, und mit der größten Untertänigkeit, zu der ich verpflichtet bin, zu bitten, mir die Gunst zu erweisen und anzuordnen, daß wenigstens das Geld für die vergangenen drei Halbjahre (das mir die Staatskasse schuldet) meinem Schwiegervater[b] ausgehändigt wird, weil ich hoffe, später durch die Euch angeborene Güte bei der nächsten Gelegenheit – als Belohnung für den langen Dienst, den ich diesem Durchlauchtigsten Hause geleistet habe – mit der Kapitalsumme dieser Gelder begünstigt zu werden, da Ew. Hoheit durch Eure einzigartige Güte geruht haben, in diesem Sinne meinem Schwager, dem Kapuzinermönch[c], zu antworten, der meine Notlage kennt und Ew. Hoheit aus Mitleid die glühendsten Bitten vorträgt. Unterdessen werde ich Unseren Herrn ständig bitten, daß er Ew. Hoheit äußerstes Wohlbefinden gewähre und mir die Gnade schenke, von Euch stets als Euer geringster Diener anerkannt zu werden. Und damit erweise ich Ew. Hoheit demütigste Ehrerbietung.

Venedig, 27. Juli 1616
Ew. Hoheit   demütigster und ergebenster Diener
                Claudio Monteverdi

[a] Francesco (nahezu fünfzehn Jahre alt) und Massimiliano (zwölf).
[b] Giacomo Cattaneo.
[c] Fr. Cesare Cattaneo.

19

Mantua, Archivio Gonzaga, Cassetta 6, ff. 144–145. Doppelblatt: 4 Seiten [an Alessandro Striggio, in Mantua]. *(9. Dezember 1616.)* Davari, 112; Malipiero, 165; Paoli, 86; Prunières, 246; Vogel, 432.

Zwei Tage bevor Monteverdi von den dankbaren Prokuratoren von San Marco seine Gehaltserhöhung bewilligt bekam, suchte sein früherer Schü-

ler Vincenzo beim Bischof von Cremona um eine Hochzeitserlaubnis nach.
Vincenzo, mit mehr *braggadocio* als Verstand ausgestattet, scheint wegen
irgendeines geringfügigen Skandals vom Hofe verbannt gewesen zu sein,
der sich möglicherweise auf sein Verhalten bezog, nachdem er endlich doch
widerstrebend Kardinal geworden war; und eine sonderbar unglückliche
Wahl verschlug ihn nach Gazzuolo, wo die Gonzaga eine elegante Villa
besaßen. Weniger als vier Meilen entfernt, im Dorf San Martino dall'Argine, lebte eine anziehende Witwe namens Isabella, in die sich der sehr viel
jüngere Vincenzo bald verliebte. Wäre sie eine gewöhnliche Witwe gewesen, hätte wohl niemand davon Notiz genommen, zumal Affären dieser
Art in der Geschichte der Gonzaga ebenso an der Tagesordnung waren wie
Wundertaten im Leben der Heiligen.

Isabellas Gatte war ein lautstarkes Mitglied eines rivalisierenden Clans
der Gonzaga gewesen, und sie hatte Don Ferrante acht Kinder geboren,
deren eines – Scipione – damals Prinz von Bozzolo war, auch wenn er erst
zwanzig Jahre alt war.[1] Für die neue Liaison können sowohl politische als
auch amouröse Gründe ausschlaggebend gewesen sein, denn in dem Maße,
wie Ferdinandos Macht dahinschwand, versuchten seine Feinde (namentlich seine Familie), ihre eigenen Einflußbereiche zu stärken. Obwohl sich
Ferdinando und sein jüngerer Bruder häufig in den Haaren lagen, benah-
men sie sich oft mit verheerender Dummheit, und beide hatten bis zu
einem gewissen Grade auch jeweils dieselben Schwächen. Wenn Ferdinando eine heimliche Ehe eingehen konnte, würde das Vincenzo eben
auch tun.

Sein erster Schritt war erfolglos, denn der Bischof von Cremona (in
dessen Amtsbereich Gazzuolo lag) verweigerte die Erlaubnis, und zwar
deshalb, weil die Namen derer, die in der Heiligen Ehe vereint zu sein
wünschten, aus irgendeinem besonderen Grund nicht preisgegeben wurden. Vincenzo, entschlossen, sich nicht überlisten zu lassen, wandte sich
geradewegs an den Bischof von Mantua, der zum großen Glück ein Gonzaga war,[2] und sehr bald waren die begehrte Erlaubnis und die Witwe
dazu in seiner Hand. Die Zeremonie fand in Isabellas Haus in Anwesen-

---

[1] Coniglio, 476. Scipione erfreute sich eines jährlichen Einkommens von 30 000 *scudi*
(Ademollo, 231).

[2] Monsignore Francesco Gonzaga, der auf den Namen Annibale getauft war, ihn 1563
nach der Beendigung seines Noviziats als Franziskaner jedoch erweiterte (ein Orden,
dessen Oberhaupt er später werden sollte), lebte von 1546 bis 1620, dem Zeitpunkt,
zu dem er »in ein besseres Leben einging« (Brief 49). Seine Ankunft in Mantua im
Jahre 1593 bedeutete den Beginn eines Ein-Mann-Feldzuges gegen anstößige und
korrupte Sitten, zu denen bedauerlicherweise auch die Musik und andere Unterhal-
tungsformen gezählt wurden. Siehe C. Sacco, *Vita e sante attioni dell'Illmo et Rev^{mo}
Monsignor F. Gonzaga* (Mantua 1624).

heit einiger weniger Freunde statt, wobei als Offiziant der Priester der
Pfarrei und bedeutendster Gast, der Erzbischof von Rodi, fungierte, der
zufällig auch Graf von Novellara und Isabellas Bruder war.[3] Als die Nachricht Ferdinando in seinem Landsitz Porto erreichte, soll er gesagt haben:
»Povera mia casa!«

Daraufhin beschuldigte er den Bischof von Mantua, einen strengen
Franziskaner, Vincenzo vorsätzlich geholfen zu haben, Isabella zu heiraten, und durch seine Ermutigung einer »dama ordinaria«, sich mit einem
Prinzen zu verbinden, Schande über die Familie zu bringen. Der Bischof
aber war kein anderer als Isabellas Schwager, denn er war in Gazzuolo
geboren und hörte Zeit seines Lebens nicht auf, an allem, was dort passierte, wohlwollendes Interesse zu nehmen.[4] Ohne Genugtuung erhalten
zu haben, warf Ferdinando einen Beschwerdebrief an Monsignore Soardi
aufs Papier, den mantuanischen Geschäftsträger bei der päpstlichen Kurie.
Aber es war zu spät: Der Vatikan erkannte die Rechtmäßigkeit der Ehe an,
während er gleichzeitig Vincenzo wegen seines hochmütigen Umgangs mit
dem Kardinalspurpur rügte.[5]

Während Ferdinando versuchte, die Situation mit der einen Hand auf die
Spitze zu treiben und die sich wiederholenden Unruhen in Casale mit der
anderen niederzuhalten, führte Vincenzo in Goito beinahe das Leben eines
Gefangenen, und der Hof geriet tagtäglich mehr in Erregung. Striggio
wurde aus Mailand zurückberufen, um nicht nur seine bemerkenswerten
diplomatischen Geschicklichkeiten anzuwenden, sondern auch in einer
Phase von Angst und Spannung wieder ein Element von beruhigend-glanz-
voller Unterhaltung zur Geltung zu bringen. Der Vorwand für diese neue
Zuwendung zu Musik und Theater war die bevorstehende Hochzeit von
Ferdinando und Caterina de' Medici, nachdem die bedauernswerte Camilla Fàa kurzerhand in ein Kloster verbannt worden war.

Es war jedoch schwierig, eine für eine Fürstenhochzeit angemessene
Lustbarkeit in die Tat umzusetzen, da es Mantua an einem bedeutenden
Komponisten mangelte und die einzige städtische Sängerin von internatio-
nalem Ansehen im Begriff stand, ihr Haus zu verkaufen und davonzu-
ziehen. Als Ercole Marigliani, damals Hofsekretär in Casale, am 5. November wegen der Veräußerung ihres Besitzes in Piancerreto an Adriana
Basile schrieb, antwortete sie am 23. November mit einer Entschuldigung
für die Verzögerung und Dank für seinen Ratschlag.[6] Etwa zur gleichen

---

[3] Errante, »Il processo«, 647.
[4] Coniglio, 360.
[5] 17. September 1616 (Errante, »Il processo«, 651–652).
[6] Ademollo, 221.

Zeit erhielt der ebenfalls in Casale weilende Ferdinando einen Brief von
Striggio, der ihm die verschiedenen Möglichkeiten vor Augen führte, darunter eine Fabel von Scipione Agnelli *(Le Nozze di Tetide),* eine zweite von
Francesco Rasi *(Ati e Cibele)* und eine dritte von Ferdinando *(Endimione).*[7] Am Schluß des Briefes weist Striggio darauf hin, daß er Monteverdi
bisher keine anderen Anweisungen gegeben habe, der nach Venedig abreiste, um dort die Befehle des Herzogs zu erwarten. Das scheint darauf
hinzudeuten, daß der Komponist zu Beginn des Herbstes in Mantua war
und in der Tat einen Teil seiner Gehaltserhöhung dafür verwendet haben
könnte, eine Reise nach Cremona zu finanzieren, wo sein alter Vater noch
immer lebte, und daß er danach über Mantua nach Venedig zurückkehrte.
Dort wäre er dann sicherlich zum ersten Mal nach vielen Jahren Striggio
wiederbegegnet, und sie hätten zweifellos die Möglichkeiten einer weiteren Zusammenarbeit – etwa wie beim *Orfeo* – erörtert. Der Wechsel der
Anredeform von »osservandissimo« in den beiden Briefen von 1609 zu
»collendissimo« im folgenden zeigt, daß Monteverdi darüber im Bilde war,
daß Striggio im Jahre 1612 zum Grafen von Corticelli erhoben worden
war.[8]

Anscheinend war sich Monteverdi aber nicht der Enttäuschung Adriana
Basiles und ihrer beiden Schwestern bewußt. Aufgeräumt sieht er, schon
bei der Komposition, ihrem Gesang beim Chor der drei Sirenen entgegen,
und er hätte wohl von keinen Künstlerinnen träumen können, die geeigneter gewesen wären. Der Brief gibt seine höchst kritische Einstellung zum
Libretto zu erkennen, im Gegensatz zu seiner Liebenswürdigkeit den Ba-
sile-Schwestern, Francesco Rasi und Francesco Dognazzi gegenüber. Auf
sie konnte er vertrauen: Nicht so sicher aber war er sich des Dichters
Agnelli, obwohl er dessen Verse zuvor bereits in *Lagrime d'amante al
sepolcro dell'amata* vertont hatte, einem Werk, das 1610 geschrieben und
in Buch VI (1614) veröffentlicht worden war.

Es ist bisher nicht bemerkt worden, daß Striggio nach einer kursorischen
Lektüre der offenbar in großer Eile geschriebenen Fabel zu ähnlichen
Schlüssen gekommen war wie Monteverdi. Derselbe Brief Striggios
(22. November) erwähnt »Agnellis flinke Muse«, die nicht in der Lage sei,
die Anweisungen des Herzogs zu erwarten, und fährt damit fort, die bloße
Länge einiger Monologe zu kritisieren, die sich als langweilig erweisen
könnten, wenn wirklich jedes Wort vertont würde. Der Praktiker in ihm
lenkte die Aufmerksamkeit auch auf die Schwierigkeiten der Inszenierung

---

[7] Ademollo, 232.
[8] Zur Widmung an ihn als Graf von Corticelli vom März 1613 siehe Ademollo, 201.

einer Meeresfabel und das damit verbundene Erfordernis von Wasser und Schiffen.

Mit einer ähnlich praktischen Einstellung kritisierte Monteverdi, daß viele dieser Monologe an Stellen der Bühne stattzufinden hätten, wo Lauten und Harfen schlecht klängen, selbst wenn man sie dreifach besetzte.[9] Für den Komponisten der Zeit Monteverdis hatte jede Bühne ihren Himmel, ihre Erde und ihre Lüfte,[10] und die Instrumentalisten mußten wie die Sänger bereit sein, an jeder Stelle aufzutreten, die das Stück vorschrieb. Die »Luft« des hier erwähnten Bühnenbildes entspricht der Terminologie von Brief 22, wo Monteverdi die Formel »in cielo et in terra della sena« benutzte.

Kritisch steht er zu Recht auch der Frage der West- und Nordwinde gegenüber, die man, weil sie nicht sprechen, schwerlich singen lassen kann. Und doch weist er in einem prophetischen Satz auf die Ungezwungenheit hin, mit der Instrumentalmusik Winde, Schafe und Pferde imitieren kann, und wenn Beispiele solcher musikalischer Lautmalereien zu seiner Zeit auch noch selten waren, so wurden sie später mit Tschaikowskis *Francesca da Rimini*, Strauss' *Don Quixote* und Wagners *Ring* doch sehr bedeutsam.

[9] In der Wiederholung des Wortes *armonie* scheint Monteverdi Continuo-Instrument zu meinen.
[10] MacClintock, *Wert*, 185.

Venedig, 9. Dezember 1616; [an ALESSANDRO STRIGGIO, in Mantua]

Sehr geehrter Herr und hochverehrter Gebieter,
mit großer Freude habe ich durch Signor Carlo de Torri[a] den Brief Ew. Gnaden erhalten, dazu das kleine Buch mit der Meeresfabel *Le nozze di Tetide*. Ew. Gnaden schreiben mir, daß Ihr mir die Fabel schickt, damit ich sie sorgfältig durchsehen kann und Euch dann meine Meinung mitteile. Denn die Fabel soll für die bevorstehende Hochzeit Seiner Hoheit[b] vertont werden. Verehrter Herr, ich will nur im Dienste Seiner Hoheit von Nutzen sein und werde deshalb zunächst lediglich antworten, daß ich mich bereitwillig für das zur Verfügung stelle, was immer mir Seine Hoheit zu befehlen geruhen, und daß ich immer

[a] Wahrscheinlich ein mantuanischer Adeliger auf Venedig-Besuch, der Striggios Brief und eine Kopie des Librettos mitbrachte.
[b] Ferdinando, Sechster Herzog von Mantua.

ohne Widerrede alles in Ehren halten werde, was Seine Hoheit befehlen.

Wenn also Seine Hoheit diese Fabel gutheißen würden, dann wäre sie demzufolge wunderschön und ganz in meinem Sinne. Aber wenn Ihr hinzufügt, ich solle meine Meinung sagen, bin ich bereit, den Befehlen Ew. Hoheit zu gehorchen, wohl wissend, daß mein Wort nicht von Belang ist, da ich in allem wenig vermag und ich immer jeden tüchtigen Dichter, insbesondere diesen[c] (dessen Namen ich nicht kenne) ehre, um so mehr, als der Beruf des Dichters nicht meiner ist.

Ich werde also (mit höchster Ehrerbietung und der Bereitschaft, Euch zu gehorchen, weil Ihr so befehlt) zunächst grundsätzlich sagen, daß die Musik auch Herrin der Luft[d] und nicht nur Herrin des Wasser sein will. Ich meine (in meiner Terminologie), daß die Ensembles, die in dieser Fabel vorkommen, alle niedrig und der Erde nahe sind, ein gewaltiger Nachteil für eine wohlklingende Musik[e], da die Continuo-Instrumente[f] unter den größeren Geschöpfen[g] im hinteren Teil des Bühnenraumes plaziert werden müssen[h] – für alle schwer zu hören und schwer auf der Bühne einzustudieren.

Die Entscheidung in dieser Sache überlasse ich Eurem hochfeinen und sehr verständigen Geschmack, weil Ihr sonst wegen dieser Schwierigkeit an Stelle von einer Chitarrone drei Chitarronen benötigt, an Stelle von einer Harfe drei usw. und an Stelle von einer zarten Stimme eine übermäßig beansprucht. Außerdem sollte sich die geeignete Darstellung des Sprechens meiner Meinung nach eher auf Blasinstrumente stützen als auf Streicher und andere zarte Instrumente, weil ich meine, daß die Musik der Tritonen und anderer Meeresgötter von Posaunen

---

[c] Scipione Agnelli, der später zu einem verläßlichen Historiker und Bischof von Casale Monferrato wurde.

[d] *padrona del aria.* Nahezu mit Sicherheit ein Wortspiel.

[e] *armonie* im allgemeinen Sinne von Musik.

[f] *armonie* im speziellen Sinne, d. h. zur Bezeichnung der harmonischen Füllinstrumente. Man beachte den Hinweis auf die eigentlichen Instrumente etwas weiter unten.

[g] *fiati.* Wenn *fiati grossi* auch »schwere Atemzüge« bedeuten kann, so paßt das hier doch nicht zum Kontext; und Monteverdi kann sich schwerlich auf Holzblasinstrumente beziehen, weil er darauf ja einige Zeilen später zu sprechen kommt und für sie eine unmißverständliche Definition gibt – *istrumenti da fiato* –, die keinerlei Zweifel aufkommen läßt. Die Geschöpfe sind natürlich die Tritonen und Meergötter.

[h] *aria della sena.* Die Bühne der Monteverdi-Zeit hatte ihren Himmel und ihre Erde; und einen dritten Bereich in Gestalt des Bühnenhintergrundes, in dem die leiseren Instrumente nicht so gut klangen.

und Zinken und nicht von Cistern, Cembali und Harfen übernommen werden sollte, weil sich die Handlung, da sie mit dem Meer zu tun hat, folglich außerhalb der Stadt ereignet. Auch Platon lehrt, die Kithara müsse in der Stadt und die Flöte auf dem Land sein.[i] Also werden entweder die zarten Stimmen unpassend oder die passenden nicht zart sein.

Außerdem habe ich gesehen, daß die Gesprächspartner Winde sind: Amoretten, Zephyretten und Sirenen. Folglich werden viele Soprane nötig sein. Weiter kommt hinzu, daß die Winde singen müssen, nämlich die Zephyrn und die Borealen. Lieber Herr, wie werde ich das Sprechen der Winde darstellen können, wenn sie nicht sprechen? Und wie werde ich mit ihrer Hilfe die Affekte bewegen können? Arianna[j] bewegte sie, weil sie eine Frau war, und gleichfalls Orfeo,[k] weil er ein Mann war und kein Wind. Die Musik kann sie selbst darstellen, aber nicht ihre Rede, und das Tosen der Winde, das Blöken der Schafe, das Wiehern der Pferde usw., aber sie stellt nicht das Sprechen der Winde dar, das es nicht gibt.

Zudem haben die Tänze, die über die Fabel verstreut sind, keinen Tanzrhythmus. Was die Fabel als ganze angeht, so habe ich – meiner nicht geringen Unkenntnis zufolge – nicht das Gefühl, daß sie mich überhaupt bewegt, im Gegenteil, ich verstehe sie nur mit Mühe. Auch empfinde ich nicht, daß sie mich auf natürliche Weise zu einem Ende führt, das mich bewegt. Arianna führt mich zu einer wirklichen Klage und Orfeo zu einer echten Bitte, aber diese Fabel führt mich zu ich-weiß-nicht-welchem Ende. Was soll dann nach dem Willen Ew. Gnaden die Musik in dieser Fabel ausrichten? Dennoch werde ich immer alles mit höchster Ehrerbietung akzeptieren, wenn es mir Seine Hoheit so befehlen und es gutheißen sollten, weil er ohne Zweifel mein Herr ist.

Wenn Seine Hoheit befehlen sollten, daß ich das Stück vertone, so würde ich – weil in dieser Fabel Götter mehr zu sprechen haben als irgendeiner sonst und weil ich die Götter gerne anmutig singen höre – sagen, daß die Sirenen die drei Schwestern, nämlich Signora Adriana

---

[i] *cithara debet esse in civitate, et thibia in agris (Der Staat,* Buch I).

[j] Die Hauptgestalt in *Arianna* (Monteverdi-Rinuccini), die 1608 in Mantua uraufgeführt wurde.

[k] Die Hauptgestalt in *Orfeo* (Monteverdi-Striggio), der 1607 in Mantua uraufgeführt wurde.

und die beiden anderen[l], singen und auch ihre Partien komponieren könnten, ebenso Signor Rasi[m] seinen Part, gleichfalls Signor Don Francesco[n] und die anderen Herren ebenso. So werden sie den Kardinal Montalto[o] nachahmen, der ein Theaterstück schuf, in dem jede Person, die in diesem Stück auftrat, sich ihren eigenen Part zusammenstellte. Wenn dagegen dieses Stück nach einem einzigen Ziel strebte wie die *Arianna* und der *Orfeo* – nämlich nach singendem Sprechen[p] und nicht, wie dieses Stück, nach sprechendem Singen[q] –, dann wäre gewiß nur ein einziger Komponist notwendig.

Ich halte die Fabel in dieser Hinsicht auch im Blick auf die einzelnen Sprechrollen für zu lang, bei den Sirenen angefangen und auch gewisse andere Gespräche[r]. Verzeiht mir, lieber Herr, wenn ich zuviel gesagt habe. Es geschah nicht, um eine Sache schlecht zu machen, sondern aus dem Wunsche heraus, Euren Befehlen zu gehorchen, denn sollte mir der Auftrag erteilt werden, das Stück zu vertonen, dann könnten Ew. Gnaden meine Überlegungen in Erwägung ziehen. Ich bitte Euch sehr herzlich, mich als ergebensten und demütigsten Diener Seiner Hoheit zu betrachten, der ich demütigste Ehrerbietung erweise. Ew. Gnaden küsse ich sehr herzlich die Hände und erbitte von Gott für Euch das höchste Glück.

Venedig, 9. Dezember 1616
Ew. Gnaden, denen ich von Herzen schöne Festtage wünsche,
                            untertänigster und dankbarster Diener
                            Claudio Monteverdi

---

[l] Adriana Basile und ihre Schwestern Margherita und Tolla.
[m] *Rasio* (manchmal verlesen zu *Rasco*). Der Tenor Francesco Rasi.
[n] Don Francesco: Don Francesco Dognazzi, der 1619 in Mantua Musikdirektor wurde.
[o] Alessandro Peretti Damascene, Großneffe von Papst Sixtus V. und Musiker von einigem Ruf, der Monteverdi bei mehreren Gelegenheiten zu Hilfe kam. Das angesprochene Stück ist Giacomo Cicogninis *Amor pudico*.
[p] *parlar cantando.*
[q] *cantar parlando.*
[r] *ragionatella.*

20

Mantua, Archivio Gonzaga, Cassetta 6, f. 147. Einzelblatt: 2 Seiten [an Alessandro Striggio, in Mantua]. *Anlage:* Verzeichnis der Szenen von *Le Nozze di Tetide*. *(29. Dezember 1616.)* Malipiero, 168; Paoli, 90; Prunières, 247.

Die erheiternde Verwirrung des Einleitungsabschnitts legt die Vermutung nahe, daß Monteverdi entweder ernstlich versucht hatte herauszufinden, was in Mantua vor sich ging (und ihm das wegen verlorengegangener Briefe nicht gelang), oder wegen Striggios Versäumnis zu antworten leicht beunruhigt war und angefangen hatte, sie dem etwas unverblümten Tonfall seiner Äußerungen zuzuschreiben. Wie sich herausstellte, stimmten sowohl der Herzog als auch Striggio hinsichtlich der ungelenken Verse in Agnellis Libretto mit dem Komponisten überein; aber (und das wußte Monteverdi nicht) die übliche Raschheit ihres Meinungsaustausches wurde durch die Abwesenheit des Herzogs eingeschränkt, der sich in Mantua mit dem Wiederaufleben politischer Probleme auseinandersetzen mußte, die das Haus Savoyen anstiftete.

Im folgenden sei hier versuchsweise ein Schema des Verlaufs des Briefwechsels entworfen. Monteverdis Brief vom 9. Dezember erreichte Mantua wahrscheinlich am 12., woraufhin Striggio, nachdem er das Problem etwa einen Tag lang überdacht und erneut das Libretto durchgesehen hatte, an Ferdinando in Casale schrieb. Dieser Brief, der wahrscheinlich nicht mehr erhalten ist, enthielt auch die Billigung von Monteverdis Einwänden, und der Herzog mag ungefähr vom 18. bis zum 20. Dezember mit sich zu Rate gegangen sein, für welchen Plan er sich entscheiden sollte. Wir wissen, daß er am 21. Dezember an Striggio schrieb, sich übereinstimmend dahingehend äußerte, daß Agnellis Verse für eine Vertonung zu sperrig seien, und darum ersuchte, etwas Sanfteres und Flüssigeres auszuwählen.[1]

Dieser Brief könnte am 24. Dezember eingetroffen sein, und Striggio wäre damit wohl kaum in der Lage gewesen, Monteverdi seinen Inhalt eher als unmittelbar nach Weihnachten mitzuteilen. Eines ist sicher – sein Brief kam am 30. Dezember in Venedig an und überkreuzte sich mit Monteverdis Schreiben vom 29.[2] Striggio schrieb auch an den Herzog und wies darauf hin, daß Agnelli – der von der Situation bereits Wind bekommen hatte – in aller Eile den Entwurf für eine andere Fabel produziert hatte, *La*

---

[1] Davari, 114.
[2] Siehe Brief 21, erster Abschnitt.

congiunta d'Alceste e di Ameto.[3] Wenn Ferdinando möchte, werde Striggio Monteverdi unverzüglich eine Abschrift davon senden, der sich diesem Stoff wahrscheinlich bereitwilliger zuwenden würde als dem *Tetide*. Rasis *Ati e Cibele* soll in einer Woche fertig sein, und Ferdinandos *Endimione* wird sehnlichst erwartet.

Monteverdis Bericht über die Zeit, die er an die Arbeit für eine Messe zum Weihnachtsabend gewandt hat (die vom *maestro di capella* alljährlich erwartet wurde), wirft die Frage auf, was mit den Manuskripten der anderen neunundzwanzig in seiner Zeit in Venedig entstandenen Messen geschehen sein mag, wenn er denn tatsächlich jedes Jahr eine neue komponierte. Wahrscheinlich in Form ausladender *concertato*-Messen zu hohen kirchlichen Feiertagen geschrieben, können sie unmöglich mit den vierstimmigen *a cappella*-Werken in der *Selva morale* übereinstimmen, die lediglich das *Gloria* der Messe zum Erntedankfest des Jahres 1631 und einen Teil von deren *Credo* als Beispiele für den damals verbreiteten entwickelteren Typus von venezianischer Kirchenmusik überliefert. Man möchte es kaum für möglich halten, daß neunundzwanzig Weihnachtsmessen des größten Komponisten des italienischen Frühbarock einfach »verlorengehen« können; aber genau das ist wohl geschehen.

[3] Davari, 114. In Fußnote 2 sollte das Datum eher der 29. als der 19. Dezember sein, weil Striggios Brief eine Antwort auf den des Herzogs zu sein scheint.

Venedig, 29. Dezember 1616; [an ALESSANDRO STRIGGIO, in Mantua]

Sehr geehrter Herr und hochverehrter Gebieter,
Ew. Gnaden mögen mir verzeihen, daß ich mich nicht durch meine Briefe bemüht habe, von Ew. Gnaden eine Antwort auf meinen Brief zu erhalten, den ich bereits vor zwanzig Tagen an Ew. Gnaden schickte (als Antwort auf Euren höchst liebenswürdigen Brief, dem die Meeresfabel *Le nozze di Tetide* beigelegt war, um von Euch zu erfahren, was mit der Fabel zu tun wäre, weil Ew. Gnaden in Eurem Brief geschrieben haben, ich müßte allererst Euch meine Meinung über die Fabel schreiben.

Die Verzögerung meinerseits war bedingt durch die Anstrengung, die die Messe der Christnacht erforderte, bei deren Komposition und Abschrift ich den ganzen Dezember fast ohne Unterbrechung zubringen mußte. Nun, da ich durch die Gnade des Herrn davon frei bin und alles zur Zufriedenheit verlaufen ist, wende ich mich mit diesem Brief erneut an Ew. Gnaden, mit der Bitte, daß Ihr mich damit beehrt, mich wissen zu lassen, was Seine Hoheit[a] von mir wünschen. Denn ich bin unbeschäftigt, weil ich jetzt, nachdem die Anstrengungen von Christnacht und Christtag vorbei sind, eine Zeitlang in San Marco sein werde, ohne daß etwas zu tun ist. Ich werde deshalb mit der Arbeit an der genannten Fabel beginnen, wenn Ihr es befehlen werdet. Mehr werde ich bis zu einem neuen Auftrag Ew. Gnaden nicht tun.

Ich habe die Fabel nochmals eingehender und sorgfältiger betrachtet. Wie ich es sehe, werden viele Soprane benötigt und viele Tenöre. Es gibt sehr wenige Dialoge, und diese wenigen sprechen[b] und singen nicht mit Anmut zusammen. Für die Chöre gibt es nichts zu singen als den Gesang der Argonauten in ihrem Boot. Dieser wird freilich sehr lieblich und sehr ansprechend sein, und man wird sich dabei für sechs Stimmen und sechs Instrumente entscheiden. Wohl gibt es die Zephyrn und die Borealwinde, aber ich weiß nicht, wie sie zu singen haben. Dagegen weiß ich wohl, daß sie blasen und pfeifen, und wenn Vergil von Winden spricht, benutzt er das Verb »sibilare«, das, wenn man es ausspricht, gerade den Effekt des Windes nachahmt.

Es gibt zwei weitere Chöre: einen der Nereiden und den anderen der Tritonen. Aber mir scheint, diese sollten durch Blasinstrumente begleitet werden. Welch ein Vergnügen (ich frage Ew. Gnaden) wird den Sinnen zuteil werden, wenn sie so aufgeführt werden! Damit sich Ew. Gnaden noch selbst sehr sorgfältig diese Sache anschauen können, schicke ich Euch auf dem hier beigelegten Papier die Reihenfolge der Szenen, wie sie in der genannten Fabel nacheinander kommen, damit Ihr mir die Gunst erweist, mir Eure Meinung mitzuteilen.

Doch alles wird gut werden, weil es von der Klugheit Seiner Hoheit abhängt, vor der ich mich bereitwillig neige und mich als untertänigster Diener erweise. Ich werde also die Antwort Ew. Gnaden erwarten und das, was Ihr mir aufzutragen geruht. Inzwischen küsse ich Euch untertänig die Hände und erbitte für Euch sehr herzlich die Erfüllung Eurer hochverehrten Wünsche.

Venedig, 29. Dezember 1616
Ew. Gnaden   dankbarster und ergebenster Diener
                            Claudio Monteverdi

---

[a] Ferdinando, Sechster Herzog von Mantua.
[b] *parlano.*

21

Mantua, Archivio Gonzaga, Cassetta 6, f. 149. Einzelblatt: 2 Seiten [an Alessandro Striggio, in Mantua]. *(31. Dezember 1616.)* Malipiero, 169; Paoli, 93.

Aus dem folgenden Brief wird ersichtlich, daß trotz der Entscheidung des Herzogs, *Le Nozze di Tetide* fallenzulassen, kein Versuch unternommen wurde, Monteverdi von der weiteren Arbeit daran abzuhalten. Agnellis *Congiunta d'Alceste e di Ameto* war wenig mehr als ein bloßer Entwurf, und Striggio wußte ganz genau, daß sich in der Zeitspanne, bis der Dichter seine Aufgabe beendet, seine Arbeit an den Herzog abgeschickt und nach deren Beurteilung leichthin eine ganz neue Konstellation von Begleitumständen entwickeln und den ganzen Plan umstürzen konnte. Es war also ganz einfach besser, steife, aber gut vertonte Verse vorlegen zu können als schließlich mit leeren Händen dazustehen. Monteverdi wurde deshalb bis kurz vor Mitte Januar in Unkenntnis der weiteren Vorgänge belassen. Einen Hinweis auf seine Besorgnis um Klangfarbe, *tessitura* (Umfang) und Qualität jeder Einzelstimme gibt seine Bitte um die Namen der Mitwirkenden. Ohne Kenntnis der genauen Besetzung konnte er nicht sein Bestes geben und auch nicht sicher sein, die dem Sujet angemessenste Musik zu liefern.

Venedig, 31. Dezember 1616; [an ALESSANDRO STRIGGIO, in Mantua]

Sehr geehrter Herr und hochverehrter Gebieter,
ich hatte der Post bereits einen an Ew. Gnaden adressierten Brief von mir übersandt (wie Ihr sehen werdet), als der Resident, Signor Sordi[a], mir den Brief Ew. Gnaden aushändigte. Ich habe alles zur Kenntnis genommen, bin sofort daran gegangen, den Aufträgen Seiner Hoheit[b] Folge zu leisten, und werde von ganzem Herzen und mit bereitwilligem Verlangen tun, was ich kann und weiß, und mich darum bemühen, eine Angelegenheit durchzuführen, die beweisen kann, was für ein untertäniger und ergebener Diener Seiner Hoheit ich bin. Ihn bitte ich darum – sollte meine Arbeit Mängel haben (ich weiß wohl, daß das der Fall

---

[a] Camillo Sordi, der mantuanische Gesandte in Venedig.
[b] Ferdinando Gonzaga, Sechster Herzog von Mantua.

sein wird, weil ich sehr schwach bin und auch, weil ich von dieser Art
von Musik ein wenig fern bin) – ich bitte also Seine Hoheit, daß sie
immer geruhen wolle, sich zufrieden zu geben mit meiner Bereitwilligkeit, die den Befehlen Seiner Hoheit immer gehorsamst entspricht.
Ew. Gnaden würden mir den größten Gefallen tun, wenn Ihr mir die
Namen der Mitwirkenden nennen würdet, die die geschriebenen Rollen zu singen haben, damit ich die Musik dem Sujet angemessen komponieren kann. Bitte teilt mir mit, wer Thetis sein wird, wer Proteus,
wer die Sirenen usw. hinsichtlich der verschiedenen Rollen, weil ich das
als eine sehr große Gunst ansehen werde. Indem ich Ew. Gnaden hier
untertänigste Ehrerbietung erweise, werde ich von Unserem Herrn für
Euch alle Zufriedenheit und wahres Glück erbitten.

Venedig, 31. Dezember 1616

Ew. Gnaden   untertänigster und ergebenster Diener
                 Claudio Monteverdi

22

Mantua, Archivio Gonzaga, Cassetta 6, ff. 112–113. Doppelblatt:
4 Seiten [an Alessandro Striggio, in Mantua]. *(6. Januar 1617.)* Malipiero, 170; Paoli, 95; Prunières, 248.

Dies ist der erste von sieben erhalten gebliebenen Briefen aus dem Jahre
1617, die die Spanne vom 6. Januar bis zum 18. Februar umfassen. Aus
dem darauffolgenden Zeitraum bis zum 21. April des folgenden Jahres, als
Monteverdi mit Prinz Vincenzo zu korrespondieren begann, sind keine
weiteren Briefe vorhanden. Es ist unmöglich mit Sicherheit auszumachen,
ob Monteverdi durch Ferdinandos Verhalten verärgert war, der ein umfangreiches Werk in Auftrag gab und es dann fallenließ; vielleicht ist es
aber bedeutsam, daß aus dem folgenden Zeitraum von sechs Jahren keine
weiteren Briefe an den Herzog erhalten geblieben sind.[1] Der Komponist,
der nie müde wurde, sich den untertänigsten Diener der Gonzaga zu nennen, kannte sich in höfischer Politik gut genug aus, um zu merken, daß er
als *maestro di musica* an San Marco tatsächlich ganz unabhängig war und

---

[1] Brief 80 vom 4. Juni 1623.

daß *er*, obwohl *sie* seine Dienste von Zeit zu Zeit benötigen mochten, doch ganz bequem ohne die ihren auskam. Nur eines wollte er von ihnen: die Kapitalsumme, die ihm laut Erlaß von Herzog Vincenzo ein jährliches Einkommen garantieren würde. Es gelang ihm jedoch nie, sie zu erhalten.[2]

Die Bedeutung des folgenden Briefes beruht auf seiner ausführlichen Erörterung einiger Probleme, wie sie sich bei der Inszenierung einer Reihe von Intermedien und der Unterlegung von Dichtung mit angemessener Musik ergeben. Monteverdi läßt seine rasche Auffassungsgabe in bezug auf Gelegenheitsmusiken erkennen, mit denen er als Ausführender, wenn nicht sogar als Komponist seit den frühen neunziger Jahren des vorigen Jahrhunderts betraut gewesen war. Natürlich hatte ein Werk dieser Art mit einem Preislied auf das fürstliche Paar zu enden; und er empfiehlt eines, das von zwei getrennten Musikergruppen auf der Bühne selbst und hoch darüber aufgeführt werden konnte.

In der von ihm vorgeschlagenen Verbesserung der Sirenenchöre gibt Monteverdi eine Definition des Ausdrucks *cantar di garbo* (Gesangsstil mit Verzierungen): »das heißt mit Läufen *(tirate)* und Verzierungen *(trilli)*«. Gedruckte Abhandlungen über Verzierungstechniken wie die von Bovicelli und Conforto boten den Sängern eine beträchtliche Anzahl von Wahlmöglichkeiten bei der »improvisierten« Verzierung,[3] und es ist wenig zweifelhaft, daß diese Methoden und ihre historischen Nachfolger noch immer sehr weitgehend in Gebrauch waren. Monteverdis Vorschlag zu den von Adriana und ihren Schwestern zu singenden Echo-Effekten bestätigt sein Interesse an dieser Technik, deren er sich mit Erfolg im *Gloria* seines *Magnificat a 7* (1610) bedient hatte und die im *Salve Regina* (mit dem *Audi caelum*-Tropus) in der *Selva morale* von 1641 erneut zur Geltung kommen sollte.[4]

Eine weitere Bestätigung seiner praktischen Fähigkeiten als Bühnenmusiker ergibt sich aus Monteverdis Kommentar zur Wirkung eines himmlischen Konzerts, das im Raum zwischen »Erde« und »Himmel« erklingen sollte – *mezza la sena,* wie er das nannte. Und er ist leidlich sicher, daß Adriana, nachdem sie die Rolle der Venus gesungen hat, hinreichend Zeit zur Verfügung steht, das Kostüm zu wechseln und sich als Sirene zurechtzumachen. Zu der Zeit wußte er noch kaum, daß sie Mantua verlassen wollte; und zusammen mit ihr gingen zweifellos auch Margherita und La Tolla, die allesamt des seltsamen Benehmens von Ferdinando und der internen Zwistigkeiten diverser Cliquen bei Hofe überdrüssig waren.

---

[2] Siehe Brief 127.
[3] Stevens, »Ornamentation«, *passim*.
[4] Malipiero-Ausgabe, XV, 724.

Künstler und Komponisten, die unter den Verunglimpfungen im Zusammenhang mit Auftragsarbeiten gelitten haben, die dann aus diesem oder jenem Grunde nicht zustandekommen, haben sich oft damit getröstet, Teile dieser Arbeit auszuwerten und sie bei einer künftigen Gelegenheit zu verwenden. Vielleicht gelang Monteverdi das auch, denn er wurde zehn Jahre später eingeladen, die Musik zu einer sehr viel ehrgeizigeren Meeresfabel oder eher zu einem *torneo* zu schreiben, der in beträchtlichem Maße von Wasser-Szenen und -Spielen Gebrauch machte: *Mercurio e Marte* von Claudio Achillini, ein Werk, das zur Eröffnung des Teatro Farnese in Parma am 21. Dezember 1628 geschrieben worden war.[5]

[5] Nagler, 153 ff.

Venedig, 6. Januar 1617; [an ALESSANDRO STRIGGIO, in Mantua]

Sehr geehrter Herr und hochverehrter Gebieter,
der werteste Brief Ew. Gnaden, den ich jetzt zusammen mit der Aufstellung erhalten habe, die mir die Personen nennt, die in der Fabel *Thetis* auftreten, verschuf mir erhebliche Klarheit in der Angelegenheit, die Eurer Meinung nach angebracht wäre und von der ich weiß, daß sie zugleich auch nach dem Geschmack Seiner Hoheit[a] sein wird, für die ich von Herzen zu tun wünsche, was Ihr gefällt.

Ich gestehe, verehrter Herr, daß ich damals, als ich meinen ersten Brief als Antwort auf Euren ersten Brief schrieb, deshalb, weil die Fabel, die Ihr mir schicktet, keinen anderen Titel trug als *Le Nozze di Tetide, favola maritima*, ich gestehe also, ich dachte, das wäre ein Stück, das gesungen und mit Musik dargestellt werden müßte wie die *Arianna*. Dann aber erfuhr ich aus dem vorigen Brief Ew. Gnaden, daß die Fabel als Intermedium für die große Komödie dienen soll. So wie ich in jenem ersten Sinn die Sache für wenig bedeutend hielt, so halte ich sie im Gegenteil in diesem zweiten Sinn für würdig und sehr edel.

Meiner Überzeugung nach fehlt jedoch ein Abschluß des Ganzen nach dem letzten Vers, der lautet:»Der Himmel soll wieder heiter und das Meer ruhig sein.« Ich würde sagen, es fehlt eine Canzonetta zum Lobe des Durchlauchtigsten Fürstenpaares, deren Musik im Himmel

[a] Ferdinando Gonzaga, Sechster Herzog von Mantua.

und auf der Erde der Bühne[b] zu hören sein müßte und zu der vortreffliche Tänzer einen edlen Tanz aufführen müßten, weil mir ein solch
edler Schluß zu einer so edlen Szene, wie ich sie vorgeschlagen habe, zu
passen scheint. Wenn man auch die Verse, die die Nereiden zu singen
haben, an den Tanzrhythmus anpassen könnte, nach deren Rhythmus
man dann erfahrene Tänzer anmutig tanzen ließe, dann wäre die Lösung meiner Meinung nach sehr viel geeigneter.

Gegen die drei Gesänge der drei Sirenen habe ich folgendes einzu-
wenden: ich fürchte, das Werk wird, wenn die Sirenen alle drei getrennt zu singen haben, für die Zuhörer zu lange dauern und zu wenig
Abwechslung bieten, weil man zwischen dem einen und dem anderen
Stück eine Sinfonia braucht, dazu Läufe, die das Sprechen stützen, und
Verzierungen[c], und insgesamt wird eine gewisse Gleichförmigkeit herr-
schen. Deshalb würde ich zur Abwechslung des Ganzen noch erwägen,
die ersten zwei Madrigaletti in wechselnder Besetzung singen zu lassen,
einmal von einer und einmal von zwei Stimmen zusammen und das
dritte Mal von allen dreien zusammen.

Was die Rolle der Venus betrifft, die zuerst auf die Klage des Peleus
folgt und die als erste im kolorierten Gesangsstil (das heißt mit Läufen
und Verzierungen) zu Gehör kommt, hielte ich es für gut, wenn vielleicht auch diese Rolle von Frau Adriana[d] mit lauter Stimme gesungen
würde und danach von ihren beiden Schwestern als Antwort des Echos,
weil die Rede diesen Vers enthält: »Und die Felsen und Wellen sollen
von Liebe erstrahlen.« Aber zuvor muß man die Zuhörer durch eine
Sinfonia der Instrumente vorbereiten, die sich, wenn möglich, mitten
auf der Bühne befinden sollen, weil nach der Klage des Peleus diese
beiden Verse folgen: »Aber was höre ich in der Luft? Einen sehr süßen
himmlischen Klang!« Ich meine, Frau Adriana hätte Zeit, sich als eine
der drei anderen Damen zurechtzumachen.

Bisher sind es, so glaube ich, 150 und möglicherweise mehr Verse,
und ich meine, wenn es dem Herrn gefällt, werden alle Solopartien[e],

---

[b] *in cielo, et in terra della sena.* Das bezieht sich auf den höchsten Bereich der Szenerie
und auf den Augenhöhenbezirk der Bühne. Dazwischen lag die »Luft« *(aria),* manchmal *mezza la sena* genannt.
[c] *trilli.* Vokale Verzierungen, die aus einer rasch wiederholten Einzelnote bestanden.
[d] Adriana Basile.
[e] *soliloqui.*

noch ehe die kommende Woche um ist, fertig sein, und zwar die Stücke im Rezitativ[f]. Dann werde ich mich an die Partien im kolorierten Stil[g] setzen. Gebe Gott, daß so, wie ich höchst begierig bin, etwas zu tun, was nach dem Geschmack des Durchlauchtigsten Herrn ist, mir auch das Ergebnis gelingt, damit meine Kompositionen als wahre Zeugnisse bei der Gunst Seiner Hoheit dienen, die ich so erstrebe und verehre und der ich mich in jeder Lage und an jedem Ort immer als niedrigster Diener widmen werde. Trotzdem werde ich der dankbarste Diener Ew. Gnaden bleiben, so daß Ihr mich weiterhin damit beehren könnt, mich in Eurer Gnade zu halten, wie es Eurer höchst liebenswürdigen Gewohnheit und Eurem sehr ehrenhaften Benehmen entspricht. Indem ich Euch demütigste Ehrerbietung erweise, erbitte ich für Euch von Gott inbrünstig die Erfüllung all Eurer wahren Erhebung.

Venedig, 6. Januar 1617

Ew. Gnaden   dankbarster und ergebenster Diener
                              Claudio Monteverdi

[f] *quelli che parlano.*
[g] *quelli che cantano di garbo.*

23

Mantua, Archivio Gonzaga, Cassetta 6, f. 152. Einzelblatt: 2 Seiten [an Alessandro Striggio, in Mantua]. *(14. Januar 1617.)* Malipiero, 172; Paoli, 98.

Als er schließlich merkte, daß seine Arbeit an *Le Nozze di Tetide* reine Zeitvergeudung gewesen war, schrieb Monteverdi den folgenden kurzen Brief an Striggio – mit allem äußerlichen Prunk der demütigen Unterwerfung. Unzweifelhaft wußte er jedoch, daß sein alter Freund zwischen den Zeilen lesen und wenigstens teilweise sein Gefühl verletzter Selbstachtung verstehen würde. Vielleicht wäre Monteverdis Einstellung zum Herzog und seinem Gefolge einfühlsamer gewesen, wenn er gewußt hätte, was in Mantua und Umgebung vor sich ging. Die anonymen Verfasser der venezianischen *avvisi* (Zeitungen), die die pikanteren Skandalstückchen um die Fehde zwischen Ferdinando und Vincenzo aufgriffen und weiterspannen, werden bis Ende 1616 sicherlich einen Großteil davon in Umlauf gesetzt haben; ob aber Monteverdi Zeit und Neigung zur Lektüre solcher Informationsquellen hatte, bleibt bloßer Vermutung überlassen.

Ferdinando war von den Klatschkolumnisten geradezu aufgeschreckt, hätten sie doch eine entstellte Fassung des päpstlichen Dekrets zur Legalität der Ehe Vincenzos publik machen können, und dieses Dekret war vom Herzog und seinen Ratgebern bisher geheimgehalten worden.[1] Sie waren angesichts des Beschlusses Papst Pauls V., die Ehe aufrechtzuerhalten, verwirrt und von seiner Anweisung gedemütigt, alle Gonzaga-Embleme von römischen Häusern und Kirchen zu tilgen. Auch fanden sie es nicht besonders ermutigend, erfahren zu müssen, daß künftig kein Gonzaga Kardinal werden sollte, wenigstens nicht für eine beträchtliche Zeitspanne.

Im November 1616 hatte Maria de' Medici, Königin-Mutter von Frankreich, dem Vatikan ein von Juristen der Sorbonne verfaßtes Gutachten geschickt, und zwar als Versuch, die mit der Ehefrage verbundenen Probleme zu entwirren. Striggio schrieb eilends an den Herzog, der im Dezember nach Casale aufgebrochen war, und beklagte sich über die hinhaltenden Taktiken der Richterschaft; Ferdinando aber war mehr damit beschäftigt, daß sein jüngerer Bruder Goito verlassen hatte und bei Hofe vor sich hinbrütete. Als Vincenzo unter beträchtlichem Druck schließlich in die Annullierung der Ehe einwilligte, warnte der Papst den strauchelnden Prinzen unverzüglich, sich wieder mit seiner Gattin auszusöhnen.[2] Das machte Ferdinando wütender denn je, zumal er sein Bestes gegeben hatte zu beweisen, daß, weil Ferrante Gonzaga ein Verwandter zweiten Grades von Herzog Vincenzo gewesen war, die Witwe des ersteren nicht rechtens den Sohn des letzteren heiraten konnte.[3] Schließlich schob er das Problem jedoch zeitweilig beiseite, während er sich auf seine eigene Hochzeit mit Caterina de' Medici vorbereitete.

[1] Errante, »Il processo«, 653.
[2] Errante, »Il processo«, 667.
[3] Brief an Monsignore Soardi vom 16. Februar 1617.

Venedig, 14. Januar 1617; [an ALESSANDRO STRIGGIO, in Mantua]

Euer Erlaucht, mein Gnädigster Herr,
ich habe den äußerst liebenswürdigen Brief Ew. Gnaden erhalten und erfahren, daß Seine Hoheit[a] angekommen sind oder besser gesagt ge-

[a] Ferdinando Gonzaga, Sechster Herzog von Mantua.

sund aus Casale[b] zurückgekehrt sind (dafür sei dem Herrn gedankt), und ich habe vernommen, daß er zugleich entschieden hat, daß einstweilen bezüglich der *Favola di Tetide* nichts weiter zu tun sei, weil er den Wunsch hat, daß ein anderes Stück in Angriff genommen wird. Ich bedaure es, daß eigentlich alles dies beinahe vollendet war; überdies waren die Solopartien bereits fertiggestellt – und dennoch, er ist der Herr, und ich betrachte mich als seinen gehorsamsten Diener. Ich werde ausführen, was Seine Hoheit mir zu befehlen geruhen, indem ich Ew. Gnaden davon in Kenntnis setze, daß, um eine *favola* vollständig zu komponieren, die ganz mit Musik zu singen ist, von jetzt bis Ostern wenig Zeit sein wird. Und für die Intermedien der großen Komödie[c] darf man keine Zeit verlieren, wenn eine saubere Arbeit geleistet werden soll.

Auf jeden Fall nenne ich mich jedoch Euer gehorsamster Diener, und sollte ich der Befehle Seiner Hoheit für wert befunden werden, dann werde ich es nicht versäumen, das zu tun, was in meinen Kräften steht, um mich wenigstens im Herzen sehr bereitwillig zu zeigen, auch wenn ich körperlich schwach bin. Und indem ich hier Ew. Gnaden untertänige Ehrerbietung erweise, küsse ich Euch zugleich die Hände und erbitte für Euch von Unserem Herrn das höchste Glück.

Venedig, 14. Januar 1617

Ew. Gnaden　　　untertänigster Diener
　　　　　　Claudio Monteverdi

[b] Casale Monferrato, eine mantuanische Besitzung unweit von Turin.
[c] *de la* [*commedia*] *grande.*

24

Mantua, Archivio Gonzaga, Cassetta 6, ff. 154–155. Doppelblatt: 3 Seiten [an Alessandro Striggio, in Mantua]. *(20. Januar 1617.)* Malipiero, 173; Paoli, 100; Prunières, 250.

Kein stärkerer Gegensatz läßt sich denken als der zwischen der Ruhe in Venedig, wo Monteverdi eine Einladung seines alten Freundes Rinuccini erhielt, nach Florenz zu kommen und dort bei ihm zu wohnen, und der

Verwirrung in Mantua, die das Kommen und Gehen von Ferdinando, Vincenzo, Isabella und ihrer verschiedenen Anhänger kennzeichnete. Isabella, die mit den acht Kindern, die sie ihrem verstorbenen Gatten Ferrante Gonzaga geboren hatte, von ihrer Fruchtbarkeit bereits überreichlich Zeugnis abgelegt hatte, geriet erneut in die Position fragwürdiger Popularität, als sich Gerüchte verbreiteten, daß sie schwanger sei. Alles muß wie eine bedauernswerte Wiederkehr der Umstände angemutet haben, die die ersten Jahre von Margheritas Witwenschaft unmittelbar nach dem Tode Herzog Francescos im Jahre 1612 trübten.

Ferdinando hatte die arme Isabella daraufhin in einer der weniger zugänglichen seiner vielen Villen eingesperrt, wo sie in großer Angst lebte, vergiftet zu werden, und verbreiten ließ, sie werde auf jeden Fall grausam behandelt. Als man ihr später gestattete, nach Gazzuolo zurückzukehren, durfte sie ihr Haus nur in einer Sänfte oder in einer zweispännigen Kutsche und unter Bewachung verlassen.[1] Vincenzo, der fortwährenden Verwirrung und des politischen Drucks müde, schlug sich zu den spanischen Truppen unter Führung des Gouverneurs von Mailand durch und brachte es fertig, sich bei der Belagerung von Vercelli auszuzeichnen und damit etwas von dem Übergewicht seines Bruders beiseitezuräumen, unter dem er in Mantua gelitten hatte.[2]

Alle Angehörigen des ausgewählten Kreises mantuanischer Virtuosen, die einem Aufenthalt in der Stadt damals aus dem Wege gingen, waren in der Tat vom Glück begünstigt. Einer davon war der Tenor Campagnolo – er hatte in der mantuanischen Inszenierung von *Il pastor fido* die Rolle des Silvio gespielt und sich in seinen jugendlichen Studienjahren im Hause Monteverdis aufgehalten. In dem Maße, wie sein Ruhm wuchs, erweiterte sich auch der Kreis seiner Reisen, und er war in Rom, Florenz, London, Salzburg (von wo aus er am 19. Januar an Striggio schrieb)[3] und Oedenburg in Ungarn als Sänger sehr begehrt.[4]

Monteverdi gibt von seiner Kenntnis der Staatsgeschäfte in Mantua nichts preis: Er ist zufrieden, Striggio seiner Bereitschaft zu versichern, etwas für die Hochzeitsfeierlichkeiten zu schreiben, und ihm seine Freude angesichts der Nachricht zu beteuern, daß die Florentiner diese neue Verbindung zwischen den großen Häusern der Medici und der Gonzaga begrüßten. Was ihm am meisten am Herzen liegt, ist die Sorge um hinreichend Zeit für das, was von ihm verlangt wird.

---

[1] Errante, »Il processo«, 671.
[2] Coniglio, 418.
[3] Bertolotti, 101.
[4] Nicht »Edinburg«, wie bei Paoli, 352, vermutet.

Venedig, 20. Januar 1617; [an ALESSANDRO STRIGGIO, in Mantua]

Euer Erlaucht, mein Gnädigster Herr,

Ew. Gnaden benachrichtigten mich davon, daß die Hochzeit Seiner Hoheit mit der Toskana[a] endgültig festgesetzt worden ist. In dieser Sache werde ich nun den festen Entschluß fassen müssen, für dieses Osterfest etwas zu komponieren, und zu diesem Zweck werdet Ihr mir wohl eine neue *favola* schicken, damit ich sie vertone. Wenn mich nicht die Pflicht, Seiner Hoheit (dem Sohn des Fürsten von Mantua, meines früheren Herrn) zu dienen, in Venedig hielte, dann ginge ich mit Sicherheit von hier nach Florenz, weil ich von einem sehr herzlichen Brief des Signor Ottavio Rinuccini eingeladen wurde, der mich anläßlich dieser guten Gelegenheit des Fürsten von Mantua auffordert, ich solle mich nach Florenz begeben, weil ich dann nicht nur von der ganzen dortigen Nobilität gesehen würde, sondern auch von dem Durchlauchtigsten Großfürsten[b] selbst, und weil man – von der Hochzeit in Mantua, von der wir eben sprechen, abgesehen – noch andere Hochzeiten erwartet. Aus all diesen Gründen hätte ich nicht geringe Lust, nach Florenz zu reisen, und Rinuccini deutete mir mehr oder weniger an, ich würde für irgendeine musikalische Aufgabe gebraucht werden, und er benachrichtigte mich davon, daß die Ehe mit Seiner Durchlaucht von Mantua mit der größten Zustimmung der ganzen Stadt Florenz geschlossen würde.

Möge Unser Herr zulassen, daß sich die Dinge so entwickeln wie es dem Durchlauchtigsten Fürsten von Mantua und seinem ganzen Herrschaftsbereich gefällt, was ich von ganzem Herzen immer ersehnen und von Gott für jenes Durchlauchtigste Haus erbitten werde. Ich werde folglich abwarten, was Ew. Gnaden mir auftragen, indem ich Euch daran erinnere, daß ›Schnelligkeit und Güte nicht zusammenstimmen‹[c]. Ich will sagen, daß Ihr, wenn Ihr säumig seid, Euch nicht über mich beschweren dürft, wenn ich das nicht ausgeführt habe, was ich doch mit genügend Zeit für möglich gehalten hätte. Stattdessen schicke ich mein

---

[a] Ferdinando Gonzaga, Sechster Herzog von Mantua, stand im Begriff, Caterina de' Medici zu heiraten.
[b] Cosimo II. de' Medici.
[c] ›il presto con il bene / insieme non conviene‹ – cf. Brief Nr. 92.

höchst bereitwilliges und ergebenes Herz, damit es mich vertritt, außerdem mit demselben Respekt Ew. Gnaden jetzt Ehrerbietung erweist und für Euch von Gott alle Erhebung und jedes Glück erbittet.
Venedig, 20. Januar 1617

Ew. Gnaden   untertänigster und dankbarster Diener
                  Claudio Monteverdi

25

Mantua, Archivio Gonzaga, Cassetta 6, f. 126. Einzelblatt: 2 Seiten [an Annibale Iberti, in Mantua]. *(28. Januar 1617.)* Malipiero, 152; Paoli, 68.

Wenn auch aufgrund der verblaßten Tinte am rechten Rand schwer zu entziffern, verdient der folgende kurze Brief doch einige Aufmerksamkeit im Hinblick auf die Andeutung, daß in Mantua neue Pläne für eine offizielle Feierlichkeit im Schwange waren. Da Iberti mit den venezianischen Angelegenheiten betraut war,[1] wurde er beauftragt, an Monteverdi und Camillo Sordi,[2] der mantuanischer Gesandter in Venedig war, zu schreiben. Es handelt sich um die erste Einladung der Gonzaga seit seinem Weggang im Jahre 1612. Der Besuch sollte zum frühestmöglichen Zeitpunkt stattfinden, aber den Ratsherren, dem Gesandten und später auch dem Herzog sollte es nicht erspart bleiben, Bekanntschaft mit Monteverdis Verzögerungstaktik zu machen.

[1] Coniglio, 426 (der Giovanni da Mulla zitiert).
[2] Siehe auch die *Calendars of State Papers – Venice,* 1613–15.

Venedig, 28. Januar 1617; [an ANNIBALE IBERTI, in Mantua]

Euer Erlaucht, mein Gnädigster Herr,
von Signor Sordi,[a] dem Geschäftsträger, habe ich nicht nur den Brief Ew. Gnaden erhalten, der mir im Namen Seiner Hoheit[b] befahl, mög-

[a] Camillo Sordi, bis 1617 matuanischer Gesandter in Venedig.
[b] Ferdinando Gonzaga, Sechster Herzog von Mantua.

lichst bald nach Mantua zu kommen, sondern auch die Bitte des Geschäftsträgers selbst. Weder der Brief Ew. Gnaden noch die beigefügte Bitte hatten bei meinem guten Willen eine andere Folge als eine gehorsame Antwort. Morgen, am 29. dieses Monats, werde ich die Prokuratoren *de supra*^c treffen, alle drei, und werde sie um den Urlaub bitten, den Ew. Gnaden von mir verlangen und den ich, wie ich glaube, ohne weiteres bekommen werde.

Aus diesem Grund^d wird es meiner Meinung nach nicht nötig sein, den Geschäftsträger zu bemühen, weil derzeit an San Marco nichts zu tun ist. Wenn es aber nötig sein sollte, auch ihn ins Spiel zu bringen, werde ich es tun, um mich in allem den Befehlen Seiner Hoheit höchst gehorsam zu zeigen. Was mich anbelangt, so glaube ich, daß ich in spätestens einer Woche in Mantua sein werde.

Aber wenn sich die Sache hinziehen sollte^e, wird es nur bis zu dem Tag dauern, an dem der Kurier ankommt, mit dem ich auf jeden Fall reisen werde, wenn es Gott gefällt. Hier erweise ich Seiner Hoheit demütigste Ehrerbietung, danke Gott, daß er mich der Befehle des Durchlauchtigsten Herrn zu würdigen geruht, bitte zugleich inständig darum, er möge mich selbst auch solcher Erfolge wert sein lassen, die seiner Gunst entsprechen, und erweise schließlich Ew. Gnaden demütigste Ehrerbietung, indem ich Gott um all Euer Glück bitte.

Venedig, 28. Januar 1617

Ew. Gnaden   dankbarster Diener

               Claudio Monteverdi

---

^c *procuratori ridutti,* jene drei von neun Beamten, die mit der speziellen Aufgabe der Bearbeitung von Bestallungen und Urlaubsgesuchen betraut waren.
^d *percio* (aufgrund verblaßter Tinte gewöhnlich mit *anzi* transkribiert).
^e *caminare al longo.*

26

Mantua, Archivio Gonzaga, Cassetta 6, ff. 157–158. Doppelblatt: 3 Seiten [an Alessandro Striggio, in Mantua]. *(4. Februar 1617.)* Malipiero, 175; Paoli, 102.

Wenn Monteverdi auch noch immer keine Ahnung davon hatte, was in Mantua vor sich ging, so mußte er bei der Nachricht, die er erhielt, inzwischen doch Verdacht geschöpft haben. Von Striggio gedrängt, ersuchte er um Urlaub und erhielt ihn unverzüglich bewilligt, weil die Venezianer – trotz ihrer Unabhängigkeit – freundschaftliche Beziehungen zu den Gonzaga als wünschenswerte Versicherung für die *terra ferma* auffaßten, die politisch und strategisch so wichtig für sie war. Das ist der eine Grund, warum die Prokuratoren Monteverdis Ersuchen günstig beschieden; und sie wünschten sich geradezu (wie er in seinem Brief verdeutlicht), er möge Ferdinando berichten, daß sein Urlaub ihm sofort gewährt worden sei.

Aber unmittelbar vor seinem Aufbruch Ende Januar bekam der Komponist die beunruhigende Nachricht, daß Ferdinando beabsichtigte, wenigstens einen vollen Monat in Florenz zu verbringen und nicht vor dem 7. April wieder bei Hofe zu erscheinen. In der Tat eine sehr merkwürdige Situation. Monteverdi wollte nach Florenz reisen, dort bei seinem Freund Rinuccini verweilen und vielleicht sogar eine seiner eigenen Kompositionen in Gegenwart des Großherzogs, Ferdinandos und ihres beiderseitigen Gefolges aufführen. Striggio bedeutete ihm anscheinend jedoch, nicht nach Florenz, sondern nach Mantua zu kommen, und beinahe schon im Begriff, diese Anweisungen zu befolgen, wurde Monteverdi gewahr, daß er, was die Hofgesellschaft betraf, in einer nahezu leeren Stadt eintreffen würde, mehrere Wochen lang ohne jede Beschäftigung.

Das alles war sehr wahrscheinlich eine Intrige von seiten Sante Orlandis und anderer mantuanischer Musiker, die glaubten, Monteverdi könne zur Annahme einer sinnlosen Einladung verleitet werden, während sie samt und sonders nach Florenz reisen und dort im toskanischen Rampenlicht um so glänzender in Erscheinung treten könnten.[1] Was sich tatsächlich ereignete, war, daß am 6. Februar, dem Vortage der Hochzeit, im *teatro degli uffizi* eine *veglia* (Abendgesellschaft) stattfand, bei der Marco da Gaglianos Vertonung von Salvadoris *La liberazione di Tireno e d'Arnea* aufgeführt wurde.[2] Nach den Hochzeitszeremonien verweilten Ferdinando und Caterina noch einige Zeit und erfreuten sich der berühmten Gast-

---

[1] Santoro, *Monteverdi,* 85.
[2] Nagler, 131.

freundschaft und der künstlerischen Wonnen des florentiner Hofes, bevor sie schließlich in der ersten Märzwoche nach Mantua zurückkehrten.[3]
Monteverdi bringt nichtsdestoweniger seine Bereitschaft zu kommen zum Ausdruck, vorausgesetzt, daß er einer Audienz bei Striggio sicher sein darf, der, wie er fraglos hoffte, ihm in seinem ununterbrochenen Kampf um den *fondo* beistehen würde, der ihm seine jährliche Pension garantieren sollte. Er ist sogar bereit, bis zu Ferdinandos Rückkehr in Mantua auszuharren, obwohl ein solcher Plan ihn zwänge, seine auf zwei Wochen befristete Urlaubsabwesenheit zu überziehen. Aus den unterwürfigen Zeilen dieses Briefes läßt sich jedoch sein wachsender Argwohn und Verdruß herauslesen, und nicht lange nach seiner Niederschrift entdeckte er die Wahrheit.

[3] Siehe Portioli, *passim*.

Venedig, 4. Februar 1617; [an ALESSANDRO STRIGGIO, in Mantua]

Euer Erlaucht, mein Gnädigster Herr,
weil ich sowohl von Seiner Durchlaucht, dem Dogen[a], als auch von Ihren Exzellenzen, den Herren Prokuratoren[b], sehr großzügig Urlaub bekommen habe, damit ich Seiner Hoheit[c] für zehn oder fünfzehn Tage zu Diensten stehen kann (da der Brief Ew. Gnaden nicht mehr erbittet), wobei die Herren Prokuratoren außerdem mündlich hinzusetzten, ich solle Seine Hoheit wissen lassen, sie hätten mir sogleich beim ersten Ersuchen meinen Urlaub gewährt und das solle ich im Namen Ihrer Exzellenz Seiner Hoheit gegenüber erwähnen, habe ich mich deshalb darauf vorbereitet, jetzt – anläßlich der bevorstehenden Rückkehr des Kuriers – so schnell wie möglich abzureisen, um den Befehlen Seiner Hoheit zu gehorchen.
Nachdem ich aber von verschiedenen Herren benachrichtigt worden war, Seine Hoheit seien mit Sicherheit am ersten dieses Monats nach Florenz abgereist, und mir eben dieser Kurier gesagt hatte, man habe, als er Mantua verlassen habe (was am besagten ersten Tag dieses Monats war), überall in der Stadt davon gesprochen, daß Seine Hoheit an

[a] Giovanni Bembo († 19. März 1618).
[b] Federico Contarini; Nicolò Sagredo; Giovanni Corner; Antonio Lando.
[c] Ferdinando Gonzaga, Sechster Herzog von Mantua.

diesem Tag um 3 Uhr nachmittags nach Ferrara abreisen müßten und sich dann von dort nach Florenz begäben, ging ich, weil ich in dieser Sache unruhig war, zum Residenten, Signor Sordi[d], der mir versicherte, Seine Hoheit seien nach Florenz abgereist.

Weil mein Kommen in diesem Fall gegenwärtig nutzlos sein könnte, hielt ich es – um mir sowohl den Urlaub, der mir jetzt sicher ist, zunutze zu machen als auch weil mir der oben genannte Resident so geraten hatte – für richtig, Ew. Gnaden den Grund dafür mitzuteilen, daß ich hier geblieben bin, und Euch außerdem davon in Kenntnis zu setzen, daß ich, sollte es mir mein Kommen gestatten, daß ich Ew. Gnaden treffe, die Reise sofort mit dem nächsten Kurier antreten und dann hören werde, was mir Ew. Gnaden auftragen werden.

Auch wenn Ihr mir befehlen solltet, bis zur Rückkehr Seiner Hoheit zu bleiben, werde ich danach handeln und gehorchen, indem ich Euch jedoch bitten möchte, daß Ihr, sollte es Seiner Hoheit gefallen, daß ich etwas vertone, nicht damit zögert, mir den Text zukommen zu lassen, weil nichts meiner Natur feindlicher ist als das Arbeiten unter Zeitdruck. Ich werde also warten, was mir Ew. Gnaden auftragen werden, denen ich zum Schluß demütige Ehrerbietung erweise und für Euch von Unserem Herrn sehr herzlich jedes wahre und vollkommene Glück erbitte.

Venedig, 4. Februar 1617
Ew. Gnaden   dankbarster Diener
                             Claudio Monteverdi

[d] Camillo Sordi, der mantuanische Gesandte in Venedig.

27

Mantua, Archivio Gonzaga, Cassetta 6, ff. 128–129. Doppelblatt: 3 Seiten [an Annibale Iberti, in Mantua]. *(11. Februar 1617.)* Malipiero, 155; Paoli, 70; Prunières, 243.

Ibertis Instruktionen lauteten, der Komponist möge so schnell wie möglich packen und dasselbe Boot benutzen, mit dem auch der Brief angekommen sei. Monteverdi, der dieses Ersuchen für läßlich (wenn auch dringlich) hält, schützt einige Ausflüchte vor – die Reisebedingungen seien schlecht und brächten unweigerlich eine Erkrankung mit sich; der Herzog sei angeblich in Florenz;[1] die Karwoche sei nicht fern, und da gebe es für San Marco viel zu tun. Natürlich ist keine Unehrerbietigkeit beabsichtigt, und wenn das Libretto ankommt, soll es sofortigen Vorrang haben.

Offensichtlich wurde es aber nicht abgeschickt, und Ferdinandos Begeisterung schwand dahin, denn der nächste von Monteverdi an den Herzog gerichtete Brief bringt schon die Hoffnung auf einen neuen Auftrag zum Ausdruck.

[1] Ein Umstand, der in den anderen veröffentlichten Dokumenten nicht berücksichtigt worden ist. Er unternahm die Reise nahezu mit Sicherheit, um Musiker ausfindig zu machen.

Venedig, 11. Februar 1617; [an ANNIBALE IBERTI, in Mantua]

Euer Erlaucht, mein Gnädigster Herr,
heute, am 11. dieses Monats, ist mir der Brief Ew. Gnaden etwa um 17 Uhr vom Briefträger ausgehändigt worden, der dann um 18 Uhr nach Mantua zurückkehrt, so daß ich – um, wie Ihr mir befehlt, reisefertig zu sein[a] – bereits meine Stiefel hätte tragen müssen (wie man sagt), um das Boot des Kuriers noch zu erreichen, wo ich dann eine schlechte Nacht verbracht[b] hätte, der später wohl eine Erkrankung gefolgt wäre.

Außerdem hat sich das Wetter, das großenteils gut gewesen ist, verändert, und es regnet so, daß man das Haus kaum verlassen kann. Ferner richtet der Brief Ew. Gnaden ein liebenswürdiges Gesuch an mich. Aus diesem und den oben genannten Gründen habe ich mir die Freiheit genommen, nicht so überstürzt abzureisen, um so abzuwarten, was das Wetter macht, und um außerdem die Möglichkeit zu haben, tagsüber nach Padua zu gehen (indem ich dort in aller Ruhe auf den Kurier warte) und auch um die Gelegenheit zu nutzen und meinen Urlaub ein wenig zu verlängern (wozu mich auch Ew. Gnaden ermuntern).

So dachte ich in der Tat nicht daran, am nächsten Posttag reisefertig

[a] *essere all'ordine.*
[b] Das Original schreibt deutlich *patire*, nicht *partire*.

zu sein, sondern vielmehr werde ich (wenn es dem Herrn gefällt) dazu
zu jeder Zeit bereit sein, weil ich mir – um Ew. Gnaden die Wahrheit
zu sagen – angesichts der Tatsache, daß Seine Hoheit[c] nach Florenz
gegangen sind, sicher war, er wolle mich in Venedig zu seiner Verfügung haben und nicht in Mantua, d. h. daß er mich damit beehren
wolle, mir die *favola* hierher zuzuschicken. Wenn mir Ew. Gnaden
diesen Gefallen tun könnten – weil ich dann dabei die gefährlichen
Straßen meiden könnte und mich zugleich nicht vor Straßenräubern[d]
fürchten müßte – hätte ich außerdem die Möglichkeit, an San Marco
Dienste zu leisten, weil die Karwoche herannaht (in der viele Gottes-
dienste in Anwesenheit des Dogen[e] stattfinden, der in dieser Woche zur
Kirche kommt), deshalb wäre mir das so sehr angenehm.

Denkt bitte nicht, Ew. Gnaden, daß das, was ich gesagt habe, einer
Gesinnung entspringt, die nicht willig ist, Euren Befehlen zu gehorchen, weil ich von mir wirklich weiß, daß ich höchst begierig bin, immer
das zu tun, was Seiner Hoheit gefällt, um so mehr dann, wenn es sich
um ein Werk handelt, das von der Hand dieses Durchlauchtigsten
Herrn stammt. Vielmehr bitte ich Euch inständig darum, zu glauben,
daß das, was ich oben gesagt habe, die reine Wahrheit ist.

Ich habe Ew. Gnaden nun alles dargelegt, so daß Ihr, wenn Ihr mir
mit der nächsten Post einen Auftrag erteilt, sicher sein könnt, daß ich
ohne Widerrede tun werde, was Ihr mir zu tun bedeutet. Wenn sich
nämlich Ew. Gnaden entschließen sollten, das Werk zu schicken, verspreche ich Euch, daß ich mich mit ihm mehr abmühen werde, als Ihr
es Euch vorstellen könnt, und Euch Woche für Woche mit dem Kurier
das zusende, was ich von Tag zu Tag fertigstellen werde. Und indem ich
Ew. Gnaden hiermit demütigste Ehrerbietung erweise, erbitte ich von
Gott, Unserem Herrn, die Erfüllung all Euren Glückes.

Venedig, 11. Februar 1617
Ew. Gnaden   dankbarster Diener
                Claudio Monteverdi

---

[c] Ferdinando Gonzaga, Sechster Herzog von Mantua.
[d] Eine Bezugnahme auf die Ereignisse vom Oktober 1613.
[e] Giovanni Bembo.

28

Mantua, Archivio Gonzaga, Cassetta 6, f. 160. Einzelblatt: 1 Seite [an Alessandro Striggio, in Mantua]. *(18. Februar 1617.)* Davari, 115; Malipiero, 176; Paoli, 104.

Da Marco da Gagliano beim florentiner Teil der Festlichkeiten eine Rolle von entscheidender Bedeutung übernommen hatte, war Sante Orlandi entschlossen, sich seinerseits Anerkennung zu verschaffen, wenn das Brautpaar nach Mantua zurückgekehrt war. Das taten Ihre Hoheiten am 7. März, und vier Tage später wurde zu ihrem Vergnügen *Gli amori d'Aci e di Galatea* mit einer Musik von Sante Orlandi nach einem Libretto von Gabriello Chiabrera aufgeführt.[1] Der immer diplomatische Striggio, der sich peinlicherweise bewußt wurde, daß Monteverdi nicht erwünscht war, riet ihm, in Venedig zu bleiben und weitere Anweisungen abzuwarten.

Die Reaktion war genau die, die zu erwarten war: ein höflicher Brief, in dem – zum ersten Mal – auf die Mißhelligkeiten und Fehlschläge Ferdinandos angespielt wird,[2] worauf die Bitte an Striggio folgt, dem Herzog die Beteuerung seiner Pflichttreue und eine untertänige Verbeugung zu übermitteln. Und dann ein ganzes Jahr lang vollständiges Schweigen. Monteverdi entschloß sich, nachdem er erst einmal das ganze Ausmaß der Irreführung erfaßt hatte, Mantua seinen eigenen und besonderen Geschicken zu überlassen: die Fehde mit Rom ging weiter, Prinz Vincenzo wurde zunehmend von seinem Bruder unabhängig, Isabella wurde ferngehalten und lebte in Gazzuolo beinahe wie eine Gefangene.[3]

Im Rückblick läßt sich sagen, daß Monteverdi nichts von Bedeutung verpaßte, und sicherlich entging er sogar einer Reihe von gespannten künstlerischen Situationen. Striggio war gezwungen, dem Herzog zur Kenntnis zu bringen, daß für die Aufführung am 11. März weder mit Adriana noch mit ihrer Schwester Margherita zu rechnen war, und das wird durch einen Brief Margheritas bestätigt, die sich über die Länge ihrer Rolle und die Schwierigkeit ihrer Einstudierung beklagt, wobei sie zusätzlich auch noch eine kleinere Partie zu übernehmen habe.[4] Es nimmt kaum wunder, daß Portioli mit einem der tatsächlich Anwesenden übereinstimmt, der der Ansicht war, die Festlichkeiten seien denen früherer Herzöge weit unterlegen.[5]

---

[1] Barblan, »La vita«, 93, 135.
[2] Paoli, der sich in bezug auf das Wesen dieser Mißhelligkeiten unsicher ist, vermutet doch richtig, daß dabei die Politik im Mittelpunkt stand (Paoli, 104).
[3] Errante, »Il processo«, 671.
[4] Davari, 117.
[5] Ademollo, 224.

Venedig, 18. Februar 1617; [an ALESSANDRO STRIGGIO, in Mantua]

Euer Erlaucht, mein Gnädigster Herr,
so wie es mir angenehm war, nach Mantua zu kommen, um mich dort
anläßlich der Festlichkeiten Seiner Hoheit[a] einzusetzen, wird es mir
außerordentlich unangenehm sein, hier zu bleiben, auch wenn es den
Mißhelligkeiten und Fehlschlägen dieses Durchlauchtigsten Herrn zuzuschreiben ist, für den ich immer mit wahrer und aufrichtiger Zuneigung beten werde, daß der Herr ihn glücklich und zufrieden mache,
was ich mit Gewißheit zu sehen hoffe, weil letzten Endes der Gerechte
von der Hand Gottes beschützt und verteidigt wird.
    Ich werde also hier bleiben, weil Ew. Gnaden es so befehlen, und
werde die Anweisung abwarten, die Ihr mir zukommen laßt, wenn es
Euch gefällt. Jetzt und immer werde ich ein ergebenster Diener gegenüber den Befehlen Seiner Hoheit sein, der ich, wenn Ew. Gnaden mir
durch Eure Liebenswürdigkeit den Gefallen tun, demütigste Ehrerbietung erweise. Ew. Gnaden küsse ich zum Schluß sehr herzlich die
Hände, indem ich für Euch von Unserem Herrn den Gipfel alles wohlverdienten Glücks erbitte.
Venedig, 18. Februar 1617
Ew. Gnaden   ergebenster und treuester Diener
                Claudio Monteverdi

[a] Ferdinando Gonzaga, Sechster Herzog von Mantua.

29

Mantua, Archivio Gonzaga, Cassetta 6, ff. 163–164. Doppelblatt:
3 Seiten [an Prinz Vincenzo Gonzaga, in Mantua]. *Anlage:* Erste Teil-
lieferung der Musik zu *Andromeda*. *(21. April 1618.)* Davari, 135;
Malipiero, 176; Paoli, 106.

Malipiero vermutete, daß der folgende Brief für Striggio bestimmt war.
De' Paoli sprach sich für Marigliani aus, und zwar aus dem Grunde, weil er

der Autor des hier zum ersten Mal erwähnten *Andromeda*-Librettos war. Die Anredeform entspricht jedoch weder dem Standardwortlaut für Striggio (»Illustrissimo mio Signore...«) noch dem für Marigliani im ersten zweifelsfrei an ihn abgeschickten Brief[1] (»Molto Illustre mio Signore«); und der Gebrauch von »Eccelentissimo« beweist, daß wir es hier mit einer Persönlichkeit zu tun haben, die ihrem Rang nach beträchtlich höher stand als ein Sekretär wie Marigliani oder sogar als ein Graf, der Striggio damals war.

Davari hatte recht mit seiner Feststellung, daß Prinz Vincenzo der Empfänger war, und das wird nicht nur aus der Anredeform deutlich, sondern auch aus der bekannten Struktur der Hofpolitik in Mantua: Striggio war der Hauptberater des Herzogs, während Vincenzo eng mit Marigliani zusammenarbeitete. Dieser Umstand ergibt sich auch aus der in Brief 38 auftauchenden Bemerkung zu einem dringenden Ersuchen Vincenzos, Mariglianis Stück zu vervollständigen.

Das Jahr 1617 war für Monteverdi ruhig zu Ende gegangen. Es ist unwahrscheinlich, daß er, angesichts der dringlichen Anforderungen der nahen Weihnachtszeit an San Marco, nach Cremona zur Beerdigung seines Vaters Baldassare (der am 10. November starb) gefahren war.[2] Am Heiligen Abend wurde eine der Lektionen in der Frühmette von Claudios Sohn Francesco gesungen, der am 15. März des folgenden Jahres seine Bezahlung dafür erhielt.[3] In Mantua wahrte Ferdinando Kontakt zur Musikszene und hörte von Luigi Centurione in Genua von dem Kastraten G. B. Sacchi,[4] der einen Beitrag zu Federico Malgarinis Anthologie mit Werken von etwa einem Dutzend Komponisten im Dienste des Herzogs leisten sollte.[5] Girolamo Belli schickte seine Beileidsbekundungen zum Tode der Tante des Herzogs, Margherita Herzogin von Ferrara, am 15. Januar.[6]

In gewisser Hinsicht war es bedauerlich, daß Einladungen der Gonzaga immer genau dann eintrafen, wenn Monteverdi mit den Vorbereitungen für irgendein größeres Ereignis oder kirchliches Fest in der Basilika beschäftigt war, so daß er ausweichen oder bestimmte Aufgaben verschieben mußte, um beiden Herren zur gleichen Zeit dienlich sein zu können. Es ist

---

[1] Brief 44, 15. Februar 1620.
[2] Santoro, *Monteverdi*, 57.
[3] Arnold, 63.
[4] Bertolotti, 97.
[5] RISM: 1618[4]. Diese Sammlung wurde zuerst von Bertolotti beschrieben, der in seinem Bericht über Ottavio Bargnanis Besuch Paduas im Februar 1618 einiges Licht auf entlaufene Sänger wirft. Einer dieser mantuanischen Sänger, Lorenzo Sansci, hatte sich dorthin abgesetzt und war durchaus nicht willens zurückzukehren, bis Bargnani ihn schließlich überredete (Bertolotti, 97).
[6] Bertolotti, 95.

auch möglich, daß er sich dieser Taktiken vorsätzlich bediente, um seine
mantuanischen Herren an den versprochenen Kapitalfonds zu erinnern;
und wenn dieser Fonds Monteverdi je zusammen mit einem Gesuch um
Mitarbeit übermittelt worden wäre, hätte er durchaus mit dem ungewöhnlichen Entschluß des Komponisten zusammenfallen können, wenigstens
einige seiner dringlichsten Aufgaben an San Marco seinem Stellvertreter
zu überlassen.

Dennoch war es zweifellos richtig, daß die Liturgien am Karfreitag oder
Himmelfahrtstag außergewöhnliche Ansprüche an die mitwirkenden Musiker insgesamt stellten. Der Brief macht deutlich, daß die Messe zum
3. Mai Instrumente und Stimmen erforderte, obwohl die Motetten nur von
der Orgel begleitet werden sollten. Zwei Motetten mit zur Inventione S.
Crucis passenden Texten liegen im *Libro primo de motetti* (1620) seines
Freundes Bianchi gedruckt vor, und es ist deshalb möglich, daß *Adoramus
te, Christe* und *Christe, adoramus te* im oder um das Jahr 1618 herum
geschrieben worden sind.[7]

Vielleicht hat Monteverdi den speziellen Text für die Kantate, die tradi-
tionell auf dem Staatsschiff des Dogen (dem *Bucintoro*) gesungen wurde,
gar nicht selbst vertont, als er bei der »Sensa« amtierte – einer zur Feier
der Ehe Venedigs mit dem Meer am Himmelfahrtstage stattfindenden Zeremonie; er scheint jedoch verpflichtet gewesen zu sein, sie zu proben und
die Aufführung zu leiten. Solange diese Kantate nicht mit einem der vielen
zu Ehren der Stadt geschriebenen Gelegenheitswerke in Verbindung gebracht werden kann – wie etwa Baldassare Donatos *Quattro Dee*[8] –, muß
sie bedauerlicherweise als verloren gelten, zusammen mit einem Großteil
venezianischer Musik, der einige der besten Kompositionen Monteverdis
umfaßt haben muß.

---

[7] Stevens, »Church Music«, 416.
[8] 1968 von Faber Music veröffentlicht.

Venedig, 21. April 1618; [an PRINZ VINCENZO GONZAGA, in Mantua]

Sehr geehrter und hochwohlgeborener, einziger Herr und hochverehrter Gebieter,
durch meine Arbeit während der Karwoche und der Osterfeiertage in
San Marco war ich so beschäftigt, daß ich Ew. Gnaden erst jetzt die
Musik zu dem Libretto der *Andromeda* schicken konnte. Ich weiß
nicht, ob sie Euch gefallen wird, aber ich weiß wohl, daß sie von mir

einzig mit dem Wunsche komponiert wurde, Ew. Gnaden von ganzem Herzen zu dienen. Denn ich sehne mich nach der Gunst Ew. Gnaden, für die ich als ergebenster Diener lebe. Deshalb bitte ich Euch, Ihr mögt geruhen, Euch angesichts der Armut meiner Musik mit dem Reichtum meines Euch ergebenen, guten Willens zu begnügen.

Außerdem erhielt ich mit dieser Post noch weitere Verse, ebenfalls zum Thema der *Andromeda*. Ich weiß nicht, ob ich bis Christi Himmelfahrt tun kann, was mir Ew. Gnaden befehlen und was ich zu tun wünsche, denn Donnerstag nächster Woche[a], am Tag des Heiligen Kreuzes, wird das hochheilige Blut ausgestellt, und ich werde mit einer konzertierenden Messe[b] und mit Motetten für den ganzen Tag vorbereitet sein müssen, weil das Blut den ganzen Tag auf dem Altar mitten in San Marco aufgestellt wird, der zu diesem Zweck errichtet ist.

Danach werde ich einen Gesang zum Lobe Seiner Durchlaucht[c] proben müssen, den man jedes Jahr im Bucintoro zu singen pflegt[d], während sich Seine Durchlaucht mit der ganzen Signoria aufmacht, um am Himmelfahrtstag das Meer zu heiraten. Ich muß außerdem die Messe und die feierliche Vesper proben, die zu diesem Anlaß in San Marco gesungen werden. Deshalb fürchte ich, sehr verehrter Herr, daß ich nicht tun kann, was ich will.

Trotzdem will ich versuchen, alles zu tun, was ich kann, damit sich aus den Ergebnissen ersehen läßt, was für ein ergebener Diener ich für Euch und für ihn bin. Es wäre für mich eine große Gunst zu wissen, wer die Rolle des Boten singen wird, damit ich mir über die passende natürliche Stimme Gedanken machen kann; außerdem, ob es nur einer oder zwei Boten sind, die singend sprechen werden,[e] weil es auch zwei Boten sind, der eine betrübt und der andere Freude bringend; desweiteren müßte ich wissen, wie viele Sängerinnen im Chor der Damen sein werden, damit ich die Komposition je nachdem für vier oder mehr oder weniger Stimmen einrichten kann. Indem ich Ew. Gnaden hier demü-

---

[a] *giobbia ventura (giobbia = giovedi)*. Es kann sich nicht um »nächsten Donnerstag« handeln, der der 26. April gewesen wäre, weil der Feiertag auf den 3. Mai fiel.
[b] *messa concertata*.
[c] Niccolo Donato.
[d] *si stilla cantarsi (stilarsi* hat die Bedeutung von »ansetzen, die Feder, das Wort [nehmen]«).
[e] *parlare in canto*.

tige Ehrerbietung erweise, erbitte ich für Euch vom Herrn von ganzem
Herzen alles Glück.
Venedig, 21. April 1618
Ew. Gnaden und Exzellenz ergebenster Diener
                                    Claudio Monteverdi

30

Mantua, Archivio Gonzaga, Cassetta 6, ff. 166–167. Doppelblatt:
3 Seiten [an Prinz Vincenzo Gonzaga, in Mantua]. *Anlage:* Lied des
Glücksboten in *Andromeda. (21. Juli 1618.)* Davari, 137; Malipiero,
178; Paoli, 108.

Da die Briefe 29 und 30 durch einen zeitlichen Abstand von genau drei
Monaten voneinander getrennt sind – eine recht lange Zeitspanne für die
Erarbeitung eines Bühnenwerkes wie *Andromeda* –, muß ein Teil des
Briefwechsels verloren gegangen oder verlegt worden sein. Im vorhergehenden Brief hatte Monteverdi Prinz Vincenzo gebeten ihm zu sagen, wer
die Rollen der beiden Boten singen würde; und dessen Antwort traf wahrscheinlich Anfang Mai in Venedig ein. Der erste Teil der Partie des Glücksboten könnte gegen Ende Juni nach Mantua geschickt worden sein, und
der vorliegende Brief begleitet den Rest des Liedes.

Monteverdis äußerst gewissenhafter und professioneller Umgang mit
den Problemen der Bühnenmusik ergibt sich aus einer genauen Untersuchung der Fragen, die er Vincenzo stellt. Vor Beginn der Komposition muß
er wissen, wer die Rollen singen soll, wie viele Stimmen, welche Instrumente und ob Tänzer mitwirken werden usw. Es wäre leicht gewesen, eine
Skizze einzureichen und es den Musikern in Mantua zu überlassen, die
Details von Instrumentation, Transposition und Verdopplung von Stimmen
und Instrumenten selbst auszuarbeiten. Aber das einzige Zugeständnis, zu
dem sich Monteverdi bereitfindet, ist, die Noten so rasch wie möglich zu
schicken, ohne sie noch einmal auf subtile Verbesserungen hin durchzusehen, die dem Publikum ohnehin leicht entgangen wären.

Wenn auch für zwei Chöre und eine Solopartie Incipits vorliegen, so
haben sie sich doch bisher in der anonymen Materialflut in italienischen
Bibliotheken nicht ausmachen lassen. Vielleicht wird dieses einzigartige
und ungeheure Musikreservoir eines Tages wenigstens einige erlesene
Funde liefern.

Venedig, 21. Juli 1618; [an PRINZ VINCENZO GONZAGA, in Mantua]

Sehr geehrter, hochwohlgeborener Herr und hochverehrter Gebieter, mit dieser Post schicke ich Ew. Gnaden den restlichen Teil des Gesangs für den Boten des Glücks, der bei der letzten Post,[a] die ich Euch bereits zugesandt habe, noch fehlte. Ich wünschte, er wäre so wirksam wie die Neigung meines Herzens,[b] das bereit ist, dem Geschmack Ew. Gnaden ergeben zu sein. Ich hätte mich mehr abgemüht, hätte ich nicht etwas Kopfschmerzen gehabt, bedingt durch die Hitze, die unversehens nach den vergangenen Regenfällen eintrat und die mich von der Arbeit fernhielt.

Ich hätte es auf die nächste Post verschoben, Ew. Gnaden den restlichen Teil zu schicken, um Zeit für eine Überarbeitung zu gewinnen. Aber weil ich fürchtete, die Verzögerung könnte in Euren Augen schlimmer sein als schlechte Noten, wollte ich Euch den Rest aus diesem Grunde mit dieser Post schicken. Denn ich bin eher damit zufrieden, Lob für einen mittelmäßigen, aber schnellen Dienst zu ernten als für einen guten und langsamen, da ich weiß, wie wichtig die Zeit für den Sänger ist.

Ich werde weitermachen und die anderen Verse komponieren, die ich bereits besitze und die noch nicht vertont sind, damit Ihr das Ganze frühzeitig hören könnt und Zeit habt, mir nach Euren Wünschen aufzutragen, was nicht nach Eurem Geschmack ist. Ich werde Ew. Gnaden mit der nächsten Post die Canzonetta schicken, die vom Chor der Fischer gesungen wird und folgendermaßen beginnt:»Wenn die Kraft der starken Arme.« Ihr werdet mir freilich einen Gefallen tun, wenn Ihr mich wissen laßt, zu wie vielen Stimmen und wie die Canzonetta ausgeführt werden soll, ob zuvor eine Sinfonia der Instrumente vorausgeht und wenn ja, von welcher Art, damit ich alles aufeinander abstimmen kann.[c]

Außerdem würdet Ihr mir einen Gefallen erweisen, wenn Ihr mich wissen ließet, ob die Canzonetta, die folgendermaßen beginnt:»Der

---

[a] *l'altra* [*lettera*].
[b] Das Wortspiel mit *effetto* und *affetto* läßt sich nur im italienischen Original vollends würdigen.
[c] *propriare = appropriare*.

Glanz, mit dem sie strahlen«, und die vom Chor der Frauen gesungen
wird, gesungen und getanzt werden soll, von welchen Instrumenten sie
gespielt wird und von wie vielen Stimmen sie gesungen wird, damit ich
auch dafür passende Musik komponieren kann. Ich hoffe, daß ich auch
den Boten der Traurigkeit, der folgendermaßen beginnt: »Es wird niemals wahr sein, was ich sehe« Ew. Gnaden sehr schnell zukommen
lassen kann, denen ich zum Schluß mit aller Ehrerbietung die Hände
küsse und für Euch von Unserem Herrn alles Glück erbitte.

Venedig, 21. Juli 1618

Ew. Gnaden und Exzellenz demütigster Diener
                                        Claudio Monteverdi

31

Mantua, Archivio Gonzaga, Cassetta 6, ff. 170–171. Doppelblatt:
3 Seiten [an Alessandro Striggio, in Mantua]. *(9. Februar 1619.)* Malipiero, 179; Paoli, 110; Prunières, 251; Vogel, 433.

Dieser Bericht über die Reise nach Bologna im Januar 1619 verweigert
dem Leser nahezu ebensoviel Information, wie er gibt. Wahrscheinlich
weilten Monteverdi und sein Sohn wenigstens bis zum 28. Dezember in
Venedig, weil sie beide mit besonderer Musik für die »ersten Weihnachtsfeiertage« befaßt waren. Das Quellenmaterial ergibt, daß Francesco während der Weihnachtszeit des Jahres 1617 an San Marco sang, und mit
großer Sicherheit tat er das wohl auch 1618. Wenn wir annehmen, daß er
Anfang Februar ins Servitenkloster in Bologna aufgenommen wurde, so
daß sein Vater am 7. Februar in Venedig zurück sein konnte (wo er einen
Brief Striggios vorfand), muß die ganze Reise etwa vierzig Tage gedauert
haben.[1]
    Weil der Brief besagt, daß davon etwa fünfzehn Tage in Bologna ver-
bracht wurden, ist es nicht unwahrscheinlich, daß Vater und Sohn einige
Zeit für einen Besuch in Padua opferten, wo Monteverdi Freunde und
Gönner hatte, darunter als bedeutendsten den Hochwürdigsten Monsignore Giovanni Francesco Morosini, Abt von Leno und Kanoniker des

---

[1] Siehe Vecchi, 80.

Doms von Padua. Das Benediktinerkloster von Leno in der Provinz Brescia war im 8. Jahrhundert gegründet worden und erreichte im späten 14., dank großzügiger Land- und Geldspenden, den Gipfel seiner Macht und seines Einflusses. Sein Abt, de facto Graf von Leno, erfreute sich des Vorrechts einer besonderen, geistlichen wie weltlichen Gerichtshoheit, und zwar mittels einer Art bischöflichen und »bürgerlichen« Gerichtshofes. Morosini entschloß sich glücklicherweise, einen Teil seines Einflusses und Vermögens zur Förderung der Künste zu verwenden, wie sich aus Widmungen wie der von Grandis *Motetti* (1621) und der von Turinis *Madrigali a 3 con due violini* (1629) ersehen läßt.[2]

Wenn Monteverdi auch eine entschiedene Billigung der [juristischen] Laufbahn Francescos zum Ausdruck bringt, so ist er auf die Fortschritte des Jungen als Sänger und Komponist doch sichtlich stolz. In späteren Jahren sah er seinen Sohn dann die Idee einer juristischen Promotion fahrenlassen, um Bruder bei den Unbeschuhten Karmelitern zu werden; trotz dieses Sinneswandels behielt die Musik für ihn ihre Bedeutung. Er war von 1624 an ordentliches Mitglied des Chores von San Marco,[3] und seine auch in Padua weiterwirkenden musikalischen Interessen sind durch seine Annahme eines Engagements am *Teatro dello Stallone* im Jahre 1636 bewiesen, wo er die Rollen von Apollo und Imeneo in *Ermiona* sang, einem Stück nach einem Libretto von Pio Enea Obizzi und mit Musik von Felice Sances.[4] Matteo Caberlotti zollt ihm als Virtuosen in seiner Huldigung an Claudio in *Fiori poetici* von 1644 hohes Lob.[5] Zum ersten Mal wird hier ein neues Bühnenwerk erwähnt, das für das Osterfest in Mantua bestimmt war. Es wurde manchmal als Ballet und manchmal als Ekloge[6] bezeichnet. Striggios Libretto hatte wahrscheinlich die Form einer klassischen Idylle, deren Hauptprotagonist Apollo war. Erwähnung findet dieses Werk in den Briefen 32, 34, 35, 38, 39, 41–43 und 45. Mit beträchtlicher Verspätung wurde es schließlich im Februar 1620 (Brief 48) aufgeführt, aber weder die Musik noch das Libretto sind erhalten geblieben.

[2] Sartori, *Bibliografia,* 1621e; Vogel, *Bibliothek,* II, 260.
[3] Caffi, I, 222.
[4] Brunelli, 73.
[5] Barblan, 101.
[6] Tomlinson, »Finta Pazza«, 310 Fußn. 9.

Venedig, 9. Februar 1619; [an ALESSANDRO STRIGGIO, in Mantua]

Euer Erlaucht, mein Gnädigster Herr,
ich habe sowohl den vorigen Brief Ew. Gnaden erhalten als auch die-

sen, aber mit Verzögerung, weil ich meinen älteren Sohn Francesco[a]
nach Bologna begleitet habe (als die ersten Weihnachtsfeiertage vorüber waren), nachdem sich mir die Gelegenheit geboten hatte, ihn aus
Padua mitzunehmen – ihn aus einem angenehmen Aufenthalt wegzu-
nehmen, den ihm der erlauchte Abt Morosini[b] freundlicherweise gewährte, damit er sich ein wenig am Gesang des Knaben erfreuen
könne, der mir am Ende eher ein guter Sänger geworden wäre mit all
den anderen Fähigkeiten[c] (die man nennen könnte, doch es ist besser,
darüber zu schweigen) als ein mittelmäßiger Doktor, und trotzdem
wäre es mir lieber, wenn er im zweiten Beruf gut wäre und im ersten
nur mittelmäßig und als Zierde.

Also reiste ich ab, um meinem Sohn Hilfe zu verschaffen (was ich
tatsächlich getan habe) und mir selbst Zufriedenheit, und brachte ihn –
wie gesagt – in Bologna als Kostgänger der Serviten in einem Kloster
unter, wo täglich gelesen und disputiert wird. Zu diesem Zweck bin ich
für vierzehn Tage dort gewesen, so daß ich sagen kann, daß ich, bedingt
durch Anreise, Rückreise und Aufenthalt, eben in Venedig angekommen war, als mir Ew. Gnaden oben genannter erster Brief ausgehändigt wurde.

Und obwohl mir die Post den zweiten Brief zu diesem Zeitpunkt
noch nicht zugestellt hatte – ich war sozusagen ein Schuldner, was die
Antwort auf den äußerst freundlichen Brief Ew. Gnaden angeht –,
habe ich beschlossen, Ew. Gnaden (durch den Kurier, der jetzt zurückkehrt) das wissen zu lassen, was ich Euch oben (in diesem Brief) berichtet habe. Ich hoffe, daß Ihr – liebenswürdig wie Ihr seid – meine
Entschuldigung als berechtigt anerkennt, wenn ich Euch versichere,
daß ich, wenn ich den ersten Brief beizeiten erhalten hätte und nicht
durch eine dringende Angelegenheit verhindert gewesen wäre, das
schon ausgeführt hätte, was Ihr mir aufzutragen geruht habt.

Aber weil Ew. Gnaden damit zufrieden sind, das Ballett für das
kommende Osterfest zu erhalten, könnt Ihr sicher sein, daß Ihr es auch
wirklich bekommen werdet, weil ich es als einen großen Mangel meinerseits ansehen würde, wenn ich nicht alles in meinen Kräften ste-

---

[a] Francesco Monteverdi war damals siebzehneinhalb Jahre alt.
[b] Monsignore Giovanni Francesco Morosini, Abt von Leno und Domherr von Padua.
[c] *li altri agionti* (= *aggiunte*), mit anderen Worten: die Fähigkeit, ein Instrument zu
     spielen und zu komponieren. Francesco schrieb zahlreiche bezaubernde Monodien,
     von denen einige 1624 von Milanuzzi veröffentlicht wurden.

hende täte, um Euch zu dienen, da ich durch meine Werke Euer Diener
in solchem Maße sein will, wie ich es in Wort und Schrift bekenne.
Möge Gott, Unser Herr, den Gipfel alles vollkommenen Glücks Ew.
Gnaden gewähren, denen ich zum Schluß Ehrerbietung erweise und
Euch die ehrenvollen Hände küsse.
Venedig, 9. Februar 1619
Ew. Gnaden   ergebenster Diener
                        Claudio Monteverdi

32

Mantua, Archivio Gonzaga, Cassetta 6, f. 173. Einzelblatt: 1 Seite [an
Alessandro Striggio, in Mantua]. *(7. März 1619.)* Davari, 138; Malipiero, 181; Paoli, 112; Prunières, 251.

Einmal mehr sind die Meinungen in bezug auf den Adressaten des folgenden kurzen Briefes geteilt,[1] aber die Grußform (die der des weniger als
einen Monat zuvor geschriebenen Briefes 31 entspricht) verweist auf Striggio. Monteverdi verspricht die Musik zur Ekloge *Apollo* rechtzeitig vor
Ostern zu schicken, bittet dann aber um einen besonderen Aufschub, den
Striggio ihm gewährt. Wichtig ist auch festzuhalten, daß dieser Brief, mit
Ausnahme zweier Schreiben an Iberto und dreier an Prinz Vincenzo, in
einer sonst ununterbrochenen Abfolge (Nr. 19–35) von Korrespondenz
mit Striggio steht.

[1] Davari spricht sich für Striggio aus; die anderen befürworten Marigliani, wenn auch
mit einem Schatten von Zweifel oder Unsicherheit.

Venedig, 7. März 1619; [an ALESSANDRO STRIGGIO, in Mantua]

Euer Erlaucht, mein Gnädigster Herr,
da Ew. Gnaden mir etwas Zeit gewähren, damit ich die Musik zu dem
wunderschönen Text[a] Ew. Gnaden schreiben kann, will ich diese Gunst

[a] Ein Hinweis auf das Libretto von *Apollo.*

annehmen – wegen der Verpflichtungen, die ich in der Karwoche an
San Marco haben werde, und auch wegen der Festlichkeiten, von denen es jetzt für den *maestro di capella* gewiß nicht wenige gibt. Zudem
könnte es mir gesundheitlich besser gehen als derzeit, und ich warte auf
den rechten Zeitpunkt, um mich einer kleinen Reinigung zu unterziehen: der Arzt hat es mir so geraten.

Danach aber werde ich, wenn es Gott gefällt, frei und gesund sein,
weil dann zwei erschwerende Umstände von mir[b] genommen sind, die
mich allerdings nicht davon abhalten, die Gunst, nach der ich mich so
sehr sehne, entgegenzunehmen, nämlich Ew. Gnaden zu dienen, denen
ich sehr verbunden und verpflichtet bin, so daß ich Euch zum Schluß
demütigste Ehrerbietung erweise, indem ich für Euch von Unserem
Herrn vollkommenes Glück erbitte.

Venedig, 7. März 1619

Ew. Gnaden   Diener von ganzem Herzen
                  Claudio Monteverdi

[b] *da me.* Aber das *me* ist verderbt und könnte auch als *tre* gelesen werden (*cf.* Paoli,
112–113).

33

Mantua, Archivio Gonzaga, Cassetta 6, f. 175. Einzelblatt: 2 Seiten [an
Prinz Vincenzo Gonzaga, in Mantua]. *(22. März 1619.)* Davari, 139;
Malipiero, 181; Paoli, 114.

Wenn auch der schmeichelhafte Ausdruck »bellissime parole« zweimal
auftaucht – einmal im vorhergehenden Brief und erneut im hier folgenden
–, so hat es doch den Anschein, daß er sich jeweils auf einen anderen Text
bezieht. Während er noch immer in sprunghafter Weise an der in den
Briefen an Prinz Vincenzo (Nr. 29 und 30) erörterten Musik zu Mariglianis
Andromeda arbeitete, hatte Monteverdi gleichzeitig begonnen, sich mit
Apollo, einer Ekloge von Striggio, zu beschäftigen. Natürlich ist es möglich, daß zwischen dem 21. Juli 1618 und dem 22. März 1619 Mitteilungen
und Briefanlagen verlorengegangen sind und daß Monteverdi die Musik
für die Kanzonette und das in Brief 30 erwähnte Lied des Unglücksboten
tatsächlich abgeschickt hat.

Seine Pflichten an San Marco können, im Verein mit seinen fraglos zahlreichen Beiträgen zu musikalischen Aktivitäten in anderen venezianischen Kirchen,[1] durchaus ein Nachlassen seines Interesses an *Andromeda* erzwungen haben; und es scheint sicher, daß Marigliani im März 1619 die Hoffnung, mehr Musik zu seinem dahinsiechenden Libretto zu bekommen, beinahe aufgegeben hatte. Er wandte sich deshalb an Vincenzo und bat ihn, einen freimütigen Brief an den Komponisten zu schreiben, der seinerseits am 22. März mit seiner üblichen Liste von Entschuldigungen aufwartete: die Arbeit für San Marco, die Sorge um das Wohlergehen seiner Söhne, kleinere Krankheiten und »mille altri acidenti«.

Dank seines langen Aufenthalts im Schatten des mantuanischen Hofes und dank seiner Kenntnis der Mentalität der Gonzaga kannte Monteverdi die verschiedenen politischen Cliquen dort nur zu gut.[2] Er wußte ziemlich sicher, daß Striggio und Marigliani in feindlichen Lagern standen: der erstere in nächster Nähe Ferdinandos, der letztere im Schutze Soardis und im engsten Vertrauen Vincenzos. Was lag näher, als eine Gruppe gegen die andere auszuspielen? Wenn es auch nicht sicher ist, daß Monteverdis klassisches Verschiebungsschema vorsätzliche Taktik ist, so ist es doch wenigstens möglich, daß er noch immer unter der fortgesetzten Mißachtung seines Ersuchens um Zahlung des *fondo* litt.

---

[1] Siehe Brief 49, wo seine Nebeneinkünfte auf jährlich 200 Dukaten beziffert werden.
[2] Eine gute zusammenfassende Darstellung der Situation findet sich in Quazza, *Diplomazia*.

Venedig, 22. März 1619; [an PRINZ VINCENZO GONZAGA, in Mantua]

Euer Erlaucht und Exzellenz, mein Gnädigster Herr,
in der Tat hat Signor Marigliani,[a] den ich schätze und sehr verehre, nicht nur einen Grund, ungehalten zu sein, sondern vielmehr tausend, weil ich sowohl angesichts meiner Zuneigung zu Seiner Hoheit als auch angesichts meiner grenzenlosen Verpflichtungen, die ich ihm gegenüber habe, eigentlich schon etwas früher die Musik zu seinen wunderschönen Worten[b] fertiggestellt haben sollte. Weil ich das versäumt habe, erröte ich wahrhaftig, und es gibt, bei Gott, keinen Tag, verehrter

---

[a] Ercole Marigliani, einer der Sekretäre am mantuanischen Hof; er schrieb Libretti für Karnevalsbelustigungen und besondere Ereignisse.
[b] Diese *bellissime parole* waren wahrscheinlich die verbliebenen Abschnitte von *Andromeda*.

Herr, an dem ich nicht mit der festen Absicht aufstehe, Seiner Hoheit
die vertonten Worte zu schicken, weil ich schon gut vorangekommen
bin.

Aber sogar wenn mich meine Arbeit an San Marco beansprucht hat,
wenn ich für meine Söhne nach Bologna[c] reisen muß, wenn ich kleinere
Krankheiten[d] hatte und auch sonst nicht völlig frei bin, wenn weiter
mich tausend andere Vorkommnisse in Beschlag genommen haben – so
daß es keinen Samstag[e] gegeben hat, an dem ich nicht seufzte, wenn ich
ihn ebenso schnell herannahen wie vorbeigehen sah, ohne daß ich ihm
die genannte Musik abgeliefert hätte –, so verspreche ich Ew. Gnaden
doch, daß ich ihm die Schuld bezahlen will, weil dieser Mann meiner
Meinung nach einer von den Gläubigern ist, deren Glaubwürdigkeit ich
sehr hoch schätze. Ansonsten würde ich es nie wieder wagen, vor ihn zu
treten.

Ich werde die Schuld gewiß bezahlen, und das umso bereitwilliger,
als Ew. Gnaden mit Eurer Autorität eingreifen, deren Wort mich, auch
wenn nichts aufgeschrieben wird, veranlassen würde, das Kapital[f] auszuhändigen, und nicht nur einen kleinen Teil wie diesen. Aber Ew.
Gnaden sollen wissen, daß wir die ganze Karwoche an San Marco
bleiben und die drei Festtage gleichfalls. Wenn sie vorbei sind, wird der
darauffolgende Samstag nicht verstreichen, ohne die Bezahlung der
Schuld zu bringen.

Ich flehe deshalb Ew. Gnaden an und bitte gleichfalls meinen Signor
Marigliani, mich nicht in Verruf zu bringen, weil das meinem armen
Herzen Unrecht täte, das als sein sehr ergebener und seinen Befehlen
äußerst bereitwilliger Diener lebt. Indem ich hier Ew. Gnaden demü-
tigste Ehrerbietung erweise, erbitte ich für Euch von Gott, Unserem
Herrn, glückliche Festtage und jedes andere vollkommene Glück.

Venedig, 22. März 1619

Ew. Gnaden und Exzellenz   ergebenster und dankbarster Diener
                                Claudio Monteverdi

---

[c] Siehe Brief Nr. 31.
[d] Siehe Brief Nr. 32.
[e] Der übliche Posttag für Briefe nach Mantua.
[f] Wenn Monteverdi hier auch das Wort *capitale* benutzt, so kann er doch den *fondo* vor
   Augen gehabt haben, auf den er noch immer hoffte, und bewußt oder unbewußt diese
   Redefigur benutzt haben – die Vincenzo verstehen mußte.

34

Mantua, Archivio Gonzaga, Cassetta 6, ff. 177–178. Doppelblatt: 3 Seiten und Adresse –»an Euer Erlaucht, meinen Gnädigsten Herrn, den Grafen Alessandro Striggio«[1] [in Mantua]. *(19. Oktober 1619.)* Davari, 140; Malipiero, 183; Paoli, 116.

Die sieben Monate, die zwischen den Briefen 33 und 34 liegen, bezeugen eine Reihe kleiner, aber bedeutsamer Wandlungen der Einstellung Herzog Ferdinandos und seines Hofes zur Musik. Eine der Hauptursachen dieser Wandlungen war die Erkrankung von Sante Orlandi, der die von Monteverdi mehrere Jahre zuvor vakant hinterlassene Stellung übernommen hatte. Die Herzogin Caterina korrespondierte auch weiterhin mit Musikern in Florenz und hielt insbesondere Kontakt zu Jacopo Peri, der ihr einen respektvollen, aber herzlichen Begleitbrief zu einer eigenen Komposition schickte, die auf einem von ihr ausgewählten Text basierte.[2]

Der Herzog seinerseits unterhielt einen bemerkenswert aufgeräumten Austausch von Nachrichten und Ansichten mit Adriana, die Ende März in Rom eine Tochter zur Welt brachte.[3] Kurz darauf zog die Familie Basile nach Neapel um, und ihr Gatte Mutio schickte dem Herzog als Zeichen seiner Ehrerbietung einige Musikstücke. Der Herzog bedankte sich dafür in einem Brief, der seine Erleichterung über die Abreise seines Bruders Vincenzo (nach Spa) zu erkennen gibt,[4] der sich zu dieser Zeit wieder in seiner üblichen überschäumenden Art aufführte, weil er erneut in Gunst zu stehen glaubte.[5] Es hat den Anschein, daß Ferdinando manche Freunde und Verwandte nur ertragen konnte, wenn sie sich in sicherer Entfernung aufhielten, und seine Briefe an Adriana und Vincenzo bestätigen das. Er brachte sogar die Hoffnung zum Ausdruck, die große Sängerin möge eines Tages nach Mantua zurückkehren, und das tat sie 1620 schließlich sogar.[6]

Als Sante Orlandi im Juli 1619 starb, weilte Monteverdi als Gast des Tenors Campagnolo zufällig gerade in Mantua.[7] Die Frage eines geeigne-

---

[1] Zitiert von Davari nach dem rückseitigen Briefumschlag, der den Ausdruck »Collendissimo« benutzt (der bei Striggio üblich war). Die Grußform des Briefes selbst kehrt zur weniger überschwenglichen Form »Osservandissimo« zurück, die aber auch ein Fall von Verschreiben gewesen sein kann.
[2] Ademollo, 238.
[3] Ademollo, 244.
[4] Ademollo, 246.
[5] Errante, »Il processo«, 672.
[6] Ademollo, 248.
[7] Siehe Briefe 49 und 50.

ten Nachfolgers wurde natürlich unverzüglich zum Hauptgesprächsgegenstand, und weil sich unter den anderen Hofmusikern keine geeigneten Kandidaten fanden, bat der Herzog Campagnolo, Monteverdi ein Angebot zu machen, der es, nicht ganz unerwartet, als unangemessen ausschlug. Nach der Rückkehr nach Venedig erkundigte er sich bei Magni nach dem Fortgang des Drucks des *Concerto* (des Siebenten Madrigalbuches), dessen Widmungsträger kein anderer als die Herzogin war. Aber die Veröffentlichung war noch nicht fertig, und obwohl das voraussichtliche Datum der Fertigstellung als der 8. bis 10. November angegeben wurde, zeigt das Widmungsdatum des 13. Dezember, daß sie die Pressen wahrscheinlich viel später verließ.

Monteverdi reiste nie nach Mantua, um der Herzogin das *Concerto* zu überreichen. Schließlich schickte er ein Exemplar an Striggio und fügte von Zeit zu Zeit Teile der Ekloge *Apollo* und Ausschnitte aus dem Ballett hinzu. Dringlichere Arbeiten hielten ihn in Venedig fest, wo er die Aufgabe übernahm, eine andere Art von Veröffentlichung für den Herzog von Bracciano zu überwachen.[8]

[8] Siehe Briefe 36, 37, 40 und 47.

Venedig, 19. Oktober 1619; an ALESSANDRO STRIGGIO [in Mantua]

Euer Erlaucht, mein Hochgeschätzter[a] Herr,
wenn mir der Drucker meine kleine Veröffentlichung[b] ausgehändigt hätte, wie er in der Tat versprochen hat, hätte ich sie bereits Ihrer Hoheit[c] (der sie gewidmet ist) präsentiert, damit ich durch Ihre grenzenlose Güte und Menschlichkeit die Gunst erlangen kann, die mir auch von Ihrer Hoheit, Frau Eleonora,[d] gewährt wurde (sie möge im Himmel sein), die Güte nämlich, mich zu ihren – zwar in der Tat geringsten, aber doch ergebenen und treuen – Dienern zu rechnen zu geruhen, eine Gunst, die mir eine sichere und verdiente Hilfe garantierte, weil sie mir dieses eine Mal tatsächlich zukommt. Außerdem könnte ich aus den Mitteln dieser kleinen Stiftung oder Sicherheit die

[a] Im Falle Striggios ungewöhnlich, wird hier die Form *Osservandissimo* benutzt.
[b] Madrigale, Buch VII.
[c] Caterina Medici Gonzaga.
[d] Die Gemahlin von Vincenzo Gonzaga, dem Vierten Herzog von Mantua. Sie starb im Jahre 1611.

Einkünfte beziehen, die ich dringend benötige – es ist wenig genug –, nämlich hundert Scudi, die mir vom Durchlauchtigsten Fürsten Vincenzo seligen Angedenkens gewährt worden sind.

Aber die Verzögerung des Druckers ist der Grund dafür gewesen und ist auch jetzt noch der Grund dafür, daß ich nicht in Mantua bin und auch nicht nach Mantua gegangen bin. Ich hoffe jedoch, daß die Angelegenheit am 8. oder 10. des kommenden Monats erledigt sein wird. Wenn der Durchlauchtigste Fürst Ferdinando nicht nach Casale abgereist sein wird, wie er es in Kürze tun will – wie hier das Gerücht geht –, dann werde ich kommen, um das Werk zu übergeben, und zugleich werde ich Euch wenigstens den größten Teil der Ekloge[e] Ew. Gnaden mitbringen (wenn schon nicht alles), der von mir vertont ist.

Und ich versichere Ew. Gnaden, daß die Erinnerungen an Eure einzigartige Güte, die Pflichten, die ich habe, und die große Sehnsucht, die ich hege, nämlich die Sehnsucht, Euch beständig zu dienen, mich auf lebendige und leidenschaftliche Weise immer gemahnt haben und auch immer mahnen werden, das zu tun, was Ihr mir aufzutragen geruht. Und wenn ich langsam gewesen bin, dann seid versichert, daß mich eine sehr dringliche Aufgabe zu meinem großen Leidwesen anderweitig in Anspruch genommen hat, denn Gott will es so, daß ich ein Diener bin und niemals Herr über mich selbst.

Ew. Gnaden können deshalb sicher sein, daß Ihr in Kürze einen großen Teil erhalten werdet und daß Weihnachten nicht herankommen wird, ohne daß Ihr alles in Händen haben werdet. Folgert aus meiner Säumigkeit nicht, daß ich ein gleichgültiger Diener bin. Denn mein Herz und meine Körperkräfte laufen nicht im Gleichschritt, weil jenes fliegt, wenn diese hinken. Mein Herz steht jedoch keinem nach, der ein Diener zu sein wünscht und der für Euch aus der Hand Gottes jede wahre Zufriedenheit ersehnt. Hier küsse ich Euch mit aller Zuneigung des Herzens die Hände.

Venedig, 19. Oktober 1619

Ew. Gnaden   ergebenster Diener
                 Claudio Monteverdi

[e] *Apollo.*

35

Mantua, Archivio Gonzaga, Cassetta 6, f. 180. Einzelblatt: 1 Seite [an Alessandro Striggio, in Mantua]. *(13. Dezember 1619.)* Davari, 141; Malipiero, 184; Paoli, 118.

Wahrscheinlich von einer Mahnung Striggios ausgelöst, versichert ihm dieser kurze Brief, daß die Ekloge *Apollo* wirklich und wahrhaftig kurz nach Weihnachten fertig sein werde. Das Datum des Briefes, der 13. Dezember, ist noch aus anderen Gründen von Bedeutung: Es taucht am Schluß der Widmung von Buch VII (seiner »kleinen Veröffentlichung«, wie Monteverdi sie gern nannte) erneut auf und findet sich noch in einem weiteren Brief – Nr. 36 –, der den Briefwechsel zwischen dem Komponisten und Paolo Giordano II. Orsini, dem Herzog von Bracciano, eröffnet.

In der Zwischenzeit hatten der Herzog und die Herzogin Mantua in Richtung Casale Monferrato verlassen und einigen ihrer Streicher die Erlaubnis zur Reise nach Florenz erteilt. Der Großherzog der Toskana schrieb am 17. November an Herzog Ferdinando, dankte ihm für die Überlassung der Musiker und brachte sein Entzücken über ihre Leistungen zum Ausdruck.[1] Vielleicht gehörten zu dieser Gruppe auch die »casaleschi« – die Brüder Rubini. Aber Monteverdi war nicht sicher, ob die Herzogin zu einer Zeit zurückkehren würde, die es ihm ermöglichte, mit seinen Kindern nach Mantua zu reisen, bei seinem Schwiegervater zu wohnen und eine förmliche Überreichung eines speziell gebundenen Exemplars seines neuesten Werkes zu arrangieren – *Concerto: settimo libro de madrigali.*

Wenn auch aus dem vorigen Monat, November, keine Korrespondenz erhalten geblieben ist, so wissen wir doch aus Brief 48, daß Herzog Ferdinandos neuer *maestro di musica,* Don Francesco Dognazzi,[2] Venedig zu dem ausdrücklichen Zweck besucht hatte, Monteverdi zur Rückkehr nach Mantua zu überreden. Vielleicht hatte Ferdinando gehofft, daß Dognazzi, der Priester war, sich um die Musik für seine Privatkapelle kümmern würde, was zur Folge gehabt hätte, daß Monteverdi für die attraktiveren Bereiche des weltlichen Liedes und der Bühnenmusik freigestellt gewesen wäre. Die Mission schlug jedoch fehl, aber nicht bevor Dognazzi hatte

---

[1] Bertolotti, 98.

[2] Weil Dognazzis musikalische Veröffentlichungen im Jahre 1607 einsetzten, kann er in den dreißiger Jahren gestanden haben, als er Ende 1619 Orlandis Nachfolger wurde. Im vorhergehenden Jahr hatte er einen Beitrag zur Sammlung von *Motetti a una, due, tre, e quattro voci...* von Federico Malgarini geleistet (Vincenti, Venedig). Er war 1631 in Wien (Bertolotti, 103) und 1643 noch immer in mantuanischen Diensten (Davari, 117).

verlauten lassen, daß sein Besuch so etwas wie ein Raubzug sei, woraufhin sich, sehr zu Monteverdis Unbehagen, die venezianischen Klatschmäuler zu rühren begannen.

Venedig, 13. Dezember 1619; [an ALESSANDRO STRIGGIO, in Mantua]

Euer Erlaucht, mein Hochgeschätzter[a] Herr,
wenn der Heilige Abend vorüber ist, werde ich unverzüglich meine ganze Zeit dem Dienst für Ew. Gnaden zur Verfügung stellen, mehr aus Verbundenheit Euch gegenüber als wegen Eurer Befehle, die ich grenzenlos schätze. Weder der nächste noch der darauffolgende Kurier werden abreisen, ohne daß ich alles beendet habe; und um die Wahrheit zu sagen: ich bitte um nichts anderes als um das Resultat, weil die Hälfte schon komponiert ist und also feststeht. Und ich versichere Ew. Gnaden, daß die Sache durch mich nicht verzögert werden wird.

Ich habe eine kleine Veröffentlichung vorbereitet und will sie Ihrer Durchlauchtigsten Hoheit[b] präsentieren. Ich erwarte die Rückkehr Ihrer Durchlauchtigsten Hoheit für diesen Karneval, weil ich, käme sie nicht zurück, mich entschließen würde, sie ihr lieber zu schicken als persönlich zu überreichen, was ich tun werde, wenn sie nach Mantua zurückkehrt. Ich werde jedoch bei meinem Schwiegervater[c] wohnen (mehr um meiner Söhne willen als um meinetwillen) und werde Euch grenzenlos verpflichtet bleiben, indem ich diese Verpflichtung mit dem von mir sehnlich gehegten Wunsch verbinde, Euch zu dienen, der mir als gewaltiger Ansporn dient, schneller das auszuführen, wozu ich verpflichtet bin. Laßt mich in der Zwischenzeit Euer Diener bleiben, während ich Euch Ehrerbietung erweise und Euch von ganzem Herzen die Hände küsse.
Venedig, 13. Dezember 1619
Ew. Gnaden   Diener von ganzem Herzen
              Claudio Monteverdi

---

[a] Dies ist die zweite Ausnahme in bezug auf das förmlichere *Collendissimo*.
[b] Caterina Medici Gonzaga.
[c] An dieser Stelle *Messere*, obwohl Monteverdi manchmal das Wort *suocero* benutzt. Giacomo Cattaneo war zu dieser Zeit noch immer Mitglied des herzoglichen Musikensembles.

36

Rom, Archivio Storico e Notarile del Governatorato. Corrispondenza di Paolo Giordano II. Orsini, busta 163, f. 306. Einzelblatt: 1 Seite [an den Herzog von Bracciano im Castello degli Orsini zu Bracciano]. *Anlage:* Denkschrift. *(13. Dezember 1619.)* Paoli, 120.

Dieser Brief kam zusammen mit zwei anderen ans Licht, als der französische Literaturhistoriker Ferdinand Boyer kurz nach 1920 zur Vorbereitung seiner Arbeit über Virginio Orsini die Orsini-Archive durchforschte. Weil er wußte, daß Henry Prunières bereits eine kurze Monteverdi-Studie fertiggestellt hatte und an einem weiterausgreifenden Buch arbeitete,[1] stellte er seinem Kollegen Kopien der Briefe zur Verfügung, der kurze Zusammenfassungen davon in den *catalogue raisonné* aufnahm, wie er in der französischen Originalausgabe und der wenig später erschienenen englischen Übersetzung erarbeitet wurde.[2]

Boyer entdeckte später einen vierten Brief Monteverdis an den Herzog und erwähnte ihn, mit einem kurzen Zitat, mit wenigen Worten in seinem Aufsatz über die Orsini und ihr Verhältnis zur Musik.[3] Wenn er bisher auch noch nicht in voller Länge reproduziert worden ist, bildet er doch ein entscheidendes Glied der Korrespondenz und schließt die zeitliche Lücke zwischen dem 3. Januar und dem 29. Februar 1620.[4]

Die anhaltenden musikalischen und künstlerischen Interessen der römischen Orsini-Familie lassen sich etwa an Arbeiten von Philipp de Monte und Bernardo Giacomini zu den Hochzeitsfeierlichkeiten von Paolo Giordani I. ablesen;[5] weiter an Leonora Orsini, der Prinzessin von Bracciano, gewidmeten Lautenliedern von Cosimo Bottegari;[6] an Marenzios *Quinto libro di madrigali a 6,* das Virginio Orsini gewidmet ist; an Cesare Zoilos *Primo libro di madrigali a cinque voci* (1620);[7] und an den *Madrigali concertati* (1629) des Monteverdi-Schülers und -Assistenten Giovanni Ro-

---

[1] Zuerst in einer französischen (Paris 1924), dann in einer englischen Übersetzung veröffentlicht (London 1926), die jedoch einen Anhang von dreiundfünfzig Briefen auf Italienisch bietet. Ein Nachdruck der Londoner Ausgabe wurde 1972 von den Dover Publications, New York, herausgebracht.

[2] Prunières, 223–25; Nr. 36, 37, 46. In der vorliegenden Ausgabe Nr. 36, 37, 40, 47.

[3] Boyer, 301 (siehe insbesondere 310).

[4] Ich bin Miss Ann Percy für die Überlassung von Photokopien dieser Briefe zu Dank verpflichtet.

[5] Einstein, 499, 506.

[6] MacClintock, »Songbook«, 177.

[7] Vogel, *Bibliothek,* II, 357.

vetta.[8] Die beiden letzten Veröffentlichungen waren Virginios ältestem Sohn Paolo Giordano II. gewidmet, der, als er mit Monteverdi zu korrespondieren begann, achtundzwanzig Jahre alt war und seine künstlerischen Begabungen – Zeichnen, Malen, Radieren, Dichten – mit einem großen Interesse für Theorie wie praktische Musik verband. Er hatte eine ausgezeichnete Singstimme und begleitete sich auf einem selbsterfundenen Instrument – dem Rosidre, so genannt nach der Rose in seinem Familienwappen.[9]

Wenn Monteverdi dem Herzog auch zweifellos aufgrund seiner Veröffentlichungen bekannt gewesen sein mag, so kann er doch schon in Florenz mit ihm zusammengetroffen sein, und er war sich über seinen Ruhm sicherlich durch seine Verwandten, die Gonzaga von Molfetta und Guastalla, im Bilde. Isabella Orsini, Herzogin von Bracciano, hatte Don Cesare Gonzaga geheiratet, einen der Söhne von Don Ferrante (1563–1630), so daß zwischen den großen Familien von Mantua und Bracciano eine enge Verbindung existierte; und als die Wirren der mantuanischen Erbfolge einsetzten, sah sich Carlo von Nevers in Don Cesare einem mächtigen und unerbittlichen Rivalen gegenüber.[10]

Es gibt keinerlei Hinweis darauf, daß Monteverdi je mit dem Herzog an irgendeinem bestimmten Projekt zusammenarbeitete oder ihm etwas widmete. Vielleicht schloß die entfernte Lage der kleinen Stadt Bracciano, genau zwanzig Meilen von Rom, eine aktivere Zusammenarbeit mit einem Komponisten aus, der so fest in Venedig Fuß gefaßt hatte, und es gibt viele Zeugnisse, die zeigen, daß er die Gelegenheiten, wie sie die näher gelegenen Städte Parma, Mantua und Padua boten, vorzog. Die Korrespondenz bietet keinen Hinweis darauf, daß die Sendung des Herzogs irgend etwas mit Musik zu tun hatte, und die Geschwindigkeit, mit der das eingeschickte Material gesetzt, korrigiert und gedruckt wurde, legt die Vermutung nahe, daß Monteverdi eher eine literarische als eine musikalische Veröffentlichung überwachte.

Wenn das aber der Fall war: warum wurde gerade er für diese kleine, offensichtlich jedoch wichtige Aufgabe ausgewählt? Und warum nahm der Herzog nicht zu seiner eigenen Druckerpresse in Bracciano Zuflucht, wo Andrea Fei vollkommen in der Lage war, mit dem Druck und der Produktion von Büchern fertigzuwerden?[11] Monteverdi war zweifellos mit einem anderen Zweig dieser berühmten Druckerfamilie vertraut, denn sein *Lamento d'Arianna* erschien in einer Sammlung aus dem Jahre 1623, die

---

[8] Vogel, *Bibliothek,* II, 167.
[9] Boyer, 308.
[10] Ademollo, 230; Coniglio, 490.
[11] Cosenza, s. v. Fei.

unter dem Titel *Il maggio fiorito* in Orvieto von den Druckern Michel'
Angelo Fei und Rinaldo Ruuli herausgebracht wurde.[12]
Weil der erste Teil des Briefes von Formeln untertäniger Ergebenheit in
Anspruch genommen wird, die eher auf eine neue als auf eine erneuerte
Beziehung hindeuten, kann es durchaus der Fall sein, daß Monteverdi
hoffte, diese kleinen Anfänge würden sich zu etwas Substantiellerem und
Dauerhafterem entwickeln. Der zweite Teil bezieht sich auf eine Mitteilung des Druckers, die dem Brief ursprünglich beigelegt war, aber nicht
mehr erhalten ist. Wahrscheinlich hatte der Drucker auf einem besonderen
Blatt verschiedene Details in bezug auf Schriftart und Papiersorte, die
verwendet werden sollten, aufgeführt und dazu einen für die Ausführung
erforderlichen Zeit- und Kostenvoranschlag gemacht.
Glücklicherweise existiert in den Bresciani-Manuskripten in Cremona
ein Hinweis auf den Charakter der Veröffentlichung.[13] Die fragliche Anspielung kombiniert mehrere Beweise, deren jeder für die Identifizierungs-
frage von Bedeutung ist. Brescianis Ausgangspunkt ist das Jahr 1620, ein
Datum, das durch die Veröffentlichung eines Madrigalbuches für ein oder
zwei Stimmen (von dem er ein Exemplar gesehen haben kann) eines jungen cremoneser Virtuosen, Francesco Petracio oder Petratti, nahegelegt
wird. In Übereinstimmung mit seiner gewöhnlichen Aufmachung biographischer Abrisse erwähnt Bresciani bestimmte hervorragende Leistungen
– die Beherrschung von Violine, Theorbe und anderen Saiteninstrumen-
ten; frühere Bestallungen – beim Herzog von Bracciano, dem Petracio eine
gedruckte Sammlung von Madrigalen widmete; und die gegenwärtige Anstellung beim Marchese Lodovico Barbone.[14]
Unser junger Musiker hatte mit Monteverdi folgendes gemeinsam: Er
war aus Cremona gebürtig, er war Instrumentalist (veröffentlichte offensichtlich aber keinerlei Instrumentalmusik, weder für Soli noch für Ensembles), und er verschmähte es nicht, im modischen Stil für Solostimme und
Laute zu schreiben. Seine einzige Sammlung läßt sich leicht aufspüren. Sie
ist bei Vogel unter dem leicht abweichenden Namen »Petratti« aufgeführt,[15] wo aber keine Details gegeben werden, weil das einzige erhalten
gebliebene Exemplar zum Bestand der Biblioteca Borghese in Rom gehörte. In seinem Vorwort zum ersten Band lenkt Vogel die Aufmerksamkeit darauf, daß diese schöne alte Bibliothek kurz vor 1892 aufgelöst

---

[12] RISM, 484, 1623[8].
[13] Cremona, Libreria Civica presso la Biblioteca Governativa: MSS. Bresciani, Nr. 28.
   Auszüge zu Musik und Musikern werden bei Pontiroli, »Musicisti«, 149–192, gegeben. Der einzige Vermerk zu Petratti (Petracio) steht auf S. 167–168.
[14] Über Barbone ist gegenwärtig keinerlei Information verfügbar.
[15] Vogel, *Bibliothek*, II, 76.

wurde und daß, während viele Bücher der Accademia di Santa Cecilia einverleibt wurden, andere verkauft und nach Paris überführt wurden.

Das Exemplar in Rom trat in der Tat den Weg nach Paris an, und nachdem es viele Jahre lang in der Bibliothek des Conservatoire aufbewahrt worden war, wurde es, zusammen mit anderen seltenen Büchern, der Musikabteilung der Bibliothèque Nationale eingegliedert, wo es gegenwärtig unter der Signatur Réserve F. 199 steht. Laut RISM[16] gilt es noch immer als Unicum: ein Quartband von 32 Seiten, sämtlich vollständig und, von leichter Verfärbung hier und da abgesehen, in hervorragendem Zustand. Die Titelseite bestätigt das Jahr 1620 als Veröffentlichungsdatum, Venedig als Erscheinungsort und Alessandro Vincenti als Drucker; und die Widmung an den Herzog von Bracciano ist auf den 30. Januar 1620 datiert, was zeigt, daß dieser Band – *Il primo libro d'arie a una et due voci con un dialogo in fine* – tatsächlich der war, den Monteverdi beim Druck durchzusehen gebeten wurde.

Der Grund für das Ersuchen des Herzogs ist jetzt klar. Petratti wollte, als Hofkomponist, eine kleine Sammlung von Arien veröffentlichen, und natürlicherweise waren sie seinem Herrn Paolo Giordani Orsini, dem Herzog von Bracciano, gewidmet. Als Dienstherr und Widmungsträger übernahm er auch die Kosten der Publikation; mehr noch, er unterzog sich sogar der Aufgabe, die Noten nach Venedig zu schicken und um einen Kostenvoranschlag zu bitten. Monteverdi, aus Cremona gebürtig und der berühmteste Musiker von Venedig, war naheliegenderweise genau der Mann, mit dem man Kontakt aufnehmen mußte; und wenn er von Petratti (dessen Namen er nicht erwähnt) auch noch nicht gehört haben mochte, so fühlte er sich doch verpflichtet, dem Herzog beizustehen.[17]

---

[16] RISM, 473 (1620²¹).
[17] Zu weiteren Einzelheiten siehe Stevens, »Bracciano«.

Venedig, 13. Dezember 1619; [an den HERZOG VON BRACCIANO]

Euer Erlaucht und Exzellenz, mein Gnädigster Herr,
ich sage der Freundlichkeit Ew. Exzellenz grenzenlos Dank, weil Ihr mich mit Euren Befehlen zu beehren geruht habt. Das gibt mir Gelegenheit, Ew. Exzellenz schriftlich zu bezeigen, daß ich ein ehrfürchtiger und selbstloser Diener bin, wenn es darum geht, das auszuführen, was Ihr mir zu befehlen geruht. Gebe Gott, daß meine Leistung meiner

ehrfürchtigen Neigung[a] entspricht, damit ich Eurer Gunst durch eine
inbrünstige Bitte um neue Befehle dienen kann. Deshalb können mich
Ew. Exzellenz mit gutem Grund (zusammen mit meiner Ergebenheit)
einen nicht völlig nutzlosen Diener nennen.

Ich habe das Buch[b] vom Postboten erhalten, zusammen mit dem
äußerst liebenswürdigen Brief Ew. Exzellenz. Ich habe es sofort dem
Drucker[c] gebracht, der mir die beiliegende eigenhändige Mitteilung
gegeben hat. Ich schicke sie an Ew. Exzellenz weiter, damit alles zu
Eurer Zufriedenheit ausgeführt wird. Wenn ich Eure Antwort erhalten
habe, werde ich ihn sofort mit der Arbeit beginnen lassen und werde
sorgfältig darauf achten, daß Ihr gänzlich und mit großer Schnelligkeit
bedient werdet. Abermals bitte ich Euch, mich zu Euren geringsten
Dienern zu zählen, während ich mich vor Euch ehrfürchtig neige und
Gott um all Euer vollkommenes Glück bitte.

Venedig, 13. Dezember 1619

Ew. Exzellenz   demütigster und ergebenster Diener
                   Claudio Monteverdi

---

[a] Leistung ... Neigung: *effetto ... affetto,* eines der bevorzugtesten Zeugmata Monteverdis.
[b] Francesco Petrattis *Primo libro d'arie.*
[c] Alessandro Vincenti.

37

Rom, Archivio Storico e Notarile del Governatorato. Corrispondenza di
Paolo Giordano II. Orsini, busta 164, f. 348. Einzelblatt: 1 Seite [an
den Herzog von Bracciano im Castello degli Orsini zu Bracciano].
Anlage: Probeseite. (*3. Januar 1620.*) Paoli, 122.

Der zweite Brief an den Herzog von Bracciano (siehe Abb. 5) macht deutlich, daß Monteverdi dem Drucker einen Brief des Herzogs weiterreichte,
der zur Einziehung einer nicht näher spezifizierten Geldsumme ermäch-
tigte, aller Wahrscheinlichkeit nach als Vorauszahlung für die Druck- und
Papierkosten. In Hinsicht auf die für den Satz (von Text und Noten) und
die Fertigstellung von Druck und Bindung erforderliche Zeit rechnet Mon-

teverdi mit zwei Wochen vom Datum des folgenden Briefes an. Tatsächlich nahm das Projekt drei Wochen in Anspruch und wurde höchstwahrscheinlich unmittelbar vor Ende des vorigen Jahres in Angriff genommen. Brief 36 könnte um den 20. Dezember in Bracciano angekommen sein, und eine Antwort mit der Zahlungsermächtigung wäre dann um den 28. Dezember in Monteverdis Händen gewesen. Die Gesamtzeit hat deshalb wahrscheinlich vier Wochen betragen, was zwar kurz genug war, aber immerhin noch durchaus in den Grenzen des Möglichen liegt, weil Vincentis Werkstatt vor vielen Jahren eröffnet worden war und der sachverständige und erfahrene Alessandro, Giacomos Sohn, sie 1619 als Alleininhaber übernommen hatte.[1]

[1] Vincenti veröffentlichte 1621 und 1649 *Indici* (Gesamtverzeichnisse) seiner Produktion: siehe Sartori, *Dizionario*, 164–167.

Venedig, 3. Januar 1620; [an den HERZOG VON BRACCIANO]

Euer Erlaucht und Exzellenz, mein Gnädigster Herr,
ich teile Ew. Exzellenz mit, daß ich den Brief dem Drucker[a] weitergegeben habe, damit er sein Geld bekommt. Sobald er den Brief erhalten und von den Wünschen Ew. Hoheit gehört hatte, ging er mit dem besonderen Anliegen an die Arbeit,[b] zur völligen Zufriedenheit Ew. Exzellenz zu handeln. Als Beweis dafür gab er mir das beiliegende Blatt (mit dem bereits begonnen wurde) und versicherte mir, daß er nicht ruhen werde, bis er alles vollendet habe; und deshalb hoffe ich, daß in vierzehn Tagen alles beendet sein wird.

Mir schien es gut, Ew. Exzellenz das genannte Blatt zu schicken, nicht so sehr aus dem besagten Grund, als um Ew. Exzellenz den Druck sehen zu lassen, damit man Euch – wenn in dieser Sache ein besonderer Befehl[c] Ew. Exzellenz notwendig ist – rechtzeitig dienen und zufriedenstellen kann. Die besondere Ehre, die Ew. Exzellenz meiner Person erweisen, indem Ihr mich mit Euren Befehlen beehrt, ist so, daß ich mich Ew. Exzellenz immer als niedrigster Diener ver-

[a] Alessandro Vincenti.
[b] Francesco Petrattis *Primo libro d'arie*.
[c] *qualche effetto di comando.*

pflichtet fühlen werde, vor denen ich mich in aller Ehrerbietung neige
und von Gott, Unserem Herrn, für Euch den Gipfel allen Glücks erbitte.

Venedig, 3. Januar 1620

Ew. Exzellenz   demütigster und ergebenster Diener
                  Claudio Monteverdi

38

Mantua, Archivio Gonzaga, Cassetta 6, ff. 183–184. Doppelblatt:
3 Seiten [an Alessandro Striggio, in Mantua]. *Anlage:* »Lamento
d'Apollo«. *(9. Januar 1620.)* Davari, 141; Malipiero, 185; Paoli, 124.

Die gleichen Komponisten, die sich gelegentlich über einen Mangel an
lukrativen Aufträgen beklagen, neigen auch zu Anfällen von Nervosität,
wenn die Muse, als eine Art süßer Rache, zu viel von ihnen verlangt.
Anfang des Jahres 1620 war Monteverdi tief in den geschäftigen Kontrapunkt des Musiklebens verwickelt: ein Druckauftrag für den Herzog von
Bracciano, eine Ekloge mit Ballett für Striggio, ein längeres Drama von
Marigliani, ganz zu schweigen von seinen üblichen venezianischen Verpflichtungen, die auf gar keinen Fall vernachlässigt werden durften.

Durchaus nicht unerwartet, bringt sein erster Brief des neuen Jahres,
der an Striggio gerichtet ist, die mantuanische Seite dieser komplizierten
Unternehmungen zum Ausdruck. Nicht erwähnt wird der Herzog von
Bracciano, und nur ein knapper Hinweis auf San Marco schleicht sich ein –
die Beschäftigung mit geistlicher Musik hat Monteverdi der Theatersphäre
etwas entfremdet. Wie kann er *Andromeda* zu Ende bringen, wenn Marigliani noch immer 400 Verszeilen zu schreiben und abzuliefern hat? Und
wie können die mantuanischen Musiker darauf vertrauen, ein Werk solcher
Länge in so kurzer Zeit einzustudieren und zu proben? Nur wenige Wochen vor dem Anbruch der Karnevalszeit ist dieser Vorschlag geradezu
tollkühn.

Monteverdi hatte natürlich vollkommen recht, Striggios Aufmerksamkeit auf diesen verworrenen Stand der Dinge zu lenken. Sein musikalisches
Gespür zeigt sich in der Bitte um zusätzliche Verse für den Schluß von
Cupidos Arie und sein praktischer Sinn in dem Vorschlag, *Apollo* möge
doch Vorrang vor *Andromeda* haben. Striggios Rolle könnte die des Autors und künstlerischen Gesamtleiters gewesen sein, der Monteverdi die

allgemeine Anlage und Struktur des Werkes samt den Einzelheiten seiner verschiedenen Teile und Unterabteilungen überließ.[1] Dennoch ist der Komponist wie gewöhnlich darum bemüht, jedermann zu Gefallen zu sein, und bittet Striggio zu diesem Zweck um diplomatischen Beistand bei der Durchsetzung einer befriedigende Lösung.

[1] Zu einer vergleichbaren Situation vgl. Brief 3.

Venedig, 9. Januar 1620; [an ALESSANDRO STRIGGIO, in Mantua]

Sehr geehrter Herr und hochverehrter Gebieter,
ich sende Ew. Gnaden den *Lamento d'Apollo*. Mit der nächsten Post werde ich Euch den Anfang bis zur vorliegenden Stelle schicken. Er ist nämlich schon beinahe ganz fertig, mir bleibt nur noch eine kleine flüchtige Durchsicht[a]. Mir schiene es gut, wenn Ew. Gnaden dort, wo Amor zu singen beginnt, drei weitere kurze Verse hinzufügten mit gleichem Versmaß und Ausdruck, damit man dieselbe Melodie[b] ein weiteres Mal wiederholen kann (in der Hoffnung, daß dieser Hauch[c] von Fröhlichkeit keine schlechte Wirkung hat, wenn er einen Kontrast zu dem vorhergehenden traurigen Affekt des Apollo bildet), indem man dabei zeigt, wie die Musik ständig ihre Art zu sprechen verändert, wie es gleichfalls die Rede tut.

Ich hätte den vorliegenden Gesang Ew. Gnaden mit der letzten Post geschickt, aber Signor Marigliani[d] hat mich im Auftrag von Signor Don Vincenzo[e] in einem an mich adressierten Brief dringend ersucht, die bereits begonnene *Andromeda,* eine Fabel des genannten Signor Marigliani, zu beenden, damit man sie im Karneval bei der Rückkehr Seiner Hoheit[f] aus Casale aufführen könne. Aber wie es für mich feststeht, daß ich sie schlecht komponiere, weil ich sie in Eile vollenden muß, so glaube ich auch, daß die *Andromeda* schlecht gesungen und schlecht gespielt werden wird wegen der äußerst knappen Zeit. Ich bin erstaunt,

[a] *così alla sfuggita.*
[b] *aria.*
[c] *coloretto.*
[d] Ercole Marigliani, Hofsekretär und Librettist.
[e] Don Vincenzo Gonzaga, der jüngere Bruder von Herzog Ferdinando.
[f] Ferdinando Gonzaga, Sechster Herzog von Mantua.

daß sich Signor Marigliani auf ein so zweifelhaftes Unternehmen ein-
lassen will, weil man, selbst wenn vor Weihnachten mit der Arbeit
begonnen worden wäre, kaum Zeit gehabt hätte, sie zu proben, geschweige denn sie einzustudieren. Ew. Gnaden mögen nun erwägen,
was man Eurer Meinung nach jetzt tun kann, wenn mehr als 400 Verse
fehlen, die noch vertont werden müssen. Ich kann mir nichts anderes
denken als einen schlechten Vortrag der Dichtung, ein schlechtes Zu-
sammenspiel der Instrumente und insgesamt eine schlechte Aufführung der Musik. Das sind keine Dinge, die man flüchtig erledigen kann.
Arianna weiß es, daß man unbedingt fünf Monate Probenzeit brauchte,
nachdem sie fertiggestellt und auswendig gelernt war.

Wenn ich deshalb durch die Vermittlung Ew. Gnaden erreichen
könnte, daß sich das Interesse Seiner Exzellenz[g] auf das Ballett Ew.
Gnaden richtet (vorausgesetzt, das wäre in Eurem Sinne), dann hätte
ich Hoffnung, daß das Ballett genügt und guten Erfolg hat, weil ich für
eine so wenig umfangreiche Angelegenheit ausreichend Zeit habe. Danach könnte ich in aller Ruhe *Andromeda* beenden, man könnte sie
ohne Zeitdruck lernen lassen und sie dann mit sicherem Erfolg zu
Gehör bringen. Dabei könnte ich mich mit größerer Sorgfalt und mehr
Umsicht Eurem oben genannten Ballett zuwenden. Im anderen Falle
bin ich gehalten, Signor Don Vincenzo und Ew. Gnaden in so kurzer
Zeit zu dienen, und glaube deshalb, daß die Musik, die ich Euch schikken werde, sicherlich mehr schlecht als recht sein wird. Ich weiß, daß
Ihr mir beipflichten werdet, weil Ihr bedenkt, daß mich mein kirchli-
cher Dienst der Theatermusik[h] ein wenig entfremdet hat. Bevor mir
deshalb diese Gattung wieder vertraut ist, ist es unumgänglich, daß ich
Euch nur Noten schicke und keine guten Kompositionen (bedingt
durch die Kürze der Zeit und die Verpflichtung, viel schreiben zu müssen).

Ich bin jedoch sehr begierig darauf, Seiner Exzellenz, Ew. Gnaden
und Signor Marigliani von Herzen zu dienen. Deshalb werde ich Ew.
Gnaden bitten, die Sache voranzutreiben, damit sie zur allgemeinen
Zufriedenheit ausfällt. Im anderen Fall werde ich von ganzem Herzen

---

[g] *il gusto di S. Ecc*ª, mit Bezug auf Don Vincenzo (hätte es sich um Ferdinando gehandelt, wäre die Abkürzung *S.A.S.* benutzt worden).
[h] In Malipieros und de' Paolis Ausgaben taucht hier eine überzählige Zeile auf: das (von
Davari korrekt transkribierte) Autograph ist vollkommen eindeutig.

tun, was ich kann. Ihr werdet mir die Ehre erweisen, mich wissen zu lassen, ob die vorliegende Musik nach Eurem Geschmack ist. Wenn nicht, laßt es mich wissen, damit ich zu tun versuche, was ich kann, um Euch zu dienen. Ich küsse Ew. Gnaden sehr herzlich die Hände und erbitte für Euch von Gott alles vollkommene Glück. Ihr werdet mir auch mitteilen, welche Art von Ballett am Ende folgen muß.

Venedig, 9. Januar 1620
Ew. Gnaden   Diener von Herzen
                Claudio Monteverdi

39

Mantua, Archivio Gonzaga, Cassetta 6, f. 186. Einzelblatt: 1 Seite – an »Signor Conte Alessandro Striggio«. *Anlage:* Der Anfang eines Balletts für Apollo. *(16. Januar 1620.)* Davari, 143; Malipiero, 187; Paoli, 127.

Tief in die Arbeit an *Andromeda* verstrickt, schickt Monteverdi den Anfang von Striggios Eklogen-Ballett und verspricht, sowohl Prinz Vincenzo als auch Marigliani zufriedenzustellen. Die Beendigung dieser Aufgaben Mitte Februar, gerade noch rechtzeitig zum Karneval, gelang ihm nur deshalb, weil die drohende Last der Vertonung weiterer 400 Verszeilen im letzten Augenblick etwas erleichtert wurde. Und doch gibt es keine logische Erklärung für den plötzlichen Wunsch, *Andromeda* herauszubringen. Sicher, die legendäre Jungfrau war in Mantua keine Unbekannte, weil der Vater des Prinzen, Herzog Vincenzo, in eine jugendliche und leidenschaftliche Affäre mit Hippolita Torelli, einer adeligen Dame aus Reggio, verwickelt gewesen war, und ihre Briefe (die erhalten geblieben sind)[1] geben zu erkennen, daß die Namen, die sie einander gaben, Perseus und Andromeda waren.

Wenn auch Jacopo Cicognini im Jahre 1611 an Kardinal Ferdinando Gonzaga wegen einer *Andromeda* aus seiner Feder schrieb, die im direkten Vergleich gewogen und offensichtlich zu leicht befunden worden war,[2] so weist doch nichts darauf hin, daß Monteverdi in irgend einer Weise daran beteiligt war. Trotzdem kann er als Zuschauer Zeuge der szenischen Wun-

---

[1] Bellonci, 29; Reed, 277–279.
[2] Ademollo, 62.

der von Francesco Manellis *Andromeda* gewesen sein, die ebenfalls auf der altgriechischen Sage mit ihren wunderbaren Gelegenheiten zum Einsatz ingeniöser Bühnenmaschinen beruhte, als sie im März 1637 im Teatro San Cassiano zu Venedig aufgeführt wurde.[3]

[3] Worsthorne, 25, 168.

Venedig, 16. Januar 1620; an ALESSANDRO STRIGGIO [in Mantua]

Euer Erlaucht, mein Gnädigster Herr,
ich schicke Ew. Gnaden den Beginn des Balletts. Es möge Gott gefallen, daß dieser Anfang bei Eurer Gunst solchen Eindruck macht wie der Lamento, den ich Euch schickte und von dem Ihr in Eurem höchst liebenswürdigen Brief geschrieben habt, er habe Euch sehr gefallen. Außergewöhnliche Freude habe ich bei solch einer liebenswürdigen Nachricht empfunden, da ich den Grafen Alessandro, meinen Herrn, liebe und von ganzem Herzen verehre.

Ich weiß nicht, ob ich Euch mit der kommenden Post weiteres werde zusenden können, weil der neue Auftrag, den mir Seine Exzellenz[a] erteilt haben – daß ich ihm nämlich möglichst bald die Musik für die Andromeda schicke – mich davon abhält, daß ich mich einer anderen Sache widmen kann. Ew. Gnaden werden mir einen sehr großen Gefallen tun, wenn Ihr Seiner Exzellenz bestätigt, daß ich ihm unverzüglich zwischen dieser und der kommenden Wochen jede Sache geschrieben abliefern werde. Es möge Gott gefallen, daß die Kürze der Zeit dabei nicht schadet.

Ich verstehe, daß Seine Hoheit[b] sehr schnell in Mantua sein werden. Auch ich werde hoffentlich in Mantua sein, um Euch gewisse kleine Musikstücke[c] von mir vorzulegen; und dort werde ich Euch – wo es Euch gut scheint – mit ganzem Herzen dienen. Indem ich Euch hier demütige Ehrerbietung erweise, erbitte ich für Euch von Gott jedes Glück.
Venedig, 16. Januar 1620
Ew. Gnaden   ergebenster Diener
                 Claudio Monteverdi

[a] Prinz Vincenzo Gonzaga.
[b] Caterina Medici Gonzaga.
[c] Buch VII seiner Madrigale mit dem Titel *Concerto*.

40

Rom, Archivio Storico e Notarile del Governatorato. Corrispondenza di Paolo Giordano II. Orsini, busta 164, f. 532. Einzelblatt: 2 Seiten [an den Herzog von Bracciano im Castello degli Orsini zu Bracciano]. *(25. Januar 1620.) Studi Musicali,* VI (1977), 80.

Von den vier Briefen Monteverdis an den Herzog von Bracciano wurden drei von Prunières[1] zusammenfassend beschrieben und später in voller Länge (wenn auch mit einigen Transkriptionsfehlern) von de'Paoli veröffentlicht.[2] Der hier folgende verbleibende Brief, der dritte dieser Vierergruppe, die im Zeitraum von elf Wochen geschrieben wurde, wurde zuerst 1934[3] von Ferdinand Boyer erwähnt, verschwand in der Folge jedoch, bis ich 1969 in der Lage war, eine Photokopie davon zu bekommen.

Kurz, wie der Brief ist, gibt er doch etwas von Monteverdis Hartnäckigkeit und Regsamkeit zu erkennen, sogar zu einer Zeit, da er Striggio gestand, daß er vor einer unlösbaren Aufgabe stehe – *Andromeda* zu beenden und dann die Ekloge mit dem Ballett fertigzustellen, alle drei Werke für den Hof von Mantua. Und doch war er gleichzeitig noch mit der Überwachung eines Druckauftrages des Herzogs von Bracciano beschäftigt, an den er sich jetzt mit der Bitte um weitere Gelegenheiten wendet, ihm dienstbar zu sein. Er setzt ihm ferner auseinander, daß ein Exemplar des *Concerto* (des Siebenten Madrigalbuches) dem Majordomus des Herzogs ausgehändigt worden ist, der es zu gegebener Zeit in aller Form präsentieren wird.[4]

---

[1] Prunières, 223–225.
[2] Paoli, 120, 122, 144.
[3] Boyer, 310.
[4] Sein Name war Emilio Fei; es ist jedoch nicht bekannt, ob er mit der gleichnamigen Druckerfamilie verwandt war (Information von Professor Thomas W. Bridges).

Venedig, 25. Januar 1620; [an den HERZOG VON BRACCIANO]

Euer Erlaucht und Exzellenz, mein Gnädigster Herr,
während ich Ew. Exzellenz grenzenlos danke für die außergewöhnliche Ehre, die Ihr mir zu erweisen geruht habt (zusammen mit dem äußerst liebenswürdigen Brief, den ich von Euch erhalten habe) und die mich mit Eurer von mir lange ersehnten Gunst gewürdigt hat, ein so einzigartiges Wohlwollen, das mich immer als Ew. Exzellenz' dankbarsten

Diener halten wird, bitte ich Euch zugleich, Ihr wolltet geruhen, mich mit neuen Aufträgen zu beehren.

Der Drucker schickt dem Signor Cavaliere Fei[a] mit diesem Boten[b] vier Kopien des fertigen Werkes[c], damit es dieser Herr Ew. Exzellenz präsentiere – der Drucker wartet darauf, daß ihm Anweisungen erteilt werden, was er mit dem Rest, der noch aussteht, tun solle, und zugleich wartet er darauf, daß ihm, bevor er die Kopien verteilt, gesagt wird, was er tun solle, sollten sich einige kleine Fehler eingeschlichen haben. Diese Fehler kann er nicht korrigieren, wenn er nicht zuvor einen kurzen Blick auf die Kopien geworfen hat. Gleichfalls bitte ich Euch, die vorliegende Kopie meiner kleinen Madrigale[d], die soeben gedruckt worden sind, anzunehmen zu geruhen, die ich mit dem letzten Kurier dem Signor Cavaliere geschickt habe, damit er sie in meinem Namen Ew. Exzellenz präsentiere, indem ich Euch bitte, mehr auf meine Ergebenheit zu sehen als auf den geringen Wert meiner Madrigale. Damit neige ich mich zum Schluß vor Euch ehrerbietigst und erbitte für Euch zugleich inständigst das vollkommene Glück.

Venedig, 25. Januar 1620
Ew. Exzellenz   demütigster und dankbarster Diener
               Claudio Monteverdi

[a] Der Haushofmeister des Herzogs.
[b] *procaccio* (ein Ausdruck, wie er auch für den Briefboten auf dem Lande benutzt wurde).
[c] Francesco Petrattis *Primo libro d'arie*.
[d] Buch VII.

41

Mantua, Archivio Gonzaga, Cassetta 6, ff. 188–189. Doppelblatt: 3 Seiten [an Alessandro Striggio, in Mantua]. *(1. Februar 1620.)* Davari, 144; Malipiero, 188; Paoli, 129.

Der einleitende Abschnitt des folgenden Briefes gibt gewisse Hinweise auf den Grad der in Mantua herrschenden Verwirrung. Alle Arten von Plänen zu einem wahren Überfluß an Karnevalslustbarkeiten waren im Schwange.

Während aber Striggio seine Ekloge pflichtgemäß fertiggestellt hatte, machte Marigliani – ihm sowohl in der Hofbürokratie als auch in den literarischen Künsten an Rang unterlegen – die Entdeckung, daß es leichter war, ein Libretto zu beginnen, als es abzuschließen, und als Folge davon war seine *Andromeda* im poetischen Äquivalent der mantuanischen Sümpfe steckengeblieben.

Beide Anliegen wurden Monteverdi mit ständigen und dringlichen Forderungen, sie sofort und in Rekordzeit zu vertonen, aufgebürdet. Zugleich arbeitete er noch an Striggios Eklogen-Ballett *Apollo* und fragte sich, ob es denn wohl ein reines Gesangsballett wie das fünf Jahre zuvor geschriebene *Tirsi e Clori* werden sollte. Inmitten dieser ganzen Verwirrung stehend, wußte der Kanzler wahrscheinlich gar nichts davon, noch kümmerte er sich überhaupt darum. Aber weil er ahnte, daß Monteverdi unter beträchtlichem Arbeitsdruck stand, griff er anscheinend bereitwillig den Hinweis auf, solch drastische Maßnahmen wie die Verschiebung von *Andromeda* zu empfehlen.

Striggios Brief, der wahrscheinlich in der letzten Januarwoche anlangte, muß Übereinstimmung in bezug auf die Priorität signalisiert haben, die nunmehr der Ekloge eingeräumt werden sollte. Monteverdi verspricht, die Arbeit daran wiederaufzunehmen und weist darauf hin, daß der »Lamento d'Apollo« sich in Venedig eines solchen Erfolges erfreute, daß er zusammen mit einem Schlußballett auf einer kleinen Bühne wiederholt werden könne. Es folgt ein weiteres Gesuch um für Tanz und Gesang geeignetes Textmaterial.

Wenn als Name der venezianischen Familie auch Benbi verzeichnet wird, so entspricht er offensichtlich doch der gelegentlich in Widmungen auftauchenden vertrauteren Schreibweise Bembo.[1] Croce widmete 1606 sein Viertes Buch fünfstimmiger Madrigale Agostino, Bernardo und Benedetto Bembo. Es gab jedoch ein jüngeres Familienmitglied, das sogar noch größeren Ruhm als musikalischer Mäzen genoß – Giovanni Matteo Bembo, dem der Abt Angelo Grillo irgendwann nach 1613 schrieb und auseinandersetzte, warum er San Nicolò del Lido nicht verlassen könne, um nach Venedig zu kommen und sich der Musik zu erfreuen, die in Bembos Palazzo regelmäßig aufgeführt wurde.[2] Weil Grillo auch mit Monteverdi korrespondierte und ihm Gedichte zur Vertonung schickte, ist es sehr wahrscheinlich, daß das berühmte Haus am Canale Grande, nicht weit von der Rialto-Brücke, eben das war, auf das Dichter und Komponist anspielten.

---

[1] *Cf.* die in den Briefen gelegentlich auftauchenden Schreibweisen *conpita* und *tenpo*.
[2] Einstein, »Grillo«, 176.

Es war ein weiter Weg von den geordneten und gesitteten musikalischen Ereignissen im Palazzo Bembo bis zur verwirrten Aufgeregtheit und Unruhe in Mantua, und doch wäre Monteverdi gern hingereist und hätte der Herzogin seine neueste Madrigalsammlung in der Hoffnung überreicht, sie zur Fürsprache bei den Beamten des Rechnungshofes zu überreden, so daß er schließlich die von Vincenzo, dem Vierten Herzog, gebilligte Stiftung einklagen konnte. Aber die Aussicht auf Proben und Aufführungen neuer musikalischer Werke, die in Eile geschrieben und von den Hofmusikern unzureichend einstudiert worden wären, schreckte ihn derart ab, daß sogar die Stiftung beiseite gelassen wurde. Ademollo war der Ansicht, daß ein Großteil dieses Materials bei den Festlichkeiten von 1621 oder 1622 – das letztere Jahr ist das wahrscheinlichere[3] – wiederverwendet wurde. Dagegen steht jedoch die Tatsache, daß im Jahre 1622 ein vollständig neues Werk von Marigliani aufgeführt wurde, wie aus Brief 66 deutlich wird.

[3] Ademollo, 268.

Venedig, 1. Februar 1620; [an ALESSANDRO STRIGGIO, in Mantua]

Sehr geehrter Herr und hochverehrter Gebieter,
ich habe den höchst liebenswürdigen Brief Ew. Gnaden erhalten. Außerdem habe ich den Grund für die Verzögerung eingesehen und verstanden, was Ihr von mir verlangt. Ich antworte Ew. Gnaden, daß ich meine Arbeit jetzt unterbreche, weil ich glaube, daß Ihr nichts anderes wollt. Nun, da Ihr mir andeutet, daß Ihr das Stück aufführen lassen wollt, versichere ich Euch, daß ich nur noch wenig werde fertigstellen müssen, falls Ihr von mir nicht mit der nächsten Post alle fehlenden Abschnitte erhalten werdet.

Ihr müßt mir nur mitteilen, was ich weiter zu tun habe, wenn die Verse fertig sind, und müßt mir, wenn Ew. Gnaden das Ballett auch gesungen wollten, die Worte senden, für die ich dann (indem ich sie vertone[a]) eine Musik in dem Versfuß zu erfinden suche, den Ihr mir geben werdet. Sollten alle Verse denselben Versfuß haben, dann würde ich wohl dann und wann das Tempo verändern.

Der *Lamento d'Apollo* wurde hier von einigen Herren gehört, und er gefiel ihnen in der Erfindung, der Dichtung und in der Musik derart,

[a] *imitando quelle.*

daß sie erwägen – nach einer Konzertstunde, die man derzeit im Hause eines gewissen Herrn aus dem Hause Bembo[b] zu veranstalten pflegt (zum Zuhören kommen die allerersten Damen und Herren) – sie erwägen also, sage ich, danach auf einer kleinen Bühne diesen guten Einfall Ew. Gnaden aufführen zu lassen. Sollte ich das Ballett dafür komponieren müssen, könnten mir dann Ew. Gnaden möglichst bald die Verse schicken? Wenn nicht, werde ich das Ballett um einen eigenen Einfall[c] erweitern, damit man sich an einem solch schönen Werk Ew. Gnaden ergötzen kann.

Ich dachte daran, nach Mantua zu reisen, um meine Madrigalbücher[d] zu überreichen, die ich jetzt habe drucken lassen und die Ihrer Hoheit[e] gewidmet sind (um eine günstige Gelegenheit zu wählen, die mich zu dem Ziel führen kann, das von mir so heiß ersehnt wird und für das ich mich abmühe), um ein für allemal in den Besitz der kleinen Stiftung zu kommen, die mir Seine Durchlaucht, der Fürst Vincenzo[f] (seligen Angedenkens), zu gewähren geruhte.

Aber weil ich daran denke, daß die Komödie des Signor Marigliani[g] ganz auf meinen Schultern gelastet hätte – und weil ich weiß, daß im Laufe der Zeit der schwache Zweig eine gewaltige Frucht[h] trug, so daß es für ihn im Nu unmöglich war, die Frucht zu halten, ohne zusammenzubrechen –, und weil ich mit meiner schwachen Gesundheit nicht ebenfalls zusammenbrechen will, möchte auch ich nicht in kürzester Zeit dieses unmögliche Gewicht aushalten müssen, weil anderes als Eile vonnöten ist, wenn man einer solchen Sache gerecht werden will. Es ist keine kleine Sache, das gut zu machen – auch nicht mit viel Zeit.

Deshalb habe ich mich entschlossen zu bleiben, und ich bedaure es wegen meines eigenen Nutzens. Um aber zu überleben, werde ich jeden beliebigen Nutzen auf der Welt abtreten. Die Arbeit Ew. Gnaden war mir eine Freude, weil ich sie schon im voraus sorgfältig durchdacht hatte. Außerdem wart Ihr sehr liebenswürdig, so daß ich es aus diesem Grund als Gunst betrachtet hätte, Euch dienen zu können, wie es

---

[b] *casa Benbi.*
[c] *caprizzio.*
[d] *Concerto* (Madrigale, Buch VII).
[e] Caterina Medici Gonzaga.
[f] Vincenzo, Vierter Herzog von Mantua.
[g] Ercole Marigliani, derzeit Hofsekretär (siehe die Anrede von Brief 44).
[h] *una grossa zucca.*

immer sein wird, wenn Ihr es mir zu befehlen geruht. Ich küsse Euch
von ganzem Herzen die Hände und erbitte von Gott für Euch Euer
Bestes.
Venedig, 1. Februar 1620
Ew. Gnaden   untertänigster Diener
                    Claudio Monteverdi

42

Mantua, Archivio Gonzaga, Cassetta 6, ff. 191–192. Doppelblatt:
3 Seiten und Adresse – »Euer Erlaucht, meinen Gnädigsten Herrn den
Grafen Alessandro Striggio, Hochwürdigsten Ratsherrn Seiner Durchlauchtigsten Hoheit von Mantua«. *Anlage:* Weitere Teile von *Apollo.*
(8. Februar 1620.) Davari, 145; Malipiero, 189; Paoli, 132.

Die Erwähnung eines mantuanischen Bassisten im Einleitungsabschnitt
hat zu leichter Verwirrung in bezug auf dessen Namen geführt, der hier wie
in Brief 43 in der Form Amigoni verzeichnet wird. Am Buchstaben *m*
besteht dabei kein Zweifel. Giovanni Amigoni, möglicherweise mit dem
1568 in Mantua angestellten Sänger Ferrando Amigone verwandt,[1] wurden für das Jahr 1622 zusammen mit anderen Solisten 1440 Lire und
Naturalien ausbezahlt.[2] Die Nachricht, daß er für die Rolle des Peneus
ausgewählt worden war, gab Monteverdi, der den Mann kannte und sich
seiner stimmlichen Fähigkeiten erinnerte, die Möglichkeit, die Musik ohne
größeres Zögern zu komponieren.[3]
   In seinem Verzeichnis der in Monteverdis Briefen zitierten Personen
bezieht sich de' Paoli[4] auf einen Sänger namens Arrigoni, eine Schreibweise, die anscheinend aus der »scheda Davari« in den mantuanischen
Archiven kopiert ist. Davari jedoch gibt die korrekte Schreibweise *Amigoni,* eine Lesart, wie sie von den Autographen bestätigt wird. Diese Ver-

---

[1] Bertolotti, 56; Canal, 728.
[2] Bertolotti, 100; Ademollo, 270.
[3] Siehe den Schlußabschnitt von Brief 94, wo sich Monteverdi nach dem genauen Umfang von Margherita Basiles Stimme erkundigt.
[4] Paoli, 348.

wirrung mag sich teilweise aus Monteverdis sorgloser Behandlung des
Buchstabens *i* ergeben haben, zum anderen Teil aber auch daraus, daß es
zu der Zeit einen Komponisten namens Giovanni Giacomo Arigoni (oder
Arrigoni) gab, der später zu Giovanni Battista Anselmis Sammlung[5] bei-
trug und 1635 eine Ferdinand III. gewidmete eigene Sammlung von Vokal-
und Instrumentalstücken veröffentlichte.[6]

Monteverdi wiederholt seine öffentlich mitteilbaren Gründe dafür, daß
er nicht nach Mantua kommen will; es mag jedoch noch andere gegeben
haben, die er zu verschweigen vorzog. Er hatte regen Umgang mit venezianischen Druckern und brachte zwei Motetten in Calvos *Symbolae*, vier im
Libro primo de motetti seines cremoneser Freundes Bianchi und eine Lita-
nei in dessen *Libro secondo* heraus. Zweifellos waren ihm auch Gerüchte
von einer skandalösen Neuauflage der Vincenzo-Isabella-Affäre in Rom
zu Ohren gekommen.[7] Also verspricht er, die besonders eingebundenen
Exemplare seines *Concerto* seinem Schwiegervater Giacomo Cattaneo zu
schicken, der sie Striggio zu förmlicher Überreichung an die Herzogin
aushändigen wird. Auf diese Weise kann der *fondo* flüssig gemacht werden, und seinen beiden Söhnen wird genug Geld für ihre Ausbildung zur
Verfügung stehen.

[5] *Madrigali del Signor Cavaliero Anselmi nobile di Treviso* (1624); Vogel, *Bibliothek*,
1624[2].
[6] Sartori, *Bibliografia*, I, 346; II, 99. Vogel, *Bibliothek*, I, 42. Auf Ferdinand III. wird
auf dem Titelblatt als Kaiser Bezug genommen, obwohl seine Investitur erst 1637
stattfand.
[7] Errante, »Il processo«, 672.

Venedig, 8. Februar 1620; an ALESSANDRO STRIGGIO, in Mantua

Sehr geehrter Herr und hochverehrter Gebieter,
ich habe den höchst liebenswürdigen Brief Ew. Gnaden erhalten und
bemerkt, daß Ihr mich Eurer Gunst beständig würdigt. Denn durch
Eure höflichen Dankesschreiben bezeigt Ihr immer wieder, daß Euch
mein Dienst nicht unwillkommen ist. Deshalb nehme ich mir größere
Kühnheit heraus und schicke Euch die anderen, noch fehlenden
Stücke für die wunderhübsche und treffliche Ekloge[a] Ew. Gnaden.
Die Rolle des Flusses[b] muß noch komponiert werden. Da ich jetzt

[a] *Apollo*.
[b] Peneus (siehe Brief 43).

gehört habe, daß Signor Amigoni[c] sie singen wird, werde ich sie ihm mit der nächsten Post zuschicken – und vielleicht auch zur größeren Zufriedenheit meinerseits, da ich jetzt, was die Komposition anbelangt, genauere Vorstellungen habe, weil ich weiß, wer die Rolle singen wird.

Ferner habe ich erfahren, daß Ihr bis zu diesem Grad Freude daran haben werdet, mir eine Gelegenheit zu bieten, damit ich Euch gegenwärtig weiter dienen kann, weil er mit dem Lernen der bereits komponierten *aria* fertig ist.

Auch wenn Ihr mich gegenwärtig nicht mit weiteren Befehlen zu beehren geruht, so werde ich doch nicht davon ablassen, Euch um eine Gunst zu bitten, nämlich daß Ihr so freundlich sein mögt, der Durchlauchtigsten Fürstin[d] in meinem Namen meine Madrigale[e] zu übergeben, die dieser Hoheit gewidmet sind und die ich selbst überreicht hätte, wenn ich nach Mantua hätte kommen können. Die unvermeidlichen Hindernisse hielten mich davon jedoch ab.

Wenn Ihr so freundlich seid und mir diese Gunst erweist, dann will ich dafür sorgen, daß die Madrigale von meinem Schwiegervater[f] Ew. Gnaden persönlich übergeben werden. Auch wenn ich selbst gekommen wäre, hätte ich nichts anderes zu tun gehofft, als mich der Gunst und dem Schutz Ihrer Durchlaucht anzuvertrauen, damit ich eines Tages von Seiner Durchlaucht, dem Fürsten,[g] damit begünstigt werde, daß ich meine Gelder erhalte, von denen ich meine jährliche Pension nehmen kann, weil das, von der Belohnung eines Dieners abgesehen, der sich so viele Jahre abgemüht hat und der über einen gewissen Bekanntheitsgrad in der Welt verfügt, die fürstliche Kammer von dieser Verpflichtung befreien würde.

Wenn Ew. Gnaden mich liebenswürdigerweise diesbezüglich unterstützen wollten, so kennt Ihr meine Geschichte wie ich. Und was der Prinz[h] in dieser Angelegenheit freundlicherweise tun kann, das wird meinen beiden Söhnen helfen, die gerade im Studium sind – in der Tat kleine Söhne der Stadt Mantua und Untergebene Seiner Hoheit. Ich hoffe beständig, daß sie sich eines Tages bei ihren rechtmäßigen Her-

---

[c] Giovanni Amigoni wurde in den Gehaltslisten des Hofes als Bassist geführt.
[d] Caterina Medici Gonzaga.
[e] Buch VII.
[f] Giacomo Cattaneo († 1624).
[g] Herzog Ferdinando.
[h] Prinz Vincenzo Gonzaga.

ren sehen lassen, deren Gunst sie nicht unwürdig sind. Denn einer der beiden strebt nach dem Doktortitel in den Rechtswissenschaften und der andere nach dem der Medizin.

Ohne die Gunst Ihrer Hoheiten kann ich die halbjährlichen Zahlungen nicht rechtzeitig leisten, und ich kann meine Söhne folglich nicht mit den Geldern unterstützen, mit denen ich es täte, wenn ich sie hätte. Wenn ich die Gunst Ew. Gnaden allzu sehr in Anspruch nehme, dann schiebt die Schuld auf Eure eigene Liebenswürdigkeit, die mir solch eine Garantie gegeben hat, und tadelt mein großes Verlangen nach Ew. Gunst, die von mir nicht weniger als von meinen beiden Söhnen immer hochgeschätzt und verehrt wird und der ich als Diener ergeben bin, wie es meine Gewohnheit ist, und indem ich Ew. Gnaden die Hände küsse, erbitte ich für Euch das höchste Glück.

Venedig, 8. Februar 1620

Ew. Gnaden   dankbarster Diener
                Claudio Monteverdi

43

Mantua, Archivio Gonzaga, Cassetta 6, ff. 194–195. Doppelblatt: 1 Seite und Adresse –»an Euer Erlaucht, meinen Gnädigsten Herrn den Grafen Alessandro Striggio, Hochwürdigsten Ratsherrn Seiner Durchlauchtigsten Hoheit von Mantua«. *Anlage:* Arie des Peneus und drei Verse für Apollo. *(15. Februar 1620.)* Davari, 146; Malipiero, 191; Paoli, 135.

Die diesem Brief beigefügten Noten sind bereits früher erwähnt worden – Apollos drei Verse in Brief 38 und die Arie des Peneus in Brief 42. In der griechischen Mythologie war Peneus (Peneios) der Sohn von Okeanos und Tethys. Der Name Peneios wurde einem Fluß verliehen, der am Berge Pindus entsprang, dann über die Ebenen von Tempe strömte und in den Meerbusen von Therma einmündete. Die den Fluß charakterisierende Arie scheint speziell mit Rücksicht auf Amigonis Stimme geschrieben zu sein, die durchaus eine mit ungewöhnlich großer *tessitura* (Umfang) gewesen sein kann.

In seinem *Discorso sopra la musica*[1] ruft Vincenzo Giustiniani eine
Reihe von Sängern in Erinnerung, die im späten sechzehnten Jahrhundert
in Neapel und Rom aufgrund ihrer virtuosen Leistungen weithin bekannt
waren. Er hält fest, daß sie sämtlich »Basstimmen mit einem Umfang von
22 Tönen hatten und eine Vielzahl von Verzierungen sangen, die neu und
den Ohren aller Zuhörer wohlgefällig waren«.[2] Dieser etwas verblüffende
Drei-Oktaven-Umfang war in Wirklichkeit ganz leicht zu erreichen, wenn
man einen sanften Wechsel der natürlichen Stimme und der darüberliegen-
den Falsett- bzw. Kopfstimme kultivierte, der auf eine besondere Art
»Bass- und Kontratenorstimme« hinauslief, die für die Kenner der *Accademie* offenbar einen besonderen Reiz hatte.

Der mantuanische Bassist Giovanni Amigoni, aller Wahrscheinlichkeit
nach ein nördliches und zeitlich nur wenig späteres Gegenstück jener hervorragenden Virtuosen, kann auch in der Lage gewesen sein, den Eindruck
eines hoch am Berghang entspringenden Flusses zu imitieren, der in einem
mächtigen Strom von Tönen bis zu einem spektakulär tiefen D oder C
herabsteigt. Der für eine solche künstlerische Glanzleistung erforderliche
Registerwechsel kann die Formulierung *alla bastarda*[3] beeinflußt haben,
die sonst in den Briefen nirgendwo auftaucht.

---

[1] Lucca, Archivio dello Stato, Orsucci O 49 (ca. 1628).
[2] Giustiniani, 69. In einem späteren Abschnitt berichtet der Autor, daß die nächstfol-
gende Generation von Gesangsvirtuosen (Caccini, Rasi und andere) »sämtlich Bass
und Tenor sangen, mit einem Umfang von vielen Tönen, mit ausgezeichnetem Stil und
großer Verzierungskunst sowie mit außergewöhnlichem Gespür und besonderem Talent dafür, den Text deutlich verständlich zu machen«. Die leichte, aber bedeutsame
Veränderung zu Beginn dieser Übersetzung wird von Hitchcock, 451, vorgeschlagen.
[3] Paoli, 136, bietet für diesen Ausdruck keine Erklärung.

Venedig, 15. Februar 1620; an ALESSANDRO STRIGGIO, in Mantua

Sehr geehrter Herr und hochverehrter Gebieter,
ich schicke Ew. Gnaden den Gesang des Peneus und die drei kleinen
Verse für Apollo, die ich vergessen hatte. Den vorliegenden Gesang
des Peneus habe ich so – nämlich *alla bastarda*[a] – gesetzt, weil ich weiß,
wie gut sich Signor Amigoni auf diese Vortragsweise versteht. Sie wird
auch zur Unterscheidung von anderen Gesängen dienen, und der Kon-

---

[a] Das bedeutet wahrscheinlich, daß Amigoni seinen normalen Baßumfang und das Fal-
sett einsetzte.

trast wird stärker in Erscheinung treten, wenn diese Gottheit nur ein einziges Mal singt. Gebe Gott, daß ich damit den Beifall Ew. Gnaden finde.

Ich werde Ew. Gnaden die Bücher[b] mit der kommenden Post schikken, wenn es Gott gefällt, weil ich danach trachte, diese einzigartige Gunst zu erlangen, nach der ich mich so sehr sehne und die Ihr mir so gütig zugestehen wollt: eine Gunst, die mir auf diese Weise ewig im Herzen leben wird. Denn sollte es mir zu meinem Unglück an Gelegenheiten, Euch zu dienen, mangeln, werde ich es doch niemals an dem heißen Wunsch fehlen lassen, Gott zu bitten, er möge die Person Ew. Gnaden immer segnen. Mit der kommenden Post werde ich die Sinfonietten schicken. In der Zwischenzeit küsse ich Euch die Hände und erbitte für Euch von Gott alles Glück.

Venedig, 15. Februar 1620
Ew. Gnaden   Diener von ganzem Herzen
             Claudio Monteverdi

[b] Die Stimmbücher des *Concerto*.

44

Mantua, Archivio Gonzaga, Cassetta 6, f. 197. Einzelblatt: 1 Seite und Adresse – »meinem sehr verehrten, hochgeschätzten Herrn, dem Signor Ercole Marigliani, dem wertesten Sekretär Seiner Hoheit von Mantua«. *Anlage:* Achtstimmiges Madrigal. *(15. Februar 1620.)* Davari, 147; Malipiero, 192; Paoli, 137.

Der folgende Brief ist der erste aus der erhalten gebliebenen Korrespondenz zwischen Monteverdi und Marigliani; der letzte ist Brief 107 (10. September 1627), und das ergibt einen Gesamtzeitraum von siebeneinhalb Jahren. Marigliani, dessen vollständiger Titel in der Anrede auftaucht,[1] war sieben Jahre jünger als Striggio, und beide starben im Jahre 1630 fern der Heimat, als sie die Totenglocke der Gonzaga-Dynastie läu-

[1] Sein Name taucht auch in der unteren linken Ecke der Seite auf.

ten hörten. Wie Striggio machte der junge Sekretär von seinen literarischen Fertigkeiten von Zeit zu Zeit im Dienste höfischer Lustbarkeiten Gebrauch und arbeitete bereits 1611 mit Monteverdis jüngerem Bruder Giulio Cesare bei *Il rapimento di Proserpina* zusammen.

Das erste Zeugnis seiner Arbeitsbeziehung zu Monteverdi liegt im Briefwechsel über *Andromeda* vor, der 1618 beginnt (Brief 29) und mit der hier folgenden Botschaft ebenso rätselhaft endet, wie er anfing. Die früheren *Andromeda*-Briefe sind jedoch größtenteils an Striggio gerichtet, den Hauptmittelsmann zwischen Hof und Monteverdi in der Zeit von 1609 bis 1630. Die Erklärung dafür liegt in der politischen und personalen Cliquenbildung, die Prinz Vincenzo, Bischof Soardi[2] und Marigliani einerseits und Herzog Ferdinando und Striggio andererseits gegeneinander aufbot, bis sie schließlich zwei deutlich getrennte Lager bildeten, und Monteverdi bemühte sich angelegentlich, in jedem der beiden ein Eisen im Feuer zu behalten.

Er gibt seine übliche Sorgfalt in bezug auf die Anredeformen zu erkennen. Striggio ist »Illustrissimo mio Signore« und wird im Schlußteil des Briefes als »Vostra Signoria Illustrissima« apostrophiert; Marigliani aber steht auf einer etwas niedrigeren Stufe mit »Molto Illustre mio Signore« und einem offenen »Vostra Signoria«.[3] Diese in der vorliegenden Übersetzung berücksichtigten subtilen Unterschiede helfen in späteren Briefen, die ausreichender äußerer oder innerer Indizien entbehren, bei der Identifizierung des genauen Empfängers.

Bestimmte Formulierungen weisen darauf hin, daß Monteverdi tatsächlich schon in einem früheren Stadium Kontakt zu Marigliani gehabt hatte, und diese Annahme wird durch die Erwähnung des Namens des Sekretärs in den Briefen 33, 38 und 41 bestätigt. Keine Spur ist von der achtstimmigen Vokalkomposition geblieben,[4] die wahrscheinlich zu dem Material gehörte, auf das in den Januarbriefen als dringend und rechtzeitig zu den Karnevalslustbarkeiten benötigt angespielt wird, und deshalb wohl mit *Andromeda* in Zusammenhang stand. Dieser und der vorhergehende Brief wurden am gleichen Tage geschrieben.

---

[2] Soardi war Sonderbotschafter in Rom und später in Wien.
[3] Gewöhnlich falsch transkribiert als »Molto Illustrissimo«, eine unmögliche Grußform. Sogar der gewöhnlich sehr gewissenhafte Davari bietet eine ungenaue Lesart.
[4] Die einzigen weltlichen Werke für acht Singstimmen kommen in Buch VIII vor, aber keiner der fraglichen Texte hat auch nur das Geringste mit der Andromeda-Sage zu tun.

Venedig, 15. Februar 1620; an ERCOLE MARIGLIANI, in Mantua

Sehr verehrter, hochgeschätzter Herr,
mit der kommenden Post werde ich Ew. Gnaden den Gesang zu acht
Stimmen[a] schicken, und weil mir Ew. Gnaden nichts anderes befehlen,
werde ich glauben, daß es zu diesen vorliegenden Kompositionen, die
ich Euch schicke, keine weiteren Befehle geben wird. Was Ihr mir zu
befehlen geruht habt, ist ein Auftrag gewesen, der mich Euch mehr
denn je verpflichtet hat, da ich mit einer Sache betraut wurde, die mir
sehr zur Ehre gereichte und durch die ich mich allzu sehr begünstigt
sehe.

Ich betrachte mich Euch gegenüber als eine Art Diener, für den es
sich lohnt, daß der Diener den Herrn auszahlt. Aber indem ich Diener
bin und Ihr der Herr – aus diesem Grund sind dieKräfte sehr ungleich
verteilt – werdet Ihr wenigstens zufrieden sein, daß ich mich Euren
Gnaden für immer verpflichtet nenne, denen ich, wie gewohnt, die
Hände küsse und für Euch von Gott alles wahre Gute erbitte.

Venedig, 15. Februar 1620

Eurer sehr verehrten Herrschaft   dankbarster Diener
                                   Claudio Monteverdi

[a] Aus der *Andromeda*.

45

Mantua, Archivio Gonzaga, Cassetta 6, ff. 200–201. Doppelblatt:
4 Seiten und Adresse (auf S. 4) – »an Euer Erlaucht, meinen Gnädigsten Herrn, den Grafen Alessandro Striggio, den hochwürdigen Ratsherrn Seiner Hoheit von Mantua«. *Anlage:* Eine Sinfonie für Amor
und eine weitere für die *entrata* (für *Apollo*). *(22. Februar 1620.)* Malipiero, 192; Paoli, 138; Prunières, 252.

Seit dem ersten Februartag spielen Monteverdis Briefe an Striggio – wie
direkt sie sich auch auf, für den mantuanischen Karneval geplante, Fest-

lichkeiten beziehen mögen – das vertraute Ostinato von Herzog Vincenzos
Stiftung und dem dringenden Bedürfnis an, sie (als Kapitalsumme) zu
erhalten, um den korrupten Beamten der höfischen Schatzkammer ein für
alle Mal ein Schnippchen zu schlagen. Striggio versuchte, für den Freund zu tun, was er konnte, war jedoch am
oder um den 19. Februar gezwungen, einen Brief zu schreiben, der dar-
legte, daß er das Problem weder vorantreiben noch für die Resultate garantieren könne. Als Monteverdi ihn erhielt, schrieb er eilends den folgenden Brief, um nur ja noch die Post zu erreichen und dafür zu sorgen, daß
Striggio ihn so bald wie möglich bekomme. Die Botschaft ist inhaltlich
vollkommen eindeutig, wenn auch sprachlich in höfisches Floskelwerk gebettet – wenn Herzog Ferdinando nicht bereit ist, seines Vaters Anweisungen in bezug auf die Stiftung zu befolgen, kann Monteverdi nicht nach
Mantua reisen und die Aufführung überwachen.

Wie gewöhnlich bringt er eisenharte Entschuldigungen vor: es bleibt
nicht hinreichend Zeit für ein Urlaubsgesuch, und selbst wenn er es erhielte, käme es in Venedig zu Gerüchten, daß er die Stadt für immer zu
verlassen plane.[1] Im schlimmsten Falle kehre er von dieser ermüdenden
und nachweislich gefährlichen Reise mit nichts als einem vagen Versprechen für die ferne Zukunft in der Tasche zurück. Mit der Bitte, Striggio
möge ihn bei der Herzogin entschuldigen, schließt er daraufhin in beruhi-
gendem Ton – sein Schwiegervater Giacomo Cattaneo wird die Stimmbücher bringen und dem Ratsherrn seine Aufwartung machen. Und als Zeichen seines guten Willens sind zwei Orchesterstücke für *Apollo* beigefügt.

---

[1] Eine weitere Andeutung auf diesen Verdacht taucht in Brief 48 auf.

Venedig, 22. Februar 1620; an ALESSANDRO STRIGGIO, in Mantua

Euer Erlaucht, mein Gnädigster Herr,
ich habe vom Kurier den höchst liebenswürdigen Brief Ew. Gnaden
erhalten, aber er kam so spät, daß ich kaum Zeit finden konnte, diese
Antwort zu schreiben, geschweige denn, um mit mir selbst ins reine zu
kommen. Auch hatte ich nicht einmal Zeit, ein Urlaubsgesuch beim
Dogen[a] und Ihren Exzellenzen, den Herren Prokuratoren, meinen Gebietern, einzureichen, was immer getan werden muß. Denn Ew. Gnaden wissen wohl, daß der, der Diener ist, in Gehorsam leben muß.

---

[a] Der 1619 gewählte Antonio Priuli.

Davon abgesehen, könnte es mir auch gesundheitlich besser gehen.
Weil ich diesen Karneval nicht wenig gearbeitet habe, bin ich noch sehr
erschöpft und mir weint das Herz darüber, daß ich Euren Befehlen
nicht gehorchen kann – eher um Beweise zu liefern, daß ich Euch ein
gehorsamer Diener bin als um jetzt einen sicheren Erfolg zu erhoffen,
nach dem ich mich sehne: d. h. daß ich mich ein für allemal sicher an
den Ländereien erfreuen kann, die der Durchlauchtigste Fürst Vincenzo[b] mir als Stiftung zu versprechen geruhte.

Denn aus dem einzigartigen Dienst, den Ihr für mich bei Ihrer Hoheit[c] zu tun geruhtet (ein Dienst, der mich, das versichere ich Euch,
Euren Gnaden, solange ich lebe, zu Dank verpflichtet hat), habe ich
wie immer ersehen, daß für die Zukunft Gutes erhofft werden kann,
aber sicherlich nicht das, was ich immer ersehnte und noch ersehne – es
schon in der Gegenwart besitzen zu können.

Denn Eure Worte sind genau folgende:»Und obwohl ich in diesem
Augenblick keine Lösung habe, hege ich dennoch große Hoffnung, daß
man, wenn Ihr an diesem Karneval hierher kommt, das Ziel erreichen
wird«.[d] Das ist eine Antwort, erlauchter Herr, die ich zu meinem Unglück immer von dem Durchlauchtigsten Haus Gonzaga erhalten habe,
da ich beständig das Zukünftige in Händen hielt, nicht aber schon das
Gegenwärtige.

Deshalb habe ich solche Angst davor, daß ich, wäre mir die Möglichkeit, diesen Befehlen Ew. Gnaden zu gehorchen, von der Zeit und von
meinem Gesundheitszustand zugestanden worden, sicherlich mit den
üblichen Hoffnungen in der Tasche zurückgekehrt wäre. Und ich hätte
– wie ich es auch das vergangene Mal tat – den Verdacht genährt, ich
wolle meinen Arbeitgeber wechseln. Denn hier wurde dem Dogen
hinterbracht, ich sei nach Mantua gekommen, um meinen Dienstherrn
zu wechseln. Und ich hatte nicht wenig Mühe, diesem Verdacht den
Boden zu entziehen.

Dennoch werden mir Ew. Gnaden einen Gefallen tun, wenn Ihr mir
verzeiht, daß ich nicht sofort Euren Befehlen gehorche (wegen der
genannten Hindernisse). Da Ihr mich mit dem Versprechen zu beehren

---

[b] Vincenzo Gonzaga, Vierter Herzog von Mantua.
[c] Caterina Medici Gonzaga.
[d] Das Zitat stammt aus dem am 22. Februar angekommenen Brief (einem Samstag, dem
üblichen Posttag).

geruhtet, meine Madrigale^e in meinem Namen der Durchlauchtigsten
Fürstin zu präsentieren, die bereits an meinen Schwiegervater^f abgeschickt sind. Er wird sie Ew. Gnaden bringen, und er wird Euch bis zur
Residenz der Fürstin zu Diensten stehen. Ich bitte Euch, meine Entschuldigung vorzubringen, die Gründe dafür sind die Hindernisse, von
denen ich Euch oben berichtet habe, und ihr zu versichern, daß ich ihr
demütigster und ergebenster Diener bin und daß ich mich in meiner
Arbeit der grenzenlosen Güte Ihrer Hoheit empfehle.

Hier ist die Sinfonia für Amor und die andere für die Entrata.^g Wenn
mich Ew. Gnaden auch in anderem für befähigt halten, mögt Ihr mich
bei Gott mit Euren verehrten Befehlen würdigen, weil ich von meinem
Glück keine größere Gunst erlangen kann. Und indem ich Euch hier
von ganzem Herzen die Hände küsse, erbitte ich für Euch von Gott den
Gipfel allen Glückes.

Venedig, 22. Februar 1620

Ew. Gnaden   dankbarster Diener
                  Claudio Monteverdi

^e Buch VII.
^f Giacomo Cattaneo.
^g Zwei weitere Teile der Musik zu *Apollo*.

46

Mantua, Archivio Gonzaga, Cassetta 6, ff. 203–204. Doppelblatt:
3 Seiten [an Alessandro Striggio, in Mantua]. *(29. Februar 1620.)* Malipiero, 194; Paoli, 141.

Monteverdi nutzte den zusätzlichen Februartag,[1] um nicht nur den folgenden Brief an Striggio, sondern auch den nächsten (Nr. 47) an den Herzog
von Bracciano zu schreiben. Der gleichzeitige Umgang mit zwei verschiedenen und unzusammenhängenden Problemen in zwei entfernten Städten
machte ihm keine ernsthaften Sorgen, denn er hatte wieder einmal sein
Hauptziel erreicht, nämlich eine Reise zu einer Jahreszeit zu vermeiden, in
der rauhes Wetter vorherrschte.

[1] 1620 war ein Schaltjahr, und der 29. Februar war ein Samstag (für Mantua Posttag).

Leicht beunruhigt war er jedoch bei dem Gedanken, seinen Freund Striggio aus der Fassung gebracht zu haben, und im Hinblick auf den Tonfall von Brief 45 mag er es für angebracht gehalten haben, ihm genau eine Woche später den folgenden nachzuschicken, um die Dinge so weit wie möglich zu beschönigen. Das Problem bei Monteverdi war, daß er einen Brief mit einer Entschuldigung begann und dann auf die Stiftung zu sprechen kam, was ihn wiederum veranlaßte, darauf einen weiteren Schwall bitterer Formulierungen folgen zu lassen.

In den Äußerungen, die er zur besonderen Wertschätzung der Herzogin für ihn und seine Arbeit macht, kommt jedoch ein interessantes Zeugnis seines Ansehens in Mantua zum Ausdruck. Während sie und Striggio seine entschiedensten Anhänger gewesen zu sein scheinen, begünstigte Herzog Ferdinando (an den Monteverdi sehr selten schrieb[2]) unmißverständlich andere Musiker. Daher die leicht sarkastische Erwähnung des fortgesetzten Bedürfnisses, der Zerstreuung des Herzogs mit Gebeten und Bittgesuchen aufzuwarten – als der einzigen Art und Weise, ihm zu dienen. Da er an Monteverdis Musik offensichtlich wenig Interesse hatte, ist es schwerlich überraschend, daß der Komponist ihm nie auch nur ein einziges Werk widmete. Andererseits widmete Monteverdi Ferdinandos Vater, Bruder, Schwester und Gattin sowohl geistliche als auch weltliche Veröffentlichungen,[3] eine Verfahrensweise, die auf eine subtile Art der Zurücksetzung hinauslaufen mochte, für die der Herzog selbst die alleinige Verantwortung zu übernehmen hat.

---

[2] Aus sechzehn Jahren sind nur sieben Briefe erhalten geblieben.
[3] Das Dritte und Fünfte Madrigalbuch sind Vincenzo; *Orfeo* und die *Scherzi musicali* von 1607 Francesco; *Selva morale e spirituale* Eleonora; und das Siebente Madrigalbuch ist Caterina Medici Gonzaga gewidmet.

Venedig, 29. Februar 1620; [an ALESSANDRO STRIGGIO, in Mantua]

Ew. einzig Erlaucht, mein Gnädigster Herr,
wenn ich mehr Zeit gehabt hätte, meine Herren und Gebieter um Urlaub zu bitten, und mich gesundheitlich besser gefühlt hätte, dann wäre ich tatsächlich, ich versichere es Ew. Gnaden, nochmals gekommen und hätte Euren Befehlen entsprochen. Obwohl ich sicher war, meine Hoffnungen würden auf die üblichen Verzögerungen zusammenschrumpfen (denn weil ich so daran gewöhnt bin[a], sie zu empfan-

---

[a] Hier wird die Kurzform *suefatto* benutzt.

gen, wäre es mir nicht ungewöhnlich erschienen, die Angelegenheit aufzuschieben). Ich bin jedoch ziemlich sicher, daß mich Ihre Hoheit[b], wegen ihrer besonderen Wertschätzung für mich, in meinem Dienst wirksam mit ihrer Gunst beehrt hätte, und ich bin ebenfalls sicher, daß die Hoffnungen, die Ihre Hoheit in mir weckte, wohlbegründet waren.

Was aber mein Glück in Mantua anbelangt, so haben sie mich – im Laufe der Zeit – immer ein Ergebnis sehen lassen, das vom Beginn verschieden war. Ich könnte tausend Beispiele dafür anführen, was mir in Mantua widerfahren ist. Aber wollte Gott, ich könnte von Erfolgen meiner Hoffnungen berichten, oder (besser gesagt) wie kann ich von Hoffnungen berichten, der ich vielleicht einem anderen Herrn diene – daß ich doch noch dem Fürsten Vincenzo[c] diente – mit Gebeten, weil ich seiner ruhmreichen Person auf andere Art nicht zu dienen vermag.

Ich weiß, daß das alles von meinem unglücklichen Los herrührt, nicht von der Großherzigkeit der Fürsten, von denen ich nur zu gut weiß, daß sie edelmütig sind. Mein Zweifel, erlauchter Herr, an der gesicherten Hoffnung, von der Ihr mich in Kenntnis zu setzen geruhtet, ist mir nicht unmittelbar aus der Person Ew. Gnaden entsprungen, sondern rührte daher, daß es eine Hoffnung war, die an die Person Ew. Gnaden übermittelt wird; denn derjenige, welcher das Versprechen gegeben hat, kann es auch wieder zurücknehmen. Und daraus resultierte mein Zweifel, weil ich fürchte, das Sichere durch das Unsichere zu gefährden.

Wenn ich aus der Hand Gottes und aus der Hand Seiner Hoheit einen Fonds empfangen könnte, der mir – zu meiner Zeit – diese 100 Scudi aushändigen würde, wie glücklich wäre ich dann! Sonst wünsche ich nichts zu besitzen, um Gott nicht zu versuchen. Ich werde jedoch immer auf jede Weise diesem Durchlauchtigsten Haus ein sehr demütiger Diener sein und werde für dieses Haus von Gott immer jegliche Verherrlichung, Zufriedenheit und jedes wahre Gut herbeisehnen, indem ich außerdem hoffe, daß Gott es nicht unterlasse, mir selbst und meinen kleinen Söhnen zu helfen. Ich selbst werde nicht davon ablas-

[b] Caterina Medici Gonzaga.
[c] Vincenzo, Vierter Herzog von Mantua.

sen, Beweise meiner Ergebenheit und meiner Ehrerbietung zu erbringen, soweit es in meiner Macht steht. Es betrübt mich, daß ich Euch so sehr zur Last gefallen bin, aber Ew. Gnaden mögen die Schuld dafür Eurer grenzenlosen Freundlichkeit geben, die mich so dreist gemacht hat. Deshalb bitte ich Euch, mir zu verzeihen, während ich Ew. Gnaden von ganzem Herzen für die Ehre danke, die Ihr mir erwiesen habt, indem Ihr mich Eurer ehrenvollen Aufträge gewürdigt habt, mit denen Ihr mich, darum bitte ich den Herrn, viele Male würdigen mögt. Indessen bitte ich Gott sehr herzlich um den Gipfel all Euren Glücks und erweise Euch demütigste Ehrerbietung.

Venedig, 29. Februar 1620

Ew. Gnaden   dankbarster Diener
                 Claudio Monteverdi

47

Rom, Archivio Storico e Notarile del Governatorato. Corrispondenza di Paolo Giordano II. Orsini, busta 164, f. 62. Einzelblatt: 1 Seite [an den Herzog von Bracciano im Castello degli Orsini zu Bracciano]. *(29. Februar 1620.)* Paoli, 144.

Der folgende ist der letzte der vier Briefe an den Herzog von Bracciano, mit dem Monteverdi nicht weiter in Berührung gekommen zu sein scheint. Der Band ist gesetzt, es ist Korrektur gelesen worden, und die Bindearbeiten sind beendet; es bleibt nur noch die Aufgabe, eine bestimmte Zahl von Exemplaren nach Bracciano oder Rom zu schicken (der Bestimmungsort wird nicht genau spezifiziert) und den Rest durch die üblichen Kanäle zu vertreiben.

Wahrscheinlich behielt Monteverdi ein Exemplar von Petrattis *Arie* zurück, denn es hat den Anschein, daß ihn zwei Gedichte daraus besonders fesselten: *Si dolce è il tormento* und *Più lieto il guardo.* Vom ersteren machte er nur zu gut – in einem bezaubernden kleinen Lied – Gebrauch, das er zu Carlo Milanuzzis *Quarto scherzo delle ariose vaghezze* (1624) beisteuerte, vom letzteren (bei Auslassung der fünften Strophe) in einer

Monodie mit Ritornellen für Streicher und Generalbaß, die 1634 in der Anthologie *Arie de diversi* eben jenes Alessandro Vincenti erschien, dessen geschäftige Druckerpressen den unbekannten Petratti auf den stürmischen Meeren der *Seconda pratica* ausgesetzt hatten. Er überlebte mit Mühe und Not, denn alles, was von ihm erhalten geblieben ist, ist *ein* Exemplar seiner einzigen Veröffentlichung; dieser bescheidene Band aber führte im Winter 1619/20 auf dem Wege des Briefwechsels den Herzog und den *maestro di musica* zusammen.

Venedig, 29. Februar 1620; [an den HERZOG VON BRACCIANO]

Ew. Erlaucht und Exzellenz, mein Gnädigster Herr,
ich schreibe, um Ew. Exzellenz grenzenlosen Dank zu sagen für die einzigartige Gunst, die mir Ew. Exzellenz erwiesen haben und die darin bestand, daß er mich in seinem höchst freundlichen Brief[a] zu einem würdigen Diener Eures Wohlwollens macht. Ich werde immer versuchen, sooft ich kann, mich einer so großen Gunst würdig zu erhalten. Ich bitte Euch jedoch von ganzem Herzen, daß Ihr daran denkt, mich darauf hinzuweisen[b] mit dem Wohlwollen Eurer Befehle, damit ich mich bei passender Gelegenheit Ew. Exzellenz als der keineswegs nutzlose Diener zeigen kann, der ich zu sein wünsche.

Der Drucker hat zur Kenntnis genommen, was Ew. Exzellenz in Eurem Brief angeordnet haben. Er wird es nicht versäumen, eine passende Gelegenheit zu finden, um Euch die Bücher[c] zu senden, die er Euch schuldet[d]. Ich werde es nicht unterlassen, ihn anzuspornen, obwohl ich weiß, daß das unnötig sein wird, weil er ein höchst ergebener Diener Ew. Exzellenz ist, vor denen ich mich mit aller Ehrerbietung neige und von Gott, Unserem Herrn, für Euch den Gipfel allen Glücks erbitte.

Venedig, 29. Februar 1620
Ew. Exzellenz   demütigster und ergebenster Diener
                  Claudio Monteverdi

---

[a] *queste humanissime sue.*
[b] *prevenirmi* (nicht *premunirmi*).
[c] Petrattis *Primo libro d'arie.*
[d] *deve* (nicht *dissi*).

48

Mantua, Archivio Gonzaga, Cassetta 6, ff. 206–207. Doppelblatt:
3 Seiten [an Alessandro Striggio, in Mantua]. *(8. März 1620.)* Malipiero, 196; Paoli, 145; Prunières, 253.

In Mantua waren weit vor Anfang März bereits Überlegungen zur Auswahl des Werkes im Gange, das am 2. Mai, zum Geburtstag der Herzogin, aufgeführt werden sollte, der traditionellerweise mit Konzerten und Festlichkeiten begangen wurde. Unausweichlich fiel auch Monteverdis Name, und zugleich damit stellte sich auch die Gewißheit ein, daß er sich weigern würde, ein neues Werk in großer Eile zu schreiben. Vielleicht war es Striggio, der auf die Idee verfiel, eher eine alte Monteverdi-Partitur wiederzuverwenden als eine neue in Auftrag zu geben; jedenfalls aber begann eine Wiederaufnahme von *Arianna* ernstlich in Betracht gezogen zu werden.

Für die Gonzaga war diese vierstündige Oper jedoch entschieden unzulänglich, und Ferdinando begann sehnsüchtige Blicke auf die florentiner Musiker zu werfen, die er ja so sehr bewunderte. Am 2. März schrieb er an Jacopo Peri und bat um die Partitur der *favola Adone*,[1] die der Komponist kürzlich abgeschlossen hatte, und zwar auf der Grundlage eines Librettos von Jacopo Cicognini (1577–1633), mit dem Peri bereits 1611 zusammengearbeitet hatte.[2] Wahrscheinlich am folgenden Tage, dem 3. März, brachte Striggio dem Herzog Monteverdis Brief vom 29. Februar zur Kenntnis – mit seiner erregten Bitte um den *fondo*; und es war fraglos das Zusammentreffen dieses Briefes und des dringenden Wunsches nach *Arianna*, das den Herzog bewog, Striggio – den einzigen Mantuaner, der mit Monteverdi umzugehen in der Lage war – anzuweisen, ihm einen Brief mit einem förmlichen Beschäftigungsangebot zu schicken.

Wenn auch Dognazzi im November gescheitert war: Striggio würde doch sicher im März Erfolg haben? Die Verlockung des Köders konnte leicht gesteigert werden, und die Überredungskunst eines Kanzler-Diplomaten würde die schwachen Bemühungen eines Priester-Komponisten sicher mühelos übertreffen. Aber Monteverdi ist auf der Hut: er stellt zwei Gegengesuche, als erstes eine Fristverlängerung, als zweites die Bitte um äußerste Geheimhaltung und Diskretion.

Um seinen Worten mehr Nachdruck zu verleihen, erwähnt er zwei ehr-

---

[1] Davari, 123, Fußn. 2.
[2] Davari, 183 (Peri an Kardinal Ferdinando Gonzaga). Ein Brief an den Kardinal von Jacopo Cicognini (der der Vater von Giacinto Andrea war) ist bei Ademollo, 62, abgedruckt.

furchtgebietende Dignatare von San Marco – Vater und Sohn, Angehörige
einer alten und vornehmen venezianischen Familie und beide über lange
Jahre hin in Monteverdis Laufbahn verwickelt – den *primicerio* der Basi-
lika, Marc' Antonio Cornaro, und seinen Vater Giovanni Cornaro, der im
Jahre 1613 als einer der Prokuratoren *de supra* für die Ernennung des
Komponisten zum *maestro di capella* verantwortlich gewesen war.

Giovanni Cornaro wurde 1625 zum Dogen gewählt und »erreichte die
höchste Würde des Staates, ohne sich je darum beworben zu haben, bedeutend nicht so sehr wegen seiner Reichtümer und des Glanzes seiner
vornehmen Familie als wegen seiner eigenen Vortrefflichkeit«.[3] Aber seine
kurze Amtszeit war keineswegs frei von inneren Unruhen, wenn man vor
allem die Reniero Zeno-Affäre bedenkt,[4] die (unter anderem) die Tendenz
zum Nepotismus auf Seiten der Herrschenden bloßlegte. Wenn auch einer
seiner Söhne in eine Verschwörung zur Ermordung Zenos verwickelt war,
so amtierte zur gleichen Zeit ein anderer Sohn, Kardinal Federico, als
Bischof von Padua, während Marc'Antonio von 1619 bis 1632 die würdigen Amtspflichten des *primicerio* erfüllte, dem Jahr, da er als neuer Bischof nach Padua ging, nachdem sein Bruder als Patriarch von Venedig
eingeführt worden war.[5]

Trotz der tadelnden Äußerung Marc'Antonios muß die Beziehung zwischen *primicerio* und *maestro di musica* in der Hauptsache erfreulich gewesen sein, denn zu Beginn von Brief 124 bezieht Monteverdi sich auf ihn als
auf »meinen besonderen Herrn und hochverehrten Gebieter«. Diese Äußerung fiel nach zahlreichen Dienstjahren, in denen Monteverdi jeden
Mittwoch, Freitag und Sonntag zur Erbauung vieler ausgezeichneter Bürger Musik für Marc'Antonios Privatkapelle lieferte.[6] Keiner davon wollte,
daß Monteverdi Venedig verließ, nicht einmal für kurze Zeit. Dennoch
bringt er Striggio gegenüber seine große Freude darüber zum Ausdruck,
daß *Apollo* ein Erfolg gewesen ist, und dankt ihm im voraus für das Honorar, das er mit der nächsten Post zu erhalten hofft.

[3] Nani, 228.
[4] Hazlitt, 463–468.
[5] Eubel, IV, 275.
[6] Brief 50.

Venedig, 8. März 1620; [an ALESSANDRO STRIGGIO, in Mantua]

Euer Erlaucht, mein Gnädigster Herr,
ich werde Ew. Gnaden in meinem Leben so sehr verpflichtet sein, daß

ich, auch wenn ich sozusagen mein Herzblut hingäbe, sicher bekennen müßte, daß ich die Schuld nicht bezahlen kann. Ich werde Gott für alle Zeiten bitten, daß mir dort, wo meine bescheidenen Kräfte nichts ausrichten, Seine Göttliche Majestät zu Hilfe kommen möge. Der sehr freundliche Brief Ew. Gnaden kam spät in meine Hände, so daß Ihr mir den Gefallen tun werdet, mir bis zur nächsten Post Zeit zu lassen, damit ich über den zweiten Absatz nachdenken kann, obwohl ich ganz sicher bin, daß er, wenn er durch die Hände Ew. Gnaden geht, kein anderes Ziel haben kann als mein Bestes und meinen Seelenfrieden. Nichtsdestoweniger werdet Ihr mir den größten Gefallen erweisen, wenn Ihr mit der nächsten Post zufrieden seid, die die Antwort bringt.

Ich bitte Euch jedoch darum, daß dieser Vorschlag, der mir von der grenzenlosen Güte Seiner Hoheit[a] gemacht wurde (ob er Erfolg hat oder nicht) keinesfalls einem Sänger, einem Instrumentalisten oder anderen aus dem Kreise der Musiker Seiner Hoheit bekannt werden darf, weil Ihr sicher sein könnt, daß die Musiker das, sobald sie es erfahren haben, sofort hier in Venedig bekannt machen würden, und das wäre alles zu meinem Schaden.

Dies war einer der Hauptgründe, warum ich in keiner Weise über die genannte Angelegenheit mit Signor Don Francesco Dognazzi[b] verhandeln wollte, als er diesen vergangenen November hier in Venedig war, um mir diese besondere Gunst seitens Seiner Hoheit zu erweisen, mir nämlich eine Beschäftigung anzubieten. Aber weil er hier in seinem Element ist, interessierte ihn die Sache, und er behielt demzufolge nicht alles für sich, so daß mir nicht allzu lange nach seiner Abreise das Gerücht zu Ohren kam, ich wollte nach Mantua zurückkehren.

Und außerdem sagte mir schon vor einem Monat, als ich wissen ließ, daß ich, wenn Ihre Hoheiten aus Casale zurückgekehrt seien, ihnen meine Bücher[c] bringen und präsentieren würde, der erlauchte Signor *primicerio*[d], Sohn des hochverehrten Prokurators, meines Herrn aus dem Hause Cornaro[e]: »Die Sache mit Eurer Abreise nach Mantua – man sagt, Ihr gingt weg, um dort zu bleiben«.

---

[a] Ferdinando, Sechster Herzog von Mantua.
[b] Seit 1629 Musikdirektor des Herzogs.
[c] Die Stimmbücher des *Concerto* (Madrigale, Buch VII).
[d] Der damalige Hauptwürdenträger von San Marco, Marc' Antonio Cornaro (1619 ernannt).
[e] Giovanni Cornaro (1609 gewählt).

Und dies war vielleicht einer der Hauptgründe, der mich davon abhielt, die genannten Bücher persönlich zu bringen, weil mir, lieber Herr, die Substanz wertvoller sein muß als das Akzidenz. Da nun die Angelegenheit in der Hand Ew. Gnaden liegt (und Ihr alle Fähigkeiten besitzt, die man erwartet, damit eine Sache zu meinem Nutzen und ohne irgendwelchen Schaden meinerseits ausgeht), werde ich Euch deshalb mit der nächsten Post von meinen Überlegungen berichten, indem ich sie auf eine so rechtschaffene Grundlage zu stützen suche, daß ich, sollten sie nicht erfolgreich sein, hoffte, die Sache fügte mir keinen Schaden zu, weder was meinen gegenwärtigen Dienst betrifft noch was die Gunst Seiner Hoheit angeht, die ich ehre und achte wie das allergrößte Gut, das ich auf dieser Welt besitzen kann.

Ich habe vom Erfolg gehört, den meine bescheidenen Noten hatten, die durch das große und grenzenlose Verdienst der wunderschönen Worte[f] Ew. Gnaden unterstützt, beschützt und erhöht worden sind. Von diesen verehrten Herren wurden sie nicht weniger bewundert und geehrt als ich das bereits prophezeit hatte (und das sage ich aus wahrem und aufrichtigem Herzen), und sie wurden durch die Gunst Seiner Hoheit nicht weniger erhöht als durch die grenzenlose Güte Ew. Gnaden, denen ich deshalb mit Recht auch für immer verpflichtet sein muß, was ich Ew. Gnaden oben berichtet habe, denen ich demütige Ehrerbietung erweise und für Euch von Gott von ganzem Herzen den Gipfel allen Glücks erbitte, indem ich aus Eurer freigebigen Hand das mit der nächsten Post zu empfangen hoffe, was Ihr in Eurem Brief zu versprechen geruht habt.

Venedig, 8. März 1620
Ew. Gnaden   dankbarster Diener
                  Claudio Monteverdi

---

[f] Der Text von *Apollo*.

49

Mantua, Archivio Gonzaga, Cassetta 6, ff. 209–212. Doppellage: 7 Seiten [an Alessandro Striggio, in Mantua]. *(13. März 1620.)* Davari, 119; Malipiero, 198; Paoli, 148; Prunières, 254.

Während sich Monteverdi den entscheidenden zweiten Absatz von Striggios Brief – das Arbeitsangebot von Herzog Ferdinando – im Gedächtnis oder durch Notizen einprägte, blieben die Pläne zu einer *Andromeda-* Inszenierung weiterhin in der Schwebe. Einem am 12. März in Genua geschriebenen Brief Alessandro Ghivizzanis läßt sich entnehmen, daß seiner Frau Settimia (einer Tochter Giulio Caccinis und Sängerin von beträchtlichen Fähigkeiten) die Titelrolle versprochen worden war.[1] Als Monteverdi jedoch am darauffolgenden Tag seine Unterschrift unter den längsten Brief setzte, den er je schreiben sollte, war er in Gedanken weit von den banalen Problemen des Musikdramas entfernt, wenn er auch in den glänzenden Jahren am Hofe Herzog Vincenzos manche davon zu lösen geholfen hatte.

Der Brief, der sowohl ins Französische[2] als auch ins Englische übersetzt worden ist, nimmt den Leser nicht nur durch seine geradezu symphonische Länge, sondern auch durch seine Intensität und Logik gefangen. Er zeigt Monteverdi am Scheidewege. Durch einen schmeichelnden Brief eines alten Freundes ist er in Versuchung gekommen, zum Schauplatz seiner frühen Triumphe zurückzukehren, und er widmet dem Problem, in rhetorischer Form, reifliche Überlegungen. Dies ist die dritte Verlockung in weniger als einem Jahr: In Mantua hatte er im Juli 1619 seine Antwort mündlich gegeben und war erneut so verfahren, als Dognazzi im November die herzoglichen Schmeicheleien geschickt und geradewegs nach Venedig weitergeleitet hatte.

In beiden Fällen hatte die Antwort nein gelautet. Dasselbe passiert diesmal, wenn sie auch jetzt mit einer Aura von Evidenz und Beweiskraft ausstaffiert wird, die die Atmosphäre eines Gerichtshofes heraufbeschwört. Mantua, das seine Geduld so viele Jahre lang auf die Probe gestellt hat, muß sich jetzt seinerseits verantworten – und mit ihm die ganze Gesellschaft eines korrupten Hofes: die Herzöge mit ihrer verschwenderischen und zügellosen Vorliebe für Zwerge, Alchimisten und Sängerinnen; die Höflinge, deren nacktes Überleben von ihrer Begabung für Schmeichelei und Intrige abhängt; die ehrlosen und unfähigen Männer des

---

[1] Ademollo, 76.
[2] Prod'homme, 112; Champigneulle, 6.

Schatzamtes; und die in der Luft liegende Krankheit, die gegen Ende eines düsteren Jahrzehnts ausbrechen und sogar die Wälle der Stadt zerstören sollte.

All dem hält Monteverdi die Sicherheit und Beständigkeit seines Lebens in Venedig entgegen. Er ist es, der *maestro di musica* an der großen Basilika von San Marco, der die Verpflichtung und Entlassung von Sängern gutheißt; ihm steht die Macht zu, Urlaubsgesuche zum Konzertieren an anderen Orten der Stadt zu billigen oder abzuschlagen; sein Rat ist bei seinen Oberen willkommen und geachtet. Und selbst wenn sie sterben und ihnen andere im Amte nachfolgen, muß er nicht um seine Bestallung fürchten, denn die in Naturalien zugestandenen Vergünstigungen sind ihm, neben seinem Gehalt, lebenslänglich gewährt worden. In Mantua konnte der Tod eines Herzogs den Verlust einer wichtigen Stellung bedeuten – wie er sich angesichts der Ereignisse von 1613 erinnerte.

Auf eine Reihe heikler Punkte verweisend, die das Wohlergehen und den Besitzstand eines hart arbeitenden Komponisten betreffen, weiß er doch, daß sie nicht zu heikel sind, um der Aufmerksamkeit eines diplomatisch geschulten Geistes wie Striggio zu entgehen. In Mantua hat sein Gehalt (wenn es überhaupt gezahlt wurde) alles umfaßt und gedeckt, was er leistete – die Komposition neuer Werke, das Ausschreiben der Stimmen, die Probenarbeit und die Leitung einer Aufführung. In Venedig dagegen steht es ihm frei, Aufträge von außerhalb anzunehmen, für die er zwei Honorare erhält, eines für die Komposition, das andere für die musikalische Leitung.[3]

Dann ist da das Währungsproblem. Wenn der mantuanische *scudo* und der venezianische *ducato* auch beides Goldmünzen waren, so ließen die Wechselkurse der Zeit den letzteren doch bald den ersteren an Wert übertreffen.[4] Daran liegt es, daß Monteverdi von »450 [*scudi*] von Mantua, die ich hier vom venezianischen Schatzamt bekomme«, spricht und damit meint, daß sein Gehalt von 400 Dukaten 450 mantuanischen *scudi* gleichwertig ist.[5] Mit anderen Worten: alle von Striggio angeführten Zahlen

---

[3] Arnold behauptet, es sei dem *maestro di musica* an San Marco durch die Bedingungen seines Vertrages untersagt gewesen, Verpflichtungen »außer Hauses« einzugehen (»San Rocco«, 235); die Vorschriften müssen um 1620 jedoch gelockert worden sein, denn in den Briefen finden sich zahlreiche Hinweise auf Verpflichtungen in anderen Kirchen und Privathäusern.

[4] Zu Beispielen für den schwankenden Wert der mantuanischen Währung und der Gehälter in den Jahren 1620/21 siehe Ademollo, 180, 270. Zu dieser Zeit war der *scudo*, eine entwertete Goldmünze, etwa 6 *lire* wert (Anthon, 116).

[5] Dieses spezielle Problem ist durch Übersetzungen verdunkelt worden, die an der Stelle, wo Monteverdi von »quattrocento et cinquanta di Mantoa« spricht, das Wort

müssen um mehr als zehn Prozent erniedrigt werden, wenn ein angemessener Vergleich mit der venezianischen Prägung angestellt werden soll, und
die Gesamtsumme des Absatzes ist dazu bestimmt, den Nachweis zu führen, daß die Republik dem Herzogtum gegenüber im Vorteil ist.

Monteverdi ist verständlicherweise empört, wenn er sein Gehalt in Mantua mit dem von Bassano Casola (der bloßer Stellvertreter des *maestro di
musica* war) und mit denen von Campagnolo und Adriana Basile vergleicht. Er war Casolas Vorgesetzter, Campagnolos Lehrer und Adrianas
Begleiter; und es ging ihm gegen den Strich, sie höher bezahlt zu sehen als
sich selbst. Entsprechend zitiert er die empfehlenden Äußerungen von
Prokurator Antonio Landi aus Anlaß seiner Gehaltserhöhung um dreiunddreißig Prozent. Er wendet sich an Striggio als *paterfamilias*, weil er weiß,
daß der Kanzler eine Frau und elf Kinder zu versorgen hat, und hofft, daß
seine beiden eigenen Söhne in den Genuß einer angemessenen Erziehung
kommen, so daß sie ihm letztlich Ansehen und Ehre machen.

Der Schlußappell dagegen gilt einem einflußreichen Wort beim Herzog.
Monteverdi hat gerade gehört, daß der Bischof von Mantua am 11. März
gestorben ist, und dank dem Expreßkurierdienst, der von einem früheren
Herzog, Guglielmo (dem Vater von Vincenzo und Großvater von Ferdinando), eingerichtet worden war, erreichten solche Nachrichten Venedig in
Rekordzeit. Der Tod von Hochwürden Francesco Gonzaga bedeutete, daß
Ferdinando beinahe mit Sicherheit dieselben Privilegien genießen würde,
wie sie Vincenzo im Jahre 1593 von Papst Clemens VIII. gewährt worden
waren, als drei fette Pfründen im Besitz von Kardinal Scipione Gonzaga
zur angemessenen Verfügung standen.[6] Monteverdi fühlte sich unumwunden als hochverdienter Empfänger, insbesondere da, wo es um seinen
fondo ging; aber der Herzog hatte andere Vorstellungen.

»ducat« eingeführt haben. Das richtige Wort ist natürlich »scudo«, das in allen Hinweisen auf das mantuanische Gehalt des Komponisten auftaucht. Dukaten waren in Mantua bis zum Ende des 17. Jahrhunderts in Umlauf, und die Gehälter der Hofmusiker
wurden oft in Dukaten berechnet, wie sich aus den Auszügen aus (ca. 1567 abgefaß-
ten) Rechnungsabschlüssen (Bertolotti, 40) ersehen läßt. Mit dem Umschwung der
Blütezeit Mantuas unter dem luxusliebenden Vincenzo verschwanden auch die Dukaten, an deren Stelle die *scudi* traten. Von da an wurden die Gehälter in der Hauptsache
in *lire* berechnet, so daß sich die Zahlen erfreulicher ausnahmen. Anstatt einem Hofmusiker 100 *scudi* anzubieten, notierten die Hofbeamten die Summe von 600 *lire* – in
der Hoffnung, damit freigebiger und großzügiger zu erscheinen.
[6] Coniglio, 359, 479.

Venedig, 13. März 1620; [an ALESSANDRO STRIGGIO, in Mantua]

Ew. Erlaucht, mein Gnädigster Herr,
ich antworte auf den zweiten Absatz des Briefes Ew. Gnaden, den zu beantworten ich mir bis zu dieser Post Zeit genommen habe. Als erstes muß ich Ew. Gnaden sagen, daß die besondere Ehre, die Seine Hoheit meiner Person erwiesen haben, indem er mir diese einzigartige Gunst gewährte, mir erneut seine Dienstherrschaft anzubieten, meinem Herzen so willkommen war und von einer solchen Gunst zeugte, daß ich bekenne, daß mir die Worte fehlen, um einem solch außerordentlichen Wohlwollen Ausdruck geben zu können – da mir meine Jugendjahre, die ich in diesem Durchlauchtigsten Dienst verbracht habe, in meinem Herzen auf diese Weise ein dankbares, wohlwollendes und ehrfürchtiges Angedenken gegenüber diesem Durchlauchtigsten Haus eingepflanzt haben, so daß ich, solange Leben in mir ist, zu Gott für dieses Haus beten und das größte Glück herbeisehnen werde, das ein ihm zugeneigter und zu Dank verpflichteter Diener nur sehnlich herbeiwünschen kann.

Gewiß, wenn ich nur für mich allein Sorge tragen müßte, dann könnten Ew. Gnaden sicher sein, daß ich mich bemüht hätte, zu den Befehlen Seiner Hoheit zu fliegen, wenn ich es könnte, nicht nur zu eilen, ohne weitere Überlegung oder weiteren Anspruch. Aber was diese Durchlauchtigste Republik anbelangt und die Tatsache, daß mich meine Söhne[a] dazu zwingen, weitere Gedanken darauf zu verwenden, mögt Ihr mir gestatten, daß ich – was diese beiden Punkte betrifft – ein wenig aushole, weil ich außerdem glaube, daß ich ebenfalls von der Güte Ew. Gnaden in dieser Sache unterstützt werde und weil ich weiß, wieviel Ihr durch Eure Klugheit und Eure brüderliche Liebe vermögt.

Also werde ich Ew. Gnaden die Tatsache zu bedenken geben, daß diese Durchlauchtigste Republik keinem meiner Amtsvorgänger – weder Adriano noch Cipriano[b] noch Zarlino[c] noch sonst jemandem – auch nur 200 Dukaten Gehalt bezahlt hat, während sie mir 400 Dukaten bezahlt, eine Gunst, die von mir nicht so leichtfertig und ohne

---

[a] Francesco war damals achtzehneinhalb, Massimiliano beinahe sechzehn Jahre alt.
[b] Adriaan Willaert; Cipriano de Rore.
[c] Giuseppe Zarlino.

weitere Überlegung beiseite geschoben werden sollte, weil (erlauchter Herr) diese Durchlauchtigste Signoria eine solche Neuerung nicht ohne sorgfältige Überlegung einführt. Deshalb sollte ich (ich wiederhole es) diese einzigartige Gunst sehr hoch schätzen. Auch haben sie das, nachdem sie es für mich getan hatten, niemals bereut, im Gegenteil, sie haben mich geehrt und ehren mich weiterhin auf solche Weise, daß kein Sänger in den Chor aufgenommen wird, ohne daß man vorher die Meinung des *maestro di capella* eingeholt hat; des weiteren, daß sie keinen anderen Rat in den Angelegenheiten der Sänger einholen als den des *maestro di capella* und daß sie schließlich nichts in bezug auf die Organisten und den *vicemaestro* tun, ohne die Meinung und den Bericht dieses *maestro di capella* anzuhören; zudem gibt es hier keinen Herrn, der mich nicht schätzt und ehrt. Und wenn ich irgendwelche Musik aufführe – sei es nun Kammer- oder Kirchenmusik –, dann kommt, ich schwöre es Ew. Gnaden, die ganze Stadt gelaufen.

Außerdem ist der Dienst sehr angenehm, weil der ganze Chor unter Vertrag steht[d], der *maestro di capella* ausgenommen, ja es liegt in seinen Händen, einen Sänger zu rügen oder in Schutz zu nehmen[e], ihm Urlaub zu gewähren oder nicht, und wenn er nicht in den Chor geht, sagt niemand etwas. Ferner ist ihm sein Gehalt bis zu seinem Tode sicher: weder der Tod eines Prokurators noch der des Dogen hat darauf Einfluß. Und wenn er immer treu und ehrfürchtig dient, dann kann er mehr erwarten, nicht das Gegenteil. Was seinen Monatslohn angeht, so wird ihm dieser, wenn er nicht zur rechten Zeit kommt, um ihn abzuholen, nach Hause gebracht.

Dies ist der erste Punkt, was das Grundeinkommen anbelangt: es gibt nun noch ein gelegentliches Einkommen, das sich aus dem zusammensetzt, was ich außerhalb von San Marco günstig verdienen kann und das sich auf etwa 200 Dukaten im Jahr beläuft (nachdem ich wiederholt von den Leitern der Schulen gebeten worden bin), weil diejenigen, die den *maestro di capella* engagieren können, damit er sich um ihre Musik kümmere – von einer Vergütung von 30, 40 oder sogar bis

---

[d] *sottoposta al ponto.* Die Folge davon ist, daß, während der Direktor auf Lebenszeit bestallt ist, seine Untergebenen je nach Bedürfnis oder Umständen engagiert oder entlassen werden können.

[e] *pontare e dispontare* (veraltete, mit *appuntare* verwandte Verben). Sie werden manchmal benutzt, um Bestallung oder Entlassung zu bezeichnen.

zu 50 Dukaten für zwei Vespern und eine Messe ganz zu schweigen – es nicht unterlassen, ihn zu beschäftigen, und sie sagen ihm hinterher auch mit wohlgewählten Worten Dank.

Ew. Gnaden, wägt nun mit Eurem feinen Urteilsvermögen den Betrag ab, den Ihr mir im Namen Seiner Hoheit[f] angeboten habt, und seht selbst, ob ich – mit gutem und triftigem Grund – tauschen kann oder nicht, und zieht bitte als erstes in Betracht, Ew. Gnaden, welchen Schaden es mir in meinem Ansehen bei diesen erlauchten Herren und beim Dogen[g] selbst zufügen würde, wenn ich meine Zustimmung dazu gäbe, daß die Gelder, die ich zum Leben habe, gegen solche aus dem Mantuanischen Schatzamt eingetauscht würden, die mit dem Tode oder der geringsten Verstimmung des Fürsten ausbleiben – indem ich ferner 450 Scudi von Mantua[h], die ich hier vom Venezianischen Schatzamt bekomme, fahren lasse, um – wie Signor Santi[i] – 300 zu beziehen –, was würden diese Herren über mich mit gutem Grund sagen?

Es ist wahr, daß Ihr mir außerdem noch im Auftrag Seiner Hoheit 150 Scudi aus Ländereien hinzufügt, die mein freier Besitz sein werden. Aber darauf entgegne ich, daß es nicht nötig ist, daß mir der Fürst gibt, was mir gehört: es werden nicht 150, sondern eher 50 Scudi sein, weil mir Seine Hoheit die 100 Scudi bereits schuldet. Deshalb ist es nicht nötig, das mitzurechnen, was ich bereits ein andermal unter Schweiß und unermeßlicher Mühe verdient habe. Also wären es insgesamt nicht ganz 350 Scudi, und hier bekomme ich 450 und weitere 200 für zusätzliche Arbeiten.

Deshalb mögen Ew. Gnaden erkennen, daß die Welt sicherlich viel gegen mich hätte; und – ohne andere zu erwähnen – was würde Adriana[j] sagen oder einer ihrer Brüder[k] oder Campagnolo[l] oder Don Bassano[m], die bisher viel, viel mehr anerkannt und belohnt worden sind! Wie müßte ich mich vor ihnen schämen, wenn ich sehen würde, daß sie besser entlohnt worden sind als ich. Außerdem die Stadt Vene-

[f] Herzog Ferdinando Gonzaga.
[g] Antonio Priuli.
[h] 450 mantuanische *scudi* entsprachen im Wert annähernd 400 venezianischen Dukaten.
[i] Sante Orlandi, der verstorbene Musikdirektor am Hofe der Gonzaga.
[j] Adriana Basile.
[k] Sie hatte zwei Brüder, Francesco und Giovanni Battista, und beinahe mit Sicherheit bezog sich Monteverdi auf den letzteren (einen Dichter).
[l] Francesco Campagnolo, der Tenor.
[m] Don Bassano Casola, Sänger und Komponist.

dig – ich überlasse das dem Urteilsvermögen Ew. Gnaden. Sie gewährt mir eine größere finanzielle Unterstützung als die, welche mir Seine Hoheit durch Signor Campagnolo angeboten haben – als ich mich anläßlich des Todes von Signor Santi in Mantua aufhielt und dabei im Hause des genannten Signor Campagnolo wohnte –, die 300 Scudi Einnahmen aus Ländereien betrug, von denen ich 200 bis zu meinem Tode zu meiner Verfügung haben sollte und 100 als Zahlung aus meiner Pacht oder als Schenkung.

Weil ich sagte, ich wolle mit dem Schatzamt nichts zu schaffen haben, bot er mir weitere 200 als Pension an, so daß sich die Zahlungen insgesamt auf 600 mantuanische Scudi belaufen sollten. Und jetzt hätten Seine Hoheit gern, daß ich mich dafür entscheide, obwohl ich viel weniger bezahlt bekomme, samt der leidigen Pflicht, jeden Tag zum Schatzmeister gehen zu müssen, um ihn zu bitten, daß er mir meinen Teil gebe.

Gott bewahre mich davor! Niemals in meinem Leben habe ich in meinem Herzen größere Demütigung erduldet als damals, als ich hingehen und den Schatzmeister – gleichsam aus Liebe zu Gott – um meinen Lohn bitten mußte. Lieber würde ich mich damit begnügen, betteln zu gehen, als zu einer solchen Schmach zurückkehren. (Ich bitte Ew. Gnaden, mir zu verzeihen, wenn ich frei heraus spreche; diesmal mögt Ihr wegen meiner Freundschaft – weil ich ein treu ergebener Diener bin – geruhen, mir mit dem Ohr Eurer grenzenlosen Freundlichkeit und nicht mit dem Eurer einzigartigen Verdienste zuzuhören.) Als der exzellente Prokurator Landi[n] – zusammen mit den anderen exzellenten Herren – noch einmal mein Gehalt um 100 Dukaten erhöhte, sprach dieser Herr folgende Worte: »Hochverehrte Herren und Kollegen[o]: Wer einen angesehenen Diener will, muß diesen auch ehrenhaft behandeln.«

Wenn also der Fürst der Ansicht ist, daß ich ehrenvoll zu leben habe, dann ist es recht und billig, daß er mich so behandelt, wenn aber womöglich nicht, so bitte ich ihn, mich nicht zu stören, da ich ehrenhaft lebe, davon können sich Ew. Gnaden überzeugen. Über den Punkt, der

---

[n] Antonio Landi, einer der vier Prokuratoren, die Monteverdi 1613 bestallt hatten. Landi wurde 1612 zum Prokurator ernannt und starb 1618; in der Familienkapelle in der Kirche San Antonio (Sansovino, 32) gibt es eine Grabinschrift und eine Büste von ihm.
[o] *collega* (venezianischer Plural).

meine Söhne betrifft, will ich mich nicht äußern, weil ich mit Ew. Gnaden spreche, und weil auch Ihr Familienvater[p] seid; Ihr wißt sehr gut, was für einen Vater nötig ist, der für sich selbst und für sein Haus, für das er Verantwortung trägt, Ehre wünscht (und naturgemäß wünschen muß).

Meine Schlußfolgerung, erlauchter Herr, ist folgende: daß er sich, was Claudio angeht, vollständig dem Wunsch und Befehl Seiner Hoheit fügt; was nun jedoch die genannten Gesichtspunkte anbelangt, so kann er – mit der Stellung, die er innehat – sich nicht verändern, ohne sich gleichzeitig zu verbessern, so daß er von diesen exzellenten Herren zu seiner eigenen Zufriedenheit Abschied nehmen könnte (nachdem er von diesen Herren so geehrt und begünstigt worden ist und auch von dem, der mit wenig Verdienst viel verdient hat, nicht zum besten gehalten worden ist) und dafür weder von der Mitwelt noch von seinen Söhnen getadelt wurde.

Jetzt, da der erlauchte Bischof von Mantua[q] das Zeitliche gesegnet hat, wäre es Seiner Hoheit gut möglich, Genugtuung zu verschaffen durch eine Pension und durch ein wenig mehr Land, ohne Monteverdi den Schikanen und der Unzuverlässigkeit des Schatzamtes auszuliefern. Kurzum, 400 mantuanische Scudi als Pension und 300 aus den Ländereien, wären wenig für Seine Hoheit, für Claudio aber würden sie tatsächlich wahre Ruhe bedeuten. Hieße das vielleicht um Unmögliches bitten? Kurz und gut, er bittet nur um weniger als Adriana und vielleicht Settimia[r] zu bekommen pflegte, aber er bittet um das, was er gegenwärtig verdient.

Ich sehe keine andere Schwierigkeit als das bißchen Besitz, denn es ist meine Pflicht, meinen Söhnen etwas zu hinterlassen. Und wenn ich ihnen etwas von dem hinterlasse, was mir vom Durchlauchtigsten Haus Gonzaga verliehen wurde, dann wird es auch zur beständigen Ehre dieses Hauses gereichen, einem langjährigen Diener geholfen zu haben, der auch von den Fürsten nicht gering geschätzt wurde. Aber wenn es Seiner Hoheit zuviel erscheint, dann möge er mich damit

[p] Striggio hatte elf Kinder.
[q] Mgr Francesco Gonzaga, der am 11. März 1620 starb. Wie im Falle von Pallavicino (Brief 1) verlor Monteverdi keine Zeit, sich um alles zu bewerben, was überhaupt verfügbar sein mochte.
[r] Settimia Caccini, die Frau von Alessandro Ghivizzani. Sie hatte die Rolle der Venus in *Arianna* gesungen und sollte 1627 erneut mit Monteverdi zusammenarbeiten, als sie den Part der Aurora in dem *torneo* mit dem Titel *Mercurio e Marte* übernahm.

beehren, daß er mir ein kleines Stück Land zuweisen läßt, weil ich mit dem Vermögen zufrieden sein werde, da die 400 Dukaten, die ich hier beziehe, wie eine Pension sind. Und Seine Hoheit werden einen zuverlässigen Diener nicht umsonst bezahlt haben, weil er, wenn er mir zu befehlen geruhen wird, sehen wird, daß der, um zu dienen, mitten in der Nacht vom Bett aufsteht, um in noch größerem Maße Gehorsam zu leisten.

Verzeiht mir, Ew. Gnaden, wenn ich zu weit gegangen bin. Es bleibt mir jetzt nichts anderes übrig, als mit allen Fasern meines Herzens Ew. Gnaden für die besondere Gunst zu danken, die Ihr mir erwiesen habt, indem Ihr meine Madrigale[s] Ihrer Durchlauchtigsten Hoheit präsentiert habt, und ich bin sicher, daß sie durch die höchst ehrenvolle Vermittlung Ew. Gnaden viel willkommener und teurer gewesen sind. Möge mir Gott dazu verhelfen, wo ich es nicht selbst kann, die höchst ehrenvolle Person Ew. Gnaden glücklich zu machen, vor der ich mich von ganzem Herzen neige und Euch die Hand küsse.

Venedig, 13. März 1620
Ew. Gnaden   dankbarster Diener
        Claudio Monteverdi

[s] *Concerto* (Buch VII).

50

Mantua, Archivio Gonzaga, Cassetta 6, ff. 214–215. Doppelblatt: 3 Seiten [an Alessandro Striggio, in Mantua]. *(17. März 1620.)* Davari, 147; Malipiero, 203; Paoli, 155.

Das folgende Schreiben, durch persönlichen Boten nach Mantua gebracht anstatt mit der gewöhnlichen Briefpost, ist das erste von sechs (sämtlich im Jahre 1620 geschriebenen) zu einer Neuaufführung von *Arianna.*[1] Diese Neuaufführung sollte den künstlerischen Höhepunkt der Feierlichkeiten zum Geburtstag der Herzogin am 2. Mai bilden, aber nachdem Monteverdi sich der Mühe unterzogen hatte, die Oper zu revidieren und neu kopieren

[1] Briefe 50–53, 55 und 56.

zu lassen, ließ der Herzog von Mantua – der die Rolle des Theseus spielte –
Arianna fallen und setzte ein anderes Werk dafür ein.[2]
Einmal mehr stellt der Komponist seine ungewöhnlichen Fähigkeiten in
der artigen Kunst der Verschiebung unter Beweis, und mit dem Hinweis
auf seinen langen Brief vom 13. März gibt er seine mangelnde Bereitschaft
zu verstehen, an den Hof zu kommen, solange sein Gesuch nicht bewilligt
ist. Es wird jedoch deutlich, daß auch die Mantuaner besorgt sind, denn
anstatt sich auf die normale Post zu verlassen, schicken sie ihr verschlage-
nes Faktotum Antonio Callegari, der das Notenmaterial persönlich abho-
len soll. »Il Bergamaschino«, wie er genannt wurde, hatte bereits 1602
Berichte über die Situation am Kaiserhof aus Graz und Prag geschickt[3] und
war dem venezianischen Geschäftsträger, Camillo Sordi, zweifellos schon
1613 als professioneller Informationsvermittler bekannt.[4] Im Jahre 1623
stand er in irgendeiner Verbindung zum Staatsbesuch des mantuanischen
Hofes in Venedig[5] und geriet fünf Jahre später in den Verdacht der Spio-
nage.[6]

Monteverdi erwähnt hier eine regelmäßige wöchentliche Aufgabe, die in
den Standardbiographien selten erörtert wird: seine Beteiligung am Musik-
repertoire der Privatkapelle von Marc'Antonio Cornaro, des *primicerio*
von San Marco, der mit größter Sicherheit das Recht gehabt haben wird,
den *maestro di capella* gelegentlich um einen Gefallen zu bitten, wenn es
erforderlich wurde, für geeignete Kompositionen zu sorgen, die dort aufgeführt werden sollten. Tatsächlich könnten viele der kleineren liturgischen Werke Monteverdis, etwa seine Motetten für eine oder zwei Singstimmen, vielleicht mit Violinen- und Generalbaßbegleitung, ausdrücklich
für diese Kapelle geschrieben worden sein.

---

[2] Der Anlaß hatte nichts mit der Wahl des Heiligen Römischen Kaisers zu tun, wie es in
The Monteverdi Companion, 56, vermutet wird. Ferdinand II. von Österreich, der
Neffe von Maximilian II., war bereits am 28. August 1619 gewählt worden; und es ist
kaum nötig, hinzuzufügen, daß er nicht mit Herzog Ferdinando Gonzaga von Mantua
verwechselt werden darf.
[3] Quazza, *Diplomazia*, 42.
[4] Paoli, 350; nach Davaris Notizen im Archivio Gonzaga.
[5] Ademollo, 280.
[6] »Era sospetato di spionaggio a danno del Nevers anche il Bergamaschino, che tentava
introdursi presso tutti gli ambasciatori« (Parma an Striggio, 6. Mai 1628; aus Dokument E/XLV/3/1559 im Archivio Gonzaga, zitiert bei Quazza, *La guerra*, I, 135).

Venedig, 17. März 1620; [an ALESSANDRO STRIGGIO, in Mantua]

Euer Erlaucht, mein Gnädigster Herr,
ich schicke diesen Brief (durch diesen Signor Don Vincenzo[a] aus Mantua, der sich jetzt nach Mantua begibt), um Euch zu berichten, daß ich einen Brief Ew. Gnaden von Signor Bergamaschino[b] erhalten habe, der mich im Namen Seiner Hoheit beauftragt, die *Arianna* so schnell wie möglich kopieren zu lassen und sie dann sofort Ew. Gnaden zu schicken. Sofort gab ich sie zu einem Kopisten, und so hoffe ich, daß Ew. Gnaden sie innerhalb von acht oder zehn Tagen sicherlich in Händen halten werden. Ich hätte bereits mit der vorigen Post geschrieben, wenn mir der genannte Signor Bergamaschino den Brief rechtzeitig vor der Abfahrt des Kuriers ausgehändigt hätte.

Gleichfalls habe ich erfahren, daß Seine Hoheit[c] ihn damit betraute, mich zu benachrichtigen, ich solle mich für acht oder zehn Tage nach Mantua begeben, wobei ich die Gewähr hätte, daß er mich diesen hochwohlgeborenen Herren[d] nicht länger als die genannte Zeit vorenthalte, so daß ich wirklich rechtzeitig zur Karwoche und zur Erfüllung meiner Pflichten wieder in Venedig wäre. Ich werde alles in meiner Kraft Stehende tun, um mit Taten den Befehlen Seiner Hoheit zu gehorchen; in Wahrheit aber unterläßt es keiner, immer wenn ich davon spreche, daß ich nach Mantua gehen wolle, diesen hochwohlgeborenen Männern böse Gedanken in den Kopf zu setzen. Das alles ist zu meinem Schaden, weil sie Verdacht hegen. Außerdem gibt es da den erlauchten Signor *Primicerio*[e], für den ich an jedem Mittwoch, Freitag und Sonntag in seiner privaten Kapelle Musik mache, zu der die halbe

---

[a] Nicht identifiziert, möglicherweise aber ein Musiker und Priester. Ein wahrscheinlicher Kandidat ist Vincenzo Zampoli, Sänger an der Kapelle S. Barbara; es gibt jedoch keinen Beweis, daß er die niederen Weihen hatte. Siehe Tagmann, 387.

[b] Der wirkliche Name des »kleinen Bergamaskers« – der als Schreiber und Protokollführer, als Besorger kleinerer Botengänge und Spionagefachmann Dienst tat – war Antonio Callegari. Am Tage, der auf den der Niederschrift von Brief 50 folgte, bestätigt er, daß »Monteverdi *Arianna* kopieren (läßt), und ich werde das Stück am Samstag mitbringen« (Paoli, 350). Eben das wird von Brief 51 erhärtet, in dem *il Bergamaschino* erneut erwähnt wird.

[c] Ferdinando, Sechster Herzog von Mantua.

[d] Die drei Prokuratoren *de supra*.

[e] Marc'Antonio Cornaro.

Nobilität kommt. Wenn ich von Urlaub spreche, dann kreiden[f] sie mir das sofort an. Wenn man deshalb mein Kommen verschieben könnte, bis die ersten drei Osterfeiertage[g] vorbei sind, könnte ich inzwischen alles arrangieren und hätte so die Freiheit, zu gehorchen. Wenn das nicht möglich ist, werde ich – wenn alle Stricke reißen – das tun, was mir von Ew. Gnaden befohlen wird, indem ich hoffe, daß die Klugheit Ew. Gnaden mir niemals etwas befehlen wird, was nicht zu meinem Besten ist. Die Antwort auf den zweiten Absatz des Briefes von Ew. Gnaden schrieb ich mit der vorigen Post. Deswegen werde ich Euren Auftrag abwarten. Indem ich Euch bei der Liebe Gottes bitte, mich in Eurer Gunst zu halten, die hoffentlich nicht geringer ist als ich sie für mich selbst erwarte, weil ich weiß, daß Ihr voll grenzenloser Menschlichkeit und Freundlichkeit seid. Und indem ich hier Ew. Gnaden demütige Ehrerbietung erweise, erbitte ich für Euch von Gott alles Glück.

Venedig, 17. März 1620

Ew. Gnaden   dankbarster Diener
               Claudio Monteverdi

[f] *mi fanno conti adosso* (was einschließt, daß gerüchteweise über das Nebeneinkommen, das Monteverdi zufloß, unverschämte Mutmaßungen angestellt wurden).

[g] Wahrscheinlich ein lockerer liturgischer Hinweis, der Ostersonntag, -montag und -dienstag meint, drei Tage, für die Monteverdi allesamt besondere Musik zu komponieren haben würde.

51

Mantua, Archivio Gonzaga, Cassetta 6, f. 217. Einzelblatt: 2 Seiten [an Alessandro Striggio, in Mantua]. *Anlage:* Ein Teil von *Arianna.* *(21. März 1620.)* Davari, 148; Malipiero, 204; Paoli, 157.

Antonio Callegari, sonst unter dem Namen »Il Bergamaschino« bekannt, hatte Monteverdi Mitte März einen Brief Striggios mit der Anweisung übergeben, eine Partitur von *Arianna* mit heimzubringen. Da Monteverdi kein Duplikat davon hatte, schickte er – nachdem er einige eilige Korrekturen angebracht hatte – den Hauptteil des Werkes zum Abschreiben und behielt sich selbst nur die Kopierarbeit des »Lamento«, den er als den »wichtigsten Teil des Werkes« beschreibt. Mit aller Deutlichkeit wollte er es vermeiden, das Manuskript des »Lamento« aus der Hand zu geben, und da derzeit keine Einzelausgabe davon im Druck vorlag,[1] mag er dem vielfachen Wunsch nach diesem zu Recht beliebten Auszug durch den Verkauf einzelner Abschriften nachgekommen sein. Der zweite Teil der Mitteilung bezieht sich auf Striggios Antwort auf den ausführlichen Brief vom 13. März.

[1] Im Jahre 1623 erschienen zwei separate Ausgaben (bei Magni in Venedig und bei Fei & Ruuli in Orvieto).

Venedig, 21. März 1620; [an ALESSANDRO STRIGGIO, in Mantua]

Sehr geehrter Herr und hochverehrter Gebieter,
um Euch zu zeigen, daß ich es nicht unterlassen habe, den Befehl Ew. Gnaden auszuführen, sobald ich ihn im Namen Seiner Hoheit[a] erhalten hatte, sende ich Euch hier bereits vier kopierte Hefte. Ich hätte Euch fünf Hefte schicken können[b], aber ich wollte das letzte bei mir zurückbehalten, um es zu verbessern.

Dieses werde ich Ew. Gnaden mit der nächsten Post zusammen mit den anderen zusenden. Ich hätte auch die vorliegenden Hefte zurückbehalten, wenn ich nicht überzeugt wäre, daß jeder Zeitgewinn von Vorteil ist, weil man bei einem Monat oder wenig mehr Probenzeit keine Zeit verlieren darf. Man kann diesen Anfangsabschnitt also inzwischen lernen lassen.

Ich schicke Euch auch den Anfang des *Lamento*, den ich schon zu Hause auf einem anderen Blatt kopiert hatte, damit Ihr, auch was diesen betrifft, Zeit gewinnt, da er der wichtigste Teil des Werkes[c] ist. Signor Bergamaschino,[d] der Überbringer dieses Briefes, wird Ew. Gnaden bestätigen können, wie beschäftigt ich gegenwärtig bin. Zugleich wird er mir den Dienst erweisen, Ew. Gnaden zu bitten, daß Ihr

[a] Ferdinando, Sechster Herzog von Mantua.
[b] *potrei mandar.*
[c] *opera.* Das Wort wurde im ersten Viertel des 17. Jahrhunderts noch immer im allgemeinen Sinne benutzt. Einzelne Kompositionen für die Bühne wurden mit *intermezzo, dramma, favola* usw. bezeichnet.
[d] Mit wirklichem Namen Antonio Callegari (siehe Brief Nr. 50).

mir Zeit laßt, bis die acht Tage nach Ostern verstrichen sind, weil ich
dann nach Mantua kommen kann und das Vergnügen habe, die
Arianna einzustudieren[e] und auch jede beliebige andere Sache.
Außerdem habe ich zur Kenntnis genommen, was Ew. Gnaden mir
mit dieser Post zu schreiben geruhten. Ich antworte darauf, daß ich
Euch bitte, jede Gelegenheit wahrzunehmen, um mit Seiner Hoheit zu
verhandeln, weil mir das nicht im geringsten lästig ist; im Gegenteil, ich
möchte Euch bitten, daß Ihr, wenn Ihr im Blick auf meine Stiftung den
ersehnten Erfolg erzielen könnt, so freundlich sein mögt, darüber vor
allem anderen zu verhandeln, weil jede weitere Veränderung unerwartete Dinge mit sich bringen könnte. Und davor fürchte ich mich.
Ich weiß, wie umsichtig Ihr seid; ich weiß, wie sehr Ihr mich durch Eure
grenzenlose Güte ehrt und mich liebt, und deshalb unterwerfe ich mich
in allem Ew. Gnaden, denen ich mit aller Ehrerbietung die Hände
küsse und für Euch von Gott das höchste Glück erbitte.
Venedig, 21. März[f] 1620
Ew. Gnaden   dankbarster Diener
                  Claudio Monteverdi

[e] *concertare.*
[f] Ursprünglich 20. März, von Monteverdi dann aber abgeändert.

52

Mantua, Archivio Gonzaga, Cassetta 6, f. 219. Einzelblatt: 1 Seite [an
Alessandro Striggio, in Mantua]. *Anlage:* Ein Teil von *Arianna.*
(28. März 1620.) Davari, 149; Malipiero, 205; Paoli, 159.

Wie der vorhergehende Brief geht auch der folgende nur auf zwei Fragen
ein – die fortlaufende Revisionsarbeit an *Arianna* (von der weitere Teil-
stücke beigefügt sind) und die Erörterung des herzoglichen Beschäfti-
gungsangebots in Mantua, das von Striggio ausgehandelt werden soll.
Denn an Striggio ist dieser Brief gerichtet, wenn auch der Umschlag nicht
erhalten geblieben ist und die Grußformel genau wie die üblicherweise für
Marigliani reservierte lautet. Monteverdi vermittelt den Eindruck, dem
Angebot aufgeschlossen gegenüberzustehen, weil es sein Hauptziel ist, sich

die Auszahlung der ihm von Herzog Vincenzo gewährten Stiftung zu sichern.

Sogar dann, wenn eine zufriedenstellende Regelung getroffen worden wäre, ist es sehr zweifelhaft, ob Monteverdi auf seine Position an San Marco verzichtet hätte, weil Venedig ihm sehr viel mehr bot als nur eine sichere und hochachtbare Stellung. Neben seinen eigenen Veröffentlichungen des Jahres 1620 hatte er das Vergnügen, ein Buch Motetten seines Bruders Giulio Cesare[1] und zwei Bücher seines neuen Assistenten Alessandro Grandi[2] erscheinen zu sehen. So viel konnte ihm Mantua nicht bieten.

[1] *Affetti musicali ne quali si contengono motetti a 1–6 voci.*
[2] *Cantade et arie a voce sola ... nuovamente ristampate; Motetti a 5 voci con le Letanie ... nuovamente ristampate.*

Venedig, 28. März 1620; [an ALESSANDRO STRIGGIO, in Mantua]

Euer Erlaucht, mein Hochedler[a] Herr,
ich sende Ew. Gnaden die beiliegenden Hefte der *Arianna*. Ich hatte beabsichtigt, Euch alles zu schicken, aber der Mann, der es für mich abschreibt, wird nicht termingerecht fertig, nicht etwa deshalb, weil er nicht daran arbeitet, sondern weil sich die Arbeit länger hinzieht als ursprünglich angenommen. Mit Sicherheit werde ich Euch jedoch mit der kommenden Post das Ganze schicken – ja sogar schneller, wenn ich jemanden habe, dem ich es mitgeben kann,[b] weil die Musik ganz fertig ist und nur noch ein Teil des Textes fehlt. Wenn ich zuvor gewarnt oder – besser gesagt – verständigt worden wäre, hätte ich es Euch in einem weitaus besseren Zustand geschickt, weil ich weiß, von was ich spreche.

Ew. Gnaden werden mir einen Gefallen tun, wenn Ihr mich bei Seiner Hoheit[c] entschuldigt, sollten Seine Hoheit vielleicht mit mir nicht ganz zufrieden sein. Aber glaubt mir, Ew. Gnaden, daß die Zeit

---

[a] Anstelle des gebräuchlichen *collendissimo* (hochverehrt) verwendet Monteverdi *osservandissimo*, das eine ganz geringfügig niedrigere Stufe bezeichnet. Dieser kleine Verstoß in Fragen der Ehrenbezeigung ist einer der sehr wenigen, die dem Komponisten in seiner über eine Phase von mehr als vierzig Jahren sich erstreckenden Briefsammlung unterliefen.
[b] *per straordinario.*
[c] Ferdinando, Sechster Herzog von Mantua.

für solche Werke gut und schlecht zugleich ist. Dennoch will ich mich
nach dem Geschmack Seiner Hoheit richten, wozu ich auch verpflichtet
bin, weil ich Seiner Hoheit ehrfürchtiger Diener bin.

Was nun die andere Arbeit angeht – so können wir über sie sprechen, wenn ich nach Mantua komme, weil ich fest überzeugt und ganz
sicher bin, daß mir die Gunst Ew. Gnaden in allem helfen wird, so wie
ich sicher weiß, daß es an Gelegenheiten dafür auch gegenwärtig nicht
fehlt. Deshalb lebe ich als Euer dankbarster Diener (und werde immer
als dieser leben) und erbitte damit für Euch alles Glück von Gott,
während ich Euch mit aller Ehrerbietung die Hände küsse.

Venedig, 28. März 1620

Ew. Gnaden   dankbarster Diener
                  Claudio Monteverdi

53

Mantua, Archivio Gonzaga, Cassetta 6, ff. 221–222. Doppelblatt:
3 Seiten [an Alessandro Striggio, in Mantua]. *Anlagen:* Schlußteil von
Arianna und ein Brief an die Herzogin (Nr. 54). *(4. April 1620.)* Davari, 150; Malipiero, 207; Paoli, 163; Prunières, 257.

Die übliche Reihenfolge der beiden Briefe mit dem Datum des 4. April
wird hier entsprechend den *folio*-Nummern in Cassetta 6 und ihrem allgemeinen Sinn umgekehrt. Striggio ist der erste Empfänger, dessen Aufgabe
es ist, Monteverdis Brief an die Herzogin durchzulesen und je nach Lage
der Dinge seine Zustimmung oder Ablehnung zum Ausdruck zu bringen.
Die Briefe und das Notenmaterial waren wahrscheinlich in einem einzigen
Paket verpackt, ganz wie die beiden vorhergehenden Sendungen.

Die gesamte *Arianna*-Partitur wurde in den beiden letzten Märzwochen
von Monteverdi und einem ungenannten Kopisten abgeschrieben und
dann in drei Paketen am 21. und 28. März und am 4. April nach Mantua
geschickt. Da sie, so weit wir wissen, für eine mantuanische Aufführung im
Jahre 1620 oder später nie benutzt wurde, muß der endgültige Verlust
dieses besonderen Exemplars des Werkes wohl auf die Plünderung der
Stadt durch kaiserliche Truppen im Jahre 1630 zurückgeführt werden.

Der mantuanische Hof besaß eine frühere Abschrift des Werkes, und

zwar bis zum Dezember 1613, als die Oper an Francesco de' Medici geschickt wurde.[1] Da Monteverdi Mantua bereits im Oktober in Richtung
Venedig verlassen hatte, ist es unwahrscheinlich, daß er je von dem Hofbeamten zu Rate gezogen worden wäre, der für den Transport dessen verantwortlich war, was vielleicht sogar das originale Autograph gewesen sein
kann. Im Hinblick auf fehlende Beweise dafür, daß die Medici die Partitur
den Gonzaga je zurückerstatteten, legt Striggios Ersuchen um eine neue
Abschrift die Vermutung nahe, daß die frühere nicht zurückgegeben
wurde.

   Zusätzlich zu den Partituren, von denen feststeht, daß sie in Florenz
(Dezember 1613), Mantua (April 1620) und Venedig – zur Wiedereinstu-
dierung von 1639 – existiert haben, gab es beinahe mit Sicherheit noch
andere; aber keine davon ist erhalten geblieben.

   Monteverdis Bitte an Striggio in bezug auf seine Dankesbezeugung an
den Herzog und die Herzogin weist darauf hin, daß ihm noch immer viel
daran liegt, höfliche diplomatische Beziehungen zum Hause Gonzaga zu
unterhalten, und er erwähnt insbesondere seine Wertschätzung des Halsbandes, eine Angelegenheit, die in der Monteverdi-Literatur einige Verwirrung gestiftet hat.[2] Wenn er auch die Hoffnung zum Ausdruck bringt, in
kommenden Jahren mehr von Striggios Dichtungen vertonen zu können,
so kam diese Erneuerung eines alten Arbeitsbündnisses anscheinend doch
nie zustande. Striggio hatte zunehmend mehr an der Bürde der wachsenden Kompliziertheit von Innen- und Außenpolitik und des raschen Verfalls
des höfischen Glanzes der Gonzaga zu tragen, während Monteverdi seinerseits Venedig (und später Parma) anspruchsvoller fand, als er sich je hätte
träumen lassen. Es gab keinen Nachfolger für *Apollo* im Sinne einer Zusammenarbeit von Monteverdi und Striggio.[3]

[1] Davari, 123.
[2] Stevens, »Necklace«.
[3] In der Folge arbeitete er mit Marigliani, Strozzi, Achillini, Ascanio Pio, Vendramin,
   Badoaro, Morando und Busenello zusammen.

Venedig, 4. April 1620; [an ALESSANDRO STRIGGIO, in Mantua]

Sehr geehrter Herr und hochverehrter Gebieter,
ich weiß nicht, ob ich gut daran getan habe oder nicht, daß ich den
beiliegenden Brief an die Durchlauchtigste Fürstin[a] geschrieben habe

[a] Caterina Medici Gonzaga, Herzogin von Mantua.

als Dank dafür, daß sie mir durch die besondere Begünstigung Ew. Gnaden eine so außerordentliche Gunst zu erweisen geruhte und mir diese schöne Kette durch den Kurier schicken ließ. Ew. Gnaden werden mir eine Gunst erweisen und einen flüchtigen Blick auf den Brief werfen, und wenn Ihr es für richtig haltet, dann verschließt ihn bitte und übergebt ihn ihr. Andernfalls seid bitte so freundlich und führt in Eurer höflichen Art durch[b], was notwendig ist. Dafür danke ich meinerseits Seiner Hoheit sehr herzlich. Ferner bitte ich Ew. Gnaden, denselben Dienst dem Durchlauchtigsten Fürsten[c], meinem einzigen Herrn und Urheber dieser außerordentlichen Gunst, zu erweisen.

Ich schicke Ew. Gnaden die restlichen Stücke der *Arianna*. Wenn ich mehr Zeit gehabt hätte, dann hätte ich sie sorgfältiger durchgesehen und vielleicht auch in größerem Maße verbessert. Ich werde es nicht versäumen, jeden Tag etwas in dieser darstellenden Gesangsart[d] zu komponieren, und um so lieber, wenn Ihr mich mit Euren wunderschönen Versen in höherem Maße beehrt, damit ich Euch beweisen kann, wie sehr sich mein Herz danach sehnt, in der Gunst Seiner Hoheit zu verbleiben und dabei von der einzigartigen Würde Ew. Gnaden unterstützt zu werden.

Ew. Gnaden bin ich für die einzigartigen Gunsterweise, die ich täglich durch Eure edle Hand erhalte, zu größtem Dank verpflichtet. Weil diese Gunsterweise mein Verdienst bei weitem übersteigen, deshalb bitte ich Gott, er möge das, was ich nicht kann, für mich ausführen[b] und Ew. Gnaden, denen ich mit aller Ehrerbietung die Hände küsse, mit dem höchsten Glück belohnen.

Venedig, 4. April 1620
Ew. Gnaden dankbarster Diener
Claudio Monteverdi

---

[b] »durchführen« (siehe auch »ausführen«, letzter Absatz): *complire* für *compire*.
[c] Ferdinando Gonzaga.
[d] *canto rapresentativo.*

54

Mantua, Archivio Gonzaga, Cassetta 6, f. 224. Einzelblatt: 2 Seiten [an Caterina Medici Gonzaga, Herzogin von Mantua]. *(4. April 1620.)* Malipiero, 206; Paoli, 161.

In diesem Autograph ist Monteverdi bestrebt, mit seiner Handschrift zu einer deutlicheren und lesbareren Form des Kanzleistils zu kommen als sonst in seiner Korrespondenz, bei der sich aufgrund seiner Verbesserung von Worten und Formulierungen gelegentlich bestimmte Transliterierungsprobleme stellen. Ganz deutlich unternahm er eine besondere Anstrengung, um sicherzugehen, daß seine Gönnerin, Caterina Medici Gonzaga (siehe Abb. 6), die fraglichen Punkte verstand.

Deren gab es drei, und jeder lief auf den Ausdruck des Dankes für eine erwiesene Gnade hinaus: ihre Bereitschaft, seine Entschuldigung für sein Nichterscheinen in Mantua zu akzeptieren, ihre Annahme der Widmung des *Concerto* und ihr Halsbandgeschenk (das er als Kapitalanlage behielt, bis die Umstände ihn zum Verkauf zwangen). Siehe Brief 116. Der folgende Brief war natürlich der vom gleichen Tage stammenden Mitteilung an Striggio beigefügt, die ihrerseits dem Paket mit dem Schlußteil von *Arianna* beilag.

Venedig, 4. April 1620; [an CATERINA MEDICI GONZAGA, HERZOGIN VON MANTUA]

Erlauchte Fürstin, meine Gnädigste Herrin,
es wäre meine Pflicht und Schuldigkeit gewesen, erlauchte Fürstin, diesen Karneval unverzüglich vor Euch zu erscheinen und Ew. Hoheit meine bescheidenen Gesänge[a] mit aller Ehrerbietung zu Füßen zu legen. Weil ich aber zu dieser Zeit krank war, war ich gezwungen, den erlauchten Grafen Alessandro Striggio,[b] meinen besonderen Fürsprecher vor Ihren Hoheiten, eindringlich zu bitten, er möge so freundlich sein, sie Ew. Hoheit an meiner Statt zu präsentieren, während ich Euch bitte, Ihr wolltet sie anzunehmen geruhen als Zeichen dafür, daß Ew. Hoheit meinen unzureichenden, aber ehrfürchtigen und treuen Dienst

---

[a] *Concerto* (Buch VII der Madrigale).
[b] Alessandro Striggio, herzoglicher Hofrat, war Graf von Corticelli.

nicht verschmäht haben, der auch vom ganzen Durchlauchtigsten Haus
Gonzaga geschätzt wurde.
Aber Ew. Hoheit, die dem geringsten Eurer Diener (der ich in der
Tat bin) nicht anders danken können als nach Maßgabe Eurer edlen
Gesinnung – aus diesem Grund sind Ew. Hoheit nicht nur so freundlich
gewesen, mein Fehlen zu entschuldigen und dieses bescheidene Zeichen meines treuen Dienstes frohgemut entgegenzunehmen, sondern
wolltet Ihr mich noch dazu mit dem Geschenk eines trefflichen Hals-
bandes beehren.
Durch Gunstbezeigungen derart überschüttet, blieb mir nichts ande-
res übrig, als Ew. Hoheit mit diesem Brief kniefällig den aufrichtigsten
Dank zu sagen, dessen ein geringer, ergebener und dankbarer Diener
Ew. Hoheit nur fähig sein kann, für die ich Gott von ganzem Herzen
bitte, er möge Euch alles vollkommene Glück gewähren; und ich neige
mich vor Euch demütigst.
Venedig, 4. April 1620[c]
Ew. Hoheit   demütigster und dankbarster Diener
                    Claudio Monteverdi

[c] Dieser Brief war Nr. 53, der dasselbe Datum trägt, beigefügt.

55

Mantua, Archivio Gonzaga, Cassetta 6, ff. 226–227. Doppelblatt:
3 Seiten [an Alessandro Striggio, in Mantua]. *(18. April 1620.)* Malipiero, 208; Paoli, 165.

Der folgende Brief ist aus mehreren Gründen von Interesse, nicht zuletzt
deshalb, weil er von dem fortdauernd eisigen Klima zwischen Monteverdi
und Mantua Zeugnis ablegt. Das tiefe Bedürfnis des Komponisten, sein
persönliches Weh und Leiden dem Petrarcas in dessen *Rime* gleichzustel-
len, muß sich bei zahllosen Gelegenheiten bemerkbar gemacht haben,[1]
wenn die äußeren Umstände auch nicht genau die gleichen waren; und

[1] Pirrotta, 62.

wenn seine Gefühle für Mantua auch noch immer von Frustration, Verletzung und Argwohn getrübt wurden, so mag er sich doch oft und leidenschaftlich die Zeit jenes unruhigen Glücks in Erinnerung gerufen haben, da er mit Claudia Cattaneo verheiratet war. Einer seiner lebendigsten musikalischen Vergegenständlichungen seelischen Kriegs und Friedens kommt in *Hor che'l ciel e la terra*[2] vor:

> *Guerra è il mio stato, d'ira e di duol piena;*
> *E sol di lei pensando ho qualche pace.*[3]

Der Frieden aber war nur noch eine schwache Erinnerung, während der Krieg weiter wütete. Einmal mehr hatte er Unannehmlichkeiten, als er vom Schatzamt die fällige Zahlung der Zinsen aus seiner Stiftung oder *fondo* zu bekommen versuchte. Er zitiert Striggio den genauen Text des in Rede stehenden Dokuments und trifft damit ins Schwarze, obwohl der juristische Originalwortlaut hier und da leicht abweicht.[4]

Wenn Striggio nicht in der Lage sei, das Geld flüssig zu machen, hätte Monteverdi den langen Weg von Venedig nach Mantua bei Unkosten von 25 Dukaten zurückzulegen und seine Zeit mit dem Versuch zu verschwenden, korrupte und wenig hilfsbereite Beamte dazu zu überreden, ihm auszuhändigen, was ihm rechtens zustand. Wenn er sich an den Herzog um Beistand wand (wie er es im Sommer 1619 ja getan hatte)[5], würde ihm eine höfliche Antwort versichern, man werde sich um alles kümmern, und später geschähe dann doch nichts. Entweder gab der Herzog keine Anweisungen, oder diese Anweisungen wurden von seinen Untergebenen in den Wind geschlagen. Als schwacher Herrscher tat Ferdinando wahrscheinlich, was er für seine Pflicht hielt, machte sich aber keine Mühe, herauszufinden, zu welchen Ergebnissen das führte – wenn es denn überhaupt zu irgendwelchen führte.

Dennoch zeigt sich Monteverdi bereit, zu kommen und *Arianna* zu leiten, und entschuldigt sich bei Striggio dafür, daß er ihn fortgesetzt mit seinen persönlichen Problemen und Belastungen behelligt. Er bittet ihn beinahe sogar, den Kampf aufzugeben, aber binnen eines Monats findet ein weiterer Brief zum Thema des Auszahlungsbelegs den Weg auf Striggios Schreibtisch. Der Graf stand zu dieser Zeit auch mit Peri in Verbindung und erhielt am 7. und 12. April zwei Schreiben des Florentiner Komponisten und Sängers zu seiner Vertonung von Jacopo Cicogninis *Adone*

---

[2] *Madrigali guerrieri et amorosi* (1638).
[3] Krieg ist mein [Gemüts-]Zustand, voller Wut und voller Leid;
und nur wenn ich an sie denke, erlange ich etwas Frieden.
[4] Der vollständige Text nach dem *Libro mandati* von 1609 ist bei Pontiroli, *Monteverdi*, 79–80, zitiert.
[5] Siehe Brief 49.

und zu einem separaten Ballett. Im Gegensatz zu Monteverdi hatte Peri keine eigennützigen Zwecke zu verfolgen: er erörtert lediglich die Musik und bringt seine Sorge um deren Aufnahme zum Ausdruck. Er muß sich Striggio gewogen gemacht haben, indem er ihn an die Ehrerbietung erinnerte, die seinem Vater, dem Madrigalisten und Viola da braccio-Spieler, vor langer Zeit in Florenz entgegengebracht wurde.[6]

[6] Ademollo, 239.

Venedig, 18. April 1620; [an ALESSANDRO STRIGGIO, in Mantua]

Euer Durchlaucht, mein Gnädigster Herr,
ich ersuche Ew. Gnaden, Euch bitte nicht abzumühen, sollte große Anstrengung notwendig sein, um die auf dem Auszahlungsbeleg festgesetzte Geldsumme zu erhalten, weil ich weiß, welch lästige Angelegenheit es ist, Geld aus dem Staatsschatz flüssig zu machen. Aber ich rechne so sehr mit dem guten Willen des Fürsten[a] und mit dem Entgegenkommen Ew. Gnaden, daß es beinahe so aussieht, als ob mir die Gelder nichts wert wären – ja sogar vollkommen, auch wenn daraus Ärger oder Verdruß resultieren sollten.

Es scheint mir aber, Ew. Gnaden, sehr eigenartig zu sein, daß sich in meiner Stiftung genau folgende Worte finden: »Wir beauftragen den Präsidenten unseres Magistrats damit, unsere Stiftung und Verpflichtung ohne weiteren Auftrag oder Befehl durchzuführen, weil dies unser wohlüberlegter Wille ist.«

Ich war immer gezwungen – und bin es gegenwärtig noch viel mehr –, entweder zu kommen und Seine Hoheit darum zu bitten, mir die Gunst zu gewähren, eine Anweisung zu geben, daß mir das Geld ausgehändigt wird (zusammen mit den Reisespesen von immerhin 25 Dukaten), oder Euresgleichen zu bitten, daß Ihr die Güte haben mögt, Euch für mich einzusetzen, indem Ihr in meinem Namen um eine Sache ersucht, um die man nicht sollte bitten müssen. Denn ich vermag tatsächlich bisweilen nicht zu entscheiden, Ew. Gnaden, was meinem Herzen mehr Kummer bereitet: der Widerwillen, auf das Geld völlig zu verzichten oder die Tatsache, daß ich (damit ich das Geld kassieren kann) auf Euresgleichen solche Mühen zukommen sehe und auf mich

[a] Ferdinando, Sechster Herzog von Mantua.

Unkosten und Schwierigkeiten, wollte ich kommen und es entgegennehmen.

Was mich anbelangt, erlauchter Herr, so wünsche ich, wenn die Sache künftig so weitergeht, daß meine Söhne[b] auf die Stiftung verzichten. Wenn sie sie erhalten, schön und gut; wenn nicht, dann mag es auch zu ihrem Schaden sein. Es wird besser sein, daß das Herz sich ein für allemal beruhigt, als daß es beständig, mit all dem Aufwand, der Mühe, der Belastung und den Verpflichtungen, einer Hoffnung nachjagt, die nur nach meinem Tode ein Ende haben kann.

Als ich im vergangenen Jahr in Mantua war, bat ich Seine Hoheit, er wolle so freundlich sein und mir die Gelder auf dem schnellsten Wege zukommen lassen, damit ich für die Studien meiner Söhne aufkommen kann. Natürlich erhielt ich eine Antwort, voller Güte und Liebenswürdigkeit, aber dennoch bin ich schlechter dran als zuvor. So steht's in Mantua um mein Glück. Und weil ich weiß, daß es so ist, bitte ich Ew. Gnaden abermals, der Sache einen kleinen Stoß[c] zu geben, weil Eure grenzenlose Güte und Menschlichkeit solche Aufträge erteilen – da ich, wenn es nicht so wäre, niemals hätte so kühn sein können.

Wenn das möglich ist, schön und gut; wenn aber nicht, so laßt uns den Erhalt des Geldes dem Zeitpunkt überlassen, den Gott geben wird. Was meine Bereitwilligkeit anbelangt, den Befehlen Seiner Hoheit Folge zu leisten und zugleich auch denen Ew. Gnaden – wann immer Ihr geruhen mögt, mir den kleinsten Wink bezüglich der *Arianna* oder einer anderen Sache zukommen zu lassen, dann werdet Ihr anhand der Resultate meine aufrichtige Bereitschaft ersehen und den großen Wunsch erkennen, den ich hege, nämlich mich in nicht geringerem Maße den Durchlauchtigsten Herren als demütigster Diener zu erweisen als ich es verlange, Ew. Gnaden ein treuer und dankbarer Diener zu sein.

Müht Euch, erlauchter Herr, künftig nicht mehr damit ab, die Probleme von Leuten wie mir in Ordnung zu bringen, weil sie durch die beständige Not, die mich bedrängt, zahlreich sind. Und wenn eine Angelegenheit heute erledigt ist, dann gibt es morgen ein neues Problem, so wie es einem armen Mann ergeht, der alte Kleider hat: sobald

---

[b] Francesco und Massimiliano.

[c] *una semplice passatella.* Der Ausdruck ist beim Kugelspiel *(bocce)* entlehnt.

ein Loch ausgebessert ist, entdeckt er ein neues, das es auszubessern gilt. Gesteht mir zu, daß ich alles zusammenrechne, und Ihr werdet die Wahrheit entdecken. Zuerst war da die Schwierigkeit mit Ew. Gnaden hinsichtlich der Bücher[d]; dann ist der Auszahlungsbetrag plötzlich aufgetaucht; dann kommt die Bitte um das Geld, mit all den Schwierigkeiten – und so höre ich niemals auf, Euch damit Umstände zu machen.

Handelt also, ich bitte Euch darum, nach meinem Willen und nehmt nicht Anstoß an solchen Angelegenheiten; seid vielmehr damit zufrieden, daß ich Euer Diener bin aufgrund vergangener Gunsterweise, und weil ich das immer bleiben will, werde ich es nicht unterlassen, Gott zu bitten, daß er Ew. Gnaden die Gunst jeden Glückes schenke. Und hier erweise ich Euch demütigste Ehrerbietung.

Venedig, 18. April 1620

Ew. Gnaden   dankbarster Diener
                Claudio Monteverdi

[d] Die Stimmbücher des *Concerto*.

56

Mantua, Archivio Gonzaga, Cassetta 6, ff. 229–230. Doppelblatt: 3 Seiten [an Alessandro Striggio, in Mantua]. *(10. Mai 1620.)* Malipiero, 210; Paoli, 168; Prunières, 258.

Nachdem er eine Antwort auf seinen Brief vom 4. April an die Herzogin bekommen hatte, schrieb Monteverdi kurz nach Ostern (das auf den 19. April fiel) an Striggio, dankte ihm für seine bereitwillige Vermittlertätigkeit und fügte hinzu, daß die Herzogin sich ihrerseits als Fürsprecherin beim Herzog nützlich erweisen könnte. Einmal vorausgesetzt, daß die Umstände den Einfluß einer dritten Partei bei Hofe dringend erforderlich machten, war dieser Annäherungsversuch aufgrund des schwerfälligen und schleppenden Fortschritts der Verhandlungen mit seinen früheren Arbeitgebern in Monteverdis Fall nötiger denn je.

Daß der Umgang mit ihnen schwierig war, läßt sich schwerlich bezweifeln, und die flinke Wendigkeit ihrer Planung muß auf alle, die das Glück hatten, jenseits der mantuanischen Sümpfe zu leben, oft den Eindruck ungezügelter Improvisation gemacht haben. Die wahnsinnige Eile der Neubearbeitung und Abschrift der *Arianna* und die Antreiberei von Peri in Florenz, *Adone* und ein Ballett abzuschließen – und das alles rechtzeitig zu den Geburtstagsfeierlichkeiten für die Herzogin –, zeigen die Gonzaga in ihrem wahren Licht, wie es auch ihr plötzlicher Entschluß tut, kurzerhand alles bis auf das Ballett wieder abzusagen.

Vergeblich waren Monteverdis Proteste gegen die Überstürzung einer Inszenierung, die normalerweise mehrere Monate an Probenzeit erfordert hätte; vergeblich auch die Bitten Peris, der Striggio bestürmte, *Adone* nicht für ein Werk zu halten, das sich in vierzehn Tagen vorbereiten ließ.[1] Ihre Ratschläge wurden bis zur letzten Minute in den Wind geschlagen; denn am 30. April schrieb der Stadtrat von Brescia an die Herzogin und dankte ihr für die ihm erwiesene Ehre der Verpflichtung seines Bläserensembles.[2] Es handelte sich da beinahe mit Sicherheit um den Versuch, die Lücken in der Programmgestaltung rasch und wohlfeil zu füllen: anstatt mit zwei Bühnenwerken hatte der Hof seine Festivität mit einer Bläserkapelle und einem Ballett zu bestreiten.

Mehr als einmal ist die Vermutung geäußert worden, das Ballett sei kein anderes als Monteverdis *Tirsi e Clori* gewesen, und dessen Aufnahme in den kürzlich Madama Serenissima überreichten *Concerto*-Band schien eine solche Theorie zu bestätigen. Aber Monteverdi sagt nicht, daß die Herzogin in ihrem Brief gut daran getan habe, sich für *sein* Ballett zu entscheiden; er spricht lediglich von *dem* Ballett, eine Äußerung, die sich auf das von Peri beziehen muß, weil er im folgenden Absatz sagt, wie sehr er davon angetan ist, daß Peri die Chance erhält, seinen wirklichen Wert unter Beweis zu stellen, und daß das damit ins Spiel kommende Element von Rivalität die anderen – die heimischen Komponisten – in die Lage versetzen wird, etwas Eigenes von anderer Disposition oder in einem anderen Genre beizutragen.

Peris *Adone* ist nicht erhalten geblieben, das Ballett offensichtlich auch nicht. Weil dieses Ballett aber wenigstens eine Mond-Szene enthielt, kann es sich möglicherweise um eine Umarbeitung des 1616 vom Herzog als *favola* geschriebenen *Endimione* gehandelt haben.[3] Wie zutreffend das aber auch sein mag: im Jahre 1620 läßt sich die Existenz dreier musikalischer Partituren in Mantua – jede davon ein Bühnenwerk von größter Bedeutung – nicht leugnen. Die Nachwelt kann nur bedauern, daß die Gonzaga das ihnen anvertraute Notenmaterial mit weniger Sorgfalt behandelten als ihre eigenen weitläufigen Archive.

---

[1] Ademollo, 238.
[2] Bertolotti, 98.
[3] Ademollo, 233.

Venedig, 10.Mai 1620; [an ALESSANDRO STRIGGIO, in Mantua]

Euer Erlaucht, mein Gnädigster Herr,
beständig erhalte ich unermeßliche Gunstbeweise aus der großzügigen
Hand Ew. Gnaden; und so sehe ich mich dem hochherzigen Verhalten
Ew. Gnaden jeden Tag um so mehr verpflichtet. Könnte ich doch das
Resultat meiner Ergebenheit anpassen, so daß ich dann der Befehle
Ew. Gnaden vielleicht würdiger wäre als ich es jetzt bin. Mein Schick-
sal aber peinigt mich beständig auf diese reizende Art, indem es mich
der Gunstbeweise zwar, nicht aber des Verdienstes würdig macht.

Ich habe auf meinen Brief eine äußerst wohlwollende Antwort erhalten, dank der grenzenlosen Güte der Durchlauchtigsten Herzogin,
und diese einzigartige Gunst reichte – ohne weitere Beweise der Anerkennung – aus, um mich in jedem Falle zu Ihrem ständigen Diener zu
machen. Aber ich kenne die Wahrheit gut genug, um zu wissen, daß der
größere Teil des Ansehens, das ich durch die Gunst Ihrer Durchlauchtigsten Hoheit[a] genieße, aus dem einzigartigen Entgegenkommen Ew.
Gnaden resultiert, so daß ich Ew. Gnaden deshalb nicht weniger für
Eure Gunst dankbar sein muß als Ihrer Durchlauchtigsten Hoheit für
Ihre Unterstützung.

Im Vertrauen auf die Gunst Ihrer Durchlauchtigsten Hoheit und auf
die Ew. Gnaden werde ich künftig viel mehr erhoffen als in der Vergangenheit, weil ich glaube, daß ich mit dieser kleinen Geldsumme
gewürdigt werde, die ich für mich durch Gunst, nicht durch mein Verdienst, aus der großzügigen Hand des Durchlauchtigsten Herzogs von
Mantua[b], eines ebenso gütigen wie gerechten Herrn, in Anspruch nehmen darf. Und ich will hoffen, daß ich mich, bevor ich sterbe, einmal
noch über die Gunst freuen kann, die mir die Güte des Durchlauchtigsten Fürsten Vincenzo[c] – Gott sei ihm gnädig – zuteil werden ließ.

Es war gut, daß der Durchlauchtigste Herzog veranlaßte, daß die
Arianna und auch die andere Komposition des Signor Zazzerino[d] nicht

---

[a] *S.A.S.*, das sich sowohl auf den Herzog als auch auf die Herzogin beziehen könnte,
verweist hier (wie im folgenden Abschnitt) auf die letztere.
[b] Ferdinando Gonzaga, Sechster Herzog von Mantua.
[c] Vincenzo, Vierter Herzog von Mantua.
[d] Jacopo Peri, dessen rotblondes Haar ihm diesen Spitznamen eintrug. Das »andere
Werk« war sein *Adone*.

in so kurzer Zeit inszeniert werden, weil die Hast solchen Unternehmungen in der Tat allzu sehr schadet, da dann der Sinn des Gehörten allzu gewöhnlich und wirkungslos ist, zumal bei einem Kreis von Zuhörern, zu dem sowohl die großen Fürsten als auch er selbst gehören. Was das Ballett[e] angeht, so hat die Durchlauchtigste Fürstin die Sache mit großer Umsicht entschieden, weil ein bedeutendes Soggetto ausreicht, um solchen Festen das ihnen Notwendige zu geben, während das bei anderen nicht so ist.

Außerdem kann man dem Signor Zazzerino Gelegenheit geben, unter Beweis zu stellen, daß auch er ein Diener ist, der die Gunst Ihrer Hoheit verdient. Er besitzt all die Fähigkeiten, von denen Ihr mir schreibt, zudem wird der süße und einträgliche Wettbewerb den anderen mehr Gelegenheit bieten, etwas anderes zu tun, um Gunst zu gewinnen, weil man ohne die Kenntnis des Weges nicht am gesetzten Ziel anlangen kann. Ich versichere Euch jedoch, daß die Zuneigung Ew. Gnaden, die Ihr mir auf jede Weise ständig entgegenbringt, mich unaufhörlich fester mit dem Knoten der Dienstbarkeit umschließt.

Auch wenn ich kühn bin im Entgegennehmen der Gunst (die gegenwärtig für die Sorge um meine kleinen Söhne viel notwendiger ist als für mich), einer Gunst, die Ihr mir durch Eure spontane Bereitwilligkeit in Eurem höchst liebenswürdigen Brief anbietet – daß sich nämlich bei Ew. Gnaden mein Schwiegervater[f] sehen läßt, der dafür sorgen wird, daß ihm mein Beleg, den er gegenwärtig in der Hand hält, ausbezahlt wird –, so schiebt die Schuld auf meine große Not und auf Eure hochherzige Veranlagung (weil mich das erste kühn und das zweite fordernd werden ließ) und nicht auf meine eigene Kühnheit, weil ich leider nur zu gut wußte, daß ich Euch lästig war.

Ihr werdet also meinen Schwiegervater bei Euch sehen. Verzeiht ihm seine Zudringlichkeit. Indem ich damit Ew. Gnaden demütigste Ehrerbietung erweise, erbitte ich von Herzen für Ew. Gnaden von Gott jede wahre Zufriedenheit.

Venedig, 10. Mai 1620

Ew. Gnaden   dankbarster Diener
                  Claudio Monteverdi

---

[e] Peris Ballett (Titel unbekannt), das in seinem Brief vom 7. April an Striggio erwähnt wird.
[f] Giacomo Cattaneo.

57

Mantua, Archivio Gonzaga, Cassetta 6, ff. 232–233. Doppelblatt: 3 Seiten [an Alessandro Striggio, in Mantua]. *(11. Juli 1620.)* Malipiero, 212; Paoli, 171; Prunières, 259.

Wenn die kunst- und wissenschaftsliebende Stadt Bologna in den ersten Jahren des 17. Jahrhunderts in ihren Mauern einen der unversöhnlichsten Gegner Monteverdis beherbergte – Giovanni Maria Artusi, Kanoniker an San Salvatore –, so war ihr Kloster San Michele in Bosco von 1608 bis 1634 doch auch die Heimstatt eines guten und ergebenen Freundes: Adriano Banchieri, ein sehr vielseitiger und gewandter Musiker und Dichter, dessen Persönlichkeit das musikalische Leben Bolognas prägte und die beiden Körperschaften ins Leben rief, die als Vorläufer der berühmten Accademia Filarmonica gelten.

Kurz nach Artusis *Discorso secondo* von 1608, in dem der Leitgedanke der *seconda prattica* einmal mehr angegriffen wurde, stürzte sich Banchieri in die Verteidigung Monteverdis, indem er dessen Musik in einer häufig zitierten Passage aus seinem 1609 veröffentlichten *Conclusioni nel suono dell'organo* rühmte: »Ich darf, wenn ich von moderner Musik spreche, nicht versäumen, den edelsten aller Komponisten, Claudio Monteverdi, zu erwähnen, weil seine Ausdrucksqualitäten wirklich das höchste Lob verdienen und wir darin zahllose Beispiele unvergleichlicher Deklamationskunst finden, die durch ähnliche Harmonien sorgsam ausgeschmückt und gesteigert werden.«

Im Jahre 1614, ein Jahr nach Artusis Tod, gründete der immer optimistische und vorausschauende Banchieri die Accademia dei Floridi (manchmal auch »dei Fioriti« genannt) in seinem eigenen Kloster. Seine angenehme Lage – nur eine halbe Meile von der Porta San Mamolo im Südteil der Stadt entfernt – machte es zu einem bequemen Treffpunkt für alle Musik- und Literaturliebhaber. Wenn die Räume, in denen einst die Musik des Olivetanermönchs und seiner Freunde erklang, heute auch Teil einer orthopädischen Klinik sind, bleibt das Gebäude selbst doch ein eindrucksvolles Beispiel geistlicher Architektur, während die (ursprünglich 1524–1526 von Giovanni Battista Facchetti gebaute) Orgel als eine der bedeutendsten in dieser Gegend Italiens gilt.

Die Regeln und Satzungen der Accademia wurden in Banchieris *Cartella musicale nel canto figurato fermo e contrapunto* (Venedig 1614) festgelegt, und neben der Fixierung des Wochentages – Montag – und des Zeitpunktes (zwischen Vespern und Kompleten) spezifizierten sie auch die Art der aufzuführenden Musik. Das Eröffnungsstück sollte die Form eines

»concerto di voci alla spinetta« haben, mit anderen Worten eine Komposition im modernen Stil, mit Generalbaß sein. Nach der ersten Ansprache lauschte die Versammlung einer feierlichen Motette oder einem geistlichen Madrigal von Lassus oder Palestrina, »wobei es auch möglich ist, eines der Madrigale von jenem edelsten aller Komponisten, Claudio Monteverdi, aufzuführen, gegenwärtig hochwürdiger *maestro di musica* an San Marco, Venedig, die auf Ersuchen des erlauchtesten Kardinals Federico Borromeo von Aquilino Coppini zu Motetten umgearbeitet wurden und in kleiner Besetzung ohne Begleitung von Instrumenten gesungen werden sollen«. Nach der zweiten Ansprache kam die Schlußmusik, die frei gewählt werden konnte.[1]

Banchieris wachsende Bewunderung Monteverdis erhellt aus seinem Bedürfnis, seinen Namen mit denen der beiden größten Komponisten des 16. Jahrhunderts in Verbindung zu bringen. Es überrascht deshalb kaum, zu hören, daß Monteverdi beim Fest des heiligen Antonius von Padua (13. Juni) im Jahre 1620 ein warmer und feierlicher Empfang in San Michele in Bosco bereitet wurde, und zwar nicht nur von Banchieri, sondern auch von Girolamo Giacobbi (dem Organisten von San Petronio) und von zahlreichen anderen Bologneser Sängern und Instrumentalisten. Auf das Ereignis wird in einem Glückwunschbrief zu Monteverdis förmlicher Aufnahme als Ehrenmitglied der Accademia dei Filomusi angespielt, die Nachfolgerin jener der Floridi geworden war – wahrscheinlich im Jahre 1624.[2]

Die Reden zu Ehren Monteverdis sind nicht erhalten geblieben, und es läßt sich nicht mehr ermitteln, was für Musik bei jenem bemerkenswerten Anlaß im Jahre 1620 aufgeführt wurde. Möglich ist aber, daß sich unter den Musikern auch sein Sohn Francesco befand, denn er studierte noch immer Jura in Bologna und betätigte sich in seiner Freizeit als Sänger.[3] Das Zusammentreffen von Vater und Sohn erwies sich als mehr als nur eine reine, von Musik und Festlichkeiten begleitete Familienfeier, denn bei eben dieser Gelegenheit deutete Francesco sicherlich dem Vater seinen Wunsch an, Mönch zu werden. Diese Neuigkeit wird zuerst im Brief vom 11. Juli mitgeteilt, der durch einen seltsamen Zufall der letzte aus Monteverdis erhalten gebliebener Korrespondenz ist, in dem er seinen musikalisch begabten Sohn erwähnt.

---

[1] Vecchi, 139.
[2] Vogel, 373; Vecchi, 82. Das Glückwunschschreiben wurde in der Ausgabe von Banchieris *Lettere armoniche* von 1628 veröffentlicht.
[3] Vecchi, 91, Fußn. 88, vermutet, daß der Monteverdi, der 1619 an San Petronio sang, wahrscheinlich Francesco war.

Wenn wir auch nicht wissen, welche Kompositionen Monteverdis am
13. Juni aufgeführt wurden, so gibt es doch eine, die für den betreffenden
Tag vollkommen angemessen gewesen wäre: die Hymne *En gratulemur
hodie* für Tenor, zwei Violinen und Generalbaß zu Ehren des heiligen
Antonius von Padua. Francesco könnte den Tenorpart übernommen haben, der damals wahrscheinlich erwartungsgemäß mit mehr als nur der
unverbindlichen Auswahl alternierender Verse ergänzt worden ist, wie sie
später in der *Selva morale e spirituale* veröffentlicht wurde.[4] Wenn der
vollständige Text der Hymne in den *Analecta Hymnica* (IV, 90) nachge-
prüft wird, ergibt sich, daß der am Schluß der ersten Stanze ausgelassene
Name der von »Antonius« ist, während der Anfang der zweiten Stanze –
»Francisci patris aemulus« – zeigt, daß der besondere Heilige, auf den hier
hingewiesen wird, tatsächlich der Franziskaner ist, der heilige Antonius
von Padua.

Inzwischen bereitete sich im nahegelegenen Modena Adriana Basile auf
die letzte Etappe ihrer langen Reise von Neapel nach Mantua vor. Ihre
stimmlichen Fähigkeiten hatten ihren Höhepunkt überschritten, und die
Prinzessin Giulia Felice d'Este räumte eben das in drei Briefen ein, wenn
sie auch daran festhielt, daß, während Hippolita Marotta mit überlegener
Stimmkraft begabt war, Adriana sie an Schönheit weit übertraf.[5] Sie traf
um den 26. Juni in Mantua ein und begann unverzüglich einen musikalischen Briefwechsel mit der Infanta Isabella von Savoyen, der Gattin von
Alfonso III. d'Este, dem Prinzen von Modena.

[4] Gesammelte Werke, XVI., 517.
[5] Ademollo, 262–265.

Venedig, 11. Juli 1620; [an ALESSANDRO STRIGGIO, in Mantua]

Euer Erlaucht, mein Gnädigster Herr,
nun, da ich die anstrengenden Tage[a] an San Marco überstanden habe
(und bis Allerheiligen Ruhe haben werde), fühle ich mich nicht nur ein
wenig freier, sondern zugleich auch unter Druck gesetzt durch eine
unvorhergesehene Notlage, weil mein Sohn Francesco (der zwanzig
Jahre alt ist und in einem Jahr oder wenig mehr Doktor der Rechte zu

[a] 1. Juli (Feiertag des Allerheiligsten Blutes); 2. Juli (Visitation der Schmerzensreichen
Jungfrau Maria). Bis zum 1. November (Allerheiligen) blieb jetzt eine viermonatige
Frist relativer Ruhe.

sein gedenkt) in Bologna unerwartet den Entschluß gefaßt hat, Mönch im reformierten Orden der unbeschuhten Karmeliten zu werden. Deshalb hat er mir für die Reise nach Mailand und die Ordenskleider Schulden im Wert von mehr als 50 Scudi gemacht. Ich habe aus diesem Grund – durch die günstigen Umstände und durch meine Not veranlaßt – beschlossen, nach Mantua zu reisen, um zu sehen, ob ich das bißchen Geld, das mir zusteht, durch die Güte Seiner Hoheit[b] bekommen kann.

Aber vor der geplanten Abreise habe ich, schon vor einer Woche, allererst meinen Schwiegervater[c] davon unterrichtet. Der schrieb mir mit dieser Post, er sei bei Ew. Gnaden gewesen und Ihr hättet ihm angedeutet, Ihr wolltet mich, weil Seine Hoheit jetzt eine Verordnung erlassen haben, daß für die Musik bezahlt werde, damit beehren, daß Ihr dafür Sorge tragt, daß mir mein Beleg ebenfalls ausbezahlt würde, ohne daß ich damit Schwierigkeiten hätte und bei der Reise in diesen heißen Tagen Unannehmlichkeiten in Kauf nehmen müßte.

Da ich annehme, daß mein Schwiegervater[d] das deshalb gesagt hat, weil er weiß, daß Massimiliano (dem er, wie ich fürchte, wenig Zuneigung entgegenbringt, weil der Junge seinen eigenen Kopf hat) hier bei mir ist und er aus diesem Grund sicher sein kann, daß ich meinen Sohn[e] mitbringe (was ihm nicht gefallen würde), konnte ich – durch die oben geschilderte Notlage veranlaßt – nicht umhin, diesen Brief an Ew. Gnaden zu schreiben und bitte Euch, mich damit zu beehren, daß Ihr mir andeutet, ob ich, auch ohne die Reise nach Mantua, diesen Monat in den Genuß der genannten Gelder kommen kann.

Wenn dem so wäre, bliebe ich hier; andernfalls würde ich, um die Möglichkeit eines Besuchs nicht zu versäumen, die günstige Gelegenheit, die sich anläßlich dieser freien Tage bietet, ergreifen und an Seine Hoheit (in solchem Maße wahrlich durch meine große Notlage veranlaßt) die genannte Bitte richten, in der Hoffnung, er werde mir solch eine wohlverdiente Gunst nicht verweigern, wenn ich die Gelder benutze, um dem einen meiner Söhne, der sich zu einem so gottesfürchtigen Leben entschlossen hat, zu helfen und auch den anderen bei seinen Studien zu unterstützen (denn beide sind seine Untertanen).

---

[b] Ferdinando, Sechster Herzog von Mantua.
[c] Giacomo Cattaneo.
[d] *messere* wird hier anstelle von *suocero* (Schwiegervater) benutzt.
[e] Zur Klärung der leicht verworrenen Personalpronomina hinzugefügt. Massimiliano war zu dieser Zeit gerade etwas über sechzehn Jahre alt.

Ich weiß, daß ich Ew. Gnaden lästig falle (und in der Vergangenheit in noch größerem Maße lästig gefallen bin) wegen der vielen Unannehmlichkeiten, die ich Euch bereitet habe; aber ich versichere Ew. Gnaden, daß mir die Scham über das Gesagte den Mut nehmen wird, Euch weiter zu belästigen, auch wenn ich ganz sicher bin, daß Eure liebenswürdige Art keinen enttäuschen wird, besonders nicht mich, weil mir Ew. Gnaden so viele Beweise gegeben haben, die mich Eurer ehrenvollen Gunst versichern, in der mich Gott immer erhalten und zugleich die Person Ew. Gnaden segnen und behüten möge, der ich zum Schluß demütigste Ehrerbietung erweise und die Hände küsse.

Venedig, 11. Juli 1620

Ew. Gnaden   ergebenster und dankbarster Diener
                  Claudio Monteverdi

58

Mantua, Archivio Gonzaga, Cassetta 6, f. 235. Einzelblatt: 2 Seiten [an Alessandro Striggio, in Mantua]. *(19. Juli 1620.)* Malipiero, 214; Paoli, 174; Prunières, 260.

Monteverdi, der sich im Juni noch immer von seinen Reisen nach Mailand und Bologna erholte, war nicht allzu sehr darauf erpicht, Mantua zu besuchen, obwohl er zwei inzwischen fällig gewordene wichtige Summen eintreiben wollte: die Zahlungsanweisung für seine Pension und das Honorar für eine Abschrift von *Arianna*. Sich an Striggio wendend, der so häufig Zeugnis von seiner Fähigkeit, den Herzog zu überreden, abgelegt hatte, machte der Komponist Pläne, sich das Geld zu verschaffen und es nach Venedig schicken zu lassen. Das erfolgreiche Ergebnis wird im vorliegenden Brief beschrieben.

Er hatte einen weiteren Grund für seinen Wunsch, in Venedig zu bleiben, diesmal einen beruflich triftigen: am dritten Sonntag im Juli war es üblich, daß Doge und Signoria, begleitet von größeren Bürger- und Besuchermengen, eine Stille Messe in der Chiesa del Redentore hörten, Palladios Meisterwerk auf der Giudecca. Beim Offertorium und bei der Erhebung der Hostie wurden vom Chor von San Marco unter der Leitung seines *maestro di capella* Motetten gesungen. Nach dem Ende des Gottesdienstes kehrten Würdenträger und Volk in feierlicher Prozession zur Basilika auf der Hauptinsel zurück, wo von einem der Kanoniker eine Hohe Messe zelebriert und mit weiterer angemessen-feierlicher Musik begleitet wurde.[1] Dieses bemerkenswerte Ereignis, das auch heute noch begangen wird (wenn auch mit weniger Pomp als in früheren Zeiten), erinnerte an den Jahrestag des Gelübdes des Dogen, eine Kirche zum Gedenken an die Rettung Venedigs vor der Pest zu erbauen, die im Jahre 1576 ein Viertel der Bevölkerung dahinraffte. Der Grundstein wurde in Gegenwart des Dogen und des Patriarchen am 3. Mai des folgenden Jahres gelegt, und die Errichtung einer Behelfskirche an dieser Stelle ermöglichte es, daß die Juli-*andata* oder feierliche Prozession zum ersten Male stattfinden konnte. Ein Vorgänger Monteverdis, Giuseppe Zarlino, komponierte und leitete die Musik zu diesem Anlaß, und seither spielte Musik immer eine besondere Rolle bei dieser Zeremonie.[2]

Monteverdi, der wie gewöhnlich unter Zeitdruck schrieb, um die Samstagspost nach Mantua zu erreichen, unterliefen im Zusammenhang mit dem Namen der Kirche und dem Datum des feierlichen Ereignisses zwei kleine Irrtümer. Im Bewußtsein der keineswegs unlogischen geistigen Beziehung zwischen Retter und Erlöser, nannte er die Kirche »Salvatore« anstatt »Redentore«, und tatsächlich gibt es in Venedig eine Chiesa San Salvatore. Unter Berücksichtigung des Datums seines Briefes, das als der 19. Juli angegeben wird, muß er den 18. Juli gemeint haben, der im Jahre 1620, einem Schaltjahr, auf einen Samstag fiel. Der dritte Sonntag im Juli, an dem die Feierlichkeit stattfand, war der 19.

---

[1] Sansovino, 255, 513.
[2] Hazlitt, II, 129. Die Chiesa del Redentore war eine Kapuzinerkirche, und eine Darstellung der Ursprünge dieses Ordens wurde in den vierten (nicht-musikalischen) Band der Werke Zarlinos aufgenommen, die 1589, ein Jahr vor seinem Tode, publiziert wurden. Zu den harmonischen Proportionen der Kirche siehe Honour, 116. Sir Henry Wotton, englischer Botschafter in Venedig zu der Zeit, da dieser Brief geschrieben wurde, war sich Palladios Raumgefühl deutlich bewußt, wenn er (in seinen *Elements of Architecture*, 1624) schrieb:»Wahrhaftig ein makelloses Stück großer Kunst, bei dem die *Materialien*, obwohl nur gewöhnlicher Stein ohne jeden Skulpturenschmuck, den Betrachter doch [und er weiß nicht wie] durch eine geheimnisvolle *Harmonie* in den *Proportionen* hinreißen.«

Venedig, 19. Juli 1620; [an ALESSANDRO STRIGGIO, in Mantua]

Euer Erlaucht, mein Gnädigster Herr,
auch wenn Ew. Gnaden nicht der Mann ist, der mich mit den Aufträgen beehrt, die ich mir so sehnlich wünsche, so muß ich mir doch

(notwendigerweise) eingestehen, daß ich mit Euch immer unauflöslich
verbunden bin durch die grenzenlose Verpflichtung für eine solch
außerordentliche und für mich so bedeutende Gunst, zu der Ihr mir bei
Seiner Hoheit[a] verholfen habt. Wie könnte ich mich da ungebunden[b]
nennen, wenn mir die Befehle Ew. Gnaden Gunst und Ehre einbringen? Ew. Gnaden, entschuldigt mein bescheidenes Vorhaben, das
mehr tun will als es vermag. Niemand jedoch wird mich jemals davon
abbringen, Euer aufrichtiger Diener zu sein.

Hätte ich gewußt, daß ich zu einem kleinen Teil den Beifall Seiner
Hoheit finde und gleichfalls auch den Ew. Gnaden, glaubt mir, dann
wäre ich wahrhaftig vor zwei Wochen nach Mantua geeilt. Aber dieses
Glück sollte mir nicht zuteil werden. Ich werde hier bleiben – nicht so
sehr deswegen, weil die Angelegenheit (wie Ihr mir wohl andeutet)
nicht so dringend ist, sondern weil ich morgen, am 20. dieses Monats,
der Durchlauchtigsten Republik dienen muß, wenn in der *Chiesa del
Redentore*[c] ein Fest stattfindet, das hier von der Durchlauchtigsten Republik im Gedenken an die Gunst Gottes, die Befreiung der Stadt von
der schrecklichen Plage, gefeiert wird.

Ich habe meinem Schwiegervater[d] von dem außerordentlichen Gefallen berichtet[e], den mir Ew. Gnaden bei Seiner Hoheit erwiesen haben. Ich
weiß nicht, ob er darauf verzichten kann, bei Euch vorzusprechen, um zu
erfahren, was er tun muß, um in den Genuß der ersehnten Gunst zu
kommen. Habt Nachsicht mit meiner Not und verzeiht einem armen
Mann den großen Wunsch, mir diesen Dienst zu erweisen, auch wenn sein
Erscheinen bei Ew. Gnaden vielleicht als störend empfunden wird.

Für all dies werde ich in höherem Maße und grenzenlos der liebenswürdigen Wesensart Ew. Gnaden verpflichtet sein, für die ich von Gott
von ganzem Herzen das höchste Glück erbitte, während ich Euch Ehrerbietung erweise und Euch die Hände küsse.

Venedig, 19. Juli 1620

Ew. Gnaden   dankbarster Diener
                Claudio Monteverdi

---

[a] Ferdinando, Sechster Herzog von Mantua.
[b] *slegato.*
[c] *chiesa del Salvatore* (eines von Monteverdis seltenen Erinnerungsversehen in bezug auf
    Gebäude und Topographie Venedigs).
[d] Giacomo Cattaneo.
[e] *ho tocco* (apokopiertes Partizip von *toccare*).

59

Mantua, Archivio Gonzaga, Cassetta 6, f. 237. Einzelblatt: 2 Seiten [an Alessandro Striggio, in Mantua]. *(24. Juli 1620.)* Malipiero, 215; Paoli, 176; Prunières, 261.

Dieser relativ heitere Brief bezieht sich auf die erfolgreich abgewickelte Zahlung von Monteverdis Pension und die Nachricht von einer weiteren *Apollo*-Aufführung in Mantua. Das Geld, das auf dem Wege über seinen Schwiegervater ausgezahlt werden soll, wird namentlich für Francesco und Massimilano beiseite gelegt, die geistliche bzw. medizinische Studien betreiben.

Venedig, 24. Juli 1620; [an ALESSANDRO STRIGGIO, in Mantua]

Euer Erlaucht, mein Gnädigster Herr,
Gott gebe es, daß ich als Diener geboren wurde, der es wert ist, Euch zu dienen, wie Ihr als mein Herr geboren wurdet, damit Ihr mich immer begünstigt und ehrt. Wenn ich mir überlege, daß ich aus Eurer äußerst liebenswürdigen Hand so viel erhalten habe, während ich die von mir so sehr ersehnte Zahlungsanweisung für die geringe Summe Geld erhielt, die mir die Möglichkeit gibt, der Not, die meine Söhne[a] bedrängt, abzuhelfen, eine Not, die es mit der Eile der Zeit nicht unterläßt, mich beständig an sie zu erinnern.

Da fügen mir Ew. Gnaden eine neue Mitteilung über eine neue Gunst hinzu, nämlich die, daß meine bescheidenen Noten, die der wunderschönen Ekoge[b] Ew. Gnaden wahrhaft mit großem Mut, aber doch mit schwacher Kraft dienten, von neuem doppelt geehrt und gelobt worden sind: von Seiner Hoheit[c] und von Ew. Gnaden. Urteilt selbst, wie sehr ich mich Ew. Gnaden gegenüber verpflichtet fühlen muß.

Aber wenn ich nichts anderes tun kann, werde ich Gott von Herzen zu bitten suchen, daß er mir zur Hilfe kommen möge, um jede Gunst

---

[a] Francesco und Massimiliano.
[b] *Apollo* (dies ist der letzte von elf Hinweisen auf die Zusammenarbeit von Striggio und Monteverdi).
[c] Herzog Ferdinando Gonzaga.

und jedes Glück der sehr verehrten und höchst liebenswürdigen Person Ew. Gnaden zu schenken, der ich demütigste Ehrerbietung erweise. Ich habe an Signor Giacomo, meinen Schwiegervater[d] geschrieben, damit er bei Ew. Gnaden vorspricht[e], wie Ihr es mir aufgetragen habt, und sollten Ew. Gnaden zufällig über seine Schnelligkeit etwas erzürnt sein, dann beschuldigt sowohl Eure Freundlichkeit, die mir das so befohlen hat, als auch meine große Not, die mich dazu treibt.

Venedig, 24. Juli 1620

Ew. Gnaden   dankbarster Diener
                Claudio Monteverdi

[d] Giacomo Cattaneo.
[e] *che si lassi vedere.*

60

Mantua, Archivio Gonzaga, Cassetta 6, f. 239. Einzelblatt: 2 Seiten [an Alessandro Striggio, in Casale (?)]. *(22. September 1620.)* Malipiero, 216; Paoli, *178.*

Drei Monate verstreichen ohne Nachricht von Monteverdi an Striggio – genau der Zeitraum bis zum Fälligkeitstag der vierteljährlichen Rate. Aus diesem Anlaß ist der Komponist nach Mantua gekommen, aber nur, um zu erfahren, daß Striggio abwesend (wahrscheinlich in Casale Monferrato) und der Herzog nach Goito abgereist ist, einem Landsitz der Gonzaga, der von seinem Großvater Guglielmo, dem Dritten Herzog, am Ufer des Mincio erbaut wurde. Dieser ruhige und anziehende Zufluchtsort war wegen seiner heraldischen Gemälde berühmt, namentlich wegen einer von Tintoretto stammenden Reihe von Bildern zu den kriegerischen Großtaten der Familie. Die alte, aus den Tagen der Marchese-Würde stammende Jagdhütte war allmählich zu einem *delizioso soggiorno* umgestaltet worden, und eben hier gab der Herzog seinem früheren Musiklehrer am 20. September Audienz.

Monteverdis Ersuchen scheint mit dem übereinzustimmen, was man unter solchen Umständen erwarten mag: zur Vermeidung der vierteljährlichen Belästigung von Striggio und Cattaneo soll das Geld direkt an Monteverdi in Venedig ausgezahlt werden. Der Herzog willigt ein, der Komponist

ist entzückt; aber er ist auch erfahren genug zu wissen, daß eine Anweisung von oben einen Großteil ihrer Schlagkraft einbüßen kann, bis sie erst einmal die Ebene der Beamten der mantuanischen Schatzmeisterei erreicht hat. Deshalb bittet er Striggio, die erste Phase dieser Transaktion persönlich zu überwachen, vielleicht in der Hoffnung, daß spätere Raten dann automatisch eintreffen.

Unmittelbar vor der Abreise aus Venedig kann Monteverdi noch ein Exemplar von Claudio Saracinis *Le seconde musiche*[1] gesehen haben, in dem er als Widmungsträger des allerersten Stückes genannt wird – *Udite, lagrimosi spiriti*, Mirtillos Klage aus Guarinis *Il pastor fido* (III. Akt, 6. Szene). Über die Beziehung der beiden Komponisten ist nichts bekannt; dennoch müssen sie einander in Venedig begegnet sein, denn die Stellung des widmungstragenden Stückes läßt keinen Zweifel daran, daß Saracini seinem älteren Kollegen große Wertschätzung entgegenbrachte.[2]

[1] Die Hauptwidmung an den Großherzog der Toskana ist auf den 26. August datiert.
[2] »Intitolato Al Molto Illustre Sig. Claudio Monteverde Maestro di Capella della Serenissima Signoria di Venetia in San Marco.«

Mantua, 22. September 1620; [an ALESSANDRO STRIGGIO, in Casale (?)]

Euer Erlaucht, mein Gnädigster Herr,
voll grenzenloser Güte geruhte mir der Durchlauchtigste Fürst[a] vorgestern in Goito[b] eine Audienz zu gewähren, in deren Verlauf ich ihn bat, er wolle die Anweisung[c] zu geben geruhen, daß die ausstehenden Schulden an mich bezahlt werden, da ich die Zahlungsanweisungen für meine Schenkung in Händen halte. Er geruhte mir mit gewählten Worten zu antworten, er sei bereit, mir jede Zahlung zu gewähren, eine Antwort, die für meine bescheidenen Verdienste wahrhaft viel zu ehrenvoll ist. Damit ich die zugesprochene Gunst auch erhalte, müssen Seine Hoheit zu verfügen geruhen, daß die Gelder an mich ausbezahlt werden, damit ich die Ausbildung meiner Söhne[d] unterstützen kann.

Um also diese außerordentliche Gunst zu erlangen, wende ich mich an Ew. Gnaden als an meinen besonderen Herrn mit der Bitte, daß Ihr

[a] Ferdinando, Sechster Herzog von Mantua.
[b] Jagdhütte und -schloß der Gonzaga, etwa fünfzehn Kilometer nordwestlich von Mantua.
[c] *commissione*, hier eine Zahlungsanweisung für Rentenbeträge.
[d] Francesco und Massimiliano.

geruhen mögt, Seine Hoheit in einem günstigen Moment daran zu erinnern und die Zahlungsanweisungen entgegenzunehmen, um sie dann entweder Signor Paolo Anselmi^e oder einem anderen Herrn zu geben, der mir das Geld ausbezahlt. Neben der grenzenlosen Verpflichtung, die ich gegenüber Ew. Gnaden immer haben werde, will ich es deshalb nicht unterlassen, Unseren Herrn von ganzem Herzen zu bitten, er möge Ew. Gnaden, denen ich mit aller Ehrerbietung die Hände küsse, begünstigen und segnen.

Mantua, 22. September 1620

Ew. Gnaden   dankbarster Diener
                 Claudio Monteverdi

^e Wahrscheinlich einer der Hofschatzmeister.

61

Mantua, Archivio Gonzaga, Cassetta 6, f. 241. Einzelblatt: 1 Seite [an Alessandro Striggio, in Mantua]. *(9. Oktober 1620.)* Malipiero, 217; Paoli, 180.

Dieser kurze Brief macht deutlich, daß Monteverdi durch Zeitmangel daran gehindert wurde, mit Striggio zusammenzutreffen, der fern von Mantua gewesen, dann aber zurückgekehrt war, um den Herzog in Goito zu erwarten, und sich schließlich für kurze Zeit auf seinen eigenen Landsitz zurückgezogen hatte. Striggio war zu dieser Zeit einer der engsten Berater des Herzogs, und er konnte gar nicht umhin, fortgesetzt und tief in die peinliche Affäre der heimlichen Ehe von Prinz Vincenzo und Isabella Gonzaga di Novellara verstrickt zu werden. Vincenzo und Ferdinando waren einander zwar wieder näher gekommen, aber der (mit Hilfe ihres Bruders, des Grafen Camillo) von Isabella angestrengte Prozeß war gerade wieder aufgenommen worden, und zwar in Rom,[1] wo Gerüchte umgingen, daß den Gonzaga ernsthafte Auseinandersetzungen mit dem Pontifikat bevorstehen könnten.

[1] Errante, »Il processo«, 680.

Venedig, 9. Oktober 1620; [an ALESSANDRO STRIGGIO, in Mantua]

Euer Erlaucht, mein Gnädigster Herr,
ich komme mit meinem Brief von Ew. Gnaden, um meine Pflicht und
Schuldigkeit zu tun, an deren Verwirklichung mich Zeitmangel gehindert hat[a], weil ich erfahren habe, daß Ew. Gnaden nach der Rückkehr
aus Goito[b] kaum in Mantua angekommen waren, als Ihr Euch schon
auf Euren Landsitz begeben habt. Meine Pflicht war es nun, Euch für
solches Wohlwollen, das mir von Eurer grenzenlosen Freundlichkeit
zuteil wurde, zu danken und Euch mitzuteilen, daß ich von Signor
Anselmi[c] meine Gelder bereitwillig erhalten habe und Euch zugleich zu
bitten, mich mit Euren Befehlen zu beehren, um mich zu einem würdigen Diener Eurer Gunst zu machen.

Da ich das nun aus dem genannten Grund nicht mündlich tun
konnte, ersuche ich Ew. Gnaden, meinen guten Willen auf diesem
Blatt Papier[d] anzunehmen, das Euch von Herzen grenzenlos Dank sagt
und Euch inständig bittet, mich in Eurer Gunst zu halten zu geruhen,
während ich für Ew. Gnaden sehr herzlich vollkommenes Glück und
Zufriedenheit erbitte und Euch mit aller Ehrerbietung die Hände
küsse.
Venedig, 9. Oktober 1620
Ew. Gnaden   dankbarster Diener
                    Claudio Monteverdi

---

[a] *che non mi fu concesso dal tempo.*
[b] Jagdhütte und -schloß der Gonzaga, etwa fünfzehn Kilometer nordwestlich von Mantua.
[c] Wahrscheinlich einer der Hofschatzmeister.
[d] Das Subjekt dieser Peroration ist *questo foglio.*

62

Mantua, Archivio Gonzaga, Cassetta 6, f. 256. Einzelblatt: 1 Seite, an
»Sign. Illmo Conte Alessandro Striggio« [in Mantua]. *(21. Oktober
1620.)* Malipiero, 223; Paoli, 182; Prunières, 261.

Die Atmosphäre der Stadt Venedig war so kosmopolitisch und das Ansehen ihres leitenden *maestro di capella* derart gefestigt, daß es schwerfällt,
an irgendeine Art von Absonderung oder Nichteinbeziehung während seiner letzten dreißig Lebensjahre zu glauben. Tatsächlich erwies sich die
Wechselwirkung von Musik und Politik als konstanter und farbig-lebendi-
ger Zug des venezianischen Lebens, wie Monteverdi es kannte. Der folgende Brief erwähnt die Mailänder Kolonie und ihren Wunsch, den Festtag
von San Carlo Borromeo am 4. November mit besonderer, von Monteverdi geleiteter Musik zu begehen.

Im Jahre 1621 sollte er sich für die Trauerfeierlichkeiten für den Großherzog der Toskana in den Dienst der Florentiner stellen, und auf den
Monat genau zwei Jahre später überstrahlte seine säkulare Muse den Besuch des Herzogs von Mantua und seines Hofstaates. Zwei weitere Jahre
später lud der polnische König Sigismund III. Monteverdi ein, Musik für
sein Hof- wie für sein Kirchenensemble zu leiten, als diese damals, im
März 1625, in Venedig gastierten.[1] Er wurde 1627[2] in die Residenz Sir
Isaac Wakes, des englischen Botschafters, geladen, wo er mit Herzog Wolfgang Wilhelm, Pfalzgraf bei Rhein, und anderen bedeutenden Besuchern
zusammentraf. Und als Ferdinando und Gian Carlo, die beiden Medici-
Brüder, 1628 ein Bankett im Arsenal besuchten, war es wiederum Monteverdi, der einen Sonettenkranz von Giulio Strozzi vertonte und das Werk
als Teil der offiziellen Feierlichkeiten aufführte.[3] Es versteht sich von
selbst, daß sich die Liste seiner Verdienste auf diesem Gebiet seiner Tätigkeit noch beträchtlich erweitern ließe.

Dognazzis Begabung war Monteverdi durchaus bekannt und wurde von
ihm sehr geschätzt, denn der Priester-Komponist war seit etwa 1603 im
mantuanischen Musikleben aktiv gewesen.[4] Auch bei anderen Höfen und
Bruderschaften stand er in hohem Ansehen, wie wir aus einem Brief von
Antonio Possevino aus dem Jahre 1622 wissen, der sich auf besondere

---

[1] Siehe Brief 82 und 106.
[2] Siehe Brief 101.
[3] *I cinque fratelli* (Deuchino, Venedig 1628).
[4] Siehe das Vorwort zu seiner *Musiche varie da camera a cinque voci* (Magni, Venedig
1643).

ferrareser Musikdarbietungen zu Pfingsten bezieht.[5] Dognazzi und Monteverdi hatten beide unter Vincenzo, dem Vierten Herzog von Mantua, gedient, dessen frühe Ehe mit Margherita Farnese wegen der offensichtlichen Unfähigkeit des Mädchens, Kinder zu gebären, von Kardinal Borromeo gelöst worden war. Wenn er auch gegen seine eigene Überzeugung handelte und sich im Laufe der unangenehmen Verhandlungen mit Zuvorkommenheit, Mitgefühl und Takt betragen hatte, wurde er zweifellos doch von der medizinischen Beweiskraft und von einem Breve aus Rom ins Wanken gebracht. Sowohl mit den Gonzaga als auch mit den Farnese verwandt, wurde Borromeo von ihnen fraglos verehrt; und doch waren es die Mailänder, die sich ihm als ihrem Beschützer und Tröster in ihrer schwärzesten Stunde am engsten verbunden fühlten, als die Stadt 1576 von der Pest heimgesucht wurde. So kam es, daß die in Venedig lebenden Mailänder den Namenstag ihres Schutzheiligen mit der denkbar vortrefflichsten Musik ehren wollten, und Monteverdi wünschte sich als seinen Hauptstellvertreter einen Mann, den er kannte und dem er vertrauen konnte.

[5] Bertolotti, 100.

Venedig, 21. Oktober [1620]; an Alessandro Striggio [in Mantua]

Euer Erlaucht, mein Gnädigster Herr,
die Herren aus Mailand wünschen sehnlich, den Signor Don Francesco Dognazzi[a] zu verpflichten, um ihren Festtag von San Carlo[b], der am vierten des nächsten Monats stattfinden wird, feierlicher zu begehen. Mehr aber als sie wünsche ich ihn mir, da sie mich gebeten haben, für diesen Auftrag Verantwortung zu übernehmen. Weil ich in der Sache Ehre zu machen wünsche, füge ich deshalb der Bitte dieser Herren meine eigene aus ganzem Herzen an und bitte Ew. Gnaden (sollte sich die Gelegenheit bieten, Seine Hoheit[c] darum zu ersuchen, daß er ihn kommen lasse), er wolle mich auch darin verpflichten (wenn ich den grenzenlosen Gunsterweisen, die mir von Ew. Gnaden zuteil wurden,

---

[a] Ein Musiker-Priester, der 1619 zum Musikdirektor bei Herzog Ferdinando ernannt worden war. Siehe auch die Briefe Nr. 19, 48 und 63.
[b] San Carlo Borromeo, Bischof und Beichtvater, der sich bei den Mailändern während der Pest von 1576 durch seinen Mut und seine Standhaftigkeit beliebt gemacht hatte. Er wurde 1610 heilig gesprochen.
[c] Ferdinando, Sechster Herzog von Mantua.

noch mehr verpflichtet sein kann), mir den Weg zu erleichtern, damit
dieser Signor Don Francesco für eine Woche und nicht länger nach
Venedig kommen und in meinem Haus wohnen kann.
Mein lieber und verehrter Herr, verzeiht mir[d] solche Unannehmlichkeit. Denn wäre es nicht eine dringliche Angelegenheit, würde ich
gewiß nicht so darauf brennen, weil ich, wenn ich alle Unannehmlichkeiten, die ich Ew. Gnaden bereitet habe, zusammenrechnen würde
und sie dann sorgfältig betrachtete, vor Scham erröten würde; aber
meine Notlage läßt mich das gegenwärtig nicht sehen. Sicher weiß ich
nur, daß ich Ew. Gnaden auf ewig als Diener verpflichtet bin, der ich
Ew. Gnaden mit aller Ehrerbietung die Hände küsse und von Gott für
Euch alles Glück erbitte.
Venedig, 21. Oktober [1620][e]
Ew. Gnaden   dankbarster Diener
               Claudio Monteverdi

[d] *mi perdoni per tanto incomodo.*
[e] Das Datum ist häufig als 1621 verlesen worden; das Autograph hat jedoch lediglich ein
il 21 ottobre. Daß es ins Jahr 1620 gehört, beweist Brief Nr. 63. Striggios Name ist in
der linken unteren Ecke verzeichnet.

63

Mantua, Archivio Gonzaga, Cassetta 6, f. 243. Einzelblatt: 2 Seiten –
»Sig. Ill. Cte Striggio [in Mantua]«. *(31. Oktober 1620.)* Malipiero,
218; Paoli, 184.

Monteverdi bestätigt, daß er zehn Tage vor der Niederschrift des folgenden
Briefes ein Gesuch um Dognazzis Dienste nicht nur an Striggio, sondern
auch an den Betreffenden selbst geschickt habe, so daß alle Beteiligten
unterrichtet waren. Bei reiflichem Durchdenken des ganzen Problems ist
er jedoch zu der Überzeugung gekommen, daß diese Gesuche angesichts
des engen zeitlichen Zusammentreffens von Allerheiligen und Allerseelen
(1. und 2. November) mit dem Fest von San Carlo Borromeo (4. November) zur Unzeit kamen. Er dankt Striggio und hofft, künftig weitere Aufträge von ihm zu erhalten. In der linken unteren Ecke des Briefes ist noch
immer die Anschrift »Sig. Ill. Conte Striggio« lesbar.

Venedig, 31. Oktober 1620; an ALESSANDRO STRIGGIO [in Mantua]

Euer Erlaucht, mein Gnädigster Herr,
ich habe an Signor Don Francesco Dognazzi[a] bezüglich der Frist geschrieben, um die ich Ew. Gnaden gebeten habe, damit Ihr bei Seiner
Hoheit[b] veranlaßt, daß dieser Herr dem Signor Don Francesco acht
Tage Urlaub zu gewähren geruhe, damit er nach Venedig kommen und
mir an einem Festtag beistehen[c] kann. Ich habe von Signor Don Francesco zur Antwort erhalten, es sei unmöglich, daß er Urlaub bekomme,
und zwar wegen seiner Verantwortung für die Musik Seiner Hoheit. Da
er zu Allerheiligen und zu Allerseelen[d] Musik aufführen mußte, war es
(ich sage es nochmals) für ihn unmöglich, sich von diesem Dienst frei-
zumachen. Nachdem ich die Briefe geschrieben und (ehrlich gesagt,
verehrter Herr) nachdem ich berücksichtigt hatte, daß es diese beiden
Festtage gibt, um die man sich kümmern muß, bereute ich das sogleich.
Aber ich hatte die Briefe bereits zur Post gegeben.

Ich komme jedoch, um dem höchst liebenswürdigen Entgegenkommen Ew. Gnaden, mit dem Ihr bewiesen habt, daß Ihr mich bereitwilligst mit Eurer Gunst beehren wollt, den größten Dank zu bezeigen,
den ich weiß und dessen ich fähig bin. Wie mir Gott im Himmel die
Gnade so großer Verpflichtungen gegenüber Ew. Gnaden schenkt, so
werde ich ihn bitten, daß er mich auch mit der Fähigkeit beehrt, der
Befehle Ew. Gnaden wert zu sein.

Zugleich werde ich darauf hoffen, daß ich sie erhalte, wenn Ihr mich
– aufgrund der Resultate – für wert haltet, Euch dienen zu können. Ich
versichere Euch jedoch, daß mein guter Wille niemals von einem anderen übertroffen wird, der Euch zu lieben, zu ehren und zu dienen
versucht. Damit bitte ich auch Gott, daß er die Person Ew. Gnaden,
der ich die Hände küsse, lange segnen möge.
Venedig, 31. Oktober 1620
Ew. Gnaden   dankbarster Diener
            Claudio Monteverdi

---

[a] Francesco Dognazzi war Musikdirektor am Hof von Mantua.
[b] Ferdinando, Sechster Herzog von Mantua.
[c] *honorarmi* (im Sinne von »helfen« wie von »Ehre erweisen«, weil das kein persönlicher
  Jahrestag, sondern ein religiöser Feiertag war – der von San Carlo Borromeo am
  4. November).
[d] Diese Feiertage wurden am 1. und 2. November begangen.

254 26. Februar 1621: an Alessandro Striggio

64

Mantua, Archivio Gonzaga, Cassetta 6, f. 246. Einzelblatt: 1 Seite [an Alessandro Striggio, in Mantua]. *(26. Februar 1621.)* Malipiero, 219; Paoli, 186.

Aus den Monaten November und Dezember des Jahres 1620 sind keine Briefe erhalten geblieben, und auch die ersten acht Wochen des neuen Jahres bieten keine Korrespondenz zu Einzelheiten der Karnevalsvorbereitungen. Es ist natürlich durchaus möglich, daß ein oder mehrere Briefe Monteverdis an Striggio verlegt worden oder verlorengegangen sind, denn die folgende Mitteilung scheint sich auf ein zu einem früheren Zeitpunkt erörtertes Werk zu beziehen. Es war eine für die Karnevalszeit bestimmte Komposition, bei der die Ausführenden (genau wie ein Großteil des Publikums) Masken tragen sollten. Einige geringfügige Mißverständnisse hinsichtlich des Zwecks des Werkes bewogen den Komponisten zu den folgenden beruhigenden Worten, und damit kommt die Beziehung zu Striggio für ein Jahr und acht Monate zum Erliegen. Die Erklärung für diese Lücke in der Korrespondenz ergibt sich nahezu mit Sicherheit aus Striggios häufiger Abwesenheit von Mantua im Zusammenhang mit der Wiederaufnahme des Prozesses Vincenzo–Isabella in Rom. Er wurde in seinem Amt geschickt von dem jüngeren, aber ähnlich begeisterungsfähigen Ercole Marigliani vertreten.[1]

Wenn Ademollo auch – wegen des Todes von Papst Paul V. am 28. Januar – die Möglichkeit theatralischer Darbietungen in Mantua im Laufe der Karnevalszeit des Jahres 1621 ausschließt, so lenkt er die Aufmerksamkeit doch auf die bedeutsame Rolle der Musik bei den Festlichkeiten, die Anfang März stattfanden.[2] Sie waren zur Feier der Wahl Gregors V. am 9. Februar und der Thronbesteigung Philipps IV. von Spanien bestimmt, der seinem Vater am 31. März nachfolgte. Wenn die Gonzaga sich auch etwas spät zur freudigen Huldigung für das Pontifikat und etwas früh zur Ehrerbietung für Spanien entschlossen, so fanden sie, was sie wollten, doch in einer neuen Ekloge, *Licori, ovvero L'incanto d'amore*, die eigens für sie von Alessandro, dem Sohn von Battista Guarini, geschrieben worden war.[3] Adriana Basile wirkte daran mit, zusammen mit Margherita und Eleonora, den Schwestern des Herzogs. Es gibt keinen Beleg dafür, daß die Musik zu dieser Ekloge von Monteverdi stammte, obwohl der Hinweis

---

[1] Siehe die Briefe 66 und 68.
[2] Ademollo, 270.
[3] Ademollo, 267.

auf ein Karnevalsstück nahelegt, daß er durchaus an etwas Ähnlichem beteiligt gewesen sein könnte, das zu eben diesem allgemeinen Anlaß geplant war.

Venedig, 26. Februar 1621; [an ALESSANDRO STRIGGIO, in Mantua]

Euer Erlaucht, mein Gnädigster Herr,
was meine Arbeit angeht, so habe ich verstanden, was mir Ew. Gnaden befohlen haben; das werde ich auch tun. Ew. Gnaden wissen, daß ich Euch die Komposition rechtzeitig zum Karneval geschrieben habe, so daß Ihr, wenn Ihr wollt, die ganze Angelegenheit in der Maske[a] aufführen lassen könnt. Denn ich beabsichtige nur das, was dem Willen und der höchsten Besonnenheit Ew. Gnaden entspringt.

Ich bitte Euch von ganzem Herzen, mich in der Gunst zu halten zu geruhen, die Ihr mir durch Eure Liebenswürdigkeit zu schenken[b] geruhtet und zu glauben, daß ich für Ew. Gnaden von ganzem Herzen als äußerst ergebener und dankbarer Diener lebe, während ich mit aller wahren Liebe von Gott für Ew. Gnaden den Gipfel allen Glücks erbitte und Euch mit aller Ehrerbietung die Hände küsse.
Venedig, 26. Februar 1621
Ew. Gnaden   dankbarster Diener
          Claudio Monteverdi

---

[a] *mandar il tutto in maschera* (ein Verweis auf die anläßlich der Papstwahl und der Thronbesteigung Philipps IV. von Spanien geplanten Festlichkeiten).
[b] *condonarmi* (verstärkt aus *donare*).

65

Mantua, Archivio Gonzaga, Cassetta 6, f. 248. Einzelblatt: 1 Seite [an Caterina Medici Gonzaga, Herzogin von Mantua]. *(5. März 1621.)* Malipiero, 219; Paoli, 187.

Der folgende ist der zweite von Monteverdis erhalten gebliebenen Briefen an Caterina Medici Gonzaga, die Herzogin von Mantua. Nahezu ein Jahr war verstrichen, seit sie ein Widmungsexemplar seines Siebenten Madrigalbuches in Empfang genommen hatte, und während dieser Zeit hatte sie sicherlich eine Reihe der darin enthaltenen Stücke in Aufführungen ihrer Hofmusiker gehört.[1] Dem Reiz von Monteverdis Musik mehr und mehr verfallend, begann sie ein beinahe persönliches Interesse an seiner Laufbahn zu nehmen, sogar bis zu dem Maße, daß sie bei der Ausbildung seiner Kinder behilflich war. Ihr Gatte aber, nie ein aufrichtiger Anhänger Monteverdis (aufgrund der Spannungen im Zusammenhang mit dem *fondo*), versuchte neue Musik von Komponisten aus Florenz zu bekommen und ging bei mindestens einer Gelegenheit sogar so weit, den flämischen Komponisten Guglielmo Dillen, *maestro di musica* am rivalisierenden Hofe von Parma, mit der Lieferung einer Totenmesse zu beauftragen.[2]

Die Kürze des Briefes kann nicht über seine Bedeutung hinwegtäuschen. Monteverdi dankt der Herzogin für einen neuen Auftrag, hofft sich seiner würdig zu erweisen und verspricht, das Notenmaterial an Marigliani zu schicken. Die Art der Komposition wird erst in Brief 66 erwähnt, in dem er Mariagliani berichtet, daß bestimmte Bühnenarien besondere Aufmerksamkeit verlangen. Andere Arien sind mantuanischen Komponisten zugewiesen worden, und dieser Umstand legt die Vermutung nahe, daß wir es hier mit einer Situation ähnlich der des Jahres 1608 zu tun haben, als Monteverdi einer von sechs Komponisten war, denen die Aufgabe zufiel, Prolog, Intermedien und *licenza* zu vertonen, die von Chiabrera als Umrahmung von Guarinis Stück *L'Idropica* geschrieben worden waren.

Der Ausdruck Intermedium taucht in Brief 68 auf, *licenza* in Brief 69; es wird aber weder ein Titel angeführt noch gibt es irgendeinen direkten Hinweis auf den Autor. Keine Biographie oder kritische Monteverdi-Studie hat das Werk identifiziert, obwohl manche Autoren es wenigstens im Vorbeigehen erwähnen.[3] Und doch wurde die Lösung des Rätsels bereits im Jahre 1905 veröffentlicht, und zwar im ersten Band von Angelo Solertis *Gli Albori del Melodramma* (S. 120, Fußn. 1), wo auf einen gedruckten, von Gabriel Bertazzolo stammenden Bericht über die Hochzeitsfeierlichkeiten für Eleonora Gonzaga und Kaiser Ferdinand II. in Mantua und Innsbruck verwiesen wird.

Gemäß dieser Beschreibung war der Abend des 18. Juli 1622 einer Aufführung von Mariglianis Stück *Le tre costanti* vorbehalten, dessen Text

---

[1] Ademollo, 270, Fußn. 1, verzeichnet Namen und Honorare.

[2] Bertolotti, 99. Das Requiem war für Cosimo II. de'Medici bestimmt, der am 28. Februar starb.

[3] Davari, 124, Schneider, 156; Prunières, 138 (der keinen Beweis für Ademollos Vermutung findet, daß Monteverdis Musik bei den Feierlichkeiten von 1620 [*recte* 1622] verwendet wurde, obwohl in diesem Falle Ademollos Theorie von Solerti gestützt wird); Paoli, 240; Barblan, »La vita«, 103.

1. **Vincenzo I. Gonzaga,** *Vierter Herzog von Mantua. Ölgemälde eines unbe-*
kannten Künstlers. Mit freundlicher Genehmigung des Direktors der Gallerie
di Mantova.

2. **Francesco,** *Fünfter Herzog von Mantua. Stich von
unbekannter Hand. Mit
freundlicher Genehmigun
des Direktors der Gallerie
Mantova.*

3. **Ferdinando I. Gonzaga**
*als Kardinal. Stich von unbekannter Hand. Mit
freundlicher Genehmigun
des Direktors der Gallerie
Mantova.*

Vincenzo II. Gonzaga, *Siebenter Herzog von Mantua. Fresko von einem unbekannten Künstler. Mit freundlicher Genehmigung des Direktors der Gallerie di Mantova.*

5. *Transkription und Faksimile von Brief 37 (S. 181 des vorliegenden Bandes) an den Herzog von Bracciano vom 3. Januar 1620. Mit freundlicher Genehmigung des Archivio Storico e Notarile del Governatorato in Rom.*

Vengo a dar parte a .V.E. come che io diedi al stanpatore la lettera atio potesse ricevere il suo danaro; la quale subbito hauta, et inteso il gusto di .V.E., si mise a dar principio al opera con particolar desiderio di dar a .V.E. ogni intero gusto, et atio vegga segno di tal verita, egli mi ha datto il presente folio cominciato assicuratomi che non levera il mano, sin' a tanto che non habbia finito il tutto; et spero che fra quindeci giorni sara alla fine; mi e parso bene mandar a .V.E. il detto folio non tanto per la ragione detta quanto anco atio .V.E. vegga la stanpa, atio intorno a quella ci bisognasse qualche effetto di comando di .V.E., si possa in tenpo gustarla et servirla; L'honor singolare che fa .V.E. alla persona mia in honorarla de comandi, e tale che mi conoscero senpre obligato servitore humill*issi*mo all' .E.V., alla quale con ogni riverenza m'inchino, et da Dio .N.S. li prego il colmo d'ogni felicità; Da Venetia il 3 Gienaro 1620 .D.V.E. Ill*ustrissi*ma

Humill*issi*mo et Devot*issi*mo Ser*vito*re
Claudio Monteverdi

Illmo et Ecc^{mo} Sig^r et Pron Col^{mo}

Vengo a dar parte a V.S. come che io diedi al stampator la lettera
al suo Proⁿ ricevei il suo danaro, la quale subbito hauta, et
inteso il gusto d' V.S. si mise a dar principio al opera cō
particolar desiderio di dar a V.S. ogni intero gusto, et allo
ringgra segno di tal verita egli mi ha dato il presente foglio
cominciato asicurandomi che nō lassera la sua, sin a tanto che
nō habbi finito il tutto, et spero che fra quindeci giorni sara
alla fine; mi è parso bene mandar a V.S. il detto foglio
nō tanto per la ragione detta quanto anco a ciō V.S. ueggia
la stampa, alos intorno a quella si bisognasse qualche cossa
d' comando d' V.S. la posso in tempo gustarla et seruirla.
l' honor singolare che fa V.S. alla persona mia in honorarla di comandi e tali che mi conoscano sempre obligato seruitor' humil^{mo}
all' E V. alla quale cō ogni riuer^a la m' inchino, et da Dio
N.S. li prego il colmo d' ogni felicita. Da Venetia il 3 Gen^{ro} 1620
D. V. E. Illma

Humil^{mo} et Diuotis^{mo} S^r

Claudio monteuerde

6. **Caterina Medici Gonzaga,** *die Gemahlin Ferdinandos, des Sechsten Herzogs von Mantua (siehe Abb. 3). Ölgemälde, Florentiner Schule. Mit freundlicher Genehmigung der Galleria degli Uffizi in Florenz.*

7. **Adriana Basile.** *Stich von Niccola Peretty. Mit freundlicher Genehmigung der Biblioteca Nazionale Centrale in Florenz.*

8. **Giovanni Battista Doni.** *Stich von unbekannter Hand. Mit freundlicher Genehmigung der Civica Raccolta delle Stampe in Mailand.*

9. **Francesco Gabrielli,** *bekannt unter seinem Künstlernamen »Scapino«. Stich vo Carlo Biffi aus dem Jahre 1633. Mit freundlicher Genehmigung der Civica Raccol delle Stampe in Mailand.*

im selben Jahr von den herzoglichen Druckern Aurelio und Lodovico Osanna veröffentlicht wurde. Solerti fügt hinzu, daß Marigliani auch einen Prolog, vier Intermedien und eine *licenza* schrieb, die sämtlich vertont wurden (»andavano tutti cantati«), um mit dem gesprochenen Dialog des Stückes zu kontrastieren. Thema dieses gesonderten Rahmenwerkes sind die Streitigkeiten zwischen himmlischer Liebe in der Gestalt der Vernunft und irdischer in Gestalt des Gefühls.

Der Prolog stellt den Kampf zwischen Liebe und Begierde in den Mittelpunkt, wahrscheinlich im Sinne des Widerstreits von erhabener Gefühlsregung und blinder Leidenschaft, und die vier Intermedien bringen vier verschiedene mythologische Paare ins Spiel: *Alcide e Onfale, Nettuno e Amfitrite, Borea e Orizia* und *Plutone e Proserpina.* Die *licenza* beginnt mit dem Triumph Cupidos (der aber bald von einem von Jupiter geschleuderten Blitzstrahl dahingerafft wird) und wird mit dem Triumph Amors fortgesetzt, der zu einem Ballett überleitet, das in einem allegorischen Finale zum Lobe der Habsburger gipfelt. Das war genau die Art von Unterhaltung, die bei einem solchen Anlaß erwünscht war, und die Musiker hatten wenig oder gar keine Schwierigkeiten, ihm gerecht zu werden.

Monteverdis Anteil an diesem komplizierten Bühnenwerk wird nirgendwo genau definiert, denn seine Briefe erwähnen lediglich das dritte Intermedium und die *licenza.* Vielleicht waren die anderen vier Teile Dognazzi und seinen Kollegen zugeteilt, wie es der Hinweis auf »jene Herren, die gerade zur Hand sind«, nahelegt. Die Musik jedenfalls scheint nicht erhalten geblieben zu sein, so daß diese kürzlich identifizierten Werke des Meisters lediglich dem wachsenden Verzeichnis seiner verlorengegangenen Stücke hinzugefügt werden können.

Venedig, 5. März 1621; [an CATERINA MEDICI GONZAGA, HERZOGIN VON MANTUA]

Durchlauchtigste Fürstin und Gnädigste Herrin,
ich habe den Befehl Ew. Hoheit zu meiner großen Freude erhalten, so daß ich gestehen muß, daß ich keine Worte habe, die ausdrücken können, wie sehr sich mein Herz über eine so vortreffliche Gunst, wie sie mir zuteil wurde, gefreut hat. Ich komme in aller Demut, um Ew. Hoheit den größten Dank zu sagen, den ich äußern kann, indem ich Gott darum bitte, er möge mich damit würdigen, daß ich meine Arbeit unter dem Beifall Ew. Hoheit ausführe, so wie er mich des Auftrages würdig gemacht hat.

Ich werde die Kompositionen dem Signor Marigliani[a], dem hochwürdigen Sekretär Ew. Hoheit schicken. Von ihm werde ich auch erfahren, was Ew. Hoheit befehlen werden, der ich mit allergrößter Bescheidenheit demütigste Ehrerbietung erweise und dabei von Gott aus
tiefstem Grunde meines Herzens für Euch alles wahre Glück erbitte.
Venedig, 5. März 1621
Ew. Hoheit   untertänigster und ergebenster Diener
                    Claudio Monteverdi

[a] Ercole Marigliani, Hofsekretär, herzoglicher Berater und Librettist von *Le tre costanti*
(des hier zum ersten Male, wenn auch ohne Namensnennung bezeichneten Werkes).

66

Mantua, Archivio Gonzaga, Cassetta 6, f. 250. Einzelblatt: 2 Seiten –
»Sig. Ercole Marigliani [in Mantua]«. *(17. April 1621.)* Malipiero, 220;
Paoli, 188.

Monteverdis erster erhalten gebliebener Brief an Ercole Marigliani stammt
vom 15. Februar 1620 (Nr. 44); dies ist sein zweiter, und ein dritter folgt
im September 1621, woraufhin die Korrespondenz für vier Jahre zum
Erliegen kommt. Er fühlt sich noch immer Striggio enger verbunden, obwohl er jetzt nicht mehr dessen Texte, sondern die des jüngeren Sekretärs
vertont. Marigliani hat mit bestimmten Arien Monteverdi beauftragt und
andere mantuanische Komponisten vorbehalten, weil in Hinsicht auf die
bedeutsame Rolle der verwendeten Bühnenmaschinen sorgfältige Zeitplanung erforderlich ist. Der Ausdruck *machine* im folgenden Brief ist gewöhnlich als *maschere* verlesen worden, ein Umstand, der den Hauptaspekt dieser logischen Arbeitsteilung getrübt hat. Aber die Arbeit an
diesen Intermedien wurde zugunsten einer dringlicheren Aufgabe beiseitegelegt – Monteverdis Beitrag zu den Trauerfeierlichkeiten für Cosimo II.,
den Großherzog der Toskana, der am 28. Februar starb.

Venedig, 17. April 1621; an ERCOLE MARIGLIANI [in Mantua]

Sehr verehrter[a], hochgeschätzter Herr,
ich habe von Eurer sehr verehrten Herrschaft die Nachricht erhalten,
daß es ausreichen würde, wenn ich mich nur um gewisse *canti rapre-
sentativi*[b] kümmerte, da Ihr – was gewisse andere Gesänge betrifft (die
eine bestimmte Anordnung haben und so lange Zeit dauern sollten,
wie die Maschinen[c] in Betrieb sind) – damit zufrieden seid, diese Aufgabe jenen Herren, die gerade zur Hand sind, zu übertragen. Außerdem habt Ihr hinzugefügt, Ihr hättet geahnt, daß ich bis zum kommenden September Zeit habe.

Aus diesem Grunde habe ich weder mit der vergangenen Post etwas
geschickt noch mit der gegenwärtigen (denn ich bin in so großer Eile)
und hebe mir die Ausarbeitung für die kommenden zwanzig oder mehr
Tage auf, denn ich bin gegenwärtig in Zeitnot wegen der Totenmesse[d]
für den Durchlauchtigsten Großfürsten[e], die bald für die in Venedig
ansässigen Herrschaften aus der Signoria, die sehr würdige und wohl-
überlegte Feierlichkeiten vorbereiten, stattfindet.

Lieber Herr, bitte seht, ob Ew. Gnaden von Seiner Hoheit[f] dieses
Zugeständnis erwirken können, denn ich verspreche Ew. Gnaden, daß
ich jetzt vielleicht mehr tun werde als Ihr denkt, weil ein freier und
williger Kopf in kurzer Zeit viel zu tun versteht. Glaubt mir, Ew. Gnaden, Ihr werdet sicherlich nicht vergeblich auf mich warten: es genügt
mir, wenn ich den letztmöglichen Termin kenne, weil ich dann meine
Zeit[g] genau einteilen kann.

Verzeiht mir, bei Gott, und bewahrt mir bei der Gunst Seiner Hoheit
ein gutes Ansehen, weil Ew. Gnaden aufgrund der Resultate erkennen
werden, daß ich weder allzu viel Zeit haben muß noch daß ich meine
Pflichten umsonst aufgeschoben habe. Ich weiß, daß Ew. Gnaden mir

---

[a] Die Abkürzung *Ill^re* wird versehentlich wiederholt.
[b] Für *Le tre costanti*.
[c] Das Autograph schreibt eindeutig *machine* und verweist damit auf die Bühnenmaschinen, deren Geräusche die Musik übertönen sollte.
[d] Diese fand am 25. Mai in Santi Giovanni e Paolo statt.
[e] Cosimo II. de' Medici.
[f] Ferdinando Gonzaga, Sechster Herzog von Mantua.
[g] *a ponto a tempo*.

wohlgesinnt sind, und ich weiß, daß Ihr durch mein Vertrauen belohnt
werdet und durch mein Versprechen, das die Schuld zur rechten Zeit
bezahlt wird. Ich bleibe meines Signor Marigliani Diener und bitte für
Euch um jedes wahre Glück, während ich Euch die Hände küsse.
Venedig, 17. April[h] 1621

Eurer sehr verehrten Herrschaft   dankbarster Diener
                                   Claudio Monteverdi

[h] Das Datum ist vom 27. auf den 17. abgeändert worden, und die rechte Seite des Briefes
ist stark entfärbt. Dennoch ist der Empfängername in der linken unteren Ecke deutlich
lesbar.

67

Mantua, Archivio Gonzaga, Cassetta 6, f. 252. Einzelblatt: 2 Seiten [an
Caterina Medici Gonzaga, Herzogin von Mantua]. *(7. August 1621.)*
Malipiero, 221; Paoli, 190; Prunières, 262; Vogel, 434.

Monteverdi war zwar ein äußerst gewissenhafter Vater, scheint aber, was
die Frage des Alters seiner beiden Söhne betrifft, gelegentlich für leichte
Verwirrung anfällig gewesen zu sein. Der folgende Brief an die Herzogin
von Mantua gibt Massimilianos Alter mit sechzehneinhalb Jahren an, während es in Wirklichkeit siebzehn Jahre und drei Monate waren. Der Junge
war reif zum Übertritt auf die Universität, und dafür mußte mit einflußreicher Unterstützung ein geeigneter Weg geebnet werden. Monteverdi war
zwischenzeitlich mehrfach mit Kardinal Montalto zusammengetroffen – so,
als er 1610 in Rom war, so wahrscheinlich in Florenz, wo sich kirchliche
Würdenträger und Musiker zu festlichen und künstlerischen Ereignissen
zusammenfanden, und so in Bologna, wo der Kardinal als päpstlicher Le-
gat fungierte. Wenn auch eine direkte Bewerbung um einen Platz im Kar-
dinalsstift angebracht gewesen wäre, zog es Monteverdi doch vor, die Angelegenheit durch seine neue Schutzherrin zu betreiben, deren Empfehlung natürlich beträchtlich ins Gewicht fallen würde.
    Alessandro Peretti Damascene, der den höchsten Gipfel seines Einflus-
ses im Jahre 1589 mit seiner Ernennung zum Vizekanzler der römischen
Kurie erklomm, wurde 1560 in bescheidenen, wenn nicht sogar dürftigen
Verhältnissen geboren – sein Vater war Fabio Damascene, seine Mutter

Maria Felice Peretti-Mignucci, ihrerseits die Tochter von Camilla, der Schwester von Papst Sixtus V., dessen Amtserhebung im Jahre 1585 seinen Verwandten (wie üblich) hohe Ämter garantierte. Alessandro, kaum fünfundzwanzig Jahre alt, wurde am 13. Mai 1585 *in prima promotione* zum Kardinal ernannt, und von da an war seine Laufbahn gesichert.

Beinahe im Übermaß großzügig, erwarb sich Kardinal Montalto in ganz Italien Ansehen als aufgeklärter Schutzherr der Künste und unübertroffenes Beispiel an Gastfreundschaft. Ottavio Gentile, der mantuanische Agent, der im Jahre 1610 über die Sicherheit von Adriana Basiles Reise nach Norden zu wachen hatte, schrieb aus Bracciano an Kardinal Ferdinando Gonzaga über die Gastlichkeit, die der Reisegesellschaft von den Orsinis erwiesen worden sei – beinahe, wie er sagte, ganz so wie bei Kardinal Montalto.[1] Seine Förderung von Komponisten wurde ihm in der herkömmlichen Weise durch Widmungen gelohnt, darunter die von Anerio (1590), Sebastian Raval (1593), Gabbiani (1604), G. B. Nanino (1612), Fiorillo (1616), Pietro Pace (1617) und Bianchi (1620).

Zweifellos hätte ihm auch Monteverdi irgendeine Komposition gewidmet, und sei es nur als Geste der Anerkennung für die großzügige Gewährung eines Stiftsplatzes für Massimiliano; aber kurz nach diesem Ereignis – am 2. Juni 1623 – verstarb der Kardinal nach dem übermäßigen Genuß von kalten Getränken und Speiseeis, zum großen Kummer aller, die ihn kannten.[2] Sein Hingang beraubte die Welt eines großzügigen Mäzens, der mehr war als ein bloßer Liebhaber, denn er fand auch großes Vergnügen als ausübender Sänger und Harpsichord-Spieler. Vincenzo Giustiniani erwähnt ihn zweimal in seinem *Discorso sopra la musica*,[3] wo er gleich zu Beginn einige der Virtuosen aufzählt, die er in seinem großartigen Palazzo in der Cancelleria förderte:

»Er spielte ausgezeichnet Cembalo und sang gefällig und feinfühlig, und in seinem Hause gab es viele Berufsmusiker, die das Mittelmaß weit überragten. Darunter waren der Cavaliere del Leuto und Scipione Dentici del Cembalo, beides hervorragende Spieler und Komponisten; und dann noch Orazio [Michi], ein ungewöhnlicher Virtuose auf der Doppelharfe; und als Sänger hatte er Onofrio Gualfreducci, einen Kastraten, Ippolita [Marotta] Napoletana, Melchior [Palantrotti] Basso und viele andere, für die er großzügig sorgte.«

Giustiniani erwähnt die musikalischen Fähigkeiten des Kardinals noch einmal kurz bei seiner Erörterung des »verzierten Gesanges«, den er als

---

[1] Ademollo, 134.
[2] Siehe Briccio, *passim*.
[3] Giustiniani, 71, 74.

die genaue Beachtung der Stile und Regeln des Singens definiert, die auf
Wohlgefallen und Entzücken des Zuhörers hinarbeiten: »Kardinal Montalto... sang mit viel Anmut und Gefühl, wenn seine äußere Erscheinung
auch eher martialisch als apollinisch anmutete, und er besaß eine kratzende Stimme, wie wir sagen würden.« Mit anderen Worten, er hatte keine
einschmeichelnde und schöne Stimme, sondern machte das Beste aus dem,
was er hatte. Ein solcher Mensch konnte nicht umhin, an Monteverdi
Gefallen zu finden, und wenn die Umstände es auch verhinderten, daß er
dem Komponisten in Rom half, so machte er das doch in Bologna mehr als
wett.[4] Und ebenso angebracht war es, daß Monteverdi um seinen Beistand
bat, was er auch schließlich tat.

Es wird auffallen, daß der folgende Brief keinen Hinweis auf die Komposition der Intermedien enthält, die beiseitegelegt worden waren, und
zwar wegen der dringlichen Aufgabe, für Cosimo II., Großherzog der Toskana, der am 28. Februar[5] verstorben war, eine Totenmesse zu schreiben,
zu proben und aufzuführen. Die Zeremonie fand am 25. Mai, einem Mittwoch, in Santi Giovanni e Paolo statt, und der Florentiner Dichter Giulio
Strozzi, der später mit Monteverdi zusammenarbeiten sollte, schrieb und
hielt die Grabrede. Diese Grabrede und seine Beschreibung des ganzen
Ereignisses erschienen in einem kleinen, von Ciotti (Venedig 1621) gedruckten Band mit dem Titel *Esequie fatte in Venetia della Natione Fiorentina al Serenissimo Don Cosimo II, Quarto Gran Duca di Toscana*. Wie in
solchen Fällen üblich, ist der gedruckte Text erhalten geblieben, die Musik
dagegen verlorengegangen.

Die Zeremonie muß sehr ausgedehnt gewesen sein, weil sie zahlreiche
polyphone Werke, einige Gregorianische Choräle, verschiedene liturgische
Gebete und die Grabrede umfaßte. Strozzi erwähnt zehn musikalische
Kategorien, entweder nach Gattungen oder nach den Incipits, und da sie
bisher noch keineswegs im einzelnen erörtert worden sind, soll dieses
durch die folgende Darstellung einigermaßen erhellt werden.

Gottesdienstordnung

Sinfonia (in mixolydischer Tonart)	Monteverdi
Motette, *O vos omnes*	Monteverdi
Introitus, *Requiem aeternam*	Monteverdi
Kyrie	Grillo
Graduale, *Requiem aeternam*	Usper
Tractus, *Absolve Domine*	Usper

---

[4] Vecchi, 82.
[5] Nicht April wie bei Vogel, 376.

Sequenz, *Dies irae*	Monteverdi
Psalmenmotette, *De profundis*	Monteverdi
Offertorium, *Domine Jesu*	Grillo
Sanctus & Benedictus	? Monteverdi
Agnus Dei	? Monteverdi
Communio, *Lux aeterna*	? Monteverdi
Responsorium 1 *Subvenite Sancti Dei*	Monteverdi
2 *Qui Lazarum*	Monteverdi
3 *Domine quando veneris*	Monteverdi
4 *Ne recorderis*	Monteverdi
5 *Libera me, Domine*	Monteverdi

Die ersten drei Abschnitte scheinen eine Einheit gebildet zu haben, denn Strozzi berichtet, daß die schmerzliche und pathetische Klangfarbe sich wiederholte, als die Instrumente beim Introitus erneut einsetzten. Monteverdi war am Ensemble der Ausführenden als *viola-da-braccio*-Spieler beteiligt.[6] Sein Sohn Francesco, erst kürzlich aus dem Mailänder Karmelitenkloster heimgekehrt, sang die Einleitungsmotette und den Introitus. Der formale Ablauf könnte folgendermaßen ausgesehen haben:
Sinfonia; *O vos omnes;* Sinfonia; *Requiem aeternam;* Sinfonia; *Te decet hymnus;* Sinfonia; *Requiem aeternam.*
Die Wiederholungen der Sinfonia können gekürzte Versionen der Einleitungsfassung gewesen sein, je nach der Struktur des Stückes und der verfügbaren Zeit. *O vos omnes* kann als Gelegenheitsmotette eingeordnet werden, die als Ausgangspunkt die mit den gleichen Worten beginnende Karsamstagsantiphon wählt. Monteverdis Motette liegt eine vom bekannten Vorbild leicht abweichende Textfassung zugrunde:
(a) Karsamstagsantiphon: *O vos omnes, qui transitis per viam,*
(b) Text der Solomotette: *O vos omnes,*
(a) *attendite, et videte si est dolor sicut dolor meus.*
(b) *attendite et videte dolorem nostrum.*
Während die Antiphon direkt zum Psalm *Laudate Dominum* überleitet, fährt die Motette mit einem Text fort, der durchaus nicht liturgisch ist, wenn auch nichts die Gefühle der Harrenden angemessener ausdrücken könnte: *Pupilli facti sumus absque Patre (Waisen sind wir, und haben keinen Vater)* aus den Klageliedern Jeremiä (Kapitel 5, Vers 3).
Die beiden Beiträge von Giovanni Battista Grillo, der in Brief 76 indirekt erwähnt wird, und die beiden von Usper scheinen dasselbe Schicksal erlitten zu haben wie die eigens von Monteverdi geschriebenen. Was das

---

[6] Barblan, 103 (vgl. jedoch Vogel, 377, Fußn. 2).

De profundis betrifft, so wird dieser Psalm herkömmlicherweise nicht am Tage des Todes oder der Beerdigung gesprochen; aber da das Hochamt als Gedenkgottesdienst zählte, lag wohl kein Grund vor, ihn auszuschließen.[7] Wer das *Sanctus & Benedictus*, das *Agnus Dei* und die Communio schrieb, ist unklar; aber auch diese Abschnitte können von Monteverdi gestammt haben, weil er als der Hauptkomponist des Requiems genannt wird. Einen zusätzlichen Beleg dafür, daß er im weiteren Verlauf des Jahres eine möglicherweise neue polyphone Messe verfügbar hatte, ergibt sich unter Umständen aus Brief 69, in dem er der Herzogin von Mantua »una messa sollene in musica« anbietet; ob aber Teile davon ursprünglich zum Requiem gehörten, bleibt bloßer Vermutung überlassen.

Was die Responsorien betrifft (Strozzi benutzt eindeutig die Pluralform), so scheinen hier einige Abweichungen vom normalen Brauch der Absolution bei Abwesenheit des Leichnams vorgelegen zu haben. Bei einem solchen Gottesdienst wird das Responsorium *Libera me, Domine* nach der Messe gesungen, wenn sich der Zelebrant dem Katafalk genähert hat. Es kommt kein weiteres Responsorium vor, wenn es auch kurze Antworten auf die vom Priester gesungenen Verse gibt – etwa: Versus *Requiescat in pace*. Responsorium *Amen*. Könnte Strozzi Responsorium und Antwort verwechselt haben? Und würden solche kurzen Satzteile einer Vertonung für wert gehalten worden sein? Es ist sicherlich wahrscheinlicher, daß die Form des feierlichen Trauergottesdienstes mit fünf Responsorien übernommen wurde, weil die Gedenkzeremonie einem Großherzog galt; und wenn das der Fall war, müssen den fünf Kompositionen die oben erwähnten Texte zugrunde gelegt worden sein, und zwar in der fixierten Ordnung des Gottesdienstes.

Wenn Monteverdi wirklich dreizehn Stücke für das Requiem zu komponieren hatte, war seine Sorge, wie sie Brief 66 zeigt, nur allzu verständlich, denn über den schöpferischen Aspekt des ganzen Unterfangens hinaus war er daran auch intensiv als Ausführender und musikalischer Leiter beteiligt. Aber die genaueren Einzelheiten werden wohl unbekannt bleiben. Alles, was wir wissen, ist, daß eine beträchtliche Fülle offensichtlich bemerkenswerter Musik geschrieben wurde, nur um später ins Musikarchiv der Basilika oder in die Wohnung des Kanonikats, die Monteverdi innehatte, verbannt zu werden; und nach seinem Tode verschwand das Notenmaterial spurlos.

---

[7] Paoli, *Monteverdi*, 242.

Venedig, 7. August 1621; [an CATERINA MEDICI GONZAGA, HERZOGIN
VON MANTUA]

Durchlauchtigste Fürstin und Gnädigste Herrin,
Durchlauchtigste Fürstin, ich habe einen Sohn[a] im Alter von sechzehneinhalb Jahren, einen untertänigen und sehr demütigen Diener Ew.
Hoheit, der gerade das Priesterseminar in Bologna verlassen hat, wo er
seine humanistische und rhetorische Ausbildung abgeschlossen hat. Ich
möchte gerne, daß er sich den anderen Wissenschaften widmet, damit
er ein Doktor der Medizin werden kann. Immer ist er Lehrern untertan
gewesen, die ihn zu Gottesfurcht und guter Fortführung seiner Studien
angehalten haben.

Wegen seiner jugendlichen Tatkraft und der ungebundenen Freiheit
der Zöglinge (aus diesem Grunde geraten sie oftmals in schlechte Gesellschaft, die sie dann – zum großen Schmerz der Väter und zum
größten Schaden ihrer selbst – vom rechten Weg abbringt) und weil ich
den großen Schaden, der dabei entstehen kann, verhindern wollte, war
ich der Meinung, daß ein Platz im Stift des Kardinals Montalto[b], das er
in Bologna führt, für mich Sicherheit und für meinen Sohn Wohlergehen bedeuten würde. Aber ohne die Unterstützung einer einflußreichen Persönlichkeit bin ich in einer solchen Notlage nicht fähig, eine so
außerordentliche Gunst zu erlangen.

Doch ich weiß, daß Ew. Hoheit von Natur aus eine Fürstin voll
grenzenloser Menschlichkeit gegenüber jedem sind, insbesondere gegenüber Ihren ehrerbietigen Untertanen, wie es dieser arme Sohn ist,
und gegenüber einem – wenn auch äußerst geringen – Diener, wie ich
es bin. Deshalb brannte ich darauf, Ew. Hoheit inständig, von ganzem Herzen und mit der demütigsten Ehrerbietung, deren ich fähig
bin, zu bitten (wie ich es tatsächlich tue), daß Ihr, um meinen Sohn für
einen solchen Platz im erwähnten Stift in Bologna zu empfehlen, an
den genannten Kardinal Montalto zu schreiben geruht, damit ich eine
so große Gunst empfangen kann.

Sollten gegenwärtig alle Plätze belegt sein, dann kann mein Sohn
auch warten, bis einer frei wird. Ich bitte Ew. Hoheit, mir meine allzu

---

[a] Massimiliano, der später in Mantua den Arztberuf ausübte.
[b] Ein Großneffe von Papst Sixtus V. und Mäzen in Sachen Musik.

große Kühnheit zu verzeihen, während ich mich mit der tiefsten Ehrerbietung verneige und von ganzem Herzen für Euer vollkommenes Glück bitte.
Venedig, 7. August 1621
Ew. Hoheit   ergebenster und dankbarster Diener
                  Claudio Monteverdi

68

Mantua, Archivio Gonzaga, Cassetta 6, f. 254. Einzelblatt: 2 Seiten – »Sig. Ercole Marigliani [in Mantua]«. *Anlage:* Teil des Intermediums *Borea e Orizia. (10. September 1621.)* Malipiero, 222; Paoli, 192; Prunières, 263.

Die Anredeform des Anfangs, die Marigliani als Empfänger des folgenden Briefes vermuten läßt, wird durch seinen in der linken unteren Ecke auftauchenden Namen bestätigt. Die Komposition der Intermedien war wegen nicht näher bezeichneter Verpflichtungen in den vorhergegangenen zehn Tagen verschoben worden. Eine davon kann die Probe und Aufführung einer besonderen Musik zum Fest Mariä Geburt am 8. September gewesen sein. Eine andere betraf ein häusliches, zwar erwähntes, aber nicht näher bezeichnetes Problem – Massimiliano wurde am 3. oder 4. September mit hohem Fieber bettlägerig, und zwei Tage später begannen *varole* (die Pocken oder Blattern) auszubrechen. Wenn das Fieber stark genug war, daß der Junge das Bett hüten mußte, könnte er an einem Ausbruch von Masern gelitten haben, wie er bei Jugendlichen im Herbst oder Winter häufig vorkam (und noch vorkommt). Das Auftreten eines Hautausschlages nach einigen Tagen würde diese Diagnose bestätigen, die durch die guten Neuigkeiten aus Bologna, die mit großer Wahrscheinlichkeit einen Platz im Stift von Kardinal Montalto verhießen, etwas erträglicher gemacht worden zu sein scheint.
    Es gelang Monteverdi irgendwie, zusammen mit dem folgenden Brief den ersten Teil des dritten Intermediums für *Le tre costanti* abzuschicken. Sein Titel, *Borea e Orizia,* weist darauf hin, daß die Fabel in der Fassung von Marigliani sich stark an die alte Sage von Boreas, dem Nordwind, anlehnte, der Oreithyia (Tochter des Erechtheus, des Königs von Athen) raubte, als sie am Ufer des Flusses Ilissos tanzte. Nachdem sie seine Annä-

herungsversuche anfangs abgewiesen hatte, schwand ihr Widerstand allmählich dahin, und sie wurde die Mutter von Kleopatra, Chione, Kalais und Zetes. Die zweite Rate der Lieferung wird für den nächsten Posttag (18. September) versprochen, aber kein Brief dieses Datums ist erhalten geblieben. Am 23. September hatte sich Massimiliano hinreichend erholt, um in der Lage zu sein, ein Dankgedicht an Striggio für den Einsatz seines Einflusses zu schreiben – wahrscheinlich in der Stipendiumsangelegenheit in Bologna, wo die schmeichelnde Feder der Herzogin bereits ihre Spuren hinterlassen hatte. Die Erwartung einer raschen Antwort des Kardinals erwies sich als bloßes Wunschdenken, aber die Aufnahmebescheinigung traf schließlich im Februar des folgenden Jahres ein.

Venedig, 10. September 1621; an ERCOLE MARIGLIANI [in Mantua]

Sehr verehrter, hochgeschätzter Herr,
ich schicke Euch mit der gegenwärtigen Post einen Teil des dritten vertonten Intermediums[a]. Ich hoffe, daß ich Euch den Rest (wenn es Gott gefällt) mit der kommenden Post schicken kann. Die Verpflichtungen, die ich in der vergangenen und teilweise auch in dieser Woche hatte, hinderten mich an der Möglichkeit, nicht aber an meiner großen Bereitschaft, Euch zu dienen. Deshalb bitte ich Euch, mir zu verzeihen.

Von Bologna habe ich gehört, daß der Kardinal Montalto[b] die Bitte der Durchlauchtigsten Fürstin[c] bereits erhalten hat, und man hat mir geschrieben, daß es als sicher gilt, daß ich die Gunst erhalten werde. Die Antwort, so glaubt man, wird sicherlich entweder mit dieser oder mit der nächsten Post ankommen. Wenn sie ankommt, bitte ich Ew. Gnaden, mir den Gefallen zu tun, den verehrten Herrn gut zu stimmen, damit ich getrost sein kann.

Ich habe die Neuigkeit, die man mir mitgeteilt hat, den Knaben wissen lassen, der damit sehr zufrieden gewesen ist. Noch muß man ihn ein wenig aufheitern, denn er mußte sich schon vor acht Tagen mit sehr hohem Fieber zu Bett legen, und dann begannen vor sechs Tagen die Pocken auszubrechen. Jetzt ist die Krankheit auf ihrem Höhepunkt. Aber dennoch hoffen wir in Kürze auf einen guten Ausgang der

---

[a] *Borea e Orizia* aus *Le tre costanti*.
[b] Ein Großneffe von Papst Sixtus V. und Mäzen in Sachen Musik.
[c] Caterina Medici Gonzaga.

Krankheit, wenn es Gott gefällt, weil die Pocken sehr gut[d] nach außen gekommen sind, so daß er sich innerlich gut fühlt, und ich hoffe, sie dienen ihm zu einer guten Reinigung.

Mir bleibt nur, Ew. Gnaden sehr herzlich die Hände zu küssen und für Euch von Gott alles Glück zu erbitten.

Venedig, 10. September 1621
Eurer sehr verehrten Herrschaft　　dankbarster Diener
　　　　　　　　　　　　　　　　　　Claudio Monteverdi

[d] *molto bene* (*molto* steht, nahezu unleserlich, nahe der rechten unteren Briefseite). Monteverdi muß den Brief auf einem gefalteten Blatt geschrieben haben, von dem er später den rechten Teil abriß. Der Empfängername steht in der linken unteren Ecke.

69

Mantua, Archivio Gonzaga, Cassetta 6, f. 258. Einzelblatt: 1 Seite [an Caterina Medici Gonzaga, Herzogin von Mantua]. *(27. November 1621.)* Malipiero, 224; Paoli, 194; Prunières, 263.

Monteverdi, der von der Herzogin nichts über Massimilianos Platz im Stift Kardinal Montaltos gehört hatte, schreibt hier eigens, um sie seiner ständigen Sorge um die musikalischen Bedürfnisse des Hauses Gonzaga zu versichern, deren jüngstes Zeichen die Ablieferung des Schlußteiles *(licenza)* für *Le tre costanti* ist. Neben ihrer Funktion als Epilog eines Bühnenwerkes war es die Aufgabe einer *licenza*, einen besonderen Bezug zu einem zeremoniellen Ereignis wie dem Geburtstag oder der Hochzeit eines Dienstherrn herzustellen. Diesmal handelte es sich um die Hochzeit von Eleonora Gonzaga (der Schwester des regierenden Herzogs) und Kaiser Ferdinand II., und entsprechend gipfelte das große Finale in einer allegorischen *gloria* zur Feier des Hauses Habsburg.[1] Wahrscheinlich bestand Monteverdis

[1] Die veröffentlichte Fassung des Stückes enthält keine Intermedien; aber die folgende Stanze, die ganz am Schluß steht, kann durchaus vertont worden sein:
> *Lodi si dieno a Ciel*
> *e gioiscano i cuori;*
> *non sia chi de prima*
> *l'animo per colpi di fortuna contraria*
> *confidi, speri, nè si confonda*
> *perchè e virtù nell'avversità esse costante.*

Aufgabe darin, Rezitative und Arien für Cupido, Jupiter und Amor zu komponieren, auf die ein Ballett folgte, Stücke, die sämtlich bei der vom charakterschwachen Kaiser verfügten Plünderung Mantuas verlorengingen, zu dessen Ehren diese aufwendige Darbietung entworfen worden war.[2]
    Dem am 20. November an Marigliani geschickten Notenmaterial kann ein Begleitschreiben beigelegen haben, das jedoch nicht erhalten geblieben zu sein scheint. Da ihm keine weiteren Auftragsarbeiten abgefordert wurden, bot Monteverdi der Herzogin eine Messe an; über ihre Annahme oder Ablehnung hüllen sich die Archive in Schweigen.

> Dem Himmel sei Lob,
> und die Herzen mögen sich freuen;
> die Seele soll sich nicht entmutigen lassen
> von widrigen Schicksalsschlägen;
> sie soll Vertrauen, Hoffnung haben und nicht verzagen,
> weil auch im Unglück Tugend beständig bleibt.

[2] Eine Ferntrauung fand am 21. November in Mantua statt, laut einem Brief des Herzogs an seine Mutter vom gleichen Tage (Ademollo, 268).

Venedig, 27. November 1621; [an CATERINA MEDICI GONZAGA, HERZOGIN VON MANTUA]

Durchlauchtigste Herrin und hochverehrte Gebieterin,
mit der letzten Post habe ich Signor Marigliani die vertonte *licenza*[a] der Intermedien geschickt, die Ew. Hoheit bei mir in Auftrag zu geben geruhten. Zugleich habe ich um eine weitere Gelegenheit gebeten, meine Fähigkeiten unter Beweis stellen zu dürfen. Seine Gnaden antworteten mir, er wolle gegenwärtig von mir nichts weiter. Ich komme deshalb mit meinem Brief zu Füßen Ew. Hoheit, um Euch aus tiefstem Herzen für die Ehre zu danken, die mir durch den genannten Auftrag Ew. Hoheit zuteil wurde. Zugleich erbiete ich mich, Euch als Euer untertänigster Diener – wenn erforderlich – die genannten Intermedien einzurichten, sowohl was die wechselnde Instrumentalbesetzung[b] in den Sinfonien als auch was die Disposition der Vokalstimmen[c] anbelangt.
    Ich möchte es nicht versäumen, der unermeßlichen Güte Ew. Hoheit

[a] Ein musikalischer Epilog zu einem Bühnenwerk, der sich gewöhnlich auf die Feier eines besonderen Ereignisses bezog.
[b] *nella variatione de istrumenti.*
[c] *proprietate de voci.*

auch eine feierliche, vertonte Messe anzubieten, wenn Ihr sie annehmen wollt. Sollten Ew. Hoheit nichts anderes befehlen, bitte ich Euch mit der untertänigsten Ehrerbietung, die ich kenne und Euch entgegenbringen kann,[d] daß Ihr geruhen mögt, mich unter die demütigsten, aber ergebenen und ehrfürchtigen Diener Ew. Hoheit zu zählen, vor der ich mich mit der tiefsten Ehrerbietung, die ich kenne und deren ich fähig bin, untertänig neige und von Gott für Euch aus tiefstem Herzen das höchste Glück erbitte.

Venedig, 27. November 1621

Ew. Hoheit   untertänigster und dankbarster Diener
                 Claudio Monteverdi

[d] *ch'io so et posso.*

70

Mantua, Archivio Gonzaga, Cassetta 6, f. 261. Einzelblatt: 1 Seite [an Caterina Medici Gonzaga, Herzogin von Mantua]. *(26. Februar 1622.)* Malipiero, 225; Paoli, 195.

Nachdem Massimiliano einen Platz im Stift des Kardinals Montalto in Bologna bekommen hatte, begann er ein vierjähriges Medizinstudium, das Anfang 1626 endete. Am 19. März dieses Jahres erhielt er von seinem Vater einen Empfehlungsbrief an Striggio (Brief 88) und nahm ihn zusammen mit anderen Briefschaften mit nach Mantua, deren Zweck es war, ihn in Hofkreisen einzuführen. Monteverdis Dankbarkeit kommt nicht nur in diesem, sondern auch im darauffolgenden Brief zum Ausdruck, dem ein ungewöhnliches Geschenk beigefügt ist.

In der Zwischenzeit waren *Le tre costanti* aufgeführt worden, wahrscheinlich unter der Leitung Dognazzis, des neuen *maestro di capella*. Wenn Monteverdi in dieser Hinsicht auch seine Dienste angeboten hatte, so gibt es doch keinen Hinweis darauf, daß er nach Mantua reiste, weder um die Aufführung zu leiten noch um die Musik zu hören. Eine Komposition zur Karnevalszeit war bereits bei Marco da Gagliano in Florenz in Auftrag gegeben worden: am 31. Januar schickte er zwei Akte seines *Medoro* an die Herzogin, der Rest folgte am 7. Februar.[1]

[1] Davari, 125.

Venedig, 26. Februar 1622; [an CATERINA MEDICI GONZAGA, HERZOGIN VON MANTUA]

Durchlauchtigste Fürstin und Gnädigste Herrin,
endlich habe ich, Durchlauchtigste Fürstin, von Gott (durch die höchste Güte Ew. Hoheit) die Gnade erlangt, die mein Herz lange Zeit so sehnlich begehrt und herbeigewünscht hat: ich habe die Erlaubnis erhalten, Massimiliano, meinen Sohn und den ergebensten Untertan Ew. Hoheit, im Stift des Kardinals Montalto in Bologna unterzubringen.

Suchte ich, Durchlauchtigste Fürstin, nach Worten, um den Dank auszudrücken, den eine so erhabene Gunst verdient, so müßte ich bekennen, daß mir die Worte fehlen, die einer so gewichtigen Sache angemessen sind. Auch wenn ich Ew. Hoheit meine Verdienste (von denen ich weiß, daß sie sehr bescheiden sind) vor Euren Füßen darlegen wollte, so wäre es doch vergebens, Ew. Hoheit etwas anzubieten.

Ich werde nur zu Gott von ganzem Herzen beten, daß er geruhen möge, das Durchlauchtigste Haus Gonzaga, meinen Auftraggeber und Herrn,[a] mit seiner heiligen Gnade zu schützen und zu segnen, insbesondere Ew. Hoheit, vor der ich mich in tiefster Ehrerbietung zur Erde neige.

Venedig, 26. Februar 1622

Ew. Hoheit   ergebenster und dankbarster Diener
           Claudio Monteverdi

---

[a] *mia padrona et signora.* Diese Formulierung ist dieselbe wie die für die Herzogin benutzte, bezieht sich hier aber auf das Haus Gonzaga.

71

Mantua, Archivio Gonzaga, Cassetta 6, f. 263. Einzelblatt: 1 Seite [an Caterina Medici Gonzaga, Herzogin von Mantua]. *(15. April 1622.)* Malipiero, 225; Paoli, 197; Prunières, 264.

Mit diesem kurzen, aber bewegenden Brief findet Monteverdis erhalten gebliebene Korrespondenz mit Caterina Medici Gonzaga ihr Ende. Sie hatte die Widmung des *Concerto* angenommen, ihm aus Dankbarkeit dafür ein wertvolles Halsband geschickt, Musik für Mariglianis Intermedien bei ihm bestellt und für Massimiliano einen Stipendienplatz erlangen geholfen. Es gibt jedoch kein Anzeichen dafür, daß sie für die ihr im November 1621 angebotene *messa solenne* irgendein Interesse an den Tag legte. Es kamen keine weiteren Aufträge zustande, und folglich hatte Monteverdi seine Schwierigkeiten damit, ihr seine Dankbarkeit für ihre großzügige Fürsprache bei Kardinal Montalto zum Ausdruck zu bringen.

Wenn Musik, die am Hofe der Gonzaga sonst nie fehlte, jetzt unangemessen oder überflüssig schien – was würde ihr wohl am meisten gefallen? Wäre sie eine Gonzaga gewesen, hätte sie wahrscheinlich eine besondere Vorliebe für Zwerge an den Tag gelegt; aber sie entstammte einem Fürstenhaus mit etwas gesünderem Geschmack. Die Antwort kam aus Alexandria, wo Monteverdis Schwager für den Kapuzinerorden in Sachen Missionsarbeit tätig gewesen war. Pater Cesare, zweifellos ein bemerkenswerter Verfechter mönchischen Bekehrungseifers inmitten der Menschenmassen, die sich im Vielvölkergewimmel der ägyptischen Hafenstadt drängten, fand doch die Zeit, einen kleinen Affen zu erwerben, dessen Fell wegen seiner Farbe und Beschaffenheit merkwürdig war.

Bei seiner Rückkehr nach Venedig übergab er dieses reizvolle Geschöpf Monteverdi, der dafür wahrscheinlich im Kanonikat von San Marco, wo er wohnte, Platz zu finden hatte. Die Unangemessenheit dieser Regelung muß auch andere als den Komponisten davon überzeugt haben, daß es wohl besser wäre, den Affen jemandem auszuhändigen, der in größeren Räumlichkeiten für ihn sorgen konnte. Wie er aber zusammen mit dem Brief nach Mantua kam, wird nirgendwo geklärt. Vielleicht brachte ihn der gute Mönch bei einem Besuch seines Vaters Giacomo Cattaneo mit, wobei einer der beiden die Aufgabe übernahm, mit diesem ungewöhnlichen Geschenk bei Hofe zu erscheinen. Hoffentlich hat die Herzogin an seiner Gesellschaft Gefallen gefunden.

Venedig, 15. April 1622: [an CATERINA MEDICI GONZAGA, HERZOGIN VON MANTUA]

Durchlauchtigste Fürstin und Gnädigste Herrin,
der ehrwürdige Vater Bruder Cesare (mein Schwager)[a] hat mir nach

---

[a] In den Briefen 15 und 18 wird er lediglich erwähnt als »mein Schwager der Kapuziner«. Er war der Bruder von Monteverdis Gattin Claudia und der Sohn von Giacomo Cattaneo.

seiner Rückkehr aus Alexandria in Ägypten einen kleinen, jungen Affen[b] geschenkt, den viele Edelleute wegen seines ungewöhnlichen Fells rühmten. Ich brannte deshalb darauf, mit ehrerbietigster Zuneigung zu Füßen Ew. Hoheit zu kommen und Euch zu bitten, Ihr wolltet ihn anzunehmen geruhen.

Ich weiß, daß es viel schöner wäre, dem hochedlen Geschmack Ew. Hoheit in größerem Maße Genüge zu leisten, aber ich vertraue auf Eure grenzenlose Güte und hoffe zugleich, daß Ihr mich damit beehren werdet, statt dessen[c] meine untertänige Bereitschaft anzunehmen, die mit der größten Zuneigung Gott bittet, er möge Ew. Hoheit immer segnen, und die sich mit der größten Ehrerbietung vor Euch neigt.

Venedig, 15. April 1622

Ew. Gnaden   ergebenster und dankbarster Diener
                      Claudio Monteverdi

[b] *simiottino.*
[c] Anstelle dieser größeren Schönheit.

72

Mantua, Archivio Gonzaga, Cassetta 6, ff. 265–266. Doppelblatt: 4 Seiten [an Alessandro Striggio, in Mantua]. *(21. Oktober 1622.)* Malipiero, 226; Paoli, 198; Prunières, 264.

Insgesamt erwies sich das Jahr 1622 für den Herzog und die Herzogin als ungewöhnlich angenehm, und zwar dank des kaiserlichen Aufwinds, der das Ansehen ihres Hauses steigerte, und diese Atmosphäre von Schwung und Erfolg läßt sich selbst der Korrespondenz entnehmen, die den Hof von Musikern aus Modena, Ferrara und Wien erreichte. Plötzlich wollte jedermann Musik zum Lobpreis des Herzogs komponieren oder ihm irgendwelche Arien und Madrigale widmen, die zufällig gerade greifbar waren. Erasmus de Sayve, Mitglied der Kapelle Ferdinands II., schrieb aus Wien und bot zwei Kompositionen zu Ehren des Kaisers und der Kaiserin an, die einem so nahen Verwandten des jungvermählten Paares hoffentlich nicht mißfallen würden.[1] Und ein noch berühmteres Mitglied derselben Kapelle,

[1] Bertolotti, 100.

Giovanni Valentini (ein ehemaliger Schüler von Giovanni Gabrieli),
schickte dem Herzog aus Wien[2] einen Brief mit einem Exemplar seiner
neuesten Veröffentlichung – den *Musiche a doi voci* von 1622, und zwar
das vollständige Werk mit einer blumigen Widmung.

Aus Ferrara kam ein Gesuch, um die Dienste von Don Francesco Dognazzi bei der Weihe einer neuen Kirche auszuleihen, die auf Betreiben der
Bruderschaft vom Heiligen Geiste[3] erbaut worden war, während aus Modena von Bellerofonte Castaldi[4] ein Buch mit Theorbenmusik zur Erbauung des Herzogs geschickt wurde. Und eine weitere musikalische Morgen-
gabe aus Wien, geziemend dem Herzog gewidmet, waren die *Musiche
concertate* von Giovanni de Prioli, der, weil er in Oedenburg (heute Sopron
in Ungarn) inhaftiert war, den Sänger Francesco Campagnolo, einen ehemaligen Schüler Monteverdis, mit der Überreichung betraute.[5]

Auch die familiären Angelegenheiten nahmen sich für die Gonzaga etwas freundlicher aus, trotz der sich lang hinziehenden Affäre zwischen
Vincenzo und Isabella.[6] Camilla Fàa, deren heimliche Ehe mit dem Herzog
vor fünf Jahren gelöst worden war, ging in Ferrara ins Kloster und verschwand von der Szene, obwohl die Beharrlichkeit, mit der sie sich selbst
Schwester Camilla Gonzaga nannte, gelegentlich Gewissensbisse und Ver-
stimmungen hervorrief.[7]

Was Monteverdi betraf, so entschloß er sich (oder wurde überredet),
sich Anfang Oktober einer Kur zu unterziehen; aber das Leiden oder die
Nebenwirkungen der Therapie hielten sich bis zum folgenden Februar, wie
sich aus Brief 78 entnehmen läßt. Sicherlich befand er sich auch am
18. Oktober, einem Dienstag, unwohl, als Lorenzo Giustiniani und einige
seiner Freunde zu ihm zu Besuch kamen, in der Hoffnung, seinen Beistand
– in Zusammenarbeit mit Striggio – bei der Vereinbarung einer Reihe von
Aufführungen einer Schauspielertruppe zu erlangen, die unter dem Namen
»I Fedeli« bekannt waren.[8]

Giustinianis Interesse galt mehr dem Theater als der Musik, aber da die
beiden Künste – die ja bereits so eng miteinander verbunden waren – bald
noch enger verknüpft und voneinander abhängig werden sollten, brachte
er Monteverdi große Bewunderung entgegen, der später die Musik zu

---

[2] Bertolotti, 99.
[3] Bertolotti, 100.
[4] Bertolotti, 99.
[5] Bertolotti, 101.
[6] Errante, »Il processo«, 680.
[7] Ademollo, 228.
[8] Siehe Baschet, 285 ff.; Rasi, 117 ff. Die beste Zusammenfassung aller Aktivitäten,
  Reisen und Konflikte von »I Fedeli« bietet immer noch Kathleen M. Lea, I, 281–292.

Strozzis *Proserpina rapita* komponieren sollte, die 1630 aus Anlaß von Giustinianis Hochzeit mit Giustiniana, der Tochter von Girolamo Mocenigo, aufgeführt wurde. Wer anders als der *maestro di musica* an San Marco und Komponist von *Orfeo* hätte besser mit dem Librettisten jener Oper verhandeln können, der jetzt Graf und hoher Würdenträger am mantuanischen Hof war?

Giovanni Battista Andreinis Schauspieltruppe, »I Fedeli«, war zuletzt im Jahre 1619 in Venedig aufgetreten.[9] Ihr späterer Weg hatte sie nach Paris und Fontainebleau geführt (6.–28. April 1621), wo sie sowohl künstlerischen Erfolg als auch angemessene finanzielle Ausbeute ernteten.[10] Aber die Eiersüchteleien und Rivalitäten, die die Truppe bereits seit 1609 entzweiten, als in Turin der Streit zwischen Andrenis Gattin, »Florinda«, und Pier Maria Cecchinis Frau, »Flaminia«, ausgebrochen war, waren dem Leiter ein durchaus entbehrlicher Dorn im Auge, der als Autor und Schauspieler Besseres zu tun hatte, als auf das zu warten, was Monteverdi als »sinistri acadere et disturbi« beschreibt.

Eine typische Krisensituation trat gleich nach dem Erfolg von Fontainebleau ein, als Ludwig XIII. die gesamte Truppe ersuchte, ein weiteres Jahr zu gastieren. Alle stimmten zu – außer Tristano Martinelli. Nachdem er 1612 zur Truppe gestoßen war, hatte er die Rolle des Arlecchino bis zur Vollkommenheit entwickelt, einer der beiden Zanni-Figuren, deren Aufgabe es war, für spaßige und amouröse Verwicklungen zu sorgen. Im Gegensatz zu den anderen wollte er in sein Heim nach Mantua zurückkehren und eine wohlverdiente Erholungspause einlegen. Der König gewährte ihm Urlaub, und die Königin überreichte ihm ein Halsband im Werte von 200 *scudi*.

Einem Ersuchen an den Herzog von Mantua, der um einen Jahresurlaub gebeten wurde, so daß die Truppe in Paris bleiben konnte, wurde gleichfalls stattgegeben; aber zu eben diesem kritischen Zeitpunkt begannen die Schwierigkeiten. Ein sieben Seiten langer Brief mit Anschuldigungen wurde mühsam zusammengetragen, von der gesamten Truppe unterzeichnet und dem Herzog mit dem Ziel übersandt, Martinelli zu diskreditieren, ihn der mangelnden Loyalität zu zeihen und unter Beweis zu stellen, daß er sich derselben Taktik schon bedient habe, als er der rivalisierenden Truppe unter der Leitung von Pier Maria Cecchini angehört hatte, dessen Bühnenname »Fritellino« war.

Einige Tage später, am 12. Juli 1621, schrieb Andreini dem Herzog einen persönlichen Brief und bat ihn, die Beschwerdesammlung zu ignorie-

[9] Santoro, *Iconografia*, 27.
[10] Baschet, 287.

ren und vernichten zu lassen. Mit Nachdruck hob er hervor, daß Martinelli, weil er vierzig Jahre lang tätig gewesen sei, jetzt das Recht auf den Genuß von etwas Ruhe und Frieden habe. Aber er zog sich nicht wirklich ins Privatleben zurück. Nach dem Besuch von Lyon und Turin (wohin ihm die Truppe anläßlich der Osterfeierlichkeiten von 1623 folgte) tauchte er später noch in Padua, Verona und Venedig auf.

Das Ergebnis war, daß sich die Truppe in armseliger Verfassung befand, als sie im Sommer 1622 nach Ablauf ihres Jahresurlaubs nach Italien zurückkehrte. Der Versuch, Martinelli und ein weiteres Mitglied der Truppe durch zwei spanische Schauspieler zu ersetzen, hatte sich als Fehlschlag erwiesen. Ohne Martinelli waren sie entmutigt; mit ihm waren sie unfähig, den Kampf aller gegen alle einzustellen. Und zu eben diesem Zeitpunkt wandte sich Lorenzo Giustiniani, mit einer verworrenen und allem Anschein nach nicht mehr zu bereinigenden Situation konfrontiert, an Monteverdi um Hilfe.

Er hätte ahnen sollen, daß mehr als Diplomatie erforderlich war, um das Problem zu lösen. Andreini würde nur kommen, wenn Martinelli zusagte, sich ihm anzuschließen. Martinelli würde nur kommen, wenn ein bestimmter, auf die Rolle des Dr. Gratiano, des bologneser Richters, spezialisierter Schauspieler[11] zusagte, mit ihm zusammenzuarbeiten. Virginia Andreini wollte wegen der Unstimmigkeiten innerhalb der Truppe gar überhaupt nicht spielen. Giustinianis Plan aber lief darauf hinaus, den Andreinis besondere Anreize zu bieten und, wenn nötig, die vakanten Rollen von Arlecchino (Zanni) und Doktor (Gratiano) zu besetzen.

Ein gangbarer Weg zur Lösung dieses Theater-Puzzles war, den schwer zu fassenden »Dr. Gratiano«, der zu der Zeit gerade Savoyen auf dem Weg nach Italien durchstreifte, zu engagieren oder nötigenfalls zu entführen. Wenn er einwilligte, zu kommen und in Venedig zu spielen, würde auch Martinelli zustimmen und dann wiederum auch Andreini, der sogar versuchen könnte, seine Gattin umzustimmen. Dennoch versprach das ganze Unternehmen verzwickt und heikel zu werden. Monteverdis Unruhe verrät sich nicht nur durch die Abfassung des Bittbriefes, sondern auch durch seine offenkundige Sorge, Giustiniani zu Gefallen zu sein, und die Schwierigkeiten beim Verständnis des Briefes sind durch zwei fehlerhafte Standardtranskriptionen nur noch vermehrt worden.[12] Im weiteren Fortgang

---

[11] Es handelt sich beinahe mit Sicherheit um Francesco Scattolone, der ungefähr in der dritten Novemberwoche in Padua mit einem mantuanischen Faktotum zusammentraf und mit ihm an den Gonzaga-Hof zurückkehrte (Bertolotti, 101). Ebenso wird er von Rasi, II, 525, identifiziert; und auch von Lea, I, 483.

[12] Sowohl Malipiero als auch de' Paoli lesen die Formulierung *che Arlichino dicesse di sì*

dieses besonderen Teiles des Briefwechsels aber wird die Situation allmählich klarer und vermittelt dem Leser einen raschen Einblick in eine *commedia*, die nicht ohne ein besonderes und ganz eigenes Flair von Mantel- und-Degen-Intrige ist.[13]

im Sinne von *che Arlichino non...*, und zwar aufgrund des kleinen Zwischenraums zwischen *Arlichi* und *no* im Autograph. Überdies sind manche wichtigen Abschnitte bei Malipiero und de' Paoli ausgelassen, obwohl der von Prunières edierte Text sowohl genau als auch vollständig ist.

[13] Giustiniani war mit den Belastungen und Frustrationen im Umgang mit Schauspielern und ihren rivalisierenden Truppen zweifellos vertraut. Im Jahre 1619 versuchte er Flaminio Scala zu engagieren, mußte aber bald erkennen, daß diesem ein Gegenangebot von einem Angehörigen der Familie Troni gemacht worden war. Im folgenden Jahr scheint er mit Aurelio und Cecchini in Verhandlungen gestanden zu haben, die bekanntermaßen Feinde der Andreini-Truppe waren (Lea, I, 289, 308).

Venedig, 21. Oktober 1622: [an ALESSANDRO STRIGGIO, in Mantua]

Ew. Erlaucht, mein Gnädigster Herr,
der verehrte Signor Giustiniani[a], in dieser Durchlauchtigsten Republik ein Herr von großem Ansehen und mein Herr, kam vor drei Tagen eigens, um meinem Haus in Begleitung vieler anderer Herren einen Besuch abzustatten und mir zu erzählen, wie er vor nicht wenigen Tagen dem Signor Lelio Andreini[b], dem Schauspieler, habe schreiben lassen, er solle sich darauf vorbereiten, zusammen mit Signora Florinda und seiner ganzen Truppe nach Venedig zu kommen und Komödien aufzuführen auf seinem öffentlichen Gelände[c], vorausgesetzt, der Herzog[d] wolle von ihm keinen Gebrauch machen, denn in diesem Falle beabsichtige er in keiner Weise zu handeln.

Er erhielt zur Antwort, er sei äußerst bereit, um so mehr, weil der Herzog bereits hatte wissen lassen, er wolle von ihm Gebrauch machen. Es fehlte nur noch, daß Arlecchino[e] zusagte, weil er ohne diese

[a] Lorenzo Guistiniani, der 1630 die Tochter von Monteverdis Dienstherrn und Förderer Girolamo Mocenigo heiratete.
[b] Giovanni Battista Andreini, Schauspieler, Autor und Leiter einer unter dem Namen *I Fedeli* bekannten Schauspieltruppe, derzeit dem Hofe von Mantua verbunden. »Florinda« war seine Gattin, Virginia Andreini.
[c] *nel suo loco publico*, mit Verweis auf das Theater im Besitz der Familie Giustiniani im Bezirk San Moisè.
[d] Ferdinando Gonzaga, Sechster Herzog von Mantua.
[e] Die von Tristano Martinelli geschaffene Rolle.

Zusage – um nicht seinen guten Ruf zu verlieren, wenn er an einem Ort spielen muß, an dem auch Frittelino[f] auftritt (wenn auch in einem anderen Raum) – nicht einwilligen könne, daß er käme. Deshalb ließ dieser verehrte Herr dem genannten Arlecchino schreiben und erhielt zur Antwort, daß er kommen würde, wenn Seine Hoheit ihn brauchen und ihm gleichzeitig offiziellen Urlaub zugestehen würden, unter der Voraussetzung, daß auch ein gewisser Doktor Gratiano[g] käme, der sich jetzt in Savoyen befindet.

Und während dieser mittels Verhandlungen versucht, alles ins Lot zu bringen, siehe, da schrieb ihm Signor Lelio, daß er, was seine Person anbelange, äußerst bereit sei, zu Diensten zu stehen, und daß er sich als demütigster Diener anbiete, jedoch aber Seine Gnaden wissen lasse, daß die Signora Florinda nicht auftreten wolle und er sich in den Kopf gesetzt habe, auf eigene Faust als Komödiant (auch in anderen Truppen) zwei Jahre lang zu spielen und nicht länger als das Haupt einer Truppe, in Anbetracht der Tatsache, daß so viele schlimme Dinge geschähen und es so viele Schwierigkeiten gebe, wenn man eine Truppe leiten wolle.

Aus diesem Brief hatte dieser verehrte Herr geschlossen, daß die besagte Angelegenheit beinahe gescheitert sei. Weil er weiß, wie sehr ich demütigster Diener dieser Hoheit und Ew. Gnaden bin, bat er mich, zusammen mit den anderen Herren aus seiner Truppe, inständig, ich wolle mit einem Brief (vorausgesetzt, Seine Hoheit machten von ihm gerade keinen Gebrauch) Ew. Gnaden dringend darum ersuchen, diesen Signor Lelio dazu zu bringen, daß er diesen Herrn begünstige, und wenn Signor Lelio sich wegen des Mangels an Schauspielern in seiner Truppe entschuldigen wolle, biete ihm dieser Herr sowohl Gratiano als auch Zanni[h] und den Doktor an und jede andere Rolle, die sonst noch fehlen kann.

Ich schreibe deshalb, um Ew. Gnaden zu bitten, besser gesagt, ich schreibe, um die grenzenlose Liebenswürdigkeit Ew. Gnaden zu bitten, mich damit zu beehren, Ew. Gnaden zu bitten, Ihr wolltet geruhen,

---

[f] Der Schauspieler Pier Maria Cecchini, Prinzipal einer rivalisierenden Truppe.
[g] Eine andere Gestalt der *commedia dell'arte*, deren Rolle gewöhnlich das Bombastische und das Angeberische hervorhob.
[h] Gianni (oder Arlecchino). Durch die Hinzufügung der Namen *Doktor* und *Gratiano* teilt Monteverdi versehentlich eine Gestalt in zwei auf.

diesen Dienst zu tun und den genannten Signor Lelio darum ersuchen, daß er sich darauf vorbereite, zu kommen, um diesen sehr verehrten Herrn zu begünstigen, weil er sich Signor Lelio gegenüber sehr freundlich zeigen, ihn beschenken und ihm die Reise und anderes bezahlen wird, und ihn darum zu bitten, daß er auch die Signora Florinda mitbringe und andere, die er schätzt.

Sollte er nicht wollen, dann fordert Signor Giustiniani[i] Signor Lelio auf, zu erwägen, daß durch die Erwartungen, die er bereits mit seinen Briefen geweckt hat, nicht nur er davon abgehalten wird, eine andere Truppe zu suchen, als auch sein Theater (durch Lelio)[j] daran gehindert wird, Komödien zu geben – eine Unannehmlichkeit, die er sich gut vorstellen kann.

Ich weiß, daß der Einfluß Ew. Gnaden alles zum Guten wenden wird. Und ich werde Ew. Gnaden immer sehr dankbar sein für eine so lang ersehnte Gunst. So gut ich kann, werde ich diesen verehrten Herren gegenüber deutlich machen, wie sehr Ihr bei Eurer Gunst meine Dienstbarkeit in Ehren haltet. Schaut bitte nicht auf meine bescheidene Bedeutung, sondern wundert Euch über Eure Freundlichkeit, wenn Ihr mich damit würdigt, eine Bitte an Signor Lelio zu richten und ihm mit der Süße Ew. Gunst zu überzeugen. Indem ich Euch hier demütigste Ehrerbietung erweise, erbitte ich für Euch von Gott von Herzen jedes heißersehnte Glück.

Venedig, 21. Oktober 1622

Ew. Gnaden   ergebenster und dankbarster Diener

                Claudio Monteverdi

[i] Giustiniani (Name hinzugefügt, um die Verwechslung verschiedener Personalpronomina, die sich auf verschiedene Männer beziehen, zu vermeiden).

[j] Lelio (erganzt).

73

Mantua, Archivio Gonzaga, Cassetta 6, f. 268. Einzelblatt: 2 Seiten [an Alessandro Striggio, in Mantua]. *(19. November 1622.)* Malipiero, 228; Paoli, 201.

Nachdem Striggio Monteverdi einen ermutigenden Antwortbrief zur Situation der *commedia dell'arte*-Spieler geschickt hatte, vereint das folgende Schreiben die Danksagungen des Komponisten mit denen Giustinianis. Giustiniani, vor allem entschlossen, sich die Dienste des flüchtigen »Dr. Gratiano« zu sichern (von dessen Einwilligung zu spielen alles andere abhing), war zu der Zeit, da Monteverdi den Brief nach Mantua geschickt hatte, wahrscheinlich nach Padua abgereist. Und tatsächlich waren gerade zwischen Padua und Mantua bestimmte Verhandlungen über die Zukunft der Truppe in ihrer wiederhergestellten Besetzung im Gange.

Brief 72 besagt mit aller Deutlichkeit, daß »Dr. Gratiano« sich am oder um den 21. Oktober in Savoyen aufhielt. Am 29. Oktober war er in Brescia angelangt, wo er mit dem Prinzen von Condé zusammentraf, der gerade auf dem Wege nach Mantua war, um Schauspieler für die nächste Saison in Paris auszuwählen. Auch Dr. Gratiano beabsichtigte nach Mantua zu reisen, mußte sich aber noch einige Zeit in Padua aufhalten; und deshalb übergab ihm der Prinz einen an Herzog Ferdinando adressierten Brief mit der Bitte um die förmliche Erlaubnis, die Truppe nach Paris einzuladen und so den Wünschen Ludwigs XIII. nachzukommen.[1]

Die Identität des »Dr. Gratiano« wird von einem auf den 15. November datierten Dokument des mantuanischen Rechnungshofs enthüllt, das die Vorauszahlung von Reisekosten für Sante Morandi (wahrscheinlich ein Hofbediensteter) bewilligt und ihn ermächtigt, nach Padua zu fahren und einen gewissen »M. Francesco, detto Scattolone e Graziano di Comedia« mitzubringen.[2] Bevor es aber dazu kam, war bereits Giustiniani in Padua angelangt, um Francesco Scattolone ausfindig zu machen und ihn einzuladen, in den für Venedig geplanten Aufführungen die Rolle des hochtrabenden bologneser Richters zu spielen. Die Ergebnisse von Giustinianis Versuch werden in Monteverdis Brief 74 vom 3. Dezember zusammengefaßt, zu einer Zeit also, da Scattolone in Gesellschaft des Hoffaktotums nach Mantua abgereist war.

---

[1] Baschet, 313.
[2] Bertolotti, 101.

Venedig, 19. November 1622: [an ALESSANDRO STRIGGIO, in Mantua]

Euer Erlaucht, mein Gnädigster Herr,
ich habe den überaus freundlichen und liebenswerten Brief Ew. Gnaden erhalten, voll außergewöhnlicher Zuneigung gegenüber meiner Person, der ich zwar arm bin, aber reich an Ehrerbietung und Liebe und nichts anderes ersehne als der Befehle Ew. Gnaden würdig zu sein, um Euch zeigen zu können, daß ich ein keineswegs unnützer Diener bin.

Ich habe den genannten Brief Ew. Gnaden dem erlauchten Signor Giustiniani[a] gezeigt, und weil er gesehen hat, daß Ihr es nicht ablehnt, meine Bitten zu begünstigen, glaubte er mir, daß ich in der Gunst Ew. Gnaden stehe. Ich komme nun, um Ew. Gnaden für die außerordentliche Gunst, die Ihr mir zu erweisen geruht, den größten Dank zu sagen, den ich kenne und dessen ich fähig bin. Ew. Gnaden können sicher sein, daß ich eine Verpflichtung hinzugefügt hätte[b], wenn irgendein Teil von mir gewußt hätte, daß er Euch nicht bereits verpflichtet ist.

Der genannte erlauchte Signor Giustiniani hat mir aufgetragen, Euch in seinem Namen tausend Dank zu sagen. Gott, Unser Herr, schenke Ew. Gnaden den Gipfel des höchsten Glücks und mir das Verdienst, Euer Diener zu sein, sowohl was die Resultate als auch was meinen guten Willen anbelangt. Hiermit küsse ich Euch mit aller Ehrerbietung demütig die Hände.
Venedig, 19. November 1622
Ew. Gnaden   demütigster und dankbarster Diener
                           Claudio Monteverdi

---

[a] Lorenzo Giustiniani, derzeit ein jugendlicher Sprößling einer alteingesessenen venezianischen Familie.
[b] *agiongerei* (gewöhnlich verlesen als *agiongervi*).

74

Mantua, Archivio Gonzaga, Cassetta 6, ff. 270–271. Doppelblatt:
4 Seiten [an Alessandro Striggio, in Mantua]. *(3. Dezember 1622.)*
Malipiero, 229; Paoli, 202; Prunières, 265.

Wenn dieser Brief auch ganz offensichtlich an Striggio gerichtet ist, weil
sein Thema – wie das der zeitlich benachbarten Korrespondenz – das
Schicksal der *commedia dell'arte*-Spieler ist, benutzt Monteverdi bei einem
seiner seltenen Fehler hier doch den Ehrentitel »osservandissimo«, der zu
dieser Zeit gewöhnlich Marigliani vorbehalten ist.[1] Der Grund für diesen
Lapsus mag seine fortwährende Krankheit gewesen sein, die einen erneuten Besuch Giustinianis erforderlich machte, denn unter normalen Umständen hätte Monteverdi seinem Gönner selbst seine Aufwartung gemacht.

Giustiniani, offenkundig verstimmt über die Nicht-Ankunft der Schauspieler und das Ausbleiben jeder Nachricht von ihnen, war auch in Sorge
wegen Pier Maria Cecchinis Ränkespiel, das darauf abzielte, sie um jeden
Preis von Venedig fernzuhalten, so daß er sich weiterhin in einsamem
Ruhm sonnen konnte. Zweifellos waren die Beziehungen zwischen den
Cecchinis und den Andreinis nicht allzu gut, wobei die Frauen einander
noch weniger ausstehen konnten als die Männer. Inwieweit das Scheitern
der Pläne aber dieser Konstellation zugeschrieben werden kann, ist frag-
lich. Wenn Striggio auch annahm, die Truppe würde in der Lage sein, auf
dem Wege nach Paris einige Tage in Venedig zu verbringen, so wußte er
doch nur zu gut, daß ein solcher Reiseweg schwerlich als direkt bezeichnet
werden konnte. Eine Truppe, die in Eile war, hätte die Route über Mailand
und Turin und weiter über den Mont Genèvre nach Frankreich gewählt.
Venedig hätte zu weit östlich gelegen. Dennoch kann die Anwesenheit von
Cecchini in Venedig sie ebenso sehr abgeschreckt haben wie topographische und Reiseerwägungen.

Sie waren tatsächlich bereits nach Frankreich aufgebrochen, als Monteverdi Striggio seine Bitte um weitere Hilfe und Unterrichtung schickte.
Vergebens war Giustiniani nach Padua gereist, vergebens hatte er mit Scattolone verhandelt, Drohungen benutzt, als Bitten unerhört blieben, und
ihm schließlich sogar bedeutet, er werde gewaltsam in eine Gondel ver-
frachtet und nach Lizza Fusina gebracht werden – der Landungsbrücke in
Richtung Venedig. Vielleicht ist die ganze Tragweite von Giustinianis Handeln durch das Geheimnis verdunkelt worden, das das »Wort« *Zaffutine*

---

[1] Prunières liest »Coll^{mo}«.

(Malipiero; de' Paoli) oder *baffeterie* (Prunières) umgibt. Was Monteverdi tatsächlich schrieb, war *lezaffucine*, ein bizarres Kompositum, dessen wirkliche Bedeutung erst kürzlich enthüllt worden ist.[2]

Ein Nebenaspekt von soziologischer Bedeutsamkeit taucht im Schlußabschnitt auf, wo der Komponist zu bedenken gibt, daß Giustiniani seine Verpflichtung Striggio gegenüber sicher gern durch einen Brief zum Ausdruck gebracht hätte, daß aber Herren wie er nicht ohne ausdrückliche Erlaubnis an Staatsminister schrieben. Daß der Komponist an Striggio direkt schreiben durfte, war seiner langen Bekanntschaft mit ihm und ihrer Zusammenarbeit in künstlerischen Angelegenheiten zu verdanken; denn seiner gesellschaftlichen Stellung nach stand Giustiniani fraglos über Monteverdi.

[2] Ich danke Frau Dr. Maria Teresa Muraro von der Fondazione Giorgio Cini für ihren erklärenden Brief vom 7. Mai 1971. Zu weiteren Hinweisen auf Lizza Fusina (auch auf die verschiedenen verballhornten Schreibweisen) siehe Hazlitt (Register).

Venedig, 3. Dezember 1622: [an ALESSANDRO STRIGGIO, in Mantua]

Ew. Erlaucht, mein hochgeschätzter[a] Herr,
der erlauchte Signor Giustiniani[b], mein Herr, ist absichtlich heute morgen, am 3. dieses Monats, gekommen, um mich in meinen eigenen vier Wänden aufzusuchen und mir von einer heiklen Situation zu berichten, die wegen der Befürchtung entstanden war, Fritellino[c] schmiede Ränke[d], um allein[e] in Venedig bleiben zu können (obwohl er nicht sehr beliebt ist), so daß sich die Ankunft der Schauspieler aus Mantua, die allerdings die ganze Stadt sehnlich erwartet, verzögert, da sie zu spät dran sind. Überdies habe ich gehört, der Doktor Gratiano[f] habe Seiner Hoheit[g] so gefallen, daß er mit einem Geschenk von 100 Scudi, mit einer Aufwendung für den Lebensunterhalt und mit anderen festen Zahlungen belohnt wurde. Aber in Anbetracht dieser Gunst würde er

[a] Eine von Monteverdis seltenen Entgleisungen ins *osservandissimo,* das gewöhnlich dem jüngeren und weniger hochstehenden Marigliani vorbehalten war.
[b] Lorenzo Giustiniani, ein venezianischer Adeliger.
[c] Der Schauspieler Per Maria Cecchini.
[d] *non si sij affaticato* (wobei das *non* pleonastisch ist).
[e] *solo* (»allein«, im Sinne von »unangefochten«).
[f] Eine Gestalt der *commedia dell'arte.*
[g] Ferdinando Gonzaga, Sechster Herzog von Mantua.

es nicht gerne sehen, wenn die Ränke des besagten Fritellino Erfolg hätten.

Was die andere Sache anbelangt, so habe ich bereits den Brief Ew. Gnaden gesehen, den Ihr mir als Antwort zu schicken geruhtet, und der bestätigt, daß die Ankunft der genannten Schauspieler zur vollen Zufriedenheit des Herzogs erfolgt. Und da ich gegenwärtig nicht gesehen habe, daß vom Boten von einem der genannten Schauspieler Briefe überbracht wurden – das läßt uns jedoch hoffen, daß sie kommen –, so müssen wir deshalb annehmen, daß wir die ersehnte Gunst erhalten. Sicherlich verdient es dieser erlauchte Herr, daß seine Hoheit ihn in dieser Sache ermuntern, weil er, glaubt mir, Ew. Gnaden, es nicht versäumt hat, sich sehr fleißig und von Herzen darum zu bemühen, daß auch Seine Hoheit in den Genuß kommen, Schauspieler zu haben, die geschickt sind, um den Wunsch nach einer Truppe zu erfüllen.

Er bemühte sich nicht nur darum, zu erreichen, daß die führenden Schauspieler kommen und überdies, sich für Franceschina[h] zu entscheiden, sondern entschloß sich, was den Doktor betrifft, der auf sanfte, aber drängende Bitten nicht ja sagen wollte, im Gegenteil dazu, die Bitten in Drohungen zu verwandeln, dahingehend, daß der genannte Doktor mit ihm in eine Gondel steigen müsse und nach Lizza Fusina[i] gebracht werde in der Absicht, ihn dazu zu zwingen, daß er komme. Aber da der Doktor Seinen Gnaden geschworen hatte, er werde kommen, begnügte er sich damit, ihn nur zu begleiten.

Durch diese Bemühung Seiner Gnaden, die mit so warmherziger Liebe erfolgte sowohl durch das Versprechen, das ihm Ew. Gnaden in Eurem Brief als Antwort auf meinen Brief gaben als auch weil Ihr bei den gegenwärtigen Unannehmlichkeiten keine gegenteiligen Briefe gesehen habt – gibt er sich großen Hoffnungen hin. Da er jedoch diese Gunst so sehr ersehnt, hat er mich von neuem damit beauftragt, Ew. Gnaden zu bitten, Ihr wolltet ihn im Notfall begünstigen. Auch wenn sie (wie er glaubt) kommen sollten, ohne Ew. Gnaden weitere Unannehmlichkeiten zu bereiten, bittet er jedoch, dabei zu verbleiben, ihn zu ermuntern und ihm mitzuteilen, wann sie ankommen werden, was auch

---

[h] Der gewöhnliche Name der Frau von Zanni.
[i] Gewöhnlich verlesen als *alle Zaffutine*. Das Original hat *a lezaffucine* (der Einschiffungsort auf dem Festland zur Reise nach Padua).

dann zur rechten Zeit wäre, wenn ihre Ankunft, wie er hofft, in zehn oder fünfzehn Tagen erfolgen würde.

Mir fügte der erlauchte Herr hinzu, daß er, hätte er Ew. Gnaden schreiben können – er weiß wohl, daß Herren wie er den Ministern der Fürsten nicht ohne Erlaubnis schreiben können –, seine Verpflichtung, die er Ew. Gnaden schuldet, bereits gezeigt hätte. Indem ich hier die Freundlichkeit Ew. Gnaden von neuem um die ersehnte Gunst bitte, weil der erlauchte Signor Giustiniani in vielem mein Herr ist, bleibe ich und werde ich immer Euer dankbarster Diener bleiben. Indem ich hier Ew. Gnaden Ehrerbietung erweise, erbitte ich für Euch von Gott, Unserem Herren, die Erfüllung des höchsten Glücks.

Venedig, 3. Dezember 1622

Ew. Gnaden   ergebenster und dankbarster Diener
                Claudio Monteverdi

75

Mantua, Archivio Gonzaga, Cassetta 6, f. 273. Einzelblatt: 1 Seite [an Alessandro Striggio, in Mantua]. *(10. Dezember 1622.)* Malipiero, 231; Paoli, 205.

Obwohl Striggios sehr verspäteter Brief noch immer etwas Hoffnung auf das Auftauchen der Schauspieler in Venedig bei Giustinianis Förderung machte, muß das Fehlen jeglicher Nachricht von der Truppe doch sowohl ihm wie Monteverdi ein Gefühl der Enttäuschung bereitet haben. Überoptimistisch, wie sie möglicherweise waren, hatten sie sich auf einige Aufführungen vor Beginn der Weihnachtsfeierlichkeiten gefreut; aber die Winke des Königs von Frankreich[1] und die Intrigen von Pier Maria Cecchini sollten ihre Hoffnungen durchkreuzen. Vielleicht hatte Andreini, ein alter Freund Monteverdis, auf seinem eiligen Weg nach Paris eine Erklärung oder Entschuldigung abgeschickt; aber sein Brief muß (wie der hier folgende) durch das winterliche Dezemberwetter und schlechte Straßenbedingungen aufgehalten worden sein.

---

[1] Brief von Henri de Bourbon vom 29. Oktober 1622 (Archivio Gonzaga, E. XV. 628), zitiert bei Lea, I, 290.

Venedig, 10. Dezember 1622; [an ALESSANDRO STRIGGIO, in Mantua]

Ew. Erlaucht, Gnädigster Herr[a],
die Briefe kommen derzeit so spät an, daß kaum Zeit für die Antworten[b] bleibt. Aus diesem Grund konnte ich den überaus liebenswürdigen Brief Ew. Gnaden dem erlauchten Signor Giustiniani[c] bisher nicht zeigen. Aber ich weiß, wenn er ihn sieht, wird er Ew. Gnaden sehr verpflichtet sein und zugleich sehr erleichtert, weil er diese außerordentliche Gunst mehr als alles andere zu erlangen wünschte.
Ich meinerseits werde Ew. Gnaden immer grenzenlos verpflichtet sein. Möge Gott Euch schöne Festtage schenken und ein gutes neues Jahr, und möge er mir erlauben, Eurer Befehle, nach denen ich mich sehne, würdig zu sein. Hier erweise ich Ew. Gnaden untertänigste Ehrerbietung und bitte Gott, Unseren Herrn, um Euer höchstes Glück.
Venedig, 10. Dezember 1622
Ew. Gnaden   ergebenster Diener
                  Claudio Monteverdi

[a] Das übliche *mio* ist ausgelassen.
[b] *le riposte* (gewöhnlich verlesen als *la riposta*).
[c] Lorenzo Giustiniani, ein venezianischer Adeliger.

76

Mantua, Archivio Gonzaga, Cassetta 6, ff. 275–276. Doppelblatt: 4 Seiten [an Alessandro Striggio, in Mantua]. *(31. Dezember 1622.)* Malipiero, 231; Paoli, 206; Prunières, 267.

Sowohl Monteverdi als auch Giustiniani mußten Mitte Dezember gemerkt haben, daß die Schauspieler, die sie nach Venedig zu locken gehofft hatten, bereits auf dem Weg nach Paris waren. Und nach Weihnachten trafen zwei erklärende Briefe von Striggio ein, deren einer Giustiniani eine »Gunst« zu erweisen anbot, die vom Komponisten zwar erwähnt, aber nicht näher bezeichnet wird. Aller Wahrscheinlichkeit nach erbot sich Striggio, dem es peinlich war, einen alten Freund und Gönner enttäuscht zu haben, andere

Schauspieler ausfindig zu machen und sie über die Gelegenheit eines Engagements in Venedig in Kenntnis zu setzen. Monteverdi spricht dann von den spanischen Schauspielern, die von italienischen unterstützt werden könnten, denn er muß sich der ständigen und verwirrenden Fluktuation von einer Truppe zur anderen und der sich daraus ergebenden Möglichkeiten, eine kleine Truppe aus den Überbleibseln größerer aufzubauen, deutlich bewußt gewesen sein.[1]

Das zweite Thema des folgenden Briefes vermittelt einen faszinierenden Einblick in die Art und Weise, wie zweitrangige Positionen neubesetzt wurden.[2] Giovanni Battista Grillo, der die erste Orgel von San Marco spielte, starb ungefähr Mitte November – Monteverdi schreibt, das sei »bereits vor anderthalb Monaten« geschehen. Ein früherer Kollege von ihm in Mantua, Ottavio Bargnani, verlor keine Zeit und schrieb umgehend, um herauszubekommen, ob er für die Vakanz in Betracht käme; mehr noch, er scheint leicht empört gewesen zu sein, weil er sich mit Monteverdi in Verbindung setzen mußte statt umgekehrt. Im Rahmen seines Briefes an Striggio zitiert Monteverdi wörtlich das Schreiben, das er sich an Bargnani zu richten verpflichtet fühlte, und zwar im Hinblick auf mögliche Repressalien wegen angeblicher Eingriffe in Vorrechte des Herzogs.

Ungeachtet aller eingestandenen Zuneigung zu Bargnani und einer gewissen Bereitschaft einzuräumen, daß er begabt sei (auf Anfrage der Prokuratoren), äußerte sich auf Seiten Monteverdis doch fraglos auch eine Spur von Vorbehalt. Beide waren in Mantua Kollegen gewesen, aber Monteverdi scheint sich nie besonders zu ihm hingezogen gefühlt zu haben. Der Organist aus Brescia, angeblich aus einer adeligen Familie stammend, war 1610 als Nachfolger von Giacomo Bongiannino nach Mantua gekommen. Als Mitglied des Kirchenmusikensembles an Santa Barbara[3] muß er mehr mit geistlicher als mit weltlicher Musik befaßt gewesen sein, und doch scheinen 1618 (als er drei Motetten zu Malgarinis Sammlung beisteuerte)[4]

---

[1] Lea, I, 257.

[2] Ein ausführlicher Bericht über die Neubesetzung einer Spitzenposition findet sich bei Arnold, »Succession«, 205–211.

[3] Tagmann, 394–395. Canal, in dessen Darstellung jedoch kein Zitat eines Dokuments der Prokuratoren vorkommt, weist darauf hin, daß Bargnani tatsächlich 1623 zum Probespiel nach Venedig reise und seine früheren Engagements bei Kaiser Rudolf II. (wahrscheinlich in Graz oder Wien) und in Rom erwähnte. Bekannt ist, daß er 1595 in Salò, 1605 in Brescia und 1606–07 in Treviso tätig war; außerdem soll er ein mantuanisches Choralbuch nach Udine gebracht haben. (Siehe Canal, 745; MacClintock [Communication]).

[4] *Motetti a una, due, tre e quattro voci* (Venedig, Vincenti). Canal (745) hatte nur das Stimmbuch Cantus II vor Augen, wo er den Vornamen des Komponisten irrtümlich

seine Amtspflichten geändert worden zu sein, denn er wird als »organista di camera del Serenissimo« bezeichnet. In derselben Anthologie wird Simpliziano Mazucchi als »organista di S. Barbara« ausgewiesen. Vielleicht hat es zu einem bestimmten Zeitpunkt ihrer jeweiligen Laufbahn einen Ämterwechsel gegeben, obwohl die Dokumente diesbezüglich keinen Hinweis bieten.

Abgesehen von den drei Motetten des Jahres 1618 scheint Bargnani relativ wenig geschrieben zu haben. 1599 gab der venezianische Verleger Amadino einen Band seiner *Canzonette, Arie et Madrigali a tre e quattro voci* heraus. 1601 veröffentlichte Angelo Gardano, ebenfalls in Venedig, sein *Primo Libro de Madrigali a cinque voci*. Etwas früher ist wahrscheinlich ein *Primo Libro di Canzoni da suonare* herausgekommen, von dem allerdings kein Exemplar erhalten blieb. Daraufhin folgte 1611 in Mailand (bei Erede di Tini e Filippo Lomazzo) ein *Secondo Libro delle Canzoni da suonare a quattro, cinque et otto voci* (19 canzoni), das Vincenzo Gonzaga gewidmet ist[5]. Der einzige Verweis auf das *Primo Libro di canzoni da suonare* findet sich im Vorwort von G. M. Artusi zu dem Buch *Canzoni da suonare a quattro, et otto voci,* von Floriano Canale[6], das 1600 von Giacomo Vincenti in Venedig veröffentlich wurde. Daher scheint es, daß Bargnani ein Schüler von Canale, wahrscheinlich in Brescia, war. Der letzte Hinweis auf ihn fällt im Jahr 1627, als er vom Rechnungshof in Mantua eine Pension von 26 *scudi* erhielt.[7]

mit »Orazio« angegeben und nur zwei Motetten verzeichnet fand. Eine Kollation des vollständigen Satzes von Stimmbüchern zeigt jedoch, daß Bargnani drei und nicht zwei Motetten beisteuerte und daß sein Name in seiner richtigen Form auftaucht.
[5] Sartori, *Bibliografia*, II, 1611 f.
[6] Sartori, *Bibliografia*, I, 107.
[7] Bertolotti, 97.

Venedig, 31. Dezember 1622; [an ALESSANDRO STRIGGIO, in Mantua]

Ew. Erlaucht, mein Gnädigster Herr,
als ich die beiden Briefe Ew. Gnaden mit diesem Kurier erhielt, wartete hier der Verwalter des erlauchten Signor Giustiniani[a] auf das, was Ihr zu schreiben geruhtet. Nachdem ich die Briefe gelesen und sie dem

[a] Lorenzo Giustiniani, ein venezianischer Adeliger, der später die Tochter von Monteverdis Gönner, Girolamo Mocenigo, heiratete.

genannten Verwalter gegeben hatte, damit er sie diesem Herrn zeigen kann, kehrte er mit den beiden Briefen zu mir zurück und bat mich, ich solle Ew. Gnaden im Namen des Signor Giustiniani schreiben, daß er Euch so sehr verpflichtet sei, als hätte tatsächlich er selbst die Gunst erhalten.

Er bittet Euch, ihm mitzuteilen, ob Ihr glaubt, daß er Ew. Gnaden in irgendeiner Sache nützlich sein kann – sowohl mit seiner Person als auch mit seinem Besitz –, wie er sich erneut bei Ew. Gnaden erkundigt (da er gehört hat, daß sich in Mantua eine Truppe spanischer Schauspieler aufhält, die Ew. Gnaden unter solch günstigen Bedingungen und durch unser diplomatisches Vorgehen[b] in Dienst zu nehmen verstehen werden), ob Seine Hoheit[c] an den Darstellungen der genannten Spanier eventuell mehr Geschmack fänden als an denen der Italiener – weil die Gunst immer gelegen kommt. Dennoch wünscht er, daß alles mit der Zustimmung Ew. Gnaden ausgeführt wird.

Davon abgesehen, bin ich Ew. Gnaden sehr verpflichtet, weil Ihr zu schreiben geruhtet, daß Ihr Euch Eurer Vorliebe für mich nicht schämt, auch wenn ich in dieser Welt schwach bin. Deshalb werde ich mich immer verpflichtet fühlen, Gott darum zu bitten, er möge Ew. Gnaden segnen und bewahren und mich der Befehle Ew. Gnaden würdig machen, damit ich mich durch meine Taten als Euer würdiger Diener zeigen kann.

Erlauchter Herr, schon vor eineinhalb Monaten starb einer der Organisten von San Marco. Kurz nach seinem Tod schrieb mir Signor Ottavio Bargnani[e] und beklagte sich bei mir, ich hätte ihn von der freien Stelle nicht in Kenntnis gesetzt, so daß er sich um den Posten nicht hatte bewerben können. Ich antwortete ihm: »Lieber Signor Bargnano, ich schätze Euch sehr. Aber da Ihr Diener dieses Fürsten seid, der mein Herr und Gebieter ist, hätte ich niemals daran zu denken gewagt, geschweige denn je versucht, Euch diese Sache zu schreiben, weil es dem Verlangen danach gleichgekommen wäre, daß Ihr aus diesem Dienst scheidet, den ich so sehr schätze und ehre. Ihr werdet mir also den Gefallen tun, mit mir über jede Sache zu verhandeln, nur nicht über diese.«

[b] *destro modo.*
[c] Ferdinando Gonzaga, Sechster Herzog von Mantua.
[d] Giovanni Battista Grillo († 15. November 1622).
[e] Ein Organist aus Brescia, der an S. Barbara in Mantua angestellt war.

So beruhigte sich die Angelegenheit, und als ich dachte, es sei alles beendet, wurde ich von den Herren Prokuratoren in die Procurazia[f] gerufen. Als ich dort ankam, hatten sie eben einen Brief von Signor Bargnani gelesen (ich weiß nicht, woher sie ihn hatten), in dem er sich darum bemühte, die oben genannte Stelle, die noch nicht besetzt ist, zu erhalten. Als sie den Brief gelesen hatten, fragten sie mich, ob dieser Bewerber gut sei. Ich antwortete: ja. Dann baten sie mich, ich solle ihm im Namen ihrer Exzellenzen schreiben, daß er kommen solle, damit sie ihn hören könnten.[g] Denn sie versichern ihm, daß sie seinen Fähigkeiten gerecht werden wollten, wenn er der Mann ist, der er zu sein verspricht, obwohl fünf andere den besagten Posten ebenfalls begehrten, so daß eigentlich ein Wettbewerb notwendig wäre.

Weil ich mir dachte, daß solch ein Brief (wenn Ew. Gnaden davon nicht zuerst in Kenntnis gesetzt sind, so daß Ihr Seine Hoheit noch unterrichten könnt) mir bei der Gunst Seiner Hoheit, die ich schätze und, solange ich lebe, in grenzenloser Hochachtung schätzen werde, schaden könnte, habe ich die Sache Ew. Gnaden erzählt und bitte Euch darum, mir mit der nächsten Post mitzuteilen, was ich mit dem Einverständnis Seiner Hoheit für den Fall tun kann, daß Signor Bargnani in seinem Brief andeutet, er könne (mit dem Einverständnis Seiner Hoheit) kommen und an San Marco dienen. Ich wollte die Sache in die Hände Ew. Gnaden legen, weil ich weiß, daß dann alles unter Ausschluß der Öffentlichkeit geschehen wird und ohne daß ich Schaden nehme. Hier erweise ich Ew. Gnaden demütige Ehrerbietung und bitte Gott, Unseren Herrn, für euch um ein glückliches neues Jahr.

Venedig, 31. Dezember 1622
Ew.Gnaden   dankbarster Diener
                   Claudio Monteverdi

---

[f] (Originalwortlaut.) Der Bericht über Monteverdis Unterredung mit den Prokuratoren steht insgesamt im Präsens, das hier zu einem erzählerischen Imperfekt modifiziert wurde.
[g] *che li farà apiacere lasciarsi udire.*

77

Mantua, Archivio Gonzaga, Cassetta 6, f. 279. Einzelblatt: 1 Seite [an Alessandro Striggio, in Mantua]. *(23. Januar 1623.)* Malipiero, 233; Paoli, 210.

Der sich unpäßlich fühlende Monteverdi vergaß die bei Striggio angemessene Anredeform und schrieb statt dessen »osservandissimo«, wie er das bereits im Brief vom 3. Dezember getan hatte. Es scheint unzweifelhaft, daß seine Gesundheit angegriffen war, denn er verließ seine Wohnung nicht, war vielleicht sogar bettlägerig und empfing Besucher nur, wenn es unumgänglich war. Der Versuch von Ottavio Bargnani, die Stelle von Grillo zu übernehmen, führte zu nichts, und am 1. Mai wurde Carlo Fillago zum ersten Organisten bestellt.[1]

[1] S. Dalla Libera, »Chronologia musicale della basilica S. Marco in Venezia«, *Musica Sacra,* 85 (1961), 90.

Venedig, 23. Januar 1623; [an ALESSANDRO STRIGGIO, in Mantua]

Ew. Erlaucht, mein hochgeschätzter[a] Herr,
weil ich mich ein wenig unpäßlich fühlte und mich deshalb zu einer Ruhepause zu Bett legen mußte, war ich gezwungen, den Dank an Ew. Gnaden, mit der tiefsten Zuneigung des Herzens, die ich kenne und deren ich fähig bin, für den Brief, der voll grenzenloser Güte war, bis zu der heutigen Post aufzuschieben. Ich habe die Hinweise Seiner Hoheit[b] befolgt und also nichts weiter an Signor Ottavio[c] geschrieben. Für die Unannehmlichkeit, die Ew. Gnaden auf sich nehmen mußten, als Ihr Seiner Hoheit mitgeteilt habt, um was ich Euch bat, sage ich Ew. Gnaden (wie ich es oben erwähnte) grenzenlosen Dank mit besonderer Verpflichtung.

Ich bitte Euch, mich in Eurer Gunst zu halten und ersuche Gott darum, mir Verdienste zu schenken, die Eurer Befehle würdig sind.

---

[a] *osservandissimo* (anstelle des üblichen *collendissimo*).
[b] Ferdinando, Sechster Herzog von Mantua.
[c] Ottavio Bargnani, derzeit Organist an der herzoglichen Basilika in Mantua.

Und hier erweise ich Ew. Gnaden demütigste Ehrerbietung und bitte
Gott, Unseren Herrn, um Euer höchstes Glück.
Venedig, 23. Januar 1623
Ew. Gnaden   dankbarster Diener
               Claudio Monteverdi

78

Mantua, Archivio Gonzaga, Cassetta 6, ff. 281–282. *Doppelblatt:* 3
Seiten [an Alessandro Striggio, in Mantua]. *(10. Februar 1623.)* Malipiero, 234; Paoli, 211; Prunières, 268.

Karneval in Venedig, Karneval in Mantua. Der sechsundfünfzigjährige
Komponist, schwerlich ein glühender Anhänger jener modernen Luperka-
lien in der besten aller Zeiten, muß ihnen 1623 mit besonderem Widerwillen entgegengesehen haben, denn er war fast fünf Monate lang auf unangenehme und schmerzhafte Weise krank gewesen. Aber der Geist des Karnevals streifte ihn, der leidenden Menschheit nicht achtend, in der Person von
Callegari, dem Agenten der Gonzaga, sonst bekannt als »Signor Bergamaschino«,[1] der eine dringende Botschaft von Herzog Ferdinando über-
brachte, und zwar des Inhalts, Monteverdi solle zwei Kastraten und zwei
Theorben-Spieler ausfindig machen, die in der Lage seien, ihre harmonischen Begleitakkorde nach einer vorgegebenen Generalbaßstimme zu
spielen, und dann so schnell wie möglich mit ihnen nach Mantua zurückrei-
sen.
    Dieser typische Gonzaga-Auftrag mit seiner ganz unverblümten Vor-
aussetzung, der unglückliche Empfänger könne und werde alles stehen und
liegen lassen und eilends herbeikommen, unterschied sich in nichts von
unzähligen früheren. Mit der Zeit hatte sich der gewitzte Komponist ein
ganzes Arsenal von Entschuldigungen zurechtgelegt, die er nicht zögerte
als legitimes Mittel des Selbstschutzes einzusetzen. Diesmal aber war seine
Entschuldigung echt. Anfang Oktober 1622 hatte er eine Entschlackungskur gemacht, deren Auswirkungen seinen Gesundheitszustand normalerweise und erwartungsgemäß eigentlich beinahe sofort hätten bessern sollen. Statt dessen verschlechterten sie ihn drastisch und riefen eine Folge-

---

[1] Siehe Brief 50.

krankheit hervor, die seinen Körper wie ein schleichendes Gift befiel und ihn schwach, apathisch und erholungsunfähig machte.

Die Ursache alles dessen hat die Aufmerksamkeit der Monteverdi-Biographen bisher nicht auf sich gelenkt, obwohl diese Erkrankung fraglos eine der heftigsten war, unter der er je zu leiden hatte. Von seinem Vater, einem bis zu seinem Tode im Jahre 1617 angesehenen Arzt in Cremona, muß er gewußt haben, daß der Gebrauch von Abführmitteln gefährlich sein konnte, wenn er nicht von einer maßgeblichen Autorität überwacht wurde. Und doch kann sein aufkeimendes Interesse für Alchimie ihn verwegen gemacht haben, und als Sohn eines Arztes muß er in der Lage gewesen sein, wenigstens die schlimmsten Fehler zu vermeiden. Wenn er in musikalischen Fragen umsichtig handeln konnte, warum dann nicht auch in medizinischen?

In jenen Tagen waren Sennesblätter das am weitesten verbreitete Abführmittel, mit einer Substanz, die seit dem 9. Jahrhundert bei den Arabern bekannt und zu diesem Zweck benutzt wurde. Eine neuere Entdeckung aber, die geradezu modisch geworden war, war das Kalomel, ein Quecksilberchlorür, das in der Natur als Quecksilberhornerz vorkommt oder künstlich durch Sublimierung von reinem Quecksilber mit Merkurichlorid gewonnen wird.[2] Kalomel war zweifellos hochwirksam und fand rasch große Verbreitung; seine toxischen Eigenschaften führten jedoch dazu, sorglosen Benutzern bedauerliche Streiche zu spielen, wenn sie nicht wußten, daß die Substanz, wenn sie dem Licht ausgesetzt oder nachlässig gelagert wurde, chemische Veränderungen erlitt. Mit anderen Worten, es war für das Abführmittel vergleichsweise leicht, zum Gift zu werden.

Beinahe mit Sicherheit trat dies im Falle von Monteverdi ein. Er wählte die dem neuesten Stand entsprechende Medizin, erwarb unwissentlich eine verdorbene Probe, schluckte sie und hatte das für eine beträchtliche Zeitspanne zu bedauern. Als er sich wahrscheinlich Anfang des Frühjahres 1623 erholt hatte, war sein erster Schritt, die Ursachen herauszufinden und zu untersuchen, denn kurz danach begann er an Ercole Marigliani, den mantuanischen Hofsekretär, zu schreiben, und zwar nicht über ein Libretto, sondern über Alchimie, und insbesondere über Quecksilber. Zwischen August 1625 und März 1626 berichtet er über Experimente, Gläser, Flaschen und Drähte. Brief 83 beschreibt ein Experiment mit Quecksilber, das geheimnisvoll und ohne Namensnennung auch in den Briefen 84 und 86 erwähnt wird. Reines und »sehr reines« Quecksilber werden in den

---

[2] Andere Herstellungsmethoden arbeiten mit Erhitzung von Merkurosulfat und gewöhnlichem Kochsalz oder mit Ausfällung aus einer Quecksilbersalzlösung durch Hinzufügung von Salzsäure.

Briefen 87 und 89 erörtert, während es vollkommen eindeutig ist, daß die Briefe 83 und 87 zusammen mit Quecksilber nach Mantua abgingen, das in Venedig erworben worden war. Danach wurde die Alchimie wieder zugunsten der Musik fallengelassen.

Mit einer echten Krankheit kämpfend, konnte Monteverdi reinen Herzens an Striggio schreiben und die Einladung – oder eher den Auftrag –, nach Mantua zu kommen, ablehnen. Als zusätzliche Schutzbehauptung bedeutet er Striggio, daß es in Venedig keine guten Kastraten und Theorben-Spieler gibt (eine Feststellung, die für den Herzog schwer zu verdauen gewesen sein muß), und fährt mit dem Angebot fort, beim Aufspüren von Bläsern behilflich zu sein, an denen der mantuanische Hof eindeutig nicht interessiert war. Verona mit seiner berühmten Accademia konnte mit besseren und billigeren Theorben-Spielern dienen.[3] So ging der mantuanische Karneval an Monteverdi vorbei, und jeder konnte gut ohne den anderen auskommen.

[3] Monteverdis Kenntnis des Musiklebens in Verona reicht wenigstens fünfunddreißig Jahre zurück, denn er hatte sein Erstes Madrigalbuch Graf Marco Verità gewidmet, einem bekannten Musikförderer jener Stadt. Zu diesem besonderen Typus von Chitarrone-Spieler siehe Brief 11.

Venedig, 10. Februar 1623; [an Alessandro Striggio, in Mantua]

Ew. Erlaucht, mein Gnädigster Herr,
Seine Durchlaucht, der Fürst[a], mein Herr, geruhte mich durch Signor Bergamaschino[b], der eben aus Mantua nach Venedig zurückgekehrt ist, wissen zu lassen, daß er es gut fände, wenn ich mit dem nächsten Kurier nach Mantua käme und zwei Soprane und zwei Theorben-Spieler mitbrächte. Ich schreibe diesen Brief, um Euch zu bitten, Ihr wolltet geruhen, Seine Hoheit wissen zu lassen, daß ich tatsächlich sehr geschwächt bin durch die Entschlackungskur, der ich mich zu Beginn des vergangenen Oktober unterzogen habe, nachdem sich meine Krankheit vom Kopf ausgehend auf die Schultern und den ganzen Körper gelegt hatte, so daß ich mich ankleiden lassen muß, weil ich mir vor Schmerz in den Händen, Armen und Beinen kaum helfen kann.

Es ist wahr, daß es Anzeichen für die einsetzende Besserung zu

[a] Ferdinando Gonzaga, Sechster Herzog von Mantua.
[b] Sein wirklicher Name war Antonio Callegari (siehe die Briefe Nr. 50 und 51).

geben scheint, aber ich befinde mich trotzdem mehr auf der Seite des Übels als auf der des Guten, davon abgesehen, daß ich vor drei Tagen von einer körperlichen Erschöpfung heimgesucht wurde, die mir keine Ruhe gönnt. Indem ich all dem das Unbehagen meines Herzens hinzufüge, das ich fühle, weil ich wegen der genannten Krankheit nicht kommen kann, macht mir deshalb diese Unfähigkeit härter zu schaffen als die Krankheit selbst.

Ich bin jedoch so begierig, daß ich, wenn mir meine Krankheit nur bis zum nächsten Landpostboten[c] Zeit läßt, so kühn zu sein glaube (von dem Wunsch, Seiner Hoheit zu dienen, unterstützt), zu hoffen, daß ich mich auf die Reise begeben kann. Aber wenn ich nicht komme, glaubt mir, Ew. Gnaden, daß ich dann von meiner Krankheit gezwungen bin, gegen meinen Willen hier zu bleiben. Und deshalb bitte ich Ew. Gnaden bei der Liebe Gottes, Seiner Hoheit diese wahre und wirkliche Entschuldigung vorzubringen, wenn der Fall eintreten sollte – und ich nehme ständig heftiger an, daß ja denn daß nein.

Was die Soprane anbelangt, so glaubt mir, Ew. Gnaden, es ist niemand verfügbar, auch niemand, der das Continuo[d] auf der Theorbe mehr als nur durchschnittlich spielen kann. Deshalb lohnt sich meiner Meinung nach der Aufwand nicht, von hier durchschnittliche Spieler mitzubringen. Dort in Mantua gibt es sicherlich gute Bläser, und wenn Ew. Gnaden mich über sie etwas wissen lassen wollen, hoffe ich, Euch etwas wirklich Gutes zu schicken. Und was den Bedarf an Theorben für eine durchschnittliche Sache anbelangt, so glaube ich, daß Seine Hoheit in Verona zufriedenstellende Leute finden werden und noch mit weniger Aufwand.

Lieber Herr, verzeiht mir, Ew. Gnaden, so große Unannehmlichkeiten, und vergebt mir. Beständig lebe ich und werde ich leben für Euch als dankbarster Diener, indem ich Gott bitte, er möge die Person Ew. Gnaden immer segnen und bewahren, der ich mit aller Liebe die Hände küsse.

Venedig, 10. Februar 1623

Ew. Gnaden   dankbarster Diener
                 Claudio Monteverdi

---

[c] Hier wird das Wort für einen Briefboten auf dem Lande benutzt *(procaccio)*.
[d] *sopra alla parte* (durch Spielen des Generalbasses aus einem Stimmbuch, im Gegensatz zu dem aus der Tabulatur).

79

Mantua, Archivio Gonzaga, Cassetta 6, f. 284. Einzelblatt: 2 Seiten [an Alessandro Striggio, in Mantua]. *(11. März 1623.)* Malipiero, 236; Paoli, 214.

Striggio gab sich wie gewöhnlich große Mühe, den Herzog zu besänftigen, während Monteverdis langsame Gesundung zeitlich mit dem Ende des Winters in Venedig zusammenfiel. Zu den eher angenehmen Begebenheiten zählten zwei Veröffentlichungen der monodischen Fassung des *Lamento d'Arianna:* eine venezianische Ausgabe, ohne Widmung (und deshalb auch ohne Tag und Monat), die zusätzlich aber die *Lettera amorosa* und die *Partenza amorosa* als Nachdruck aus dem Siebenten Madrigalbuch enthielt; und eine in Orvieto gedruckte Sammlung mit dem Titel *Il maggio fiorito,* wiederum ohne genaues Datum und ohne Namensnennung von Monteverdi als dem Komponisten des Werkes. Vielleicht war jedoch seine Autorschaft damals bereits so bekannt, daß Monteverdis Name automatisch damit verknüpft wurde; andererseits zog Rinuccinis Text vier Komponisten an[1] – zwei wählten solistische Vertonungen, die beiden anderen zogen polyphone vor –, und ein neuer *Lamento d'Arianna* von Giambattista Marini rief einen weiteren monodischen Versuch von Pelegrino Possenti auf den Plan, einem glühenden Bewunderer Monteverdis.[2]

[1] Eine fünfstimmige Vertonung von Giulio Cesare Antonelli, einem Kanoniker an Sant' Andrea in Mantua, taucht in einem in der Bibliothek des Mailänder Konservatoriums aufbewahrten Satz handschriftlicher Stimmbücher aus dem Jahre 1606 auf; siehe Barblan, »Lamento«, 217–228. Severo Bonini, ein Mönch aus Vallombroso bei Florenz, schrieb 1613 eine Solo-Fassung von Rinuccinis Text (Venedig, Gardano), die bei Luisi, 573–582, diskutiert wird. Eine weitere polyphone Vertonung ist in Buch Fünfzehn der fünfstimmigen Madrigale von Antonio il Verso zu finden (Palermo 1619). Die vierte Vertonung stammt von Francesco Antonio Costa und steht in einem 1623 veröffentlichten Sammelband seiner Monodien (Venedig, Vincenti). Pelegrino Possentis Vertonung von Marinis Gedicht »Misera è chi m'ha tolto« ist das solistische Schlußstück seiner *Canora sampogna* von 1623 (Venedig, B. Magni).
[2] Das Vorwort zu seiner *Canora sampogna* (mit dem Datum des 28. Oktober 1623) hebt Monteverdi mit besonderem Lob hervor. Siehe Vogel, *Bibliothek,* II, 97.

Venedig, 11. März 1623; [an ALESSANDRO STRIGGIO, in Mantua]

Ew. Erlaucht, mein Gnädigster Herr,
Ew. Gnaden werden mir verzeihen, daß ich es versäumt habe, Ew. Gnaden mit der vorigen Post von ganzem Herzen dafür zu danken, daß

Ihr mich so liebenswürdig damit beehrt habt, meine Entschuldigung bei Seiner Hoheit[a] vorzubringen, denn ich konnte nicht nach Mantua kommen und seinen Befehlen gehorchen. Ich bin nämlich tatsächlich noch ziemlich krank – aber mehr noch gegenwärtig –, obgleich ich mich derzeit (Gott sei dank) besser fühle und mir von der ersten Entschlakkungskur noch mehr erhoffe. Ich bin und bleibe Ew. Gnaden lebenslang sehr verpflichtet.

Gebe Gott, daß ich Eurer Befehle wert sein kann, damit ich mich Ew. Gnaden, denen ich mit aller Ehrerbietung die Hände küsse und für die ich von Gott alles vollkommene Glück erbitte, als erfolgreicher Diener zeigen kann.

Venedig, 11. März 1623

Ew. Gnaden   dankbarster Diener
     Claudio Monteverdi

[a] Ferdinando Gonzaga, Sechster Herzog von Mantua.

80

Mantua, Archivio Gonzaga, Cassetta 6, f. 286. Einzelblatt: 1 Seite [an Herzog Ferdinando Gonzaga, in Mantua]. *(4. Juni 1623.)* Malipiero, 236; Paoli, 216.

Der zwischen Brief 79 und 80 liegende Zeitraum von drei Monaten umfaßte Pläne und Ereignisse, die von einem Mordversuch in Rom bis zu einer Regatta in Venedig reichen, von durch Folter erpreßten Geständnissen in Mantua bis zu den musikalischen Interessen der herrschenden Familie von Modena. An alldem war Monteverdi bis zu dem Grade beteiligt, daß er alle oder einige Hauptfiguren persönlich kannte und von vielen der Vorgänge entweder aus offiziellen Berichten oder durch das pikante Medium der venezianischen *avvisi* Kenntnis bekam, ohne jedoch in der Lage zu sein, den Lauf der Dinge zu beeinflussen. Stets und bis an sein Lebensende blieb er zuerst und vor allem Musiker und mied alle Politik und Doppelzüngigkeit, wenn er sich ihrer in verschiedenen Situationen und Ebenen seines Berufslebens auch deutlich bewußt wurde.[1]

[1] Sein junger Cremoneser Kollege und Freund Tarquinio Merula ließ 1633 seine An-

Cesare d'Este, der im Jahre 1586 in der Florentiner Kirche Santo Spirito
Virginia, die Tochter von Cosimo I., dem Großherzog der Toskana, geheiratet hatte, stand der Musik nicht fremd gegenüber. Bei der Arbeit an
einer großartigen Darbietung zur Zierde dieser Hochzeitsfeierlichkeiten
hatte der Bühnendekorateur Buontalenti eine Bühnenmaschine ersonnen,
die eine gewaltige Wolke vortäuschte, die sich öffnete und einen Engels-
chor entließ. Diese Engel sangen, in angemessen erhabenem Wohllaut,
einen mit den Worten »O benedetto giorno« beginnenden Gesang, dessen
Text und Melodie dann von Giulio Caccini solistisch weiterverarbeitet wurden.[2] Cesare bewahrte und entwickelte die musikalischen Einrichtungen
auch nach seiner Enterbung durch Papst Clemens VIII. im Jahre 1597
weiter, als Ferrara als Lehen der Kurie beansprucht wurde und der Hof der
Este gezwungen war, nach Modena auszuweichen. Außerdem begann sein
sechsjähriger Sohn Alfonso, umgeben von den besten Lehrern Italiens,
musikalisches Talent zu zeigen. 1602, bereits als Marchese, wurde ihm das
Sammelwerk *Cento Concerti Ecclesiastici* von Lodovico Viadana, herausgegeben in Venedig von Giacomo Vincenti, eines der Meisterwerke der
basso continuo-Zeit, gewidmet. Aber seine Interessen waren nicht nur auf
die Kirchenmusik beschänkt. Zu der Zeit, als er das Erwachsenenalter
erreicht hatte, war die weltliche Musik ein unverzichtbarer Teil seiner Freizeit. Unter den vielen bedeutenden Sänger-Komponisten, die vor ihm in
Modena tätig waren, ist besonders Sigismondo d'India zu nennen. Dieses
manchmal exzentrische Genie widmete dem Prinzen, der er inzwischen
geworden war, seine *Musiche... Libro Terzo,* herausgegeben am 3. Januar
1618 in Mailand von Filippo Lomazzo, dessen Vorwort darauf hinweist,
daß es schwierig war, dem Komponisten die Musik zu entlocken. Frühe-
stens 1622 begann eine Serie von Briefen und Memoranden mit der Verpflichtung von Sängern, dem Erwerb von Musik und Aufträgen zur Komposition von Madrigalen und Kanzonetten. Dies alles verdeutlicht die
wachsende Musikbegeisterung Alfonsos. Monteverdis Name erscheint öf-
ters und er wurde anscheinend sehr geschätzt, wenn der folgende Brief (24.
März 1623) typisch ist.[3]

»Das Madrigal, das Ihr mir geschickt habt, hat allen, die es zu Gehör
bekamen, größtes Vergnügen bereitet, denn Ihr habt Euch mit der Schönheit und Anmut der Komposition große Mühe gegeben, die die Vorstel-

---

stellung an Santa Maria Maggiore in Bergamo wegen eines sehr eindeutigen Falles von
Verfolgung fahren, die mit außergewöhnlicher Böswilligkeit vonstatten ging. Zu einer
Transkription des Originaldokuments siehe Padoan, 297.
[2] Ademollo, 136–137.
[3] Prunières, 217 Fußnote 159.

lung, die wir von Eurer künstlerischen Bedeutung haben, reichlich bestätigt hat. Was mich betrifft, der ich für Eure Werke immer sehr eingenommen gewesen bin, so finde ich mich jetzt, wo ich eure echte Begabung und Gefälligkeit in vollem Umfang – und mit besonderer Freude – kennengelernt habe, in diesem Gefühl um so mehr bestätigt. Ich werde mich auf eine Verdopplung des Genusses und der Dankesschuld bei dem anderen Madrigal und auf Nachrichten von der Besserung Eures Gesundheitszustandes freuen, äußerst besorgt, wie ich nun einmal um die Krankheit, die Ihr zu überstehen hattet, und um die Mühe bin, die ich Euch zu einer solchen Zeit mache.«

Am 7. April 1623 schrieb Cesare an Alberto Colombo in Venedig, um sich nach verschiedenen Musikern zu erkundigen, insbesondere nach Monteverdi, dessen Madrigale er seit langem bewunderte; und einige Wochen später, am 11. Mai, hob er sie in einem Brief an den Schriftsteller und Lautenisten Bellerofonte Castaldi aus Modena, der damals in Venedig lebte, geradzu in den Himmel.[4] Castaldi aber brauchte diesen Hinweis nicht, denn er war ebenfalls ein großer Bewunderer Monteverdis und bezeichnete ihn als einen »neuen Apollo und musikalischen Orpheus«.[5] Im folgenden Jahr belegen die herzoglichen Archive, daß zu Monteverdi direkter Kontakt bestand und der Empfang von Notenmanuskripten aus seiner Hand bestätigt wurde.[6] Das Ausmaß dieser Beziehung zum Musikleben in Modena ist schwerlich beträchtlicher als seine Kontakte zum Herzog von Bracciano, aber beide Verbindungen tragen zu unserer Kenntnis der Reichweite und des Umfangs seines musikalischen »Kunden«-Kreises bei.

Dieser Kreis umfaßte zu der Zeit, als er noch in Mantua in Diensten des Herzogs stand, eine Reihe bedeutender Männer und Frauen, einige davon enge Verwandte seines glänzenden Dienstherrn Vincenzo I. Bei einem Konzert, das er 1611 gab, zählte zu den Zuhörern auch Isabella Gonzaga da Novellara, nach ihrem Hauptwohnsitz auch unter dem Namen Isabella di San Martino bekannt. Zum augenblicklichen Zeitpunkt war sie im Castel S. Angelo in Rom unter der Anklage des Verrats gegen die Gonzaga in Haft. Im Frühjahr 1623 waren neue Verdachtsmomente gegen sie vorgebracht worden, und zwar in der Hoffnung zu beweisen, daß sie Don Vincenzo, den späteren Siebenten Herzog von Mantua, irgendwie verhext oder vergiftet habe, um ihn in sich verliebt zu machen.[7] Ihre Dienerschaft in der Villa in San Martino dell'Argine wurde ebenfalls verdächtigt, und durch die Folter wurden ihnen denn auch rechtzeitig »Geständnisse« abgepreßt.

---

[4] Prunières, 217.
[5] Canal, 108.
[6] Siehe Brief 81.
[7] Errante, »Il processo«, 686.

Ferdinando versuchte den mantuanischen Inquisitor einzuschalten, aber zu seiner großen Enttäuschung wurde der Prozeß nach Rom verlegt, weil die Anklage sich auf Mißbrauch des Heiligen Sakraments bezog. Spitzel hatten einen derart kühnen Gebrauch von ihrer Einbildungskraft gemacht, daß sie die Ratgeber des Herzogs dahingehend zu überreden vermochten, daß das Liebeselixier, das zur heimlichen Ehe von Isabella und Don Vincenzo führte, sorgsam aus pulverisierten Menschenschädeln und zerkleinerten heiligen Hostien zusammengebraut worden sei. Der völligen Dummheit einer solchen Anklage konnte nur durch die Glaubwürdigkeit derer begegnet werden, die das Beweismaterial sammelten. Unter den hochgestellten Hofbeamten, die zunehmend mehr in die Affäre verstrickt wurden, war auch Monteverdis Freund Alessandro Striggio, der, wenn auch widerstrebend, einzusehen begann, daß der einzige Weg, der aus der Sackgasse herausführte, der war, Isabella beiseite schaffen zu lassen.

Erwägungen und Briefwechsel, die sich auf Anschläge auf das Leben dieser unglücklichen und tief zu Unrecht verdächtigten Frau beziehen, reichen wenigstens bis zum Mai des Jahres 1623 zurück, und nicht lange danach stand Striggio mit dem Marchese Tassoni in Rom in Verbindung, mit dem er die Möglichkeit erörterte, einen auf Gifte spezialisierten neapolitanischen Mörder zu dingen. Für einen solchen Mann müßte es eine vergleichsweise einfache Sache sein, sich unter die Bediensteten von Castel S. Angelo zu mischen und auf eine Chance zu warten, ihr die tödliche Dosis zu verabreichen. Aus dem Anschlag wurde jedoch nichts, und im Frühjahr des kommenden Jahres wurde Isabella entlassen. Auf den Wunsch, dieser beklemmenden Intrigenatmosphäre zu entkommen, mag es zurückzuführen sein, daß Ferdinando sich entschloß, Venedig einen Besuch abzustatten.

Nachdem er am 28. April, anscheinend inkognito, in der Stadt angekommen war, verlor er keine Zeit, dem Dogen Antonio Priuli mitzuteilen, es sei sein Hauptanliegen, der heiligen Lucia von Syrakus ein Gelübde zu erfüllen, durch deren gnädige Fürsprache er die Sehkraft eines seiner Augen wiedererlangt habe.[8] Der Doge mochte wohl ahnen, daß es wahrscheinlich noch andere Gründe für das plötzliche Eintreffen des Herzogs in der Lagunenstadt gab, und kurz nach der Ernennung von Pietro Foscari zu Ferdinandos offiziellem Begleiter erfuhr er von der bevorstehenden An-

---

[8] Der Leichnam der heiligen Lucia von Syrakus, früher in der gleichnamigen Kirche aufbewahrt, wurde ins Nordtransept von S. Geremia überführt, als Palladios Bauwerk abgerissen wurde, um dem Bahnhof Platz zu machen, der jetzt seinerseits den Namen der sizilianischen Heiligen und Märtyrerin trägt. Einer der Gründe für Ferdinandos Huldigung im Jahre 1623 war der Umstand, daß die Kirche damals ganz neu war: sie war am 17. November 1617 von Kardinal Francesco Vendramin geweiht worden (Sansovino, 140–144).

kunft der Herzogin, ihrer Hofdamen und Vittoria Dorias, der Gattin von Don Ferrante Gonzaga von Guastalla.[9] Was anfangs wie eine inoffizielle Visite ausgesehen hatte, nahm jetzt den Charakter eines Staatsbesuches an, und am 4. Mai hatte sich der Senat entschlossen, sorgfältige und detaillierte Maßnahmen zu treffen.

Das Hauptproblem war für die Senatoren, einen weitläufigen und angemessenen Besitz ausfindig zu machen, in dem der Herzog, die Herzogin und ihr umfangreiches Gefolge nicht allzu weit vom Dogenpalast und von der Basilika Wohnung finden konnten. Ihre Wahl fiel auf ein schönes, in der Nähe der Ostspitze der Giudecca gelegenes Haus, früher Eigentum von Andrea Dandolo, damals aber im Besitz des Prokurators Antonio Barbarigo.[10] Es war ein würdiger und weitläufiger Wohnsitz, großzügig mit eleganten Höfen und ruhigen Gärten ausgestattet, und der Molo lag nur eine kurze Bootsstrecke entfernt.

Nachdem sie von Valerio Crova, dem mantuanischen Geschäftsträger, erfahren hatten, daß das Gefolge in der Nähe der kleinen Stadt Loreo die venezianische Küste erreichen würde, bestellten die Zeremonienmeister sechs junge Adelige mit dem Titel »Gesandter«, die sich dorthin zu verfügen, mit den Mantuanern zusammenzutreffen und sie per Schiff nach Chioggia zu geleiten hatten, wo sie vom *podestà* (Bürgermeister) jener Stadt und von einem Kontingent von sechzig venezianischen Senatoren in fünf kleinen Booten willkommen geheißen werden sollten. In Chioggia war dann ein großer Empfang geplant, und danach sollte die Reisegesellschaft ihren Weg über die Lagune nach Venedig fortsetzen. Monteverdi konnte gar nicht umhin, von allen diesen Vorbereitungen zu erfahren, noch konnte er irgendeinen Zweifel daran hegen, daß er, als der ungekrönte König des Musiklebens der Republik und frühere Bedienstete der Gonzaga, aufgerufen werden würde, für angemessene musikalische Darbietungen zu sorgen. Sehr zum Glück besserte sich sein Gesundheitszustand ständig.

Die Herzogin und ihr Gefolge wurden wie geplant am 21. Mai empfangen, und darauf folgte eine glanzvolle Reihe von förmlichen und informellen Ereignissen, deren denkwürdigstes die Sensa war. Zweifellos das farbenprächtigste und spektakulärste venezianische Fest, zog der Himmelfahrtstag natürlich auch die weitaus größte Zahl von Reisenden und Besuchern an, die sich in Booten aller Arten und Größen drängten, um Zeugen der Zeremonie der Seehochzeit zu werden. Sie fand am 25. Mai, einem Mittwoch, statt, und die mantuanische Gesellschaft besuchte, nachdem sie das Ereignis vom bequemen Aussichtspunkt der Gradenigo-Galeere aus

[9] Zu ausführlichen Auszügen aus den *Cerimoniali* (Archivio di Stato, Filza Collegio 1603–23) siehe Ademollo, 271–279.
[10] Sansovino, 389.

gewürdigt hatte, nach dem Mittagessen Murano und kehrte spät abends auf die Giudecca zurück. Der Duft der Nacht und die stillen Wasser des Kanals breiteten ihren Zauber auch über ein Konzert mit der reizendsten Vokal- und Instrumentalmusik, das sie dabei hörten.[11]

Zuvor waren sie am gleichen Tag im Arsenal unterhalten worden, das damals mehr war als nur ein weitläufiger Speicher von See- und Kriegsgerät: sein berühmter Festsaal konnte eine große Zahl von Gästen fassen und bot überdies noch Raum für eine Bühne, auf der sich Sänger und Instrumentalisten zur Aufführung von *concerti musicali* der größten Komponisten der Zeit versammeln konnten. Eben dort leitete fünf Jahre später Monteverdi seine Vertonung von fünf zusammenhängenden Sonetten von Giulio Strozzi, *I cinque fratelli*,[12] zu Ehren des Großherzogs der Toskana, Ferdinando II. Sicherlich war er auch als musikalischer Leiter und Komponist anwesend, als seine Gönnerin Caterina Medici Gonzaga, Herzog Ferdinando und die Crème des mantuanischen Hofes das Beste zu hören bekamen, was Venedig zu bieten hatte. Wer wäre besser geeignet gewesen als Monteverdi, ein solches Konzert zusammenzustellen? Und wer vollkommener als Solistin denn Adriana Basile, die früher ein hochgeehrter Gast der Gonzaga und heute eine Diva von weltweitem Ansehen war?

Der Eindruck, den sie bei dieser besonderen Gelegenheit und später noch häufig auf die Venezianer machte, war so stark, daß Domizio Bombarda ein Buch mit dem Titel *Teatro delle glorie della S^{ra} Adriana Basile*[13] über sie schrieb, aber es ist nur billig anzunehmen, daß eine große Interpretin (die sie ohne jeden Zweifel war) einen Teil ihrer magnetischen Wirkung auch aus der Musik bezog, die sie sang; und wegen ihrer langjährigen Bekanntschaft mit Monteverdi ist es nahezu sicher, daß sie wenigstens eine seiner Kompositionen ausgewählt haben wird. Im Hinblick darauf, daß die Widmungsträgerin des Siebenten Madrigalbuches von Monteverdi anwesend war, könnte sie sich für die wunderbare Vertonung von Guarinis *Con che soavità* entschieden haben – das einzige Sopransolo des ganzen Buches, es sei denn, man schließt auch die *Lettera amorosa* ein, die Doni aber wegen der in Achillinis Gedicht zum Ausdruck gebrachten Gefühle für eine männliche Singstimme angemessener hielt.[14]

Fünf Tage später verließ der Hof Venedig mit derselben Zurschaustellung von Pomp, die schon seiner Ankunft das Flair des Außerordentlichen verliehen hatte, und erwies bei seiner Segelprozession festlandwärts auch den Inselkirchen San Giorgio in Alba und Santo Spirito seine Huldigung.

---

[11] Ademollo, 277.

[12] Deuchino, Venedig 1628 (Exemplar in Florenz, B. N. C., Magl. 1019.10).

[13] Deuchino, Venedig 1623 (mit vielen Ergänzungen neu gedruckt, Neapel 1628).

[14] Doni, II (Anhang), 26. Siehe auch Gallico, »Lettera«, 287.

Die Heimreise verlief diesmal direkter, aber erneut begleiteten die jugendlichen Gesandten das herzogliche Paar und ihr Gefolge bis Loreo, von wo aus die Reiseroute über Land über Rovigo und Legnago nach Mantua führte. Vor der Abreise hatte Ferdinando jedoch noch Vereinbarungen mit Adriana und ihrem Gatten Mutio getroffen, einige Zeit in Mantua zu verbringen, wobei die einzige offengebliebene Frage der Abreisetermin gewesen war. Vielleicht hoffte er, daß sie gemeinsam westwärts reisen würden, aber dagegen erhob sich vernehmlicher Widerspruch von Adrianas venezianischem Gastgeber, Girolamo Mocenigo, dessen vornehmer *palazzo* sich mit der Zeit den Ruf eines Mekkas für Künstler aller Art erworben hatte, und insbesondere für Musiker.[15]

Auf Mocenigo als seinen besonderen Gönner und Beschützer verwies Monteverdi im Vorwort zu seinen *Madrigali guerrieri et amorosi*, als er den Stoff des *Combattimento di Tancredi e Clorinda* einführte, der seine erste Aufführung 1624 in einem der großen Säle von Mocenigos *palazzo* erlebte. Komponist und Gönner müssen 1623 fraglos in Verbindung zueinander gestanden haben, und die Anwesenheit von Adriana im Hause des Patriziers und die Monteverdis im nahegelegenen Kanonikat müssen zu mehreren privaten oder öffentlichen Konzerten Anlaß gegeben haben, über das sorgfältig geplante Hauptereignis im Arsenal hinaus. In einem Brief an den Herzog vom 2. Juni schilderte Antonio Callegari die Situation und ließ keinen Zweifel daran, daß der Grund für die verschobene Abreise Adrianas die dringende Bitte von Mocenigo sei, sie möge doch so lange wie möglich bleiben.[16]

In Callegaris Brief bezieht sich der Ausdruck »fatto il giorno di Pasqua« in diesem Zusammenhang auf Pfingsten. In anderem Kontext hätte es auch Ostern oder Dreikönig bedeuten können. Pfingstsonntag fiel 1623 auf den 4. Juni, eben den Tag, an dem Monteverdi den Brief des Herzogs in bezug auf Adriana, ihren Gatten und einen Musiker namens Donati beantwortete.[17] Der einzig passende Kandidat, der für die Rolle dieser sonst unbekannten Persönlichkeit in Frage kommt, ist Ignazio Donati, ein Komponist und Organist, der sich damals gerade in einem Interim zwischen Verpflichtung in Casalmaggiore und Novara befand. Nahezu genau der gleichen Zeit wie Monteverdi angehörend, war er auch ein Landsmann von ihm und um das Jahr 1570 in Casalmaggiore, in der Nähe von Cremona, geboren. Zwischen 1612 und 1636 veröffentlichte er zahlreiche Bände mit Kirchen-

---

[15] Zu weiteren Einzelheiten über Mocenigo siehe S. 307–308 des vorliegenden Bandes.
[16] Ademollo, 280.
[17] De' Paoli, 216, verbindet »Signor Mutio« mit Muzio Effrem, der in der Tat mit dem damaligen mantuanischen Musikleben in Verbindung stand. Sicherer ist jedoch die Annahme, daß Adriana in Gesellschaft ihres Mannes reiste.

musik und einige weltliche Werke, deren eines Carlo Minuzzi, einem Freund Monteverdis, gewidmet war. Als Donati sich 1631 um die vakante Stelle eines Organisten am Mailänder Dom bewarb, mag er das durchaus auf Empfehlung Monteverdis getan haben, dessen Meinung das Kapitel gewöhnlich einholte, wenn eine wichtigere Position zu besetzen war. Er hatte Erfolg, und (wie Sartori darlegt) »vielleicht trug die gutheißende Empfehlung zu seiner Ernennung die Unterschrift Claudio Monteverdis«.[18] Obwohl Donatis Name nirgendwo in der erhaltengebliebenen Korrespondenz Monteverdis auftaucht, könnten die beiden Musiker sich durchaus gekannt haben; und Monteverdis freundschaftliche Beziehung zu den Basiles machte es ihm vergleichsweise leicht, sie zu fragen, ob sie erlaubten, daß Donati mit ihnen reiste,»ohne daß er irgendwelche Reisekosten hätte« – mit anderen Worten: zu vermeiden, das bereits überbeanspruchte mantuanische Schatzamt mit einem Gesuch um Reisekosten zu behelligen.

[18] Sartori,»Monteverdiana«, 413.

Venedig, 4. Juni 1623; [an HERZOG FERDINANDO GONZAGA, in Mantua]

Durchlauchtigster Fürst, mein Gnädigster Herr,
nachdem ich Signor Donati[a] den Brief Ew. Hoheit gezeigt hatte, erbot er sich sofort, Euren Befehlen Folge zu leisten. So kommt er zusammen mit Signora Adriana und Signor Mutio[b], der ihn begleitet, ohne daß er irgendwelche Reisekosten hätte. Ich sage Ew. Hoheit tausend Dank für die Ehre, die Ihr mir mit Euren Aufträgen zu erweisen geruhtet. Ich bitte Ew. Hoheit darum, mich in Eurer Gunst zu halten, während ich mich mit der ergebensten Ehrerbietung zur Erde neige und von Gott für Euch aus tiefstem Herzen das größte Glück erbitte.
Venedig, 4. Juni 1623
Ew. Hoheit   demütigster und dankbarster Diener
                         Claudio Monteverdi

[a] Möglicherweise Ignazio Donati, Komponist und Organist.
[b] Adriana Basile und ihr Gatte.

81

Mantua, Archivio Gonzaga, Cassetta 6, ff. 289–290. Doppelblatt: 4 Seiten [an Herzog Ferdinando Gonzaga, in Mantua]. *(2. März 1624.)* Malipiero, 237; Paoli, 217; Prunières, 269.

Wenn auch zwischen dem 11. März 1623 und dem 25. März 1625 keine Korrespondenz mit mantuanischen Hofbeamten belegt ist, kann Monteverdi nach seiner Krankheit doch durchaus mit Marigliani wie mit Striggio in Verbindung geblieben sein. Eine zweijährige Lücke in einem sonst lebhaften Briefwechsel klingt allzu unglaubwürdig, es sei denn, wir nehmen an, daß manche Briefe auf geheimnisvolle Weise verlorengegangen sind oder daß die Beamten allzu tief in die politischen Spitzfindigkeiten des Isabella-Vincenzo-Prozesses verstrickt waren. Die beiden an Herzog Ferdinando gerichteten Briefe (80 und 81) bieten dennoch einige Gewähr für seinen Wunsch, mit Mantua in Verbindung zu bleiben, und die Lücke von neunzehn Monaten, die sie trennt, fällt mit einer besonders aktiven Periode im Leben Monteverdis zusammen.

Am 13. August war er verpflichtet, die Musik für das Leichenbegängnis des Dogen Antonio Priuli zu überwachen, dessen Nachfolge Francesco Contarini antrat, einer der ranghöchsten der Prokuratoren *de citra*. Außerhalb und zusätzlich zu San Marco plante die Bruderschaft von San Rocco ihr jährliches Fest (16. August), bei der die Musik herkömmlicherweise eine bedeutende Rolle spielte.[1] Weil deren Niveau im vorhergehenden Jahr so dürftig ausgefallen war, daß Sir Henry Wotton, der englische Botschafter in Venedig, die Aufmerksamkeit darauf lenkte,[2] kamen die Vorsitzenden der Scuola di San Rocco zu dem Entschluß, daß für das Fest des Jahres 1623 nur das Beste gut genug sein solle. Monteverdi wurde deshalb aufgefordert, die Leitung zu übernehmen, die ihm mit der Summe von 620 *lire* für das Musiker-Ensemble und seine eigenen Dienste entschädigt werden sollte.[3] Möglicherweise benutzte er erneut eine zweistimmige Motette, *O beatae viae,* deren Text das wunderbare Leben von San Rocco und die Wirksamkeit seiner Macht bei der Fernhaltung der Pest beschreibt.[4]

---

[1] Die lebendigste schriftlich niedergelegte Beschreibung ist zweifellos die jenes exzentrischen Engländers Thomas Coryate (Coryate, 251).
[2] Smith, II, 245.
[3] Arnold (»San Rocco«, 229–241) stellt die Bruderschaft und ihre musikalischen Zusammenkünfte dar. Das Monteverdi betreffende Dokument erscheint jedoch in der Monteverdi-Biographie desselben Autors (202).
[4] Zuerst von Calvo in den *Symbolae diversorum musicorum* (Venedig 1620) veröffentlicht. Neuausgabe bei Malipiero, XVI, 454.

Eine großmütige Huldigung wurde ihm in einem Band mit Soli, Duetten und Terzetten von Pelegrino Possenti zuteil, einem damals in Venedig lebenden Komponisten, der möglicherweise Priester war, weil seinem Namen in der Anthologie von G. B. Anselmi der Titel »Don« vorangestellt ist. Possentis Sammlung mit dem verspielten Titel *Canora sampogna*[5] beginnt mit einer Widmung an Don Virginio Dina, einen Gast der Mönchsgemeinschaft von San Salvatore. Seine eigenen schwachen Kräfte herabsetzend, wie das in diesem Zusammenhang üblich ist, fährt der Komponist mit dem Lob der vielen ausgezeichneten Werke von größeren Männern als ihm selbst fort, insbesondere denen Monteverdis, »der, durch seine Erhabenheit dem Himmel nahe, harmonischen Wohllaut von den Engeln gelernt hat«.

Zwei Monate später erschienen Anselmis Gedichte (oder *madrigali*, wie er selbst sie nannte) im gleichen Verlag von Magni in einer Reihe von Vertonungen verschiedener Komponisten, darunter auch mehrere Venezianer oder in Venedig Ansässige.[6] Monteverdi steuerte das Duett *O come vaghi* und das Terzett *Taci Armelin* bei.[7] Grandi und Fillago von San Marco waren ebenfalls vertreten, zusammen mit dem Kontratenor Bartolomeo Barbarino, der bei den Jahresfesten von San Rocco unter dem Namen »Il Pesario« als Sänger auftrat. Rechnungsbücher und Anthologien vermitteln gar nicht selten den Eindruck, als seien die Musiker wirklich eine einzige große Familie gewesen, und mit Sicherheit war Monteverdi einer ganz beträchtlichen Anzahl seiner Zeitgenossen persönlich bekannt.

Im Herbst des Jahres 1623 war Monteverdi in etwas vertieft, das eine seiner originellsten und eindrucksvollsten Kompositionen werden sollte: *Il combattimento di Tancredi e Clorinda*, die teilweise auf dem zwölften Gesang von *Gerusalemme liberata* basierte. Durchaus möglich ist, daß das Werk speziell von Girolamo Mocenigo in Auftrag gegeben wurde, in dessen prächtigem Haus es auch zuerst aufgeführt wurde, und zwar im Karneval 1624, der am Sonntag Quinquagesima (18. Februar) begann und am Fastnachtsdienstag (20. Februar) endete. Monteverdis künstlerische Beiträge zu den Musikabenden seines Gönners zur Zeit von Adriana Basiles Aufenthalt in Venedig können durchaus der Anlaß für diesen Auftrag gewesen sein; ob das aber nun der Fall ist oder nicht – die emotionale Wirkung des *Combattimento* läßt sich nicht leugnen.

Wie alle zukunftsweisenden Partituren erweckte das Werk Widerstand bei den Ausführenden, von denen einige eine besondere Abneigung gegen

---

[5] Vogel, *Bibliothek,* II, 97. Das Widmungsdatum ist der 28. Oktober 1623.
[6] Vogel, *Bibliothek,* II, 512. Das Widmungsdatum ist der 23. Dezember 1623.
[7] Neuausgaben bei Malipiero, IX, 102; IX, 106.

die nachdrückliche Wiederholung eines Tones innerhalb eines einzigen Taktes, gegen ein rhythmisches Nicht-*tremolando* hatten, das mit treffender Genauigkeit die Vorstellungen des Komponisten von Zorn und Aggression vermitteln sollte. Es war typisch für Monteverdis Praktiker-Standpunkt, Musik zuerst zu komponieren und aufzuführen, bevor sie für ihn zum Gegenstand einer theoretischen Abhandlung werden konnte; und die ruhige Gangart, mit der er seine Theorien entwickelte, läßt sich am Zeitabstand zwischen der Premiere von 1624, seiner ersten Erwähnung dieser Abhandlung (Brief 124 von 1633) und der Diskussion seiner Vorstellungen – soweit sie den *Combattimento* betrafen – im Vorwort zum Achten Madrigalbuch von 1638 ablesen.[8]

Mocenigo, der von 1581 bis 1658 lebte, gehörte einem kleinen Kreis wohlhabender und durch Verdienste ausgezeichneter Venezianer an, die die Künste aus dem echten Bedürfnis, sie weiter zu verbreiten und bekannt zu machen, unterstützten. Eines von vier Kindern von Andrea Mocenigo und Giustiniana di Giovanni Giustiniani, wurde er als potentieller Staatsdiener der Republik erzogen und verlor keine Zeit, seine Pflichten ihr gegenüber zu erfüllen. Im Alter von dreiunddreißig Jahren wurde er zum *capitano* von Vicenza gewählt, und sechs Jahre später, im Jahre 1620, wurde er als *provveditor* Mitglied des venezianischen Senats. Die Sorge für die Intendantur geriet jedoch nicht ernsthaft mit seiner Neigung zur Musik in Konflikt, die durch eine Echokanzone, *La Moceniga*, in Giovanni Battista Riccios Drittem Buch der *Divine lodi musicali* (1620)[9] bezeugt wurde.

Zu dieser Zeit erwarb er Teile des alten Palazzo Dandolo, den er renovieren und mit großem Aufwand neu ausstatten ließ.[10] Er wurde 1624, dem Jahr des *Combattimento,* zum Berater für innere Angelegenheiten *(savio di terraferma)* gewählt, eine Position, die er mit Würde zehn Jahre lang innehatte, in denen ihm als Widmungsträger eine Reihe von Madrigalen des fünfzehnjährigen Domenico Obizzi zugeeignet wurde.[11] So sehr er auch bereits anerkannte Musiker förderte, ließ er doch die jüngere Generation nicht außer acht. Im Jahre 1634 stieg er in der Titelhierarchie zum *sindaco* (Syndikus, beinahe gleichwertig mit Bürgermeister) auf und wurde

---

[8] Strunk, 413.

[9] Wenn das Stück auch nach Mocenigo benannt ist, so ist der eigentliche Widmungsträger doch Alessandro Grandi. Siehe Selfridge-Field, 111.

[10] Es ist heute besser unter dem Namen Royal Hotel Danieli bekannt, dessen ungewöhnlich exklusive Besucherliste George Sand, Alfred de Musset, Dickens, Ruskin, Wagner und Proust umfaßt: zu einer Abbildung des *salone* siehe *Musica II* (1943), Abb. XIX.

[11] Vogel, *Bibliothek,* II, 26.

zwei Jahre später zum Mitglied des *consiglio* des Dogen gewählt. Spätere Ehrenämter umfaßten ein Jahr als *capitano* von Padua (1637/38), auf das hohe Würden in seiner Geburtsstadt folgten: Oberrat, Vorsitzender des Rates der Zehn und *consigliere ducale*. Er heiratete zweimal: im Jahre 1606 Elisa di Alvise Pisani, von der er eine Tochter hatte, Giustiniana, die 1629 Lorenzo Giustiniani heiratete; und 1612 Cecilia di Giambattista Foscarini.[12]

Das also war der Mann, den Monteverdi als seinen besonderen Gönner reklamierte und in dessen Haus unzweifelhaft viele seiner reifen Kompositionen aufgeführt wurden. Erfolg und Zuneigung, wie sie ihm Form und Inhalt des *Combattimento* eintrugen, waren so groß, daß Monteverdi ihm etwa ein Jahr später eine Vertonung der Szene zwischen Armida und Rinaldo aus Tassos Epos folgen lassen wollte,[13] aber die Musik ist nicht erhalten geblieben. Die Abschrift für Mantua ging wahrscheinlich in der Katastrophe des Jahres 1630 unter. Und 1624 verfolgte der mantuanische Karneval seine eigenen Wege, wie wir aus in Modena eintreffenden Briefen wissen. Zwar wurden Vorbereitungen zu musikalischen Darbietungen am Sonntag Quinquagesima getroffen, aber der Herzog war melancholischer Stimmung und hatte den Kopf voll von wichtigeren Dingen.[14] Worum es sich da handelte, wird schmerzhaft aus dem dramatischen Wandel der Situation in Rom deutlich, denn am 5. Januar war Isabella Gonzaga endlich aus dem Castel S. Angelo entlassen worden. Die allgemeine Freude und Erleichterung ihrer vielen Anhänger wurde in einem in der Chiesa della Pace gesungenen *Te Deum* deutlich.[15]

Durch einen merkwürdigen Zufall gab die Herzogin am selben Tag des Januars ihre Einwilligung zu einer weiteren Abreise, beurlaubte Adriana Basile und entbot ihr ihre besten Wünsche für die Rückkehr nach Neapel.[16] Adriana kann deshalb an den am 18. Februar aufgeführten Intermedien nicht mitgewirkt haben – *La favola delle Arpie, Il canto delle Sirene* und *Perseo taglia il capo a Medusa* –, die ja reichlich mit anregender Musik unterlegt waren. Die große Sängerin muß gespürt haben, daß Mantua im Niedergang begriffen war, und obwohl sie ihren Söhnen zu bleiben erlaubte, kehrte sie selbst nie mehr zurück.

Allmählich erholte sich Ferdinando von der Abreise Adrianas und der Entlassung Isabellas, denn er scheint an Monteverdi geschrieben zu haben,

---

[12] Litta, Dispensa 157.
[13] Dieses Werk wird so behandelt, als sei es bereits vor dem Mai 1627 fertig gewesen (siehe Brief 92).
[14] Solerti, *Albori*, I, 120, Fußn. 2.
[15] Errante, »Il processo«, 713.
[16] Ademollo, 287.

und zwar über die Möglichkeit, in Venedig eine Sängerin ausfindig zu machen. Am 2. März, einem Samstag, war Monteverdi in aller Frühe nach San Marco aufgebrochen, wahrscheinlich zu einer Probe, und einer seiner Sänger hatte ihm erzählt, daß bereits ein Brief an einen Ordensbruder am Salzburger Dom unterwegs sei, der ihn davon in Kenntnis setzte, daß in Venedig bessere musikalische Bedingungen zu finden seien. Der Mann in Salzburg war ein junger Kastrat; und wenn Monteverdi annahm, daß das ein passender Kandidat für den Herzog von Mantua sei: sollte man nicht daraus ableiten, daß Ferdinando, in Verzweiflung über den Verlust Adrianas und unfähig zu glauben, sie könne je ersetzt werden, seine Aufmerksamkeit auf die einzige Alternative zu dieser besonderen *tessitura* (Stimmumfang) richtete?

Jedenfalls sah Monteverdi bei der Heimkehr ins Kanonikat, daß gerade ein Brief vom Herzog eingetroffen war, und er setzte sich hin, um ihn unverzüglich zu beantworten. Er scheint die Situation vollkommen verstanden zu haben: der Herzog, der eine unvergleichliche Primadonna eingebüßt hatte, die aber auch sehr teuer war, brauchte einen jungen Kastraten, der bereit war, eine angemessene Zeitlang bei Monteverdi zu studieren. Danach käme dann ein Angebot aus Mantua, und die Lücke würde so mit einem Minimum an Aufwand gefüllt. Es wird von Monteverdi bestätigt, daß ein Aufenthalt in Venedig sehr erwünscht ist. Monteverdi versichert dem Herzog, daß alles Erdenkliche getan werde, um eine angemessene Beschäftigung für den Kandidaten zu finden. Ferdinando wird die feine Schmeichelei im Hinweis des Komponisten auf den Herzog von Modena wohl kaum entgangen sein: ein Enthusiast, aber noch kein Kenner.

Venedig, 2. März 1624; [an Herzog Ferdinando Gonzaga, in Mantua]

Durchlauchtigster, einziger Fürst, mein Gnädigster Herr,
ich sage Ew. Hoheit den größten Dank, zu dem ich jemals höchst ehrfurchtsvoll von ganzer Seele und von ganzem Herzen fähig bin für die besondere Ehre, die Ihr mir zukommen zu lassen geruhtet, nämlich daß Ihr mich mit Euren Befehlen ehrtet, die ich, weil sie mir aus der Hand Gottes geschickt sind, immer für die größte Ehre und das höchste Glück, das ich jemals erlangen kann, halten werde.

Durchlauchtigster Fürst, gegenwärtig gibt es hier in Venedig keine geeigneten Personen. Mir kommt jedoch der Zufall zu Hilfe durch

einen Mönch aus dem Orden[a] von St. Stefano in Venedig, einen Sänger
an San Marco, der mir vor zehn Tagen sagte, er habe einen Bruder im
Dienste des Hochwürdigsten Erzbischofs von Salzburg[b], einen jungen
Kastraten mit einer sehr schönen Stimme, mit angenehmen Koloraturen und gutem *trillo*. Weil es aber in diesem Kreis niemanden gibt, der
seine Fähigkeiten vervollkommnen kann, würde er gerne kommen und
in Venedig bleiben, sollte sich ihm die Gelegenheit bieten.

Ich antwortete ihm, er solle ihn kommen lassen, denn ich wollte es
nicht unterlassen, ihm wie ein Patron und mit meinen Ratschlägen zur
Seite zu stehen. Ehe ich den Befehl Ew. Hoheit erhielt, teilte er mir
nun heute früh in der Kapelle mit, er habe ihm geschrieben, er solle
kommen. Nun, da ich weiß, was ich tun muß, um Ew. Hoheit einen
Gefallen zu erweisen, werde ich es nicht unterlassen, mich in dieser
Sache sorgfältig und bestmöglich zu informieren, und sollte es angebracht sein, so werde ich es nicht versäumen, die Arbeit voranzutreiben, damit ich – von meiner äußerst bereitwilligen Gesinnung abgesehen – mit meinen Resultaten zeigen kann, wie sehr ich mich danach
sehne, Diener Ew. Hoheit zu sein.

Weil ich mich nicht allein darauf verlassen will, werde ich es nicht
unterlassen, auch anderswo nach einer anderen Möglichkeit zu suchen,
über die ich, sollte sie sich mir bieten, Ew. Hoheit sofort Kenntnis
geben werde. Ich glaube, daß der Signor Campagnolo,[c] der sich in
diesen Kreisen aufgehalten hat, Ew. Hoheit vielleicht darüber berichten könnte.

In den vergangenen Tagen hörte ich, es gäbe in Ferrara im Dienste
der Gemeinschaft des Heiligen Geistes[d] einen Mann mit einer sehr
schönen Stimme und mit einer guten Verzierungstechnik, der keineswegs nur die übliche Bewunderung erzielt. Weil der Durchlauchtigste

---

[a] *dell'ordine*. Er war nahezu mit Sicherheit kein Mitglied des vom heiligen Stephanus von
   Grandmont gegründeten Ordens, diente aber an San Stefano.
[b] Graf Paris Lodron (eingeführt am 3. März 1621; gestorben am 15. Dezember 1653).
   Sein *maestro di capella* war zu jener Zeit Peter Gutfreund (sonst unter dem Namen
   Bonamico bekannt), und wenigstens die Hälfte der Hofmusiker waren Italiener.
[c] Ein früherer Schüler von Monteverdi, der Tenor Francesco Campagnolo, war 1617–18
   auf Einladung des Herzogs von Bayern in Salzburg gewesen.
[d] Die *Accademia di Santo Spirito* erfreute sich eines bemerkenswerten Klangkörpers und
   beträchtlichen Ansehens: Monteverdis Assistent, Alessandro Grandi, war dort von
   1610 bis 1616 mit der musikalischen Leitung betraut, und auch diese Neuigkeiten
   können ihm durch Grandis Kontakte zur Kenntnis gekommen sein.

Fürst von Modena^e sich an der Musik zu erfreuen beginnt – wie er es tut, und dieser Herr nicht zögert, die besten [Musiker] zu engagieren, sie aber [nur] mit Mühe findet –, deshalb glaube ich denen nicht ganz, die mir über diesen Mann aus Ferrara berichten.

Dennoch wollte ich es nicht unterlassen, Ew. Hoheit das anzudeuten, damit Euch, wenn es Gott gefällt, gedient wird, wie ich es wünsche. Und hier erweise ich Ew. Hoheit demütigste und tiefe Ehrerbietung und bitte Euch mit aller Dringlichkeit der Zuneigung, mich in der Gunst zu halten, die Ihr den geringsten, aber aufrichtigsten und wirklichen Dienern Ew. Hoheit zu gewähren pflegt, für die ich von Gott aus tiefstem Herzen den Gipfel des höchsten Glücks erbitte.

Venedig, 2. März 1624

Ew. Gnaden   demütigster und dankbarster Diener

Claudio Monteverdi

---

^e Alfonso d'Este, Prinz von Modena (1562–1628), korrespondierte 1623 und 1624 mit Monteverdi wegen einiger Kanzonetten.

82

Mantua, Archivio Gonzaga, Cassetta 6, f. 293. Einzelblatt: 1 Seite [an Alessandro Striggio, in Mantua]. *(15. März 1625.)* Malipiero, 238; Paoli, 220; Prunières, 270.

Venedig, Mantua, Modena, Bologna, Mailand – alle diese Städte, und sehr wahrscheinlich noch andere, lenkten mit Sicherheit Monteverdis Aufmerksamkeit in der Zeit von etwas über einem Jahr auf sich, die den folgenden vom vorhergehenden Brief trennt. Seine Verpflichtungen und Beziehungen waren größtenteils angenehmer und künstlerischer Natur, ausgenommen die zu Mantua: aus irgendeinem seltsamen Grunde schien die dürftige Behandlung, die ihm dort vor 1613 zuteil geworden war, ein Nachspiel von Problemen und Intrigen heraufzubeschwören. Seine Klagen, pausenlos und ermüdend, wie sie heute klingen mögen, waren in vieler Hinsicht berechtigt, denn der Herzog hätte ihn angemessen, wenn nicht sogar so großzügig wie Adriana Basile behandeln können.

Die Briefe, die 1624 und 1625 so häufig zwischen Ferdinando und

Adriana ausgetauscht wurden, zeigen das Ausmaß seiner Vernarrtheit und die Mühe, die er auf sich zu nehmen bereit war, um sie an seinen Hof zurückzulocken. Am 17. April setzte er sie davon in Kenntnis, daß die Erträge aus ihren Ländereien zu ihrer Verfügung stünden, und aus einem späteren Schreiben ihres Gatten an Marigliani wird deutlich, daß die Summe sich auf mehrere hundert Dukaten belief.[1] Der arme Monteverdi, der sich nie Hoffnungen auf ein Zehntel dessen machen durfte, was Adriana bekam, wurde immer vertröstet und um sein angemessenes Entgelt betrogen. Und doch erlosch ihre Kunst mit ihrem Tode, während seine weiterlebt und allen, die damit in Berührung kommen, noch immer Vergnügen und Anregung schenkt.

Ende Mai hatte sich Ferdinando zu einem Landaufenthalt in der Nähe von Florenz fortbegeben, weil er sich in einem sehr schlechten Gesundheitszustand befand, sowohl körperlicher als auch seelischer Natur, wobei letzteres aus seiner faktischen Niederlage im Vincenzo-Isabella-Prozeß zu begründen ist. In dem Maße, wie sich die Sommermonate dahinschleppten, wurde auch sein Befinden, anstatt sich zu bessern, allmählich immer schlechter. Adriana stellte den Briefwechsel ein, aber als Ferdinando sich darüber beklagte, kam nahezu postwendend ein Dankesbrief. Weit davon entfernt, den Herzog zufriedenzustellen, gab dieser Versuch einer Friedensstiftung einzig Anlaß zu weiteren Klagen, deren wiederkehrender Refrain nur der war, Adriana müsse eher aus Pflichtgefühl als aus Zuneigung geschrieben haben. Mitte August besserten sich sein Gesundheitszustand und auch seine Stimmung, wie es auch der Tonfall seiner Korrespondenz tat.

Der Tod von Annibale Chieppio im Jahre 1623 führte zum erwarteten Ergebnis einer Aufbesserung des Ranges und Besitzstandes von Alessandro Striggio, so daß seine Bedeutung für die politischen Geschäfte Mantuas ihn den Bereichen von Unterhaltung und Zerstreuung entfremdete, an denen er zuvor als aktiver Teilnehmer Gefallen gefunden hatte. Monteverdi schrieb zwischen dem 11. März 1623 und dem 15. März 1625 (Nr. 79 und 82) anscheinend keinerlei Briefe an ihn, und nach einer Serie von fünf aufeinanderfolgenden Schreiben an Marigliani wurde der nächste Brief an Striggio erst ein Jahr später, am 19. März 1626, abgefaßt. Der im Jahre 1624 zu beobachtende völlige Mangel an Korrespondenz zwischen den beiden erklärt sich daraus, das Striggios Arbeitszeit nahezu vollkommen von einer Reihe komplizierter Verhandlungen mit dem Hause Sa-

---

[1] Ademollo, 289 ff., führt eine Reihe von Briefen an, die von oder an den Herzog, die Herzogin, Adriana und ihren Gatten Mutio geschrieben wurden. Siehe auch den Brief des Herzogs an Striggio (13. Juni 1624), der sich auf die nahezu abgeschlossene Neubesetzung der Organistenstelle an Santa Barbara bezieht (Bertolotti, 100).

voyen in Anspruch genommen wurde, wobei schließlich in Turin dank der Bemühungen eines jüngeren Kollegen des Ratsherrn, Giulio Cesare Faccipecora Pavesi, ein Übereinkommen erzielt wurde.[2]
    Monteverdis Hauptsorgen galten damals nicht dem Hof, sondern dem Gesetz und dem Mietrecht. Als sein Schwiegervater Giacomo Cattaneo am 24. April starb, kam es beinahe unverzüglich zu Auseinandersetzungen wegen einer dreizehn Jahre alten Vereinbarung in bezug auf sein Wohnrecht in einem bestimmten Haus im mantuanischen Stadtviertel Mastino. Die Anfänge des Prozesses reichen bis ins Jahr 1605 zurück, als eine Witwe namens Cassandra Ventuna ihr Haus und ihren Besitz »titulo donationis inter vivos« Giacomo Cattaneo überließ,[3] eine Vereinbarung, die einige Jahre lang sehr korrekt eingehalten wurde, bis die Großnichte der Witwe, Barbara Berini, sich entschloß, Ippolito de Belli zu heiraten, einen ortsansässigen Herrn mit Vermögen und Besitz.
    Der Vater der Braut, Alessandro Berini, hatte bereits einen Versuch unternommen, die Stiftung anzufechten, und als er jetzt die Aussicht nahen fühlte, seine Tochter mit einer großzügigen Mitgift auszustatten, die drei Häuser umfassen sollte, warf er seine Augen erneut auf den Besitz in Mastino. Das alles fand im Jahre 1609 statt und schleppte sich ins darauffolgende Jahr hin (als die Witwe Ventuna in ein weniger streitsüchtiges Leben hinüberging) und weiter bis beinahe Ende 1611. Am 15. November reichte Berini seine Klage gegen Cattaneo ein und willigte ein, ihm den Nießbrauch an dem Besitz für den Rest seines Lebens zu überlassen; danach aber sollte es an Berinis Tochter und ihren Gatten, Ippolito de Belli, zurückfallen.
    Am 6. Mai 1624 – weniger als vierzehn Tage nach Cattaneos Tod – ermächtigte Monteverdi Dr. Giulio Bagozzi zu seinem Anwalt. Vielleicht widerstrebte es Belli anfangs, in ein regelrechtes Gerichtsverfahren einzutreten, weil er bis zum 11. Juli wartete, bis er Paolo Camellino mit der Wahrnehmung seiner Interessen beauftragte. Zwei Tage später wurde der Prozeß im Amtsgebäude von Richter Filippo Brandolo eröffnet, und am 15. Juli erschien Monteverdi vor Gericht. Die Dokumente sprechen von keinem weiteren Auftreten, und der Fall wurde wahrscheinlich so belassen, wie er sich später in den unfähigen Händen von Bagozzi ausnahm.
    Das verfügbare Material legt die Vermutung nahe, daß Monteverdi in Wirklichkeit keinen Anspruch auf das Haus oder seine Inneneinrichtung hatte. Cattaneos Testament hatte keine irgendwie geartete Klausel zu sei-

---

[2] Quazza, *Diplomazia*, 45.
[3] Eine ausführliche Darstellung des Prozesses findet sich bei Gallico, »Contra C.M.«, 346–359.

nen Gunsten und kaum etwas für die beiden Enkel aus Monteverdis Verbindung mit Claudia Cattaneo hinterlassen. Dennoch muß Monteverdi aus diesem oder jenem Grunde geglaubt haben, es käme nur auf ihn an, die Situation in Frage zu stellen, und seine Bereitwilligkeit, die Dienste eines Rechtsanwalts in Anspruch zu nehmen, gibt seine Einstellung zu erkennen. Ein zusätzlicher Faktor mag seine Enttäuschung über die ihm von Herzog Vincenzo I. gewährte Stiftung gewesen sein: ein Haus in Mantua hätte eine Rente gebracht, die ihn bis zu einem gewissen Grade für das entschädigt hätte, was ihm fortgesetzt im weitmaschigen Netzwerk des mantuanischen Schatzamtes verlorenging.

Wie auch immer Recht und Unrecht in diesem Prozeß verteilt gewesen sein mögen: es hat den Anschein, daß die beiden Anwälte sich wenigstens anderthalb Jahre damit unterhielten. Camellino ging sogar so weit, sich Monteverdis Auftreten vor Gericht zu widersetzen, und zwar aus dem Grunde, weil er kein Bürger von Mantua, sondern von Cremona sei, obwohl Dokumente existierten, die das Gegenteil bewiesen.[4] Als Bagozzi versuchte, die zwischen Cattaneo und Berini getroffene Vereinbarung von 1611 zu annullieren, drohte ihm Camellino, Miete, Schadenersatz und Zinsen von 1610 bis 1624 in Rechnung zu stellen, weil Cattaneo eher als zahlender Mieter denn als bloßer Nutznießer aufgefaßt werden könnte.

Beide Parteien erreichten schließlich den Punkt einer Anrufung des Herzogs, der mit der Herzogin gegen Ende August nach Mantua zurückgekehrt war, wobei keiner von beiden in der geistigen Verfassung war, sich um einen Rechtshandel zu kümmern. Überdies war die Lage inzwischen schon beinahe gewalttätig geworden, mit Beschlagnahmebefehlen, denen durch entweder von Bagozzi oder Monteverdi beauftragten Bevollmächtigten körperlicher Widerstand entgegengesetzt wurde. Aus Venedig schickte der Komponist am 2. Oktober ein Gesuch an den Herzog, und das wurde drei Tage später von Giuseppe Colorno abgeschrieben, als der Herzog und die Herzogin an wenig anderes als daran dachten, Adriana dazu zu bewegen, zurückzukehren und für sie zu singen.

Monteverdi legte in seinem Gesuch die ganze Geschichte mit dem Haus dar und pochte darauf (vielleicht auf Anraten Bagozzis), daß die Vereinbarung von 1611 ungültig sei und das umstrittene Haus nicht einmal dasselbe sein müsse, das Belli beanspruchte; er machte seine Rechte als mantuanischer Staatsbürger geltend und verlangte, der Richter möge bewogen werden, »den streitenden Parteien schnellstens Recht widerfahren zu lassen, ohne Verfahren oder Prozeß, und in diesem Fall den Kläger und seine Söhne als Bürger und Diener Seiner Hoheit zu behandeln, weil diese

---

[4] Davari, 84.

Söhne in der Stadt geboren sind (obwohl sie nicht mehr im Staate Mantua wohnen) und einer von ihnen Student in Padua ist, und sofort die wenigen Möbelstücke herauszugeben, die beschlagnahmt worden sind, darunter einige Musikinstrumente, die sonst völlig zu Bruch gehen würden«.[5]

Ferdinandos Antwort darauf war kurz und bündig – »es möge ohne Verzögerung Gerechtigkeit geschehen« –, woraufhin er sich wiederum dem dringenderen Geschäft der Versorgung Adrianas mit sicherem Geleit für ihre Rückkehr nach Mantua zuwandte. Der Richter, durchaus nicht in der Stimmung, sich von Monteverdi vorschreiben zu lassen, was zu tun sei, deutete die Weisung des Herzogs als Bestätigung der Beschlagnahmeverfügung, die am 11. Dezember ergangen war. Camellino verlangte daraufhin, daß die Kosten des Verfahrens von Monteverdi zu tragen seien, der unverzüglich erneut den Herzog anrief, diesmal um die Erlaubnis, den Fall vor dem Senat verhandeln zu lassen. Das wurde rechtzeitig gewährt, Colorno fertigte das Berufungsdokument am 19. Dezember aus, und alle Beteiligten zogen sich in die Weihnachtsfeiertage zurück.

Nachdem die Berufung von Herzog Ferdinando am 15. Januar bestätigt worden war, wurde der ganze Fall neu aufgerollt, mit Zeugen, die für beide Parteien auftraten, und Massen von Abschriften, wie das so üblich war. Monteverdi blieb in Venedig und muß an Striggio um Beistand geschrieben haben (wie er es immer tat, wenn irgend etwas in seinen Beziehungen zu Mantua fehlschlug), und zwar Ende Februar oder Anfang März. Obwohl dieser Brief offenbar nicht erhalten geblieben ist, gab Striggio eine günstige Antwort, und Monteverdis verspätete Gegenantwort vom 15. März – der folgende Brief – bringt seine Dankbarkeit zum Ausdruck. Malipiero, de' Paoli, Prunières und Gallico nehmen sämtlich an, daß der Brief an Marigliani gerichtet war, aber die Anredeform – »Illustrissimo mio Signore et padron collendissimo« – ist die auf Striggio zutreffende. Die fünf folgenden Briefe an Marigliani beginnen sämtlich mit »Molto illustre ...«

Soweit Mantua. Modena brachte musikalische Linderung, und zwar in Gestalt von Bitten von Prinz Alfonso III. um Madrigale und Kanzonetten, um die Bevorzugung der Instrumentalmusik auszugleichen, die aus der Widmung von Frescobaldis *Primo Libro di Capricci* am 12. April 1624 deutlich wird. Das Werk erschien in Rom bei Luca Antonio Soldi.[6] Am 4. Juli schrieb Alfonso an Monteverdi:

»Das andere Madrigal, das Ihr mir schicken solltet, habe ich erhalten und es hat mir großes Vergnügen bereitet. Wenn auch Eure Musik mir immer gefällt, tut es mir leid, daß der Grund für die Verspätung teilweise

---

[5] Gallico, »Contra C.M.«, 353.
[6] Sartori, *Bibliografia*, 295.

an Eurer Erkrankung lag. Ich wäre glücklich, noch zwei andere Madrigale und einige Kanzonetten zu bekommen.«[7] Dabei handelte es sich unzweifelhaft um handschriftliche Kopien, weil es um eine relativ kleine Anzahl ging und der Herzog sich leicht gedruckte Ausgaben hätte kaufen können, was er 1623 bekanntermaßen auch getan hat.[8] Eine Kanzonetta ist in der Biblioteca Estense in Modena bis heute erhalten geblieben, eine handschriftliche Kopie von *Ahi che si parti,* die zu Monteverdis Lebzeiten nie veröffentlicht wurde und bis zum Erscheinen von Malipieros Bd. XVI zu warten hatte (S. 542), als sie, wenn auch nur schwach, der allgemeinen Musikwelt ins Bewußtsein treten konnte.

Für die Frage, ob es spätere Verhandlungen mit Modena gegeben hat, fehlen konkrete Belege. Das ist nicht ganz so im Falle von Bologna, obwohl manche Einzelheiten von Monteverdis dortigem Besuch hätten schärfer gesehen werden können. Vogel vermutete, daß die Mitgliedschaft in der Accademia dei Filomusi ihm »ungefähr 1624« angetragen wurde, und zwar aufgrund eines Abschnitts in Banchieris *Discorso della Lingua Bolognese,* der zuerst 1626 veröffentlicht wurde.[9] Aber das Material legt die Vermutung nahe, daß Monteverdi und Agostino Facchi im gleichen Jahr als korrespondierende (oder Gast-)Mitglieder – *forestieri* – in die Accademia gewählt wurden; und da Facchi seine Stellung in Bologna erst Ende 1624 aufgab (er wurde im Dezember Organist am Dom von Vicenza), konnte er erst 1625 als nicht-ansässiges Mitglied geführt werden. Wenn Monteverdi nach seinem kurzen Auftauchen in Mantua am 15. Juli 1624 auch nach Bologna hätte weiterreisen können, so ist es doch ebenso wahrscheinlich, daß der Besuch 1625 stattfand.[10] Solange keine Doku-

---

[7] Prunières, 217, Fußn. 159.

[8] Prunières, 209, Fußn. 36, wo das Datum mit 1603 falsch angegeben worden ist.

[9] Vogel, 373.

[10] Vecchi (184) behauptet, daß die Accademia dei Filomusi 1625 gegründet worden sei, aber das Faksimile (150) – das das offizielle Motto und die Devise der Accademia zeigt – gibt ein um genau drei Jahre früheres Datum an: Accademia de Filomusi/nell/ Anno. 1622. Instituita dal Sig:[re]/Do: Girolamo Giacobbi. Ebenso vermutet er (82) als Datum der Aufnahme Monteverdis das Jahr 1627, wenn auch ohne anderen Beleg als die Annahme, daß sie ein Jahr früher geschah als das Auftauchen eines Glückwunschbriefes in Banchieris *Lettere armoniche* aus dem Jahre 1628. Vecchi faßt *La sampogna* als Huldigung an Monteverdi auf, der die *serata* besucht haben könnte, bei der sie aufgeführt wurde (88). Aber das Faksimile der Titelseite dieser Ausgabe zeigt, daß das Stück zweifellos nicht Monteverdi, sondern einem gewissen Padre D. Angiolo Maria Cantoni gewidmet war. Das Datum der Zusammenkunft, der 14. November 1625, hätte im Jahresablauf zu spät gelegen, um Monteverdi aus Venedig herauszulocken: es waren Advents- und Weihnachtsfeierlichkeiten vorzubereiten, und die Straßen waren in diesen Wintermonaten nicht eben in bestem Zustand.

mente zur Geschichte der Filomusi verfügbar werden, muß die Frage unentschieden bleiben.

Eine venezianische Volkszählungsliste des Jahres 1624 gibt den Namen Claudio Monteverdis als den des Oberhauptes der »Familie« an, die damals eine für den *maestro di musica* reservierte Wohnung im Kanonikat innehatte. Die Namen der beiden anderen Bewohner werden nicht aufgeführt; aus den verschiedenen Kategorien und Einwohnerklassen, die der Volkszählung zugrundeliegen, zeigt sich jedoch, daß einer sein Sohn Francesco (damals Tenorsänger im Chor von San Marco), der andere ein weiblicher Bediensteter gewesen sein muß.[11] Massimiliano studierte noch immer in Bologna. Zwei Kompositionen von Francesco tauchen, zusammen mit dreien seines Vaters und mehreren Arien anderer Komponisten der Zeit, im Neudruck von Carlo Milanuzzis *Quarto Scherzo delle ariose vaghezze* von 1624 auf,[12] einer bezaubernden Sammlung leichter und liebeständelnder Musikstücke eines weitherzigen Augustinermönchs, der als begabter Organist von San Stefano in Venedig amtierte. Ein anderer Bewunderer Monteverdis, Don Lorenzo Calvo, *maestro di musica* am Dom von Pavia, nahm drei seiner Motetten in seine *Seconda racolta de' canti sacri* auf.

Wie Monteverdi in seinem Brief an Striggio beiläufig erwähnt, lastete ihn ein »polnischer Monarch« ständig mit Aufträgen für geistliche und weltliche Musik aus. Es handelte sich da um Sigismund III. (1566–1632), den Schwager von Kaiser Ferdinand II. und sowohl innerhalb wie außerhalb seines Reiches eine bemerkenswerte, wenn auch unpopuläre Gestalt des politischen Lebens. Seine katholische Erziehung und sein Bündnis mit den Habsburgern bewog ihn, genau wie sie den tatsächlichen und den potentiellen Beitrag italienischer Musiker zu Zeremonien und unterhaltenden Darbietungen hochzuschätzen, zu deren Förderung er unablässig nach dem absolut Besten im Bereich von Sängern und Komponisten suchte. Da er sich von 1622 bis 1625 einer seltenen Phase politischen Burgfriedens erfreute, lebte er mit großem Gefolge in Venedig und Mantua und nahm Verbindungen zu Künstlerkreisen auf, von denen er stets hoffte, sie würden zu dauerhaften Verträgen zum Dienst am polnischen Hof heranreifen.

Er wandte sich auch an Monteverdi; es gelang ihm jedoch nicht, ihn nach Warschau zu locken; er schrieb auch an Mutio Barone und bot ihm

---

[11] Damerini, 105–120.
[12] Vogel, *Bibliothek,* I, 465. Das einzige erhalten gebliebene Exemplar in Hamburg wurde im Zweiten Weltkrieg zerstört; von Alfred Einstein wurde jedoch eine handschriftliche Kopie der ganzen Sammlung angefertigt, die zusammen mit anderen Transkriptionen von ihm in Bd. 34 der Einstein Collection im Smith College, Northampton, Mass., eingebunden ist.

sofort Reisekostenerstattung an, wenn er und Adriana in den Dienst bei ihm einwilligten.[13] Eine gewisse Zeitlang war Antonio Tarroni sein musikalisches Faktotum, den Monteverdi in Mantua gekannt hatte; aber weder Tarroni noch der König selbst vermochten die Sängerin aus ihrem neapolitanischen *otium cum dignitate* hervorzulocken. Monteverdi war wie üblich vollkommen bereit, behilflich zu sein, so lange er in Venedig bleiben konnte, denn seine Abneigung gegen das Reisen nahm im Laufe der Jahre zu. Und er scheute sich nicht, um Beistand zu bitten, wenn er ihn brauchte oder zu brauchen meinte, als es sich gegen Ende 1627 um eine kleine Pfründenangelegenheit handelte.[14]

Sonst ging das Leben in Venedig seinen geruhsamen Gang. Als im Dezember der Doge Francesco Contarini starb, wurde Monteverdi wahrscheinlich beauftragt, die Musik zu den Trauerfeierlichkeiten zu besorgen und zu leiten, und als im Januar Giovanni Cornaro das höchste Staatsamt antrat, war Musik eher festlicher Art erwünscht.[15] Der Mann, der 1613 als einer der vier für die Basilika verantwortlichen Prokuratoren am Verfahren der Bestallung Monteverdis an San Marco beteiligt gewesen war, hielt nun in feierlichem Triumph Einzug in den Dogenpalast.

Im fernen Mailand unterzog das Domkapitel sein Musikerensemble einer langen und genauen Prüfung, vielleicht weil es wünschte, es möge sich eines Tages mit dem von Venedig messen können. Aber der Chor umfaßte nahezu ebenso viele schlechte wie gute Sänger, und der *maestro di musica*, Vincenzo Pellegrini, ließ es an vielen Eigenschaften eines wirklichen Leiters fehlen. Die Mitglieder des Domkapitels traten deshalb zusammen und stimmten für einen fünf Punkte umfassenden Verbesserungsvorschlag, der am 12. März 1625 denn auch gebührend aufgesetzt wurde. Der dritte Punkt betraf Pellegrini: da seine Maßstäbe für Disziplin und Aufführungssicherheit weit unter Pari lagen, sollte eine Neubesetzung in Betracht gezogen werden, und zu diesem Zweck sollte der Rektor mit jemandem Kontakt aufnehmen, der in der Lage wäre, mit Monteverdi in Venedig in Verbindung zu treten und seine Auffassung herauszufinden. Ob das nun bedeutete, daß ihm die Stellung angeboten werden würde, wenn man Pellegrini verabschiedete, oder ob es einfach ein Fall beruflicher Meinungs-

---

[13] Ademollo, 299 (Wien, 18. April 1625). Siehe auch 144, 145, 301, 309. Sigismunds Förderung anderer italienischer Musiker läßt sich auch aus den Widmungen in Tarquinio Merulas beiden Madrigalbüchern von 1624 (Vogel, *Bibliothek*, I, 454, 455) und in Francesco Rognoni Taeggios *Selva di varii passaggi* von 1620 (Sartori, *Bibliografia*, 262) ersehen. Siehe auch F. de Daugnan, *Gli italiani in Polonia* (Crema 1905–07), und Padoan, 232.

[14] Siehe Brief 106.

[15] Zu Cornaro siehe Brief 48.

umfrage in bezug auf Anhebung oder Neubesetzung einer Stelle war, wird aus dem Originaldokument nicht eindeutig klar.[16] Aber Monteverdis Name war in jedermanns Munde – sei es in Mailand, Mantua, Modena, Bologna oder Venedig.

[16] Zu Monteverdis Mailänder Kontakten siehe das Postskriptum zu Brief 93; ebenso Sartori, »Monteverdiana«, 411–413.

Venedig, 15. März 1625; [an ALESSANDRO STRIGGIO, in Mantua]

Ew. Erlaucht, mein Gnädigster Herr,
ich konnte mich mit der vorigen Post nicht (wie es meine Pflicht gewesen wäre) bei Ew. Gnaden für die grenzenlose Güte bedanken, die darin bestand, daß Ihr mich Eurer Gunst – mehr als ich es verdiene – zu versichern geruhtet anläßlich gewisser Schwierigkeiten, die ich in Mantua durch einen Rechtsstreit hatte, den ich weder gewollt noch beabsichtigt habe. Aber die Vielzahl der Verpflichtungen, die ich im Dienste des polnischen Monarchen[a] sowohl in der Kirche als auch in der Kammer hatte und noch immer habe, hat mich daran gehindert, die große Schuld (wenigstens teilweise) zu begleichen, in der ich gegenüber Ew. Gnaden stehe und immer stehen werde.

Ich bitte Euch, mir zu verzeihen; außerdem bitte ich Euch, mir den Gefallen zu tun, mich Euch mit der nächsten Post von der oben genannten Angelegenheit berichten zu lassen, um Euch zu ersuchen, daß Ihr, nachdem Ihr meine Argumente gesehen habt, die Sache ohne Schaden meinerseits abschließt, da die Gegenpartei alles bekommen hat, was sie von mir wollte. Hiermit erweise ich Ew. Gnaden demütigste Ehrerbietung und erbitte für Euch von Gott, Unserem Herrn, alles erdenklich Gute.
Venedig, 15. März 1625
Ew. Gnaden   dankbarster Diener
            Claudio Monteverdi

[a] Sigismund III.

83

Mantua, Archivio Gonzaga, Cassetta 6, ff. 295–297. Doppelblatt +
Einzelblatt: 5 Seiten [an Ercole Marigliani, in Mantua]. *(23. August
1625.)* Malipiero, 239; Paoli, 222; Prunières, 270.

Striggio, mit der wachsenden Kompliziertheit der politischen Geschäfte
belastet und um den schlechten Gesundheitszustand des Herzogs besorgt,
leitete das Problem von Monteverdis Rechtsstreit an einen jüngeren Kollegen weiter, Ercole Marigliani, der die verworrenen Fäden einer Situation
so gut wie möglich weiter zu entwirren versuchte, die jedermann für außerordentlich ermüdend und langweilig zu halten begonnen hatte – ausgenommen die beiden Rechtsanwälte Bagozzi und Camellino. Am 18. Juni
und erneut am 23. Juli appellierte Ippolito de Belli an den Herzog und
klagte auf Bezahlung von Rückständen und Kosten, und schließlich wurde
sein Gesuch beschieden – im positiven Sinne.[1] Bagozzis ungeschickte Behandlung des Falles im August 1624, als er die zwischen Cattaneo und
Berini getroffene Vereinbarung zu annullieren versuchte, war der Anlaß
gewesen, daß sich der Rechtsstreit noch weit ins nächste Jahr hinein-
schleppte, und er sollte erst im Dezember 1625 ein Ende finden.

Mariglianis Anteil an der ganzen Geschichte war der, dafür zu sorgen,
daß Cattaneos persönlicher Besitz verkauft wurde, mit Ausnahme einiger
Musikinstrumente, und wahrscheinlich wurde der Erlös aus diesem Verkauf zur Bezahlung der Kosten verwendet. Weil Monteverdi aus der ganzen Affäre mehr Sorgen erwachsen waren, als er erwartet hatte, muß er ein
Gefühl der Erleichterung verspürt haben, als er Marigliani die ganze Abwicklung in Mantua überlassen konnte. Ehedem in musikalischen Fragen
zusammenarbeitend, waren sie jetzt gemeinsam mit juristischen und finanziellen Problemen befaßt, und in dieser Atmosphäre gegenseitigen Ver-
trauens gingen sie zu einer neuen Form von Zusammenarbeit über, für die
sich im folgenden Brief der erste Hinweis entdecken läßt.

In der Sammlung von prosaischen und lyrischen Huldigungen, die im
Jahr nach Monteverdis Tod von G. B. Marinoni zusammengetragen und
veröffentlicht wurde, findet sich ein Sonett des venezianischen Priesters
und Musikers Paolo Piazza, dem die folgenden Worte vorangestellt sind:
»In morte di Claudio Monteverdi, Gran professor della Chimica.«[2] Der
einzige Nachweis von Monteverdis alchimistischen Interessen findet sich
jedoch, abgesehen von dieser Anspielung und einer poetischen Reverenz

---

[1] Gallico, »Contra C.M.«, 356.
[2] *Fiori poetici* (Venedig 1644), 22.

vor kostbaren Metallen im Sonett selbst, in den Briefen 83, 84, 86, 87 und 89. Dennoch sollte man sich nicht nur vor Augen halten, daß sein Vater Arzt gewesen und sein eigener Sohn im Begriff war, das gleiche zu werden, sondern auch, daß damals eine enge Beziehung zwischen medizinischer Wissenschaft und Alchimie bestand, so daß jemand, der der einen mißtraute, in der anderen leichthin Trost finden konnte.

Monteverdi hatte seine entscheidenden und prägenden Jahre als Musiker am Hof von Vincenzo Gonzaga verbracht, einem luxusliebenden Fürsten, zu dessen merkwürdigeren Eigenarten auch eine etwas ungesunde Begeisterung für die Pseudo-Wissenschaften gehörte, darunter an erster Stelle die Alchimie. Seine zahlenmäßig beträchtliche Schar von Reagenzglas-Tüftlern wurde in entlegenen Winkeln des Palazzo del Te ständig zur Arbeit angehalten und braute bizarre Mischungen zusammen, deren Bestimmung von Giftgasen für den Kriegseinsatz bis zu Aphrodisiaka für das herzogliche Schlafgemach reichte.[3] Vincenzo war sich natürlich durchaus bewußt, daß Forschungsarbeiten dieser Art gewaltige Geldsummen verschlangen, aber da die Elite seiner Alchimisten normalerweise mit dem Versuch beschäftigt war, Grundstoffe und -metalle in Gold zu verwandeln, war das Problem ihrer Finanzierung wenigstens theoretisch im voraus gelöst.

Durchaus möglich ist, daß eben diese herzogliche Manie den jungen Monteverdi so beeindruckte, daß er viele Jahre später, in Venedig behaglich eingerichtet, den Entschluß faßte, sie als Hobby aufzugreifen und seinem in Mantua ebenfalls wohlbestallten Freund Marigliani auszuhelfen, denn es gab bestimmte für Experimente unerläßliche Grundstoffe, die in der großen Hafenstadt leichter erhältlich waren als in irgendeiner anderen italienischen Klein- oder Großstadt. Dennoch lag die wirkliche Anziehungskraft der Alchimie, was Monteverdi anging, nicht so sehr in ihrem wissenschaftlichen Aspekt als vielmehr in ihrer Symbolik und ihrer Vorspiegelung einer Suche nach Vollkommenheit.

Lange bevor sein eigenes Interesse erwacht war, hatten sich Theoretiker und Praktiker der Alchimie bereits tief in Fragen der Zahlenmystik, Astrologie, Medizin und Musik verstrickt, ganz zu schweigen von der Farbmagie. In einer handschriftlichen Kopie von Salomon Trismosins *Splendor Solis*[4] zeigt die fünfte einer Reihe von zweiundzwanzig kolorierten Abbildungen einen Pfau in der Hermesvase, mit dem Wagen von Aphrodite darüber und einem Instrumentalensemble in der unteren rechten Ecke. Monteverdi könnte durchaus Werke dieser Art gelesen haben, wenn auch nicht so

---

[3] Bellonci, 190, 249.
[4] British Library, Harley MS 3469 (aus dem Jahre 1582). Ein farbiges Faksimile der Seite ist bei Read (Frontispiz) zu finden.

üppig ausgeschmückte, und tatsächlich enthält die Handschriftensamm-
lung der Biblioteca Marciana in Venedig noch heute zahlreiche Abhandlungen über Alchimie.[5] Überdies waren viele gedruckte Bücher zu diesem
Thema verfügbar: aus Basel kam die *Artis Auriferae quam Chemiam
vocant* und aus Straßburg die späteren Bände des *Theatrum Chemicum
praecipuos selectorum auctorum tractatus.*

Und doch scheint die im wesentlichen unbeschwerte Stimmung des
Briefwechsels darauf hinzudeuten, daß Monteverdis Anteilnahme nicht so
furchtbar ernst gewesen sein kann, und vielleicht hatten auch für Marigliani die Experimente eher den Charakter eines Zeitvertreibs. Weil es
kaum wahrscheinlich ist, daß der Komponist sich der Mühe unterzog, einem wohlbestallten Hofsekretär Wein zu schicken, handelte es sich bei den
»Flüssigkeiten«, denen Brief 83 galt, aller Wahrscheinlichkeit nach um
Chemikalien, eine Vermutung, die durch das spätere Ersuchen um reines
Quecksilber bestätigt wird. Die Flaschen, Glaskolben und *bevande* waren
sämtlich nichts anderes als Requisiten einer anregenden Zerstreuung, die
genau das bot, was Monteverdi mitten in einem unerwünschten und lästigen Gerichtsverfahren brauchte.

Während dieses angenehme Zwischenspiel seinen Lauf nahm, kam eine
Beziehung von langer Dauer und großer Kompliziertheit an ihr unaus-
weichliches Ende. Adriana Basile, die Ferdinandos Interessen fünfzehn
Jahre lang als Geliebte, Musikerin und Protégée gefesselt hatte, mußte
eine Entschuldigung um die andere erfinden, um nur ja nicht die Rückreise
nach Mantua antreten zu müssen. Eine Totgeburt, Kriegsgerüchte und die
Einmischung des Herzogs von Alba trugen zu ihrem beherzten Widerstreben bei, und zu all dem wurde sie auch noch von dem ehemaligen mantuanischen Musiker Antonio Tarroni bedrängt, der jetzt in Diensten Sigismunds III. von Polen stand und sie ihre geliebte Bucht von Neapel zugunsten der Steifheiten und Rituale des Warschauer Hoflebens aufzugeben
antrieb.[6] Bald gewannen Gewissensbisse die Oberhand, aber ihre an Ferdinando gerichteten Beteuerungen ewiger Loyalität blieben ohne Antwort
von ihm. Im März 1625 machte sich sein altes Augenleiden erneut bemerkbar – und zugleich damit ein Verfall des allgemeinen Gesundheitszustandes, der das unausweichliche Ende ankündigte. Wenn die Herzogin
den Briefwechsel auch noch einige Zeit aufrechtzuerhalten versuchte, so
versickerte auch er schließlich in erfolglosen Schmeichelversuchen.

Man fragt sich, ob Monteverdi in Venedig im Laufe des Juli mit Nicholas
Lanier zusammentraf, denn dieser rührige Engländer französischer Ab-

---

[5] *Catalogo... Biblioteca Marciana,* II, 40.
[6] Ademollo, 297–300.

stammung besuchte die Stadt auf dem Wege von Verona nach Mantua, um dort in Verhandlungen über den Ankauf von Kunstschätzen der verschuldeten Familie Gonzaga für Seine Majestät den König Charles I. von England einzutreten.[7] Lanier, ein fähiger Maler und sachverständiger Kunsthändler, war auch ein professioneller Musiker, der gut sang, gelegentlich komponierte und sich mit seinem Lauten- und Viola da gamba-Spiel hervortat. Seine Fertigkeit in der subtilen Kunst improvisierter Variation auf letzterem Instrument wird eigens lobend in einem Brief erwähnt, den Daniel Nys, unmittelbar nach Laniers Abreise, am 2. August nach Mantua schrieb.[8] Da Monteverdi ebenfalls einen Namen als Spieler von Streichinstrumenten hatte, insbesondere der Viola bastarda, hätte sich durchaus ein Zusammentreffen der beiden einrichten lassen, und zwar seitens des kürzlich ernannten englischen Botschafters Sir Isaac Wake, dessen Bekanntschaft Monteverdi 1627 machte, wie Brief 101 bestätigt. Jedenfalls wurde Lanier in Mantua ein glänzender Empfang bereitet, und er kehrte beinahe im Triumph nach Venedig zurück, unmittelbar bevor Monteverdi sich hinsetzte, um seine alchimistische Botschaft an Marigliani zu schreiben.

[7] Luzio, *passim*.
[8] Bertolotti, 102.

Venedig, 23. August 1625; [an ERCOLE MARIGLIANI, in Mantua]

Ew. vielmals Erlaucht, mein hochgeschätzter Herr,
ich habe den höchst liebenswürdigen Brief Ew. Gnaden (voll besonderer Wertschätzung mir gegenüber, die ich in keiner Weise verdiene) erhalten, in dem er mir verspricht, er geruhe mit Belli[a] zu sprechen, um ein für allemal das in gutem Einvernehmen zu beenden, was mir solche Sorgen gemacht hat, so daß ich es tausendfach bereue, damit jemals angefangen zu haben, und zwar aus keinem gewichtigeren Grund als aus dem, mit dem Prozeß fertig zu sein, der mir so zuwider ist, daß ich, selbst wenn ich Recht hätte, nicht wüßte, ob ich jemals wieder solche Ränke beginnen wollte.

Ew. Gnaden schrieben mir im letzten Brief, daß Ihr mit dem Signor

[a] Ippolito de Belli, der das zuvor von Giacomo Cattaneo mit Beschlag belegte Haus als sein Teil der Mitgift von Barbara Berini beanspruchte.

Doktor[b] über die andere Partei gesprochen habt und daß er gesagt hat, ich wäre durchaus damit einverstanden gewesen, dieses Instrument der Transaktion für ungültig zu erklären. Ich weiß nicht, ob ich das gesagt habe, aber wenn ich es gesagt habe, bin ich trunken gewesen (was sonst), weil der Prinz[c] den Auftrag gegeben hat, daß in drei Tagen alles erledigt sein müsse. Und wie hätte ich nur so unvernünftig sein können, mich in einen langwierigen Streit einzulassen, der ich nichts anderes wünschte, als ihn zu beenden. Ferner tat ich nur das, was mein Anwalt[d] wollte; indem er mir also zu prozessieren empfohlen hat, hat er es zu meinem Schaden getan, um so mehr, weil er mir empfohlen hat, gegen mein Wissen und Gewissen zu handeln. Folglich ist er mir gegenüber entweder gleichgültig oder unwillig gewesen.

Nun sei die Sache wie sie will; ich bitte den Signor Marigliani, meinen Herrn, mir die Gunst zu erweisen, die Angelegenheit auf die Art zu bereinigen, die er besser auszuführen versteht als ich zu beschreiben. Und verzeiht mir – ich bitte Euch mit allen Fasern meines Herzens darum, mir zu verzeihen –, weil ich Euch versichere, daß in meinem Herzen alles mit einem dauerhaften Knoten der Verpflichtung verbunden sein wird.

Die vorliegenden Flüssigkeiten, die ich Ew. Gnaden in dem besagten Körbchen schicke, sind mir geschenkt worden. Ihr werdet mir Gunst erweisen, alles als Ausdruck meiner Liebe anzunehmen oder wenigstens als ein Zeichen der Verpflichtung, die ich Euch schuldig bin. Ich weiß, daß das Wenige den Vergleich mit so viel nicht zuläßt, aber gesteht mir zu, daß ich mich auf Eure einzigartige Freundlichkeit verlasse, und alles wird zum besten verlaufen.

Was das Gefäß betrifft, um Gold mit Blei zu kalzinieren – mir sagten Signor Piscina[e] und der Signor Doktor de Santi,[f] beides große Männer auf diesem Gebiet, daß man ein Gefäß wie beispielsweise einen irdenen Nachttopf oder einen kleinen Topf nehmen muß. Sie müssen gut verkittet sein, so daß sie fest auf dem Feuer stehen. Auf den Boden eines dieser Gefäße legt man eine angemessene Menge Blei, eher mehr

---

[b] Wahrscheinlich Paolo Camellino, Rechtsbeistand von de Belli, augenscheinlich aber kein Doktor der Rechte (wie Bagozzi).
[c] Vincenzo II., der jüngere Bruder von Herzog Ferdinando.
[d] Dr. Giulio Bagozzi.
[e] Ein nichtidentifizierter venezianischer Alchimist.
[f] Wahrscheinlich ein medizinischer Doktor in Venedig und Bekannter Monteverdis.

als weniger, so daß genug Rauch entsteht. Dann nimmt man etwas dünnen Eisendraht und hämmert eine goldene Münze[g], bis sie ziemlich dünn wird. Man durchbohrt das Gefäß oben an vier Stellen und setzt die besagte goldene Münze in die Mitte, an vier Seiten befestigt und in ein Quadrat eingepaßt, das in der Luft liegt.

Dann setzt man auf das genannte Gefäß seinen irdenen Deckel und verkittet ihn mit dem Gefäß so gut, daß er fest ist und die Öffnung des Gefäßes gut verschließt. An der Spitze des Deckels macht man außerdem ein winziges Loch. Dann zündet man unter dem Gefäß Feuer an und bringt das Blei zum Kochen. So umkreisen die Rauchschwaden die Münze und kalzinieren sie derart, daß man sie zerreiben kann. Sie wird so dünn, daß sie kaum mehr fühlbar ist.

Man kann auch einen einzelnen Draht an der Spitze des Deckels befestigen und an diesem Kupferdraht die Münze herablassen, oder zwei oder mehr Münzen, wie es beliebt, jedoch die eine von der anderen ziemlich entfernt; und auf diese Weise kalziniert man Gold mit Blei und auf keine andere Art besser. Das Gefäß wird beispielsweise so aussehen:

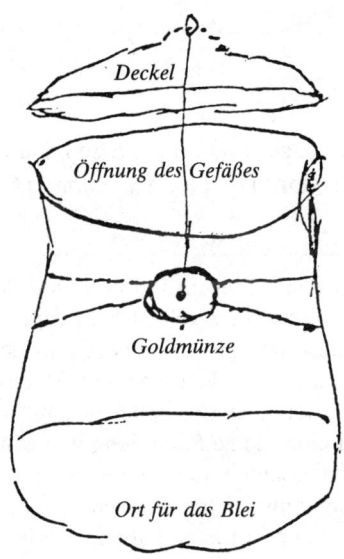

Deckel

Öffnung des Gefäßes

Goldmünze

Ort für das Blei

[g] *cechino (zechino).*

Der Draht, der senkrecht in der Mitte der Münze verläuft, wird allein ohne die vier Drähte bleiben können oder man wird die Münze an den vier Drähten – ohne den, der senkrecht herunterhängt – befestigen können. Wir wollen es für Euch tun.

Dann muß ich Euch mitteilen, wie ich aus ungereinigtem Stoff, der sich in klares Wasser verwandelt, Quecksilber machen kann. Obwohl er im Wasser ist, wird er Quecksilber bleiben und sein Gewicht nicht verlieren; denn ich habe es geprüft, indem ich einen Tropfen davon nahm und ihn auf einen Kupferlöffel setzte und rieb, und der Löffel wurde ganz in der Farbe des Silbers gefärbt. Ich hoffe, daß ich aus diesem gereinigten Wasser eine würdige Sache machen kann, da es Silber wirksam löst. Und indem ich hier Ew. Gnaden von ganzem Herzen Ehrerbietung erweise, erbitte ich von Gott für Euch den Gipfel allen Glücks.

Venedig, 23. August 1625
Ew. Gnaden   dankbarster Diener
                  Claudio Monteverdi

84

Mantua, Archivio Gonzaga, Cassetta 6, f. 299. Einzelblatt: 2 Seiten [an Ercole Marigliani, in Mantua]. (19. September 1625.) Malipiero, 242; Paoli, 226.

Marigliani, der sich in seiner Freizeit weiterhin mit der Alchimie beschäftigte und im Rahmen seiner Tagespflichten in enger Verbindung zu Don Vincenzo Gonzaga blieb, war glücklicherweise in der Lage, Monteverdi seine Hilfe bieten zu können, als der sie am nötigsten brauchte. Der Prozeß war verlorengegangen: der Resterlös belief sich auf wenig mehr als einige alte Möbelstücke und eine kleine Sammlung von Musikinstrumenten. Es waren jedoch noch die Gerichtskosten zu bestreiten – und an diesem Punkt wünschte sich der Komponist nichts sehnlicher, als mit dem ganzen armseligen Handel nichts mehr zu tun zu haben. Wenigstens zum Teil war er für das Haus seines Vaters in Cremona verantwortlich; scheint aber auch für das Anwesen seines Schwiegervaters in Mantua zuständig gewesen sein; und zwischen diese beiden Aufgaben eingekeilt, wurde er wohl bald gewahr, daß die reibungslose Verwaltung von Haus- und Grundbesitz mehr Zeit erforderte, als er für solche Angelegenheiten erübrigen konnte. So war der Verlust des Hauses in Mantua in vieler Hinsicht ein Segen.

Um sich Marigliani für seinen Beistand erkenntlich zu zeigen, nahm Monteverdi einen besonderen Auftrag für eine Retorte in Angriff, die bei künftigen Experimenten benutzt werden sollte, und er wandte sich dazu natürlich an die Handwerker von Murano, aus deren gutausgestatteten Werkstätten man Produkte von großer Schönheit und Nützlichkeit erwarten konnte. Diese Glasbläser, die in ihren Geheimrezepten Asche aus syrischem Seetang, zerstoßenen weißen Feuerstein aus Pavia und feinsten weißen Sand verwendeten, waren in der Lage, zahllose Gefäße von unvergleichlicher Perfektion herzustellen, so daß auch sie beinahe als Alchimisten gelten konnten.

Obwohl von Musik hier nicht die Rede ist, wird sie dem Komponisten wohl kaum ferngelegen haben, denn wenn es 1625 auch keine größeren Publikationen gab, so hatte er doch die Genugtuung, eines seiner Duette, *Ego dormio,* in Sammaruccos Sammlung von *Sacri affetti* (L. A. Soldi in Rom) und vier Arien für Solotenor – vielleicht für seinen Sohn Francesco – in *Ghirlanda sacra* aufgenommen zu sehen, einem Band, der von einem Musiker an San Marco, Leonardo Simonetti, prunkvoll aus in der Hauptsache venezianischen Beständen zusammengetragen worden war. Alle vier eignen sich vorzüglich für eine jugendliche, sanfte und bewegliche Stimme: das rührend schöne *Salve Regina,* das *Currite populi* mit seinem lebhaften Refrain, das ausdrucksvolle *O quam pulchra es* und zur Abrundung der Gruppe das *Ecce sacrum paratum* mit seinem ungewöhnlichen Text.

Venedig, 19. September 1625; [an ERCOLE MARIGLIANI, in Mantua]

Mein vielmals geehrter, hochgeschätzter Herr,
ich habe erfahren, wie Ew. Gnaden ständig Eure grenzenlose Freundlichkeit für mich einsetzen, und ich habe von dem Wohlwollen des Durchlauchtigsten Fürsten[a] gehört (der durch seine ihm angeborene Güte mich Armen zu schonen geruht). Dafür werde ich immer verpflichtet sein, Gott um sein vollkommenes Glück zu bitten, und Ew. Gnaden auf immer dafür sehr dankbar zu bleiben.

---

[a] Vincenzo II. Gonzaga, der sich (wie sein älterer Bruder) des Rechtes auf die Anrede *Serenissimo* erfreute.

Ich erwarte eben die Gunst der Schlichtung, damit ich sagen kann, ich sei frei von Intrigen, weil ich nicht glaube, daß die alten Schreiber ein anderes Labyrinth meinten als das des Prozessierens.

Verzeiht mir, bei der Liebe Gottes, bei den großen Unannehmlichkeiten und Mühen, die Ihr für mich auf Euch nehmt, und seid versichert, daß ich solch eine Gunst niemals vergessen werde, weil ich hoffe, daß alles mit dem größtmöglichen Nutzen meinerseits erledigt wird.

In einer Woche werden die Handwerker die Brennöfen von Murano in Gang setzen, und als eine ihrer ersten Arbeiten wird sicherlich die meine erledigt werden. Sobald ich das Gefäß habe, werde ich sofort die besagte Arbeit in Angriff nehmen, und wenn sie beendet ist (ich denke, daß das in einer Woche sein wird), werde ich – so Gott will – davon einen kleinen Kolben voll[b] Ew. Gnaden schicken, denen ich alle Ehrerbietung erweise, während ich für Euch von ganzem Herzen das höchste Glück erbitte.

Venedig, 19. September 1625

Ew. Gnaden   dankbarster Diener

                       Claudio Monteverdi

[b] Wahrscheinlich Quecksilber.

85

Mantua, Archivio Gonzaga, Cassetta 6, ff. 301–302. Doppelblatt: 3 Seiten [an Ercole Marigliani, in Mantua]. *Anlage:* Brief von Dr. Giulio Bagozzi. *(22. November 1625.)* Malipiero, 243; Paoli, 228.

Trotz Marglianis ernsthaftem Versuch, die Probleme auf vernünftige und praktische Art und Weise zu regeln, ergaben sich aus Camellinos Forderung nach Bezahlung des überfälligen Mietzinses vom 12. November weitere rechtliche Spitzfindigkeiten. Am oder um den 17. November setzte Bagozzi Monteverdi davon in Kenntnis, der unverzüglich den folgenden Brief an Marigliani zu Papier brachte, in der Hoffnung, der könne die ganze Sache erneut gütlich regeln.

Wie immer Recht oder Unrecht in diesem Prozeß verteilt gewesen sein mögen, aus den Dokumenten ergibt sich unzweifelhaft, daß Ippolito de Belli und sein Anwalt Camellino[1] entschlossen waren, so unangenehm wie möglich zu werden, wenn sie des Sieges erst einmal sicher sein konnten. Monteverdis Position war dagegen die der Resignation. Er wollte das ganze Verfahren vom Halse haben und bedeutete dem Freund entsprechend, alles, was er von Mantua tatsächlich beanspruche, sei die *provigione,* die erst seiner Gattin Claudia zugebilligt und dann ihm versprochen worden sei, obwohl noch immer Gegenstand der Auseinandersetzung – wie es ja auch die unheilvolle Stiftung war.[2]

Die Kosten des Verfahrens beliefen sich auf etwa 400 *scudi,* d. h. etwas weniger als Monteverdis Jahresgehalt von San Marco, aber der Verkauf einiger der Möbelstücke und Musikinstrumente seines Schwiegervaters scheint genug erbracht zu haben, um diese Summe zu bestreiten, wie aus einem Brief von Marigliani an Bagozzi vom 24. Dezember – einen Tag nach Abschluß des Verfahrens – deutlich wird:

»Da ich Monteverdis Angelegenheiten mit de Belli geregelt habe, könnt Ihr den Erlös aus den beschlagnahmten und auf meinen Wunsch verkauften Gegenständen freigeben, und zusammen damit auch die nichtverkauften Musikinstrumente, weil das alles mit Zustimmung Signor Claudios geschehen ist.«[3]

So endete eine bedauerliche Episode, die nach Monteverdis Meinung einen ganz anderen Verlauf hätte nehmen können, wenn er in Mantua geblieben wäre und bei dem Verfahren eine aktive Rolle gespielt hätte. Andererseits ist sein Widerstreben, Venedig zu verlassen, nur zu gut bekannt, und seine Anwesenheit in Mantua in der langen Zeit, die die Abwicklung des Prozesses erforderte, wäre ebenso unpraktisch wie wirkungslos gewesen. Er war letzten Endes Musiker und stand Rechtsstreitigkeiten nachweislich verständnislos gegenüber.

[1] Gallico, »Contra C.M.«, 357.
[2] Siehe Brief 6.
[3] Gallico, »Contra C.M.«, 358.

Venedig, 22. November 1625; [an ERCOLE MARIGLIANI, in Mantua]

Mein vielmals geehrter, hochgeschätzter Herr,
ich habe vom hochwohlgeborenen Signor Bagozzi[a], meinem Anwalt,

[a] Dr. Giulio Bagozzi, ein mantuanischer Rechtsanwalt.

den vorliegenden Brief erhalten, in dem er mir – wie Ew. Gnaden
sehen können – mitteilt, daß Signor Belli[b] kein Mittel scheut, um weiterhin alles gegen mich ins Werk zu setzen, was er kann und wünscht
(was ich nicht glauben konnte angesichts der Worte, die Ihr mir in
Eurem vorigen Brief zu schreiben geruhtet, nämlich daß er, nachdem
meine Gegenstände verkauft waren, an die Sache so herangegangen
sei, als ob alles erledigt wäre). Ich komme nochmals auf Euch zu und
bitte Euch, ihn zu beschwichtigen und das Ergebnis abzuwarten, das
Ihr zu erreichen sucht durch die eine oder andere Seite.

Ich weiß, es wird besser sein, wenn Ihr handelt, als wenn ich spreche,
deshalb werde ich mich in jeder Hinsicht Eurer Fürsorge und Eurer
großen Umsicht anvertrauen, indem ich Euch darauf hinweise, daß das,
was ich zu bekommen suchte, Mitgift der Signora Claudia[c] ist, die mir
vom Fürsten[d] geschenkt wurde und von der sich wenig oder nichts in
meinem Besitz befand und daß, wenn ich versucht haben sollte, dieses
Haus zu bekommen und es rechtmäßig nicht meines sein könnte, die
Gegenpartei deswegen nichts von ihrem Besitz verloren hat, da sie ihn
in jedem Fall besaß.

Wenn ich jetzt von nichts 200 Scudi und mehr bezahlen müßte – von
den Ausgaben von weiteren 200 Scudi abgesehen – und mir Signor
Belli[e], wie mir scheint, nichts von sich gegeben hat außer Tyrannei und
Bosheit, dann würde die vergangene Kränkung ausreichen, ohne daß
man weiteres hinzufügen müßte. Wäre ich nur in Mantua gewesen,
dann wäre die Angelegenheit sicherlich in einer ganz anderen Weise
verlaufen. Ihr könnt mir helfen, und ich weiß, Ihr werdet Euren Einfluß geltend machen, um mich aus einer derart unvorstellbaren und
undenkbaren Lage zu befreien.

Lieber Signor Marigliani, mein Herr, mögt Ihr mir die Ehre erweisen
und diesen gewissenlosen Menschen beschwichtigen, und Ihr werdet
(bei Gott) auf Eure Seele Verdienst häufen. Ich erbitte von Euch in
dieser Sache dringend Antwort, damit ich weiß, in welcher Verfassung
ich mich eigentlich befinden sollte. Ich weiß, Ihr werdet mir, wenn Ihr
nur wollt, Genugtuung verschaffen, und erhoffe alles durch Eure teure

[b] Ippolito de Belli, Monteverdis Gegner im Rechtsstreit.
[c] Monteverdis im Jahre 1607 verstorbene Gemahlin.
[d] Vincenzo I. Gonzaga, Vierter Herzog von Mantua.
[e] Um der Klarheit willen wurde hier Bellis Name ergänzt.

Gunst, der ich mich in aller Liebe als wahrer Diener anvertraue. Hier erweise ich Euch Ehrerbietung und bitte Gott für Euch um das höchste Glück.

Venedig, 22. November 1625

Ew. Gnaden dankbarster Diener
     Claudio Monteverdi

86

Mantua, Archivio Gonzaga, Cassetta 6, f. 305. Einzelblatt: 1 Seite [an Ercole Marigliani, in Mantua]. *Anlage:* Ein halbes Pfund reines Quecksilber. *(15. Februar 1626.)* Malipiero, 245; Paoli, 230.

Nachdem der Prozeß nun ein für alle Male abgeschlossen war, machten sich Monteverdi und Marigliani wieder an ihre Arbeit und kehrten, wann immer die Zeit es erlaubte, zu ihrem Freizeitvergnügen, der Alchimie, zurück. Aus irgendwelchen Gründen war Quecksilber in Mantua schwer erhältlich, und Marigliani wandte sich folglich an seinen Freund in Venedig, der ihm zuvorkommenderweise – mit angemessenen Entschuldigungen – ein halbes Pfund zur weiteren Verwendung schickte.

Obwohl der folgende Brief beschädigt ist, wirft eine leidliche Rekonstruktion kein ernsthaftes Problem auf. Sein Schlußsatz mit dem kurzen Hinweis auf die Karnevalszeit macht deutlich, daß bei Monteverdi für eben dieses Jahr 1626 keine Arbeiten in Auftrag gegeben worden waren. Die allgemeine Verstimmung in Mantua hatte sich in dem Maße gesteigert, wie sich der Gesundheitszustand des Herzogs verschlechterte, und der einzige Hinweis auf Theaterdarbietungen scheint sich auf ein Stück mit dem Titel *Europa* von Balduino di Monte Simoncelli zu beziehen.[1]

In Venedig dagegen war an guter Musik kein Mangel. Am 1. Januar unterzeichnete Monteverdis fähiger junger Stellvertreter Giovanni Rovetta die Widmung einer eindrucksvollen Sammlung von Vesperpsalmen und -hymnen, die durch vier Kanzonen abgerundet wurde,[2] und zugleich mit der üblichen ehrerbietigen Verbeugung vor seinem Gönner anerkannte er auch seine Dankesschuld bei Monteverdi, dessen Beispiel er nachzufol-

---

[1] Solerti, *Albori,* I, 120.
[2] *Salmi concertati a cinque et sei voci* (Venedig, bei Bartolomeo Magni).

gen versucht habe.[3] Seine Worte sollten sich schließlich bewahrheiten, denn 1643 wurde er – in der Reihe von langen Amtsnachfolgern, die wenigstens anderthalb Jahrhunderte zuvor eingesetzt hatte – der nächste *maestro di cappella* an San Marco.

[3] »E di questo, oltre al suo benigno patrocinio, mi assicura l'haver nel comporli cercato di seguir l'orme d'un nuovo vivente Apollo, sovra 'l cui verde Monte le vere Muse cercan di ricovrarsi per apprendere i tuoni de gli esquisiti concenti.«

Venedig, 15. Februar 1626; [an ERCOLE MARIGLIANI, in Mantua]

Mein vielmals geehrter, hochgeschätzter Herr,
ich hatte gedacht, ich könnte Euch mindestens ein Pfund davon schikken. Aber weil mein Freund sehr wenig davon hat, konnte er mir nur dieses halbe Pfund geben. Er hat es mir geschenkt, so daß keine weitere[a] Bezahlung nötig sein wird. Ich werde auf der Hut sein, und wenn ich etwas davon bekommen kann, werde ich es Ew. Gnaden sogleich schicken. Ich bedaure es sehr, daß ich Euch nicht vollständig zufriedenstellen konnte, weil ich eine große Verpflichtung habe und immer haben werde und dazu eine große Sehnsucht, das auszuführen, was immer Ihr mir aufzutragen geruhen werdet.

Wenn erst der Karneval vorüber ist, werde ich [meine Meinung] zu einer gewissen Sache äußern, und ich werde dann [Ew. Gnaden darüber informieren], denen ich immer sehr dankbar bin und [sein werde], und ich küsse Euch von ganzem Herzen [die Hände].[b]
Venedig, 15. Februar 1626
Ew. Gnaden   dankbarster Diener
                    Claudio Monteverdi

[a] *altra* (gewöhnlich verlesen als *alcuna*).
[b] Der linke Teil der Seite ist von der achten Zeile des Originals bis zum Briefende hin beschädigt. Der Schlußsatz lautet wahrscheinlich folgendermaßen: »*Passato carnevale darò [la mente] ad un non so che, et ne darò poi [haviso a V.S.] Molto Ill*[re] *alla quale vivo et vive[ro per] sempre obbliga*[mo] *et gli bacio di vivo core [le mani].*«

87

Mantua, Archivio Gonzaga, Cassetta 6, f. 307. Einzelblatt: 1 Seite [an Ercole Marigliani, in Mantua]. *(24. Februar 1626.)* Malipiero, 245; Paoli, 231; Prunières, 272.

Dem verbindlichen und doch vorsichtigen Tonfall von Adriana Basiles Brief an die Herzogin vom 20. Februar läßt sich bereits etwas von der gespannten und unruhigen Atmosphäre bei Hofe entnehmen.[1] Da sie ihre familiären Verpflichtungen einstweilen erfüllt hat, bietet die große Sängerin ihre Rückkehr nach Mantua an, bittet den Herzog aber darum, an Dr. Pompeo Grasso zu schreiben, der dann seinerseits den Vizekönig von Neapel davon überzeugen werde, daß Adrianas Reise nach Norden tatsächlich gerechtfertigt sei. Die politische Umsicht einer solchen Maßnahme wird dadurch bestätigt, daß der Vizekönig selbst die Quelle eines Gerüchts zu sein scheint, das besagt, den Herzog kümmere es wenig, ob Adriana nun zurückkehre oder nicht. Wenn Einwände seitens hoher Beamter erst einmal durch einen Brief von maßgeblicher Seite zum Schweigen gebracht worden sind, wird der Plan schon vorwärtskommen.

Wahrscheinlich kümmerte sich der Herzog tatsächlich wenig um Adriana, trotz seiner Musikliebe und seines ihr gewidmeten übermäßigen Lobes. Ein schlechter Gesundheitszustand regt nicht dazu an, im Hofleben und seinen Lustbarkeiten eine aktive Rolle zu spielen. Marigliani als einer der wichtigsten Sekretäre muß den Druck und das Mißbehagen gespürt haben und fand Entspannung hauptsächlich nur noch in der krampfhaften Weiterentwicklung von Experimenten, die im Laufe der Zeit immer bizarrer wurden. Mit seiner Anweisung an Monteverdi, alles, was er nur konnte, über eine bestimmte Art von »gefrorenem Quecksilber« herauszufinden, scheint er an die Grenzen der Alchimie gestoßen zu sein, wie sie damals bekannt war. Lediglich ein späterer Brief erwähnt das Thema noch: danach tritt wieder die Musik in ihre frühere wichtige Rolle ein.

---

[1] Ademollo, 302.

Venedig, 24. Februar 1626; [an ERCOLE MARIGLIANI, in Mantua]

Ew. vielmals Erlaucht, mein hochgeschätzter Herr,
ich habe sehr große Freude über das Vergnügen empfunden, das Ihr beim Erhalt des reinen Quecksilbers hattet, das Euch, wie Ihr es mir

aufgetragen habt, zugeschickt worden ist. Ich werde die Augen offen halten, ob ich davon noch mehr werde bekommen können, um Eurem Wunsch vollständig zu dienen, solltet Ihr noch eine weitere Lieferung benötigen. Dann habe ich erfahren, was Ihr mir auftragt, nämlich daß ich mit einem Signor Doktor so zusammenarbeiten solle, um von ihm die Methode zu erhalten, wie er es anstellt, um eine gewisse Art gefrorenes Quecksilber herzustellen.

Ich werde mich bemühen, sorgfältig auszukundschaften, welcher Signor Doktor das sein kann, und werde jede Aufgabe übernehmen, um Ew. Gnaden zu dienen. Ich kenne einen gewissen Signor Doktor Santi,[a] mit rotem Haar, der große Freude daran hat, den Stein der Weisen zu erforschen. Wenn es der nicht ist, dann kenne ich keinen anderen, der mich das lehren könnte, was mir Ew. Gnaden auftragen. Mit der nächsten Post werde ich Euch vielleicht eher zufriedenstellen können als mit dieser. Deshalb werdet Ihr mir einstweilen verzeihen. Und indem ich Euch hier Ehrerbietung erweise, erbitte ich mit aller Liebe von Gott, Unserem Herrn, für Euch alles Glück.

Venedig, 24. Februar 1626
Ew. Gnaden   dankbarster Diener
                    Claudio Monteverdi

---

[a] Der in Brief Nr. 83 erwähnte venezianische Arzt.

88

Mantua, Archivio Gonzaga, Cassetta 6, f. 309. Einzelblatt: 2 Seiten [an Alessandro Striggio, in Mantua]. *(19. März 1626.)* Malipiero, 245; Paoli, 233.

Massimiliano erhielt seinen medizinischen Doktorgrad erst am 17. Mai[1]; da er jedoch seit Anfang März seiner verschiedenen Verpflichtungen in Bologna ledig war, gelang es ihm plötzlich, einen Besuch seines Vaters in

---

[1] Dieses Datum wird zitiert nach den *Notitia Doctorum,* hgg. von G. Bronzino (Bologna 1962), S. 132; in Vecchi, 91, Fußnote 91.

Venedig zu arrangieren. Sein älterer Bruder Francesco, immer noch Chormitglied von San Marco, muß derzeit ebenfalls in Venedig gewesen sein, so daß der Besuch die seltene Gelegenheit zu einer Familienzusammenkunft im Kanonikat bot, wo Monteverdi wohnte.

Als neues und jugendliches Mitglied der ärztlichen Zunft hatte der zweiundzwanzigjährige Massimiliano sich mit Leib und Seele der Heimkehr in seine Geburtsstadt verschrieben, wo er auf das Mäzenatentum und die Ermutigung aller derer zählen durfte, die seine berufliche Laufbahn von Anfang an verfolgt hatten. Sein Vater hatte viele Freunde in der Stadt, bei Hofe wie beim mantuanischen Bürgertum, und der folgende Brief (den Massimiliano mit auf die Reise nahm) war eines von fünf Schreiben zur Empfehlung eines neuen Arztes an alte Freunde. Brief 89 (an Marigliani) wurde einige wenige Tage später abgeschickt, nicht als förmliches Empfehlungsschreiben, sondern eher als Mahnung daran, daß Massimiliano vielleicht etwas zusätzliche Hilfe brauchen würde. Wie sich herausstellte, hatte er gegen Ende des kommenden Jahres tatsächlich Hilfe nötig, und sowohl Striggio als auch Marigliani kamen einem unschuldigen Opfer der Inquisition zu Hilfe.[2]

Obwohl Malipiero Marigliani als den Empfänger angibt, machen drei gesonderte Beweismomente deutlich, daß der folgende Brief für Striggio bestimmt war. Erstens ist die Anredeform »Illustrissimo mio...« diejenige, die normalerweise mit ihm verbunden wird; zweitens ist der Hinweis auf »das gesamte erlauchte Haus Euer Gnaden« ihm besonders angemessen, da Striggio elf Kinder hatte; und drittens erwähnt Brief 89, daß bereits ein Schreiben an »Graf Alessandro Striggio, meinen Herrn«, gerichtet worden ist.

[2] Siehe Briefe 115–119.

Venedig, 19. März 1626; [an ALESSANDRO STRIGGIO, in Mantua]

Ew. Erlaucht, mein Gnädigster Herr,
der Überbringer dieses Schreibens ist mein Sohn[a], der (dank der Durchlauchtigsten Fürstin[b]) schon seit vier Jahren im Kollegium Montalto in Bologna einen Studienplatz hat. Jetzt ist er – mit einem medizinischen Doktorgrad – nach Mantua gekommen, um den tiefempfunde-

[a] Massimiliano, jetzt beinahe zweiundzwanzig Jahre alt.
[b] Caterina Medici Gonzaga.

nen Dank auszudrücken, den er seinen Durchlauchtigsten Gebietern schuldet, und um sich zugleich als ihr demütigster Diener und Untertan zu erkennen zu geben. Bei dieser Gelegenheit kommt er auch, um sich mit größter Demut als Diener Ew. Gnaden anzubieten.

Deshalb bitte ich das Wohlwollen Ew. Gnaden – wie Ihr mich mit dieser Gunst zu beehren geruhtet –, auch ihn mit dem zu würdigen, was er und ich von Eurer grenzenlosen Güte ersehnen. Denn er wird es nicht versäumen, jede Gelegenheit zu ergreifen, um sich für die langersehnte Gunst, die Ihr ihm zuzugestehen geruhtet, dankbar zu zeigen. Indem ich diese Verpflichtungen den anderen, größeren hinzufüge, die ich der Freundlichkeit Ew. Gnaden immer schuldig bin, werde ich es, auch wenn ich in meinem Dienst an Euch nicht weitergehen kann, wenigstens nicht versäumen, den Herrn zu bitten, daß er das gesamte erlauchte Haus Ew. Gnaden immer mehr segne und begünstige. Hier neige ich mich vor Euch mit aller ehrerbietigen Liebe und küsse Euch von ganzem Herzen die Hände.

Venedig, 19. März 1626

Ew. Gnaden   demütigster und dankbarster Diener
                Claudio Monteverdi

89

Mantua, Archivio Gonzaga, Cassetta 6, ff. 311–312. Doppelblatt: 3 Seiten [an Ercole Marigliani, in Mantua]. *(28. März 1626.)* Malipiero, 246; Paoli, 235; Prunières, 272.

Der folgende ist der letzte einer beinahe ununterbrochenen Serie von Briefen an Marigliani, die bis zu Nr. 83 zurückreicht; und er ist auch der letzte, in dem von Alchimie die Rede ist. Die Ereignisse des Jahres 1627, deren dringlichstes und wichtigstes der Auftrag aus Parma war, machten Monteverdi seiner Freizeitbeschäftigung abspenstig und verwiesen ihn wieder auf die Hauptsache seines Lebens – die Musik, für deren Elemente, Eigenschaften und allgemeine Alchimie er der verbreiteten Einschätzung nach als der vollendete Meister galt.

Von den vier Briefen, die er um Massimilianos willen schrieb, waren drei an den Herzog, die Herzogin und Prinz Vincenzo gerichtet und scheinen verlorengegangen zu sein. Der für Striggio bestimmte ist Nr. 88. In seinem Schreiben an Marigliani macht der Komponist deutlich, daß er, statt seinen Sohn wieder in Venedig zu haben, ihn sich lieber in Mantua niederlassen und dort eine Arztpraxis eröffnen sähe. Und eben das geschah denn auch: und Massimiliano scheint seine theoretischen Studien fortgesetzt zu haben, zusätzlich zur Unterstützung und Vertretung zweier mantuanischer Ärzte, Bertolettis und Graf Bruschis.[1]

---

[1] Graf Francesco Bruschi, der Vincenzo, dem Vierten Herzog von Mantua, als Philosoph wie als Arzt gedient hatte (er war *protomedico* von Monferrato), wurde für seine Vortrefflichkeit von Eugenio Cagnani gelobt, und zwar in dessen an Herzog Francesco gerichteter *Lettera cronologica* aus dem Jahre 1612 (*Mantova – Le Lettere*, II, 621). Als Mitglied der Accademia degli Invaghiti hielt Bruschi dort eine Festrede auf den »Cielo d'Amore« und veröffentlichte 1623 seine *Promacomachia latro chimica*.

Venedig, 28. März 1626; [an ERCOLE MARIGLIANI, in Mantua]

Mein vielmals geehrter, hochgeschätzter Herr,
ich frage eben einen sehr gescheiten Kerl nach dem reinsten Quecksilber, um es Ew. Gnaden möglichst bald zuzusenden. Aber bisher konnte er es mir nicht geben. Ich hoffe, daß ich es Euch mit der nächsten Post schicken kann. Ich wollte Euch von dieser Sache berichten, um Euch wissen zu lassen, daß mir die Befehle Ew. Gnaden am Herzen liegen.

Ich habe vier Briefe geschrieben: einen an den Durchlauchtigsten Fürsten, den anderen an die Durchlauchtigste Fürstin,[a] den dritten an den Durchlauchtigsten Don Vincenzo und den vierten an den Grafen Alessandro Striggio,[b] meinen Herrn. Signor Marigliani, mein Herr, sollte mein Sohn[c] eine Empfehlung benötigen, dann beehrt ihn bitte mit Eurer Gunst. Ich werde wegen dieses Entgegenkommens Ew. Gnaden beständig verpflichtet sein, wie ich es auch unzähligen anderen gegenüber bin.

Er schreibt mir in seinem Brief, er suche jetzt Aufnahme in wissenschaftliche Zirkel und besuche astrologische Vorlesungen bei einem

---

[a] Ferdinando und Caterina.
[b] Der an ihn gerichtete Brief ist die Nr. 88.
[c] Massimiliano.

gewissen Jesuitenpater. Außerdem verlege er sich auf Beratungen; zugleich arbeite er weiterhin für Signor Bertoletti[d] und für den Grafen Bruschi,[e] meinen Herrn.

Zugleich warte ich darauf, daß mir Massimiliano mitteilt, daß er drei Auszahlungsbelege erhalten hat, die ich bei der herzoglichen Schatzkammer guthabe, und welche Hoffnungen er hat, daß er das besagte Geld bekommt, nämlich 50 Scudi, die er mit meiner Billigung für seinen Lebensunterhalt verwenden soll. Mir stockte das Herz, als ich beschloß, ihm nicht zu gestatten, daß er nach Venedig komme, bevor er nicht ein anderes und nützlicheres Leben begonnen hat als bisher. Ich hoffe jedoch bei Gott, daß er mir Ehre machen wird, weil ich weiß, er besitzt Urteilsvermögen und Anstand.

Ich will hoffen, daß es den Fürsten, wenn er eines Tages erkannt hat, was mein Sohn weiß,[f] vielleicht nicht gereuen wird, ihm sein Wohlwollen geschenkt zu haben, weil ich in meinem Herzen ersehne, daß Gott ihn dafür würdig macht. Hier erweise ich meinem vielmals geehrten Signor Marigliani Ehrerbietung, zugleich bitte ich Gott von ganzem Herzen um den Gipfel all Eures vollkommenen Glücks und berichte Euch von der Neuigkeit, daß ich gerade dabei bin, Feuer unter einem Glaskolben[g] zu machen mit Deckel drauf, um ein Ich-weiß-nicht-was herauszubekommen, um daraus ein Ich-weiß-nicht-was herzustellen, auf daß ich dann meinem Signor Marigliani mit Gottes Hilfe freudig dieses Ich-weiß-nicht-was erklären kann.

Venedig, 28. März 1626

Ew. Gnaden   auf ewig dankbarster Diener
                  Claudio Monteverdi

---

[d] Ein mantuanischer Arzt, wahrscheinlich in Diensten des Hofes.
[e] Francesco Bruschi, *protomedico* von Monferrato.
[f] Wörtlich »wenn der Herzog erfährt, was mein Sohn weiß«.
[g] *orinale* (wörtl. »Uringlas«).

90

Mantua, Archivio Gonzaga, Cassetta 6, f. 315. Einzelblatt: 2 Seiten [an Alessandro Striggio, in Mantua]. *(2. Januar 1627.)* Malipiero, 248; Paoli, 238.

Von Venedig, dessen lebendiges und abwechslungsreiches Musikleben Komponisten und ausführende Musiker aus ganz Europa anlockte, ging auch eine besondere Faszination für Sänger aus, und zwar wegen der Wirkungsmöglichkeiten, wie sie die zahlreichen Kirchen und privaten Auftraggeber boten, und im Laufe der Zeit vermehrten und verbesserten sich diese »Arbeitsplätze« noch durch die Entwicklung der Oper. Während seiner Amtszeit muß Monteverdi mit einer beträchtlichen Zahl von Sängern – von Bässen bis zu Kastraten – zusammengetroffen sein und gearbeitet haben, und darüber hinaus mit einer Reihe von Sängerinnen auf der obersten Sprosse ihrer Karriere. Da ihm, als Kenner auf dem Gebiet der Vokalmusik, auch die Gabe der Ausbildung junger und der Vervollkommnung reifer Stimmen zur Verfügung stand, bereitete es ihm unzweifelhaft großes Vergnügen, als sein früherer Schüler Francesco Campagnolo eines Tages mit einer mündlichen Botschaft Striggios aus Mantua eintraf.

Er hatte mehrere Monate lang wenig von den dortigen Hofaffären gehört, aller Wahrscheinlichkeit nach wohl wegen des Todes von Herzog Ferdinando, der, kaum vierzigjährig, am 29. Oktober 1626 gestorben war. Wallfahrten und Bußübungen hatten dem kränkelnden Herrscher über ein zum Untergang verurteiltes Fürstentum nicht helfen können, und vielen Zeitgenossen, darunter auch Monteverdi, muß die Zukunft Mantuas Schauder bereitet haben, als Ferdinando, in Regierungsgeschäften wie in den Künsten ein verläßliches Staatsoberhaupt, schließlich starb. Da keine legitimen Erben vorhanden waren, ging die Herzogwürde auf seinen jüngeren Bruder Vincenzo über, von dem sich, wenn er auch den gleichen Namen führte wie sein berühmter Vater, doch schwerlich sagen ließ, daß er ihm in Charakter und Entschlossenheit nachschlug.

Es gibt kein Anzeichen dafür, daß Monteverdi Kontakt zum neuen Herzog aufzunehmen versuchte, obwohl er sich bereits früher, 1618 und 1619 (Briefe 29, 30, 33), schriftlich mit ihm über musikalische Angelegenheiten verständigt hatte. Andere Repräsentanten der Welt von Musik und Theater verloren dagegen keine Zeit, ihm zu schreiben: Adriana Basile, die Beileidsbezeugungen und Glückwünsche geschickt zu vereinen wußte, sandte ihm am 24. November 1626 ein paar Zeilen aus Neapel,[1] und einen

---

[1] Ademollo, 305.

Monat später entbot ihm die Schauspielerin Maria Malloni (Clelia) ihre Weihnachtsgrüße.[2]

Die Belehnung Vincenzos II. sollte am 8. Februar 1627 in Mantua stattfinden und wahrscheinlich durch die übliche Folge neuer Darbietungen zur Karnevalszeit gekennzeichnet sein. Monteverdi hatte jedoch für keines der beiden Ereignisse auch nur einen Hinweis auf einen Auftrag erhalten. Das willkommene, wenn auch unerwartete Auftauchen Campagnolos mit der Nachricht, daß Striggio einige Gedichte zu vertonen hatte, muß für den sechzigjährigen Komponisten viel bedeutet haben, und er bringt seine Gefühle in einem heiter-optimistischen Tonfall zum Ausdruck, als er Striggio seinen Dank sagt. Um was für Gedichte es sich da handelte, ist nie erhellt worden, denn als der Briefwechsel in Brief 92 fortgesetzt wird, stellt sich heraus, daß das beherrschende Thema eine Theatermusik ist.

Campagnolos berufliche Laufbahn war typisch für die erfolgreicheren männlichen Gesangsvirtuosen, die in einer Atmosphäre fürstlicher Gönnerschaft und üppig-verschwenderischer Unterhaltungsdarbietungen aufwuchsen. Laut Doni war er der geborene Schauspieler-Sänger,[3] der die von einem solchen Mitwirkenden geforderten Eigenschaften in hervorragender Weise verkörperte. Sein Geburtsdatum ist unbekannt, er muß jedoch um 1580 in der Stadt Mantua zur Welt gekommen sein. Als Guarinis *Il pastor fido* dort 1591 geprobt wurde (für eine Aufführung, die schließlich um sieben Jahre verschoben wurde), berief der Hofsekretär Chieppio Campagnolo aus Ferrara zurück, um ihn die Rolle des Silvio übernehmen zu lassen, und nachdem er ihn im ersten und zweiten Akt gehört hatte, gab er zu gegebener Zeit seine Zustimmung.[4] Im Jahre 1594 nahm der junge Sänger Unterricht bei Monteverdi, dessen Gehalt zu dieser Zeit erhöht wurde, aber nur, um in Wirklichkeit beschnitten zu werden, weil er für Kost und Logis seines Schülers aufzukommen hatte.[5]

Nachdem er 1607 zu weiteren Studien Rom besucht hatte, kehrte Campagnolo im darauffolgenden Jahr nach Mantua zurück und reiste dabei über Florenz, wo er mehrere musikalische Veranstaltungen besuchte, in einem Brief an den Kardinal Prinz Ferdinando jedoch festhielt, sie seien denen der Gonzaga etwas unterlegen.[6] 1609 reiste er durch die nördlichen Provinzen von Belgien und Holland, und zwar auf dem Wege nach London, das er nur für kurze Zeit zu besuchen beabsichtigte. Bald wurde er jedoch eingeladen, als Ehrengast des Prinzen Henry von Wales länger zu

---

[2] Bertolotti, 102.
[3] Doni, II, 135.
[4] Canal, 86, Fußn. 1.
[5] Brief 6.
[6] Davari, 93.

bleiben. Aller Wahrscheinlichkeit ein Schüler von Giovanni Coperario (John Cooper), verfügte der Prinz über einen hochentwickelten musikalischen Geschmack und brachte seine wärmste Bewunderung von Campagnolos virtuosen Gesangskünsten zum Ausdruck. Sogar eine Audienz bei Königin Anne wurde ihm gewährt, die dem Sänger große Hoffnungen machte, bis Weihnachten bei Hofe eingeladen zu werden.[7]

Tatsächlich blieb er sogar bis zum folgenden Sommer, und als er auf dem Heimweg nach Mantua schließlich die italienische Grenze passierte, war es offenkundig, daß die lange Reise und ihre Ergebnisse sein Ansehen zu Hause sehr gemehrt hatten. Der musikalische Abt Angelo Grillo äußerte sich über ihn in den wärmsten Ausdrücken,[8] und von da an war sein Ruf fest und sicher begründet. Er korrespondierte mit Striggio über ein außer Landes verbreitetes gehässiges Gerücht über Monteverdis Verhalten in Mailand und muß glücklich gewesen sein, die Bestätigung der Schuldlosigkeit Monteverdis erhalten zu haben.[9] Die folgenden zehn Jahre sahen ihn in Mantua und in den Zentren des Musiklebens von ganz Europa aktiv: 1612 in Rom, 1617 in Salzburg und in Oedenburg (Sopron) in Ungarn, wo er sich 1622 zu gemeinsamer Arbeit mit Giovanni Priuli, dem damaligen *maestro di musica* von Kaiser Ferdinand II., zusammenfand.[10] Campagnolo hatte in Anerkennung seiner Verdienste um die Musik den Ehrentitel »Cavaliere« erhalten, und im folgenden Brief benutzt Monteverdi diesen Titel zum ersten Mal.

[7] Bertolotti, 101.
[8] Einstein, »Grillo«, 175.
[9] Davari, 104.
[10] Bertolotti, 101; Federhofer, 189.

Venedig, 2. Januar 1627; [an ALESSANDRO STRIGGIO, in Mantua]

Ew. Erlaucht, mein Gnädigster Herr,
Signor Cavaliere Campagnolo,[a] der in Venedig angekommen ist, kam eigens zu mir, um sich mit mir zu treffen, und hat mir von dem andauernden und besonderen Wohlwollen berichtet, das Ew. Gnaden mir entgegenzubringen geruhen, und er hat hinzugefügt, Ihr würdet Euch mit dem Gedanken tragen, mich mit dem Auftrag zu beehren, ich solle einige Verse vertonen, die Ihr mir zu schicken geruhen wolltet. Deshalb schreibe ich diese Zeilen, um mich für diese besondere Gunst

[a] Francesco Campagnolo, der Tenor.

erkenntlich zu zeigen, indem ich darum bitte, daß Ew. Gnaden aus den Ergebnissen sehen mögen, wie sehr ich mich danach sehne, kein unnützer Diener zu sein.

Seid also bitte versichert, daß mir Eure Befehle Gunst und Wohlwollen bedeuten werden. Solltet Ihr etwas anderes bestimmen, dann wird dieser Brief wenigstens dazu dienen, Euch meiner großen Zuneigung und Ergebenheit zu versichern, der ich, solange ich lebe, immer treu bleiben werde – wenn auf keine andere Weise, dann wenigstens dadurch, daß ich Gott bitte, er möge Ew. Gnaden immer segnen und trösten, denen ich zum Schluß mit größter Ehrerbietung die Hände küsse.

Venedig, 2. Januar 1627

Ew. Gnaden   ergebenster und dankbarster Diener
                Claudio Monteverdi

91

Mantua, Archivio Gonzaga, Cassetta 6, f. 317. Einzelblatt: 1 Seite [an Alessandro Striggio, in Mantua]. *(20. März 1627.)* Malipiero, 248; Paoli, 239.

Der neue Herzog Vincenzo II. hatte wahrscheinlich ebenso wenig wie seine beiden Brüder oder sein Vater eine Vorstellung davon, wieviel Zeit ein Hofsekretär mit dem Versuch vergeuden konnte, die widerspenstigen Truhen des mantuanischen Schatzamtes zu erbrechen. Der folgende Brief weist jedoch darauf hin, daß Striggio sich erneut zugunsten Monteverdis bemüht hatte, um die Halbjahreszahlung einzutreiben, die zu gleichen Teilen an den Komponisten und seinen Sohn Massimiliano gehen sollte. Dieser kurzfristige Durchbruch konnte aber nur als Scheinerfolg bewertet werden, denn das Schatzamt war in so verheerender Verfassung, daß Striggio schon bald mit Daniel Nys in Verbindung treten sollte, und zwar hinsichtlich des Verkaufs von Gemälden, Skulpturen, Schmuck und anderen *objets d'art,* um die wackeligen Finanzen der Gonzaga zu stützen.[1]

Vincenzos schwankender – geistiger wie körperlicher – Gesundheitszu-

---

[1] Siehe Luzio, *passim.*

stand hielt genau gleichen Schritt mit der Situation des Familienvermö-
gens. Alles, was Herzog Guglielmo so gewissenhaft aufgebaut und zusammengetragen hatte, verschleuderten seine Söhne und Enkel in alle vier
Himmelsrichtungen von Hoffart, Sinnlichkeit, Launenhaftigkeit und Ver-
schwendungssucht. Der Feder von Vincenzo II. fiel es schließlich zu, jene
Kunstschätze mit einem Strich Charles I., dem König von England, zu
übereignen und »die Mantegnas, die Raphaels, Tizians, Tintorettos und
Rubens zum Exil zu verurteilen, die Francesco und Isabella, Federico und
Vincenzo gehört hatten, Bilder, für die sie sich in Schulden gestürzt, Pen-
sionen bezahlt, Lehen gewährt und Prachtbauten und Galerien geschaffen
hatten«.[2]
   Wenn in Mantua schon Unruhe herrschte, so braute sich in Rom ein
regelrechter Sturm zusammen, wo die unbezähmbare Isabella von Novellara (Vincenzos verstoßene Gattin) drastische Entschädigungen für die
Unbilden und Leiden einzuklagen begonnen hatte, die ihr angetan worden
waren. Zur gleichen Zeit betraute Papst Urban VIII. die *Sacra Rota* mit der
Annullierung der Ehe; und das Haus Gonzaga, das der Kardinalswürde
bereits für alle Zeiten verlustig gegangen war, machte sich auf weitere
Schande gefaßt, die es in den endgültigen Ruin zu führen bestimmt war.

---

[2] Bellonci, 304.

Venedig, 20. März 1627; [an ALESSANDRO STRIGGIO, in Mantua]

Ew. Erlaucht, mein Gnädigster Herr,
ich habe von Massimiliano, meinem Sohn und Eurem Diener, die außerordentliche Gunst aus der gütigen Hand Ew. Gnaden erhalten,
nebst der Freundlichkeit und der grenzenlosen Güte Seiner Hoheit[a],
die darin bestand, daß mein Sohn die Halbjahreszahlung bekam, die
ihm das Schatzamt schuldete. Mit der Hälfte dieses Geldes bestreitet er
seine Ausgaben und bezahlt davon sein Medizinstudium. Ich wollte
Euch mit diesem Schreiben meinen tiefempfundenen Dank sagen, den
ich kenne und dessen ich fähig bin, denn mein Sohn und ich sind Ew.
Gnaden grenzenlos verpflichtet.
   Er wird sich wie ich immer danach sehnen, von Gott die Gelegenheit
zu erhalten, der teuren Befehle Ew. Gnaden gewürdigt zu werden, für

---

[a] Vincenzo, Siebenter Herzog von Mantua.

die ich mit größter Ehrerbietung von Gott das vollkommenste Glück
erbitte und Euch mit derselben Ehrerbietung die Hände küsse.
Venedig, 20. März 1627
Ew. Gnaden   demütigster, dankbarster und ergebenster Diener
                Claudio Monteverdi

92

Mantua, Archivio Gonzaga, Cassetta 6, ff. 319–320. Doppelblatt:
4 Seiten [an Alessandro Striggio, in Mantua]. *(1. Mai 1627.)* Davari,
150; Malipiero, 249; Paoli, 240.

Trotz Campagnolos Hinweis auf Verse, die im Januar eintreffen sollten,[1]
kam keine einzige Zeile; als Monteverdi aber am 20. März an Striggio
schrieb, faßte er seinen Brief so ab, daß er herausbekommen konnte, was
vor sich ging, ohne darauf allzu versessen zu erscheinen. Der langerwartete
Auftrag wurde schließlich am 24. April erteilt,[2] und im folgenden Brief
vom 1. Mai bringt der Komponist seine Bereitschaft zum Ausdruck, ihn
anzunehmen, allerdings mit der Einschränkung, daß er nicht gedrängt werden will und das Stück (dessen Titel noch nicht feststeht) auf einem ordentlich geschriebenen Libretto beruhen soll. Es hatte bereits früher Versuche
gegeben, dem unglücklichen Monteverdi unterdurchschnittliche Libretti
aufzuhalsen, namentlich Agnellis *Le nozze di Tetide,* das er in Brief 19
denn auch abfällig kritisierte. Striggio, ein literarisch gebildeter Mann von
bemerkenswerter Intelligenz, sah die Mängel dieser Libretti nicht weniger
deutlich; aber auch er war ein Diener des regierenden Herzogs, und wahrscheinlich hielt er es für ratsam, sich da nicht einzumischen.
　　An die Verwirrung um *Le nozze di Tetide* erinnernd, die er erst für eine
Oper hielt, dann aber für nicht mehr als ein Intermedium befand,[3] erkundigt sich Monteverdi vorsichtig nach Form und Funktion des namenlosen

---

[1] Siehe Brief 90.
[2] Vigil des Tages des heiligen Markus (25. April). Von Monteverdi ist keine Komposition zur Feier dieses Tages erhalten geblieben, während sein berühmter Vorgänger
Giovanni Gabrieli Motetten wie *Deus qui beatum Marcum* und *Virtute magna* zu
Ehren des Heiligen schrieb. Es ist durchaus möglich, daß diese Werke in den zwanziger Jahren des 17. Jahrhunderts in der Basilika noch in Gebrauch waren.
[3] Siehe Brief 22.

Stückes. Kaum seine Angst bei der Aussicht verhehlend, mehrere Monate lang äußerst angestrengt arbeiten zu müssen, um dann die Ergebnisse lediglich für immer in den mantuanischen Sümpfen von Wankelmut und Launenhaftigkeit steckenbleiben zu sehen, fügt er die Bitte an Striggio an, den neuen Herzog zur Verwendung einer bereits fertigen Musik zu überreden. Wieviel leichter, eine Partitur zur Abschrift zu schicken, als sich hinzusetzen und eine neue zu schreiben! Das venezianische Musikleben war anspruchsvoll genug, auch ohne die Aussicht auf den Umgang mit krampfhaften und leichtfertigen Anweisungen von außerhalb.

Die Bitte ist gut ausgedacht, weil sie den Namen Tasso ins Spiel bringt, dessen Inhaftierung im Jahre 1584 das Stadtgespräch von Ferrara war, als Striggio dort in Begleitung seines Vaters einkehrte, um Musik zu machen und zu hören. Später ließ sich die Familie Striggio in Mantua nieder, unmittelbar bevor Tasso – endlich ein freier Mann – dort 1586 eintraf; und als er der Stadt 1591 einen letzten flüchtigen Besuch abstattete, war der jüngere Striggio bereits achtzehn Jahre alt und hätte mit dem Poeten zusammentreffen können. Aber auch dann, wenn er ihn nicht persönlich gekannt hatte, mußte er fraglos mit seinen epischen Gedichten und seiner Liebeslyrik vertraut gewesen sein, und Monteverdis Nennung des berühmten Namens mußte eine dafür empfängliche Saite zum Klingen gebracht haben.

Er hatte in der Tat viele Stanzen Tassos vertont, das heißt viele *ottave* aus *La Gerusalemme liberata* und aus ihrer späteren Neufassung, *La Gerusalemme conquistata*. Die folgende Liste verdeutlicht die Reihenfolge, in der diese Auszüge in Beziehung zum Epos als Ganzem in Erscheinung treten:

Piagne e sospira (a 5) Buch IV (1603)	*G.C.* VIII, 6 (*G.L.* VII, 19).
Combattimento (komp. 1623) Buch VIII (1638)	*G.L.* XII, 52–62; 64–68.[4]
Vivrò fra i miei tormenti (a 5) Buch III (1592)	*G.L.* XII, 77–79.
Armida (? komp. 1626) unveröff.; verloren	*G.L.* XVI, 41–55.
Vattene pur, crudel (a 5) Buch III (1592)	*G.L.* XVI, 58, 59, 63.

Beinahe mit Sicherheit dachte er dabei an eine Aufführung von *Armida*, auf die in der Monteverdi-Literatur gewöhnlich als auf eine »Oper« verwiesen wird, obwohl es sich aller Wahrscheinlichkeit nach um ein Parergon zum berühmten *Combattimento di Tancredi e Clorinda* handelte.

Im Jahre 1627 existierten wenigstens zwei Partituren von *Armida*, denn Monteverdi versichert, daß die in Venedig eigens für Mantua abgeschrieben wird.[5] Beide verschwanden spurlos, wie so viele andere Manuskripte,

---

[4] Varianten aus *La Gerusalemme conquistata* in Pirrotta, 23, Fußn. 37.
[5] Siehe Brief 115.

die früher im Besitz des Komponisten oder seiner Bekannten waren; dennoch ist es möglich, das Wesen des Werkes aus einer Handvoll vereinzelter Hinweise in seiner Korrespondenz zu erschließen. Den ersten Hinweis – im folgenden Brief – gibt das Incipit in einem beinahe genau richtigen Tasso-Zitat: zwei Worte sind umgestellt, aber sonst ist alles unverändert:[6] »O tu che porte parte teco di me, parte ne lassi.« Die Stanze Nr. 40 in Canto XVI von *La Gerusalemme liberata* beginnt folgendermaßen:

Forsennata gridava: – O tu, che porte
teco parte di me, parte ne lassi,

Klage und Zornausbruch Armidas folgen in Stanze 44, Rinaldos Erwiderung darauf in Stanze 53. Das sind die Abschnitte, auf die Monteverdi besonders hinweist, und zusammen ergäben sie sicherlich eine dramatische Miniaturkantate derselben Art wie beim *Combattimento*.

Was wäre angesichts des Erfolges jenes Werkes im Hause seines Gönners Mocenigo wohl wahrscheinlicher als der Versuch, ihm eine weitere auf Tassos Epos beruhende Komposition folgen zu lassen, die ähnliche vokale und instrumentale Mittel benutzte und von ungefähr der gleichen Länge war? Im *Combattimento* gibt es siebzehn Stanzen, und wenn die gleiche Zahl aus Canto XVI entnommen würde, und zwar beginnend mit Stanze 40, so endete das Werk sehr passend bei Nr. 55, wo Rinaldo die folgenden Verse spricht:

Deh! non voler che segni ignobil fregio
tua beltà, tuo valor, tuo sangue regio.

Es gibt ein letztes Beweismoment dafür, daß *Armida* eher eine Kantate als eine Oper war. Brief 118 macht deutlich, daß sich die Partitur im Februar 1628 im Hause Mocenigos befand, ein recht sicheres Anzeichen dafür, daß sie dort vor kurzem aufgeführt worden war, vielleicht sogar in demselben Raum, wo auch der *Combattimento* zum ersten Mal gespielt worden war. So kam es, daß ein aufgeklärter Auftraggeber Monteverdi die nötige Ermutigung vermittelte, zwei Werke zu komponieren, die beide auf Tasso beruhten und beide ähnlich instrumentiert und besetzt waren.

Obwohl Monteverdis künstlerische Beziehung zu Giulio Strozzi im Jahr 1627 einzusetzen scheint, kann sie durchaus auch bis 1622 zurückreichen, als der Dichter eine Grabrede beim Requiem für Cosimo II., den Großherzog der Toskana, hielt, bei dem Monteverdi die musikalische Leitung hatte.[7] Das Jahr 1627 war in Hinsicht auf ihre Zusammenarbeit jedoch besonders fruchtbar, und in der Folgezeit kam es zu weiteren Gemein-

---

[6] Sowohl Barblan (»La vita«, 137, Fußn. 28) als auch Pirrotta, 23, vermuten, daß die Schreibfehler von Monteverdi stammen, während sie in Wirklichkeit falsche Transkriptionen sind (Malipiero, 250).

[7] Siehe die Einleitung zu Brief 67.

schaftsarbeiten, und zwar 1628 *(I cinque fratelli)* und 1630 *(Proserpina rapita)*. Möglichkeiten zur Zusammenarbeit muß es auch an der von Strozzi unter der Schirmherrschaft von Marchese Martinenghi Malpaga gegründeten Accademia gegeben haben – oder an der späteren, die ihre Zusammenkünfte im Hause des Dichters selbst abhielt. Viele dieser Sitzungen wurden durch den Gesang seiner Adoptivtochter Barbara verschönert, die eine geschickte Komponistin wurde und viele der heiteren Gedichte Giulios vertonte.[8]

Seine flüssige Gewandtheit in Lyrik und Prosa läßt sich aus der langen Liste seiner Veröffentlichungen ersehen, die (wenn auch keineswegs vollständig) in *Le Glorie degli Incogniti* gegeben wird,[9] während seine bereitwillige Liebenswürdigkeit in Fragen der Zusammenarbeit aus den Briefen 92–102 erhellt, von denen die meisten den einen oder anderen Hinweis auf seinen Respekt vor Monteverdis Ideen zum Libretto von *La finta pazza Licori* enthalten. Diese geplante komische Oper (die nie veröffentlicht wurde) entstand zunächst als ein vergleichsweise kurzer poetischer Versuch von 400 Verszeilen, der sich später zu drei und schließlich sogar zu fünf Akten auswuchs. Änderungen und Erweiterungen dieser Art müssen Strozzi wenig Kopfzerbrechen bereitet haben – dank der Leichtigkeit, mit der er Gelegenheitslyrik schrieb, eine Kategorie, zu der auch *I cinque fratelli* und *Proserpina rapita* gehörten, ganz zu schweigen von der Serenade, die er 1641 in großer Eile anläßlich der Wahl von Giovanni da Pesaro zum Prokurator an San Marco schrieb.[10]

[8] Vogel, *Bibliothek,* II, 234–235.
[9] Venedig 1647. Der Anfang ist abgedruckt bei Ademollo, 282–285.
[10] Vogel, *Bibliothek,* I, 361.

Venedig, 1. Mai 1627; [an ALESSANDRO STRIGGIO, in Mantua]

Sehr geehrter Herr und hochverehrter Gebieter,
Ew. Gnaden werden mir verzeihen, wenn ich nicht in der Lage war, mit der letzten Post auf den sehr liebenswerten und freundlichen Brief Ew. Gnaden zu antworten. Denn ich hatte keine Zeit wegen des verspäteten Eintreffens des Briefes und wegen der vielen Verpflichtungen, die ich damals hatte, da gerade die Vigil von San Marco[a] war, ein Tag, an dem ich im Dienste der Musik sehr beschäftigt gewesen bin.

[a] 24. April.

Ew. Gnaden mögen nun geruhen, diesen Brief anzunehmen (anstelle der letzten Postsendung und zur Ergänzung der gegenwärtigen), und versichert sein, daß mir von meinem Schicksal keine größere Gunst zuteil werden kann, als der Befehle Seiner Hoheit[b] für würdig befunden zu werden; ja ich werde Gott bitten, daß er mir größere Fähigkeiten gewähre (mit besseren Ergebnissen, als ich sie allein erzielen könnte), damit ich mich solch außerordentlicher Begünstigungen so viel würdiger zeigen kann, indem ich Ew. Gnaden für die erwiesene Ehre beständig danke und grenzenlos verpflichtet bin.

Ich möchte Ew. Gnaden jedoch nachdrücklich bitten, daß, wenn Seine Hoheit wünschen, daß ich die Komödie, die Ihr erwähnt, vertone, Seine Hoheit dann auch zwei Punkte zu bedenken geruhen mögen: erstens, daß ich genügend Zeit hätte, um sie zu vertonen, und zweitens, daß der Text von einem hervorragenden Dichter verfaßt sein müßte, weil ich genausoviel Mühe und wenig Freude (ja sogar sehr großen Kummer) hätte, wenn ich Verse vertonen müßte, die einfach[c] gemacht sind, wie wenn ich sie in kurzer Zeit fertigstellen müßte – der Mangel an Zeit war nämlich der Grund dafür, daß ich mich beim Komponieren der *Arianna* fast umgebracht hätte.

Ich weiß, daß man schnell komponieren kann, aber schnell und gut geht nicht zusammen. Wenn also genug Zeit wäre und ich außerdem das Werk und das heißt die Schöpfung Eures hochedlen Geistes in Händen hielte, dann könntet Ihr sehr sicher sein, daß ich mich darüber grenzenlos freuen würde, weil ich weiß, wieviel Geschick und welches Vermögen Ew. Gnaden mir dafür mitbrächten. Wenn es sich um Intermedien für die große Komödie handelte, dann wäre die Arbeit weder so mühsam noch so langwierig, aber eine gesungene Komödie, die ebensoviel aussagen will wie ein episches Gedicht, in kurzer Zeit zu vertonen, glaubt mir, Ew. Gnaden, das kann man nicht ausführen, ohne dem einen der beiden Fehler zu verfallen: entweder schlecht zu komponieren oder krank zu werden.

Ich habe jedoch gerade viele Stanzen von Tasso komponiert, wo Armida beginnt: »O tu, che porte parte teco di me, parte ne lassi«,[d] und wo dann all ihre Klage und der Zornausbruch folgen mit Rinaldos[e]

---

[b] Vincenzo, Siebenter Herzog von Mantua.
[c] *alla bonissima.*
[d] Das Zitat stammt aus *Gerusalemme liberata*, XVI, 40.
[e] Der Originalbrief hat irrtümlich »Ruggiero«.

Erwiderung. Dies könnte vielleicht nicht mißfallen. Weiter habe ich gerade den *Combattimento di Tancredi con Clorinda* komponiert, zudem noch gehörig über ein kleines Werk des Signor Giulio Strozzi[f] nachgedacht, wunderhübsch und ungewöhnlich, das etwa vierhundert Verse umfaßt und *Licori finta pazza innamorata d'Aminta* betitelt ist und das nach tausend komischen Einfällen mit einer Hochzeit endet, durch nette List der Täuschung.

Solche und ähnliche Dinge können zwischen anderen Musikstücken als kleine Episoden dienen. Sie kommen nicht schlecht an, und ich weiß, sie werden Ew. Gnaden nicht mißfallen. Wenn außerdem eine Kirchenmusik für die Vesper oder auch für die Messe[g] gebraucht wird, so glaube ich schon, daß ich davon etwas nach dem Geschmack Seiner Hoheit hätte. Ew. Gnaden werden mich ehren, wenn Ihr mein oben kurz erwähntes Werk überfliegt, und Ihr sollt ganz sicher sein, daß ich auf dem Gebiet, auf dem ich, wie Ihr wißt, gut bin, alles tun werde, um den Beifall Seiner Hoheit zu finden und den einzigartigen Gunsterweisen Ew. Gnaden zu entsprechen, denen ich ewig verpflichtet bleibe. Indem ich mich hier verneige, küsse ich Eure Hände von ganzem Herzen und erbitte für Euch den Gipfel des allerhöchsten Glücks.

Venedig, 1. Mai 1627

Ew. Gnaden   untertänigster und dankbarster Diener
                      Claudio Monteverdi

[f] Venezianischer Dichter und Librettist.
[g] Werke, die später in der *Selva morale* (1641) veröffentlicht werden sollten.

93

Mantua, Archivio Gonzaga, Cassetta 6, ff. 322–324. Doppelblatt + Einzelblatt: 5 Seiten und Adresse – »an Euer Erlaucht, meinen Gnädigsten Herrn den Grafen Alessandro Striggio, Großkanzler Seiner Durchlauchtigsten Hoheit von Mantua, mit einem kleinen Paket«. *Anlage:* Handschriftliche Kopien von *La finta pazza Licori* von Strozzi und *Narciso* von Rinuccini. *(7. Mai 1627.)* Davari, 152; Malipiero, 251; Paoli, 243; Prunières, 273; Vogel, 435 (Teilabschrift).

Die großzügig bemessene Spanne von Monteverdis Leben und beruflicher Laufbahn brachte ihn nicht nur mit Musikern aller Arten, sondern auch mit Dichtern in Verbindung, deren künstlerischer Rang und Bekanntheitsgrad alle Dimensionen des Großen, des Guten und des bloß Fähigen umfaßte. Er hätte es fraglos vorgezogen, mit Angehörigen der letzten Kategorie überhaupt nichts zu tun zu haben; aber die Umstände und Erfordernisse des Arbeitens für bestimmte Gelegenheiten waren so beschaffen, daß die Komponisten, sogar die Komponisten seines Zuschnitts, sich oft mit Versen abzugeben hatten, die auch die lebhafteste Einbildungskraft wenig inspirierend gefunden hätte.

Und doch hatte er in seiner Jugend die Bekanntschaft mit solchen Riesen der literarischen Welt wie Tasso, Guarini und Rinuccini gemacht, die alle älter waren als er selbst, und mit ihnen zusammengearbeitet; und als er in Mantua aufwuchs, lernte er das Talent von Striggio, den Zauber von Chiabrera und die Brillanz von Marini kennen. An Dichtern ähnlichen Formats fehlte es nie, und viele von ihnen wogen die Schwäche ihrer Verse mit der Stärke ihrer Freundschaft auf – Cherubino Ferrari, Angelo Grillo, Claudio Achillini, Scipione Agnelli und der Adelige Giovanni Battista Anselmi aus Treviso. Später hatte der Komponist hinreichend Gelegenheit, mit Ascanio Pio di Savoia, Giulio Strozzi, Giacomo Badoaro und G. F. Busenello zusammenzuarbeiten. Er bewunderte ihr Talent, rühmte ihre Freundschaft, verbesserte ihre Kreationen und hörte nie auf, umzuschreiben, neu zu arrangieren und zu glätten, was sie ihm so bereitwillig anvertrauten. Kein bloß durchschnittlicher Literaturkritiker, scheute er sich aus diesem Grunde auch kaum, alles, was ihm in die Hände kam, zu kritisieren – in der Absicht, es zu verbessern; und die Ergebnisse rechtfertigten stets die Mittel.

Seine geschickte Überarbeitung der Verse Strozzis zieht sich wie ein roter Faden durch die ganze folgende Reihe von Briefen zu *La finta pazza Licori*. Und doch ist er anfangs nicht sicher, ob das Werk überhaupt geeignet ist, und schickt mit gleicher Post eine handschriftliche Kopie von Rinuccinis *Narciso*,[1] an dessen Eignung für eine musikalische Bearbeitung er ebenfalls einige Zweifel hegt. Zugleich ist er sich der Dringlichkeit einer erstklassigen Besetzung bewußt, und seine Vertrautheit mit den musikalischen und dramatischen Fähigkeiten von Sängern wie Margherita Basile und Giacomo Rapallino kennzeichnet ihn als verläßlichen Kenner der Vokalmusik und Gesangskunst, an den sich, neben Striggio, viele andere Zeitgenossen um Rat wandten.

---

[1] Abgedruckt bei Solerti, *Albori,* II, 189–239.

Venedig, 7. Mai 1627; an ALESSANDRO STRIGGIO, in Mantua

Sehr geehrter Herr und hochverehrter Gebieter,
ich schicke Ew. Gnaden *La finta pazza Licori* von Signor Strozzi[a] (wie
Ihr es mir in Eurem höchst liebenswürdigen Brief aufgetragen habt),
die mit Musik bisher weder gedruckt noch jemals auf der Bühne aufgeführt worden ist. Denn sobald der Verfasser sie vollendet hatte, gab er
selbst mir eigenhändig die hier vorliegende Kopie.

Wenn der genannte Signor Giulio Strozzi erfährt, daß sie nach dem
Geschmack Seiner Hoheit[b] ist, dann wird er sie sicherlich ganz bereitwillig in Gedanken und Tat überarbeiten, in drei Akte unterteilt oder
wie sonst es Seiner Hoheit zusagt. Denn Giulio Strozzi wünscht sich
sehnlich, daß ich das Stück vertone, und freut sich, seine hochverehrten
Werke in meine bescheidenen Noten gekleidet zu sehen. Tatsächlich
halte ich das Werk, sowohl was die Schönheit des Verses als auch was
die Erfindung betrifft, für ein wirklich äußerst wertvolles und zur Vertonung vollkommen geeignetes Thema, so daß Ihr, sollte die Erfindung
Ew. Gnaden gefallen, nicht auf seine gegenwärtige Einteilung[c] blicken
solltet, weil ich sicher weiß, der Verfasser wird das Werk in kürzester
Zeit zu Eurer vollkommenen Zufriedenheit einrichten.

Die Idee[d] ist meiner Meinung nach nicht schlecht, auch nicht die
Entwicklung der Handlung.[e] Es ist wahr, daß die Rolle der Licori, da
sie sehr vielseitig ist, von einer Frau übernommen werden müßte, die
bald einen Mann und bald eine Frau mit lebhaften Gesten und verschiedenen Leidenschaften spielen kann. Deshalb muß die Darstellung
solch vorgetäuschter Verrücktheit folglich allein auf die Gegenwart
und nicht auf die Vergangenheit und die Zukunft Rücksicht nehmen
und muß sich folgerichtig auf das einzelne Wort und nicht auf den Sinn
des Satzes stützen. Wenn Licori also von Krieg spricht, wird sie Krieg
darstellen müssen, wenn sie von Frieden spricht, Frieden, wenn sie von
Tod spricht, Tod usw.

Weil die Verwandlungen und Darstellungen in kürzester Zeit vor

---

[a] Giulio Strozzi, der venezianische Dichter und Librettist.
[b] Vincenzo, Siebenter Herzog von Mantua.
[c] *divisione* (gewöhnlich falsch transkribiert als *dicitione*).
[d] *inventione*.
[e] *spiegatura*.

sich gehen, so wird also, wer diese Hauptrolle zu spielen hat, die zum Lachen und zum Mitleid bewegt, eine Frau sein müssen, die jede andere Darstellung beiseite läßt außer der augenblicklich wirkenden, die ihr das einzelne Wort, das sie zu sagen hat, liefern wird. Trotz dieser Schwierigkeiten glaube ich, daß Signora Margherita[f] dafür am vortrefflichsten sein wird.

Um aber einen weiteren Beweis meiner von Herzen kommenden Zuneigung zu liefern (auch wenn ich sicher weiß, daß die Arbeit für mich sehr mühsam sein wird), schicke ich den vorliegenden *Narciso*, ein Werk des Signor Ottavio Rinuccini,[g] das nicht gedruckt, von keinem vertont und niemals auf der Bühne aufgeführt wurde. Dieser Herr tat mir, als er noch lebte – möge er im Himmel sein, wie ich es ihm von Herzen wünsche – nicht nur den Gefallen und überließ mir eine Kopie davon. Er bat mich überdies, sie anzunehmen, weil er sein Werk sehr liebte und hoffte, ich würde es vertonen.

Ich habe das mehrfach in Angriff genommen und ein wenig darüber nachgedacht. Um aber Ew. Gnaden die Wahrheit zu sagen: meiner Meinung nach kann mir die Sache nicht mit der (den Hörer bewegenden) Kraft gelingen, die ich mir wünsche, und zwar wegen der zahlreichen Soprane, die für die vielen Nymphen nötig sind, und wegen der zahlreichen Tenöre für die vielen Hirten. Mit der Abwechslung ist es nicht anders! Dann ein tragisches und trauriges Ende! Ich wollte es jedoch nicht versäumen, Euch das Werk zu schicken und es Ew. Gnaden sehen lassen, damit ich Euer feinsinniges Urteil erfahre.

Von beiden Werken habe ich nur die vorliegende Kopie, die ich Ew. Gnaden schicke. Wenn Ihr alles gelesen habt, dann tut mir bitte den Gefallen und schickt mir die oben genannten Originale zurück, damit ich sie nach Gutdünken bei Gelegenheit benutzen kann. Denn Ihr mögt wissen, daß sie mir sehr teuer sind. Indem ich Ew. Gnaden hier die untertänigste Ehrerbietung erweise und die ersehnten Befehle erwarte, erbitte ich für Euch von Gott den Gipfel des allerhöchsten Glücks.

Venedig, 7. Mai 1627

Ew. Gnaden   dankbarster und untertänigster Diener
                Claudio Monteverdi

---

[f] Die jüngere Schwester von Adriana Basile.
[g] Florentiner Dichter und Librettist.

[P.S.] Was die Tatsache betrifft, daß ich Ew. Gnaden einen Baß nennen sollte, der nach dem Geschmack Seiner Hoheit geeignet sein könnte, und wegen des Mangels an vortrefflichen Sängern – in dieser Hinsicht sind Seine Hoheit wählerisch – für die Soprane, die diese Damen darstellen, so sage ich nochmals, daß ich nicht weiß, wen ich nennen sollte. Ich habe jedoch sozusagen zufällig erfahren, daß es irgend jemand guten am Dom in Mailand gibt. Hier haben wir für die Kammermusik keinen besseren als den Rapallino[h] aus Mantua, der Don Giacomo heißt. Er ist ein Priester, aber ein Bariton und kein Baß. Im übrigen läßt er seine Worte deutlich hören, hat ein wenig *trillo,* verziert ein wenig[i] und singt sicher. Ich werde jedoch nach einem besseren Sänger Ausschau halten und verbeuge mich hier, um Ew. Gnaden Ehrerbietung zu erweisen.

[h] Don Giacomo Rapallino, Hauskaplan von Girolamo Mocenigo.
[i] *un poco di gorgia.*

94

Mantua, Archivio Gonzaga, Cassetta 6, ff. 326–327. Doppelblatt: 4 Seiten [an Alessandro Striggio, in Mantua]. *(22. Mai 1627.)* Davari, 154; Malipiero, 254; Paoli, 247.

Zwei Wochen, nachdem Monteverdi Striggio die beiden Libretti – *La finta pazza Licori* und *Narciso* –, von denen er handschriftliche Kopien besaß, zur Begutachtung zugeschickt hatte, erhielt er sie mit einem positiven Bescheid zugunsten des ersten aus Mantua zurück. Die Verstrickung des Großkanzlers in Hofkabalen und -geschäfte hatte seine Neigung zum Theater noch nicht gänzlich abgestumpft, und er fand das Stück über das vermeintlich verrückte Mädchen sehr nach seinem Geschmack. In seiner Antwort versichert ihm Monteverdi, daß das Libretto sich sogar bald noch besser ausnehmen wird, weil der (von einem stets besorgten Komponisten angetriebene) Autor Zeit gehabt hat daran zu arbeiten.

Daß Strozzis dramatische Lappalie dazu beigetragen haben mag, den gichtgeplagten Striggio, mit dem Monteverdi nur allzu bereitwillig sympathisiert, aufzuheitern, ist eine amüsante Vorstellung. Es handelte sich offensichtlich um einen Anfall, der stark genug war, Striggio ans Bett zu

fesseln, denn er erinnert in einem Ende Juli an Vincenzo II. geschriebenen
Brief erneut an seine Unpäßlichkeit.[1]
    Der Schluß des Briefes kehrt wieder zum Thema Rapallino zurück, zu
jenem Priester-Bariton, bei dem wegen einer möglichen Anstellung in
Mantua sondiert wird. Monteverdis vertrauliche Nebenbemerkungen an
Striggio stellen nicht nur ein gewitztes Interesse an den Gehältern venezianischer Musiker unter Beweis,[2] insbesondere derer, die unter ihm arbeiteten, sondern auch seine Fähigkeit, eine genaue Aufschlüsselung der Höhe
und der Quellen des Einkommens eines Sängers zu geben. Der Gesamtbe-
trag scheint sich auf 280 Dukaten jährlich zu belaufen, die annähernd zwei
Dritteln von Monteverdis Jahresgehalt als *maestro di musica* an San Marco
gleichkommen. Insgesamt scheint Rapallino leidlich hart für sein Behagen
und seine Sicherheit gearbeitet zu haben, ausgenommen die Frage seiner
kleinen Pfründe vom Prokurator Foscarini.

[1] Quazza, *Mantova*, 288.
[2] Wie Brief 6 zeigt, war seine Kenntnis der finanziellen Verhältnisse von Komponisten
zeitlich und örtlich von großer Reichweite.

Venedig, 22. Mai 1627; [an ALESSANDRO STRIGGIO, in Mantua]

Sehr geehrter Herr und hochverehrter Gebieter,
mit Bedauern habe ich aus dem höchst liebenswürdigen und höflichen
Brief Ew. Gnaden erfahren, daß Euch die Gicht ziemlich geplagt hat.
Die Natur sucht einen Weg, um den Katarrh loszuwerden, was halb so
schlimm ist, wenn er sich zu Füßen und Händen, den äußersten Körperteilen, bewegt und dabei die anderen, besseren Körperteile Wohlbefinden genießen läßt.
    Deshalb bitte ich Gott, diese besseren Körperteile möchten lange
Jahre stark und kräftig bleiben, so daß sie sich nicht nur gut erhalten,
sondern auch die Leiden vertreiben, die den äußersten Körperteilen
zusetzen. Wie ich hoffe, daß sie sich bisher zum Guten entwickelt
haben, so daß sich Ew. Gnaden jetzt außerhalb des Bettes befinden
und bei guter Gesundheit, die der Herr Euch gewähren und schenken
möge, so wünsche ich es Euch von Herzen und mit aufrichtiger Zuneigung und erbitte es mit immerwährender Verpflichtung für Euch inständig.
    Ich habe vom Kurier nicht nur den höchst erfreulichen Brief Ew.
Gnaden erhalten, sondern auch den *Narciso* und *La finta pazza*.

Gleichfalls habe ich zu *La finta pazza* die Meinung und den Auftrag Ew. Gnaden entgegengenommen. Tatsächlich teile ich die Meinung Ew. Gnaden, daß sich dieses Mädchen, das Verrücktheit vortäuscht, auf der Bühne sowohl neuartig als auch vielseitiger und unterhaltender ausnehmen wird. Nun aber, da ich Eure Meinung gehört habe, will ich es nicht versäumen – wenn der genannte Signor Giulio Strozzi[a] aus Florenz gekommen ist, was in drei oder vier Tagen der Fall sein wird –, will ich es nicht versäumen, sage ich, mit ihm zu konferieren und, meinem Wunsche gemäß, dafür zu sorgen, daß dieser Herr *La finta pazza* noch um weitere abwechslungsreiche, neue und verschiedenartige Szenen bereichert.

Das werde ich ihm, meine Meinung betreffend, sagen. Auch will ich es nicht versäumen, in Erfahrung zu bringen, ob man sie unter Zufügung von Personen um weitere Neuheiten bereichern kann, damit das verrückte Mädchen nicht so häufig in Aktion zu sehen ist. Außerdem will ich dafür sorgen, daß sie immer, wenn sie auf die Bühne kommt, neues Vergnügen erzeugt und Abwechslung in der Musik wie auch in den Gebärden. Doch über all das werde ich Ew. Gnaden genauestens Auskunft geben.

Nach meinem Dafürhalten spricht sie an zwei oder drei Stellen sehr gelungene Worte, an zwei anderen Stellen könnte der Text meiner Meinung nach besser sein, nicht etwa wegen der Dichtung, sondern wegen der Originalität[b]. Zudem möchte ich, daß Strozzi mir auch die Rede des Amyntas überarbeitet, an der Stelle, wo das Mädchen schläft. Denn ich hätte es gerne, daß Amyntas so spricht, als wäre seine Stimme nicht kräftig genug, um sie zu wecken. Denn die Tatsache, daß er leise sprechen muß, wird mir Gelegenheit bieten, eine neue und von der vorhergehenden verschiedene Art von Musik zu Gehör zu bringen. Gleichfalls werde ich darauf bestehen, daß mir Strozzi mit besonderer Begründung und Überlegung über das Ballett entscheidet, das in der Mitte steht. Dann werde ich – wie gesagt – Ew. Gnaden darüber genaue Auskunft geben.

Bisher konnte ich mit Signor Giacomo Rapallino[c] nicht verhandeln, weil er zwei Tage in Padua war. Ich habe mit ihm jedoch schon über

---

[a] Venezianischer Dichter und Librettist.
[b] *novitade.*
[c] Mantuanischer Priester und Sänger.

meine Vorstellungen gesprochen, und er hat mir geantwortet, er sei untertänigster Diener und Untertan Seiner Hoheit[d] und preise sich glücklich, wenn er der Befehle Seiner Hoheit gewürdigt werde, und er hoffe, Seine Hoheit geruhten ihm bei Gelegenheit eine solche Stellung zu verschaffen, daß er durch ein kirchliches Benefizium zeitlebens ein gesichertes Auskommen genießen könne.

Von der Kapelle hier bekommt er etwa 80 Dukaten; er ist freigestellt, um die Messe zu lesen, und erhält 40 Dukaten als Kaplan des verehrten Prokurators Foscarini.[e] Für diesen Herrn hat er bis jetzt keine Messe gelesen, so daß man sagen kann, er wird fürs Nichtstun bezahlt. Es ist wahr, daß dann, wenn der genannte Herr stirbt, dieses Geld gleichfalls versiegt. Darüber hinaus verdient er noch weitere 100 Dukaten für das Singen auf Festen der Stadt. Sicher sind ihm die Honorare der Kapelle von San Marco und die seiner täglichen Messe, die sich auf weitere 60 Dukaten belaufen mögen, und wenn er gesund bleibt, noch die zusätzlichen Honorare der Stadt. Das wäre alles.

Ich werde es nicht versäumen, daran zu denken, das zu tun, was Ew. Gnaden mir aufgetragen haben. Denn ich habe mir die musikalischen Erfindungen bereits sehr genau überlegt und hoffe, in Kürze der Signora Margherita[f], die die Hauptrolle hat, etwas schicken zu können. Aber ich wüßte gerne den Tonumfang ihrer Stimme, was ihren höchsten und tiefsten Ton angeht. Indem ich Ew. Gnaden hier untertänigste Ehrerbietung erweise, erbitte ich für Euch von Gott alles Glück.

Venedig, 22. Mai 1627

Ew. Gnaden   dankbarster Diener
                  Claudio Monteverdi

---

[d] Vincenzo, Siebenter Herzog von Mantua.
[e] Der Prokurator *de citra* Giovanni Battista Foscarini.
[f] Die jüngere Schwester von Adriana Basile.

95

Mantua, Archivio Gonzaga, Cassetta 6, ff. 229–230. Doppelblatt: 3 Seiten [an Alessandro Striggio, in Mantua]. *(24. Mai 1627.)* Davari, 155; Malipiero, 256; Paoli, 251.

Obwohl Strozzi noch nicht wieder aus Florenz zurückgekehrt ist, entwikkelt Monteverdi rasch Pläne zur Verbesserung des Librettos von *La finta pazza Licori.* Er ist sehr angetan von der Idee, bestimmte Ausdrücke mit (musikalischen) Untermalungen hinter der Bühne abzustimmen, und schlägt vor, daß, wo solche Entsprechungen fehlen, sie nachträglich im Text angebracht werden sollten. Er freut sich sichtlich auf die Komposition der Musik zur Begleitung der Szene, in der Licori sich schlafend stellt; und wenn sich diese Musik erhalten hätte, wäre es faszinierend, sie mit ähnlichen Szenen in späteren Opern zu vergleichen. Monteverdis wachsende Begeisterung für die Oper läßt sich der Dringlichkeit seines Briefstils und dem kurzen Intervall von zwei Tagen zwischen dem folgenden und dem vorhergehenden Brief entnehmen. Striggio antwortete nicht unverzüglich, wahrscheinlich wegen der Nachwirkungen der Feierlichkeiten am 16. Mai, als Vincenzo II. zum Siebenten Herzog von Mantua gekrönt wurde.

Venedig, 24. Mai 1627; [an ALESSANDRO STRIGGIO, in Mantua]

Sehr geehrter Herr und hochverehrter Gebieter,
bisher ist Signor Giulio Strozzi[a] noch nicht aus Florenz zurückgekehrt, aber ich warte begierig auf ihn, weil ich von Herzen das zu tun wünsche, was Ew. Gnaden mir im Blick auf *La finta pazza* aufgetragen haben. Ich hätte darüber bereits einiges berichtet, würde ich nicht darauf warten, daß sie der Verfasser in beträchtlichem Umfang verbessert. Seinen letzten Briefen entsprechend wird Strozzi sicherlich in zwei oder drei Tagen in Venedig sein (so Gott will), und ich hoffe, man wird das Werk zur Zufriedenheit Ew. Gnaden verändern, so daß Ihr mit ihm völlig einverstanden seid.

Ich habe das Werk bereits so durchdacht, daß das ganze in einem solchen Zustand ist, daß ich es in kürzester Zeit vertonen kann. Ich

---

[a] Venezianischer Dichter und Librettist.

habe freilich die Absicht, Licori[b] immer dann, wenn sie auf die Bühne kommt, ein neues Vergnügen mit neuen Veränderungen erzeugen zu lassen. An drei Stellen glaube ich ganz gewiß den gewünschten Erfolg zu erzielen: das eine Mal, wenn sie das Lager aufschlägt, weil die Klänge und die Untermalungen, die man hinter der Szene hört und die der Nachahmung ihrer Worte ähnlich sind, sich, wie mir scheint, nicht schlecht machen werden. Das andere Mal, wenn sie vorgibt, tot zu sein, und das dritte Mal, wenn sie sich schlafend stellt, weil man an dieser Stelle eine Musik schaffen muß, die den Schlaf darstellt. Weil der Text jedoch an einigen anderen Stellen keine Möglichkeit der Nachahmung von Gebärden oder Geräuschen oder eine andere Art von Nachahmung, die nahe läge, bietet, fürchte ich, daß entweder das Vorhergehende oder das Folgende matt erscheinen werden.

Um solche Erfolge zu erzielen, warte ich auf Signor Strozzi. Wenn er angekommen ist, werde ich Ew. Gnaden davon unterrichten. Ich wünschte allerdings, Ihr erhieltet (mit der Gnade des Herrn) meine Mitteilung frei von den Schmerzen der Gicht und gesund, weil sich Vergnügen und Schmerz sehr schlecht vertragen. Dennoch bitte ich den Herrn und werde ich ihn bitten, er möge es Ew. Gnaden von ganzem Herzen gestatten, daß Ihr Eure frühere[c] Gesundheit wiedererlangt, während ich zugleich Gott bitte und immer bitten werde, daß er mich der Befehle Ew. Gnaden würdige, so wie er mich dafür würdig gemacht hat, daß ich mich Euer ergebenster Diener nennen kann. Indem ich hier Ew. Gnaden untertänigste Ehrerbietung erweise, küsse ich Euch von ganzem Herzen die Hände. Wenn Ihr mich dann damit beehren werdet, mir, was Signor Rapallino[d] betrifft, einige Hinweise zu geben, werde ich alles auf die geschickteste Art und Weise ausführen. Venedig, 24. Mai 1627

Ew. Gnaden   ergebenster und dankbarster Diener
                          Claudio Monteverdi

---

[b] Das Mädchen, das sich wahnsinnig stellt.
[c] *pristina* (gewöhnlich verlesen als *piena*).
[d] Mantuanischer Priester und Sänger.

96

Mantua, Archivio Gonzaga, Cassetta 6, ff. 332–333. Doppelblatt: 3 Seiten [an Alessandro Striggio, in Mantua]. *(5. Juni 1627.)* Davari, 156; Malipiero, 257; Paoli, 253.

Die ansehnliche Dokumentation der musikalischen Aktivitäten in den Kirchen Venedigs hat bedauerlicherweise kein vergleichbares Gegenstück auf seiten der Darbietungen für den Dogen oder für Mitglieder des Adels. Gelegentliche und beiläufige Hinweise können keineswegs als echter Ersatz für die gut geführten Kirchenbücher gelten, wie wir sie beispielsweise von San Marco, von der Scuola di San Rocco oder von San Giovanni Evangelista haben. Wenn Girolamo Mocenigos Sekretär für Haushaltsangelegenheiten ein Tagebuch über die Theater- und Musikstücke geführt hätte, die im Palazzo aufgeführt wurden, in dem sich heute das Hotel Royal Danieli befindet, wäre die Geschichte der Musik in Venedig unbestreitbar besser überliefert; und wenn irgendein musikalisches Familienmitglied auch nur eine Abschrift jeder eigens für diesen würdigen Maecenas geschriebenen Partitur behalten und für die Nachwelt aufbewahrt hätte, müßte die Geschichte der Oper – und zwar wenigstens ihre ersten Kapitel – neu geschrieben werden.

Offensichtlich war Strozzis Stück oder Dialog für eine Abendunterhaltung im Palazzo Mocenigo bestimmt. Es kann sogar, ohne Musik, als reines Sprechstück aufgeführt worden sein; aber Monteverdi behauptet, es vorher durchgesehen, seine künstlerische Ausgewogenheit geprüft und gefunden zu haben, daß ihm bestimmte Elemente fehlten, über die eine wirklich erfolgreiche Oper verfügen sollte. Er ist jetzt bereit, den Autor zu überreden, es zu verbessern, zu erweitern und für Fürstenkreise geeignet zu machen. Als echter Kenner von Musik und virtuoser Gesangskunst bemerkte er sofort die Möglichkeiten eines umfangreichen Werkes, das mit dem Blick auf Sänger wie Margherita Basile geplant werden konnte. Und es gab überdies in Mantua noch andere, ihr ebenbürtige, wie Monteverdi rasch anmerkte.

In Florenz wurde die musikalische Stellung von Marco da Gagliano gehalten, der bereits an einer neuen Oper, *La Flora,* nach einem Libretto von Andrea Salvadori arbeitete. Gagliano zog es wie Monteverdi vor, langsam und stetig zu arbeiten, mit dem Ergebnis, daß die Premiere erst am 14. Oktober 1628 stattfinden konnte, dem Jahr, in dem auch Text und Musik veröffentlicht wurden.[1] Anlaß war die Hochzeit von Herzog Odo-

---

[1] Vogel, *Bibliothek,* I, 267.

ardo Farnese und Margherita von Toskana, für die Monteverdi bald eine Reihe von Intermedien und einen *torneo* schreiben sollte.

Venedig, 5. Juni 1627; [an ALESSANDRO STRIGGIO, in Mantua]

Sehr geehrter Herr und hochverehrter Gebieter,
schon vor drei Tagen ist Signor Giulio Strozzi[a] in Venedig angekommen. Weil ich ihn sehr bedrängt habe, er wolle mich damit beehren, *La finta pazza Licori* meinen Vorstellungen anzupassen, damit ich sie bei einem festlichen Anlaß der Großfürsten aufführen kann, bot er mir darauf gern seinen Dienst an und bekannte, er habe mit seinem Werk nicht den Grad der Vollendung erreicht, den er sich vorgestellt habe. Er habe das Stück freilich in Dialogform geschrieben, um bei einer musikalischen Festlichkeit, die ein gewisser Signor Mozenigo,[b] mein Herr, veranstalten ließ, zu unterhalten. Ich aber wollte das Werk nicht vertonen, weil ich mir vorstellte, es werde mit einigen nicht unproblematischen Änderungen veröffentlicht werden.

Ich erklärte ihm, ich würde es gerne benutzen, um es Seiner Hoheit[c] von Mantua bei Gelegenheit vorzulegen. Weil Strozzi wußte, daß es außer Signora Margherita[d] noch zwei weitere fähige Sängerinnen gibt, erklärte er mir, er werde jeder einzeln Gelegenheit geben, sich hören zu lassen. Dies hat er auch mit den anderen tüchtigen Sängern vor, die im Dienste Seiner Hoheit stehen. Außerdem gesteht er, er wolle Licori später auf die Bühne kommen lassen (und das nicht etwa bei jeder Szene) und er wolle sie mit immer neuen Erfindungen[e] und Handlungen[f] auftreten lassen.

Ich hoffe also, daß ich mit Unterstützung des vortrefflichsten Dichters[g], der mir hier nahe sein wird und der mich mit seiner Arbeit zufriedenzustellen wünscht, weil er mein verehrter Herr und Freund ist, etwas vollbringe, was weder Seiner Hoheit noch Ew. Gnaden miß-

---

[a] Venezianischer Dichter und Librettist.
[b] Girolamo Mocenigo (1581–1658), herzoglicher Rat und Schirmherr der Künste (siehe den Kommentar zu Brief Nr. 81).
[c] Vincenzo, Siebenter Herzog von Mantua.
[d] Die jüngere Schwester von Adriana Basile.
[e] *inventioni.*
[f] *ationi.*
[g] Giulio Strozzi.

fällt. Denn ich wünsche von ganzem Herzen, Euren Anweisungen zu dienen. Sollte die Sache Ew. Gnaden in der bezeichneten Weise zusagen, laßt mich das bitte wissen, damit ich sofort an die Arbeit gehen kann.

Über Signor Rapallino[h] werde ich erst weiter verhandeln, wenn mir das Ew. Gnaden brieflich mitteilen. Außerdem bin ich sehr zufrieden, daß ich von der Besserung erfahren habe, die nach Eurem lästigen Gichtleiden eingetreten ist. Möge Unser Herr Ew. Gnaden lange bei bester Gesundheit erhalten und Euch segnen, während ich Euch mit aller Ehrerbietung die Hände küsse.

Venedig, 5. Juni 1627

Ew. Gnaden

[P.S.] Vom genannten Signor Giulio Strozzi, der aus Florenz gekommen ist, habe ich erfahren, daß mir Seine Hoheit etwas zum Vertonen schikken wollten – genau gesagt, eine Sache fürs Theater. Aber weil sich Signor Gagliano[i] zu seinen eigenen Gunsten eingesetzt hat, scheint es so, daß Seine Hoheit damit zufrieden sind. Signor Giulio fügt hinzu, daß sie ständig wunderschöne Dinge vorbereiten, ohne zu wissen, warum.[j]

          untertänigster und dankbarster Diener

          Claudio Monteverdi

[h] Mantuanischer Priester und Sänger, Hauskaplan von Girolamo Mocenigo.
[i] Marco da Gagliano, Florentiner Komponist und Kanoniker von San Lorenzo.
[j] Dieser letzte Abschnitt wurde als nachträgliche Überlegung in den Raum eingefügt, den Monteverdi gewöhnlich zwischen seinen beiden Schlußzeilen freiließ.

97

Mantua, Archivio Gonzaga, Cassetta 6, ff. 335–336. Doppelblatt: 3 Seiten [an Alessandro Striggio, in Mantua]. *(13. Juni 1627.)* Davari, 157; Malipiero, 259; Paoli, 256.

Obwohl der folgende Brief zur Gruppe derer gehört, in denen die Komposition von *La finta pazza Licori* im Mittelpunkt steht, kann Monteverdi Striggio wenig neues bieten, weil Strozzi zum Fest des heiligen Antonius nach Padua gereist ist, dessen einzige Beziehung zu dieser Stadt seine Beerdigung im nahegelegenen Arcella im Jahre 1231 bildete. Monteverdis Verehrung des franziskanischen Heiligen und Kirchenlehrers läßt sich aus der einfachen, aber bewegenden Hymne für Solotenor, Streicher und Generalbaß – *En gratulemur hodie* – erschließen, die posthum in einer Sammlung von Motetten von »verschiedenen der hervorragendsten Komponisten« veröffentlicht wurde.[1]

Dennoch war Monteverdi zu diesem Zeitpunkt mehr mit einem Neuankömmling aus Bologna beschäftigt, einem jungen und leidlich fähigen Bassisten, der möglicherweise genau der richtige Mann für Mantua war, wenn man Rapallinos scheinbares Widerstreben in Rechnung stellte, seine Pfründe und musikalischen Annehmlichkeiten in Venedig zugunsten der aufreibenden Atmosphäre am Hof der Gonzaga aufzugeben. Weitere Hinweise auf den »jungen Bassisten aus Bologna« tauchen in den Briefen 98, 99, 100, 101 und 103 auf, deren letzter Striggio von dem betreffenden persönlich nach Mantua überbracht wurde. Zehn Jahre später enthält Brief 126 den Namen eines »Bologneser Sängers der Kapelle«, dessen Initialen G. B. sind, und es ist verlockend, den jungen Bassisten des Jahres 1627 mit dem San Marco-Kantor von 1637 in Verbindung zu bringen.

Recht ungewöhnlich ist Monteverdis hartnäckige Auslassung des Namens jenes Mannes angesichts der in seinen Briefen häufig auftauchenden Überlegungen zu Sängern, Komponisten und Instrumentalisten, die sämtlich entweder mit Vornamen (Signora Margherita) oder Familiennamen (Campagnolo), manchmal sogar mit beiden (Ottavio Bargnani) erwähnt werden. Einer der Gründe dafür mag Monteverdis Abneigung gewesen sein, Striggios Gedächtnis mit einem weiteren Namen zu belasten, insbesondere dann, wenn der Sänger noch auf den unteren Sprossen der Karriereleiter stand und vergleichsweise unerfahren war.

Dennoch fehlt es nicht an – persönlicher wie musikalischer – Beschreibung. Er geht »vestito alla lunga«, das heißt, er trägt jene Art von langen Kniehosen, die damals gerade in Mode kamen.[2] Männerhosen waren im frühen 17. Jahrhundert so lange bauschig und locker gewesen, daß dann eine Kehrtwendung einsetzte und sie bald lang und eng wurden, mit zur Schau gestellten Knöpfen, die sie vorn festhielten. Und darüber hinaus

---

[1] Neudruck in Monteverdi, *Tutte le Opere*, XVI, 517. Der Text der ausgelassenen Verse findet sich in *Analecta Hymnica*, IV, 90.

[2] In *Monteverdi Companion* (69) wird die Bedeutung des Ausdrucks als unbekannt bezeichnet, und bei Paoli (257) wird auf das Kleidungsstück als Umhang hingewiesen. Ausführliche Erklärungen bieten die Standardwerke über Kleidung und Mode. Siehe beispielsweise Hansen; Levi Pisetzky.

reichten sie bis unter die Knie, wo sie manchmal in hochschäftige Leder-stiefel mündeten.

Zunächst verzichtet Monteverdi darauf, ihn entweder Bariton oder Baß zu nennen, und frühere Briefe zeigen, daß er immer einen deutlichen Unterschied zwischen den beiden Stimmkategorien und ihrem Umfang machte.[3] Statt dessen benutzt er das diminutive »bassetto«, das die Vermu-tung nahelegt, daß der Stimmklang nicht groß und schwer und deshalb vorzüglich für Kammermusik (»da camera«) geeignet ist. Wenn er die Fähigkeiten des jungen Mannes in vokalen Verzierungen beschreibt, nimmt er erneut zu Diminutiven seine Zuflucht – »tiradinetti per entro« und »garbetti«.[4] Ungewöhnliche Ausdrücke, deren Ableitung jedoch völ-lig klar ist: das normale Wort für Lauf ist *tirata,* und der allgemeine (wie auch der spezielle) Terminus für Verzierung oder Anmut der Gesangslinie ist *garbo.* In einem eher wohlwollenden Gesamturteil aber wird der Sänger für seinen Stimmumfang, seine Treffsicherheit und seine deutliche Aus-sprache gelobt.

Da ein Teil dieser Charakteristik in Brief 98 wiederholt wird, erfährt man überdies, daß der junge Mann ziemlich großgewachsen und folglich in gleichem Maße für Bühnen- und Kammermusik geeignet ist. Ferner scheint er über gute Beziehungen zu verfügen, wenn man den Empfeh-lungsbrief von Kaiser Ferdinand II. an den kaiserlichen Geschäftsträger Nicolò Rossi in Rechnung stellt.[5] Mitte Juli war Monteverdi ganz tief und entscheidend in diese Verhandlungen verstrickt und versuchte, einen sorg-fältigen und abgewogenen Vergleich zwischen Rapallino auf der einen Seite – einem mantuanischen Mitbürger und Kaplan bei ihrem gemeinsa-men Förderer Mocenigo – und dem jungen Mann aus Bologna auf der anderen aufzustellen. Rapallino kann sich durchaus an Monteverdi um Beistand gewandt haben, vielleicht in der Annahme, er werde gut daran tun, Venedig für kurze Zeit zu verlassen und als künstlerischer Gast in Mantua aufzutauchen, um damit einigen Ruhm, wenn auch wenig Reich-tum zu ernten, weil in Brief 101 Monteverdis Begeisterung für den jungen Mann dahinzuschwinden beginnt – sein Gesang ist etwas melancholisch, seine Verzierungen sind nicht gut angelegt, Kopf- und Bruststimme stehen miteinander auf Kriegsfuß.

Das ist das genaue Gegenteil von Monteverdis erstem Urteil. Aber der Umschwung ist sicherlich weder auf ein schlechtes Gedächtnis noch auf

---

[3] Siehe das Postskriptum zu Brief 93.

[4] Davari transkribierte 1885 die Formulierungen »tiradinette per entro« und »garbetti« korrekt; spätere italienische Ausgaben haben dagegen die musikalischen Termini ver-lesen und die Worte »per entro« ausgelassen.

[5] Zu Rossi siehe die Einführung zu Brief 98.

einen drastischen und plötzlichen Verfall der Stimme des jungen Bolognesers zurückzuführen: er ist ganz einfach das Resultat einer Honorarforderung, die Monteverdi exorbitant fand. Nur zu gut erinnerte er sich des
Hungerlohns, der ihm im Laufe seiner vielen Jahre treuen Dienstes widerwillig von den Gonzaga bezahlt worden war. Warum sollte ein jüngerer
und weniger erfahrener Musiker mehr als das fordern – und erhalten?
Aber wenn in Brief 101 das Pendel seines musikalischen Urteils heftig
gegen den »bassetto« ausschlägt, so stellt Brief 103 die Balance beinahe
wieder her, wenn er ihn zu guter Letzt einen »basso« nennt; schließlich
hatte der Sänger bereitwillig zugestimmt, einen Brief Monteverdis mit
nach Mantua zu nehmen.

Wer war dieser Sänger, dessen Charakter Monteverdi als »ruhig, bescheiden und anspruchslos« beschreibt. Wenn er tatsächlich derselbe war
wie jener »Bologneser Sänger« von 1637 und wenn er (wie viele andere
Kirchensänger in Venedig) auch in Opern auftrat, wo sich die Gelegenheit
dazu bot, könnte er durchaus der »Signor Giovanni Battista Bisucci aus
Bologna« gewesen sein, der die Rollen von Proteus und Jupiter in Manellis
Andromeda spielte, die im März 1637 im Teatro San Cassiano uraufgeführt
wurde.[6] Er war Bassist und zehn Jahre lang Mitglied des Chores von San
Marco gewesen;[7] also fiel seine Anstellung in das Jahr 1627, in dem die
Briefe 97–103 geschrieben wurden. Wahrscheinlich passierte folgendes: er
reiste Mitte August nach Mantua und blieb dort kurze Zeit, bevor er vor
Jahresende nach Venedig zurückkehrte. Denn laut Monteverdi war es
nämlich Venedig, wo der junge Mann wirklich leben wollte; und er widerstand sogar den Verlockungen Tarronis, der damals emsig damit beschäftigt war, Sänger für den Hof Sigismunds III. von Polen ausfindig zu machen.

Wenn das in diesen Briefen auch der einzige Hinweis auf Antonio Tarroni ist, so muß Monteverdi ihn doch bereits in Mantua gekannt haben, wo
er zeitweilig *maestro di musica* der herzoglichen Kapelle an Santa Barbara
war, und zwar von Januar bis April 1609 und erneut von August bis
September 1612. Beim ersten dieser beiden Engagements wurde gemunkelt, Tarroni würde die Nachfolge von Gastoldi antreten (der am 4. Januar
1609 starb),[8] und zwar in einer Dauerstellung, die ihn dann zwänge, sein
Kanonikat aufzugeben; und beinahe unverzüglich bewarben sich drei Priester beim Herzog um die Pfründe, von der sie glaubten, sie würde bald

---

[6] Worsthorne, 28. Als Datum wird irrigerweise auf S. 24 der 6. Mai angegeben, und auf
   der folgenden Seite muß der Name Proteo für Prometheo eingesetzt werden. Siehe
   auch die italienische Originalfassung auf S. 168.
[7] Arnold, »Singers«, 983.
[8] Jeppesen, 319.

vakant werden.[9] Tarronis Erstes Madrigalbuch, 1612 in Venedig neuaufgelegt,[10] macht deutlich, daß er eine Reihe von Gedichten Guarinis vertonte,
die bereits in Monteverdis früheren Büchern aufgetaucht waren. Davon
und von einer Sammlung von Messen abgesehen, gibt es wenig Anzeichen
für Tarronis schöpferische Begabung, und sein Name wird erst 1625 wieder
genannt, als er sich mit Sigismund III. in Wien aufhielt. Dieser den Künsten zugeneigte Monarch, der sich darum bemühte, Adriana Basile und
ihren Gatten als Mitglieder eines ambitionierten Klangkörpers zu verpflichten, zählte darauf, daß Tarroni als sein *maestro di musica* die ersten
Schritte dazu unternahm. Aber Adriana, die sich an Tarroni ebenfalls aus
ihrer Zeit in Mantua erinnert haben muß, antwortete nicht unverzüglich:
sie wartete sogar so lange, bis Sigismund selbst das Wort an sie richtete und
ein eigenhändig geschriebenes Postskriptum hinzufügte.[12] Diese glanzvolle
Ouvertüre führte jedoch zu nichts, und die Familie Basile lebte auch weiterhin in Neapel. Als Sigismund und sein Gefolge Venedig besuchten, war
Tarroni noch immer emsig auf der Suche nach Sängern, wie sich aus dem
folgenden Brief ergibt.

[9] Tagmann, 398, Fußn. 28.
[10] Die 1610 zusammen mit einem Brief von G. B. Sacchi an Kardinal Ferdinando Gonzaga geschickten Mardigale können entweder handschriftliche Kopien oder ein
Stimmbuchsatz der Originalausgabe gewesen sein, die in jenem Jahr oder kurz zuvor
gedruckt wurde.
[11] Siehe die Einleitung zu Brief 82.
[12] Ademollo, 299.

Venedig, 13. Juni 1627; [an ALESSANDRO STRIGGIO, in Mantua]

Ew. Erlaucht, mein Gnädigster Herr,
ich habe schon vor sechs Tagen Signor Giulio Strozzi[a] *La finta pazza*
gegeben, der mir versprochen hat, sie sogleich Euren Vorstellungen
entsprechend zu bearbeiten. Als ich ihm heute, am Samstag, einen
Besuch abstatten wollte, um die Veränderungen anzusehen und Ew.
Gnaden davon genauestens zu unterrichten und gleichzeitig *La finta
pazza* selbst in Händen zu halten, damit ich damit beginnen kann, Ew.
Gnaden die Musik zu schicken, da fand ich ihn für zwei oder drei Tage
nach Padua gereist zum Fest des Heiligen,[b] das morgen gefeiert wird.

[a] Venezianischer Dichter und Librettist.
[b] Hl. Antonius von Padua (13. Juni). Vielleicht begann Monteverdi den Brief am Samstag, dem 12. Juni, beendete und datierte ihn am folgenden Tag.

Deshalb kann ich Euch darüber erst mit der nächsten Post genaueres berichten. Ich weiß jedoch sicher, daß Strozzi mit großem Eifer dabei ist, *La finta pazza* zu überarbeiten und zu erweitern, weil er wünscht, daß auch die anderen Sängerinnen ihren Teil dazu beitragen, wie ich Ew. Gnaden in einem meiner Briefe mitgeteilt habe.

Hier in Venedig ist in diesen Tagen aus Bologna ein junger Mann[c] im Alter von etwa 24 Jahren angekommen, der ständig mit langen Knie-hosen bekleidet ist[d], ein wenig komponiert und von Berufs wegen kleine Baßpartien[e] in der Kammermusik singt. Ich hörte ihn in der Kirche eine eigene Motette singen, mit einigen kleinen Läufen darin[f], mit kleinen Verzierungen und mit angemessenem *trillo;* seine Stimme ist sehr angenehm, aber nicht allzu tief, er artikuliert die Worte sehr gut, seine Stimme erreicht die Tenorlage mit großer Annehmlichkeit, und er ist im Singen sehr sicher.

Hinter ihm ist ein gewisser Tarroni[g] her (der Musiker nach Polen abwirbt[h]), der ihn engagieren will; er aber würde gerne an San Marco bleiben, um weiterhin in Venedig leben zu können. Er weiß nicht, daß ich Ew. Gnaden von ihm berichte, das schwöre ich Euch bei Gott. Als sehr ehrfürchtiger und (– ich bekenne es Seiner Hoheit –) sehr ergebe-ner Diener habe ich es für richtig gehalten, Ew. Gnaden auf ihn hinzu-weisen, damit ich weiß, was zu tun ist, wenn ich in dieser Sache gefragt werde.

Selbst wenn Ew. Gnaden mir nichts andeuten werden, wird das keine Bedeutung haben; denn er weiß von meiner Nachricht nichts. Indem ich hier mit einzigartiger Liebe für Ew. Gnaden die vollständige Wiederherstellung Eurer ersehnten Gesundheit erbitte, küsse ich Euch mit größter Ehrerbietung die Hände.

Venedig, 13. Juni 1627

Ew. Gnaden   ergebenster und Euch herzlich liebender Diener
                      Claudio Monteverdi

---

[c] Giovanni Battista Bisucci.

[d] *va vestito alla lunga.*

[e] *bassetto,* das eher die Eigenschaft als den Umfang der Stimme bezeichnet. Für den Bariton benutzt Monteverdi das Wort *baritono.*

[f] *alquante tiradinette per entro.* Der ungewöhnliche Ausdruck *tiradinette* ist von *tirare* in seiner normalen musikalischen Bedeutung abgeleitet.

[g] Antonio Tarroni, Priester und Musiker.

[h] *conduce,* von *condurre* in der Bedeutung »führen« (wegbringen), nicht »leiten« im musikalischen Sinne des Wortes.

98

Mantua, Archivio Gonzaga, Cassetta 6, ff. 338–339. Doppelblatt: 4 Seiten [an Alessandro Striggio, in Mantua]. *(20. Juni 1627.)* Davari, 158; Malipiero, 260; Paoli, 259.

Die Verhandlungen über einen Bassisten werden fortgesetzt, Rapallinos finanzielle Situation wird in der für Monteverdi typischen gewitzten und knappen Art und Weise erneut zusammengefaßt, und der junge Bassist Bisucci wird für seine Gesangstechnik gelobt. Einen Monat später wird sich das Lob in beißende Kritik verwandeln, wenn die Gehaltsfrage zur Sprache kommt. Aber schon im Alter von vierundzwanzig Jahren hatte Bisucci realistische Vorstellungen von seinem Wert, denn unter seinen Empfehlungsschreiben war eines von Kaiser Ferdinand II., gerichtet an den damaligen kaiserlichen Geschäftsträger in Venedig, Nicolò Rossi. Es ist nicht unwahrscheinlich, daß der junge Sänger nach seinem Weggang von Bologna nach Graz oder Wien reiste, so daß er Zeugnisse sammeln konnte, bevor er sein Glück in Venedig versuchte; und wenn er tatsächlich am Kaiserhof gesungen haben sollte (wo italienischen Musikern immer ein großzügiger Empfang bereitet wurde),[1] läßt sich sein Gefühl des Stolzes verstehen und billigen. Wenn es sich um Musik handelte, ließen sich die Habsburger nicht täuschen.[2]

Ebensowenig ließen das auf diesem Gebiet ihre Sekretäre, Gesandten und Geschäftsträger: bei ihnen zählten Neigung und Empfänglichkeit für Musik nahezu als Spielart diplomatischen Geschicks, und Nicolò Rossi machte da keine Ausnahme. Bevor er zum Range eines Geschäftsträgers aufstieg, diente er dem Kaiserhaus in Venedig als Sekretär und zeigte 1613 und 1614 bereits Interesse für Musik und Musiker, als Monteverdi vergleichsweise noch ein Neuankömmling war. Unter anderem war Rossi mit Zahlungsanweisungen für einen Bassisten namens Michelangelo Rizzio[3] betraut, der später zwei Motetten zum *Parnassus Musicus Ferdinandaeus* von 1615 beisteuerte.

Im Jahre 1621 lud er den blinden Cembalisten und Komponisten Martino Pesenti ein, ein seltenes und ungewöhnliches Klavichord wieder instandzusetzen, das zwanzig Jahre zuvor von Vido Trasentino (oder Trasuntino) gebaut worden war, der sich auf Instrumente dieser Art spezialisiert zu haben scheint. Pesenti berichtet im Vorwort zu seinen *Correnti, ga-*

---

[1] Federhofer, 167–224.
[2] Ferdinand II. wird von Adler (Einleitung zu Bd. I) als »einer der begeistertsten Musikfreunde seiner Zeit« bezeichnet.
[3] Federhofer, 239 (Dokumente 62 und 63).

gliarde e balletti[4] von 1645 ziemlich ausführlich von seinem Interesse an Rossis stolzem Besitztum, das er als »diatonisch, chromatisch und enharmonisch« beschreibt. Er vergleicht es auch mit einem sehr viel früheren Instrument, das ihm 1641 in die Hände fiel, einem prototypischen Klavichord, das 1548 von Domenico da Pesaro auf Bitten von Zarlino angefertigt wurde.

Obwohl Pesenti seine Vorliebe für das Instrument von Domenico da Pesaro eingesteht, hat er das andere doch offensichtlich ebenfalls gern gestimmt und gespielt, und zwar bis 1634, als es nach Rossis Tod aus Venedig fortgeschafft wurde. Obwohl beabsichtigt war, es nach Wien zu schicken und der kaiserlichen Sammlung von Musikinstrumenten einzuverleiben, kam es doch nur bis Triest und war (laut Pesenti) 1645 immer noch dort. Trasenti baute im Jahre 1606 ein weiteres Klavichord, und dieses Instrument ist – im Gegensatz zu dem in Triest – bis heute erhalten geblieben: es kann im Civico Museo von Bologna besichtigt werden.[5] Im Tonumfang zwar verschieden, waren die beiden Instrumente einander in Konstruktion und Mechanik wahrscheinlich aber ähnlich.

Monteverdi, aller Wahrscheinlichkeit nach Pesentis Lehrer, kann ihn durchaus gelegentlich gehört und die Schwierigkeiten des Klavichords im Besitz von Rossi meistern sehen haben, denn er scheint den Geschäftsträger so gut gekannt zu haben, daß er seine Hilfe in Anspruch nahm, als Massimiliano im weiteren Verlauf des Jahres von der Inquisition in Mantua in Haft genommen wurde.[6] Rossi war zweifellos ein einflußreicher Mann, und seine Stellung muß ihm reichlich Gelegenheit geboten haben, gesellschaftliche und diplomatische Beziehungen auf höchster Ebene zu pflegen. Im Jahre 1622 war er gut mit Graf und Gräfin Arundel, mit dem toskanischen Geschäftsträger Sacchetti und dem englischen Botschafter Sir Henry Wotton bekannt.[7] Seine Musikförderung trug ihm wenigstens eine Widmung ein: die *Arie, libro terzo*, 1630 von einem Augustinermönch namens Guglielmo Miniscalchi veröffentlicht, wo er als »Consigliere & Residente in Venetia della Cesarea Maesta«[8] beschrieben wird.

---

[4] Sartori, *Bibliografia*, 392.
[5] *MGG*, Bd. XIII, S. 626 (mit einer Abbildung der Tastatur).
[6] Paoli, 295.
[7] Hazlitt, II, 191.
[8] Vogel, *Bibliothek*, I, 470.

Venedig, 20. Juni 1627; [an ALESSANDRO STRIGGIO, in Mantua]

Sehr geehrter Herr und hochverehrter Gebieter,
mit der nächsten Post werde ich Ew. Gnaden die Antwort auf das
mitteilen, was Ihr mir im Blick auf den Bassisten aufzutragen geruhtet.
Denn ich konnte in so kurzer Zeit keine günstige Gelegenheit finden,
um mit dem zu sprechen, mit dem Ihr es mir aufgetragen habt, da ich
die Aufgabe selbst ausführen will und sie keinem anderen anvertraue.
Doch ich will Ew. Gnaden sagen (wie ich es bereits in einem anderen
Brief angedeutet und es Eurer Überlegung anheimgestellt habe), daß
Rapallino[a] meiner Meinung nach 80 Dukaten von der Kapelle bekommt, 60 oder 70 für Messen und 40 Dukaten dafür, daß er Kaplan
eines hochverehrten Prokurators[b] ist. Nicht mitgerechnet sind die unbekannten Einnahmen für das Singen in der Stadt bei den Musikauf-
führungen, die man hier veranstaltet.

Der junge Mann,[c] der nach Venedig gekommen ist, ein Bologneser,
hat bis jetzt nichts Festes. Aber er bemüht sich ganz inständig darum,
in die Kapelle aufgenommen zu werden. Er ist kein Priester. Es ist ein
junger Mann von schöner Gestalt, aber ständig mit langen Hosen bekleidet. Er singt mit mehr Anmut der Stimme als Rapallino und sicherer, weil er ein wenig komponiert. Den Text spricht er sehr gut aus,
singt die Koloraturen sehr angenehm und hat etwas Tremolo.

Allerdings singt er nicht allzu tief, wird aber (so hoffe ich) in der
Kammermusik und auf der Bühne Seiner Hoheit[d] nicht mißfallen. Dieser junge Mann kam nach Venedig mit Empfehlungsschreiben, damit
man ihn in seinen verschiedenen Vorhaben unterstütze. Sogar ein Brief
Seiner Majestät, des Herrschers[e], war darunter, der an den sehr geehrten Residenten Rossi[f] adressiert war. Wenn Ihr eine solche Aufgabe
dem genannten Signor Rossi anvertrauen würdet, schiene mir das sehr
gut, weil dann die Sänger nicht sagen könnten, ich brächte sie auf

---

[a] Mantuanischer Priester und Sänger (Bariton).
[b] Giovanni Battista Foscarini.
[c] Giovanni Battista Bisucci.
[d] Vincenzo II., Siebenter Herzog von Mantua.
[e] Kaiser Ferdinand II.
[f] Nicolò Rossi, venezianischer Gesandter am Kaiserhof.

Abwege. Darin werden mich, wie ich beständig glaube, Ew. Gnaden unterstützen.

Signor Giulio Strozzi[g] ist aus Padua zurückgekehrt. Trotz seiner Abwesenheit hat er es nicht versäumt, seine *La finta pazza Licori* zu überarbeiten. Er hat sie in fünf Akte gegliedert und wird sie mir in vier Tagen entweder fertig übergeben oder zwei oder drei Akte davon (vom Anfang an), so daß ich hoffen kann, Ew. Gnaden spätestens Samstag in acht Tagen einen Teil davon zusammen mit der Musik schicken zu können. Ich hoffe, daß das dann Eure Zustimmung findet, weil Signor Giulio Strozzi deren wert ist. Bereitwillig und liebenswürdig folgt er meinen Vorstellungen, ein Vorzug, der mir das Komponieren sehr erleichtert. Indem ich Ew. Gnaden hier untertänigste Ehrerbietung erweise, erbitte ich von Gott, Unserem Herrn, für Euch das höchste Glück.

Venedig, 20. Juni 1627

Ew. Gnaden   dankbarster und ergebenster Diener
                           Claudio Monteverdi

[g] Venezianischer Dichter und Librettist.

99

Mantua, Archivio Gonzaga, Cassetta 6, f. 341. Einzelblatt: 2 Seiten [an Alessandro Striggio, in Mantua]. *(3. Juli 1627.)* Davari, 159; Malipiero, 262; Paoli, 262.

Die jetzt auf fünf Akte erweiterte *La finta pazza* ist nun kein einstündiger Zeitvertreib für eine Abendgesellschaft mehr: sie ist ein ausgewachsenes Libretto für eine komische Oper, vielleicht die erste in der Geschichte dieser Gattung. Der Fortschritt der Komposition aber wird zeitweilig durch eine Entzündung von Monteverdis rechtem Auge aufgehalten. Es muß sich da um ein in dieser Lebensphase wiederholt auftauchendes Problem gehandelt haben, denn er erwähnt es erneut in Brief 125, allerdings beim linken Auge.

Was jene Suche nach einem Bassisten betrifft, so hat Monteverdi noch immer nichts Endgültiges zu berichten, ausgenommen daß Bisucci – der gerade eben erst zum Chor von San Marco gestoßen war – anscheinend um einen förmlichen Urlaub oder möglicherweise um eine kurze Abwesenheitserlaubnis ersuchte. Striggio scheint Monteverdis Empfehlung zur Kenntnis genommen zu haben, Kontakt zum kaiserlichen Geschäftsträger Nicolò Rossi aufzunehmen, die der in seinem vorausgehenden Brief gegeben hatte: die Verhandlungen haben jetzt die diplomatische Ebene erreicht.

Venedig, 3. Juli 1627; [an ALESSANDRO STRIGGIO, in Mantua]

Ew. Erlaucht, mein Gnädigster Herr,
schon vor acht Tagen habe ich den ersten Akt von *La finta pazza* von Signor Giulio Strozzi[a] erhalten. Ich habe einen Tag lang daran gearbeitet, als plötzlich vor drei Abenden – von großen Schmerzen begleitet – eine Entzündung an meinem rechten Auge ausbrach, verbunden mit einer Schwellung[b] und einer allgemeinen Erschöpfung meiner Körperkräfte, von denen ich glaubte, sie nähmen weiter ab. Aber Gott sei Dank hat der Schmerz ein wenig nachzulassen begonnen, und jetzt erlaubt er mir, den vorliegenden Brief an Ew. Gnaden zu schreiben, was er weder gestern noch vorgestern zugelassen hätte.

Ich hoffe, Ew. Gnaden mit der nächsten Post ein gutes Stück des oben genannten Aktes fertig komponiert schicken zu können, und zugleich werde ich Euch den Text des gesamten Aktes kopiert senden, damit Ihr die Lektüre genießen könnt. Der junge Bassist[c] drängt ständig, von den hochverehrten Herren Prokuratoren entlassen zu werden, und ich glaube, daß Ew. Gnaden über diese Angelegenheit besser unterrichtet sein werden durch den Mann, dem Ew. Gnaden geschrieben haben[d], weil ich weiß, daß er mindestens zweimal mit diesem Herrn gespeist hat. Indem ich hier Ew. Gnaden untertänigste Ehrerbietung erweise, erbitte ich von Gott, Unserem Herrn, von ganzem Herzen für Euch das höchste Glück, während ich Euch zugleich die Hand küsse.
Venedig, 3. Juli 1627
Ew. Gnaden   demütigster und dankbarster Diener
        Claudio Monteverdi

---

[a] Venezianischer Dichter und Librettist.
[b] *infiagione* (= *enfiagione*).
[c] Giovanni Battista Bisucci aus Bologna.
[d] Nicolò Rossi, der kaiserliche Gesandte in Venedig.

100

Mantua, Archivio Gonzaga, Cassetta 6, ff. 343–344. Doppelblatt: 3 Seiten [an Alessandro Striggio, in Mantua]. *Anlage:* Libretto des ersten Aktes von *La finta pazza Licori. (10. Juli 1627.)* Davari, 100; Malipiero, 262; Paoli, 264.

Strozzis Umarbeitung seines Librettos zu einer fünfaktigen komischen Oper brachte verschiedene neue Ideen ins Spiel, darunter ein selbständiges Ballett und ein neues Thema für jeden Akt. Es war zu einem ehrgeizigen Werk voller musikalischer Möglichkeiten geworden, die Monteverdi aufzugreifen und zu entwickeln bereit war, insbesondere mit dem Blick auf seine genaue Kenntnis des stimmlichen Umfangs und der Eignung von Margherita Basile.

Diese talentierte Sängerin, die bereits 1615 nach dem bemerkenswerten Erfolg und Anklang, den ihre ältere Schwester Adriana gefunden hatte, nach Mantua eingeladen worden war, fand sich anfangs nicht bereit, das Angebot anzunehmen, und Herzog Ferdinando war deshalb gezwungen gewesen, Brief um Brief an ihre Eltern und ihre beiden Brüder zu schikken.[1] Schließlich stimmte sie aber doch zu, ihr geliebtes Neapel um Mantuas willen zu verlassen, wo sie Ende April 1615 eintraf. Der überglückliche Herzog sandte ihrer Familie sofort Dankesbriefe und versicherte sie seiner höchsten Achtung ihres Künstlertums und seines Gefühls tiefer Verpflichtung allen gegenüber, die die Reise ermöglicht hatten.[2] Ihrem Bruder Lelio, der sie geholt und als *chaperone* (Anstandsdame) begleitet hatte, überschrieb er die Einkünfte aus bestimmten Einfuhrzöllen, deren sich früher der Dichter Eugenio Cagnani erfreut hatte.[3]

Zwei Monate nach Margheritas Ankunft in Mantua ereignete sich ein merkwürdiger Umschwung. Der Herzog setzte es sich in den Kopf, sie ganz kurzfristig mit Ettore Cattaneo Dadi zu verheiraten, der entfernt mit Monteverdis Schwiegervater verwandt gewesen sein kann. In dem Dokument, das die Klauseln der Mitgift festlegt, taucht keine Begründung für diesen unerwarteten Entschluß auf,[4] es sei denn die, daß die Dienste Margheritas und anderer Mitglieder ihrer Familie eine ansehnliche Belohnung verdienten. Die Mitgift belief sich auf 5000 *scudi*, von denen ein Fünftel sofort in

---

[1] Ademollo, 209.
[2] Ademollo, 210.
[3] Ademollo, 213.
[4] Ademollo, 211.

Gold und Juwelen (die der Bräutigam auswählen konnte), die anderen vier
Fünftel dagegen innerhalb zweier Jahre ausbezahlt werden sollten.
Soweit der äußere Anschein. Margherita hatte sich kaum in Mantua
niedergelassen, als sie auch schon, und im Grunde auf Befehl des Herzogs,
in Würdigung ihrer »Verdienste« verheiratet wurde. Der Hofklatsch aber
wußte es anders, wie es auch Lelio Arrivabene in einem seiner Briefe an
den Herzog von Urbino anders sah: »Diese erst kürzlich aus Neapel ange-
langte junge Sängerin, von Seiner Hoheit empfangen, geehrt und behandelt
wie eine Göttin, ist jetzt seiner Gunst und alles anderen Nützlichen verlustig
gegangen; allgemein glaubt man jedoch, daß sie das verdient hat.«[5]
Dennoch überlebte Margherita den Skandal, worin immer der bestanden haben mag. Sie und ihre Schwester Adriana wurden von dem Sänger
und Dichter Francesco Rasi in seiner Anthologie *La cetra delle sette corde*
gebührend in den Himmel erhoben: ihm galten sie als »die beiden anmuti-
gen Sirenen« oder die »lieblichsten Sirenen der Liebe«. Wie die meisten
Sängerinnen waren sie jedoch durchaus nicht ohne Temperament, und sie
konnten dem Herzog gelegentlich unmißverständlich klar machen, daß
man mit ihnen nicht nach Belieben verfahren durfte. Als im Karneval des
Jahres 1617 *La Galatea* von Sante Orlandi und Chiabrera geprobt wurde,
zwang ein plötzlicher Besetzungswechsel Margherita zur Einstudierung einer umfangreichen und anstrengenden Rolle, die sie eine unangenehme
Zeitspanne lang auf der Bühne festgehalten hätte, und sie wandte sich
unverzüglich an den Herzog, sie davon zu befreien.[6]
Als Monteverdi schließlich in Erfahrung brachte, welche Gehaltsforderung der junge Bassist Giovanni Battista Bisucci im Sinne hatte, kam er
beinahe selber von Sinnen. Bisucci forderte ein Jahresgehalt, das beträchtlich höher war als das des *maestro di musica* an San Marco, und laut
Monteverdis bedachtsamer Einschätzung wäre er schon überbezahlt gewesen, hätte man ihm nur die Hälfte zugebilligt. Einmal mehr lag die Entscheidung ganz bei Striggio.

[5] Ademollo, 214 (Brief vom 1. August 1615).
[6] Ademollo, 235 (Brief vom 18. Februar 1617).

Venedig, 10. Juli 1627; [an ALESSANDRO STRIGGIO, in Mantua]

Sehr geehrter Herr und hochverehrter Gebieter,
ich schicke Ew. Gnaden den ersten Akt von *La finta pazza Licori* des
Signor Giulio Strozzi,[a] wie Ihr es mir aufgetragen habt. Ich wollte Ew.

[a] Venezianischer Dichter und Librettist.

Gnaden seine Originalfassung schicken, damit Ihr nicht so sehr die Verse, sondern vielmehr den Stoff der Fabel und die handelnden Personen aus der Hand des Verfassers selbst ersehen könnt. Zwei der mittleren Akte, die mir der Autor morgen oder übermorgen geben wird, sind fertig. Er sagt, die vorgetäuschte Verrücktheit werde im dritten Akt beginnen. Diese Akte werde ich Euch zusenden, sobald ich sie habe. In jedem Akt wird es ein Ballett geben, jedes vom anderen verschieden und außergewöhnlich[b].

Ich bitte Ew. Gnaden, Ihr mögt geruhen, mir diesen Akt, wenn Ihr ihn gelesen habt, zurückzuschicken, da ich wegen der Unpäßlichkeit meines Auges, von der ich Ew. Gnaden in meinem letzten Brief berichtet habe, die Abschrift nicht vollenden konnte. Diese Unpäßlichkeit ist, Gott sei Dank, fast gänzlich vorbei. Signor Giulio hat mir mitgeteilt, jeder Akt entfalte ein neues Thema, so daß ich glaube, daß daraus gewiß nichts Schlechtes wird.

Es wird nun an Signora Margherita[c] liegen, bald ein tüchtiger Krieger zu werden, bald furchtsam und bald wieder keck; dabei muß sie die passenden Gebärden trefflich meistern, ohne Scheu und ohne Vorlieben, denn ich strebe beständig danach, daß hinter der Bühne kräftige Nachahmungen der Musik, der Gebärden und der Rhythmen dargestellt werden.[d] Ich glaube, das wird Ew. Gnaden nicht mißfallen, weil die Passagen im Nu zwischen lauter und lärmender Musik einerseits und zarter und lieblicher Musik andererseits abwechseln werden, damit die Rede[e] eindringlich hervortritt.

Ich werde also über die Partie, die der *bassetto* zu singen hat, nichts weiter sagen, da Ew. Gnaden von anderer Seite[f] eine Antwort erwarten. Mir sagte dieser Herr jedoch, der Sänger habe eine übertriebene Forderung von 500 mantuanischen Scudi gestellt, worauf ich ihm antwortete, er solle diesem jungen Mann bestellen, daß ich ihn mit 20 Scudi im Monat für sehr gut bezahlt hielte (auch wenn Seine Hoheit[g] wollten, daß er kommt), weil er hier auch bei außergewöhnlicher Bezahlung nicht mehr hätte fordern können. Ich glaube nun habe ich

---

[b] *bizzarro.*
[c] Margherita Basile, die Schwester von Adriana.
[d] Wahrscheinlich von einem versteckten Ensemble hinter der Bühne.
[e] *oratione.*
[f] Giacomo Rapallino.
[g] Herzog Vincenzo II.

Euch bereits alles berichtet. Indem ich Ew. Gnaden hier untertänigste
Ehrerbietung erweise, bitte ich für Euch von ganzem Herzen um das
höchste Glück.

Venedig, 10. Juli 1627

Ew. Gnaden   untertänigster und dankbarster Diener
                Claudio Monteverdi

101

Mantua, Archivio Gonzaga, Cassetta 6, ff. 346–347. Doppelblatt:
4 Seiten [an Alessandro Striggio, in Mantua]. *(24. Juli 1627.)* Davari,
161; Malipiero, 264; Paoli, 266.

In mehreren Briefen erwähnt Monteverdi die musikalischen Anlässe und
Möglichkeiten, wie sie Kirchen, Bruderschaften und private Auftraggeber
in Venedig boten, und gibt damit implizit zu verstehen, daß es ihm selten,
wenn nicht gar nie an Arbeit fehlte, die über seine Amtspflichten an der
Basilika hinausging und seine Freizeit ausfüllte. Diese angenehmen Ne-
benaufträge häuften sich manchmal zu einer ansehnlichen Größenord-
nung, insbesondere in den Phasen des Kirchenjahres, wo die großen Festtage dünn gesät waren; da konnten die täglichen Normalverpflichtungen
dann zu Recht von seinem Stellvertreter wahrgenommen werden. Von
1620 bis zum Frühjahr 1626, als er nach Bergamo ging, erfüllte Alessandro Grandi diese Pflichten mit lobenswerter Tüchtigkeit, und sein Nachfolger wurde ohne jede Überstürzung gewählt. Zweifellos gab es unter den
älteren Chormitgliedern einige, die die Stelle wegen ihres annehmbaren,
wenn auch bescheidenen Gehalts von 120 Dukaten jährlich gern übernommen hätten. Schließlich fiel die Wahl auf den Bassisten Giovanni Rovetta,
der knapp über dreißig Jahre alt war und sein neues Amt offiziell am
22. November 1627 antrat, zweifellos ganz im Hinblick auf die heilige
Cäcilie (die Patronin der Kirchenmusik).

Vielleicht hatte Rovetta die Erlaubnis, in der Zwischenzeit als »stellver-
tretender Assistent des *maestro*« zu fungieren, um Proben seiner Fähigkeiten abzugeben. Er oder irgendein anderer energischer Musiker muß im Juli
einen Teil der Last an Proben und Gottesdienstaufführungen auf sich genommen haben, denn als der folgende Brief geschrieben wurde, stand
Monteverdi mit Strozzi und Striggio wegen *La finta pazza Licori* in Verbin-

dung, verhandelte mit Sir Isaac Wake (dem englischen Botschafter) über ein Kammermusikprogramm und beriet sich mit dem Prior des Karmelitenklosters über dessen Feier des Festes Unserer Lieben Frau vom Berge Karmel.

Aufgrund einer dieser glücklichen (oder bedauerlichen) Überschneidungen von Verpflichtungen, wie sie allen Berufsmusikern vertraut sind, fanden das Kammerkonzert und die Vigil des Karmelitenfestes am selben Abend statt, am 17. Juli, einem Samstag, der der übliche Posttag für Mantua war. Wenig überraschend, hatte Monteverdi an diesem besonderen Samstag an mehr zu denken als an seine Korrespondenz, und doch gelang es ihm irgendwie, mit der weltlichen und geistlichen Chorgruppe – manche Musiker werden beiden angehört haben – rechtzeitig zum Konzertbeginn um 1 Uhr mittags zu proben. Zum Glück lagen das Haus des Botschafters und die Kirche der Karmeliten weniger als eine Viertelmeile voneinander entfernt, genau innerhalb der Grenzen des Sestiero di Dorsoduro.

Sir Isaac Wake, der Nachfolger des erlauchten Sir Henry Wotton, der im Jahre 1623 schließlich Venedig verließ und nach England zurückkehrte, vereinte politische Durchtriebenheit mit einem lebhaften Interesse an den Künsten. Seine Amtszeit dauerte von 1624 bis 1630 und wurde nur durch vergleichsweise kurze Besuche anderer Städte unterbrochen, besonders von Zürich und Bern im Jahre 1626.[1] In jenem Jahr mietete er sich ein Haus auf der Zattere gegenüber der Kirche San Baseggio (San Basilio),[2] nicht weit von der alten Zunft der Wasserträger, die ihn – wenn sie ihn kannten und wiedererkannten – »il Vaccher« (Wake) nannten, wie viele andere Venezianer. Seine Instruktionen aus London umfaßten das nachdrückliche Geheiß, sich den Beistand Savoyens und Venedigs zur Rückgewinnung der Pfalzgrafschaft zu sichern und zu nutzen, die, nachdem sie nicht eben wenig von ihrer Beteiligung am Dreißigjährigen Krieg zu leiden gehabt hatte, von Spanien und den Habsburgern beherrscht wurde.

Wakes politisches Gewicht läßt sich hinreichend aus den Namen erschließen, die in einem Brief nach London vom 16. Juli fallen, eben dem Tag vor dem von Monteverdi dirigierten Konzert: es finden sich darunter die des Prinzen von Brandenburg, des Stadtkämmerers von Magdeburg und des Königs von Dänemark.[3] Keine Frage, daß er den berühmtesten

---

[1] Kurz nach 1625 schrieb er einen Essay mit dem Titel »Of the State of Italy«, der später in seinem Band *The Threefold Help to Political Observations* (London 1655) veröffentlicht wurde. Seine Berichte, von denen nur wenige publiziert worden sind, liegen im Public Record Office, während seine Ordner mit Briefen in der British Library aufbewahrt werden (Add. MSS. 18639–42; 34310–11).

[2] *Calendar of State Papers, Venetian*, XIX, 369.

[3] British Library, Add. MS. 34311, f. 100 v.

Musiker Venedigs einlud, die Musik zu leiten, denn es hat den Anschein, daß der »Prinz von Brandenburg« – der Kurfürst Georg Wilhelm (1595–1640), der im selben Jahr die Invasionsarmee von König Gustav Adolph II. von Schweden angriff – tatsächlich vom 9. Juli bis zum Monatsende als Gast im Hause des Botschafters in Venedig weilte.[4]

Der Plan des Kurfürsten ging dahin, die Hilfe von England, Frankreich, Holland und Venedig für die Campagne in Anspruch zu nehmen, die deutschen Protestanten vom habsburgischen Joch zu befreien. In dieser Frage war einer seiner mächtigsten Rivalen ein Cousin seines Vaters Johann Sigismund, nämlich Wolfgang Wilhelm, der Pfalzgraf bei Rhein. Die Probleme der Nachfolge und der Gebietsteilung lagen darin, daß die beiden »regierenden Fürsten«, wie sie genannt wurden, sich anfangs wenig wirklicher Macht erfreuten und sie später sogar noch im Interesse sogenannter Unabhängigkeit aufs Spiel setzten. Johann Sigismund trat 1613 zum Calvinismus über; aber als Wolfgang Wilhelm 1614 Herzog von Neuburg wurde, nahm er den römisch-katholischen Glauben an und machte aus den beiden Zweigen jener alten Familie damit zwei feindliche Lager.

Monteverdi war offensichtlich entzückt, den Großdiplomaten Striggio darauf hinzuweisen, daß ein bayerischer Herzog Ehrengast eines seiner Konzerte war. Er gibt den Namen aber als »Prinz von Neuburg« an und verschreibt ihn zu »Noimburgh«, was manche Autoren wiederum als »Norimburgh« mißverstanden haben. Es gab aber keinen Fürsten von Nürnberg, so daß der beabsichtigte Name Neuburg gewesen sein muß, eine etwa fünfzehn Kilometer von Ingolstadt entfernte Stadt an der Donau. Monteverdis Freund Biagio Marini, Komponist und Geiger, stand in den frühen zwanziger Jahren des 17. Jahrhunderts in Diensten des Herzogs von Neuburg und widmete ihm eine Anthologie.[5] Diese Bekanntschaft mag die Verwechslung von Neuburg und Brandenburg verursacht haben, obwohl Monteverdi Familiennamen im allgemeinen genau im Kopf behielt und seine Briefe im ganzen große Sorgfalt und Verläßlichkeit an den Tag legen, wo immer er sie erwähnt.

Eine wahrscheinlichere Erklärung ist die, daß Sir Isaac Wake, darauf bedacht, seinem vornehmen Gast so weit wie möglich den erwünschten Incognito-Status zu bewahren, in Umlauf brachte, sein Besucher sei der Herzog von Neuburg. Letzten Endes war Venedig eine Stadt, die politische Rivalen straffrei und im Schutze ihrer Immunität aufsuchen durften, so daß es nichts Ungewöhnliches am kurzen Aufenthalt eines katholischen Fürsten geben konnte, namentlich überdies bei einem, dessen Förderung von Musik und italienischen Musikern bekannt war.

---

[4] Paoli, 268.
[5] *Concerti per le Musiche di Camera* (1636): Vogel, *Bibliothek*, I, 416.

Kaum war das Konzert zu Ende, eilte Monteverdi vom Haus auf den Zattere über die Fondamenta San Sebastiano zur Calle Avogaria, folgte einige Meter der Calle Lunga San Barbara und wandte sich dann zum Ostportal von I Carmini. Zu seiner Zeit war das Innere dieses eindrucksvollen Bauwerks aus dem 14. Jahrhundert beträchtlich weniger licht und geräumig, denn die jetzt hinter dem Hauptaltar untergebrachten Chorgalerien und die Orgel lagen bis 1653 im Mittelteil des Bauwerks.[6] Die Musik muß akustisch ganz anders geklungen haben, als Monteverdi an jenem Samstag im Juli des Jahres 1627 den Chor zu den ersten Vespern des Festes Unserer Lieben Frau vom Berge Karmel leitete, denn sie strömte eher über als vor der Ordenskongregation dahin.

Von den Werken, die er leitete, ist kein Verzeichnis erhalten geblieben, und wir wissen auch nicht, wer an der Zeremonie teilnahm. Sein Sohn Francesco kann anwesend gewesen sein, als Mitglied der Unbeschuhten Karmeliten, wenn auch in einer Kirche, die dem älteren Zweig jenes Ordens angehörte, der sich nach der päpstlichen Bulle vom 20. Dezember 1593 gespalten hatte. Das Fest nahm gegen Ende des 16. Jahrhunderts jedoch an Beliebtheit und Bedeutung zu, so daß die im gesamten religiösen Leben Venedigs herrschende liberale Diplomatie im Verein mit den ständigen Petitionen der Generalkapitel nach einer Oktave (die 1628 vom Papst gebilligt wurden) auch einen wohltätigen Einfluß auf die Musik gehabt haben könnte.[7]

Aus der Fülle und Vielgestaltigkeit von Monteverdis Kirchenmusik ragt in der Tat eine Komposition heraus, deren Text unzweifelhaft zu diesem Fest gehört: *Sancta Maria, succurre miseris.*[8] Diese Antiphon zum Magnificat der ersten Vespern ist mit großer Einfühlungsgabe für Sopranstimmen (oder einen zweistimmigen Knabenchor) mit Orgelcontinuo vertont, und sie mag eigens für den im folgenden Brief beschriebenen Anlaß komponiert gewesen sein, denn sie erschien im gleichen Jahre 1627 als Teil des vom Straßburger Musikverleger Johannes Donfrid veröffentlichten *Promptuarium Musicum III.* Sie zählt als kleines musikalisches »Opfer« für die Karmeliten, von einem Mann, der ihnen im Laufe seiner venezianischen Jahre bei solchen Feierlichkeiten mehrfach beigestanden haben muß.

In der Zwischenzeit war *La finta pazza* keineswegs in Vergessenheit geraten oder außer acht gelassen worden, und der erste Akt war nahezu abgeschlossen. Der vorsichtige Monteverdi sorgte dafür, daß das Libretto in

---

[6] Sansovino, 265.

[7] King, 273–274.

[8] Monteverdi, *Tutte le Opere,* XVI, 511. Zu Textverbesserungen siehe Stevens [Communication], 503.

seinen eigenen Räumlichkeiten abgeschrieben wurde, so daß keine nicht-autorisierten Fassungen des umgearbeiteten Textes von Hand zu Hand gehen konnten. Aber das Problem des jungen Bassisten war noch immer nicht gelöst, denn obgleich Striggio der Gehaltsforderung zugestimmt hatte, die Monteverdi so zügellos erschienen war, wußte doch zu diesem Zeitpunkt eigentlich niemand, wie gut er sich in den ganzen Lauf der Dinge einfügen würde. Bestimmte Aspekte von Bisuccis Gesangstechnik geraten jetzt unter das vernichtende Feuer von Monteverdis Kritik, der wie üblich aufgrund ihrer Offenlegung der Prinzipien, der sich die meisten Gesangslehrer damals verpflichtet fühlten, besondere Bedeutung innewohnt.

Mit Nachdruck hebt er die für einen Sänger unabdingbare Fähigkeit hervor, die tieferen und mittleren Stimmregister so sanft und elegant wie möglich miteinander zu verschmelzen, die er *la vocale del petto* und *la vocale della gola* nennt. Diese Ausdrücke gehören einer alten und ehrwürdigen Tradition an, die bereits zur Mitte des 13. Jahrhunderts von Hieronymus de Moravia diskutiert wurde, der zwischen drei Stimmtypen unterschied – der *vox pectoris,* der *vox gutturis* und der *vox capitis,* wobei die beiden ersten Monteverdis Termini entsprechen. Es verstand sich von selbst, daß die verschiedenen Register manchmal von einer einzigen Stimme bewältigt werden konnten, insbesondere dann, wenn sie eine spezielle Ausbildung genossen hatte. Giulio Caccini und Francesco Rasi, die Monteverdi beide kannte, erfreuten sich der Gabe eines großen Stimmumfangs von Baß bis Tenor, und wahrscheinlich war Bisucci, trotz seiner Jugend und seines Mangels an Erfahrung, auf dem besten Wege, in ihre Spitzenklasse aufzurücken, obwohl er nie so berühmt wurde wie sie.[10]

[9] *Tractatus de musica* (Coussemaker, *Scriptores de musica,* I, 90).
[10] Hitchcock, 451–452.

Venedig, 24. Juli 1627; [an ALESSANDRO STRIGGIO, in Mantua]

Sehr geehrter Herr und hochverehrter Gebieter,
bitte verzeiht mir, daß die vorige Post ausblieb und ich den höchst freundlichen und liebenswürdigen Brief Ew. Gnaden nicht beantwortet habe. Die vielen Verpflichtungen, die ich vergangenen Samstag, dem Posttag, hatte, waren der Grund für mein Versäumnis. Zwei Verpflichtungen waren es: zum einen, daß ich von 13 bis 16 Uhr Kammermusik für Seine Durchlaucht, den Fürsten von Neuburg,[a] aufführte, der sich

[a] Wolfgang Wilhelm, Pfalzgraf bei Rhein.

unerkannt im Hause des englischen Botschafters[b] aufhält. Gleich nach
der Aufführung mußte ich dann, von den Bitten vieler Freunde ange-
spornt, zur Karmelitenkirche gehen, weil es der Tag der ersten Vesper[c]
der hochheiligen Jungfrau dieses Ordens war. Dort mußte ich bleiben,
vollbeschäftigt, fast bis 21 Uhr.

Nun schreibe ich dies und lasse Ew. Gnaden wissen, welch große
Freude ich empfand, als ich aus Eurem höchst liebenswürdigen Brief
ersah, welchen Gefallen Ihr am ersten Akt der kühnen *Licori* des
Signor Giulio Strozzi fandet. Jetzt habe ich alles in Händen. Es wurde
mir von Signor Giulio Strozzi[d] übergeben und ist voller schöner Veränderungen. Eben lasse ich *La finta pazza* bei mir zu Hause abschreiben,
so daß keine Kopien verfügbar sind, weder insgesamt noch teilweise.

Ich habe bereits fast den ganzen ersten Akt komponiert und wäre
womöglich noch sehr viel weiter, wenn ich nicht die kleine Erkrankung
meiner Augen gehabt hätte, von der ich Ew. Gnaden berichtet habe,
und nicht Kirchenmusik hätte schreiben müssen. Zukünftig werde ich
mich mit größerem Fleiß an die Arbeit machen, und wenn Ihr das
Ganze sehen und das heißt lesen wollt, werde ich es Ew. Gnaden
zuschicken, wenn ich es kopiert habe, damit Ihr es durchsehen könnt.
Ihr werdet feststellen, daß Signora Margherita[e] für ihre Rolle viel zu
tun haben wird.

Ich habe gesehen, was Ew. Gnaden dem jungen Bassisten[f] vorgeschlagen haben, und mir scheint, er hat den festen Entschluß gefaßt, in
den Dienst Seiner Hoheit[g] zu treten. Allerdings ist meiner Meinung
nach der Lohn höher als er es verdient, weil es zwar wahr ist, daß er
sicher singt, aber dennoch auf eine ziemlich melancholische Art, und
was die Koloraturen[h] angeht, so läßt er sie nicht so klar hervortreten,
weil er es in den meisten Fällen versäumt, die Bruststimme mit dem
mittleren Stimmregister[i] zu verschmelzen. Denn wenn der Bruststimme

---

[b] Sir Isaac Wake.
[c] Das Gedenken Unserer Lieben Frau vom Berge Karmel (16. Juli) wurde am nächstfol-
genden Sonntag begangen, also zwei Tage später (18. Juli). Die ersten Vespern fanden
am Samstag, dem 17. Juli, statt.
[d] Venezianischer Dichter und Librettist.
[e] Margherita Basile, die Schwester von Adriana.
[f] Giovanni Battista Bisucci.
[g] Vincenzo II., Siebenter Herzog von Mantua.
[h] *gorgia*.
[i] [*la vocale*] *de la gola*. Da *gola* gelegentlich auch *golla* geschrieben wird, ist das Wort
häufig als *gozza* transkribiert worden.

das mittlere Register fehlt, dann wird die Koloratur grob, hart und verletzend, wenn dem mittleren Register die Bruststimme fehlt, dann wird die Koloratur verschmiert, und dies beinahe ununterbrochen. Aber wenn beide zusammenwirken, dann wird die Verzierung sowohl süß als auch deutlich und sehr natürlich.

Obwohl er kein Mitglied der Kapelle[j] ist, gefällt ihm dieses Herumziehen, während er bald hier, bald da Geld verdient, weil man sowohl mittlere als auch hohe Feste in dieser Stadt – besonders derzeit – aufwendig feiert. Auch gefällt es ihm, einige Groschen zu verdienen, wie es ihm während dieser glücklichen Freiheit zuteil wurde. Weitere Angaben kann ich nicht machen. Das Wesen des jungen Mannes ist sehr ruhig, bescheiden und demütig. Hier erweise ich Ew. Gnaden untertänigste Ehrerbietung und erbitte für Euch von Gott, Unserem Herrn, das höchste Glück.

Venedig, 24. Juli 1627

Ew. Gnaden   untertänigster und ergebenster Diener
                        Claudio Monteverdi

[j] Mitglied des Chores der Basilika von St. Markus.

102

Mantua, Archivio Gonzaga, Cassetta 6, f. 349. Einzelblatt: 1 Seite [an Alessandro Striggio, in Mantua]. *(31. Juli 1627.)* Davari, 163; Malipiero, 265; Paoli, 269.

Während unter Monteverdis wachsamen Augen in Venedig eine Kopie von *La finta pazza Licori* angefertigt wurde, war Graf Fabio Scotti (Haushofmeister am Hofe von Parma) in die komplizierten Vorbereitungen für eine Darbietung ganz anderer Art verstrickt, eine Kombination von *torneo*, Bühnenstück und Intermedien, die mit einem Grad von üppiger Pracht aufgeführt werden sollte, wie sie seit den Tagen Vincenzos I. am rivalisierenden Hof der Gonzaga unbekannt war. Am selben Tage, da Monteverdi den folgenden Brief an Striggio schrieb, äußerte sich Scotti gegenüber dem Marchese Enzo Bentivoglio und versicherte ihm, daß, wenn er, der Marchese, erst eine Sammlung von Bühnenmaschinen, die von einem aufgege-

benen Projekt des Jahres 1618 übriggeblieben war, überprüft und entschieden hätte, ob sie repariert und wieder voll funktionsfähig gemacht
werden könnten oder nicht, er den Hauptanteil an der Planung dieser
Vorbereitungen in seine Hände legen würde.[1] Und um den 10. August
erhielt Monteverdi einen vorfühlenden Brief vom Marchese, der anfragte,
ob er an der Musik mitzuwirken bereit sei.[2]

[1] Reiner, 294.
[2] Vgl. Brief 106.

Venedig, 31. Juli 1627; [an ALESSANDRO STRIGGIO, in Mantua]

Ew. Erlaucht, mein Gnädigster Herr,
ich habe das in Musik gesetzte Stück *La finta pazza* des Signor Giulio
Strozzi[a] zum Kopieren weggegeben, aber trotz meiner Bemühungen
habe ich es nicht wiederbekommen können (nachdem ich heute, am
Posttag, den Auftrag Ew. Gnaden erhalten hatte, ich solle Euch *La
finta pazza* schicken, damit Ihr sie Euch ansehen könnt). Mit der nächsten Post werde ich Ew. Gnaden unverzüglich entweder das Original
oder die Kopie schicken, mit der der genannte Kopist seit sechs Tagen
beschäftigt ist.
     Ich würde es als höchste Gunst betrachten, wenn *La finta pazza* dem
Geschmack Ew. Gnaden entspräche, dem ich mit all meinem Fleiß und
meinem Können voll und ganz zu dienen wünsche. Mit derselben Zuneigung bitte ich Gott, er möge die hochverehrte Person Ew. Gnaden
stets segnen und bewahren, vor der ich mich demütig neige und Euch
die Hände küsse.
Venedig, 31. Juli 1627
Ew. Gnaden   demütigster und dankbarster Diener
                Claudio Monteverdi

[a] Venezianischer Dichter und Librettist.

103

Mantua, Archivio Gonzaga, Cassetta 6, f. 351. Einzelblatt: 1 Seite [an Alessandro Striggio in Mantua]. *(17. August 1627.)* Davari, 163; Malipiero, 266; Paoli, 270.

Bisucci, der bologneser Bassist, entschloß sich, ein beabsichtigtes Risiko einzugehen und sich den Gonzaga zur Verfügung zu stellen. Er nahm den folgenden Brief an sich und fügte ihm seine eigene Erklärung der fortgesetzten Verzögerung der Abschrift von *La finta pazza Licori* bei. Lange kann sich Bisucci aber nicht in Mantua aufgehalten haben: er muß vom Augenblick seines Eintreffens an den Verfall und die Notlage gespürt haben, denn der neue Herzog hatte nur noch vier Monate zu leben.

Wenn aber auch in Mantua der endgültige Zusammenbruch bereits eingesetzt hatte, so machte sich in Parma im Gegenteil noch viel Aktivität bemerkbar, trotz der ähnlichen Zerrüttung der finanziellen Situation beider Höfe. Geld oder kein Geld, die Farnese waren entschlossen, die denkbar aufwendigste Aufführung zustande zu bringen, und zu diesem Zweck kam es in wachsendem Maße zur Mitarbeit von Hofbeamten, Dichtern, Musikern, Bühnenbildnern, Dekorateuren und Bühnenmaschinisten. Am 11. August schickte der Haushofmeister Fabio Scotti Wagen nach Reggio Emilia, um den Marchese Bentivoglio abzuholen,[1] und als der erst einmal in Parma war, begann er sofort mit der Aufgabe der künstlerischen Gestaltung, die sechzehn Monate später ihren Höhepunkt erreichte.

Unter den vielen Briefen, die um seine Aufmerksamkeit warben, waren, soweit es sich um Musik handelte, zwei von besonderer Bedeutung. Einer stammte von Monteverdi, der sein Interesse an einer Zusammenarbeit zum Ausdruck brachte und um eine baldige Gelegenheit bat, Einsicht in das zu vertonende Libretto zu bekommen. Dieser Brief ist bedauerlicherweise nicht erhalten geblieben. Der andere liegt, als Teil des Bentivoglio-Archivs, im Archivio di Stato von Ferrara[2] und wurde am 13. August von dem ferrareser Komponisten Antonio Goretti geschrieben.

Er bringt dem Marchese sein Bedauern zum Ausdruck, in Ferrara gerade zu spät angekommen zu sein, um ihm seine Aufwartung zu machen und seine Fragen zu Musik und Musikern zu beantworten. Im Hinblick auf einen Betroffenen – Sigismondo d'India – räumt er zwar ein, daß der Mann ein gewisses Maß an Fähigkeiten habe, schränkt das aber durch eine verheerend offene Charakterskizze wieder ein. D'India liebt Schmeicheleien

---

[1] Reiner, 295.
[2] Partie 208, ff. 241–242 (Übersetzung in Reiner, 286–287).

und bläht sich damit auf; wenn es aber zur Endphase der Komposition und zu den Vorproben kommt, ist er so unentschlossen, daß er die Mitwirkenden geradezu verrückt macht. Goretti bietet dann seine eigenen Dienste an und erinnert Bentivoglio daran, daß er bereits ein für einen früheren festlichen Anlaß bestimmtes Libretto vertont hat, womit er offenbar Alfonso Pozzos Intermedien *La difesa della bellezza* meint, die 1618 zur Aufführung bestimmt waren, später aber fallengelassen wurden.[3]

Schließlich wurde Goretti als Monteverdis Assistent verpflichtet, der ihm wertvolle Hilfe nicht nur bei der Vorbereitung der Partituren, sondern auch mit der ständigen Mahnung an die bevorstehende Aufgabe leistete. Aus einer vornehmen ferrareser Familie stammend, verfügte Goretti über die Mittel, seinem Hang zur Musik dadurch zu frönen, daß er Aufführungen in seinem eigenen Hause veranstaltete, das eine nützliche Bibliothek gedruckter und handschriftlicher Notenmaterialien ebenso enthielt wie eine gediegene Sammlung von Instrumenten.[4] Obwohl nur wenige seiner Kompositionen erhalten geblieben sind, machen zahlreiche ihm geltende Widmungen deutlich, daß er wegen seines Musikertums ebenso wie wegen seines aufgeschlossenen Charakters in hohem Ansehen stand.

Luigi Mazzi, Organist des Benediktinerklosters in Ferrara, dankte ihm in der Widmung seiner *Ricercari... et canzoni* (1596) für die Ermutigung zur Veröffentlichung und für viele andere Gefälligkeiten. Andere Huldigungsbezeugungen tauchen in Veröffentlichungen von Orfeo Vecchi (*Motetti,* 1599), in Vincentis Neuauflage von Victorias Hymnen (1600) und in Marsolos *Madrigali boscarecci* von 1607 auf. Um das Jahr 1598 begann Goretti, Interesse für Monteverdis Madrigale zu zeigen, von denen er viele in die Programme der in seinem Haus stattfindenden Akademiekonzerte aufnahm. Unter den Zuhörern waren Musikkenner der verschiedensten Lager, manche konservativ, andere zukunftsorientiert und großzügig; der bei weitestem reaktionärste aber war Giovanni Maria Artusi, ein Kanoniker von San Salvatore in Bologna, der zum unerbittlichen Kritiker Monteverdis wurde, bis er sich schließlich zum modernen Standpunkt umstimmen ließ.[5]

Im Jahre 1603 veröffentlichte Goretti eine Rede, die er vor der Accademia degli Intrepidi gehalten hatte – »Dell' eccellenze et prerogative della musica« –, und im folgenden Jahr widmete ihm der ferrareser Komponist

---

[3] Reiner, 288.

[4] Das Notenmaterial und die Instrumente werden in der Widmung von G. B. Buonamentes *Sonate, et canzoni* von 1636 erwähnt (Sartori, *Bibliografia,* 350).

[5] *L'Artusi, ovvero, delle imperfezioni della moderna musica* (Venedig 1600). Die zweite Abhandlung ist übersetzt bei Strunk, 393–404. Zu einer umfassenden Darstellung dieser Wandlungen siehe Palisca, »Artusi«, 133–166.

Nicoletti eine Villanelle, *Se ben parto mia vita.*[6] Dieses Werk mag eine Art *riposta* auf Gorettis *Io parto, anima mia* gewesen sein, von dem lediglich eine handschriftliche Kopie in Neapel erhalten geblieben ist (Conservatorio San Pietro a Majella). Pozzo erwähnt Goretti kurz in seinem Schreiben an Bentivoglio über die geplanten Aufführungen für 1618, läßt aber durchblicken, daß er bereits intensiv an den Plänen beteiligt war.[7]

Aber erst bei den Vorbereitungen zu den Hochzeitsfeierlichkeiten von Odoardo Farnese und Margherita de' Medici rückt Goretti als Gestalt von beträchtlichem Gewicht und Einfluß ins Blickfeld. Zum Glück sind viele seiner Briefe erhalten geblieben, und fünfzehn davon sind teilweise oder vollständig veröffentlicht worden, entweder in italienischer Sprache oder in englischer Übersetzung.[8] Sie vermitteln den Eindruck eines einfühlsamen, geistreichen und beharrlichen Menschen, der sich ganz und gar der Musik und der Unterstützung von Musikern gewidmet hat, wie lästig sie sich gelegentlich auch gezeigt haben müssen. Aber er war zuverlässig und gewissenhaft, und schon aus diesen Gründen war seine Beteiligung an der musikalischen Seite der Aufführungen in der Tat wirklich unerläßlich. Später fand er auch selbst als Komponist Anerkennung, und zwar mit der Musik zu einem *torneo, Discordia superata,* der 1635 in Ferrara aufgeführt wurde. Er stand noch 1640 mit Bentivoglio in Verbindung,[9] starb aber vor 1653, dem Jahr, in dem seine Instrumentensammlung an den Erzherzog von Tirol verkauft wurde, bis sie schließlich ihren Weg nach Wien fand.[10]

Bentivoglio verbrachte nur einige Tage in Ferrara, war aber doch in der Lage, eine gründliche Inspektion der Bühnenmaschinerie vorzunehmen, die 1618 für Pozzos *La difesa della bellezza* gebaut worden war, und ordnete an, sie zu reparieren und für das weit ehrgeizigere Projekt in Bereitschaft zu halten, das schließlich 1628 verwirklicht werden sollte. Am 16. August, weniger als eine Woche nach seiner Ankunft, schrieb er an seine Frau und kündigte seinen Entschluß an, am folgenden Tage heimzukehren.[11]

---

[6] Vogel, *Bibliothek,* II, 21.

[7] Reiner, 288.

[8] 1627 – 12. März (augenblicklicher Aufbewahrungsort unbekannt; verzeichnet im Succi-Verkaufskatalog als Nr. 481); 18. April (Zusammenfassung bei Kinsky, Nr. 457); 13. August (Reiner, 286–287); 29. Oktober (Lavin, 146); 2. November (Lavin, 146); 16. November (Lavin, 146); 26. November (Lavin, 147); 27. November (Barblan, »La vita«, 140; übersetzt bei Reiner, 301); 7. Dezember (Lavin, 147). Sechs weitere Briefe gehören ins folgende Jahr 1628 – 13. Februar (Kinsky, Nr. 457); 18. Februar (Lavin, 147); 25. Februar (Lavin, 148); 9. November (Lavin, 148); 28. November (Lavin, 148); 15. Dezember (Lavin, 148).

[9] Reiner, 288.

[10] Senn, 334, 340.

[11] Reiner, 295.

Venedig, 17. August 1627: [an ALESSANDRO STRIGGIO, in Mantua]

Ew. Erlaucht, mein Gnädigster Herr,
da sich durch diesen Überbringer[a] (den Herrn Bassisten, der im Auftrag Seiner Hoheit[b] kommt) die gute Gelegenheit bietet, wollte ich Ew.
Gnaden wissen lassen, daß der Kopist der Fabel *La finta pazza Licori*
mit einer Vielzahl von Aufgaben beschäftigt gewesen ist; deshalb
konnte ich sie Ew. Gnaden bisher nicht schicken. Ich hoffe aber, daß
ich sie Euch schnell werde schicken können.
Die vielen Verpflichtungen wird auch der Herr Bassist bezeugen
können, der mich – angesichts einer solchen Gelegenheit – gedrängt
hat, Ew. Gnaden mitzuteilen, wie sehr er sich nach der Gunst Ew.
Gnaden sehnt und wünscht, für einen Diener gehalten zu werden, der
Ew. Gnaden von ganzem Herzen verpflichtet ist, vor denen ich mich
sehr herzlich verneige und Euch ehrerbietig die Hände küsse, indem
ich für Euch von Gott das höchste Glück erbitte.
Venedig, 17. August 1627
Ew. Gnaden   ergebenster und dankbarster Diener
                    Claudio Monteverdi

[a] Giovanni Battista Bisucci.
[b] Vincenzo II., Siebenter Herzog von Mantua.

104

Mantua, Archivio Gonzaga, Cassetta 6, f. 353. Einzelblatt: 1 Seite [an
Alessandro Striggio, in Mantua]. *Anlage:* Libretto des zweiten und
dritten Aktes von *La finta pazza Licori.* *(28. August 1627.)* Davari,
164; Malipiero, 267; Paoli, 271.

Das Libretto des ersten Aktes von *La finta pazza Licori* war bereits mit
Brief 100 auf den Weg gebracht worden; jetzt schickt Monteverdi den
zweiten und dritten Akt und verspricht den Rest, sobald sich sein Kopist
hinreichend von seiner Erkrankung erholt hat, um die Aufgabe abzuschließen. Die beiden letzten Akte folgen zusammen mit Brief 106, vom

10. September, der eine ausführliche Auseinandersetzung mit mantuanischen Problemen enthält, die seine Zukunft betreffen. Das war eine entscheidende Phase seiner Laufbahn, denn in dem Maße, wie die Wahrscheinlichkeit weiterer Aufträge aus Mantua langsam in den Hintergrund trat, wuchs den Auftragsarbeiten für Parma ständig größere Dringlichkeit zu.

Parma, die alte Feindin von Mantua, umwarb jetzt eben den Komponisten, dem Francesco Gonzaga 1613 fristlos den Dienst aufgekündigt hatte, und Monteverdi war nicht geneigt, ihr Angebot zurückzuweisen. Er muß geahnt haben, daß der Herzoginwitwe Margherita und ihrem Sohn Odoardo, dem regierenden Herzog, andere Namen zu Ohren gekommen waren. Vincenzo Bonizzi, Organist von Madonna della Staccata in Parma, hatte der Herzogin 1626 einige Singstimmenbearbeitungen von Stücken für *viola bastarda* gewidmet,[1] während ihr Sohn im gleichen Jahr Widmungsträger eines Bandes von *Madrigali concertati* von G. B. Crivelli, des Organisten von Santo Spirito in Ferrara, und einer Oper – *La catena d'Adone* – des römischen Komponisten Mazzocchi wurde.[2]

Aus Modena, wo er damit beschäftigt war, dem Herzog eines seiner neuesten Werke zu präsentieren, schrieb Sigismondo d'India am 26. August an Bentivoglio und bot ihm seine Dienste an – »überall und zu allem, was Ihr für gut haltet« –, womit er natürlich meinte, daß er Gerüchte von der in Parma gewünschten Musik gehört hatte und zur Mitarbeit aufgefordert zu werden hoffte.[3] Was er derzeit nicht wissen konnte, war, daß dieser Auftrag bereits Monteverdi und Goretti als seinem Assistenten zugefallen war.

[1] Sartori, *Bibliografia*, 307.
[2] Vogel, *Bibliothek*, 193, 440.
[3] Reiner, 286.

Venedig, 28. August 1627; [an ALESSANDRO STRIGGIO, in Mantua]

Ew. Erlaucht, mein Gnädigster Herr,
der Kopist ist halbkrank gewesen. Aus diesem Grund konnte er mir die Abschrift des besagten Stücks[a] nur bis zum dritten Akt geben. Mit der nächsten Post werde ich Ew. Gnaden den Rest schicken, weil er mir den versprochen hat. Ihr werdet mir die Verzögerung verzeihen, die nicht auf meine Kosten geht. Ich warte dann, was mir Ew. Gnaden

[a] *La finta pazza Licori* von Giulio Strozzi.

bezüglich des besagten Spiels auftragen werden und erweise Ew. Gna-
den hier demütigste Ehrerbietung und erbitte dabei für Euch von Gott,
Unserem Herrn, den Gipfel des höchsten Glücks.
Venedig, 28. August 1627
Ew. Gnaden   ergebenster und dankbarster Diener
                Claudio Monteverdi

105

Neapel, Biblioteca del Conservatorio di San Pietro a Majella, Nr. 6829.
Doppelblatt: 4 Seiten [an den Marchese Enzo Bentivoglio, in Ferrara].
(10. September 1627.) Caffi, II, 135; Malipiero, 270; Paoli, 277; Prunières, 275.

Der folgende ist der erste von fünf Briefen, die, wie aus inneren Beweisen
zu erschließen, an den Marchese Enzo Bentivoglio gerichtet sind.[1] Da die
Bedeutung seiner Rolle für Monteverdis berufliche Laufbahn bisher noch
nicht angemessen gewürdigt worden ist, mag eine Neubewertung der Fak-
ten nicht unangebracht sein. Als Sohn von Cornelio Bentivoglio und Isabella Bendiclio schien Enzo das Regierungstalent seines Vaters geerbt zu
haben, der am Hofe Alfonsos II. einen hohen Rang innehatte. Er wurde
1575 in Ferrara geboren und starb am 25. November 1639, so daß seine
gesamte Lebensspanne ungefähr mit der Monteverdis übereinstimmte.
Obwohl er Musik liebte, machte er sich nie zum speziellen Förderer der
Künste oder ihrer ausübenden Vertreter, und der völlige Mangel an gedruckten Widmungen zeigt, daß er einzelne Werke wahrscheinlich weder
in Auftrag gab noch förderte.

Sein Interesse für das Theater (im weitesten Sinne des Wortes) war
jedoch bemerkenswert, er schrieb auch gern Lyrik, plante landwirtschaftli-
che Verbesserungen und überwachte die Errichtung von Bauwerken, etwa
des Kapuzinerklosters und der Kirche San Maurilio in seiner Geburtsstadt.
Der Kreis seiner einflußreichen Freunde umfaßte mehrere Kirchenfürsten
– die Kardinäle Borghese, Caetani, Pio, d'Este, Serra und Bevilacqua. Sein
eigener Bruder Guido wurde, nachdem er in Flandern und Frankreich als
Apostolischer Nuntius gedient hatte, 1621 zum Kardinal erhoben, und ihr

---

[1] Die vier anderen sind Nr. 109, 111, 113 und 122.

Briefwechsel wirft gelegentliche Blitzlichter auf ihre gemeinsame Sorge um großartig-leuchtende Arten von Bühnenspektakeln.[2]

In Brief 106 (der anscheinend am gleichen Tage geschrieben wurde wie der folgende) bezieht sich Monteverdi auf Enzo Bentivoglio als auf »meinen mir viele Jahre lang sehr gewogenen Herrn«, eine Formulierung, die häufig zitiert und ebenso oft mißverstanden worden ist.[3] Tatsächlich läßt das Wort »viele« an eine sehr viel längere Zeitspanne denken als »einige« oder »mehrere«, und wie es häufig der Fall ist, erweist sich Monteverdis Wortwahl als einfühlsam und bezeichnend, denn er begegnete Bentivoglio in der Endphase seiner Arbeit in Mantua bei mehreren Gelegenheiten und arbeitete nahezu mit Sicherheit mit ihm an irgendwelchen Projekten zusammen.

Kurz vor seiner Ehe mit Caterina Martinengo im Jahre 1602 übernahm Bentivoglio eine Führungsrolle bei der Gründung der Accademia degli Intrepidi, und zwar gemeinsam mit Francesco Saraceni und Guidobaldo Bonarelli.[4] Er half ihnen mit Rat und Tat, vielleicht sogar mit Geldmitteln, bei der Erbauung eines Theaters und diente der Accademia zeitweilig als Präsident oder *principe*.[5] Auf die Verbindung zwischen Monteverdi und Bentivoglio wird in der Widmung des Vierten Madrigalbuches (1603) Bezug genommen, in der der Komponist darauf verweist, daß er, weil sein Bedürfnis, Herzog Alfonso einige seiner Madrigale vorzulegen, im Jahre 1597 vom Tode jenes Herrschers durchkreuzt wurde, sie den Mitgliedern der Accademia zu widmen beabsichtige, wo sie doch jetzt in Ferrara einen *principe* und Vorsitzenden eines hochvornehmen Kreises ritterlicher Freunde erwählt hätten.

Die Identität dieses *principe* ist lange im dunkeln geblieben, weil immer angenommen worden ist, daß die betreffende Person entweder Alfonsos designierter Nachfolger Cesare I. d'Este oder Vincenzo Gonzaga, der Erste Herzog von Mantua, war.[6] Aber als Clemens VIII. 1598 Ferrara als päpstliches Lehen annektierte, verlegte Cesare seinen Hof nach Modena, und von da an hatte Ferrara keinen regierenden Fürsten oder Herzog mehr. Weil Monteverdi zu einem späteren Zeitpunkt Kontakt zu Cesare aufnahm, konnte er schwerlich schon 1603 auf ihn verweisen. Und er konnte auch nicht darauf bedacht gewesen sein, seinen eigenen »padron collendissimo« ins Spiel zu bringen, denn er hatte ihm bereits 1592 das

---

[2] Panigada, *passim*.

[3] *Cf.* Reiner, 285; »es kann auch nichts mehr bedeuten als seit langem bestehende Wertschätzung«.

[4] Vogel, 339, Fußn. 3.

[5] Paoli, 341.

[6] Bettinelli, 79.

Dritte Buch gewidmet, und das ganze Problem mit dem Vierten war seine enge Verbindung zu Ferrara. Die zahlreichen Madrigale nach Texten von Dichtern, die mit der Stadt in Verbindung standen oder dort lebten – Guarini, Arlotti, Tasso –, machen das vollkommen deutlich.[7]

Nur eine einzige Gestalt paßt überzeugend auf diese Beschreibung: Enzo Bentivoglio, ein energischer, aktiver und wohlhabender junger Mann von etwa sechsundzwanzig Jahren, der in der Tat das Haupt und der Vorsitzende einer bemerkenswerten Gruppe von Adeligen und Patriziern war, deren Hauptaugenmerk sich auf die Förderung der Künste und Wissenschaften richtete, und zwar mittels der Gründung der Accademia degli Intrepidi. In ihrer Anwesenheit hatte Monteverdi Aufführungen seiner eigenen Madrigale geleitet, und von ihnen hatte er Zustimmung und Gastfreundschaft erhalten; jetzt beehrte er sie, in Gestalt eines Satzes von Stimmbüchern, die von Amadino in einer ungewöhnlich schönen Drucktype gesetzt waren, mit den Früchten seiner Arbeit.

Abgesehen von der Möglichkeit eines weiteren Zusammentreffens von Komponist und Marchese im Jahre 1610, als Monteverdi Rom besuchte (wo Bentivoglio als Außerordentlicher Botschafter von Ferrara residierte), gab es 1612 noch eine andere Gelegenheit, die in einem Brief des damaligen Brüsseler Gesandten Guido Bentivoglio erwähnt wird. Enzo war von Vincenzo Gonzaga aufgefordert worden, für Mantua einen *torneo* zu entwerfen, und da diese Zurschaustellungen reiterischer Geschicklichkeit stets von geeigneten Freiluftmusiken begleitet wurden, ist es sehr wahrscheinlich, daß Monteverdi als Mitarbeiter hinzugezogen wurde.[8] Aber selbst wenn sie einander 1610 oder 1612 nicht begegneten, muß das doch 1601 oder 1602 bei einer oder mehreren Sitzungen der ferrareser Accademia der Fall gewesen sein.

Jetzt, ein Vierteljahrhundert später, legte Bentivoglio noch immer eine lebhafte Begeisterung für *tornei,* theatralische Prunkaufführungen und Hoflustbarkeiten an den Tag. Dankbar willigte er in den Vorschlag ein, alle künstlerischen Vorbereitungen zu einer Aufführung von Tassos *Aminta* zu überwachen, die durch einen Prolog *(Teti e Flora)* von Claudio Achillini aus Bologna und fünf Intermedien – *La Liberazione di Ruggero, Didone ed Enea, Diana e Venere, Gli Argonauti* und *I cinque continenti* – von Ascanio Pio di Savoia, dem Schwiegersohn Bentivoglios, komplettiert wurde. Um der Ausgewogenheit willen sollte auch noch ein *torneo* auf der Grundlage des Themas von *Mercurio e Marte,* ebenfalls von Achillini, ins Programm aufgenommen werden. Das Stück selbst sollte in herkömmlicher Weise

[7] Guarinis *Il pastor fido* kann dort 1595 aufgeführt worden sein.
[8] Panigada, 430 (Brief vom 12. Februar 1612).

rezitiert werden, alles andere aber rief geradezu nach Musik differenziertester Art, mit Solisten, Chören und Instrumentalensembles, die, ganz dem Aktionsradius der Handlung angepaßt, über, unter, hinter der Bühne auftraten oder wohin sonst die dramatische Notwendigkeit sie berief.[9] Einem einzigen Musiker fiel, zusammen mit einem Assistenten, die Aufgabe zu, die gesamte Musik zu komponieren, zu instrumentieren und bis zur endgültigen Aufführung zu überwachen.

Der große Anlaß sollte die Hochzeit des jungen Herzogs Odoardo in Parma sein, der anfangs mit Maria Cristina, der ältesten Tochter von Cosimo II. de' Medici, dem Großherzog der Toskana, verlobt gewesen war. Solche Probleme wurden traditionellerweise bereits in Angriff genommen, wenn die bedauerlichen Betroffenen noch zu jung waren, um zu wissen, was da eigentlich vor sich ging, und es konnten schon einige Jahre vergangen sein, daß Odoardo erfahren hatte, Maria sei bucklig, wenn ihre mäßige Schönheit auch knapp durch eine gewaltige Mitgift aufgewogen werde. Lücken im Ehekontrakt, die Rivalität eines französischen Bewerbers – Gaston d'Orléans – und Marias Rückzug ins Kloster und in einen frühen Tod warfen einen unheilvollen Schatten über Verhandlungen, die sich bereits lange hinschleppten; schließlich aber wurde das Problem zufriedenstellend gelöst, und zwar ganz im Sinne Odoardos, für den die zweite Tochter Cosimos, Margherita, ausgewählt wurde.

Ein Ergebnis dieses heiratsvermittlerischen *imbroglio* war, daß die Hochzeit vom Frühjahr auf den Oktober 1628 verschoben werden mußte; und als Folge davon fanden die Aufführungen des Stückes, der Intermedien und des *torneo* erst kurz vor Weihnachten statt. *Aminta* und die Intermedien wurden am 13. Dezember in einem eigens erbauten Theater im ersten großen Innenhof des Palazzo della Pilotta gespielt, der Hauptresidenz der Farnese, und es erstreckte sich über die ganze Breite der Fassade der Chiesa di San Pietro Martire (Bühne und Proszenium) bis zur Säulenreihe der gegenüberliegenden Seite.[10] Der *torneo, Mercurio e Marte,* fand am 21. Dezember in einem damals Teatro nel Salone genannten Holzbau statt, der 1618 nach Plänen von Giovanni Battista Aleotti errichtet und später von Bentivoglio umgebaut worden war. Obwohl dieser im oberen Stockwerk des Palastes gelegene Theatersaal im Zweiten Weltkrieg schwerste Zerstörungen erlitt, ist er jetzt wieder zufriedenstellend restauriert worden.[11]

---

[9] Durch einen bemerkenswerten Zufall erschienen 1964 gleichzeitig drei ausführliche und einander ergänzende Studien zu den Ereignissen in Parma, nämlich die von Lavin, Nagler und Reiner.

[10] Buttigli, zitiert bei Lavin, 153 ff. Siehe auch Abb. 5, Tafel III.

[11] Abbildung aus der Biblioteca Communale von Ferrara bei Lavin, Abb. 7, Tafel IV.

Wenn Bentivoglio auch die Aufführungen als Ganzes leitete, so war es doch niemand anderer als die Herzogin von Parma, die die zahllosen Ideen sammelte und auswertete, die bei Hofe diskutiert worden sein müssen, sobald die Planung eines geeigneten Schauspiels allgemeine Zustimmung gefunden hatte. Unwahrscheinlich ist, daß Odoardo großen Anteil an den Beratungen nahm, denn er war 1627 erst fünfzehn Jahre alt und wahrscheinlich mehr als zufrieden, solche Angelegenheiten seiner Mutter überlassen zu können. Eine geborene Margherita Aldobrandini, hatte sie im Jahre 1600 Ranuccio Farnese (1569–1622) geheiratet, den Vierten Herzog von Parma, und eines ihrer bescheideneren Hochzeitsgeschenke war eine Sammlung von musikalischen Epithalamien – *Sesto Himeneo ingemmato* – von Giulio Quintiani gewesen, dem Organisten und *maestro di musica* des Domes von Piacenza.[12] Ihre Neigung zur Musik läßt sich aus dieser und anderen Widmungen erschließen, und zweifellos fühlte sie sich von den Schlußfassungen der Libretti von Ascanio Pio di Savoia und Claudio Achillini geschmeichelt, die gemeinsam zahllose direkte oder symbolische Anspielungen auf den Namen Margherita einarbeiteten – ihr eigener Name, der der Schwester ihres verstorbenen Gatten und auch der ihrer Schwiegertochter, der künftigen Herzogin.

Monteverdi legt in seiner Antwort auf Bentivoglios Brief besonderen Wert auf die Erwähnung eines Abschnitts aus einem der Briefe der Herzoginwitwe, der fraglos der Ursprung des ganzen Auftrags war. Obwohl ihr Monteverdis Ansehen irgendwie bekannt gewesen sein muß, hat es den Anschein, daß sie sich erst von der nachdrücklichen Empfehlung Settimia Caccinis beeinflussen ließ, die allen Betroffenen klar machte, daß Monteverdi um jeden Preis die Leitung übertragen werden mußte. Und am Ende bekam die Sängerin ihren Willen. Das Bentivoglios Brief beigefügte Intermedium war das dritte der fünf von Ascanio Pio verfaßten: *La favola pastorale di Diana e Venere*.[13] Keine Zeit wurde bei der Entscheidung über die Art der Vertonung jedes der vier Hauptteile des Intermediums verloren,[14] aber Monteverdi beeilte sich darzulegen, daß bestimmte Abschnitte der Ratschläge Bentivoglios bedürften. Die beiden Hinweise auf »nächsten Mittwoch« legen beinahe sogar die Vermutung eines persönlichen Zusammentreffens nahe; sie können aber auch nicht mehr bedeuten als einen

---

[12] Vogel, *Bibliothek,* II, 113.
[13] Solerti, *Musica,* 450.
[14] Wenn diese Beschreibungen mit dem Libretto verglichen werden, wird deutlich, daß der erste Abschnitt mit den Anfangsworten der Ersten Sirene (»Fermate, O venti«) beginnt; der zweite Abschnitt setzt mit den Anfangsworten von Diana ein (»Fermate voi, fermate«); der dritte mit denen aus Plutos Solo (»Cessin fra voi gli acerbi oltraggi«) und der vierte mit denen aus Dianas Solo (»Ma quale a gli occhi miei«).

ungewöhnlichen Grad von Eile, im Verein mit dem größeren Vertrauen auf den *corriere* (Eilpost) vor dem langsameren *ordinario*.

Der folgende Brief wurde, wie die vier anderen erhalten gebliebenen Schreiben des Komponisten an den Marchese, anscheinend irgendwann im 19. Jahrhundert aus den Beständen des Bentivoglio-Archivs in Ferrara ausgesondert. Jeder Brief gehört jetzt einer anderen Sammlung in Neapel, Oxford, Paris und Bologna an; einige andere können ebenfalls beiseite geschafft worden sein und sind seither ganz abhanden gekommen. Merkwürdig an diesem Brief ist sein Datum, das ganz deutlich als »1617« geschrieben und so auch von einigen Monteverdi-Biographen gedeutet worden ist. Frank Walker rückte die Dinge in einer Mitteilung zurecht, die das Datum als tatsächlich niedergeschriebenes zwar bestätigte, aber mit Nachdruck darauf hinwies, daß es sich um einen Fall von Verschreiben (oder Verwechseln) handelte, denn der Inhalt des Dokuments bezieht sich eindeutig auf die Ereignisse der Jahre 1627 und 1628.[15]

Obwohl Monteverdi selten Fehler dieser Art unterliefen, ließ er doch etwa in Brief 3 den Tag des Monats und am Schluß von Brief 62 das Jahr aus. Manchen Menschen fällt es schwer, auch die Jahreszahl zu erhöhen, wenn sie etwa in der ersten Januarwoche des neuen Jahres Briefe zu datieren haben. Aber das Verschreiben von »1617« für »1627« ist etwas schwieriger zu erklären, wenn es sich um den Monat September handelt. Freitag, der 10. September, war tatsächlich ein ungewöhnlicher Tag, weil Monteverdi da drei Briefe hintereinander schrieb, und in seinem ganzen Werdegang als Briefschreiber findet sich kein ähnlicher Fall. Alle drei Briefe waren von besonderer Bedeutung, und eine Untersuchung der Handschrift ergibt, daß er sie in einer Reihenfolge abfaßte, die dem Rang des Empfängers entsprach: erst der an den Marchese, dann der an den Grafen und zum Schluß der an den Ratsherrn (Marigliani war kurz zuvor vom Sekretär zum Ratsherrn befördert worden). Die wahrscheinlichste Erklärung ist die, daß er frühmorgens mit dem Brief an Bentivoglio begann und noch nicht völlig wach war, als es um das Datum ging. Als er sich dann für die Aufgabe erwärmte, schrieb er das korrekte »1627« an den Schluß der Briefe an Striggio und Marigliani.

---

[15] Walker, 433.

Venedig, 10. September 1627; [an den MARCHESE ENZO BENTIVOGLIO, in Ferrara]

Sehr geehrter, hochwohlgeborener Herr und hochverehrter Gebieter, gestern, am 9. des Monats, erhielt ich durch den Kurier eine Briefsendung Ew. Exzellenz, in welcher sich ein Intermedium[a] befand und ein Brief Ew. Exzellenz, voll grenzenloser Freundlichkeit und Ehre für mich, samt der Kopie eines Abschnitts aus einem an Ew. Exzellenz gerichteten Brief der Durchlauchtigsten Herzogin von Parma,[b] in welchem sie mich zu beehren geruht, mir durch Ew. Exzellenz aufzutragen, ich solle vertonen, was mir von Ew. Exzellenz angeordnet werden wird. Ich hatte kaum Zeit, das besagte Intermedium zweimal durchzulesen, weil ich schreiben mußte, da heute der Tag ist, an dem der Kurier abgeht. Ich habe darin jedoch so viel Schönes gesehen, daß ich in der Tat einem so trefflichen Werk von Herzen zugetan war.

Obwohl die Zeit kurz war, bin ich in dieser Sache insgesamt nicht müßig gewesen. Ich habe nämlich bereits einen Anfang gemacht und werde das bescheidene Ergebnis Ew. Exzellenz nächsten Mittwoch zeigen. Ich habe schon beschlossen, daß es vier Arten von Musik sein werden, die das genannte Intermedium schmücken. Die erste beginnt beim Anfang und dauert bis zum Ausbruch des Zorns zwischen Venus und Diana bei ihrem Streitgespräch; die zweite dauert vom Ausbruch des Zorns bis zum Ende ihres Streitgesprächs; die dritte beginnt, wenn Pluto eintritt, um Ordnung und Stille zu bringen, und dauert so lange, bis sich Diana in Endymion[c] zu verlieben beginnt; und die vierte und letzte dauert vom Beginn dieser Verliebtheit bis zum Ende.

Aber glaubt mir, Ew. Exzellenz, es gibt darin Stellen, die mir, wie Ihr sehen werdet, ohne Eure feinfühlige Hilfe keine geringen Schwierigkeiten bereiten werden. Darüber teile ich Ew. Exzellenz am Mittwoch Genaueres mit. Einstweilen werde ich nichts weiter tun, als Gott zunächst dafür danken, daß er mich würdig gemacht hat, so hohe Befehle von so hohen Herren und Gebietern empfangen zu können, und ihn zugleich darum zu bitten, er möge mich des guten Ergebnisses wie der Ergebenheit würdig machen, einer Ergebenheit, die den Gebietern gewiß mit der größtmöglichen Kraft zu dienen sucht.

Ich sage Ew. Exzellenz für so viel Gunst grenzenlosen Dank, bitte zugleich Gott, er möge immer zu Ew. Exzellenz Gunsten handeln, und flehe Euch an, an meiner Stelle der Freundlichkeit der Durchlauchtig-

---

[a] *Diana e Venere,* das dritte von insgesamt fünf Intermedien, die Ascanio Pio für eine Aufführung von Tassos *Aminta* schrieb.
[b] Die Herzoginwitwe Margherita, Witwe von Ranuccio Farnese.
[c] Der Name Endymion wurde in der Schlußfassung des Intermediums durch die Bezeichnung *pastore* ersetzt.

sten Hoheiten den größtmöglichen Dank zu sagen, denen ich untertänigste und tiefe Ehrerbietung erweise, indem ich mich ihnen als ergebenster Diener verpflichte und mich vor Ew. Exzellenz neige und Euch
die Hand küsse.
Venedig, 10. September 1627[d]
Ew. Exzellenz   ergebenster und dankbarster Diener
                 Claudio Monteverdi

[d] Monteverdi schrieb irrtümlicherweise »1617«.

106

Mantua, Archivio Gonzaga, Cassetta 6, ff. 355–357. Doppelblatt +
Einzelblatt: 6 Seiten [an Alessandro Striggio, in Mantua]. *Anlage:* Li-
bretto des vierten und fünften Aktes von *La finta pazza Licori. (10.
September 1627.)* Davari, 164; Malipiero, 267; Paoli, 273; Vogel, 434.

Das Libretto der komischen Oper ist endlich fertig,[1] und die Sängerfrage
scheint gelöst zu sein – wenigstens einstweilen, denn Monteverdis Hinweis
auf das merkwürdige Verhalten einiger seiner Chormitglieder kann beinahe schon als Prophezeiung gelten. Zehn Jahre später sollte er auf dem
Markusplatz von einem von ihnen beleidigt und angegriffen werden, wobei
ihm erneut seine »Fähigkeit zur Selbstbeherrschung« zu Hilfe kommen
mußte. Selbstbeherrschung zeigt er auch in diesem Brief, obwohl das Angebot, das ihm zugrundelage, ihn beträchtlich aus der Fassung gebracht
haben muß. Die Gonzaga müssen seiner dringend bedurft haben, denn
trotz ihrer früheren Anläufe und seiner unumgänglichen Weigerungen waren sie doch bereit, es erneut zu versuchen und ihn zu überreden, obwohl
die Aussichten in Mantua finanziell und politisch nie zuvor so entmutigend
gewesen waren.

Deshalb beginnt Monteverdi seinen Brief damit, die Situation in Parma
über Gebühr zu verklären – seine Kontakte zu Bentivoglio, Herzog Odoardo und seiner Mutter; die Tatsache, daß er für die Aufgabe von mehreren anderen Komponisten ausgewählt worden ist; und das schnelle Voran-

[1] Nur das Libretto und Teile der Musik zum ersten Akt wurden vollendet; so kann man
die Oper nicht als verloren bezeichnen, da sie niemals existiert hat. Siehe Tomlinson,
»Finta pazza«.

kommen beim ersten Intermedium, das ihm zugeschickt wurde. Das leitet zum üblichen Lobpreis der Gonzaga über – insbesondere des regierenden Herzogs, dem er viele Jahre zuvor Musikunterricht erteilt haben kann. Darauf folgt ein absichtlich scharf herausgearbeiteter Kontrast zwischen der Sicherheit und Beständigkeit seines Daseins in Venedig und dem Leben in Mantua, wo das Tempo des Komponierens seine Qualität in den Schatten stellt. Hinsichtlich der Probleme mit seiner Pension aus Mantua wäre wohl nur eine Lösung annehmbar – oder eher zwei, wenn sie zu einem einzigen Beweis guten Willens gekoppelt würden: sein *fondo* in Gestalt von Landbesitz und eine Stiftspfründe von 300 *scudi* aus Cremona. Damit könne er eine Zeitlang arbeiten und sich dann zurückziehen, um seinen wohlverdienten Ruhestand zu genießen.

Das bei einem solchen Umzug erforderliche Spiel mit politischen Beziehungen wird mit Gewitztheit und Ehrlichkeit umrissen, dann aber durch einen sanguinischen Ausbruch durchkreuzt, der von früheren erfolglosen Beistandsgesuchen im Zusammenhang mit vakanten geistlichen Pfründen in Novara und Mantua geschürt wurde.[2] Diesmal ist der Weg komplizierter und gefährlicher. Ihm schwebt eine Audienz bei Herzog Vincenzo vor, der um einen Empfehlungsbrief an seine Schwester Eleonora, die Gattin Kaiser Ferdinands II., zu bitten wäre; die könnte dann mit dem Herzog von Feria (dem Gouverneur von Mailand) oder mit Seiner Eminenz Kardinal Campori von Cremona verhandeln, und als Ergebnis könnte für Monteverdi vielleicht eine Pfründe herausspringen. Die Kette hatte jedoch einige schwache Glieder, denn der Kaiser stand dem Problem nicht gänzlich wohlwollend gegenüber und hatte sich überdies mit seinem Schwager, König Sigismund III. von Polen, auseinanderzusetzen. Aus irgendeinem Grunde wollte Monteverdi, der für Sigismund in Venedig Musik geliefert hatte, ihn aus dem Bannkreis der Diskussion heraushalten.

Dem allem sollte die Unterstützung einer öffentlichen Übereignung neuer Kompositionen an die Kaiserin zugute kommen, deren Beschaffenheit aber – geistlich oder weltlich, wenige oder viele – nie recht deutlich wird. Da für diese Zeit keine gedruckte Anthologie vorliegt, der sich Näheres entnehmen ließe, konnte es sich da auch um bloß als Manuskripte vorliegende Arbeiten handeln. Die Kaiserin erhielt tatsächlich erst mit der *Selva morale* von 1641 eine Widmung von Monteverdi, und zu der Zeit war das Bedürfnis nach einer Pfründe nicht mehr existent. Im Jahre 1627 gab es wenig wirkliche Hoffnung auf einen solchen Glücksfall, aber die Gonzaga unterbreiteten ihr übliches Angebot, und der Komponist reagierte darauf mit der erwarteten Ablehnung. Dies war die letzte Gelegenheit, bei der das Spiel gespielt wurde.

---

[2] Siehe die Briefe 11 und 49.

Auch Parma hatte seine Probleme; sie betrafen in der Hauptsache jedoch die herzogliche Eheschließung. Nachdem Bentivoglio gehört hatte, daß Monteverdi endgültig ausgewählt worden war, die Musik für die Intermedien und den *torneo* zu schreiben, äußerte er sich der Herzogin gegenüber in einem Brief vom 4. September folgendermaßen: »Ich kann Euch nicht sagen, wie entzückt ich über den Entschluß bin, Monteverdi damit zu betrauen, und zwar ebenso wegen des seltenen Werts des Mannes wie deswegen, weil die Arbeit jetzt endlich beginnen kann.«[3] In Monteverdis Tageslauf wurde Strozzis Libretto jetzt durch die Verse von Ascanio Pio di Savoia ersetzt, und ein neues Kapitel seines Lebensbuches begann.

[3] Solerti, *Musica*, 193. Vogel, 385, zitiert denselben Abschnitt mit leichten Varianten und nimmt als Datum den 7. September und als Empfänger die Herzoginwitwe an.

Venedig, 10. September 1627; [an ALESSANDRO STRIGGIO, in Mantua]

Ew. Erlaucht, mein Gnädigster Herr,
ich schicke Ew. Gnaden den Rest von *La finta pazza Licori*. Ich sandte sie deshalb nicht mit der letzten Post, weil sie mir der Kopist nicht rechtzeitig vor der Abfahrt des Kuriers geben konnte. Außerdem habe ich beachtet, was mich Ew. Gnaden wissen zu lassen geruhten. Auch wenn Ihr mir nicht Schweigen geboten hättet, wäre diese Fähigkeit zur Selbstbeherrschung aus diesem Grund notwendig gewesen, denn die Tatsache, daß man darüber redet, hätte auch meiner gegenwärtigen Tätigkeit schaden können, weil in der Schar unserer Sänger sonderbare Dinge vor sich gehen; aber so nun um so mehr, als Ihr es mir durch die Euch angeborene Liebenswürdigkeit auftragt.

Der Marchese Bentivoglio,[a] mein mir viele Jahre lang sehr gewogener Herr, schrieb mir bereits vor einem Monat und fragte mich, ob ich ihm einige seiner Texte vertonen wolle, die von Seiner Exzellenz für eine gewisse sehr bedeutende Komödie gedichtet worden sind, die zur Aufführung bei der Hochzeit des Fürsten geschrieben wird. Es seien Intermedien und kein gesungenes Drama. Da er mein mir besonders gewogener Herr ist, erwiderte ich ihm, ich täte mein Bestes, um die Befehle Seiner Exzellenz zu erfüllen. Er antwortete mir mit besonderer Dankesbezeigung und erklärte mir, sie werde bei der Hochzeit Seiner

[a] Enzo Bentivoglio, seit 1619 Marchese di Gualteri.

Durchlaucht von Parma[b] gebraucht. Ich entgegnete ihm, ich täte alles, was er mir aufzutragen geruhe.

Er unterrichtete sogleich Ihre Hoheiten[c] davon und ich erhielt zur Antwort, ich solle sofort mit der Arbeit beginnen. Also schickte er mir sogleich das erste Intermedium.[d] Ich habe es schon fast bis zur Hälfte beendet und komponiere es mit Leichtigkeit, weil es beinahe alles Gesänge von Einzelpersonen[e] sind. Ihre Hoheiten erweisen mir mit einem solchen Auftrag große Ehre, denn ich habe gehört, daß sich sechs oder sieben Personen um diese Aufgabe beworben haben, aber diese Herren aus freien Stücken mich auszuwählen geruhten. So ist die Sache gewesen.

Ich antworte jetzt auf den Abschnitt, der die herzliche und außerordentliche Gewogenheit des Durchlauchtigsten Fürsten Vincenzo[f], meines besonderen Herrn, zum Gegenstand hat, weil er der sicherlich in jeder Lage, zu jeder Zeit und unter allen Umständen sein wird, wegen der außerordentlichen Ehrerbietung, die ich diesem Durchlauchtigsten Hause immer entgegenbringen werde und jetzt entgegenbringe; und wegen der besonderen Verpflichtung, die ich gegenüber der genannten Durchlauchtigsten Hoheit habe, da ich außerordentliche Gunstbezeigungen von seiner grenzenlose Güte erhalten habe. Und ich versichere, daß Seine Hoheit immer mein Herr und Patron sein werden, ohne daß ich meinerseits etwas anderes erwarte als die Freundlichkeit Ew. Hoheit, da ich doch sicher weiß, daß er meinem Ruin oder meinem Unglück nicht zustimmen wird.

Angesichts dessen, was ich bin, verläuft mein Leben in gesicherten Bahnen, ob ich nun meinen Dienst tun kann oder nicht, weil diese Sicherheit sich so äußert, daß sie (was den *maestro di capella* und die Sänger selbst angeht) niemals versuchen würden, jemanden etwas tun zu lassen, was er nicht kann, und dies überhaupt zu keiner Zeit. Ich will ferner versichern, daß ich sehr unglücklich darüber bin (glaubt es mir gewiß, Ew. Gnaden), daß mein schlimmes Schicksal – um sich mit mir einen Spaß zu erlauben – meine Vergütung, die mir Seine Hoheit[g] zu

---

[b] Odoardo Farnese.
[c] Herzog Odoardo und die Herzoginwitwe Margherita.
[d] Tatsächlich das dritte der fünf, aber das erste, das abgeschickt wurde.
[e] *soliloqui.*
[f] Vincenzo II., Siebenter Herzog von Mantua.
[g] Vincenzo I., Vierter Herzog von Mantua.

bewilligen geruhten, beeinträchtigen könnte: neun von zehn Malen fände sich für mich kein Geld in der Staatskasse. Und so wäre ich, dank dieses schweren Mißgeschicks, in kurzer Zeit reif für eine innere Erkrankung, ganz zu schweigen von dem Unglück, das auf den Tod[h] folgt und das mich in der Tat ohne irgendeine Unterstützung zurücklassen könnte.

Nichts könnte meine Seele mit solcher Genugtuung erfüllen wie ein Kanonikat in Cremona, neben meinen Ländereien, ohne weiteres Einkommen vom Staatsschatz. Dieses Kanonikat könnte ich sofort erhalten durch den Befehl Ihrer Majestät, der Kaiserin,[i] an den Gouverneur von Mailand[j] oder an den Kardinal von Cremona[k] persönlich. Dieses Kanonikat würde mir etwa 300 Scudi dieser Währung einbringen. Wenn ich mich durch diese feste Grundlage sicher fühlte (unter Hinzufügung meines Landbesitzes), so könnte ich gewiß sein, daß ich – nachdem ich Dienste geleistet habe, solange ich es konnte – dann etwas habe, wohin ich mich für die letzten Tage meines Lebens zurückziehen kann, ehrenvoll und in Gott.

Ansonsten würde ich mich – wie ich es Ew. Gnaden bereits gesagt habe – immer vor einem gewaltigen Streich fürchten, den mir mein übles Schicksal spielen könnte, und ich könnte ihn sicherlich erwarten, weil ich nicht mehr jung bin. Mit diesem Ziel (nämlich des genannten Kanonikats) wollte ich, bevor dessen Patronatsrecht[l] von seiner Majestät[m] gestrichen wurde, nach Mantua reisen und um Empfehlungsschreiben von Seiner Hoheit an Ihre Majestät, die Kaiserin, bitten (während ich dabei war, ihr einige meiner Kompositionen in der Absicht zu schenken, daß ich mit dem genannten Kanonikat begünstigt werde), da sich der König von Polen[n] in dieser Sache sehr eingesetzt hat. Aber Unglück suchte mich heim, weil ich seine Briefe aus bestimmtem Grund nicht vorlegen wollte.

Sicherlich bin ich nicht reich, aber ich lebe auch nicht arm, ferner

---

[h] Entlassung aus dem Dienst und Pensionsverweigerung beim Tode eines Herzogs (*cf.* Brief Nr. 8).

[i] Eleonora Gonzaga, Gattin von Ferdinand II.

[j] Don Gomez Suarez di Figueroa e Cordova, Vierter Herzog von Feria.

[k] Pietro Campori, 1621 gewählter Bischof von Cremona.

[l] presulio (*praesulium*) = Patronatsrecht.

[m] Ferdinand II., Kaiser des Heiligen Römischen Reiches.

[n] Sigismund III., König von Polen.

werde ich mit der Sicherheit dieser Einkünfte bis zu meinem Tod leben und – was noch mehr ist – ich lebe in der äußersten Sicherheit, daß ich sie immer an den festgelegten Zahltagen erhalte, die gewiß alle 2 Monate stattfinden, ja wenn sie nur ein wenig zu spät kommen, dann schicken sie sie mir nach Hause. Dann tue ich, was die *capella* angeht, was ich will, denn es gibt den Stellvertreter, genannt *Vice Maestro di capella*,° und es besteht keinerlei Verpflichtung zu unterrichten. Außerdem ist die Stadt wunderschön, und wenn ich mich ein klein wenig anstrenge, dann komme ich auf weitere 200 gute Dukaten.

Das ist meine Lage: trotzdem wird der Fürst immer mein Herr sein, und ich werde immer ein höchst zuverlässiger und demütiger Diener sein, an jedem Ort und in jeder Lage. Und hier erweise ich Ew. Gnaden demütigste Ehrerbietung und bitte Gott für Euch um den Gipfel allen Glücks, während ich Euch grenzenlosen Dank mit grenzenloser Verpflichtung abstatte und Euch zugleich bitte, mir zu verzeihen, daß der Brief so lang geworden ist, denn das Schreiben ist nicht mein Beruf.

Venedig, 10. September 1627
Ew. Gnaden   dankbarster Diener
                Claudio Monteverdi

° Giovanni Rovetta, 1627 bestallt.

107

Mantua, Archivio Gonzaga, Cassetta 6, ff. 359–360. Doppelblatt: 3 Seiten [an Ercole Marigliani, in Mantua]. *(10. September 1627.)* Malipiero, 272; Paoli, 279; Prunières, 275.

Der dritte der am 10. September geschriebenen Briefe ist offensichtlich für Ercole Marigliani bestimmt, der in herzlichen Worten unmittelbar vor der Schlußformel erwähnt wird. Eine gehobenere Anredeform (»Illustrissimo«) weist darauf hin, daß er vom Range eines Sekretärs zu dem eines Ratsherrn befördert worden war, und als solcher wird er in den Briefen 115 und 119 auch tituliert. Die folgende Mitteilung ist die letzte erhalten gebliebene von Monteverdi an Marigliani; beinahe mit Sicherheit aber schrieben sie einander gegen Ende September oder Anfang Oktober noch einmal, und zwar mit Bezug auf die plötzliche Inhaftierung Massimilianos unter der Anklage, ein auf dem Index stehendes Buch gelesen zu haben. Thema ist jetzt Parma,[1] wo in einer Zeit, die jedermann für kurz bemessen hielt, noch vieles zu tun blieb, obwohl der Lauf der Dinge sich in Wirklichkeit so langsam dahinschleppte, daß vierzehn Monate verstreichen sollten, bevor das Stück und der *torneo* aufgeführt wurden. Erwähnt wird Alessandro Ghivizzani, ein Sänger und Komponist aus Lucca, der Settimia Caccini geheiratet hatte, mit einer Mitgift von 500 *scudi* von ihrem Vater Giulio und weiteren 600 versprochenen *scudi* von der Großherzogin der Toskana, der Gattin von Cosimo I. Leider vergaß sie, die Zahlung dieser Summe zu genehmigen. Ihre Zerstreutheit hätte sich entschuldigen lassen, wäre da nicht die Tatsache gewesen, daß sie 1609 die Ehe in der ausdrücklichen Absicht gestiftet hatte, diese beiden Musiker zusammenzuhalten.[2]

Nachdem sie Florenz verlassen hatten, ließen sie sich in Lucca nieder und zogen dann 1612 nach Mantua um, wo sie die nächsten sieben Jahre als Mitglieder von Herzog Ferdinandos Ensemble verbrachten. Ghivizzani scheint sehr wenig komponiert zu haben, abgesehen von seinem Beitrag zu *La Maddalena* von 1617 und drei Motetten in Malgarinis mantuanischer Anthologie von 1618.[3] Nach zwei weiteren Jahren in Lucca ersuchte das Paar um Urlaub, um sich nach Parma zu wenden, wo Ghivizzani in den Dienst von Kardinal Farnese trat, während seine Gattin bei Hofe sang. Zu gegebener Zeit wurde der Urlaub verlängert und schließlich als Dauerzustand gebilligt, der Settimia in die Lage versetzte, während der Festlichkeiten im Dezember 1628 in verschiedenen wichtigen Rollen aufzutreten. Alessandro, der 1632 starb, wurde von seiner Frau überlebt, die bis kurz nach 1640 in musikalischen Kreisen aktiv war.

Die Ereignisse in Parma, insbesondere die mit Musik und Musikern zusammenhängenden, führten zu den erwarteten Spannungen und Rivalitäten zwischen diesem und jenem Künstler oder ganzen Gruppen. Sigismondo d'India, der Bentivoglio seine Dienste angeboten hatte, war offensichtlich beleidigt, weil man ihn zugunsten Monteverdis übergangen hatte, und wandte sich deshalb an Ghivizzani und seine Gattin, weil sie mit Sicherheit als Mitwirkende beteiligt sein würden. Ghivizzani antwortete d'India anscheinend und machte deutlich, daß er Monteverdis Berufung

---

[1] Paoli, 279–280, hält dafür, daß diese Äußerungen sich auf ein neues Werk Monteverdis beziehen. Das einzige neue Werk für Mantua war aber *La finta pazza Licori*, das damals abgeschlossen vorlag. Ghivizzanis Hinweis auf ein Werk, das noch nicht einmal begonnen war, muß sich unzweideutig auf die Musik für Parma beziehen.
[2] Boyer, 306.
[3] *Motetti a una, due, tre, e quattro voci* (Vincenti: Venedig 1618).

billigte, wobei er hinzufügte, daß, was seine Gattin betraf, sie weitaus lieber unter Monteverdis Leitung als unter der irgendeines anderen Musikers arbeitete.

Der Grund, warum sein Brief einem Schreiben Mariglianis beigefügt wurde, kann durchaus mit einem Besuch Ghivizzanis in Mantua in Zusammenhang stehen, wo viele seiner früheren Kollegen noch immer lebten. Bei der Erörterung des Problems mit Marigliani, der gerade im Begriff war, nach Venedig zu schreiben, konnte er darum gebeten haben, die beiden Briefe gemeinsam abzufertigen, und es hat den Anschein, daß das der Fall war und sie wahrscheinlich um den 7. September eintrafen. Was die Verwirrung um Ghivizzanis richtigen Titel betrifft, so kann Monteverdi das Wort »Eminenza« mit »Altezza« verwechselt und angenommen haben, daß Ghivizzani eher auf der Gehaltsliste des Hofes als auf der des Kardinals stand. Gleichgültig, welcher Irrtum da vorlag, Monteverdi freut sich darauf, Striggio und Marigliani in Mantua zu besuchen, wo die Vorbereitungen für die bevorstehende Premiere von *La finta pazza Licori* schon im Gange sein sollten. Aus verschiedenen, nicht miteinander zusammenhängenden Gründen fand jedoch weder der Besuch noch die Aufführung statt.

Venedig, 10. September 1627; [an ERCOLE MARIGLIANI, in Mantua]

Ew. Erlaucht, mein Gnädigster Herr,[a]
den höchst liebenswerten und freundlichen Brief Ew. Gnaden habe ich zusammen mit dem beigefügten Brief des Signor Alessandro,[b] des Gatten der Signora Settimia,[c] erhalten, in dem er mir nur davon schreibt, daß er sicher sei, daß die Zeit für das, was die Durchlauchtigsten Fürsten[d] zu tun wünschen, kurz sei, weil bisher weder die Dichtung fertiggestellt ist noch sonst ein Anfang gemacht ist.

Er versicherte mir abermals freundlich, er werde es nicht gestatten, daß seine Frau mit ihrem Gesang einem anderen als mir Folge leiste, und ich sollte mich nicht darüber wundern, daß er dem Signor Sigismondo[e] geantwortet habe, weil er es nicht zulassen könne, daß der

---

[a] Der Gebrauch von *Illustrissimo* anstatt des üblichen *Molto Illustre* zeigt, daß Marigliani zum *consigliere* befördert worden war.
[b] Alessandro Ghivizzani, Komponist.
[c] Settimia Caccini, Sängerin.
[d] Herzog Odoardo Farnese und die Herzoginwitwe Margherita von Parma und Piacenza.
[e] Sigismondo d'India, Komponist.

Freund, den er liebe, von irgendeinem – zu Recht oder zu Unrecht –
verletzt werde. Zugleich bat er mich, ich möchte ihm, wenn ich etwas
wüßte, davon Kenntnis geben, und am Ende dieses Briefes ließ er mich
wissen, er sei kein Musiker Seiner Hoheit[f] und ich solle ihm bitte nicht
länger den Titel eines Musikers Seiner Hoheit geben. Kein Wunder,
daß ich irrte, weil ich das nicht wußte. Aber wenn ich wieder an ihn
schreibe (wie ich es mit der nächsten Post tun werde), dann werde ich
versuchen, nicht wieder in den früheren Irrtum zu verfallen. Aber das,
was mich irren ließ, ist die Tatsache gewesen, daß ich in seinem Brief
die wohlüberlegten Worte sah: »Wenn (außer Ihr selber) einer ein Recht
hat, auf die Musik Anspruch zu erheben, dann sollte ich darauf mehr als
irgendein anderer Anspruch erheben, weil ich ja hinter dem genannten
(den Ihr erwähnt) in keiner Angelegenheit der Kunst zurückstehe, um
so mehr durch die besonderen Verdienste meiner Frau und wegen
meiner langjährigen Dienste für dieses Durchlauchtigste Haus.«

Ich wiederhole, da es dem Musiker zukommt, sich um die Musik zu
kümmern, und nicht dem Arzt, habe ich ihn das aus diesen Gründen
gefragt. Aber wenn ich ihm schreibe, werde ich den Irrtum zu berichti-
gen wissen, und er möge ihn mir verzeihen. Sein Brief jedenfalls war
voll größter Liebe und Freundlichkeit.

Vom erlauchten Grafen Alessandro Striggio,[g] meinem Herrn, bin ich
eingeladen worden, nach Mantua zu kommen, weil er mit mir zu sprechen wünscht. Wenn das Fest des Rosenkranzes[h] vorbei ist und Seine
Hoheit von Maderno[i] zurückgekehrt sind, dann wird es für mich leicht
sein, nach Mantua zu kommen, und es wird mir ebenso angenehm sein,
die von mir heiß geliebte Heimat zu genießen, wie mich zusammen mit
Signor Marigliani, meinem Herrn, zu freuen, indem ich an seinem
höchsten Glück, das ihm Unser Herr beständig zugestehen möge, immer Freude habe (und es auch immer haben werde), während ich Ew.
Gnaden mit größter Ehrerbietung die Hände küsse.

Venedig, 10. September 1627

Ew. Gnaden   dankbarster Diener
                   Claudio Monteverdi

---

[f] Odoardo Farnese, Herzog von Parma. Zu dieser Zeit stand Ghivizzani im Dienst von
   Kardinal Farnese.
[g] Ranghöchster Rat des Herzogs von Mantua.
[h] 7. Oktober. Siehe auch die Briefe Nr. 108 und 111.
[i] Dorf am Westufer des Gardasees.

108

Mantua, Archivio Gonzaga, Cassetta 6, f. 362. Einzelblatt: 1 Seite [an Alessandro Striggio, in Mantua]. *(18. September 1627.)* Davari, 166; Malipiero, 273; Paoli, 284.

Da Marigliani vom Sektretär zum Ratsherrn befördert worden ist, stimmt seine Anredeform jetzt mit der überein, wie sie bisher nur für Striggio angemessen war, und folglich wird auch das Problem des jeweiligen Empfängers dringlicher. Dennoch bleiben die Anhaltspunkte gültig, die sich aus dem Inhalt jedes einzelnen Briefes ergeben, und da Monteverdi dazu neigt, bestimmte Angelegenheiten entweder für Striggio oder für Marigliani zu reservieren, kann eine Entscheidung gewöhnlich aufgrund der Untersuchung gefällt werden, wer von beiden als Empfänger der wahrscheinlichere ist.

Der folgende Brief, der letzte, der die komische Oper erwähnt, wurde offensichtlich an Striggio abgeschickt, der aus irgendeinem Grunde gezwungen gewesen war, kurzfristig abzusagen. Diese Art Vorfall war für Monteverdis Umgang mit den Gonzaga keineswegs ungewöhnlich, denn er hatte bereits zwischen 1618 und 1620 zahllose Stunden an die Arbeit für *Andromeda* und *Apollo* gewendet, ohne auch nur irgendein Resultat zu sehen. Daß es in Mantua zu Auseinandersetzungen und Ärger mit einigen Sängern gekommen sein könnte, ist angesichts der Bemerkung über »Änderung der Gesangspartien« (»la variazione del canto«) als Hauptgesichtspunkt eine durchaus glaubhafte Möglichkeit. War die Hauptrolle zu viel für Margherita Basile? Oder war Striggios Entschluß von politischer Unruhe diktiert, die aus dem chronisch schlechten Gesundheitszustand des Herzogs erwuchs? Zu diesem Zeitpunkt hatte Vincenzo II. nur noch wenige Wochen zu leben.

In seinem Brief, der *La finta pazza Licori* zu unverdienter Vergessenheit verurteilte, versuchte Striggio, den Sturm durch das Versprechen zu besänftigen, in der Frage der Pfründe alles zu tun, was er nur konnte, aber auch die verschwand (wie das Opernprojekt) rasch aus dem Blickfeld. In philosophisch-gesetztem Tonfall antwortend, weist der Komponist auf seine fortgesetzte Beschäftigung mit der Musik für Parma hin und erwähnt Tassos Stück *Aminta,* von dem er weiß, daß es als Rahmen für den Prolog und die Intermedien dienen soll.[1] Er ließ keine Gelegenheit verstreichen,

---

[1] Es ist vermutet worden, daß es sich bei *Aminta* um einen Schreibfehler gehandelt hat und *Armida* gemeint war; letztere aber war bereits vor dem Mai 1627 fertiggestellt, wie aus Brief 92 erhellt (siehe Paoli, 285; Pirrotta, 23, Fußn. 35).

die Mantuaner von seinen ruhmreichen Aufträgen anderer Höfe und von seinen Aufgaben für die Serenissima [*i.e.* die Republik Venedig] in Kenntnis zu setzen.

Venedig, 18. September 1627; [an ALESSANDRO STRIGGIO, in Mantua]

Ew. Erlaucht, mein Gnädigster Herr,
über *La finta pazza* habe ich tatsächlich ähnlich gedacht wie Ew. Gnaden, obwohl man durch die Änderung der Gesangspartien alles beibehalten könnte. *Aminta*[a] habe ich nicht ganz fertiggestellt – ich brauche noch mindestens zwei Monate, da ich mich beim Komponieren nicht mehr der jugendlichen Kräfte erfreue –, aber ein gutes Stück davon ist komponiert. Ich überlasse die Sache mit den Pfründen ganz der Umsicht Ew. Gnaden, indem ich mir vorbehalte, darüber ausführlicher zu sprechen, wenn ich in Mantua sein werde. Das kann nicht im Oktober sein, da ich zu diesem Zeitpunkt gewisse Feste[b] im Auftrag Seiner Durchlaucht des Dogen[c] ausrichten muß. Ich werde trotzdem alles Mögliche tun, um zu kommen. Und indem ich hier Ew. Gnaden untertänigste Ehrerbietung erweise, erbitte ich von Gott, Unserem Herrn, für Euch jegliche ersehnte Zufriedenheit und gebe Euch zugleich von ganzem Herzen einen Handkuß.
Venedig, 18. September 1627
Ew. Gnaden   dankbarster Diener
              Claudio Monteverdi

---

[a] Monteverdi bezieht sich zweifellos auf Tassos Stück, obwohl er nicht das Stück selbst vertonen sollte, sondern nur den Prolog und die Intermedien, die von Claudio Achillini und Ascanio Pio di Savoia in Auftrag gegeben worden waren. Es handelt sich *nicht* um einen Irrtum in bezug auf *Armida*.
[b] Der bei weitem wichtigste war der Jahrestag des Sieges bei Lepanto (1571), der von der gesamten Stadt am 7. Oktober begangen wurde. Er fiel mit den liturgischen Feiertagen von S. Giustina und dem Allerheiligsten Rosenkranz zusammen.
[c] Giovanni Cornaro, im Januar 1625 ernannt, starb am 23. Dezember 1629.

109

Oxford, Privatsammlung von Albi Rosenthal. Doppelblatt: 4 Seiten [an den Marchese Enzo Bentivoglio, in Ferrara]. *(18. September 1627.)* Paoli, 282; Rosenthal, 103.

Die Existenz des folgenden Briefes wurde zuerst von Vogel[1] erwähnt; aber obwohl er wußte, daß er Teil einer Sammlung von Brief-Autographen im Besitz von D. G. Rossi war, gelang es ihm nicht, ihn zu untersuchen oder zu kopieren. Zu einem späteren Zeitpunkt ging er in den Besitz von Alexander Meyer-Cohn über, und als dessen Sammlung 1905 aufgelöst wurde, erwarb sie Karl Geigy-Hagenbach. Der Brief blieb im Grunde bis 1961 unbekannt, als er von Albi Rosenthal ersteigert wurde, der im Rahmen eines hervorragenden und begrüßenswerten Aufsatzes den italienischen Text,[2] eine englische Übersetzung und ein Faksimile aller vier Seiten veröffentlichte.

Diese Wiederentdeckung, die die Gesamtzahl von Monteverdis Briefen an Bentivoglio auf fünf erhöht, bestätigt erneut die Theorie, daß die ferrareser Archive, bei großzügiger Mitarbeit eines ihrer früheren Konservatoren, in der zweiten Hälfte des neunzehnten Jahrhunderts wertvolle Materialien für Autographen-Sammler zusammentrugen.[4] Die eigentliche Bedeutung des folgenden Briefes liegt in seinem Beitrag zur Geschichte der Komposition für Parma und in einem möglichen ersten Hinweis auf die

---

[1] Vogel, 388.

[2] Manche Wörter sind wegen Monteverdis krauser und manchmal mehrdeutiger Handschrift schwer zu entziffern. Mögliche Alternativen zu einigen der von Rosenthal transkribierten Wörter sind: Zeile 2 (des Textes auf S. 105) *anco* für *aver;* Zeile 5 *barriera* für *Corriera;* Zeile 9 *darò* für *sarà;* Zeile 11 *atio* für *afin* und *purgatissimo* für *pregatissimo.* Das ungewöhnliche Wort *barriera* scheint hier als Äquivalent für *torneo* verwendet zu werden, wobei der Teil durch Synekdoche für das Ganze einsteht. Der Gebrauch von Barrieren bei Lanzenstechen geht ins Jahr 1430 zurück, als Herzog Philipp der Gute von Burgund den Vorsitz bei einem Tjost zur Gründung der Bruderschaft vom Goldenen Vlies führte. Die berittenen Wettbewerbsteilnehmer absolvierten ihre Umläufe durch Stoffbahnen und -barrieren getrennt, die vor Zusammenstößen schützen sollten. Als die Medici am 17. Februar 1613 zu Ehren der Taufe des Infanten Giovan Carlo im Teatro degli Uffizi *Eros ed Anteros* auf die Bühne brachten, wurde das Ereignis in der anonymen (vielleicht von Giovanni Villifranchi stammenden) und im selben Jahr in Florenz gedruckten Beschreibung eine *barriera* genannt. Siehe die *Descrizzione della barriera, e della mascherata, fatte in Firenze à XVII et à XIX di Febbraio MDCXII,* zitiert nach Nagel.

[3] Rosenthal, 103–107.

[4] Reiner, 273. Brief 105 befindet sich jetzt in Neapel, 109 in Oxford, 111 in Paris, 113 in Bologna und 122 in Forli.

Probleme, die sich in Manuta über Monteverdis Sohn Massimiliano zusammenbrauten. Da Brief 115 vom 18. Dezember 1627 feststellt, daß Massimilianos Inhaftierung, unter der an den Haaren herbeigezogenen Anklage der Lektüre eines verbotenen wissenschaftlichen Buches, »vor drei Monaten« stattfand, wäre das annähernd genaue Datum dieser unglückseligen Episode der 18. September. Im Jahre 1973 wurde neues Material von Domenico de' Paoli zugänglich gemacht, der in den mantuanischen Archiven einen auf den 18. Oktober datierten und an Ercole Marigliani in Mantua gerichteten Brief des kaiserlichen Geschäftsträgers Nicolò Rossi fand.[5] Sicher ist, daß beide versuchten, Monteverdi dadurch zu helfen, daß sie sein Angebot einer Bürgschaft (oder Kaution) von 100 *scudi* bekanntgaben, so daß Massimiliano auf freien Fuß gesetzt werden konnte, bis der Prozeß begann.

Der folgende Brief erwähnt ein Mißgeschick, das den Komponisten vor kurzem betroffen hatte. Im Lichte des vorhergehenden Briefes könnte sich das auf eine Krankheit oder körperliche Unpäßlichkeit beziehen, für die ein sechzigjähriger Mann durchaus anfällig sein mochte. Weil das Datum des Briefes aber leidlich genau der Zeit entspricht, da die Dinge ernst wurden, kann es andererseits auch der Fall sein, daß der *acidente,* auf den angespielt wird, tatsächlich die mißliche Lage in Mantua war, und die Nachrichten darüber müssen Monteverdi zweifellos mit der Gewalt eines unerwarteten Schocks getroffen haben. Bis dahin hatte die medizinische Praxis seines Sohnes in kräftiger Blüte gestanden, und seine Freunde und Beschützer bei Hofe müssen ihr Bestes getan haben, seine Interessen zu fördern. Das Leben aber war, wie Monteverdi nur zu gut wußte, der unangenehmsten Streiche fähig, und dieser hier erwies sich als einer der verheerendsten, die sich zu eben diesem Zeitpunkt ereignen konnten.[6]

Mitten in der Arbeit am Intermedium *Didone ed Enea*[7] erhielt er die erste Lieferung von Achillinis Versdichtung *Mercurio e Marte* – wahrscheinlich den Einleitungsteil, der einen Wasserschwall oder Meeresarm schilderte, über dem (die von Settimia Caccini gesungene) Aurora in einem von Pega-

---

[5] Paoli, 295.

[6] Siehe Brief 106: »Ansonsten würde ich mich . . . immer vor einem gewaltigen Streich fürchten, den mir mein übles Schicksal spielen könnte . . .«

[7] Lavin, 145: Brief von Ascanio Pio an Bentivoglio vom 8. Februar 1628. Über den Auftrag für die fünf Intermedien wurde noch immer beraten, und da zwei davon Dido huldigten, mußten sie voneinander getrennt werden. Die ständige Änderung von Plänen und Aufträgen muß Verwirrung unter den Bühnenkünstlern gestiftet haben, und mit Sicherheit empfand auch Monteverdi Flexibilität sowohl als Tugend wie als Notwendigkeit.

sus gelenkten Wagen auftauchen sollte. Er war sofort von den musikalischen
Problemen in Bann geschlagen, die das Erfordernis aufwarf, die Monate
(die auf einschmeichelnde, aber sinngemäße Art und Weise singen sollten)
der Gestalt der Zwietracht gegenüberzustellen, bei der gerade der Name –
sogar für Monteverdi – eine sklavisch genaue Nachahmung ihres Charakters
ausschloß, soweit die begleitenden Harmonien in Betracht kamen.

Dissonanzen als deskriptives Element waren Monteverdi in Madrigalen
und dramatischen Arbeiten durchaus nicht fremd, und er konnte auch die
vom Kanoniker Artusi formulierten Einwände dagegen nicht leichthin in
den Wind geschlagen haben. Aber hier gab es einen Unterschied zwischen
dem gelegentlichen Gebrauch eines dissonanten Akkordes im Rahmen
eines im Grunde harmonischen Satzes und dem Erfordernis, Zwietracht in
langen, dem Sänger einer namengebenden Rolle anvertrauten Monologen
bzw. Soloarien zum Ausdruck zu bringen. Deshalb dachte er ernsthaft über
die Möglichkeit nach, die Figur der Zwietracht aller harmonischen Einklei-
dung und instrumentalen Unterstützung zu berauben; und obwohl er verlangt, daß sie singen soll, wie wenn sie in Wirklichkeit spräche, muß er
sogar gespürt haben, daß in dieser ungewöhnlichen Situation eine Art
Sprechstimme angemessen gewesen wäre.[8] Der Verlust dieser ganzen Vertonung macht es bedauerlicherweise unmöglich, sich über seinen letztgülti-
gen Entschluß einige Sicherheit zu verschaffen.

[8] Die Rolle des Testo in seinem *Combattimento* bewegt sich häufig abseits der gängigen
   Melodik, und dessen Erfolg mag zu Monteverdis Bereitschaft beigetragen haben, etwas nicht ganz Unähnliches bei der Rolle der Discordia zu versuchen.

Venedig, 18. September 1627; [an den MARCHESE ENZO BENTIVOGLIO,
in Ferrara]

Sehr geehrter, hochwohlgeborener Herr und hochverehrter Gebieter,
ich hoffe, Ew. Exzellenz unverzüglich mit der nächsten Post am Samstag das vollständige Intermedium *Dido*[a] schicken zu können. Ich
dachte, ich könnte es noch mit dieser Post senden, aber mich traf ein
Mißgeschick, das mich zwei Tage lang nicht komponieren ließ. Ich
hoffe, das Intermedium wird Ew. Exzellenz nicht mißfallen. Außerdem
bleibt nur noch wenig zu tun, um das erste fertigzustellen. Weiter be-
stätige ich Ew. Exzellenz den Erhalt der Verse[b] durch den Kurier, die

[a] Das zweite der fünf von Ascanio Pio di Savoia.
[b] *Mercurio e Marte* von Claudio Achillini.

mir für das Turnier[c] geschickt wurden. Bis jetzt habe ich sie noch nicht gründlich durchgelesen, weil die Zeit drängte und ich mit dem Schreiben des genannten Intermediums *Dido* beschäftigt war.

Ich habe jedoch einen flüchtigen Blick auf die Monate geworfen und wie sie sprechen, und gleichfalls habe ich mir die Discordia angeschaut. Ich habe auch ein klein wenig über die Darstellung der genannten Discordia nachgedacht, und mir scheint, sie wird ein wenig schwierig sein. Der Grund ist folgender: weil die Monate mit süßer Musik singen müssen – ich suche darum solche Musik aus, die jeden einzelnen Monat möglichst gut darstellen wird –, wird die gegensätzliche Musik für die Discordia sein (ich meine, gegensätzlich zu der Musik, die zu den Monaten paßt). Ich kann mir derzeit nichts anderes vorstellen, als die Discordia mit Worten deklamieren zu lassen und ohne Musik.

Dies ist ein erster Gedanke, den ich Ew. Exzellenz mitteilen wollte, damit Ihr mir mit Hilfe Eures höchst feinsinnigen Urteils helfen könnt, dem Geschmack Ew. Exzellenz besser zu dienen, was ich von ganzem Herzen ersehne. Ich will jedoch nicht leugnen, daß das Sprechen der genannten Discordia von der Musik verdeutlicht werden könnte, das heißt, daß die Discordia so sprechen müßte, als ob sie zu singen hätte, sich aber ihr Singen auf keine Instrumentalbegleitung stützte. Das wäre, wie mir scheint, ein Weg, die Discordia darzustellen.

Ich würde es als höchsten Gunsterweis erachten, von Ew. Exzellenz zu hören, wieviel Zeit ich zum Komponieren der genannten Gesänge beanspruchen kann, damit ich Eure Aufträge beizeiten ausführe, weil man hier in Venedig munkelt, die Hochzeit des Durchlauchtigsten Fürstenpaares[d] werde im Karneval des nächsten Jahres, nämlich 1628, stattfinden. Hier erweise ich Ew. Exzellenz demütigste Ehrerbietung und küsse Euch die Hand.

Venedig, 18. September 1627
Ew. Exzellenz   untertänigster und dankbarster Diener
           Claudio Monteverdi

---

[c] *barriera,* das sich auf die stoffüberzogene Barriere (oder Plane) bezieht, die dazu diente, die Pferde und ihre Reiter vor der Kollision zu bewahren, wenn sie im Kampf gegeneinander anrannten.
[d] Odoardo Farnese und Margherita de' Medici.

110

Mantua, Archivio Gonzaga, Cassetta 6, f. 364. Einzelblatt: 1 Seite [an Alessandro Striggio, in Mantua]. *(25. September 1627.)* Davari, 167; Malipiero, 274; Paoli, 286.

Striggio, der auf einen Ersatz für die fallengelassene komische Oper drängte, schrieb an Monteverdi in der Hoffnung auf das Angebot eines halbwegs passenden Werkes, das zwar fertiggestellt, aber in Mantua noch nicht aufgeführt worden war. Die zuerst in Brief 92 erwähnte *Armida* scheint die naheliegendste Wahl zu sein, denn sie war auf Bitten Girolamo Mocenigos entstanden, in dessen prächtigem Palazzo der frühere und ähnliche *Combattimento* 1624 seine Uraufführung erlebt hatte. Schließlich akzeptierte Striggio sie, und die Briefe 115 und 118 setzten die Geschichte ihres kurzen Werdeganges fort.

Venedig, 25. September 1627; [an ALESSANDRO STRIGGIO, in Mantua]

Ew. Erlaucht, mein Gnädigster Herr,
ich habe erfahren (verstanden), wie sehr Ew. Gnaden wünschen würden, daß ich die ganze Zeit, die ich kann, darauf verwendete, Eurem erlesenen Geschmack zu dienen. Ihr könnt sicher sein, daß ich alles Mögliche tun werde. Es ist wahr, daß die Gesänge für Parma mich sehr in Anspruch nehmen. Und wenn es Ew. Gnaden gefiele, eine fertige Sache zu erhalten, dann würde[a] Euch vielleicht *Armida*[b] nicht mißfallen, weil sie gerade für einen Geschmack[c] komponiert wurde, der dem Ew. Gnaden ähnlich ist. Indem ich hier sehr herzlich Eure Mitteilung erwarte, erweise ich Euch demütigste Ehrerbietung und erbitte für Euch vom Herrn das höchste Glück.
Venedig, 25. September 1627
Ew. Gnaden   dankbarster Diener
                    Claudio Monteverdi

---

[a] *forse; forse* (gewöhnlich als *forsi forsi* transkribiert).
[b] Ein Werk *in genere rappresentativo* auf der Grundlage von Tassos *Gerusalemme liberata* (siehe Brief Nr. 92).
[c] Girolamo Mocenigo aus Venedig.

111

Paris, Bibliothèque Nationale, Département de la Musique, lettre autographe Monteverdi. Doppelblatt: 4 Seiten [an den Marchese Enzo Bentivoglio, in Ferrara]. *(25. September 1627.)* Caffi, II, 225–226; Malipiero, 274; Paoli, 287; Pruniéres, 276.

Laut Caffi wurde ihm der Text des folgenden Briefes (den er als erster publizierte) von dem ferrareser Bibliothekar Giuseppe Antonelli übermittelt. Es ist zwar nicht klar, auf welchem Wege das Original später aus den Archiven verschwand oder wie es seinen Weg nach Paris fand; aber seine Wanderwege lassen sich auch nicht von denen der anderen Bentivoglio-Briefe trennen. Von den gedruckten Textfassungen ist einzig und allein die von Domenico de' Paoli verläßlich: der gewöhnlich übergewissenhafte Prunières läßt einen ganzen Satz aus.

Am 22. September, einem Mittwoch, verließ Monteverdi Venedig zu Schiff nach Chioggia, kurz bevor die Post mit Bentivoglios Bitte ankam, er möge doch nach Ferrara weiterreisen. Niemand kann zwei Herren dienen, und es ist völlig offenkundig, daß Monteverdi nur mit großen Schwierigkeiten seinen Auftrag beim Bürgermeister von Chioggia – dem Sohn des Prokurators Giovanni Battista Foscarini – erfüllen und auch noch nach Ferrara reisen konnte, um sich dort mit der letzten Krise um Herzog Odoardos Hochzeitsmusik zu befassen. Da er nichts von der Ankunft oder dem Inhalt von Bentivoglios Brief wußte, brach der Komponist zu seinem Tagestermin in der pittoresken Fischerstadt an der Südspitze der Lagune auf und genoß ihn so sehr, daß er, wahrscheinlich als Gast des Bürgermeisters, über Nacht blieb und erst am folgenden Tage, dem 23. September, nach Venedig zurückkehrte. Als er aber den Brief aufgefunden und gelesen hatte, war es zu spät, der Briefpost eine Antwort mitzugeben; deshalb wartete er auf den *ordinario* von Samstag.

Wir wissen nicht, welche Musik Monteverdi in Chioggia aufführte. Da aber die Einladung eher vom Bürgermeister als von einem geistlichen Würdenträger kam, ist es wahrscheinlich, daß der Anlaß sich auf irgendein weltliches Fest bezog, das ein Konzert und ein Bankett umfaßt haben kann. Keine erhalten gebliebene Partitur, kein Libretto ohne Musik weist auf Chioggia oder auf Foscarini den Jüngeren hin: vielleicht war das Konzert eine relativ einfache Angelegenheit mit der Aufführung einiger Madrigale und Instrumentalstücke. Jedenfalls handelt es sich dabei um den einzigen nachgewiesenen Besuch Monteverdis in der Geburtsstadt zweier seiner unmittelbaren Vorgänger an San Marco – Giovanni Croce, bekannt unter dem Namen »Il Chiozotto«, und Gioseffe Zarlino, der zu einem

bestimmten Zeitpunkt seiner Karriere beinahe Bischof von Chioggia geworden wäre.

Das Eintreffen eines weiteren Intermedium-Textes, wahrscheinlich der
von *La liberazione di Ruggero,* der am 30. Oktober musikalisch abgeschlossen wurde (Brief 113), scheint Monteverdi veranlaßt zu haben,
ernsthaft über einen Besuch in Parma nachgedacht zu haben mit dem Ziel,
die akustischen Probleme des Freilicht- und des Innentheaters kennenzu-
lernen. Bentivoglios Plan ging dahin, ihn zur Erörterung der Besetzung
von Rollen und Instrumentalpartien nach Ferrara einzuladen, dann zusammen weiterzureisen und die Situation in Parma erneut durchzusprechen.
Das aber war erst nach dem 7. Oktober möglich, einem Tag, der allen
Venezianern als Jahrestag der Seeschlacht in der Bucht von Lepanto heilig
war, wo die Alliierten im Jahre 1571 ihren gemeinsamen Feind, die türkische Flotte, vernichtend geschlagen hatten.

Zufällig traf es sich, daß auf den 7. Oktober auch das Fest von Santa
Giustina, einer paduanischen Heiligen, fiel, die, nachdem sie durch einen
dortigen römischen Tyrannen das Martyrium erlitten hatte, in ganz Vene-
tien in großen Ehren stand, wie die zahlreichen ihr gewidmeten Kirchen
vor allem in Padua und Venedig zeigen. Sansovinos Bericht über ihre
Kirche Santa Giustina auf den Fondamente Nouve zeigt, daß es sich da
früher um eine prächtige und reich dotierte Pfarrei mit einer angeschlosse-
nen Gemeinschaft von Nonnen gehandelt haben muß, die von Santa Maria
degli Angeli auf der Insel Murano gekommen waren.[1] Eine ihrer Reliquien
war ein in die Mauer nahe dem Taufbecken eingelassener Stein, der den
Abdruck der Knie der Heiligen trug, wie sie ihr letztes Gebet gesprochen
hatte. Moderne Venedig-Bücher haben gewöhnlich wenig zu diesem historischen Bauwerk zu sagen, das sich heute das Istituto Tecnico einverleibt
hat.

Der allererste Jahrestag von Lepanto wurde am 7. Oktober 1572 auf
ganz eigene venezianische Art und Weise begangen. Der Doge Luigi Mocenigo ging mit der Signoria und allen kirchlichen und weltlichen Würden-
trägern in feierlicher Prozession oder *andata*[2] nach Santa Giustina, wo die
Messe bei Chor- und Instrumentalbegleitung der Musiker von San Marco
unter der Leitung von Gioseffe Zarlino zelebriert wurde. Monteverdi muß
diese jährliche Verpflichtung als Teil seiner anlaßgebundenen und außerli-
turgischen Obliegenheiten geerbt haben und konnte die Stadt erst verlassen, wenn sie stattgefunden hatte. Zusätzlich zu Santa Giustina und den
anderen Heiligen, deren Fest auf diesen Freudentag fiel, wurde von Papst

---

[1] Sansovino, 42–45.
[2] Sansovino, 514.

Pius V. auch zum Gedenken an Santa Maria di Vittoria ermächtigt, ein Anlaß, der dann seinerseits unter dem Pontifikat Gregors XIII. dem Rosenkranzfest weichen mußte.[3] Das erklärt Monteverdis Hinweis auf das Fest in Brief 107 und seine Befürchtung, in Venedig bleiben und sich um die Musik kümmern zu müssen.

[3] Ein Brief an Marigliani von einem Briefpartner in Rom (13. Oktober 1629) verknüpft das kirchliche und das weltliche Fest in einem einzigen Satz: »Am Abend des ersten Sonntags dieses Monats wurde die Gegend um die Chiesa della Minerva [Santa Maria sopra Minerva] zum Gedenken der Seeschlacht und des Festes des Allerheiligsten Rosenkranzes hell erleuchtet.« (Quazza, I, 443)

Venedig, 25. September 1627; [an den MARCHESE ENZO BENTIVOGLIO, in Ferrara]

Sehr geehrter, hochwohlgeborener Herr und hochverehrter Gebieter, bitte wundert Euch nicht, Ew. Exzellenz, daß ich mit der Post am vergangenen Mittwoch den höchst freundlichen Brief Ew. Exzellenz nicht beantwortet habe. Der Grund dafür war der, daß der hochverehrte Prokurator Foscarini,[a] mein besonderer Herr, einen Sohn hat, der Bürgermeister von Chioggia ist. Weil sich dieser Herr nun in einer gewissen musikalischen Angelegenheit meiner Person bedienen wollte, blieb ich in Chioggia einen Tag länger, als ich es mir vorgenommen hatte, und das war eben der Tag der Abreise des Kuriers.

Aber als ich am Donnerstag (statt am vergangenen Mittwoch) zurückkehrte und die Sendung Ew. Exzellenz mit dem wunderschönen Intermedium[b] erhielt und zugleich den Auftrag, ich solle gestern, am 24. dieses Monats, in Ferrara sein, und als ich mein Versäumnis erkannt hatte, glaubt mir, Ew. Exzellenz, da war ich darüber außerordentlich betrübt und werde es solange sein, bis mich Ew. Exzellenz nochmals von Eurem Einverständnis zu benachrichtigen geruht haben, weil nun dieser kurze Zeitraum gegen meinen Willen verflossen ist.

Ich möchte Ew. Exzellenz bitten, daß Ihr mir den Gefallen tut und mir freigebt, damit ich bis zum 7. des nächsten Monats in Venedig

[a] Giovanni Battista Foscarini, 1625 zum Prokurator gewählt.
[b] Wahrscheinlich das erste Intermedium in der Reihenfolge der endgültigen Veröffentlichung, das von Ruggeros Befreiung und der Dazwischenkunft von Melissa und Bradamante.

bleiben kann, weil an diesem Tag der Durchlauchtigste Doge[c] in feierlichem Aufzug nach Santa Giustina[d] geht, um Gott, Unserem Herrn, für den glücklichen Seesieg[e] zu danken. Er begibt sich mit dem gesamten Senat dorthin, und es wird feierliche Musik gesungen. Sobald diese Verpflichtung vorüber ist, werde ich mich ins Kurierboot setzen und kommen, um den Befehlen Ew. Exzellenz zu gehorchen.

Es wird klug sein, nach Parma zu gehen und das Theater anzusehen, damit ich eine Musik komponieren kann, die der Größe des Raumes soweit als möglich angemessen ist. Meiner Meinung nach wird es nicht leicht sein, die vielen verschiedenartigen Texte[f], die ich in diesen wunderschönen Intermedien sehe, aufeinander abzustimmen.[g] Inzwischen will ich ans Komponieren und Schreiben gehen, damit ich Ew. Exzellenz etwas mehr zeigen kann und mein Bestes. Indem ich Ew. Exzellenz hier untertänigste Ehrerbietung erweise, erbitte ich für Euch von Gott, Unserem Herrn, von ganzem Herzen das höchste Glück.

Venedig, 25. September 1627
Ew. Exzellenz   untertänigster und dankbarster Diener
                   Claudio Monteverdi

[c] Giovanni Cornaro.
[d] Eine Kirche auf den Fondamente Nuove.
[e] Die Schlacht von Lepanto am 7. Oktober 1571.
[f] *orationi.*
[g] *concertare.*

112

Mantua, Archivio Gonzaga, Cassetta 6, f. 366. Einzelblatt: 1 Seite [an Alessandro Striggio, in Mantua]. *(2. Oktober 1627.)* Davari, 167; Malipiero, 276; Paoli, 289.

Da das Thema des folgenden Briefes *Armida* ist, darf Striggio als der wahrscheinliche Adressat gelten. Monteverdi, der die Partitur weder leidlich präsentabel noch leicht lesbar findet, richtet es ein, daß sie neu abgeschrieben wird, wie er es schon viele Jahre zuvor bei *Arianna* machte. Aber trotz der besonderen Vorsichtsmaßnahmen und der zusätzlichen Abschriften sind beide Werke nicht erhalten geblieben. Wenn Monteverdi auch Bedauern über die Verschiebung oder Absetzung von *La finta pazza Licori* empfand, so zeigt er es doch nicht, wobei (aller Wahrscheinlichkeit nach) einer seiner Gründe seine vollständige Inanspruchnahme durch die Musik für Parma war, von der das *torneo*-Libretto gerade fertiggestellt war.[1]

[1] Reiner, 290. Fabio Scottis Brief vom 29. September enthält das Wort *intermedio* anstelle von *torneo*, aber die Erwähnung des Namens Achillini läßt an der Identität des Autors keinen Zweifel.

Venedig, 2. Oktober 1627; [an ALESSANDRO STRIGGIO, in Mantua]

Ew. Erlaucht, mein Gnädigster Herr,
ich habe erfahren, was mir Ew. Gnaden befohlen haben. Mit der kommenden Post[a] werde ich Ew. Gnaden einen Teil davon schicken; ich werde ihn zum Abschreiben geben, weil die Kopie voller Falten[b] ist. Ich hoffe, daß dieses kleine Werk[c] Ew. Gnaden nicht mißfallen wird. Und wenn es nötig sein sollte, ihm etwas hinzuzufügen, was Euch gefällt, um es auf die beste Weise zu schmücken, dann werde ich Euch auf den kleinsten Wink, den Ihr mir zu senden geruhen werdet, sogleich dienen, wie es meine Pflicht und Schuldigkeit ist, da ich nichts anderes ersehne als mich Ew. Gnaden von ganzem Herzen immer als Ew. Diener zu zeigen. Und indem ich hier Ew. Gnaden untertänigste Ehrerbietung erweise, erbitte ich von Gott, Unserem Herrn, für Euch das höchste Glück.
Venedig, 2. Oktober 1627
Ew. Gnaden   dankbarster Diener
                Claudio Monteverdi

[a] Samstag, 9. Oktober (kein erhaltengebliebener Brief).
[b] *spegazzamenti* (von *spiegazzare*).
[c] *Armida.*

113

Bologna, Civico Museo Bibliografico Musicale, Ms. UU, scatola A. 24.
Doppelblatt: 4 Seiten [an den Marchese Enzo Bentivoglio, in Ferrara].
(30. Oktober 1627.) Caffi, II, 171; Malipiero, 276; Paoli, 290.

Nachdem der Jahrestag von Lepanto und die *andata* nach Santa Giustina einmal vorbei waren, verließ Monteverdi Venedig wahrscheinlich in für ihn ungewöhnlicher Eile; er mußte über eine Entfernung von etwa 270 Kilometern nach Parma reisen, und zwar über Ferrara, wo Goretti ihn treffen und ihm für den Rest der Reise Gesellschaft leisten sollte. So nahm er das Schiff nach Parma, dann die Kutsche nach Monselice, Ferrara, Modena (wo er sich lange genug aufhielt, um mit Gorettis Hilfe eine *entrata* zu komponieren), Reggio und der Residenz der Farnese, wo von nichts anderem die Rede war als von der Hochzeit – mit wem und wann sie stattfinden würde. Man fragt sich, was der fünfzehnjährige Herzog von all der Verwirrung, Taktik und Unschlüssigkeit hielt. Diese allzu menschlichen Züge breiteten sich unzweifelhaft auch bis in die Reihen der Bühnenbildner und Musiker aus, deren verschiedenartige und bemerkenswerte Talente bereits rastlos eingesetzt wurden, wie die reichhaltige Dokumentensammlung nachdrücklich zeigt.[1]

In seinem Brief vom 10. September an Marigliani hatte der Komponist sein Vergnügen an der Aussicht auf einen Besuch in Mantua zum Ausdruck gebracht, der jedoch nicht zustandekommen sollte. Unangenehme Nachrichten von seinem Sohn Massimiliano, der von den Inquisitoren unter der Anklage der Lektüre einer verbotenen wissenschaftlichen Abhandlung in Haft gehalten wurde, ließen eine solche Reise ausgeschlossen erscheinen. Und auch eine kühne Rettungstat ließ sich nicht planen. Monteverdi wußte, daß der einzige Weg einer Lösung mit Vorsicht und diskret beschritten werden mußte, wobei man sich jeder List der Vernunft bedienen mußte, die in dieser Situation weiterhelfen konnte. Aber es war quälend und mühselig und lud ihm eine zusätzliche Last auf, zu einer Zeit, da sein Kopf eigentlich vollständig für die vor ihm liegende Arbeit in Parma frei sein sollte.

Wenn er Venedig um den 9. Oktober verließ, muß er in Parma (nach kurzen Zwischenaufenthalten in Ferrara und Modena) etwa am 12. oder 13. Oktober eingetroffen sein. In zwei Wochen hatte er sich in einer angenehmen und bequemen Unterkunft eingerichtet, mit all den Aufmerksamkeiten und Dienstleistungen, wie sie einem Ehrengast anstanden, und er

---

[1] Siehe besonders Lavin, 119–158.

beeilt sich Bentivoglio für seine Sorge dafür zu danken, daß die Begrüßung so herzlich ausfiel. Gegen Ende Oktober machte er sich zu einem Besuch des neuen, im Bau befindlichen Theaters im Hof der Kirche von San Pietro Martire auf, und Goretti (der ihn begleitete) schrieb am 29. Oktober an Bentivoglio:»Ich bewunderte das neue Theater und die neue Bühne – wir besuchten es mit Signor Claudio, und alles wird gut werden.«[2] Aber beinahe unverzüglich fügte er eine Seitenbemerkung zur möglichen Beeinträchtigung der Akustik hinzu, wenn das Dach aufgesetzt würde, weil er fürchtete, daß weder Singstimmen noch Instrumente unter solchen Dämpfungsverhältnissen gut klingen würden.

Andererseits machte die Komposition der Musik stetige Fortschritte – einige Intermedien waren bereits abgeschlossen und ein Teil des *torneo* in der Planung. Die Proben unterbrachen das alles, und am nahen Horizont wetterleuchtete die Drohung einer Rückkehr nach Venedig mit ihrer lastenden Begleiterscheinung der schweren Weihnachtspflichten. Auf der Reise wurde keine Zeit verloren, wie sich aus dem zwischen die Schlußformel und die Unterschrift eingeschobenen Postskriptum ergibt – Goretti und Monteverdi waren mit einer neuen, probenbereiten *entrata* in Parma eingetroffen.

Der jetzt in Bologna aufbewahrte Originalbrief wurde von Caffi zuerst nach einer Abschrift veröffentlicht, die er von Giuseppe Antonelli, Bibliothekar des Bentivoglio-Archivs in Ferrara, zugeschickt bekam. Malipieros Text folgt dem von Caffi mit seinen Fehlern; der von de' Paoli ist weit verläßlicher.

[2] Lavin, 146, Fußn. 27.

Parma, 30. Oktober 1627; [an den MARCHESE ENZO BENTIVOGLIO, in Ferrara]

Sehr geehrter, hochwohlgeborener Herr und hochverehrter Gebieter, ich komme, um Ew. Exzellenz meine Ehrerbietung zu erweisen und um Euch zugleich den größten Dank zu sagen, den ich kenne und dessen ich fähig bin, für die besonderen und außergewöhnlichen Ehren, die ich von der Durchlauchtigsten Fürstin und von dem Durchlauchtigsten Fürsten[a] empfing, die nicht nur den Herren Ministern den Auftrag gegeben haben, mir jede Bequemlichkeit zu gewähren,

[a] Die Herzoginwitwe Margherita und Herzog Odoardo.

sondern die mich auch persönlich dieser besonderen Gunst versichert haben.

Der verehrte Haushofmeister[b] ließ kein Mittel unversucht, um das Wohlwollen der Gebieter in die Tat umzusetzen, Ihre Gnaden haben liebenswürdigerweise noch mehr hinzugefügt, so daß mir nur bleibt, aus Gottes Hand meine Kräfte zu empfangen, die so vielen und außerordentlichen Gunsterweisen teilweise (ich sage nicht völlig, weil das nicht möglich wäre) entsprechen.

An ehrfürchtiger Hochachtung fehlt es bei mir durchaus nicht, weil ich in Wahrheit darauf brenne, etwas zu schaffen, was sowohl Ihren Hoheiten als auch dem erlesenen Geschmack Ew. Exzellenz willkommen ist, und das hoffte ich von Euch, wärt Ihr persönlich hier, in höherem Maße zu erreichen. Was die Durchlauchtigste Fürstin anbelangt, so glaube ich, daß sie annahm, Ew. Exzellenz seien nach Parma gekommen, weil sie mir, als ich ihr den Brief Ew. Exzellenz überreichte, sagte: »Und wann wird der Herr Marchese in Parma sein?«

Gerade habe ich das erste Intermedium[c] – nämlich *Melissa und Bradamante,* nicht *Dido,* das vielmehr das zweite sein wird – beendet und bin beim dritten. Wenn dieses fertig ist, werde ich damit beginnen, etwas zu proben. Während dieser ersten Proben will ich (wenn es Gott gefällt) auch das vierte Intermedium beenden. Das fünfte habe ich bisher nicht erhalten, aber ich glaube, er wird es mir möglichst bald geben. Zudem habe ich es nicht unterlassen, etwas für das Turnier[d] zu komponieren. Und da diese Komposition zwar nicht ganz, aber doch zum größten Teil konzipiert ist, ginge ich gerne nach Venedig, um an San Marco in der Christnacht, der größten Festlichkeit im ganzen Jahr, die der *maestro di capella* auszurichten hat, zu dienen, und um dann von dort sogleich zu den Aufträgen der Durchlauchtigsten Hoheiten und Ew. Exzellenz zurückzukehren.

An allem, was ich getan habe und beständig tue, ließ ich Ihre Hoheiten und den verehrten Herrn Haushofmeister Anteil nehmen, die mir bekundet haben, daß sie damit zufrieden sind. Dafür habe ich Gott gedankt, den ich zugleich inbrünstig darum bitte, daß er Ew. Exzellenz

---

[b] Graf Fabio Scotti.
[c] Die Befreiung von Ruggero.
[d] *Mercurio e Marte* von Claudio Achillini.

immer segne und bewahre, vor der ich mich untertänig neige und Euch ehrerbietig die Hand küsse.
Parma, 30. Oktober 1627
Ew. Exzellenz

[P. S.] Ich muß Ew. Exzellenz außerdem von der schönen *entrata* erzählen, die der verehrte Signor Gorretti[e] und ich in Modena komponierten. Diese gelang zur Zufriedenheit aller, die Reise war fröhlich. Wir arbeiten jetzt gerade glücklich und intensiv daran, um das Ziel zu erreichen, das dieser Herr und ich inständig ersehnen, und um den Befehlen Ihrer Hoheiten und Ew. Exzellenz nachzukommen, weil mir der Herr in meiner Not wahrhaftig Hilfe geschickt hat.

untertänigster und ergebenster Diener
Claudio Monteverdi

[e] Antonio Goretti, der als Assistent Monteverdis bestallte Komponist aus Ferrara.

114

Venedig, Archivio di Stato, Procuratori S. Marco de Supra (Chiesa) Filza 91, Processo 208, ff. 88–89. Doppelblatt: 4 Seiten [an einen Prokurator von San Marco, in Venedig]. *(8. November 1627.)* Caffi, I, 243; Malipiero, 278; Paoli, 293; Sommi-Picenardi, 157.

Nachdem sie einige Zeit im neuen, im Bau befindlichen Theater im Hof des Palazzo verbracht hatten, unternahmen Goretti und Monteverdi unter Führung Fabio Scottis, des Haushofmeisters des Herzogs, einen Besichtigungsgang durch den oberen Teil des Palazzo della Pilotta, wo der *salone* oder das Teatro Farnese gelegen war. Am 2. November schrieb Goretti an Bentivoglio:»Heute waren wir mit Graf Fabio Scotti im *salone,* und er ist in der Tat wunderbar! Signor Claudio war völlig starr vor Staunen. Es wurden gerade die Drei Furien geprobt, etwas wirklich Atemberaubendes.«[1]

Im Laufe eben dieser geschäftigen Woche wurde Monteverdi gewahr, wie viel noch zu tun blieb – an Komposition, Instrumentierung und Pro-

[1] Lavin, 146, Fußn. 8.

benarbeit. Deshalb entschloß er sich, sobald wie möglich um einen Ex-
traurlaub über die ihm bereits gewährten drei Wochen hinaus zu ersuchen,
die – zur Zeit der Niederschrift des folgenden Briefes – schon abgelaufen
waren. Um doppelte Sicherheit für die Genehmigung zu haben, richtete er
sein Gesuch nicht an die Prokuratoren *de supra* als Gruppe, sondern an
einen einzelnen, den er gut genug kannte, um ihn um eine besondere
Gunst zu bitten.[2] Das Ganze untermauerte er mit einem Brief des Herzogs
von Parma an den Dogen. Dabei handelt es sich nicht um den von Canal[3]
veröffentlichten, sondern um einen anderen, einen Monat früher geschriebenen, auf den in den Einleitungszeilen des Gesuchs vom 9. Dezember
hingewiesen wird (»Vor einigen Tagen habe ich Euer Durchlaucht ersucht...«). Der frühere Brief des Herzogs scheint nicht erhalten geblieben
zu sein.

Eine schlichte Urlaubsverlängerung ist nicht das einzige Problem, das im
folgenden aufgeworfen wird: nach den Weihnachtsfeierlichkeiten wird
noch mehr Zeit erforderlich sein; nicht nur die Intermedien müssen fertiggestellt werden, sondern auch der *torneo*. Zu Monteverdis Glück hielten es
die venezianischen Prokuratoren für möglich und ratsam, ihm den Urlaub
zu gewähren, obwohl er zu dem Zeitpunkt, da ihr Entschluß endgültig
zustandekam, bereits ein *fait accompli* war. Wahrscheinlich wurden ihm
weitere drei Wochen zugestanden, nach deren Ablauf er spätestens um den
19. oder 20. November wieder in Venedig hätte sein müssen. Aber erneut
überschritt er die Frist, und nach einer Woche schickten ihm die Prokuratoren eine scharfe Mahnung an seine Pflichten und Obliegenheiten.[4]

---

[2] Wohl nicht Foscarini oder Contarini, die er gut kannte, denn die befaßten sich, als
Prokuratoren *de citra,* mit Angelegenheiten, die über die der Basilika hinausgingen.
[3] Canal, 121, Fußn. 2.
[4] Siehe die Einleitung zu Brief 115.

Parma, 8. November 1627; [an einen PROKURATOR VON SAN MARCO, in
Venedig]

Sehr geehrter, hochwohlgeborener Herr und hochverehrter Gebieter,
ich kam zu Ew. Exzellenz, um für etwa zwanzig Tage Urlaub zu nehmen, damit ich nach Parma reisen kann. Denn ich bin von Ihren Hoheiten[a] eingeladen worden, die mir die Ehre erwiesen haben, mir aufzutragen, ich solle für sie eine beträchtliche Anzahl von Versen für eine

---

[a] Die Herzoginwitwe Margherita und Herzog Odoardo.

wunderschöne Komödie vertonen, die sie aufführen lassen wollen. Als ich das Theater gesehen und Ihren Hoheiten Rechenschaft abgelegt hatte über den Entwurf, dem ich beim Vertonen des genannten Textes folgen wollte, glaubte ich, ich könnte von dort sofort zurückkehren. Als ich aber angekommen war, drängte mich der Haushofmeister[b] sehr, ich solle so lange bleiben, bis ich ihm die genannten fünf Intermedien für die besagte Komödie komponiert hätte, da dafür noch weitere Texte zu vertonen seien.

Ich antwortete ihm, ich hätte von Ew. Exzellenzen nur für zwanzig Tage Urlaub; dieser Herr erwiderte mir jedoch, daß Ihre Hoheiten um Urlaub für mindestens diesen ganzen Monat ersucht hätten, in welcher Zeit ich die Intermedien fertigzustellen versprach, und daß sie entweder an Ew. Exzellenzen oder an Seine Durchlaucht, den Dogen,[c] schreiben würden. Ich antwortete ihm, ich müßte Ende dieses Monats abreisen, damit ich rechtzeitig zur Messe der Christnacht in Venedig sein könne. Er antwortete mir, das sei gewiß.

Von all dem wollte ich Ew. Exzellenz unterrichten, wie ich gleichfalls seine Durchlaucht benachrichtigt habe, damit Ihr über mich genau Bescheid wißt. Der Haushofmeister hat mir versichert, Ihre Hoheiten würden mit dieser Post nach Venedig schreiben, und hat hinzugefügt, ihr Brief werde den besonderen Wunsch enthalten, daß man mich, sobald die ersten acht Weihnachtstage vorbei sind, nach Parma zurückkehren ließe, damit ich die vertonten Werke aufführen kann. Indem ich hier Ew. Exzellenz untertänigste Ehrerbietung erweise, erbitte ich für Euch von Gott, Unserem Herrn, das höchste Glück.
Parma, 8. November 1627
Ew. Exzellenz   untertänigster Diener
                              Claudio Monteverdi

[b] Graf Fabio Scotti.
[c] Giovanni Cornaro.

115

Mantua, Archivio Gonzaga, Cassetta 6, ff. 368–369. Doppelblatt: 4 Seiten [an Alessandro Striggio, in Mantua]. *(18. Dezember 1627.)* Davari, 168; Malipiero, 279; Paoli, 295; Prunières, 277; Vogel, 435.

Jeder fähige und gewissenhafte Musiker, der für die Bühne arbeitet, weiß, daß er immer darauf gefaßt sein muß, seinen Beitrag – als Autor oder Mitwirkender – den streitbaren Ansprüchen seiner Kollegen auf oder hinter der Bühne anzupassen. Akustische Probleme, darunter das der Reichweite von Stimmen und Instrumenten, ganz zu schweigen vom Problem der Synchronisierung und Ensemblebesetzung, werden heute dank elektronischer Hilfen nahezu mühelos gelöst; zu Zeiten Monteverdis aber erforderten sie einen im Feuer der Beinahe-Verzweiflung gehärteten scharfen Praktikersinn. Nicht, daß er mit der Theaterwelt und ihren besonderen Forderungen nicht vertraut gewesen wäre. Seit seiner Mitarbeit an *Il pastor fido* in Ferrara und Mantua, also etwa dreißig Jahre bevor ihm der Auftrag für Parma zufiel, hatte er sich mehr als einmal der Gelegenheit erfreuen können (wenn das Wort hier angemessen ist), die Ziele reiner Musik mit den Usancen reinen Theaters zu versöhnen. Parma aber war ein Versuchsgelände, dessen Widerspenstigkeit sich beinahe mit nichts vergleichen ließ, was er vorher kennengelernt hatte.

Mitte November beherbergten ihn noch immer die angenehmen Unterkünfte, die das Dienstpersonal der Farnese für ihn eingerichtet hatte, und von Zeit zu Zeit unternahm er Ausfälle aus diesem musikalischen Hauptquartier, um genau auszumachen, wo seine Musiker sich zu postieren hatten – über, hinter oder inmitten der Szene. Der Assistent des Bühnenbildners, Francesco Mazzi, schrieb am 16. November an Bentivoglio: »Monteverdi hat sich nach den Plätzen der Musiker umgesehen, aber es ist gehörig schwer, ihn in bezug auf seine Ideen zufriedenzustellen, und gleich zu Anfang machte er geltend, daß die Spieler dort nicht aufgestellt werden können; wir werden aber alles Erdenkliche versuchen, um ihm Genüge zu tun, was auch immer geschieht.«[1]

Dieses kleine Problem der Unterbringung der Mitwirkenden ergab sich im Teatro Farnese, weil das Bauwerk im Hof *(da basso)* noch immer nicht fertiggestellt war. Am selben Tage, dem 16. November, schilderte Goretti Bentivoglio seine Eindrücke und ging sogar noch etwas über die Erläuterungen des stellvertretenden Bühnenbildners hinaus: »Wir sind mehrfach im *salone* gewesen, um mit der Auswahl der Plätze für die Musiker zu

---

[1] Lavin, 131, Nr. 12.

beginnen, und wir haben immer große Schwierigkeiten wegen der Enge
des Spielraums für diese gesegnete Musik gehabt, die teilweise entscheidend ist, aber eben dieses Unglück hat – daß nämlich bisher noch kein
Gedanke auf ihre räumliche Lokalisierung verwendet worden ist, so als
hätte sie gar keinen Beitrag zu leisten. Und doch ist das so dringlich!«[2]
Diese Veränderungen und Anpassungen waren eine Woche später im
Gange, als Mazzi Bentivoglio über die noch zu leistende Arbeit unterrichtete. Eine lakonische Notiz auf einem (in einer anderen Handschrift abge-
faßten) Ergänzungsblatt lautet: »Die Nischen für die Musiker herrichten.
Signor Monteverdi und ich werden uns um sie kümmern, wir haben sogar
schon damit begonnen.«[3] Aber die Enge der Nischen war nur eines der
Probleme des Komponisten: ebenso hatte er sich mit der geistigen Enge
und Überheblichkeit mancher Gastsänger auseinanderzusetzen, darunter
auch mit dem berühmten Kastraten Gregorio Lazzarini. Seit 1619 Mitglied
der päpstlichen Kapelle, trat Lazzarini kurz danach in den Dienst von
Kardinal Francesco Borghese, dessen Ermächtigung ihm in Parma aufzutreten erlaubte. Seine lange und aktive Laufbahn sah ihn 1620 in der
Titelrolle von Filippo Vitalis *Aretusa*[4] (in der seine engelhafte Stimme so
vollkommen die Idee der Keuschheit nachgestaltete) und sehr viel später,
1640, in der Rolle der Esther in Pietro della Valles *Dialogo d'Ester,* der am
Ostermontag im Oratorio del Santissimo Crocifisso in Rom aufgeführt
wurde.[5]
Typischerweise traf er in Parma mit sehr genauen Vorstellungen von
seinem Ansehen und ohne besondere Zurückhaltung hinsichtlich der
Macht ein, die ein Virtuose ausüben kann. Er war für die Rolle des Mars
im dritten von Ascanio Pios Intermedien ausersehen, *Diana e Venere,* und
einer von dessen Höhepunkten war eine Liebesszene mit Diana; aber aus
Gründen, die aus den verfügbaren Dokumenten nicht deutlich werden,
wurde die Passage gestrichen, und Lazzarini wandte sich an Bentivoglio,
um sie wieder einfügen zu lassen. Dieses kleine Detail des komplizierten
musikalischen Gesamtmosaiks ist lediglich dank kurzer Auszüge aus einem
seiner Briefe vom 26. November bekannt, der ursprünglich den Bentivoglio-Archiven angehörte. Danach wahrscheinlich im Besitz von Antonelli,[6]
fand er später Eingang in die Succi-Sammlung (Nr. 551 im 1888 veröffentlichten Katalog) und dann in die von Wilhelm Heyer in Köln. Als diese

---

[2] Lavin, 146, Nr. 29.
[3] Lavin, 134, Nr. 13 (23. November).
[4] Vogel, *Bibliothek,* II, 331.
[5] Ziino, 109.
[6] Lavin, 109.

1927 aufgelöst wurde, gab der Verkaufskatalog unter der laufenden
Nr. 510 eine kurze Beschreibung von Lazzarinis Brief.[7]

Wenn Monteverdi schon im Umgang mit Lazzarini Probleme hatte, so
sollten bald weitere folgen, denn am 27. November schickten ihm die Prokuratoren einen Brief mit der Aufforderung zur sofortigen Rückkehr nach
Venedig: »Wir haben zur Kenntnis genommen, was Ihr uns in einem Eurer
Briefe berichtet, aber da Eure Abwesenheit von diesem Gotteshaus aus
verschiedenen Gründen nicht mehr verlängert werden kann, sind wir gezwungen, Euch wissen zu lassen, Ihr möget Euch so bald wie möglich
freimachen und hier Euren Verpflichtungen nachkommen, zumal Ihr sehr
wohl die Bedingungen Eures Vertrages kennt und wißt, wie notwendig
Eure Anwesenheit hier ist.«[8]

Trotz des Druckes richtete sich Monteverdi in einem leidlich ruhigen
Leben ein, wie Gorettis ebenfalls vom 27. November stammender Brief an
Bentivoglio bezeugt: »Ich werde tun, was ich kann, die Arbeiter zur Eile
anzutreiben, wie Euer Erlaucht mich bittet, aber habt Verständnis dafür,
daß ich so viel zu tun habe, daß mir kaum Zeit zum Atmen bleibt. Wir
gehen nie außer Hauses, und ich allein höre mit knapper Not die Messe.
Signor Monteverdi komponiert nur morgens und abends: nachmittags
mag er überhaupt nichts tun. Ich dränge ihn und entlaste ihn von solcher
Arbeit – was bedeutet, daß ich ihm die fertigen Teile aus den Händen
reiße, nachdem wir sie gemeinsam diskutiert und bearbeitet haben; und
ich finde das so schwierig und verwickelt, daß ich Euer Erlaucht mein
Wort gebe, daß ich mehr arbeite, als wenn ich alles selbst zu komponieren
hätte, und daß, wenn man ihm alles allein zu schreiben überließe, das
Zeit und nochmals Zeit verschlingen würde (und wenn ich ihm nicht so
sehr auf den Fersen wäre, hätte er noch nicht einmal die Hälfte dessen
fertig, was jetzt vorliegt). Zwar ist die Arbeit gewaltig und langwierig; aber
immer noch ist er ein Mensch, der die Dinge gemeinsam und mit großer
Ausführlichkeit durchzusprechen liebt (und was das angeht, so habe ich es
mir zur Regel gemacht, ihm dazu während der Arbeitsstunden jede Gelegenheit zu nehmen) – so daß ich sagen möchte, daß meine Aufgabe keine
geringe ist.«[9]

Gorettis treffendes Porträt des sechzigjährigen Komponisten läßt seine
anziehenden Charakterzüge ebenso deutlich werden wie seine halsstarri-

---

[7] Kinsky, 94. »Monteverdi habe ihm soeben gesagt *(mi vien detto dal Monte Verde...),*
in der ihm zugedachten Rolle sei die Liebesszene mit Diana – *è che quella fosse il più
bello di quella parte...* – gestrichen worden, weshalb er (Lazzarini) bitte, sich seiner
anzunehmen, d. h. die Streichung dieser Szene rückgängig zu machen.«

[8] Arnold, 203.

[9] Reiner, 301. Das italienische Original ist zitiert bei Barblan, »La vita«, 140, Fußn. 45.

gen, und es besteht kein Grund, seinem Zeugnis zu mißtrauen, zumal es von einem Musikerkollegen stammt, der fähig genug ist, eine Situation als unvoreingenommener Zeuge zu beurteilen, aber auch hinreichend unabhängig, um sich nicht den Qualen von Neid und Eifersucht ausgesetzt zu sehen. Im bürokratischen Lager spitzten sich die Dinge dagegen rasch zu, denn das Schreiben der Prokuratoren mußte eilig und von verantwortlicher Seite beantwortet werden. Monteverdi sprach mit Scotti und der wiederum mit dem Herzog selbst, der am 9. Dezember in einem Brief an den Dogen Giovanni Cornaro schrieb: »Vor einigen Tagen ersuchte ich Euer Erlaucht einzuwilligen, daß Monteverdi bis Weihnachten hier bleiben kann. Jetzt macht er sich auf, um die Pflichten seines Amtes zu erfüllen. Und ich bitte Euch bescheiden um die freundliche Erlaubnis, daß jener Monteverdi wieder hierherkommen kann, wenn die Festtage vorüber sind, weil es für ihn unerläßlich ist, bei der Aufführung dessen anwesend zu sein, was er mit so viel liebender Hingabe und Befähigung zu dem Fest begonnen hat, das bei meiner Hochzeit gefeiert werden soll.«[10]

Monteverdi, der Parma am oder um den 10. Dezember verließ, schlug den Rückweg nach Venedig über Ferrara ein, wo er kurze Zeit damit verbrachte, Bentivoglio einen *viva voce*-Bericht über das zu geben, was in den vergangenen beiden Monaten geleistet worden war.[11] Als er in seiner Wohnung im Kanonikat von San Marco eintraf, waren die Vorbereitungen zu den musikalischen Weihnachtsdarbietungen dank der Hilfe seines Stellvertreters Rovetta bereits in vollem Gange, denn es war bereits Mitte des Monats und noch viel zu tun. Nach drei Tagen saß er wieder an seinem Schreibtisch und nahm erneut das Schlußkapitel seines langen Briefwechsels mit Striggio auf. Er hatte in Parma zwei Briefe erhalten, verschob die Antwort aber bis nach seiner Rückkehr nach Venedig.

Seltsam genug: Noch immer wird *Armida* erörtert, obwohl Herzog Vincenzo schwer erkrankt war und in wenigen Tagen sterben würde, die Welt ihrem stetigen Umlauf und Mantua seinem grausamen und unabwendbaren Geschick überlassend. Pflichtschuldigst schickt Monteverdi die Manuskripte zur Abschrift und setzt den Freund über den augenblicklichen Stand des musikalischen Marktes in Kenntnis, besonders hinsichtlich der gewünschten Kastraten. Er nennt Lazzarini, wie zu erwarten war, macht aber wenig Hoffnung auf eine leihweise Überlassung Antonio Grimanos, dessen Hauptauftraggeber in Rom Monsignore Ciampoli war, der Musik schwärmerisch liebte und lyrische Texte für seine bevorzugten Komponi-

---

[10] Canal, 121.
[11] Vgl. Bentivoglios Brief an die Herzogin vom 24. Dezember 1627.

sten schrieb.[12] Monteverdis scharfe und kritische Beurteilung von Sängern kommt in seiner Ablehnung zweier Nachwuchstalente zum Ausdruck, Pietro di San Pietro und Marc' Antonio Malagigi, um die sich in Parma ihre jeweiligen Lehrer kümmerten. Die offiziellen Kritiken zeigen etwas größere Begeisterung, ebenso die Geschenke an die Lehrer von 100 Dukaten oder mehr.[13]

Schließlich wird der Vorhang, der drei lange Monate Massimilianos Schande verhüllt hatte, beiseitegezogen. Marigliani hatte, wenn auch erfolglos, einzugreifen versucht, und es bleibt nichts anderes mehr übrig als sich an Striggio zu wenden und die Zahlung von 100 Dukaten als eine Art Lösegeld zu versprechen. Die Vereinbarung nimmt sich anfangs ganz einfach aus, aber bald sollten daraus Komplikationen folgen, und die Akten wurden erst im Juli des folgenden Jahres geschlossen.

[12] Vogel, *Bibliothek*, I, 338 – Kapsberger; I, 436–439 – Mazzocchi 1, 2, 4; II, 196 – Savioni, 2.

[13] Vogel, 437–438. Malagigi, später in Diensten des Kardinals Barberini, wurde in wachsendem Maße neidisch auf Leonora Baroni, die Tochter von Adriana; nicht anders die Geschwister Lolli im Schutze von Kardinal Borghese. Die gedungenen Bediensteten von Malagigi und Lolli schrieben Obszönitäten an die Wände von Leonoras Haus (Ademollo, 326).

Venedig, 18. Dezember 1627; [an Alessandro Striggio, in Mantua]

Ew. Erlaucht, mein Gnädigster Herr,
ich habe in Parma zwei Briefe Ew. Gnaden erhalten: im einen habt Ihr mich beauftragt, ich solle Euch die *Armida*[a] schicken, die so sehr dem Geschmack des Durchlauchtigsten Fürsten,[b] meines Herrn, entsprach, und zugleich habt Ihr mir befohlen, ich solle nach Mantua kommen. Im anderen Brief haben mich Ew. Gnaden beauftragt, ich solle mich bemühen, einen der besten Kastraten zu bekommen. Weder auf den einen noch auf den anderen Brief habe ich geantwortet, weil ich mich Tag für Tag darum bemüht habe, nach Venedig zurückzukehren und Euch von dort aus zu dienen.

Gleich bei meiner Rückkehr nach Venedig vor drei Tagen habe ich die *Armida*, die ich Ew. Gnaden mit der nächsten Post schicken werde,

[a] Ein stilistisch wahrscheinlich dem *Combattimento* ähnliches Werk, das genau wie dieses auf Versen aus Tassos *Gerusalemme liberata* beruhte.

[b] Vincenzo II. Gonzaga, Siebenter Herzog von Mantua.

zum Abschreiben gegeben; zudem gebe ich Euch von dem Kastraten Nachricht, weil man in Parma meint, der beste sei Signor Gregorio,[c] der in den Diensten des verehrten Kardinals Borghese[d] steht, den man meiner Meinung nach aber mit beträchtlicher Mühe abwerben könnte. Hier gibt es auch den Signor Antonio Grimano,[e] den zu engagieren man nicht einmal hoffen kann. Es gibt zwei andere, die ebenfalls von Rom gekommen sind: ein Kastrat,[f] der in St. Peter singt, aber das scheint mir keine allzu gute Sache zu sein, denn er hat eine Stimme, die zu Heiserkeit neigt, die nicht allzu klar ist, die harte Verzierungen und wenig *trillo* besitzt. Dann gibt es noch einen Knaben von etwa elf[g] Jahren, aber auch er scheint mir keine angenehme Stimme zu haben, er kann einige kleine Verzierungen und etwas *trillo* singen, trägt aber das ganze mit einer Stimme vor, die nicht recht durchdringt[h].

Was diese beiden anbelangt, so werde ich, wenn es Ew. Gnaden gefällt, etwas in die Wege leiten; was aber die anderen anbelangt, so werde ich, glaube ich, nichts tun. Dennoch habe ich sie davon unterrichtet. Nach meiner Rückkehr am 2. oder 3. des nächsten Monats (wenn es Gott gefällt) werde ich Ew. Gnaden besser informieren, weil ich im Entgegennehmen der höchst freundlichen Briefe Ew. Gnaden lange auf mich warten ließ.

Was meine Ankunft in Mantua angeht, so wird man mir derzeit deshalb verzeihen, weil es mir um meiner Ehre willen nicht erlaubt ist, dorthin zu kommen und in den Gefängnissen des heiligen Stuhls mit meinem Sohn Massimiliano[i] zusammenzutreffen. Schon sind drei Monate vergangen. Der Grund dafür war, daß mein Sohn ein Buch gelesen hatte, von dem er nicht gewußt hatte, daß es verboten war. Er aber wurde vom Besitzer des Buches angeklagt, der gleichfalls eingesperrt wurde, und er wurde vom Besitzer getäuscht, der behauptet hatte, das Buch handle lediglich von Medizin und Astrologie. Sobald er im Gefängnis saß, schrieb mir der Pater Inquisitor, daß er ihn, wenn ich ihm

---

[c] Gregorio Lazzarini (*? in Ancona, †1686 in Rom).

[d] Kardinal Francesco Borghese, dem Monteverdi 1610 persönlich vorgestellt worden war.

[e] Ein Kastrat im Dienst von Kardinal Ciampoli und früher an San Marco tätig.

[f] Pietro, ein junger, von seinem Vater begleiteter Sänger.

[g] Marc'Antonio Malagigi.

[h] *voce ottusa.*

[i] Monteverdis jüngerer, jetzt dreiundzwanzig Jahre alter Sohn.

eine Garantie von 100 Dukaten Kaution gäbe, bis der Fall erledigt sei,
sogleich entlassen würde.

Signor Ercole Marigliani,[j] der Ratsherr, bot sich mir in einem seiner
Briefe freiwillig an, meinen Sohn zu unterstützen, und aufgrund dieser
bekannten Zuneigung seinerseits bat ich ihn, die Aufgabe zu übernehmen, gemeinsam mit dem Pater Inquisitor meine Garantie anzuerken-
nen, die mein Jahreseinkommen gewährt, das mir von Seiner Durchlaucht, dem Fürsten, meinem Herrn, bezahlt wird. Aber es sind zwei
Monate vergangen, in denen ich weder vom Pater Inquisitor noch von
Signor Marigliani eine Antwort erhalten habe. Ich wende mich (mit
größter Ehrerbietung) an den Schutz Ew. Gnaden, damit Ihr diese
besondere Sache Signor Marigliani übertragt, zugunsten von Massimiliano und in Übereinstimmung mit seinen Interessen.

Wenn er die besagte Garantie nicht anerkennen will, werde ich jederzeit bereit sein, 100 Dukaten zu hinterlegen, damit Massimiliano
entlassen werden kann. Dies hätte ich schon getan, wenn ich von Signor Marigliani eine Antwort erhalten hätte. Während Ew. Gnaden
meinem Sohn helfen werden (da bin ich sehr sicher), werde ich für
Euch von unserem Herrn das Wohlergehen an diesem hochheiligen
Weihnachtsfest und ein gutes neues Jahr erbitten, indem ich Euch untertänigste Ehrerbietung erweise und Euch die Hand küsse.

Venedig, 18. Dezember 1627

Ew. Gnaden   dankbarster Diener
                     Claudio Monteverdi

---

[j] Früher Hofsekretär, nunmehr zum Ratsherr befördert.

116

Mantua, Archivio Gonzaga, Cassetta 6, ff. 372–374. Doppelblatt +
Einzelblatt: 5 Seiten [an Alessandro Striggio, in Mantua]. *(1. Januar
1628.)* Malipiero, 281; Paoli, 298; Prunières, 278.

Trotz aller Meinungsunterschiede in bezug auf den Empfänger muß der
folgende Brief für Striggio bestimmt gewesen sein, weil sich bereits früher

herausgestellt hatte, daß Marigliani keine hinreichend wichtige Persönlichkeit war, um mit dem Inquisitor zu verhandeln. Monteverdis Angebot eines Halsbandes im Werte von 100 Dukaten und sein Hinweis auf die anhaltenden Probleme mit der Pension (im Werte von 100 *scudi*) erwecken beinahe den Anschein, als sei er gesonnen gewesen, das eine gegen das andere aufzurechnen, denn der *scudo* war nur wenig weniger wert als der *ducato*. Und was das Halsband betrifft: konnte es sich da nicht um dasselbe handeln, das ihm im Jahre 1620 Herzogin Caterina verehrt hatte?[1] Wenn ja, so hätte eine großzügige Belohnung für ein willkommenes Buch dazu beigetragen, die Schande zu tilgen, die ein mehr als beargwöhntes Buch über den Betroffenen gebracht hatte.

Es sagt viel über Striggios Großherzigkeit aus, daß er in der Lage war, die Zeit zu erübrigen, Monteverdi zu helfen, und zwar zu einem Zeitpunkt, da es um die Staatsangelegenheiten und die allgemeine Moral in Mantua nie schlechter gestanden hatte als damals. Vincenzos Versuch, Isabella von Novellara ermorden zu lassen, war fehlgeschlagen, und in den Augen des Papstes war er ein schuldig befundener Mann. Auch die Erbfolge der Gonzaga war unrettbar am Ende, und die Armeen der Kandidaten für dieses verarmte Herzogtum wurden zum möglichen Einsatz zusammengezogen. Carlo Gonzaga von Nevers, später Achter Herzog von Mantua, ein Nachkomme von Lodovico (Bruder und Rivale von Herzog Guglielmo), erhielt natürlich die Unterstützung seiner Landsleute in Frankreich, im Verein mit der Billigung Venedigs. Auf der anderen Seite standen Spanien und Kaiser Ferdinand hinter Cesare Gonzaga, dem Prinzen von Molfetta.

Vincenzo wurde auf dem Totenbett Zeuge der Hochzeit von Carlo von Nevers und Maria Gonzaga, der Tochter von Herzog Francesco und Margherita von Savoyen. Und als er am Weihnachtstage des Jahres 1627 starb, entrann er sowohl dem Zorn der Kirche als auch der Schande und dem Schrecken, die über sein Herzogtum kommen sollten. Monteverdi bringt seinen Schmerz über Vincenzos Tod zum Ausdruck, geht aber sofort zur unausweichlichen Folgerung über: Ohne den Herzog besteht keine Chance zur Einforderung des *fondo*. Striggio seinerseits kannte den Komponisten besser und lächelte wahrscheinlich bei dem Gedanken, wie rasch Carlo von Nevers von diesem alten Zankapfel zu hören bekommen würde.

---

[1] Siehe die Briefe 53 und 54; ebenso Stevens, »Necklace«.

Venedig, 1. Januar 1628; [an ALESSANDRO STRIGGIO, in Mantua]

Ew. Erlaucht, mein Gnädigster Herr,

Ew. Gnaden werden mir den Gefallen tun, mir zu verzeihen, wenn ich nicht sofort mit der letzten Post auf den äußerst freundlichen und liebenswürdigen Brief Ew. Gnaden geantwortet habe, denn der Briefträger verteilte die Briefe erst, als die ausgehende Post abgeschickt war.

Ich schreibe deshalb, um Ew. Gnaden grenzenlosen Dank abzustatten für solches Wohlwollen, das Ihr mir aus freien Stücken gewähren wolltet, damit der arme, unglückliche Massimiliano,[a] mein Sohn, aus dem Gefängnis loskommt, eine Gunst, die so groß ist, daß ich niemals auch nur den kleinsten Teil zu vergelten vermag, weil ich so verpflichtet sein werde, daß ich zumindest immer gehalten bin, Gott darum zu bitten, er möge Euch und Euer ganzes Erlauchtes Haus ständig bewahren und verherrlichen.

Um folgende Gunst aber bitte ich von ganzem Herzen die große Autorität Ew. Gnaden: daß Ihr nur geruhen mögt, auf den Pater Inquisitor dahingehend einzuwirken, daß er Massimiliano aufgrund der Garantie, die er selbst von mir verlangt hat, nach Hause gehen läßt. Nichts anderes ersehne ich vom Wohlwollen Ew. Gnaden, da ich eine Kette im Wert von 100 Dukaten Signor Barbieri[b] überbracht habe (einem reichen Juwelenhändler, hier in Venedig, ein Landsmann und ein enger Freund von mir seit vielen Jahren), damit er mit dieser Post dem Signor Zavarella[c] schreibt (der die Zölle der Durchlauchtigsten Hoheit[d] von Mantua beaufsichtigt und ein sehr enger Freund des besagten Signor Barbieri ist), daß er zu Ew. Gnaden gehen und sich anbieten solle, er werde sich pünktlich um die genannte Garantie kümmern.

Ich will Euch nicht belästigen oder Euch um etwas bitten, ich will nur den Pater Inquisitor dazu bringen, daß er Massimiliano nach Hause entläßt. Wenn ich allzu sehr nach der Gunst Ew. Gnaden verlange, dann verzeiht das große Verlangen, das ich nach Ew. Wohlwollen habe,

---

[a] Monteverdis jüngerer, 1604 geborener Sohn.
[b] Siehe auch Brief Nr. 118.
[c] Giulio Cesare Zavarella.
[d] Carlo Gonzaga von Nevers, Achter Herzog von Mantua.

und verzeiht Eurer großen Menschlichkeit und Freundlichkeit, die mich dazu ermutigt haben, danach zu verlangen.

Außerdem habe ich vom Tode des Durchlauchtigsten Don Vincenzo[e] (Gott hab' ihn selig!) mit größtem Schmerz gehört, sowohl wegen der außerordentlichen Zuneigung, die ich für alle diese Durchlauchtigsten Herren gehegt habe – besonderes für diesen Durchlauchtigsten Herrn, wegen der spontanen Zuneigung, durch welche er bewegt wurde, sich meiner Person zu erinnern, indem er Freude daran zeigte, sowohl mich zu sehen als auch meine unbedeutenden Kompositionen –, als auch weil ich hoffte, ich könnte durch seine Güte den Grundstock für meine Pension oder Auszahlung von 100 Scudi erhalten.

Um eine solche Gunst leichter zu gewinnen, bemühte ich mich, ein klein wenig Geld beiseite zu legen und trat in der Absicht, etwas mehr hinzuzufügen, in die Dienste der Durchlauchtigsten Fürsten von Parma[f] (wie ich es tat). Aber mein Schicksal, das mir immer eher feindlich gesinnt war als etwas anderes, wollte mir diese große Demütigung zufügen, als ich sie am wenigsten erwartete. Gott sei Dank, habe ich nicht beide verloren, meinen Herrn und jenes kleine Vermögen, das mir unter so großer Anstrengung Gott zugestanden hat, den ich beständig von ganzem Herzen anflehe, daß dieser Durchlauchtigste Herr in seliger Ruhe leben möge.

Weil ich sehr sicher bin, daß er höchst gerecht ist, da er aus diesem Durchlauchtigsten Hause stammt, glaube ich niemals und werde es auch niemals glauben, daß er mir wegnimmt, was mir gehört, zumal ich mich auf das Wohlwollen Ew. Gnaden stützte, die Ihr – ich hoffe es sicher – sehr geneigt sein werdet, mir zu helfen, wenn es nötig ist. Lieber Herr, tröstet mich mit einem Wort in dieser Sache, weil es mir das Leben schenken wird. Und indem ich Euch hier demütigste Ehrerbietung erweise, erbitte ich für Euch von Gott von ganzem Herzen beständiges Glück.

Venedig, 1. Januar 1628

Ew. Gnaden   demütigster und dankbarster Diener
Claudio Monteverdi

---

[e] Der Siebente Herzog war am 25. Dezember 1627 verstorben. Das Präfix ›D‹ für Don soll darauf hinweisen, daß Monteverdi an ihn noch immer als an einen jungen Prinzen dachte: Herzog Vincenzo, sein eigentlicher Herr, war der Vierte Herzog.

[f] Die Herzoginwitwe Margherita und Herzog Odoardo.

[P.S.] Ich sagte oben, daß Signor Zavarella zu Ew. Gnaden kommen will, um für die Garantie zu sorgen, aber jetzt sage ich, daß nicht er es sein wird, sondern vielmehr der Signor Giovanni Ambrogio Spiga,[g] der Juwelier Seiner Hoheit. Dieser wird es sein, der kommt, um sich um die Garantie zu kümmern. Und verzeiht mir diese Unannehmlichkeit bei der Liebe Gottes. Und noch einmal erweise ich Euch demütigste Ehrerbietung.

[g] Ein Mailänder Goldschmied, der sich in Mantua niedergelassen hatte.

117

Mantua, Archivio Gonzaga, Cassetta 6, ff. 376–377. Doppelblatt: 3 Seiten [an Alessandro Striggio, in Mantua]. *(9. Januar 1628.)* Malipiero, 283; Paoli, 301; Prunières, 280.

Striggio, von den mantuanischen Problemen überwältigt, die ihn von allen Seiten bedrängten, leistete Bürgschaft für Massimilianos Entlassung und überredete das Schatzamt, Monteverdi seine Pension zu schicken. Der folgende Brief gibt, über den üblichen Ausdruck demütigen Dankes hinaus, den Eindruck tiefer Verpflichtung zu erkennen, und der Komponist versichert ihm, daß der Hofjuwelier Giovanni Ambrogio Spiga[1] kommen und die Kautionssumme zurückerstatten wird, die ihm vom venezianischen Juwelier Barbieri übermittelt worden ist. Endlich ist Massimiliano aus dem Gefängnis frei und in der Lage, seine Arztpraxis wieder aufzunehmen.

In Parma wurde an beiden Theatern noch immer gearbeitet, wie Monteverdi Striggio bedeutet; die Hochzeitspläne waren in das Stadium der Unentschiedenheit getreten, und die Pessimisten gingen sogar so weit zu sagen, sie würde letzten Endes wohl nie stattfinden. Aber eine andere Medici-Tochter stand bereit, die erste auf dem politischen und ehestiftenden Schachbrett zu ersetzen, das jeden Klatschzirkel mit einem bequemen Thema für leere Konversation ausstattete. Die Gerüchte verstreuten sich

[1] Spiga war wahrscheinlich der Sohn von Michelangelo Spiga aus Mailand (siehe Bertolotti, »Arti minori«, 88). Er arbeitete 1619 für Herzog Ferdinando und erhielt sieben Jahre später von Herzog Vincenzo II. die Erlaubnis, Waffen zu tragen.

weit, und sogar Monteverdis Briefe stellen unter Beweis, daß ein Prokurator von San Marco in Venedig und ein mantuanischer Graf bereit waren, ein wenig Zeit der Spekulation und dem Austausch brauchbarer Ideen zu widmen. Sollte die Hochzeit ins Wasser fallen, träfe das gleiche Schicksal auch Monteverdis Musik. Aber diese Art Situation war ihm keineswegs unvertraut, zumal sie sich eher als der ungewisse Lohn der Aufopferung für einen privaten Auftraggeber als für ein öffentliches Theater ergab. Für diese neue Konstellation war Monteverdi glücklicherweise zum richtigen Augenblick in der richtigen Stadt.

Venedig, 9. Januar 1628; [an ALESSANDRO STRIGGIO, in Mantua]

Ew. Erlaucht, mein Gnädigster Herr,
ich habe von Ew. Gnaden eine Gunst erhalten zu einem Zeitpunkt, als es für Euch fast unmöglich war, an Eure eigenen Angelegenheiten zu denken – ein sicherer Beweis dafür, daß Ew. Gnaden mir mit gütiger Zuneigung den außergewöhnlichsten und vertraulichsten Gefallen zu erweisen geruhten, den ich jemals von meinem größten Glück erhoffen konnte. Verdient habe ich ihn nicht, weil ich der schwächste Mensch auf der Welt bin. Aber Gott hat mich dafür erhört, daß ich eine sehr große Schuld bekenne; und diese wird mir von Seiner Göttlichen Majestät nicht in Abrede gestellt, die ich darum inständig bitte und ersuche, daß ich es wenigstens bekennen kann, wenn ich es schon nicht bezahlen kann. Trotzdem biete ich der großen Güte Ew. Gnaden nicht nur das Wenige an, das mir gehört, sondern auch mein Lebensblut und die Gebete zu Gott, obwohl sie sehr schwach sind.

Signor Spiga[a] wird kommen, um Ew. Gnaden von der Garantie zu entbinden, weil er mit dieser Post einen ausdrücklichen Auftrag erhalten wird, so vorzugehen. Anderenfalls wäre ich betrübt, weil ich von der Euch angeborenen Liebenswürdigkeit nichts anderes ersehne als Euren Schutz – und selbst der ist zuviel. Ich habe gehört, daß Massimiliano[b] aus dem Gefängnis entlassen ist, und ich warte ständig auf einen Brief von ihm, um Euch (zusammen mit meinen eigenen Erklärungen) eine Erklärung zu geben, die sehr von dem abweicht, was Ihr Euch

---

[a] Ein Mailänder Goldschmied, der sich in Mantua niedergelassen hatte.
[b] Monteverdis jüngerer, 1604 geborener Sohn.

vorstellt. Ich bin aber doppelt getröstet, weil ich erfahren habe, daß ich
so im selben Brief meine Auszahlung bekommen werde, um so mehr
von der Freundlichkeit Ew. Gnaden unterstützt, für die ich Gott bitte,
er möge sie mir zu erhalten geruhen, wobei ich immer mit all meinem
Fleiß danach zu trachten suche, sie für mich zu erhalten und zu bewahren.

In zwei Tagen werde ich hoffentlich nach Parma zurückkehren, um
für diese Durchlauchtigsten Hoheiten[c] die Musik für das Turnier[d] und
für die Intermedien[e] der Komödie, die man aufführen wird, in Ordnung zu bringen. Von dort werde ich Euch, wenn es Euch gefällt,
Neues vom Fortgang dieser Dinge schicken. Aus Venedig habe ich
gestern aus dem Munde des exzellenten Prokurators Contarino,[f] meines Herrn (denn er ist Prokurator von San Marco), erfahren, daß Seine
Exzellenz[g] nicht nur glauben, sondern befürchten, diese Hochzeit
werde weder in diesem Karneval noch diesen Mai stattfinden – man
schrieb mir aus Ferrara, sie finde zu diesem Zeitpunkt statt –, sondern
vielleicht überhaupt nicht mehr. Dennoch werde ich daran gehen, die
Musik vorzubereiten, die mir zu komponieren aufgegeben wurde.
Mehr kann und muß ich nicht tun. Möge Gott Ew. Gnaden segnen,
während ich Euch von ganzem Herzen die Hände küsse und für Euch
das höchste Glück erbitte.

Venedig, 9. Januar 1628

Ew. Gnaden   dankbarster Diener
                          Claudio Monteverdi

[c] Die Herzoginwitwe Margherita und Herzog Odoardo.
[d] *Mercurio e Marte.*
[e] Für Tassos *Aminta.*
[f] Simone Contarino, 1620 zum Prokurator gewählt.
[g] Der Marchese Enzo Bentivoglio.

118

Mantua, Archivio Gonzaga, Cassetta 6, ff. 379–380. Doppelblatt: 4 Seiten [an den Marchese Alessandro Striggio, in Mantua]. *(4. Februar 1628.)* Davari, 169; Malipiero, 285; Paoli, 303; Prunières, 280; Vogel, 436.

Monteverdi, der Mitte Januar wieder in Parma eintraf, nahm seine Aufgabe mit erneuter Intensität in Angriff, aber ohne andere Auskünfte über eine Aufführung als die aus bloßen Gerüchten stammenden, deren Schätzungen irgendwo zwischen Mai und September lagen. Unsere Kenntnis der zur Mitwirkung eingeladenen Musiker macht deutlich, daß das Netz tatsächlich weit ausgeworfen worden war – bis nach Rom, Modena und Piacenza, Städte, denen mit Rücksicht auf den Komponisten und seinen Assistenten noch Venedig und Ferrara hinzugefügt werden sollten. Da aber die Eheverhandlungen sowohl in Florenz als auch in Parma stattfanden, ist es zumindest merkwürdig, auf keine Erwähnung Florentiner Musiker zu stoßen: die Besetzung mehrerer wichtiger Rollen mit Settimia Caccini zeigt, daß sie unzweifelhaft als fester Bestandteil des allgemeinen Ablaufs galten. Settimia, die viele Jahre lang mit ihrem Gatten Ghivizzani (aus Lucca) in Parma ansässig gewesen war, wurde wahrscheinlich für eine Adoptivtochter der Stadt der Farnese gehalten, trotz ihrer Herkunft aus Florenz.

Im folgenden Brief wird *Armida* zum letzten Mal erwähnt. Monteverdi entschuldigt sich, die Partitur nicht eher geschickt zu haben, weil der Tod Herzog Vincenzos II. unweigerlich einen Schatten über Aufführungspläne für die Karnevalszeit warf. Die Partitur wurde jetzt im Hause Mocenigos in Venedig aufbewahrt, wo sie wahrscheinlich kurz vor 1627 uraufgeführt worden war, aber Rapallino – Mocenigos Kaplan – hatte sicherlich eine Kopie anfertigen und Striggio schicken lassen. Rapallino, von Monteverdi am 12. Februar alarmiert, schrieb an den Marchese und versprach, sich der Angelegenheit unverzüglich anzunehmen.[1]

Striggios Erhebung zur Würde eines Marchese, deren er sich nur zwei Jahre lang erfreuen sollte, erfolgte als Belohnung für die lebenslange Selbstaufopferung für die politischen Geschäfte der Gonzaga. Die gute Neuigkeit veranlaßt Monteverdi, eine lange und aufrichtige Lobrede zu Papier zu bringen; seltsamerweise gibt es jedoch keinen Wechsel der Anredeform – kein »Eccelentissimo« in der Begrüßung und kein »Vostra Eccelenza Illustrissima« im Brief selbst.

---

[1] Davari, 128.

Parma, 4. Februar 1628; [an den MARCHESE ALESSANDRO STRIGGIO, in Mantua]

Sehr geehrter Herr und hochverehrter Gebieter,
die Neuigkeiten, die mir der verehrte Marchese Enzo[a] überbracht hat, der vor kurzem durch Mantua gekommen und nun in Parma eingetroffen ist, nämlich daß Ew. Gnaden von dem neuen Fürsten zum Marchese gemacht worden sind, sind meinem Herzen lieb und angenehm gewesen. Die grenzenlose Verpflichtung, die ich Euch schulde und schulden werde, solange ich lebe, und die lange und beständige Freundschaft, der Ihr mich immer zu würdigen geruht habt, indem Ihr mir ständige Beweise Eures außerordentlichen und außergewöhnlichen Wohlwollens gabt, und das lange Dienstverhältnis, zu dem ich mich immer bekannt habe durch mein beständiges Verlangen, durch Eure Gunst als Euer wahrer und aufrichtiger Diener gewürdigt zu werden, sie alle laßt für mich eintreten, sprechen und Ew. Gnaden meine Freude bestätigen.

Ich flehe Euch inständigst an, Ihr wolltet so freundlich sein, mich auch künftig damit zu würdigen, daß Ihr mich in derselben Gunst behaltet, wenn ich Ew. Gnaden versichere, daß ich es – falls ich Euch (weil ich sehr schwach bin) nicht auf andere Weise werde dienen können – in meinen schwachen Gebeten nicht unterlassen werde, den Herrn zu bitten, er möge Euch in diesem und größerem Glück erhalten und segnen, dank seiner heiligen Gnade.

Wie schmerzlich war es dann für mich, erneut den Auftrag Ew. Gnaden zu erhalten, ich solle die *Armida*[b] senden. Denn ich selbst befinde mich (in der Tat) in Parma und habe die *Armida* in Venedig – Gott sei mein Zeuge. Ich habe es unterlassen, Ew. Gnaden *Armida* dieses Weihnachten zu schicken wegen des Todes Seiner Durchlaucht, des Fürsten Vincenzo[c] (Gott hab' ihn selig), weil ich niemals gedacht hätte, daß Ihr diesen Karneval an dem Werk Gefallen finden könntet. Wenn mir Ew. Gnaden ins Herz sehen könnten, dann würdet Ihr mir gewiß glauben, daß mich mein Versäumnis sehr quält. *Armida* jedoch

---

[a] Enzo Bentivoglio aus Ferrara.
[b] Ein Bühnenwerk auf der Grundlage von Versen aus Tassos *Gerusalemme liberata*.
[c] Siebenter Herzog von Mantua († 25. Dezember 1627).

befindet sich in den Händen des verehrten Signor Mocenigo,[d] meines mir sehr ergebenen und besonderen Herrn.

Mit der Post, die heute Venedig verläßt, schreibe ich jetzt dem genannten verehrten Herrn höchst dringlich, er möge mich mit einer Kopie beehren und sie dem Signor Giacomo Rapallino[e] aus Mantua geben, einem Ew. Gnaden sehr gewogenen Diener, Sänger an San Marco und mein teuerster Freund, dem ich jetzt mit der inständigen Bitte schreibe, er möge sich bemühen, die *Armida* von dem genannten verehrten Signor Mocenigo zu bekommen, seinem ihm sehr gewogenen Herrn, der von ihm sehr geliebt wird, und sie möglichst ohne Zeitverlust Ew. Gnaden in meinem Namen zu senden. Weil ich weiß, daß dieser Herr sehr höflich ist und daß sich Signor Rapallino sehr danach sehnt, als Diener Ew. Gnaden anerkannt zu werden, zweifle ich in keiner Weise daran, daß die *Armida* Ew. Gnaden so schnell wie möglich geschickt wird.

Hier in Parma werden die Stücke geprobt, die ich in Eile[f] komponiert habe, weil Ihre Hoheiten[g] meinten, die Hochzeit werde bei weitem vor dem vereinbarten Termin stattfinden. Diese Proben werden abgehalten, weil sich in Parma Sänger aus Rom und Modena befinden und Instrumentalisten aus Piacenza und anderswoher. Nachdem Ihre Hoheiten gesehen hatten, wie tüchtig die Musiker sind und wie erfolgreich, und die Gewißheit hatten, daß die Aufführung, wenn sich die Gelegenheit bietet, in wenigen Tagen gut vorbereitet wird, beschloß man, wir sollten alle nach Hause gehen, bis der genaue Termin der Aufführung bekannt sei, von der die einen meinen, sie sei diesen Mai, während andere glauben, sie sei im September.

Es wird zwei wunderschöne Feste geben, das eine mit einer gesprochenen Komödie und mit den vertonten Intermedien. (Es gibt kein Intermedium, das nicht mindestens 300 Verse umfaßt; im Affekt sind die Texte verschieden, die Don Ascanio Pio[h] verfaßt hat, der Schwiegersohn des Marchese Enzo, ein äußerst würdiger und tüchtiger Edelmann.) Das andere wird ein *torneo* sein, an dem vier Reitergruppen

---

[d] Girolamo Mocenigo, ein venezianischer Adeliger und Förderer der Künste.
[e] Sänger (Bariton) und Hauskaplan Mocenigos.
[f] *in pressa* (manchmal transkribiert als *in piazza* und auch so übersetzt).
[g] Die Herzoginwitwe Margherita und Herzog Odoardo.
[h] Mit dem Guastalla-Zweig der Gonzaga ebenso verwandt wie mit der Familie Bentivoglio aus Ferrara.

teilnehmen werden. Der Leiter des Turniers wird der Fürst selbst sein. Den Text zu diesem Turnierspiel hat Signor Aquilini[i] verfaßt. Es sind mehr als 1000 Verse, was für ein Turnierspiel zwar schön, aber für die Musik sehr langatmig ist. Sie haben mir große Schwierigkeiten bereitet.

Jetzt wird die Musik zu diesem Turnierspiel[j] geprobt, und wo ich im Text keine wechselnden Affekte vorfand, habe ich mich bemüht, die Instrumentierung abwechslungsreich zu gestalten, und ich hoffe, daß das ankommen wird. Ich habe Signor Barbieri, einen reichen Kaufmann aus Venedig,[k] beauftragt, er möge dafür sorgen, daß Ew. Gnaden von der Bürgschaft für Massimiliano entlastet werden. Zu diesem Zweck überließ ich ihm eine Kette im Wert von 100 Dukaten. Ich warte in dieser Sache ständig auf Antwort, und verzeiht mir die Verzögerung, Ew. Gnaden. Indem ich Euch hier untertänigste Ehrerbietung erweise, küsse ich Euch die Hand und erbitte für Euch alles Glück.

Parma, 4 .Februar 1628

Ew. Gnaden   auf immer ergebenster und untertänigster Diener
Claudio Monteverdi

---

[i] Claudio Achillini (Aquilini in Monteverdis Autograph), ein Bologneser Richter und Poet.
[j] *Mercurio e Marte.*
[k] Siehe auch Brief Nr. 116.

119

Mantua, Archivio Gonzaga, Cassetta 6, ff. 382–383. Doppelblatt: 3 Seiten [an den Marchese Alessandro Striggio, in Mantua]. *(1. Juli 1628.)* Malipiero, 287; Paoli, 307; Prunières, 282.

Wenn sich schon unter den in Parma beherbergten Musikern das allgemeine Gefühl verbreitete, es könnte durchaus der Fall eintreten, daß sie bald alle nach Hause geschickt würden, so lassen sich konkretere Anhaltspunkte dafür einem von Gorettis Briefen an die Marchesa Bentivoglio entnehmen. Dieser Brief vom 13. Februar 1628 wurde 1927 versteigert und ist seither aus dem Blickfeld verschwunden,[1] aber der im Katalog

---

[1] Kinsky, Nr. 457.

zitierte eine einzige Satz macht Gorettis Stimmung bereits hinreichend deutlich: »Ich hoffe gegen Ende des Karnevals [in Ferrara] zurück zu sein, denn ich brenne darauf, ins Theater zu gehen.« Er und Monteverdi können sich in der Tat in der ersten Märzwoche auf und davon gemacht haben, denn Gorettis letzter Brief aus dem Parmaer Winter stammt vom 25. Februar, und Monteverdi mußte nach Venedig zurückkehren, um die Ostermusik an San Marco vorzubereiten. Andererseits gibt es Briefe von Francesco Guitti, die noch Mitte März musikalische Probleme erörtern und dabei Monteverdis Namen erwähnen.

Am 18. Februar schickten sowohl Guitti (der Chefarchitekt der Farnese) als auch Goretti Berichte an Bentivoglio, der sich noch immer auf seinem Gut bei Ferrara verborgen hielt und wahrscheinlich ganz zufrieden war, die Verwirrung aus sicherer Entfernung beobachten zu können. Man spürt förmlich Guittis erleichtertes Aufatmen, wenn er schreibt: »Endlich hat Monteverdi die richtige räumliche Klangwirkung gefunden, weil ich ihm einen geeigneten Platz hergerichtet habe, der ihm sehr zusagt.«[2] Seine Skizze und die dazugehörige Erklärung machen deutlich, daß die Bühne von einer Balustrade umschlossen sein sollte, deren Hauptzweck es war, die Instrumentalisten vor den Blicken des Publikums zu verbergen. Überdies sollte sie es den Sängern und Spielern ermöglichen, einander zu sehen, und damit zu einer vollkommenen Verschmelzung des Ensembles beitragen.

Abgesehen davon, daß Gorettis Brief faszinierende Details über die akustischen und praktischen Probleme des Teatro Farnese mitteilt, schildert er auch, wie er und Monteverdi nicht nur die Musik, sondern auch die Instrumente der jeweiligen dramatischen Situation anpaßten. »Wir haben die musikalische Wirkung erneut den Theatererfordernissen angepaßt, und zwar durch einige Orgelpfeifen, die den Cembali zu Hilfe kommen sollen, und wir haben sie ebenfalls vor dem Bühnenbalkon aufgestellt, im Raum zwischen den Treppenaufgängen.«[3] Er erwähnt auch, daß ein fester Damm erforderlich sein wird, um die Instrumente und das Claviorganum vor dem Wasser zu schützen – denn die Schlußszene des *torneo* verlangt eine Flutwelle, in der sich phantastische Meerwesen zur Begleitung einer passenden Musik tummeln und wundersame Wasserabenteuer erleben.

Ein anderer Brief Gorettis an Bentivoglio, der vom 25. Februar stammt, bestätigt, daß einige Spezialinstrumente noch immer im Bau sind und an Ort und Stelle eingepaßt werden, wobei alles darauf ankommt, die bestmögliche Klangwirkung *(armonia)* zu erzielen, trotz ungünstiger akusti-

---

[2] Lavin, 126, Nr. 7 (siehe auch Abb. 3).
[3] Lavin, 147, Nr. 32.

scher Bedingungen. Sein Hauptproblem sind die beiden Orgeln, die in kleinen Balkonen vor dem Bühnenraum plaziert sind.[4] Im Laufe der Zeit büßten die Bau- und Probenarbeiten aber einiges von ihrem Schwung ein und hatten angesichts der herannahenden Karnevalszeit anderen Interessen zu weichen. Herzog Odoardos Schwager wurde eingeladen, an einem prächtigen Maskenball teilzunehmen, bei dem ein mit Musikern besetztes Floß und ein Schiff im Vordergrund stehen sollten, das zwanzig Menschen fassen konnte. Achillini wurde zusammen mit Monteverdi zur Mitarbeit genötigt, und gemeinsam produzierten sie ein Madrigal, das von zwei Kastraten, Grimano und Lazzarini, einem Bassisten aus Rom (wahrscheinlich Bartolomeo Nicolini) und einem Instrumentalensemble aus Piacenza aufgeführt wurde. Guittis Beschreibung dieser besonderen Veranstaltung am Karnevalssonntag (5. März) hebt eigens hervor, daß jede verfügbare Kraft in Dienst genommen werden sollte, weil die Musiker schließlich auf der zeitweiligen Sondergehaltsliste der Farnese standen und daher aufgefordert werden konnten, Gelegenheitsdarbietungen zu liefern.[5]

Letzten Endes stellte sich aber doch ein Fall von *post carnival triste* ein, als die vorübergehende Euphorie einer neuen Serie von Versuchen, Diskussionen, Änderungen und Proben wich. Am 15. März bedeutete Guitti Bentivoglio, daß, »weil die Rollen der Sänger geändert worden und sie ebenso unerfahren wie unsicher sind und Monteverdis musikalische Effekte sich tatsächlich nicht in die Praxis umsetzen lassen, ich bemerkt (habe), daß der Herzog wenig mehr als mittleres Interesse für die Musik hat, die denn auch mehr auf Worte als auf Taten heruntergekommen ist«.[6] Vielleicht war Monteverdi bereits nach Venedig aufgebrochen, und ohne seine Leitung und Beaufsichtigung waren die Musiker nicht in der Lage, ihr Bestes zu geben. Guitti beklagt sich über die mangelnde Koordination ihrer Tempi und der Bewegung der Bühnenmaschinen, so daß manche Anstrengung umsonst ist und die Maschinen als Folge davon in Mitleidenschaft gezogen werden.

Inzwischen hatte der neue Herzog Carlo in Mantua mit Musikern seine eigenen Sorgen. In der Absicht, der Kaiserin eine gefällige, ja sogar um Harmonie bemühte Huldigungsgeste zu erweisen, schickte er einige Violinisten nach Prag, an die sie sich aus Mantua erinnern würde – eine Gruppe mit den Brüdern G. B. und Orazio Rubini (den *casaleschi*) an der Spitze, die in einem Brief Monteverdis von 1611 indirekt erwähnt werden.[7] Aber kurz nach der Ankunft der Musiker brach zwischen ihnen eine Kontro-

---

[4] Lavin, 148, Nr. 33.
[5] Lavin, 126, Nr. 8.
[6] Lavin, 127, Nr. 9.
[7] Brief 11 (22. Januar 1611).

verse über die Währung aus, in der sie bezahlt werden wollten, da aus den versprochenen Thalern inzwischen Gulden geworden waren, und als Folge davon verließen sie Prag (und hinterließen selbst einen schlechten Eindruck), ohne viel zur Hebung der kaiserlichen und mantuanischen Beziehungen beigetragen zu haben, wenn denn überhaupt etwas.[8] Weiter südlich welkte ein weiteres musikalisches Andenken Mantuas der Vergessenheit entgegen, wie sich herausstellte, als Ferdinandos hinterbliebene Gattin, die Herzoginwitwe Caterina, aus Siena an Adriana Basile in Neapel schrieb – ein höflicher Austausch von Grüßen ohne den geringsten Hinweis auf Musik.[9]

Trotz aller seiner Treue zu Venedig legte Monteverdi offensichtlich großen Wert auf seine mantuanische Staatsangehörigkeit, die ihm ursprünglich im Jahre 1602 von Herzog Vincenzo gewährt worden war. Da diese Ehre sich auch auf seine Söhne, Neffen und männlichen oder weiblichen Erben erstreckte, muß es auf den Komponisten wie ein Schock gewirkt haben, als er entdeckte, daß das Originaldokument verlorengegangen war; also wandte er sich unverzüglich an Herzog Carlo wegen einer Neuausstellung, die ihm am 8. Juni gewährt wurde.[10] Von besonderer Bedeutung sollte sich dieses Dokument angesichts eines neuerlichen Versuchs der Inquisition erweisen, Massimiliano zu verhören, der am 17. Juni in die mantuanische Ärztevereinigung aufgenommen wurde.[11] Marigliani hatte bereits Hilfe geleistet, aber wiederum wendet sich Monteverdi wegen zusätzlicher Unterstützung an Striggio.

---

[8] Quazza, *La guerra*, II, 95. Nach ihrer Rückkehr nach Mantua suchten die Musiker beim Herzog um 200 *scudi* nach, wahrscheinlich für Reisekosten.
[9] Ademollo, 315.
[10] Davari, 84.
[11] Davari, 129.

Venedig, 1. Juli 1628; [an den MARCHESE ALESSANDRO STRIGGIO, in Mantua]

Ew. Erlaucht, mein Gnädigster Herr,
durch das Unglück, das mir auf der Seele lastet, gezwungen und im Vertrauen auf die grenzenlose Güte Ew. Gnaden bitte ich Euch, mich damit zu beehren, diese wenigen Worte zu lesen und mir mit Eurer Gunst zu helfen. Darum bitte ich Euch von ganzem Herzen. Das Unglück ist, daß ich glaubte, mein Sohn Massimiliano[a] sei in der Tat von

---

[a] Monteverdis jüngerer, vierundzwanzig Jahre alter Sohn.

seinem Mißgeschick und so von der Bürgschaft und allen anderen Problemen frei.

Aber schon vor zwei Wochen schrieb mir mein Sohn, er befürchte, daß er, weil die Angelegenheit dieses Schurken, der ihm das verbotene Buch zum Lesen gab, noch nicht erörtert ist, nochmals ins Gefängnis gehen müsse. Ich weiß nicht, warum, denn er hat schon bezeigt, daß er unschuldig ist. Wegen seiner Furcht bat ich jetzt den Signor Marigliani,[b] den Ratsherrn und meinen Herrn, er möge dafür sorgen, daß mein Sohn zu mir übersiedeln kann. Nachdem er nun diese Gunst erlangt hatte, unterrichtete er mich von der Angelegenheit und sprach mit dem Pater Inquisitor in Padua darüber. Mir hat man bestätigt, daß mein Sohn keine Schuld hat und es ganz und gar nicht verdient, im Gefängnis zu sitzen.

Weil ich jetzt besorgt bin, daß er nicht ins Gefängnis zurückkehrt (obwohl ich mich durch Signor Marigliani, den Ratsherrn, vergewissert habe), bitte ich Ew. Gnaden von neuem, über diese Angelegenheit mit Signor Marigliani, dem Ratsherrn, zu verhandeln zu geruhen, und bitte ihn bei der Liebe Gottes, er wolle mir in dieser Sache beistehen, mit Rücksicht darauf, daß mein Sohn nicht nur nicht gefehlt hat, sondern auch ein Mantuaner ist, der in die Ärztevereinigung aufgenommen und ein zuverlässiger Diener Ew. Gnaden ist. Ich bitte Euch um die ersehnte Gunst, während ich Euch von ganzem Herzen demütigste Ehrerbietung erweise und von Gott für Euch wahres Glück erbitte.
Venedig, 1. Juli 1628

Ew. Gnaden   dankbarster Diener
                  Claudio Monteverdi

---

[b] Ercole Marigliani, Hofbeamter und Librettist.

120

Mantua, Archivio Gonzaga, Cassetta 6, ff. 385–386. Doppelblatt: 4 Seiten [an den Marchese Alessandro Striggio, in Mantua]. *(8. Juli 1628.)* Malipiero, 288; Paoli, 309; Prunières, 283.

Der folgende Brief, das letzte erhalten gebliebene Schreiben Monteverdis an Striggio (und das letzte in der langen Folge der in Mantua aufbewahrten Korrespondenz), kann als die aufrichtigste und pathetischste aller seiner Bitten um Hilfe gelten – es ist sogar weitaus eindringlicher als die ausführlichen und sorgfältig ausgearbeiteten Dokumente, die seine Vorliebe für Venedig als Stadt zum Leben und Arbeiten formulieren, oder als seine Erbitterung über die Verzögerung seiner Pensionszahlungen. Massimiliano, von dem er zuvor bereits geglaubt hatte, er habe den Makel von Inhaftierung und Argwohn endgültig abgestreift, ist von der Inquisition zu weiteren Verhören zurückberufen worden, und obwohl die Obrigkeit der Auffassung ist, daß zwei Tage zur Aufklärung der ganzen Angelegenheit genügen, ist Monteverdi schon nahe daran, Herz und Verstand zu verlieren, weil er fürchtet, es könne zur Erpressung eines Geständnisses die Folter angewendet werden – ein keineswegs ungewöhnliches Verfahren.

Offensichtlich rettete das Eingreifen des Marchese die Situation. Massimiliano mußte Mantua jedoch verlassen und zu seinem Vater nach Venedig ziehen, und von da aus schrieb er, wahrscheinlich an Marigliani, und bat um Hilfe bei der Verpackung und Zusendung seiner medizinischen Bücher, vermutlich um eine neue Praxis zu eröffnen.[1] Anfang Oktober war er in Parma, um sich um die Bücher und um seinen Vater zu kümmern, aber es bleibt unklar, ob es sich dabei um eine eigens unternommene Reise oder um einen bloßen Zwischenaufenthalt auf dem Wege in irgendeine andere Stadt handelte. Und doch kehrte er schließlich nach Mantua zurück, wahrscheinlich nach dem Pest- und Kriegsjahr, und führte dort ein relativ friedliches Leben bis 1661, dem Jahr, in dem die Kirchenbücher von Santi Siro e Sepolcro sein Hinscheiden im Alter von siebenundfünfzig Jahren verzeichnen.[2]

---

[1] Zu einem unauffindbaren Brief Monteverdis vom 22. Juli 1628 (und einem weiteren von Massimiliano, der sich damals in Venedig aufhielt) siehe Paoli, 312.

[2] Pontiroli, *Monteverdi,* 55.

Venedig, 8. Juli 1628; [an den MARCHESE ALESSANDRO STRIGGIO, in Mantua]

Ew. Erlaucht, mein Gnädigster Herr,
mein Verlangen nach der Gunst Ew. Gnaden ist so groß, daß mir im Vergleich dazu die größten Gunstbeweise, die ich erhalten habe, gewöhnlich erscheinen – so gefiel es Gott, mich zu meiner größten Demütigung zu kränken. Deshalb jagt mir die Sache allzu große Furcht ein, nicht jedoch soviel, daß ich nicht anerkenne, daß Ew. Gnaden mich allzu sehr belohnen und beehren. Mein Gott, ich habe Euch nicht eher um Eure Gunst gebeten als Ihr, ohne Zeit zu verlieren, mich mit wirkungsvollen Taten und mit der äußersten Güte Eures Herzens begünstigt habt. Ich bin mir bewußt und werde mir, solange ich lebe, meiner großen Schuld bewußt sein. Und da ich keine andere Möglichkeit habe, die Schuld zu begleichen, werde ich Gott bitten, er möge mir mit seiner Gunst helfen, mit der er Ew. Gnaden segnen möge und zur höchsten Stufe aufsteigen lasse, die Ihr jemals ersehnt und mit Euch Euer ganzes Durchlauchtiges Haus.

Ich habe Eurem höchst zuvorkommenden Brief entnommen, daß Ihr persönlich beim Ehrwürdigen Pater Inquisitor vorgesprochen habt (ein Gunstbeweis, der so groß ist, daß er mich rot werden läßt), der Ew. Gnaden geantwortet hat, daß nur zwei Tage, die Massimiliano[a] im Gefängnis verbrächte, ausreichen würden, um ihn der Freiheit endgültig wiederzugeben. Ich zweifle daran, verehrter Herr, und verzeiht mir, wenn ich – angesichts Eurer großen Zuversicht – so offen spreche – ich zweifle daran (und mit mir tut es mein Sohn), und er hat den Verdacht, daß er gefoltert oder zu einer ungewöhnlich hohen Geldstrafe verurteilt werden wird oder zu Gefängnis von weit mehr als zwei Tagen, denn man will ihn in einer Sache verhören, die er weder in Gedanken noch in der Tat vollbracht hat, so daß dieser Zweifel noch eine gegenteilige Wirkung haben könnte. Dennoch schreckt ihn die Furcht in seinem Herzen sehr, und Ew. Gnaden können mir glauben, daß kaum ein Tag vergeht, an dem er nicht weint oder zutiefst betrübt ist.

Der Ehrwürdige Pater Inquisitor hat mir mit der letzten Post folgendes

---

[a] Monteverdis jüngerer Sohn.

geschrieben: er werde mir meinen Sohn zurückgeben, sobald ich will. Sobald ich will! Für immer, antworte ich Ew. Gnaden. Aber wenn er nun diese gute Absicht hat und wenn er während der sechsmonatigen Haft geprüft hat, was für ein Leben mein Sohn führt, warum geruht er ihn dann nicht aus dem Gefängnis zu entlassen und befreit damit ihn und mich von dieser Qual? Warum läßt er ihn nicht die Medizin zu seiner und meiner Zufriedenheit ausüben? Wenn es für mich notwendig wäre, 20 oder 25 Dukaten zur Erinnerung an die Strafe zu bezahlen, damit er niemals mehr derartig nichtige und unziemliche Dinge zu lesen fände (obwohl ich sicher weiß, daß mein Sohn niemals mehr ohne weiteres zu ihnen zurückkehren wird), dann würde ich ihm die Summe gerne bezahlen.

Lieber Herr, wenn ich eine solch ausgezeichnete Gunst erlangen könnte, dann würde ich Euch von ganzem Herzen und von ganzer Seele bitten, mir die Freundlichkeit zu erweisen, daß ich die Gunst erlangen kann. Denn ich versichere Euch, daß meinem Sohn und mir das Leben wiedergeschenkt wäre, weil mein Herz bei diesem Gedanken mit Sicherheit Qualen leidet. Tröstet mich, ich bitte Euch darum, wenn das überhaupt möglich ist, weil es für mich keine größere Gunst als diese geben wird. Mir sind die Wohltaten dieser Welt sehr teuer, aber noch viel mehr sind es der Friede des Herzens und meine eigene Ehre. Verzeiht mir, ich bitte Euch, daß ich Euch solche Umstände mache. Indes erweise ich Euch von ganzem Herzen demütigste Ehrerbietung und küsse Euch die Hand.

Venedig, 8. Juli 1628
Ew. Gnaden demütigster und dankbarster Diener
   Claudio Monteverdi

121

Augenblicklicher Aufbewahrungsort unbekannt. Einzelblatt: 1 Seite [an Don Ascanio Pio di Savoia (?), in Ferrara]. *(23. Februar 1630.)* Malipiero, 290; Paoli, 313.

Der folgende Brief, der früher der Autographen-Sammlung Arrigonis angehörte, war im Verkaufskatalog des Jahres 1881 aufgeführt und fand später Eingang in die Bibliothek Commendatore Carlo Lozzi (Florenz) und schließlich in die Sammlung Heyer in Köln. Als diese 1927 aufgelöst wurde, wurde der Brief von Henri Hinrichsen erworben, der ihn seinem Sohn Walter in New York überließ. Obwohl sich der augenblickliche Aufenthaltsort des Briefes nicht ausfindig machen läßt, wurde glücklicherweise ein Faksimile davon als Tafel XVII des Verkaufskataloges der Sammlung Heyer publiziert.[1] Weder Malipiero noch de' Paoli geben die Quelle ihrer Fassungen preis.

Die Identifikation des Empfängers wirft einige Probleme auf. Die kurze Beschreibung im Heyer-Katalog und die Bildlegende unter Tafel XVII legen die Vermutung nahe, daß Bentivoglio als Empfänger am wahrscheinlichsten ist, denn das Wort »Eccelentissimo« taucht in der Anrede- wie in der Schlußformel auf. Aber die anderen vier erhalten gebliebenen Briefe an Bentivoglio enthalten charakteristische Merkmale, die sie, wenn sie auch nur geringfügig von denen des folgenden verschieden sind, doch durchaus von ihm abrücken. In den Briefen 105, 109, 111, 113 und 122 werden die direkten Wendungen an Bentivoglio stets mit »V. E. Illma« abgekürzt, während im vorliegenden Falle die entsprechenden Siglen »V. S. Illma« lauten – was auf einen unwesentlich niedrigeren Rang als den eines Marchese hindeutet.[2] Überdies schließen die fünf bekanntermaßen an Bentivoglio gerichteten Briefe mit zwei dem Wort »servitore« vorangestellten spezifizierenden Superlativen, während der folgende Brief – wie viele andere an Striggio und Marigliani – nur ein Adjektiv aufweist: »servitore obbligatissimo«.

De' Paoli hält Striggio für den wahrscheinlichsten Empfänger,[3] aber die Anredeformel ist (wie wir gesehen haben) mit der einem Marchese vorbehaltenen nicht ganz vereinbar; und auf jeden Fall fahren die an Striggio nach seiner Erhebung zur Würde eines Marchese geschriebenen Briefe später mit den gleichen Anredeformeln fort. Ein weiterer Grund für den Ausschluß Striggios ist der, daß sich Mantua im Februar 1630 im Kriegszustand befand, und von einem hohen Beamten einer praktisch belagerten Stadt war schwerlich zu erwarten, daß er sich mit der Vertonung einer *canzonetta* beschäftigte.

---

[1] Kinsky, Position 509, bezieht sich ebenfalls auf die Arrigoni-Sammlung. Ich bin Albi Rosenthal für den Hinweis auf den Hinrichsen-Kauf zu Dank verpflichtet, über den in einem Exemplar des Heyer-Katalogs berichtet wird, das zur Bibliothek von Otto Haas gehörte. Mrs. Walter Hinrichsen aus New York hielt freundlicherweise nach dem Brief Ausschau, war aber nicht in der Lage herauszufinden, an wen er verkauft wurde.

[2] Malipiero behauptet in einer Fußnote, daß der Brief vielleicht an »Kardinal Bentivoglio« gerichtet gewesen sei.

[3] Paoli, 313.

Im Korpus der erhalten gebliebenen Briefe Monteverdis finden sich jedoch drei, die den »Eccelentissimo«-Aspekt mit der Verwendung von »V. S. Illma« im Haupttext vereinen. Es handelt sich um die Briefe 29, 30 und 33, die sämtlich an Don Vincenzo Gonzaga gerichtet sind. Da der Empfänger des folgenden Briefes aller Wahrscheinlichkeit nach also der jüngere Sohn eines Adeligen ist, vermute ich aus diesem Grunde Don Ascanio Pio als den Adressaten, der der Schwiegersohn des Marchese Enzo Bentivoglio und ein Dichter war, dessen Verse nicht nur von Monteverdi, sondern auch von anderen Komponisten der Zeit vertont worden waren. Ein weiterer Grund ist der, daß die wenigen nicht in Rom oder Mantua aufbewahrten Briefe sich bis zu den Bentivoglio-Archiven in Ferrara zurückverfolgen lassen, einer Stadt, die 1630 von der hoffnungslosen Belagerung durch kaiserliche Truppen verschont war. Ascanio Pio könnte als Freund und Verwandter Bentivoglios fraglos Kontakt zu Monteverdi gesucht haben, in der Hoffnung, ihn zur Vertonung einer *canzonetta* zu überreden.

Frühere Bitten um Kanzonetten hatte an Monteverdi Cesare I. d'Este, der Herzog von Modena, im Jahre 1624 gerichtet (siehe Brief 81); aber wenn dieses besondere Gesuch aus Modena stammte, hätte die Anredeformel der Antwort mit »Serenissimo Signore« beginnen müssen. Ob Monteverdi schließlich der Bitte Folge leistete, ist nicht bekannt, denn die einzigen Beispiele seiner nach dem Datum dieses Briefes veröffentlichten Kanzonetten waren die dreistimmigen Kompositionen in Buch IX. Wenn sich zeigen ließe, daß die Gedichte, auf denen sie beruhten, das Werk von Ascanio Pio waren, bekäme der Brief eine zusätzliche Bedeutung. Das einzige Terzett für Frauenstimmen, *Come dolce oggi l'auretta spira,* ist eine Vertonung von Versen aus Giulio Strozzis *Proserpina rapita* (1630). Die Vertonungen für Männerstimmen lassen sich noch immer keinem bestimmten Dichter zuschreiben.

Wenn aber schon Zweifel an der Existenz oder Identität von Monteverdis *canzonetta* bestehen, so ist seine geistliche Musik für die Nonnen von San Lorenzo in völliges Dunkel gehüllt. Die Kirche und das Nonnenkloster San Lorenzo, zwischen dem Rio San Lorenzo und dem Rio della Pietà gelegen, genossen zu Monteverdis Zeiten einen guten musikalischen Ruf, denn hier war Zarlino bestattet, obwohl kein Stein erhalten geblieben ist, der sein Grab oder seine Gedenkstätte bezeichnete.[4] Und es findet sich auch keine Spur von Monteverdis Musik in der Kirche selbst oder in seinen veröffentlichten Werken. Für einen Nonnenchor würde er wahrscheinlich

---

[4] Ein weitaus berühmteres Grab in San Lorenzo war das von Marco Polo. Siehe Sansovino, 79.

aber eine Musik geschrieben haben, die leicht von einem Unisono-Ensemble aus Sopranstimmen aufzuführen war, etwa wie die Hymne *Sanctorum meritis* (erste Vertonung) oder die Motette *Jubilet tota civitas* aus der *Selva morale* von 1641. Ein sogar noch geeigneterer Kandidat könnte die Solomotette zu Ehren eines namenlosen Märtyrers (San Lorenzo?) sein, die 1645 unter dem Titel *Venite, videte martyrem* veröffentlicht wurde.[5]

Die neunzehn Monate, die zwischen Brief 120 und 121 liegen, waren für Monteverdi höchst ereignisreich, ein Umstand, der bedauerlicherweise nur sehr spärlich dokumentiert ist. Am 16. August 1628 war er erneut an der Komposition und Aufführung von Musik zum Fest von San Rocco beteiligt, aber die Gesamtsumme seines Honorars betrug diesmal nur 146 *lire*, während sie 1623 sehr viel höher gewesen war – nämlich 620 *lire*.[6] Ende September kann er zu weiteren Proben nach Parma zurückgekehrt sein, wenn man das wiedererwachte Interesse an der Ehe von Medici und Farnese und sein Bedürfnis in Rechnung stellt, bei dem unbeholfenen Bündnis von Musik und Bühnenmaschinerie mit Rat und Tat zur Seite zu stehen. Ende Oktober traf Heinrich Schütz in Venedig zum zweiten Besuch einer Stadt ein, die ihn gelehrt hatte, der Vitalität der vielchörigen Musik Norditaliens mit Respekt zu begegnen und ihr nachzueifern.[7] Sein erster Lehrer war Giovanni Gabrieli gewesen; sein zweiter sollte Monteverdi werden.

Obwohl sich die venezianischen Archive (wie zu erwarten war) in bezug auf Schütz' Lehrzeit bei Monteverdi als unergiebig erweisen, liefert das Material deutscher Quellen den direkten wie den indirekten Beweis für die Beziehung zweier großer Musiker, von denen der eine einundsechzig, der andere dreiundvierzig Jahre alt war. Schütz muß viele Madrigale seines Lehrers entweder in der Originalfassung oder in Coppinis Ausgabe mit lateinischen Texten gekannt haben. *Una donna fra l'altre,* das in geborgten geistlichen Gewändern erschien, bevor es als Madrigal das Licht der Welt erblickte, schlug das deutsche Publikum so in Bann, daß es einen dritten Text erhielt, diesmal aus dem Buch Sirach, Kap. 32, Vers 7 – *Wie ein Rubin.* Eben diesen Text wählte Schütz für ein Duett für Sopran und Alt in der zweiten Sammlung seiner *Symphoniae Sacrae* (1647).[8]

Zusätzlich zu seiner Vertrautheit mit Monteverdis Musik konnte sich

---

[5] Sie erschien posthum in einer vermischten Sammlung – *Motetti a voce sola* (1645) – und wurde in einer modernen Ausgabe zuerst von Wolfgang Osthoff in *12 composizioni vocali...,* 24, publiziert.

[6] Arnold, 202.

[7] Er schrieb bald nach seiner Ankunft nach Hause, den Kurfürsten um Geld für den Ankauf von »neuer und schöner Musik« zu bitten. Siehe den Brief vom 3. November 1628 bei Müller von Asow.

[8] Moser, 481.

Schütz mühelos ein Bild des Menschen selbst vor Augen führen, denn inmitten von vierzehn Musikerporträts in der Instrumentenkammer im dritten Stock des Dresdener Schlosses hing auch das des *maestro di musica* an San Marco, das dort irgendwann zwischen 1614 und 1629 eingereiht worden war.[9] Offensichtlich versuchte sich Schütz unter Monteverdis Leitung in verschiedenen – geistlichen und weltlichen – musikalischen Gattungen. Anfang 1633 erklärte er in einem Brief an Friedrich Lebzelter in Hamburg, dem er seinen Wunsch äußerte, Musik zur Hochzeit des dänischen Kronprinzen, des künftigen Christian V., mit Prinzessin Magdalene Sybille von Sachsen zu schreiben, »was massen auf meiner jüngsten in Italien gethanen reise, ich mich noch auf eine absonderliche art der Composition begeben hette, nemblich wie eine Comedi von allerhandt Stimmen in redenden stylo übersetzet Undt auf den schawplatz gebracht Undt singende agiret werden könne«.[10]

Diese besondere Kompositionsform war natürlich eben dieselbe, die Monteverdi sich damals in seiner geplanten Oper *La finta pazza Licori* von 1627 und in den Intermedien und dem *torneo* von 1628 zu vervollkommnen erhoffte, die ebenfalls für eine Fürstenhochzeit bestimmt waren. Man kann sich die Begeisterung vorstellen, mit der Monteverdi seine Ideen und Theorien seinem reifen, aber dennoch lernbegierigen Schüler vermittelte, denn ein Großteil lebendigen Unterrichts erwächst aus der Entdeckung irgendeiner neuen Technik oder Methode. Schütz hörte beinahe mit Sicherheit eine Aufführung des *Combattimento,* denn er schrieb sich das Notenmaterial nicht nur ab (das damals noch immer nur in handschriftlicher Fassung verfügbar war), sondern übersetzte auch den Text und unterlegte der Musik die deutsche Fassung mit großer Geschicklichkeit und Einfühlungsgabe.[11]

Aus zwei Werken, die im Druck zuerst in den *Scherzi musicali* von 1632 erschienen – *Armato il cor* und *Zefiro torna* –, schuf Schütz eine glanzvolle Form des Vokalkonzerts, *Es steh' Gott auf,* und erkannte im Vorwort zu den *Symphoniae Sacrae II* seine Dankesschuld bei Monteverdi an. Er hatte nur zu guten Einblick in die Möglichkeiten dieser Musik, selbst wenn er die subtileren Gesichtspunkte der Äußerungen seines Lehrers im berühmten Vorwort zu dessen *Madrigali guerrieri et amorosi* von 1638 verfehlte. Er entnahm daraus eine Behauptung, die er dahingehend deutete, die Musik habe jetzt ihre letztgültige Vollkommenheit erreicht (»die Music nunmehr zu ihrer etlichen Vollkommenheit gelanget seyn soll«), obwohl Montever-

---

[9] Moser, 123.
[10] Moser, 122.
[11] Osthoff, 195.

dis Formulierungen lediglich bekräftigen, daß er auf größere Perfektion im
[kriegerischen] Stil hoffte (»la mia bona volontà ... starà attendendo ...
maggior perfettione in natura del detto genere«). Dennoch wird die gute
Beziehung zwischen Schüler und Lehrer von David Schirmers zusammen
mit anderen »Grabschriften« und der Grabrede von Martin Geyer veröf-
fentlichtem Gedicht aus dem Jahre 1672 bestätigt: »Der Edle Mont de
verd wies ihn mit Freuden an/Und zeigt ihm voller Lust die offt gesuchte
Bahn.«[12]

Als Schütz in Venedig eintraf, war Monteverdi noch immer mit den
musikalischen Problemen in Parma befaßt. Gorettis drei Briefe vom 9. und
28. November und 15. Dezember vermitteln etwas von der wachsenden
Erregung – besonders im Hinblick auf die reiterischen Großtaten von
Cornelio Bentivoglio – und der dringenden Notwendigkeit, das Zusam-
menspiel von Bühnenmaschinerie und Musik aufeinander abzustimmen.
Insgesamt aber spürt er, daß die Musik sehr erfolgverheißend ist und die
bevorstehenden Probleme durchaus noch vor dem Stichtag gelöst werden
können.[13] Monteverdi seinerseits hatte mit zwei Aufführungen in Parma
und den nahenden Proben für die Weihnachtsdarbietungen an San Marco
fertig zu werden.

Am 13. Dezember, dem Tage der Aufführung von *Aminta,* ihrem neuen
Prolog und den Intermedien im eigens dafür erbauten Theater in der Nähe
von San Pietro Martire, schrieben die Prokuratoren an Monteverdi und
ersuchten ihn um unverzügliche Rückkehr nach Venedig. Einen Brief seines Stellvertreters Rovetta beifügend, wiesen sie darauf hin, daß eines der
Hauptfeste wie Weihnachten die persönliche Anwesenheit des *maestro di
musica* erforderlich mache, wenn San Marco seinen guten Ruf wahren
wolle.[14] Deshalb ist es wahrscheinlich, daß er gerade lange genug in Parma
ausharrte, um die Aufführung von *Aminta* zu leiten, unmittelbar danach
nach Venedig aufbrach und Goretti mit *Mercurio e Marte* betraute. Der
torneo fand schließlich am 21. Dezember im *salone* statt, offenbar mit
großem Erfolg – trotz der Ängste, daß entweder die Maschinen nicht
leisten würden, was man von ihnen erwartete, oder daß der Druck der
Wassermassen, die zur *naumachia* ins Theater geleitet werden mußten, das
ganze Gebäude zum Einsturz brächte.[15]

So endete das Jahr 1628 für Monteverdi – ein Jahr, in dem er seine
Pflichten und Obliegenheiten an San Marco wissentlich auf ein bloßes

---

[12] Moser, 609.
[13] Lavin, 148, Nr. 34–36.
[14] Arnold, 203 (Dokument Nr. 5).
[15] Zu einer Beschreibung der Festlichkeiten siehe Nagler, 153 ff.

Minimum zurückgestutzt hatte, im Austausch für andere Triumphe innerhalb und außerhalb der Stadt. Zusätzlich zu seinen Bemühungen um das
Fest von San Rocco hatte er fünf zusammenhängende Sonette von Giulio
Strozzi zu einem Staatsbesuch Ferdinandos II., des Großherzogs der Toskana, und seines Bruders Gian Carlo vertont; der Anlaß für dieses neue
Werk war ein im Arsenal abgehaltenes Bankett des Dogen Giovanni Cornaro und der Signoria. Monteverdis Musik ist nicht erhalten geblieben,
wohl aber das Libretto, das von dem venezianischen Verlag Deuchino
gedruckt wurde. Obwohl tatsächlich nur zwei Brüder anwesend waren,
feierten Titel und Form des Werkes – *I cinque fratelli* – großzügigerweise
alle fünf Söhne von Großherzog Cosimo II. und Maria Magdalena von
Österreich: Ferdinando, Gian Carlo, Mattia, Francesco und Leopoldo.

Das Jahr 1629, in dem Mantua, jetzt seiner größten Gemälde verlustig
gegangen, seinem endgültigen Verhängnis und dem Verlust von weiterer
Kunstschätzen durch Plünderung und Zerstörung entgegentaumelte, sah
auch Venedig in einer sich zunehmend gefährlich zuspitzenden Situation.
Abgesehen von der Veröffentlichung zweier Motetten[16] in Calvos *Quarta
raccolta de sacri canti* gab es wenig, das dieses Jahr für Monteverdi musikalisch hervorgehoben hätte, obwohl Caffi ihm ein aus Anlaß der Geburt
eines Sohnes für Vito Morosini, den Gouverneur von Rovigo, vertontes
Gelegenheitswerk zuschreibt – eine Kantate mit dem Titel *Rosaio fiorito,*
dessen Spuren sich gänzlich verloren haben.[17] Parma hatte seine Spuren im
negativen Sinne hinterlassen, denn die gewaltige Anstrengung, die geleistet werden mußte, ließ den Komponisten psychisch wie physisch erschöpft
und lediglich der Ruhe bedürftig zurück.

---

[16] *Exulta, filia Sion; Exultent caeli et gaudeant angeli.*
[17] Zu einer Zusammenfassung der Begleitumstände dieses zweifelhaften Werkes siehe
Vogel, 391.

Venedig, 23. Februar 1630; [an DON ASCANIO PIO DI SAVOIA (?), in
Ferrara]

Ew. Erlaucht und Exzellenz, mein Gnädigster Herr,
ich habe den Auftrag Ew. Gnaden mit solch außerordentlicher Freude
erhalten, daß ich Ew. Gnaden von ganzem Herzen danke, da Ihr mir
einen sicheren Beweis der Gunst Ew. Gnaden zu schenken geruht habt,
die Ihr mir freundlicherweise entgegenbringt. Ich habe die Musik zu
den wunderschönen Worten, die man mir geschickt hat, nicht so schnell

schreiben können, da ich ein wenig durch einige geistliche Kompositionen in Anspruch genommen war für einige der Nonnen von San Lorenzo,[a] die mich nicht wenig dazu gedrängt haben.

Ich hoffe, Ew. Gnaden sicherlich mit der nächsten Post die *canzonetta*[b] zu schicken, um deretwillen Ihr mich gedrängt habt. Möge es Gott gefallen, daß das Ergebnis meiner Absicht entspricht sowie der grenzenlosen Verpflichtung und besonderen Ehrerbietung, mit welcher ich es ersehne und ersehnen werde, mich immer als Diener zu zeigen, der der Gunst Ew. Gnaden würdig ist, und indem ich mich hier mit der untertänigsten Ehrerbietung verneige, küsse ich Ew. Gnaden die Hand, indem ich für Euch von Gott das größte Glück erbitte.

Venedig, 23. Februar 1630

Ew. Gnaden und Exzellenz dankbarster Diener

Claudio Monteverdi

---

[a] Eine Kirche im Sestiero di Castello, die 1590 umgebaut wurde.
[b] Wahrscheinlich für drei Stimmen, so wie die frühen von 1584 und die zehn in den *Madrigali e canzonette* von 1651 veröffentlichten.

122

Forlì, Biblioteca Communale Aurelio Saffi, Fondo Piancastelli, Autografi sec. XII–XVIII, *ad vocem* Monteverdi. Einzelblatt: 1 Seite [an den Marchese Enzo Bentivoglio, in Ferrara]. *Anlage:* Eine *canzonetta*. *(9. März 1630.)* Vitali, 411.

Die Wiederentdeckung des folgenden Briefes – offensichtlich noch einer, der früher zu Giuseppe Antonellis aus den Archiven von Ferrara stammender Sammlung gehörte – wurde zuerst von Carlo Vitali bekannt gemacht, und zwar in einem Aufsatz mit dem Titel »Una lettera di Vivaldi perduta e ritrovata; un inedito monteverdiano del 1630 e altri carteggi di musicisti celebri, ovvero splendori e nefandezze del collezionismo di autografi« in der *Nuova Rivista Musicale Italiana,* XIV (1980), 404–412. Der dort als wahrscheinlicher Empfänger genannte Enzo Bentivoglio wird nicht nur durch die Hinweise auf Parma und Goretti bestätigt, der Monteverdi, was moralische und praktische Unterstützung betrifft, so sehr entgegengekommen war, als die Musik für die Farnese komponiert, kopiert und geprobt wurde; sondern auch durch die Anredeformeln in Briefkopf, Text und Schluß. Sie entsprechen nämlich genau den in den Briefen 105, 109, 111 und 113 gebrauchten; und aus eben diesem Grunde bestätigen sie die Hypothese, daß Brief 121 an eine Person gerichtet war, die ihrem Rang nach geringfügig unter einem Marchese stand. Ein Vergleich der Schlußwendungen von Brief 121 und 122 genügt, um zu zeigen, daß Monteverdi es im letzteren Fall für zweckmäßig hielt, eine ausführlichere und blumenreichere Schlußformel zu wählen.

Trotz des Zufalls, daß beide Briefe, 121 und 122, eine Verspätung bei der Komposition einer *canzonetta* erwähnen, besteht doch kein Zweifel daran, daß Monteverdi an zwei verschiedenen *canzonette* für zwei verschiedene Auftraggeber arbeitete; und für den Fall, daß sie einander zufällig kennen sollten (was der Fall war, wenn der Empfänger von Brief 121 Ascanio Pio war – Bentivoglios Schwiegersohn), bringt er zwei voneinander abweichende Entschuldigungen vor: Musik für die Nonnen von San Lorenzo und ein krankes Bein. Wir hören hier zum ersten Mal von einer noch aus Parma stammenden Beinverletzung, die aber durchaus nicht überraschend kommt, denn aus den Briefen von Francesco Guitti, Francesco Mazzi und Antonio Goretti wird ersichtlich, daß sich Monteverdi häufig zu Inspektionsgängen aufmachte, um sicherzugehen, daß die beiden Amphitheater in Parma den Bedürfnissen seiner Musiker auch wirklich und wahrhaftig gerecht wurden.[1] Es muß für einen einundsechzigjährigen Mann offenbar immer die Gefahr eines Sturzes bestanden haben, wenn er versuchte, manche der unzugänglicheren und gefährlich plazierten Balkone zu erreichen, und anscheinend war der Unfall so schwerwiegend, daß er ihm noch mehr als ein Jahr nach dem eigentlichen Vorfall Schmerzen bereitete.

[1] Lavin, 126, 131, 134, 146.

Venedig, 9. März 1630; [an den MARCHESE ENZO BENTIVOGLIO, in Ferrara]

Ew. Erlaucht und Exzellenz, mein Gnädigster Herr,
Ihr werdet mir verzeihen, wenn ich Ew. Exzellenz die *canzonetta*,[a] die Ihr mir aufzutragen geruht habt, ein wenig spät geschickt habe, weil ich

[a] Hierbei handelt es sich nicht um die in Brief 121 erwähnte *canzonetta,* sondern um eine möglicherweise in Buch IX veröffentlichte.

– sehr zu meinem Leidwesen – wegen meines Beines vier Tage lang das Bett hüten mußte; und es ist wiederum das Bein, das ich mir in Parma ein wenig verletzte, was Ew. Exzellenz Signor Goretti[b] wird bestätigen können.

Es möge Gott gefallen, daß ich Euren erlesenen Geschmack getroffen habe, wenn aber nicht, wird man das damit entschuldigen, daß ich das eigentliche Anliegen nicht kannte, weil ich sonst Passenderes geschrieben hätte. Und mein Vorhaben, mit dem ich Euch in allem höchst aufrichtig zu dienen ersehne, wird gerade das Rechte sein, um mich zu unterstützen; damit bitte ich auch innig für Ew. Exzellenz größtes Glück und Zufriedenheit, während ich von ganzem Herzen Euch demütigste Ehrerbietung erweise und Euch die Hand küsse.

Venedig, 9. März 1630
Ew. Exzellenz   demütigster und dankbarster Diener
                          Claudio Monteverdi

[b] Antonio Goretti, Komponist und Instrumentensammler aus Ferrara.

123

Venedig, Archivio di Stato, Collegio, Lettere communi, filza 170. Einzelblatt: 1 Seite [an den Dogen Francesco Erizzo]. *(1. Mai 1632?)* Paoli, 317; Tiepolo, 141.

Zwischen November 1629 und März 1630 gab die venezianische Republik 638 000 Dukaten beim Versuch aus, den Feind in Schach zu halten und auszuhöhlen, der ihre Grenzen bedrohte und ihren Nachbarn und Bundesgenossen Mantua belagerte. Die Stärke Venedigs aber lag in seiner Vorrangstellung als Seemacht. Seit Jahrhunderten um die Aufrechterhaltung von Ruhe und Ordnung auf der ganzen *terra ferma* bemüht, sah es in den kaiserlichen Truppen des Heiligen Römischen Reiches jetzt eine ernsthafte Bedrohung, und obwohl der Stadt selbst nie unmittelbare Gefahr drohte, verbreitete sich dort doch ein starkes Gefühl von Unruhe. Das bekam auch der Marquis de Cœuvres zu spüren, der französische Sonderbotschafter, der von Richelieu eingesetzt worden war, um dafür zu sorgen, daß die diplomatischen Verbindungslinien jederzeit intakt und benutzbar blieben;

und da er sich auch um die Stimmung seines sehr zahlreichen Gefolges zu kümmern hatte, ersuchte er den Senat um eine kurze Theatersaison während der Fastenzeit.

Eine solche Bitte des Repräsentanten eines mächtigen Verbündeten ließ sich nicht abschlagen, und so kam es, daß am 3. März 1630 der berühmte Schauspieler Scapino an der Spitze einer neugebildeten Truppe mit der Aufführung einer Reihe von Stücken im Teatro Vendramin in der Nähe von San Salvatore begann.[1] Monteverdi kann eine oder mehrere dieser Aufführungen besucht haben, denn in seinem an G. B. Doni gerichteten Brief (Nr. 125) vermittelt er den Eindruck, mit Scapinos virtuosen Leistungen vertraut zu sein. Den größten Teil seiner Zeit widmete er jedoch der erfolgreichen Aufführung einer neuen Oper, die von seinem besonderen Gönner Girolamo Mocenigo in Auftrag gegeben worden war, dessen Tochter Giustiniana (das einzige Kind aus seiner ersten Ehe mit Elisa de Alvise Pisani) im April ihre Hochzeit feiern sollte. Der Bräutigam, ein weiterer Freund und Auftraggeber Monteverdis, war Lorenzo Giustiniani, dem er 1622 so eifrig bei der Verpflichtung mantuanischer Schauspieler zu helfen versucht hatte.

Monteverdi hatte bei den meisten seiner venezianischen Kontakte eine bemerkenswert glückliche Hand. Seine Arbeit wurde sehr bewundert und war ständig gesucht, und er hatte häufig das Vergnügen, Musik für glanzvolle gesellschaftliche Ereignisse zu liefern, die von hervorragenden Bürgern und Angehörigen der alten Patrizierhäuser besucht wurden. Darüber hinaus war er gewöhnlich in der Lage, mit Schriftstellern und Künstlern zusammenzuarbeiten, denen er sich in Sympathie verbunden fühlte, und in diesem Falle war es sein alter Freund Giulio Strozzi, der ihm das Libretto für *Proserpina rapita* lieferte. Girolamo Scolari leitete die Tänzerinnen und Tänzer, während Bühnenbilder und -maschinen Giuseppe Schioppi anvertraut waren, einem der hervorragendsten Bühnenarchitekten der Zeit. Monteverdis Musik ist verlorengegangen – mit Ausnahme eines postum veröffentlichten Terzetts[2] –, aber das Libretto (mit seiner Widmung vom 16. April 1630) ist nicht nur im Erstdruck erhalten geblieben, sondern wurde auch 1644 neuaufgelegt, als Francesco Sacrati eine neue Oper für das Teatro San Moisè darauf aufbaute.

Zwei Monate nach diesem festlichen Ereignis hatte sich Monteverdi mit einer persönlichen Tragödie auseinanderzusetzen, die auch noch ein öf-

---

[1] Brief von G. P. Codebò, dem Modeneser Gesandten in Venedig, an den Herzog von Modena (2. März 1630). Siehe Gaetano Cozzi, »Scapino«, 190. Zu weiteren Details über Scapino siehe Kommentar zu Brief 125.

[2] *Come dolce oggi l'auretta spira* (Buch IX).

fentliches Unglück war. Ein Mann, der nahezu vierzig Jahre lang sein
zuverlässiger Freund und treuer Verbündeter gewesen und über die leidge-
prüfte Marschroute des Aldringenschen Landknechtspöbels von Mantua
nach Venedig gekommen war, in der Hoffnung, den Dogen und den Senat
zu überreden, mehr Geld und Truppen für die belagerte Stadt der Gonzaga
zur Verfügung zu stellen – Alessandro Striggio, Librettist von *Orfeo*, fiel
der Pest zum Opfer und starb in der Nacht vom 15. zum 16. Juni in Venedig. Ob die beiden Männer sich bei diesem letzten und schicksalhaften
Anlaß wenn auch nur kurz begegneten, ist nicht bekannt; zu der Zeit aber,
da Striggios ausgezehrter Leichnam zu Schiff auf die kleine Insel San Cle-
mente nicht weit von der Südküste Venedigs überführt worden war, hatte
Lelio Arrivabene in Verona bereits eine Depesche geschickt, die Herzog
Carlo vom Tode seines ranghöchsten Hofbeamten in Kenntnis setzte.[3]

Genau einen Monat später, am 18. Juli, gab sich Mantua den Belagerern
geschlagen, denen es so viele Monate lang tapfer getrotzt hatte. Die jahr-
hundertelang so stolze und schöne Stadt erlitt in den Händen der kaiserlichen Truppen alle erdenklichen Unbilden und büßte in jener letzten Ago-
nie sogar das Wenige ein, was ihr an künstlerischem Herzblut und kostbaren Kunstschätzen noch verblieben war. Wer fliehen konnte, tat es: darunter waren mehrere Hofmusiker, eingeschlossen die Familie Rubini, Margherita Basile und Francesco Dognazzi, die sämtlich in Wien Zuflucht
suchten.[4] Weniger glücklich war G. F. Busenello, der derzeitige venezianische Gesandte in Mantua. Er wurde gefangengenommen und einige Zeit in
Haft gehalten, bis man ihm erlaubte, nach Venedig zurückzukehren, wo er
alsbald den Entschluß faßte, den Diplomatenberuf zugunsten der Literatur
aufzugeben, und später, 1642, mit Monteverdi bei *L'incoronazione di Poppea* zusammenarbeitete.

Der Tod Striggios und die Zerstörung Mantuas, die auf so ironische
Weise miteinander in Wechselbeziehung standen, führten zu einem dritten
Ereignis, das wiederum von den beiden ersten abhängig war. Am 28. Juli
hatte die Pest auch Venedig in ihren tödlichen Griff genommen, dem in
den nächsten sechzehn Monaten 46 000 Bürger der Stadt zum Opfer fallen
sollten. Monteverdi und seinen beiden Söhnen gelang es zu überleben; wie
sie das aber taten, bleibt bloßer Vermutung überlassen. Möglicherweise
verließen sie die Stadt einige Zeit lang, wenn man berücksichtigt, daß viele
öffentliche Dienstleistungen eingestellt wurden und die strenge Einhaltung
der Gesundheits- und Hygienegesetze allgemeine Norm war. Es gibt mit
Sicherheit keinen Hinweis auf künstlerische oder musikalische Aktivitäten

---

[3] Quazza, *La guerra*, II, 112.
[4] Bertolotti, 103.

Monteverdis zwischen der *Proserpina rapita* vom April 1630 und dem *Gloria* und dem *Credo,* die am 21. November 1631 bei der Erntedankmesse in San Marco aufgeführt wurden. Der Chor wurde bei diesem feierlichen Anlaß, der das ersehnte Zurückweichen der Pest zelebrierte, durch eine ungewöhnlich glanzvolle Gruppe von Instrumentalisten verstärkt, unter denen sich Trompeter fanden, die von einem der Anwesenden als »trombe squarciate« bezeichnet wurden.[5] Das vollständige *Gloria* und Teile des *Credo* wurden später in der *Selva morale e spirituale* (1641) gedruckt, deren Widmungsträgerin Kaiserin Eleonora war, die Gattin jenes Mannes, der so viel Tod und Zerstörung entfesselt hatte.

Die Streitigkeiten um Mantua wurden im Oktober beendet, wobei Carlo Gonzaga das Herzogtum Mantua und Monferrato erhielt, als Gegenleistung für Luzzara, Dosolo, Reggiolo und Solara, die dem Territorium der Gongaza von Guastalla zufielen, während Trino, Alba und einige kleinere Besitztümer in der Nähe von Monferrato an das Haus Savoyen übergingen. Am 21. September 1631 bahnten sich der Herzog und sein Gefolge einen Weg in die geplünderte und zerstörte Stadt, die trotz der hingebungsvollen Anstrengungen aller, die an ihrem Wiederaufbau arbeiteten, nie wieder das werden konnte, was sie war, als Monteverdi sie in den frühen und glorreichen Jahren der Regentschaft Vincenzos I. zu Gesicht bekam.

Gegen Ende April oder vielleicht sogar Anfang Mai hatte der Komponist das Gefühl, er sollte Mantua einen erneuten Besuch abstatten, da das Leben dort ganz allmählich wieder den Schein von Normalität annahm. Er ersuchte um Reiseerlaubnis und Empfehlungsbriefe an den Herzog und gab als Grund dafür eine »geschäftliche Angelegenheit« an, bei der es sich fraglos um die Eintreibung seiner Pension und seines Kapitals handelte.[6] Am 7. Mai sandte der Doge Francesco Erizzo einen Brief an Carlo von Nevers, den Achten Herzog von Mantua und Monferrato, und bat darum, Monteverdi alle erdenkliche Hilfe zu gewähren.[7] Wahrscheinlich verließ er kurz darauf Venedig und verbrachte die zweite Maihälfte, den ganzen Juni und Juli und einen Großteil des August in Mantua, wo die Regelung seiner finanziellen Probleme jetzt, da sein eifrigster Gönner Striggio nicht mehr am Leben war, sehr viel langsamer voranging als sonst. Während seiner Abwesenheit widmete Bartolomeo Magni Monteverdis zweite Sammlung

---

[5] Der Bericht von Antonio de'Vescovi (Vogel, 393) hat zu abweichenden Deutungen der Formulierung Anlaß gegeben; aber es ist leidlich sicher, daß die hier gemeinten Instrumente Trompeten waren. Diese Theorie wurde von James H. Moore, in »Venezia«, Seite 342 ff., ausgearbeitet. Das korrekte Datum der Erntedankmesse wird auf Seite 316 behandelt.

[6] Der Brief wurde von Maria Francesca Tiepolo entdeckt. Siehe Tiepolo, 135–143.

[7] Bertolotti, 78.

der *Scherzi* (am 20. Juni) Pietro Castello, dem Bürgermeister von Capo d'Istria, und pries den fernen Komponisten als »so würdige Persönlichkeit, daß unser Jahrhundert sich freuen kann, vom Himmel auf so einzigartige Weise geehrt worden zu sein, daß es sich an den Fähigkeiten eines so berühmten Mannes ergötzen kann; und das um so mehr, als seine Vortrefflichkeit von Euch gelobt und bewundert wird.«

Die Titelseite eben dieser Sammlung, die fünf Arien und zwei Duette enthält, machte zum ersten Male Monteverdis kirchliche Würde bekannt – *Molto Reverendo* –, die darauf hinwies, daß er irgendwann im vorhergehenden Jahr in den geistlichen Stand eingetreten war. Beinahe mit Sicherheit war er zu diesem Entschluß durch die Ereignisse des Jahres 1630 bewogen worden: durch den Tod von Striggio, die Plünderung Mantuas und die Pest in Venedig, die ihn wunderbarerweise verschont hatte. Er war jedoch weit davon entfernt, sich völlig wohlauf zu fühlen, und die Strapazen der Reise führten, im Verein mit der psychischen Belastung des erneuten Mantua-Besuches, im Juli 1632 zu einer gewissen Unpäßlichkeit. Er berichtete den Prokuratoren schriftlich von seiner mißlichen Lage, und sie antworteten ihm Mitte August und brachten ihm ihr Mitgefühl zu seiner überstandenen Krankheit und seinen Problemen mit dem Schatzamt zum Ausdruck, äußerten aber auch die Hoffnung, ihn bald wieder in Venedig und an San Marco zu sehen.[8]

[8] Arnold, 203 (Dokument 6).

Venedig, 1. Mai 1632 (?); [an den DOGEN FRANCESCO ERIZZO UND RATSMITGLIEDER]

Durchlauchtigster Fürst, Erlauchte und Exzellente Herren,
ich, Claudio Monteverdi, ein sehr ergebener Diener Ew. Durchlaucht, muß mich dringend nach Mantua begeben, mit Eurer und der Exzellenten Prokuratoren, die meine Herren sind, freundlicher Erlaubnis, in einer geschäftlichen Angelegenheit,[a] die mich sehr belastet. Ich bitte ehrerbietig Ew. Durchlaucht und Ew. Erlauchten Exzellenzen, die Güte zu haben und mir die Gunst eines Empfehlungsschreibens[b] zu erweisen, für eine unverzügliche und erfolgreiche Reise, damit ich

[a] Seine Pension.
[b] Mit dem Datum des 7. Mai 1632 und adressiert an Carlo von Nevers, Herzog von Mantua, von Andrea Rosso, Sekretär des Dogen.

möglichst bald zu meinem Dienst, den ich sehr ergeben versehe und
der mein ganzes Leben hindurch nicht unterbrochen werden darf, zurückkehren kann.
Mit Dank etc.
Claudio Monteverdi

124

Florenz, Conservatorio di Musica. Doppelblatt: 4 Seiten [an Giovanni
Battista Doni, in Rom]. *(22. Oktober 1633.)* Malipiero, 291; Paoli,
320; Prunières, 284; Vogel, 438.

Vogel, der den folgenden Brief (und sein Seitenstück, Nr. 125) als erster
veröffentlichen sollte, enthielt sich jeder Vermutung in bezug auf die Identität des Empfängers. Aber er hob zu recht die Bedeutung der beiden
Briefe hervor, die durch die Nähe der Daten, der Herkunft und der The-
men auf ganz natürliche Weise miteinander verbunden sind. Prunières
nahm an, daß sie an G. B. Doni (siehe Abb. 8), den großen Musiktheoretiker und Erfinder der Lyra Barberina, oder (allerdings weniger wahrscheinlich) an den Herzog von Bracciano gerichtet gewesen sein könnten, mit
dem Monteverdi früher, und zwar von Dezember 1619 bis Ende Februar
1620, in Verbindung gestanden hatte.[1] Da der Herzog ein gebildeter und
feinsinniger Förderer der Künste und der Erfinder eines Musikinstruments
war, das er Rosidre nannte, schien die allgemeine Beschreibung des unbekannten Empfängers anfangs gut zu passen.

Malipiero sonderte Doni wegen der Anredeform »Reverendissimo«
aus, die auf ein Mitglied der Geistlichkeit schließen läßt, aber Doni war
kein Priester. Prunières rechtfertigte die klerikale Grußformel durch den
Hinweis, daß, weil Doni seit 1629 Sekretär des Kardinalskollegiums war,
eine besondere Anredeform erwünscht sein mochte. Alle Transkriptoren
des italienischen Textes haben die ersten Worte falsch wiedergegeben, die
unzweifelhaft eher »Molto Illustre« als das unmögliche »Molto Illustrissimo« lauten. Wenn aber Doni wegen der Anredeform ausgeschlossen
wird, muß auch der Herzog von Bracciano ausgespart werden, weil die vier

---

[1] Prunières, 218, Fußn. 68.

vorhandenen und an ihn gerichteten Briefe sämtlich mit »Illustrissimo et Eccelentissimo« beginnen.

Die Art und Weise, wie Monteverdi einen Brief beginnt und abschließt, gibt häufig wertvolle Hinweise auf die Identität des Empfängers, der ihm vor Augen steht. Die Briefe 5 und 11 an Kardinal Ferdinando Gonzaga beginnen mit den Worten »Illustrissimo et Reverendissimo«, und im vorliegenden Falle könnte das »Molto Illustre et Reverendissimo« auf jemanden verweisen, der dem Rang eines Kardinals nicht allzu fern steht. Doni hatte, obwohl er kein Geistlicher war, doch zweifellos mit Mitgliedern des Kardinalskollegiums Umgang und arbeitete unter dem Patronat einer ihrer größten Leuchten, des Kardinals Francesco Barberini, so daß die von Monteverdi benutzte Anredeform in jeder Hinsicht angemessen war.

Auch für andere, die mit Doni korrespondierten, galt das als ausgemacht, wie aus einem Brief von Graf Pietro de' Bardi ersichtlich wird, der ihm am 16. Dezember 1634 zum Problem der Ursprünge des Musikdramas schrieb.[2] Bardi beginnt mit einer Anrede, die genau der von Monteverdi in den Briefen 124 und 125 benutzten entspricht, mit Ausnahme des letzten Wortes, das »Osservandisimo« statt »Collendissimo« lautet. Ein weiterer unterstützender Anhaltspunkt für Doni als Empfänger-Kandidat ist der folgende: Beide Briefe befinden sich heute in Florenz, wo Doni geboren wurde und starb, und wurden dem Konservatorium von dem Kritiker und Komponisten Abramo Basevi vermacht, der 1885 in Florenz starb, wo er einen Großteil seines Lebens als Herausgeber von Musikzeitschriften und unermüdlicher Fürsprecher musikalischer Leistungen verbrachte. Wahrscheinlich erwarb er die Briefe von einem ortsansässigen Sammler, der sie seinerseits von einer ganzen bis ins 17. Jahrhundert zurückreichenden Reihe von Mittelspersonen gekauft hatte.

Überdies fallen die Daten der beiden Monteverdi-Briefe ganz allgemein mit der Periode zusammen, in der Doni mit bekannten Fachleuten über alte Musik und Drama korrespondierte, so mit Marc' Antonio Cornaro (dem Bischof von Padua), Graf Bardi in Florenz und Nicolas Peiresc in Aix-en-Provence.[3] Nicht zufrieden mit bloßem Gespräch und Studium, legte Doni großen Wert auf seine Korrespondenz mit Gelehrten sowohl in Italien als auch in anderen Ländern und sammelte und sichtete fortwährend Material, das dann später in seinen Vorträgen und Abhandlungen

---

[2] Solerti, *Origine*, 143. Erstdruck bei Bandini, der einen Brief des Bischofs von Padua an Doni vom 8. Juli 1633 beifügt, der das Thema der Accademia di Ricoverati (col. 109, Brief Nr. LXVI) behandelt. Hier wird Doni mit »Molto Illustre e Molto Reverendo Signore« angeredet.

[3] Zu einer Transkription des Briefes an Peiresc siehe Schaal, 89.

auftauchte.[4] Es ist allgemein noch nicht bemerkt worden, daß Doni im Anhang zu *Lyra Barberina* den *Lamento d'Arianna* in Hinsicht auf die rivalisierenden Ansprüche seiner beiden Fassungen – der solistischen und der polyphonen – erörtert und zu dem Schluß kommt, daß Monteverdi schwerlich für die Madrigalbearbeitung getadelt werden könne, weil er sie eher anderen als sich selbst zu Gefallen angefertigt habe,»wie er selbst in einem seiner Briefe bekennt«.[5]

Der *Lamento* wird im folgenden Brief natürlich erwähnt, aber das Fehlen jedes Geständnisses, das dem von Doni zitierten ähnelte, legt die Vermutung nahe, daß Monteverdi ihm weitere Briefe schickte, in denen das Thema zur Sprache gebracht wurde. Doni kann schwerlich Briefe diskutiert haben, die der Komponist an andere Musiker geschickt hatte, weil sie damals unveröffentlicht und wahrscheinlich auch unbekannt waren. Deshalb ist die Annahme berechtigt, daß sich die Begegnung dieser beiden großen Geister nicht auf die beiden Briefe Monteverdis und die drei von Doni beschränkte, die seither verlorengegangen sind.

Von September 1632 bis September 1633 bietet Monteverdis Biographie dem Leser kaum mehr als eine leere Seite. Es gibt keine wichtigen Ereignisse, keine Veröffentlichungen, keine Briefe. Nur der eine von Doni, der den Beginn ihrer Korrespondenz bezeichnet, gibt einen flüchtigen Einblick in die Art und Weise, wie diese Zeit verbracht worden sein könnte: mit der Lektüre der Abhandlungen früherer Musikschriftsteller (vor allem Vincenzo Galilei und wahrscheinlich auch Zarlino), mit der Planung von Umfang und Format des Buches und mit der Erörterung seines voraussichtlichen Inhalts mit anderen in Venedig ansässigen Musikern. Monteverdi erwähnte die Aufgabe, die er sich selbst auferlegt hatte, offenbar Benedetto Erizzo gegenüber, dem Generalvikar von San Marco, nachdem er von ihm erfahren hatte, daß Doni im Begriff stand, sich einer ähnlichen Abhandlung zu unterziehen. Erizzo – der mit dem Bischof von Padua in Verbindung stand, den er als Dekan von San Marco von 1619 bis 1632 gut gekannt hatte –, gab diese Nachricht weiter, weil er wußte, daß Auskünfte über Musik (und Monteverdi) willkommen waren.

Merkwürdig ist, daß der Name des Bischofs in italienischen und englischen Ausgaben des folgenden Briefes so häufig verballhornt worden ist, denn die Handschrift des Komponisten ist an der Stelle, wo das Wort »Cornaro« geschrieben steht, genau so deutlich wie anderswo auch. Die Lesart »Cervaro« ist angesichts der Art und Weise, wie Monteverdi seine *o*

---

[4] Eine vollständige Bibliographie findet sich im Artikel von A. A. Abert, *MGG* III, Sp. 675–676.

[5] Doni, II, Anhang, 26.

und *n* formte, unmöglich, und die Abfolge der paduanischen Bischöfe ist in
den Kirchenbüchern auf jeden Fall gut belegt.[6] Marc'Antonio Cornaros
Musikbegeisterung war in Venedig, wo Monteverdi Kompositionen für
seine Privatkapelle geliefert hatte,[7] und auch in Padua allgemein bekannt,
wo sein Ensemble einen ausgezeichneten Geiger und Kornettisten umfaßte, der Pietro della Valle Unterricht erteilt hatte.[8] Sie war sogar im
fernen Rom bekannt, und das erklärt, wie eine zufällige Bemerkung Monteverdis gegenüber Erizzo schließlich über Padua ihren Weg ins Kardinals-
kollegium fand. Doni verlor keine Zeit, antwortete Cornaro sofort und
legte seinem Brief ein Schreiben an Monteverdi bei, dessen Reaktion vor-
hersehbarerweise begeistert ausfiel.

Trotz Donis vortrefflicher Kennerschaft in Musiktheorie braucht Monteverdi seine Arbeiten nicht gekannt zu haben, denn der größte Teil davon
blieb viele Jahre lang unveröffentlicht. Das *Compendio del trattato de'
generi e de' modi della musica* erschien erst 1635 und die *Annotazioni
sopra il compendio* gar erst 1640. Werke dieser Art waren nicht im Manuskript im Umlauf, ausgenommen bei Donis engsten Freunden, und Rom
war in vieler Hinsicht weit von Venedig, nicht nur im Sinne der bloßen
Entfernung. Andererseits war Doni mit bestimmten Schlüsselwerken des
Monteverdi-Repertoires gut vertraut, wie seine vielen Hinweise auf
Arianna, Orfeo, die *Lettera amorosa* und *Partenza amorosa* zeigen, die sich
über alle Bände der postum veröffentlichten *Lyra Barberina* von 1763
verstreut finden.[9]

Monteverdis Abhandlung über die *Seconda pratica* erlitt das gleiche
Schicksal wie so viele seiner Bühnenwerke, so weit sich das erschließen
läßt. Der Unterschied ist der, daß, während es für die Komposition und
Aufführung der Musikstücke gesicherte Anhaltspunkte gibt, keine Aussicht darauf besteht zu zeigen, daß er seinen geplanten Traktat überhaupt
je abschloß. Einen entscheidenden Teil davon scheint er jedoch seinem
berühmten Vorwort zu den *Madrigali guerrieri et amorosi* einverleibt zu
haben, wo die sorgfältige Diskussion von Deklamation und Rhythmik in
der Empfehlung gipfelt, die musikalische Darbietung solle ihr Hauptaugenmerk auf drei Aspekte richten: auf Text, Harmonik und Rhythmus –
eine Theorie, die aus Platons *Staat* (I, 10) abgeleitet ist, die ihrerseits
wiederum die Quelle von Monteverdis Äußerungen zur Imitation im folgenden Brief und zum »cithara-tibia«-Zitat in Brief 19 ist. Diese drei
Hauptaspekte werden in seinem Plan für das künftige Buch reflektiert, und

---

[6] Gams, 798.
[7] Siehe Brief 50.
[8] Solerti, *Origine*, 158.
[9] Doni, I, 124; II, 25, 65, 80, 104, 128; Anhang 26, 63, 98.

jeder Teil dieses Buches sollte einem Aspekt der musikalischen Kunst entsprechen: der Wort-Vertonung, der Harmonisierung und den rhythmischen Schemata.

Donis Ansatz war weitgehend akademisch, denn nach einer frühen Ausbildung in klassischer Philologie und Literatur hatte er moderne und orientalische Sprachen und Jurisprudenz studiert. Er war kein Musiker, obwohl seine Kenntnis der Musiktheorie und seine Kunstbegeisterung ihm gut zustatten kamen, als er sich an die Untersuchung der Prinzipien des griechischen Melodramas und ihrer Beziehung zur neuen Gattung der Oper machte, mit der er buchstäblich groß geworden war. Von etwa 1632 bis 1638 ständig mit Nachforschungen zu seinem *Trattato della musica scenica* (und mit dessen Niederschrift) beschäftigt, der zu Anfang des zweiten Bandes der *Lyra Barberina* veröffentlicht wurde, versuchte Doni, in der Theorie rational zu erfassen, was er mit seiner Erfindung des gleichnamigen Instrumentes bereits bis zu einem gewissen Grade in die Praxis umgesetzt hatte.[10] Dessen angebliche Eignung, alte Tonarten (Dorisch, Phrygisch, Lydisch) mit der modernen Praxis zu kombinieren, erweckte unzweifelhaft Monteverdis Interesse, wie es auch das Versprechen eines Exemplars von Donis Abhandlung tat, bei der es sich wahrscheinlich um sein *Compendio del trattato de' generi e de' modi della musica*, veröffentlicht 1635 in Rom, handelt.

[10] Die Abhandlung über dieses Instrument wurde 1632 Papst Urban VIII. gewidmet, aber erst 1763 veröffentlicht. Siehe auch Vatielli.

Venedig, 22. Oktober 1633; [an GIOVANNI BATTISTA DONI, in Rom]

Mein Vielmals geehrter, hochwürdiger[a] Herr und hochverehrter Gebieter,
einem sehr liebenswürdigen Brief des hochverehrten Bischofs Cornaro,[b] meines besonderen Herrn und hochverehrten Gebieters, der mir aus Padua zugeschickt wurde, war ein Brief Ew. Hochwürden an mich beigefügt, an Früchten der Ehre und des Lobes für mich schwachen Menschen so reich, daß ich darüber beinahe erstaunt war. Aber weil

[a] Monteverdi benutzt das Wort *Reverendissimo;* aber da Doni kein Priester war (wenn auch Sekretär des Kardinalskollegiums), ist eine weltliche Bezeichnung vielleicht vorzuziehen.
[b] Marc'Antonio Cornaro, seit 1632 und bis zu seinem Tode im Jahre 1636 Bischof von Padua, früher *primicerio* an San Marco (siehe auch die Briefe Nr. 48 und 50).

aus einer höchst tugendhaften und freundlichen Pflanze, wie es Ew. Hochwürden sind, nur eine Frucht von ähnlicher Art entstehen kann, schwieg ich und nahm das Lob an, nicht aber, weil ich seiner würdig bin, sondern vielmehr, um es als Zeichen der einzigartigen Verdienste Ew. Hochwürden anzusehen, da ich ja weiß, daß ich eine grüne Pflanze[c] bin, doch eine von der Art, die nur Blätter und Blüten ohne Duft hervorbringt.

Seid also bitte so gut und nehmt von mir als Antwort das würdige Lob für Euren höchst vortrefflichen Brief an, weil ich es für eine große Gunst halte, daß Ihr mir die Ehre erweist, von Euch als Euer untertänigster Diener angenommen zu werden. Der Vikar von San Marco,[d] der mich damit beehrt hat, mir von den trefflichen Qualitäten und einzigartigen Tugenden Ew. Hochwürden zu berichten, hat mir mitgeteilt, daß Ihr gerade ein Buch über die Musik[e] schreibt. Dem fügte ich hinzu, daß auch ich gerade dabei bin, ein Buch über die Musik zu schreiben, aber ständig fürchte, ich könnte durch meine Schwachheit das gewünschte Ziel verfehlen. Weil dieser Herr ein guter Diener des verehrten Bischofs von Padua ist, denke ich, daß seine Gnaden auf diesem Wege von meiner Schrift erfahren haben, weil ich keinen anderen Weg kenne, da ich nicht dafür gesorgt habe, daß man davon erfährt. Weil aber Seine Gnaden geruhten, mich mit der Freundlichkeit Ew. Hochwürden zu beehren, bitte ich Euch, auch dem Folgenden Beachtung zu schenken.

Ihr sollt also wissen, daß es wahr ist, daß ich schreibe, aber gezwungenermaßen, weil das Ereignis, das mich schon vor Jahren dazu trieb, so zu handeln, mich unversehens dazu veranlaßte, der Welt etwas zu versprechen, von dem ich später sah, daß es meine schwachen Kräfte nicht ausführen konnten. Ich habe, wie gesagt, versprochen, in einer gedruckten Schrift einem gewissen Theoretiker[f] der *Prima pratica* mitzuteilen, daß es eine weitere Betrachtungsweise der Musik gibt (die er nicht kennt), die ich *Seconda pratica* nannte. Der Anlaß dafür war, daß er daran Gefallen fand, ebenfalls in einer gedruckten Schrift eines meiner Madrigale[g] zu kritisieren, und zwar in einigen seiner harmoni-

---

[c] Ein Wortspiel mit dem Namen des Komponisten.
[d] Benedetto Erizzo, Abt von San Crisogno in Zara.
[e] *Lyra Barberina.*
[f] Domherr Giovanni Maria Artusi aus Bologna.
[g] *Cruda Amarilli* (Buch V).

schen Fortschreitungen, auf der Grundlage der Richtlinien der *Prima pratica* (d. h. auf der Grundlage der gängigen Regeln, als ob er eintönige Wiederholungen[h] vor sich hätte, die ein Kind gemacht hat, das eben den Satz Note gegen Note zu erlernen begonnen hat) und nicht auf der Grundlage der Kenntnis der *melodia*.

Als er aber von einer gewissen Exegese hörte, die mein Bruder[i] zu meiner Verteidigung hatte drucken lassen, beruhigte er sich so, daß er künftig nicht nur davon abließ, mich weiter schlecht zu machen, sondern seine Feder zu meinem Lob wandte und mich zu mögen und zu schätzen begann. Das öffentlich gegebene Versprechen mußte jedoch gehalten werden. Aus diesem Grund trachte ich gezwungenermaßen danach, die Schuld zu begleichen. Ich bitte Euch also, mir meine Kühnheit zu verzeihen.

Der Titel des Buches wird folgendermaßen lauten: *Melodia, overo seconda pratica musicale.* Das »seconda« verstehe ich im Blick auf die moderne Praxis, das »prima« im Blick auf die alte Praxis. Ich teile das Buch in drei Teile, den drei Teilen der *melodia* entsprechend. Im ersten Teil spreche ich über die Rede, im zweiten Teil über die *armonia* und im dritten Teil über den rhythmischen Aspekt. Ich rede mir ein, daß dieses Buch der Welt nicht unwillkommen sein wird, weil ich in der Praxis erfahren habe – als ich dabei war, die Klage der Arianna zu schreiben und kein Buch fand, das mir den natürlichen Weg der Nachahmung gezeigt, nicht einmal eines, das mich aufgeklärt hat, ich solle ein Nachahmer sein (außer Platon, durch eine seiner Lehren, aber so versteckt, daß ich von fern mit meiner schwachen Sehkraft kaum das Wenige, das er mir zeigte, erkennen konnte) –, ich sage, ich habe erfahren, welch große Anstrengung notwendig war, um das Wenige zu tun, was ich im Blick auf die Nachahmung tat. Deshalb hoffe ich, daß das Buch nicht mißfällt, sondern sich, wie erwünscht, als erfolgreich erweisen wird, weil ich mich auf lange Sicht damit zufriedengeben will, eher wenig gelobt zu werden für die neue Schreibart als reichlich für die übliche Schreibart. Und wegen dieser weiteren Kühnheit bitte ich erneut um Verzeihung.

Welche Freude habe ich außerdem empfunden, als ich erfahren

---

[h] *solfe* (Plural von *solfa*).
[i] Giulio Cesare Monteverdi, in der *Dichiaratione* am Ende der *Scherzi musicali* von 1607 gedruckt.

habe, daß in unseren Zeiten ein neues Instrument[j] erfunden wurde, Gott sei mein Zeuge, den ich herzlich darum bitte, die äußerst tugendhafte Person des Erfinders zu bewahren und zu segnen, welches Ew. Hochwürden gewesen sind. Ich habe tatsächlich viele, viele Male über den Grund für die Entdeckung dieses Instruments nachgedacht, auf das (ich will sagen, worauf) die Alten ihre Überlegungen stützten, um darin so viele unterschiedliche Modi[k] zu entdecken (wie sie es taten), weil es nicht nur viele Modi gibt, die wir benutzen, sondern auch viele, die verlorengegangen sind. Diese Entdeckung ist nicht einem unserer Theoretiker gelungen: dennoch haben sie vorgegeben, alles über die Kunst zu wissen, so daß jeder sie der Welt gezeigt hat. Ich hoffe jedoch, in meinem Buch auch darüber etwas zu sagen, was vielleicht nicht mißfällt.

Angesichts meiner Freude, von der ich Euch berichtet habe, können Ew. Hochwürden darüber befinden, ob mir die Gunst teuer ist, die Ihr mir damals liebenswürdigerweise versprochen habt, nämlich durch eine Abschrift der ausgezeichneten Schrift, die verborgene und neue Dinge enthält, begünstigt zu werden. Deshalb bitte ich Euch um die versprochene Gunst, wie ich Euch darum bitte, mich als Euren untertänigsten und dankbaren Diener anzusehen. Indem ich Euch hier untertänigste Ehrerbietung erweise, küsse ich Euch von ganzem Herzen die höchst ehrenvollen Hände.

Venedig, 22. Oktober 1633
Ew Gnaden und Hochwürden

                    ergebenster und dankbarster Diener
                    Claudio Monteverdi

---

[j] Die *lyra barberina,* deren drei Saitenchöre im dorischen, phrygischen und lydischen Modus gestimmt werden konnten.
[k] In der Stimmung in verschiedenen Modi.

125

Florenz, Conservatorio di Musica. Doppelblatt: 4 Seiten [an Giovanni Battista Doni, in Rom]. *Anlage:* Einzelseite mit Beschreibungen von Instrumenten. *(2. Februar 1634.)* Malipiero, 294; Paoli, 325; Pruniè-res, 285; Vogel, 439.

Auf Monteverdis Brief vom 22. Oktober scheint Doni Mitte Dezember eine Antwort gegeben zu haben, der er einen Monat später ein weiteres Schreiben folgen ließ. Aber der Komponist läßt sich wegen einer unerwarteten Erkrankung mit der Antwort Zeit – ein erneutes Auftreten der Augenentzündung, an der er bereits 1627 gelitten hat.[1] Dennoch umreißt er sorgfältig den Bereich seiner Studien und insbesondere seine Stellungnahme zum *Dialogo della musica antica e della moderna* (1581) von Vincenzo Galilei, einem Autor, der Doni wegen seiner Erörterung griechischer Musik und Theorie und Monteverdi deshalb zugesagt haben muß, weil die Monodie (das heißt Melodie, die mit dem Titel seiner Abhandlung zusammenfällt) hier über die klassische Polyphonie gestellt wird.

Die »besten Philosophen«, aus denen Monteverdi schöpfte, waren Platon (dessen *Staat* er gut kannte) und Boethius, der das erste Buch seiner *De institutione musica* mit einer Abhandlung über die natürliche Beziehung zwischen Musik und Menschheit einsetzen läßt.[2] Die Deutung ihrer Theorien durch den Komponisten ist natürlich seine ganz persönliche, denn seine Hauptabsicht geht – wie er Doni erklärt – dahin, neue Ideen auf alte Prinzipien zu gründen und Wirkungen hervorzubringen, die der Natur und der natürlichen Ordnung treu bleiben. Sein Ziel ist deshalb praktischer Art, und er hat versucht, den Fallen dunkler Zeichen und Ideen einer entlegenen Antike zu entgehen, genau wie er sich von den strengen kontrapunktischen Regeln abgewandt hat, die er in seiner Jugend zu erlernen hatte.

Es ist nicht bekannt, ob Monteverdi in den elf Lebensjahren, die ihm noch verblieben, sein Gelübde erfüllt hat, Loreto zu besuchen, und dann zu einer Begegnung mit Doni nach Rom weitergereist ist. Im Jahre 1640 war Doni nach Florenz und in das akademische Leben zurückgekehrt, das er sich so lange ersehnt hatte, aber zu der Zeit hatte Monteverdi praktisch alle Reisetätigkeiten eingestellt, und die einzige nachweisliche Reise, die er in diesen letzten Jahren unternahm, war die nach Mantua im Jahre 1643.

---

[1] Brief 99.
[2] Beide Autoren werden im Vorwort zu Buch VIII zitiert.

Deshalb ist es unwahrscheinlich, daß die beiden Männer einander je begegneten.

Donis bemerkenswerte Experimente mit alten und modernen Instrumenten, die er gelegentlich zu kombinieren versuchte, führten nicht nur zur Erfindung der Lyra Barberina, sondern auch zu neuen Violinen- und Cembaloarten; aber der Glanz seiner Neuerungen wurde weitgehend durch die pure Praxisferne seiner Methoden verdunkelt. Zwar konnten die Instrumente angeschaut und bewundert werden; sie zu spielen aber war eine andere Sache. Er wünschte sich, daß Monteverdi sich Skizzen vieler Instrumente beschaffte, die damals von dem als Scapino bekannten Schauspieler Francesco Gabrielli gespielt wurden, dessen Vater Giovanni Gabrielli (»Il Sivello«) viele Jahre zuvor in Diensten des Kardinals Bonifacio Caetani gestanden hatte. Scapino, der Herzog Vincenzo I. Gonzaga in einem Brief des Kardinals wärmstens empfohlen wurde,[3] verließ Rom gegen Ende des Frühjahrs 1611 und reiste über Florenz, wo er mehrere Vorstellungen gab,[4] nach Mantua, wo er fraglos mit Monteverdi zusammentraf, der ihm ein bewundernder Freund wurde.

Eine bizarre Ironie des Schicksals fügte es, daß russische Kunsthistoriker ein Porträt von Domenico Feti in der Leningrader Eremitage als Bildnis von Scapinos Vater identifizierten.[5] Die offizielle Auffassung wurde später zugunsten einer einfacheren Zuschreibung korrigiert: »ein Schauspieler«; aber mehr als ein Kommentator äußerte sich über die große Disparität zwischen dem Ausdruck von Trauer und Leiden auf dem Antlitz des Unbekannten und der lebhaften Physiognomie, wie man sie bei einem komischen Schauspieler erwarten würde. Agostinos Stich von »Il Sivello« war in Rußland offensichtlich nicht bekannt, als der erste Identifikationsversuch unternommen wurde, aber ein Vergleich zwischen dem Porträt und dem Stich macht deutlich, daß die Modelle zwei verschiedene Menschen und nicht ein und derselbe sind.[6] Dennoch traf Monteverdi, selbst wenn er einstens mit »Il Sivello« verwechselt wurde, mit dem Sohn des alten Schauspielers in Mantua und später in Venedig zusammen, als Scapino dort 1618 für Don Giovanni de' Medici spielte.

Im Jahre 1633, als Monteverdi mit Doni zu korrespondieren begann, porträtierte ein Mailänder Radierer namens Carlo Biffi Scapino mit einer Maske in der einen und einem Streichinstrument in der anderen Hand (siehe Abb. 9), wobei diese Vignette von Bildern einiger der seltsamen musikalischen Erfindungen umgeben war, die den Schauspieler bei den

---

[3] Bertolotti, 93.
[4] Ademollo, 62.
[5] Santoro, *Iconografia*, 30.
[6] Santoro, *Iconografia*, Abb. 7 (anstelle von »Francesco« lies »Giovanni«) und Abb. 14.

ihm zuströmenden Zuschauermassen offenbar beliebt machten.[7] So geschah es, daß Scapino im Februar 1634 in Modena auftrat und Monteverdi, der nicht in der Lage war, dorthin zu reisen, sich auf Beschreibungen der verschiedenen Instrumente verlassen mußte, die ihm einige Freunde aus der Erinnerung lieferten, und die fügte er auf einem gesonderten Blatt bei. Es läßt sich fragen, warum der Komponist selbst nicht in der Lage war, diese Einzelheiten zu liefern, denn es handelte sich schließlich um musikalische Fragen, und er muß genug davon verstanden haben, um eine kurze Beschreibung davon zu geben, besonders dann, wenn er Scapinos Vorstellungen im Jahre 1630 gesehen hatte.

Die wahrscheinlichste Erklärung ist vielleicht die, daß Monteverdi Scapino am besten in der Anfangsphase seiner Laufbahn kannte, bevor er sein phantastisches Instrumentarium noch völlig entwickelt hatte. Und doch zeigt er sich willens und bereit, einige Mühen auf sich zu nehmen, um angemessene Skizzen direkt aus Modena zu bekommen, wahrscheinlich auf dem Wege über seinen Freund Bellerofonte Castaldi, der in sich die Talente des Musikers und des Künstler-Graveurs vereinigte. All dem fügt er die unerwartete, aber willkommene Beschreibung eines zitherähnlichen Instrumentes aus dem Vorderen Orient hinzu, das er um 1604 in Mantua gesehen und spielen hören hatte. Es handelte sich möglicherweise um eine Abart der islamischen Kurzlaute, deren Resonanzboden, »von einem Saitenbund in zwei Hälften geteilt, wahrscheinlich aus Holz und Leder gefertigt«,[8] Monteverdis Beschreibung ziemlich genau entspricht.

[7] Santoro, *Iconografia*, Abb. 16.
[8] Sachs, 252.

Venedig, 2. Februar 1634; [an GIOVANNI BATTISTA DONI, in Rom]

Mein vielmals geehrter, hochwürdiger[a] Herr und hochverehrter Gebieter,
zwei Briefe Ew. Hochwürden habe ich erhalten: den einen vor Weihnachten, zu einer Zeit, als ich ganz damit beschäftigt war, die Messe für die Heilige Nacht zu schreiben. Denn nach dem Brauch der Stadt wird dafür vom *maestro di capella* eine neue Messe erwartet. Den anderen Brief erhielt ich vor vierzehn Tagen vom Kurier. Er traf mich von einer Erkältung noch nicht ganz genesen an, die kurz nach Weihnachten an

[a] *Reverendissimo* (obwohl Doni kein Priester war).

meinem linken Auge auszubrechen begann und mich viele Tage nicht
nur vom Schreiben, sondern auch vom Lesen fernhielt. Bis heute bin
ich nicht ganz frei davon, vielmehr werde ich von der Krankheit noch
ständig stark geplagt. Ich bitte Ew. Hochwürden, mir mein verspätetes
Schreiben aufgrund dieser beiden wirklichen Hinderungsgründe zu
verzeihen.

Vor vierzehn Tagen (und nicht früher) las ich den äußerst höflichen
und tugendhaften ersten Brief Ew. Hochwürden, dem ich sehr wohlwollende Ratschläge entnahm, die es allesamt wert sind, von mir bedacht zu
werden. Deshalb sende ich Euch dafür grenzenlosen Dank. Ich habe
jedoch – zwar nicht in letzter Zeit, aber doch vor zwanzig Jahren – den
Galilei[b] dort eingesehen, wo er über die wenig bekannte Praxis der
Antike berichtet. Damals war es mir angenehm, sie zu sehen, weil ich
dort erfahren habe, wie die Alten ihre praktischen Zeichen im Unterschied zu unseren Zeichen anwandten, aber ich habe nicht versucht,
mich ihnen weiter zu nähern und sie zu verstehen, weil ich sicher war, sie
würden sich als äußerst geheimnisvolle Zeichen herausstellen und
schlimmer, weil diese antike Praxis insgesamt verlorengegangen ist.

Deshalb wandte ich meine Studien in eine andere Richtung und
gründete sie auf die Lehren der besten Philosophen, der Erforscher der
Natur. Weil ich im Blick auf das, was ich dort lese, feststelle, daß die
Ergebnisse mit den genannten Überlegungen und mit der Berücksichtigung der Natur übereinstimmen, wenn ich praktische Dinge mit Hilfe
der genannten Beobachtungen schreibe, und in der Tat merke, daß die
bestehenden Regeln nichts mit der genannten Berücksichtigung der
Natur zu tun haben, habe ich meinem Buch den Titel *Seconda pratica*
gegeben. Ich hoffe, das so verständlich darzustellen, daß die *Seconda
pratica* nicht getadelt, sondern vielmehr von der Welt beachtet wird.

In meiner Schrift halte ich mich fern von der Methode, der sich die
Griechen mit ihren Worten und Notenzeichen bedienten und verwende
statt dessen die Töne und Schriftzeichen, die wir in unserer Praxis
gebrauchen, weil es meine Absicht ist, mittels unserer Praxis zu zeigen,
wieviel ich aus den Gedanken der Philosophen für den Dienst an der

---

[b] Vincenzo Galilei, Komponist und Theoretiker aus Florenz († 1591), Autor mehrerer
Traktate, deren einer, auf den hier Bezug genommen wird, aller Wahrscheinlichkeit
nach der *Dialogo della musica antica e della moderna* (1581; 1602) war.

guten Kunst gewinnen konnte, nicht aber für die Prinzipien der *Prima pratica*, die nur die *armonia* beachtet.

Wollte Gott, ich wäre der außerordentlichen Liebenswürdigkeit, Klugheit und den guten Ratschlägen Ew. Hochwürden nahe. Denn dann würde ich Euch bitten, mir bei allem zuzuhören und Euch alles mündlich erzählen, sowohl den Aufbau meines Buches als auch die Prinzipien und die Gliederung der Teile. Aber die weite Entfernung verbietet mir das. Wegen der besonderen Gunst, die mir durch die höchste Güte der hochheiligen Jungfrau im Jahre der Pestepidemie[c] in Venedig zuteil wurde, bin ich durch mein Gelübde verpflichtet, zum hochheiligen Haus von Loreto[d] zu gehen. Ich hoffe, daß ich das Gelübde mit Gottes Hilfe rasch einlöse. Bei dieser Gelegenheit will ich nach Rom kommen (wenn es dem Herrn gefällt, mir den Gefallen zu tun), um Ew. Hochwürden persönlich meinen Dienst anzubieten und mich am Anblick und am wunderschönen Klang Eures edlen Instruments[e] zu erfreuen und die Ehre Eurer höchst anregenden Gespräche zu haben.

Ich habe die Zeichnung des Instruments auf dem Blatt Papier, das Ihr mir geschickt habt, gesehen. Das hat meine Neugierde, statt sie zu vermindern, im Gegenteil noch mehr anwachsen lassen. Weil Ihr mich in dem erwähnten zweiten Brief beauftragt, ich solle die Dienste von Scapino[f] in Anspruch nehmen, daß ich Ew. Hochwürden die Zeichnungen seiner vielen außergewöhnlichen Instrumente, die er spielt, schikken könne, und weil ich zugleich den Wunsch hege, eine Gelegenheit zu finden, um Euch zu dienen, und ich dies nicht tun konnte, weil er in Modena auftritt und nicht in Venedig, bedaure ich dies sehr.

Ich habe jedoch versucht, die Teilnahme einiger Freunde zu wecken, die mir die Instrumente wenigstens beschrieben haben, an die sie sich erinnern können. Auf diese Weise bin ich zu dem Stück Papier gekommen, das ich Ew. Hochwürden jetzt schicke. Ich habe es nicht versäumt, an einen Freund[g] zu schreiben, damit er Zeichnungen von den

[c] Juli 1630 bis November 1631.
[d] Bischofssitz und Wallfahrtsort einige Kilometer südlich von Ancona.
[e] Die *lyra barberina*, von Doni erfunden und von ihm in einem gleichnamigen Buch beschrieben.
[f] Künstlername des Schauspieler-Musikers Francesco Gabrielli.
[g] Wahrscheinlich Bellerofonte Castaldi aus Modena, ein begabter Maler und Graveur, überdies ein Virtuose auf der Theorbe.

Instrumenten zu bekommen versucht, die von den üblichen Instrumenten im Gebrauch gänzlich verschieden sind. Gesehen habe ich sie selbst niemals, aber der genannten geringen Information zufolge, die ich Euch schicke, scheint es mir so zu sein, daß sie neu in der Form sind, nicht aber im Klang[h], weil sie, was den Klang betrifft, alle den Instrumenten entsprechen, die wir benutzen.

Das Instrument, das ich schon vor 30 Jahren in Mantua gesehen habe, gespielt und gebaut von einem Araber, der damals aus der Türkei gekommen war (dieser Mann wohnte am Hofe der Hoheit von Mantua[i], meines Herrn), war eine Cister von der Größe unserer Cistern, mit denselben Saiten bespannt und gleich gespielt. Aber sie unterschied sich folgendermaßen: ihr Resonanzkasten war halb aus Holz auf der Seite des Griffbretts und an der Unterseite halb aus Pergament, das straff gespannt und am Rand der Cister festgeklebt war. Ihre Saiten hingegen waren am unteren Rand festgemacht und stützten sich auf einen Steg, der in der Mitte des Pergaments befestigt war. Der kleine Finger der Federhand[j] ließ das Pergament tanzen, während er die Saiten berührte. Die Saiten ließen die Tremolo-Bewegung hören und brachten dabei eine äußerst angenehme Wirkung hervor. Neuartigeres habe ich – nach meinem Geschmack – nie gehört.

Ich werde wachsam sein, und sollte ich auf ein Instrument hingewiesen werden, das Euch Freude machen könnte, werde ich es nicht versäumen, Euch davon sofort eine kleine Zeichnung zu schicken. Ich bitte Euch, mich als Diener in Eurer Gunst zu halten, während ich Euch herzlich und ehrerbietig die Hand küsse und für Euch von Unserem Herrn das höchste Glück erbitte.

Venedig, 2. Februar 1634

Ew. Gnaden und Hochwürden ergebenster Diener

Claudio Monteverdi

[h] *armonia.*
[i] Zu jener Zeit (um 1604) Vincenzo I., Vierter Herzog.
[j] *mano de la penna* (*penna* üblicherweise verlesen als *persona*).

126

Venedig, Archivio di Stato, San Marco, Procuratia de Supra, Busta 91. Processo 208, fasc. 1, f. 96–96ᵛ. Einzelblatt: 2 Seiten [an die Prokuratoren *de supra*]. *(9. Juni 1637.)* Paoli, 337; Sommi-Picenardi, 159.

Gegen Ende des Jahres 1636 legte Monteverdi letzte Hand an eine Reihe von Vokal- und Instrumentalwerken, die wahrscheinlich von den Habsburgern zur Krönung Ferdinands III. zum König von Ungarn und später zum Kaiser in Auftrag gegeben worden waren. Er hatte zuvor wenig künstlerischen Umgang mit den Habsburgern gehabt, abgesehen von einer einzigen Motette, die er zu Giovanni Battista Bonomettis Anthologie von 1616 beisteuerte[1], und der Musik zu den Intermedien von *Le tre costanti*, die für die Kaiserhochzeit des Jahres 1622 bestimmt waren.[2] Jetzt bereitete er zur Verwendung bei verschiedenen festlichen Anlässen in Regensburg und Wien drei neue Werke vor: *Altri canti d'Amor* (die Vertonung eines Sonetts eines unbekannten Autors, das aber in deutlicher Nachahmung von Marinis *Altri canti di Marte* geschrieben war), die Kantate *Ogni amante è guerrier* und das Ballett *Movete al mio bel suon*. Nino Pirrotta hat gezeigt, daß die Kantate und das Ballett auf Gedichten beruhen, die Rinuccini[3] zu Ehren Heinrichs IV. von Frankreich geschrieben und die Monteverdi stark verändert hatte, so daß sie auf eine völlig andere politische Situation paßten. Etwas Ähnliches hatte er bereits 1628 gemacht, als die mantuanische Ballett-Oper *Il ballo delle Ingrate* topographische Textänderungen über sich ergehen lassen mußte, um für eine Aufführung in Wien in Frage zu kommen.

Von Monteverdis künstlerischen Projekten, an denen er Anfang 1637 beteiligt war, läßt sich mit Bestimmtheit nichts sagen; er kann aber nicht umhin gekommen sein, ein mehr als beiläufiges Interesse für ein Opernwagnis von Francesco Manelli zu zeigen, einem Bassisten und Komponisten aus Rom, der später aufgefordert werden sollte, Mitglied des Chores von San Marco zu werden. Der unternehmungslustige Manelli, der bereits Benedetto Ferraris Libretto *Andromeda* vertont hatte, entwickelte die Idee einer Opernvorstellung, die auf die besten Bühnenarchitekten und Sänger (darunter seine Frau Maddalena und weiter der Bologneser Bassist Bisucci) zurückgreifen und sich ebenso ans allgemeine Publikum wie an die Aristokratie wenden sollte. Nicht weit von der Kirche San Cassiano oder

---

[1] *Parnassus Musicus Ferdinandaeus.* Siehe Federhofer, 167.
[2] Siehe die Briefe 65, 66, 68–70.
[3] Pirrotta, 55–57. Siehe auch Stevens, »Madrigali«, 174–178.

Cassano, die ursprünglich der heiligen Cäcilie geweiht war und eine prächtige, von Pater Urbano erbaute Orgel barg, lag das Teatro San Cassiano, nur ganz knapp von der Rialto-Brücke entfernt und ein idealer Treffpunkt für Künste und Musik in Venedig. Am 6. März war das Theater bei *Andromeda* voll besetzt, eine Aufführung, die Operngeschichte machte. Von da an erwarb sich die Oper den Ruf einer Darbietung von uneingeschränkter Anziehungskraft und Bedeutung.[4]

Es sollte mehr als zwei Jahre dauern, bis Monteverdi als Priester in die Theaterwelt zurückkehrte, schon in den frühen Siebzigern, aber noch immer im vollen Besitz seiner musikalischen Ausdrucksmöglichkeiten. Inzwischen baten ihn die zahlreichen Kirchen Venedigs fortgesetzt um künstlerische Hilfe. Am 17. Mai wurde der Leichnam des heiligen Johannes des Märtyrers, Herzogs von Alexandria, aus seinem ursprünglichen Grab in San Daniele geborgen und mit gebührender Feierlichkeit umgebettet. San Daniele war ein Nonnenstift weit draußen im Ostteil der Stadt, weiter sogar noch als das Arsenal, dessen massive Mauern von seiner Klosterkirche aus sichtbar waren. Die Reliquie war von Rodoaldo nach Venedig gebracht worden, der 1112 Prior von San Daniele war, bevor das Bauwerk den Benediktinerinnen überlassen wurde. Jetzt wurde sie in ein prachtvolles Grab über einem Altar im Zentrum der Kirche überführt. Das von Alessandro Varotari gestaltete Antependium des Altars bildete den Heiligen im Gefängnis ab, wie er von Christus getauft wurde. Obwohl Martinioni in seinen Ergänzungen zu Sansovinos *Venetia città nobilissima*[5] kurz auf den Anlaß zu sprechen kommt, geht er doch nicht auf die Anwesenheit des Chores von San Marco bei den Vespern ein, der wahrscheinlich unter Monteverdis Leitung sang. Aber sein Brief oder sein Memorandum an die Prokuratoren läßt keinen Zweifel daran, daß die Sänger beteiligt waren und ihre Honorare von Boniventi eingesammelt und am 8. Juni verteilt wurden.

Etwa acht Jahre vor diesem Ereignis nannte Dr. John Earle, Bischof von Salisbury, die Sänger ganz allgemein »eine schlechte Gesellschaft, aber doch eine Schar guter Gesellen, die rauh im Chor brummen und noch

---

[4] Zu Manelli und seiner *Andromeda* siehe weiterhin Worsthorne, 24–29, 168–169. Monteverdis zu dieser Zeit immer intensiver werdende Beschäftigung mit der Oper wird dokumentiert in den anonymen *Satire, et altre raccolte per l'Academia de gl'Unisoni in casa di Giulio Strozzi* (möglicherweise von Busenello geschrieben), die in handschriftlichen Kopien in der Biblioteca Marciana und im Museo Correr in Venedig gefunden wurden. Zu bibliographischen Einzelheiten und Auszügen über Monteverdi siehe Rosand, 250–251.

[5] Sansovino, 22–23.

rauher in der Schenke«.[6] Wenn es denn einige grobe Charaktere unter den Mitgliedern des Chores von San Marco gab, so war besonders einer seit dem Jahre von Monteverdis Amtsantritt ein ständiger Unruheherd gewesen. Im Jahre 1613 hatte Domenico Aldegati einen anderen Sänger namens Savolchi gebrandmarkt, weil der kein festes Mitglied des Chores war, und ihm das Privileg aberkannt, zusammen mit seinen festangestellten Kollegen in anderen Kirchen aufzutreten.[7] Nahezu ein Vierteljahrhundert später noch immer neidisch und streitsüchtig, ließ er seiner Unzufriedenheit mit dem Honorar in einem gegen Monteverdi gerichteten Wutausbruch die Zügel schießen, der seinerseits versicherte, mit den finanziellen Vereinbarungen für auswärtige Engagements nichts zu schaffen zu haben.

Aldegatis Angriff, der glücklicherweise nur verbal blieb, ereignete sich vor einer Menschenmenge in der Nähe des Hauptportals von San Marco. Monteverdi hatte eine Ehrverletzung und die Anklage der Unredlichkeit über sich ergehen zu lassen: sein Bericht an die Prokuratoren war gerechtfertigt, und sie unternahmen am 19. Juni die erforderlichen Schritte und erteilten Aldegati für sein ungebührliches Verhalten eine strenge Rüge. Wie so viele Briefe Monteverdis enthält auch dieses Dokument Aspekte von musikalischer, sozialer und historischer Bedeutsamkeit; und doch ist es seinem Stil nach rhetorischer als die Mehrzahl der anderen und so sorgfältig durchgearbeitet, daß das Subjekt der Einleitung vom Hauptverb durch nahezu die Hälfte des ganzen Briefes getrennt ist. Manche Worte sind aufgrund der Beeinträchtigung durch Feuchtigkeit schwer zu entziffern, und sogar manche leicht lesbaren werfen wegen ihres ungewöhnlichen Vokabulars bestimmte Deutungsprobleme auf. Pietro Canal hat bereits 1881 die Aufmerksamkeit auf das Dokument gelenkt,[8] das vierzehn Jahre später von Guido Sommi-Picenardi veröffentlicht wurde.[9] In neuerer Zeit wurde es 1945 in de' Paolis Monteverdi-Studie und erneut in seiner Sammelausgabe der Briefe und Vorworte publiziert.[10] Seine Bedeutung liegt darin, daß es definitive Anhaltspunkte für Monteverdis gelegentliche Probleme mit dem Chor und den unbestreitbaren Beweis für die Verletzbarkeit eines großen Musikers angesichts der Äußerung von Wut, Schmähsucht und Neid bietet.

[6] Earle: »The Common Singing Men.«
[7] Prunières, 106, 213, Fußn. 104.
[8] Canal, 96.
[9] Sommi, »Documenti«, 159.
[10] Ebenso gibt es eine ausgezeichnete englische Übersetzung bei Weiss, 44–45.

Venedig, [9. Juni 1637; an die PROKURATOREN VON SAN MARCO]

Erlauchte Exzellenzen, meine Gnädigsten Herren,
ich, Claudio Monteverdi, *maestro di capella* an San Marco und ergebenster Diener Ew. Exzellenzen und der Durchlauchtigsten Republik,
komme demütig zu Euch, um Euch zu berichten, wie Domenico Aldegati,[a] ein Sänger an San Marco, ein Baß[b] – gestern morgen, am 8. dieses
Monats Juni 1637, vor dem großen Portal dieser Kirche zur Zeit des
größten Zusammenströmens von Menschen, unter denen eine große
Anzahl von Sängern und Instrumentalisten war (es war dort auch ein
gewisser Bonivento Boniventi[c], ein Musiker, der den Sängern und Instrumentalisten gewisse Gelder aushändigte, die ihm die verehrten
Nonnen von San Daniele[d] für den Vespergottesdienst gegeben hatten,
den sie vor der in feierlichem Aufzug geschehenden Bergung des
Leichnams des heiligen Johannes, des Herzogs von Alexandria, abhiel-
ten), ob der Grund dafür vielleicht der war, daß er die genannten
Gelder nicht erhielt oder ob vielleicht sein Anteil gemessen an dem der
anderen geringer war, ich weiß es nicht, weil ich mich niemals in die
Geldangelegenheiten der Sänger einmische – ohne Grund und Recht
und ohne Achtung vor dem Amt, das ich in der Durchlauchtigsten
Republik bekleide, und ohne Achtung vor meinem Alter, meinem
Priesteramt und der Ehre meines Hauses und meiner Tugend, aber
getrieben von Wut und mit lauter und heiserer Stimme, nachdem er
zunächst einige Minuten lang meine Person beleidigt hatte (und in
einem Halbkreis mehr als 50 Leute zusammengeschart hatte – teils
Fremde, unter denen folgende Personen waren:

> Signor Giovanni Battista, genannt der Bologneser Sänger der Ka-
> pelle[e]; Signor Gasparo Zorino aus Brescia, der Kontrabaß spielt[f];
> Signor Alovisi Lipomani[g]; Signor Don Anibale aus Rom, Sänger der

[a] Dieser Sänger hatte sich bereits 1613 als schwierig erwiesen, im Jahr von Monteverdis
   Ankunft in Venedig.
[b] Das Hauptverb des Satzes taucht erst in ʲunten auf.
[c] Er steuerte ein Lied zu Vincentis *Arie di diversi* (1634) bei, eine Sammlung, die auch
   zwei Lieder Monteverdis und anderer venezianischer Komponisten enthielt.
[d] Ein Benediktinerinnen-Kloster, in das im Jahre 1112 der Leichnam des heiligen Johannes des Märtyrers, des Herzogs von Alexandria, überführt wurde.
[e] Giovanni Battista Bisucci.
[f] Wahrscheinlich Gasparo Serena, bis 1652 Mitglied des Orchesters von San Marco.
[g] Bis 1642 Kontrabassist im Orchester.

Kapelle; Signor Giovanni Battista[h] aus Padua, der Posaune spielt; und der genannte Signor Bonivento Boniventi, der die genannten Gelder verteilte) genau die folgenden Worte sprach[i], wie mir in der Tat einige der genannten Zeugen bestätigt haben: »Der *maestro di capella* stammt aus einer Familie von Halsabschneidern[j], ein räuberischer, betrügerischer Ziegenbock.« Dann fügte er neben vielen anderen, häßlichen Beschimpfungen hinzu: »Ich nenne ihn und den, der ihn in Schutz nimmt, einen Esel. Und damit mich jeder einzelne versteht, sage ich, daß Claudio Monteverdi ein räuberischer, verfluchter Ziegenbock ist, und ich sage es dir, Bonivento, damit du hingehen und es von mir melden kannst.«

Deshalb komme ich zu den Füßen Ew. Exzellenzen, um Euch zu bitten, nicht als der Priester Claudio Monteverdi, als der ich ihm alles verzeihe und bitte, daß Gott dasselbe tun möge; sondern als *maestro di capella*, dessen Ansehen aus der königlichen Hand der Durchlauchtigsten Republik stammt, will ich nicht erlauben, daß ich auf solche Weise gekränkt und beleidigt werde, noch meine Tugend, noch die Ehre meines Hauses, das durch die Durchlauchtigste Hand dieser Durchlauchtigsten Republik geschützt wird; aber was diesen Mann betrifft, damit die anderen Sänger sich ein Beispiel nehmen und gegenüber jedermann, besonders gegenüber dem, der den Namen des *maestro di capella* trägt, ehrenvolle Grenzen respektieren. Andernfalls wäre ich um meiner Ehre willen gezwungen, eine weitere Gelegenheit zu vermeiden, ihn oder Leute wie ihn anzuhören, und um eine ehrenhafte Entlassung zu bitten, damit ich unter dem Schutz meiner Güter, die mir von meinen Vorfahren hinterlassen wurden, weggehen kann, diese sind zwar gering, aber doch ausreichend, um mich von derartigem Schaden und zügellosen Anfeindungen fern zu halten. In der Hoffnung, daß dies recht ist, neige ich mich hier vor Euch zur Erde.

Ich, Claudio Monteverdi, habe das geschrieben und bitte, daß das Leben dieses Mannes keinen Schaden nimmt.

---

[h] Bis nach 1652 Orchestermitglied.
[i] Hauptverb des Satzes.
[j] Wenn auch nicht eindeutig, scheint der Wortlaut hier doch *bojenona* zu sein (von *boia* in der Bedeutung von »Scharfrichter« oder »plumper Chirurg«, und deshalb ein möglicher Bezug darauf, daß Monteverdis Vater Arzt war).

127

Venedig, Archivio di Stato, Collegio, Lettere communi, filza 180. Einzelblatt: 1 Seite [an den Dogen Francesco Erizzo]. *Anlage:* Abschrift
von Herzog Vincenzos Erlaß von 1609. *(20. August 1643?)* Paoli, 332;
Tiepolo, 142.

Diese Denkschrift an den Dogen wurde, zusammen mit der aus dem Jahre
1632, von Maria Francesca Tiepolo in den venezianischen Staatsarchiven
entdeckt.[1] Es ist das letzte erhalten gebliebene Dokument, das, nur wenige
Monate vor seinem Tode, von (oder für) Monteverdi geschrieben worden
ist. Seine letzten Lebensjahre in der von ihm so geliebten Stadt sind ur-
kundlich nicht gerade umfassend belegt, aber das verschlägt wenig, wenn
man sich die Meisterwerke vergegenwärtigt, die er in dieser Zeit komponierte oder zusammenstellte. Im Jahre 1637 war sein Kollege G. B. Buona-
mente so aufmerksam, eigens für Monteverdi zwei kurze Werke zu schreiben: die erste *sonata* und die erste *sinfonia* in seinen *Sonate, sinfonie...*
(Buch 7), deren Widmung vom 3. Dezember stammt.[2] Der ältere Meister
aber, der diese Huldigung dankbar entgegennahm, zog es auch weiterhin
vor, seine besten musikalischen Eingebungen eher der Vokalmusik als der
Instrumentalmusik anzuvertrauen. Wenn er gewollt hätte, hätte er eine
bedeutsame Rolle in der weiteren Entwicklung der Solo- und der Trioso-
nate spielen können – und vielleicht auch der Sinfonie, als die an Profil und
Bedeutung allmählich zunahm.

Aber er war zu intensiv damit beschäftigt, die beiden letzten Werke
zusammenzustellen, deren Druck er noch selbst überwachen konnte: das
Achte Madrigalbuch (1638) und die *Selva morale e spirituale* (1641).
Beide stehen im Rang gewaltiger Leistungen und bieten, im Rahmen der
jeweiligen Grenzen von geistlicher und weltlicher Musik, eine große Fülle
von Stilen. Beide wurden Mitgliedern der Dynastie der Habsburger gewidmet, die Madrigale Kaiser Ferdinand III. und die Kirchenkompositionen
der Witwe Ferdinands II. – Eleonora Gonzaga. Neben diesen im Druck
erschienenen Anthologien standen die Opern: *Le nozze d'Enea con Lavinia* (Badoaro) im Jahre 1641 und *L'incoronazione di Poppea* (Busenello)
im Jahre 1642, die sämtlich im Teatro Santi Giovanni e Paolo weit draußen
im Nordteil der Stadt an den Fondamente Nuove aufgeführt wurden. Im
Teatro San Moisè, das glücklicherweise nur ein kurzes Stück Weges von
der Piazza San Marco entfernt lag, sah Monteverdi eine neue Inszenierung

---

[1] Siehe Tiepolo, *passim.*
[2] Sartori, *Bibliografia,* I, 355; II, 101.

von *Arianna*. Später dann, 1641, wurde Monteverdi im Teatro San Cassiano – der Stätte von Manellis Triumph im Jahre 1637 – eine begeisterte Aufnahme zuteil, als *Il ritorno d'Ulisse in patria* (Badoaro) dort seine erste Aufführung erlebte.

Es waren Jahre wachsenden Ansehens und verfallender Gesundheit, des endgültigen Erfolgs und des Anfangs vom Ende. Und wie die Geister Mantuas sich zu einer kurzen Huldigung einfanden, tat das auch der Stern der Farnese – jener selbe Herzog Odoardo, jetzt ein erwachsener Mann, für den Monteverdi die Festmusik des Jahres 1628 geschrieben hatte. Diesmal handelte es sich um einen Auftrag für ein Ballett nach einem Libretto von Bernardo Morandi, das in Piacenza als Teil der Feierlichkeiten bei der Geburt eines Prinzen aufgeführt werden sollte. *La vittoria d'Amore* wurde zur Karnevalszeit des Jahres 1641 unmittelbar nach der Geburt des Kindes Ottavio Angelo Maria Felice Farnese aufgeführt, das aber nicht länger als bis zum August desselben Jahres am Leben blieb.[3]

In Mantua war am 21. September 1637 Carlo, der Achte Herzog, gestorben und hatte als Erben seinen Enkel hinterlassen, der 1629 als Sohn von Carlo, Prinz von Nevers und Rethel, und Maria Gonzaga, Tochter von Francesco, dem Fünften Herzog von Mantua, geboren worden war. Dieser Prinz hätte Herzog werden können, wenn er länger am Leben geblieben wäre, aber sein Tod im Jahre 1631 hinterließ Maria als Witwe, und da ihr Sohn – der künftige Carlo II., Neunter Herzog von Mantua – noch zu jung war, die Geschicke des Staates in die Hände zu nehmen, wurde sie selbst Regentin von Mantua. Und an sie entschloß sich auch Monteverdi im Jahre 1643 zu appellieren, in einem letzten und verzweifelten Versuch, seinen *fondo* zu bekommen. Er suchte um Urlaub nach, um persönlich nach Mantua reisen zu können, und der wurde ihm, zusammen mit einem Empfehlungsbrief, vom Sekretär des Dogen, Paulucci, denn auch gewährt. In der Hoffnung, seinem Fall mehr Gewicht zu verleihen, fügte der Komponist seiner Denkschrift eine Abschrift von Herzog Vincenzos Erlaß bei.[4]

Wenn aber Maria überhaupt auf die Bitten Monteverdis und seiner Schirmherren einging, tat sie es zu spät, denn er erkrankte und kehrte nach Venedig zurück, wo er am 29. November 1643 starb. Eine von seinem Schüler Rovetta komponierte Totenmesse wurde in San Marco aufgeführt, und zwei Wochen später, am 15. Dezember, gestaltete und leitete G. B. Marinoni die feierlichen Obsequien in der Kirche Santa Maria Gloriosa dei Frari, wo Monteverdi als aus Cremona gebürtiger mantuanischer Staatsbürger in dem Grab zur Ruhe gebettet wurde, das Landsleuten aus der Lombardei vorbehalten und dem heiligen Ambrosius geweiht war.

---

[3] Solerti, »Balletto«, 24.
[4] Tiepolo, 136.

Venedig, 20. August 1643(?); [an den DOGEN FRANCESCO ERIZZO]

Durchlauchtigster Fürst,
Ew. Durchlaucht waren im Jahre 1632 durch Eure übergroße Güte
behilflich, mich, Claudio Monteverdi, den demütigsten und ergebensten Diener Ew. Durchlaucht, durch Empfehlungsbriefe bei dem ein-
stigen Durchlauchtigsten Herzog von Mantua[a] zu begünstigen, damit
ich eine Schenkung erhielte, die mir von Herzog Vincenzo I.[b] zugesprochen wurde und deren unverzügliche Durchführung seine Hoheit
anordnete. Da aber die Sache von seinen Ministern hinausgezögert und
durch seinen Tod beeinträchtigt wurde, konnte er die ersehnte Durchführung der Sache nicht besorgen, die man mir schuldig war.

Deshalb wende ich mich von neuem an die höchste Protektion und
unvergleichliche Güte Ew. Durchlaucht und bitte demütigst darum, Ihr
mögt behilflich sein, mich mit neuen Empfehlungsbriefen bei der jetzi-
gen Durchlauchtigsten Fürstin[c] zu begünstigen, damit ich das erlangen
kann, was mir von der Güte des Fürsten zugesprochen wurde. Ich
vertraue darauf, daß ich es durch das Wohlwollen Ew. Durchlaucht,
von denen allein ich soviel Gutes entgegennehme, sehr schnell erlangen kann. Und vor Ew. Durchlaucht neige ich mich demütigst.
                    Mit Dank etc.
                    Claudio Monteverdi

---

[a] Carlo von Nevers, Achter Herzog von Mantua († 1637).
[b] Vierter Herzog von Mantua († 1612).
[c] Maria Gonzaga (1609–1660), Tochter von Herzog Francesco und nach dem Tode
Carlos von Nevers Regentin von Mantua.

ANHANG

Glossar

Affetto (Affekt)

Seelischer Erregungszustand, Leidenschaft.
Ein wesentlicher Bestandteil der barocken Musiklehre war die Forderung, die Musik müsse menschliche Affekte darstellen und diese auch im Zuhörer erregen. Die Lehre von den Wirkungen der Musik und ihrer Affekte auf die menschlichen Sinne geht dabei auf die erstmals von Damon von Athen (5. Jh. v. Chr.) vertretene antike Vorstellung zurück, die musikalischen Bewegungen seien den Seelenbewegungen verwandt. Platon übernahm diesen Gedanken und band ihn in seine Ethoslehre ein. Auf ihn beriefen sich die Musiktheoretiker um 1600, wenn sie die Darstellung der Affekte zu einer Grundforderung der Musiklehre machten.

Armonia (Tonsatz)

Monteverdi nennt als Bestandteile seiner Kompositionen »oratione« (Rede), »armonia« (Tonsatz) und »ritmo« (Rhythmus). Diese drei Elemente sind nicht gleichrangig, sondern die im Affekt artikulierte Rede (»oratione«) herrscht über Tonsatz und Rhythmus. Somit wird die »armonia« in erster Linie vom Affektgehalt der Rede geleitet. Das bedeutet, daß die überkommenen Regeln der Satztechnik im Dienste des Affektausdrucks durchbrochen werden dürfen.

Cantar parlando (sprechend singen)

Monteverdi unterscheidet zwischen cantar parlando (sprechend singen) und parlar cantando (singend sprechen). Parlar cantando betont die führende Rolle der gesprochenen Sprache und ist Ausdruck der neuen Kompositionsweise der »Seconda pratica«, bei der die Musik im Dienste der Textdeklamation steht. Die Sprache wird hier, mittels der Musik, zum Ausdruck des erregten, leidenden, klagenden oder bittenden Menschen. Bei cantar parlando dagegen steht das Singen und die regelgerechte Verwirklichung der satztechnischen Normen im Vordergrund, das Artikulieren des Textaffekts tritt zurück. In seinem Brief vom 9. 12. 1616 (Nr. 19) lehnt es Monteverdi ab, die Meeresfabel »Le nozze di Tetide« als dramatisches und d. h. menschliche Leidenschaften darstellendes Bühnenwerk zu komponieren, weil in diesem Stück nur allegorische Figuren auftreten. Für ein Intermedium dagegen erscheint ihm der Text akzeptabel, da es bei dieser musikalischen Gattung in erster Linie darum geht, die Zuschauer während der Pausen zwischen den Akten durch schöne Musik zu unterhalten. Im Intermedium steht der Gesang im Vordergrund und die Musik strebt nach sprechendem Singen (cantar parlando).

Comedia

Mit diesem Begriff bezeichnet Monteverdi zunächst die gesprochene Komödie des Schauspiels. Außerdem verwendet er ihn als musikalische Gattungsbezeichnung für ein in Musik gesetztes Drama, das sowohl ernsten als auch heiteren Grundcharakter haben kann.

Imitatione (Nachahmung)

Ein in der Musikanschauung des 16. und 17. Jahrhunderts zentraler Begriff, der die Nachahmung der Natur (imitatione della natura) durch die Nachahmung des Wortes (imitatione della parola) fordert. Monteverdi versteht unter »imitatione« in erster Linie die Nachahmung der menschlichen Natur, d. h. die Darstellung des Menschen und seiner Affekte in der dramatischen Musik. In seinem »Lamento d'Arianna« beispielsweise steht dieses ästhetische Prinzip im Zentrum der Konzeption.

Intermedium

So wird die musikalische Zwischenaktsunterhaltung innerhalb eines Schauspiels genannt, bei der für Monteverdi nicht die dramatische Menschendarstellung im Vordergrund steht, sondern eine musikalische Erfindung, die die Zuhörer unterhält und ergötzt.

Melodia

Als »melodia« bezeichnet Monteverdi das klingende Resultat der drei die Musik konstituierenden Faktoren »oratione«, »armonia« und »ritmo«. Diese sind untereinander nicht gleichrangig, sondern die »oratione« bestimmt »armonia« und »ritmo«. Als Autorität für sein Verständnis von

»melodia« führt Monteverdi Platons Definition des »μέλος« an. Dabei scheint er den Begriff der »melodia« in Analogie zu Platons »μέλος« im Sinne von »Gesang« zu verstehen. Der Titel von Monteverdis lange geplantem und doch niemals vollendetem Buch »Melodia, overo seconda pratica musicale« benutzt ebenfalls diesen Terminus.

Muovere (bewegen)

»Muovere gli affetti«, Bewegen der Affekte, wird zum erklärten Ziel in der dramatischen Musik des frühen 17. Jahrhunderts. Bereits bei der Konzeption musikalischer Werke nimmt der Hörer als Rezipient von Musik eine prägende Stellung ein, denn die Musiker und Theoretiker um 1600 betonen immer wieder, Leidenschaften und Erregungszustände des Zuhörers müßten durch die musikalische Darstellung von Affekten hervorgerufen werden.

Oratione (Rede)

Die vertonte Rede (oratione) ist die Trägerin des Affekts und bewegt beim Zuhörer die Leidenschaften der Seele. Dieses singende Sprechen bleibt für Monteverdi jedoch ein spezifisch menschliches Vermögen, da für ihn nur der Mensch die Fähigkeit besitzt, Leidenschaften zu empfinden und sie in der Rede auszudrücken. »Oratione« bedeutet deshalb immer gesprochene, die Affekte artikulierende Sprache.

Parlar cantando (singend sprechen)

Hier steht das vom Affekt bestimmte singende Sprechen im Vordergrund, eine Ausdrucksweise, der die Meeresfabel »Le nozze di Tetide« nicht genügen kann, weil nur Menschen sprechen und ihre Leidenschaften artikulieren können, nicht aber allegorische Figuren wie die in diesem Zusammenhang genannten Winde.

Prima pratica (erste Kompositionsart)

Von Claudio Monteverdi als Gegenbegriff zu »Seconda pratica« geprägte Bezeichnung für die »erste Kompositionsart«, bei der die Beachtung der überkommenen Kontrapunktregeln im Vordergrund steht.

Seconda pratica (zweite Kompositionsart)

Von Claudio Monteverdi in der Vorrede zu seinem V. Madrigalbuch
(1605) geprägte Bezeichnung für die »zweite Kompositionsart«, bei der
die musikalische Darstellung der Rede und des in ihr enthaltenen Affekts
im Vordergrund steht. Die überkommenen Kontrapunktregeln verlieren
dann ihre verbindliche Kraft, wenn der Textaffekt ein Übertreten der Regeln erfordert, um die Sprache mit einem Höchstmaß an Ausdruck in
Musik umzusetzen.

Bibliographie

Ademollo   ADEMOLLO, Alessandro, *La bell' Adriana ed altre virtuose del suo tempo alla corte di Mantova*, Città del Castello 1888.

Adler   ADLER, Guido (Hrsg.), *Musikalische Werke der Kaiser Ferdinand III., Leopold I. und Joseph I.*, Wien 1892–93.

Anthon   ANTHON, Carl, »Some Aspects of the Social Status of Italian Musicians during the Sixteenth Century.« *Musica Disciplina [Journal of Renaissance and Baroque Music]* I, 1946, S. 111–123, 222–234.

Antonicek   ANTONICEK, Theophil, »Claudio Monteverdi und Österreich.« *Österreichische Musikzeitschrift* 26, 1971, S. 266.

Arnold   ARNOLD, Denis, *Claudio Monteverdi*, London 1963.

Arnold, »San Rocco«   –, »Music at the Scuola di San Rocco.« *Music and Letters* XL, 1959, S. 229–241.

Arnold, »Succession«   –, »The Monteverdian Succession at St. Mark's.« *Music and Letters* XLII, 1961, S. 205–211.

Arnold, »Singers«   –, »Monteverdi's Singers.« *The Musical Times* III, 1970, S. 982–985.

Banchieri   BANCHIERI, Adriano, *Lettere armoniche*, Bologna 1628.

Bandini   BANDINI, Angelo Maria, *Commentariorum de vita et scriptis Johannis Bapt. Doni*, Florenz 1755.

Barblan, »La vita«   BARBLAN, Guglielmo, »La vita di Monteverdi«, in *Claudio Monteverdi*, Turin 1967.

Barblan, »Lamento«   –, »Un ignoto ›Lamento d'Arianna‹ mantovano.« *Rivista Italiana di Musicologia* II, 1957, S. 217–228.

Baschet   BASCHET, Armand, *Les Comédiens italiens à la Cour de France*, Paris 1882.

Bellonci   BELLONCI, Maria, *A Prince of Mantua*, übers. von Stuart Hood, New York 1956.

Bertolotti, *Arti minori*   BERTOLOTTI, Antonio, *Le arti minori alla corte di Mantova nei secoli XV, XVI, e XVII*, Mailand 1889.

Bertolotti   –, *Musica alla corte dei Gonzaga in Mantova dal secolo XV al XVIII*, Mailand 1890.

Bettinelli   BETTINELLI, Saverio, *Delle lettere e delle arti manto-
                  vane*, Mantua 1774.
Bombarda   BOMBARDA, Domizio, *Teatro delle glorie della Sig.
                  Adriana Basile*, Venedig 1623.
Boyer   BOYER, Ferdinand, »Les Orsini et les musiciens d'Ita-
                  lie au début du XVIIᵉ siècle«, in *Mélanges de philo-
                  logie, d'histoire, et de littérature offerts à Henri Hau-
                  vette*, Paris 1934, S. 301–310.
Briccio   BRICCIO, Giovanni, *Il pianto e la mestitia dell' alma
                  città di Roma per la morte dell' Ill. e. Rev. Sig. Ales-
                  sandro Perreti card. Montalto*, Rom 1623.
Brunelli   BRUNELLI, Bruno, *I teatri di Padova*, Padua
                  1921.
Buttigli   BUTTIGLI, Marcello, *Descrittione dell' apparato fatto
                  per honorare la prima e solenne entrata in Parma
                  della Serenissima Principessa Margherita di Toscana*,
                  Parma 1629.
Caffi   CAFFI, Francesco, *Storia della musica sacra nella gia
                  Cappella Ducale di S. Marco in Venezia dal 1318 al
                  1797*, Venedig 1854–55.
Calvo   CALVO, Lorenzo, *Symbolae Diversorum Musicorum*,
                  Venedig 1620.
Cametti   CAMETTI, Alberto, »Chi era l'›Hippolita‹, canta-
                  trice del cardinal di Montalto?« *Sammelbände der
                  Internationalen Musikgesellschaft* XV, 1913–14,
                  S. 111–123.
Canal   CANAL, Pietro, *Della musica in Mantova: notizie
                  tratte principalmente dall' Archivio Gonzaga*, Vene-
                  dig 1881. [Seitenverweise beziehen sich auf dieses
                  Buch und nicht auf das Werk in seiner früher veröf-
                  fentlichten Form als Aufsatz.]
Carter   CARTER, Tim, Review of *The Letters of Claudio
                  Monteverdi* in *Music and Letters* 90 (1981),
                  S. 385–391.
Cavalcabò   CAVALCABÒ, Agostino, »I ›pifferari‹ cremonesi e i
                  probabili e possibili loro rapporti con i cornamusari
                  scozzesi.« *Bolletino Storico Cremonese* XXII,
                  1961–64, S. 278–292.
Cavicchi   CAVICCHI, Adriano, »Teatro monteverdiano e tradi-
                  tione ferrarese«, in *Claudio Monteverdi e il suo
                  tempo*, Verona 1969, S. 139–156.

Champigneulle	CHAMPIGNEULLE, Bernard, *Les plus beaux écrits de grands musiciens*, Paris 1946.
Coniglio	CONIGLIO, Giuseppe, *I Gonzaga*, Mantua 1967.
Coryate	CORYATE, Thomas, *Crudities, hastily globbed up in Five Months' Travel*, London 1611.
Cosenza	COSENZA, Mario Emilio, *Biographical and Bibliographical Dictionary of the Italian Printers*, Boston 1968.
Coussemaker	COUSSEMAKER, Edmond de (Hrsg.), *Scriptorum de musica medii aevi nova series*, Paris 1864–76.
Cozzi, »Scapino«	COZZI, Gaetano, »Scapino a Venezia.« *Bolletino del istituto della società e dello stato veneziano* I, 1959, S. 190–192.
Damerini	DAMERINI, Gino, »Venezia al tempo di Monteverdi.« *Musica* II, 1943, S. 105–120.
Davari	DAVARI, Stefano, »Notizie biografiche del distinto maestro di musica Claudio Monteverdi, desunte dai documenti dell' Archivio Storico Gonzaga«, in *Atti della R. Accademia Virgiliana di Mantova*, Mantua 1885, S. 79–183.
Dognazzi	DOGNAZZI, Francesco, *Musiche varie da camera a cinque voci*, Venedig 1643.
Doni	DONI, Giovanni Battista, *Lyra Barberina*, Florenz 1763.
Earle	EARLE, John, *Micro-cosmography*, London 1629.
Einstein	EINSTEIN, Alfred, *The Italian Madrigal*, 3 Bde., Princeton 1949; Erstausgabe in englischer Sprache; entstanden aus zahllosen z. T. deutsch geschriebenen Aufsätzen seit etwa 1912.
Einstein, »Emissär«	–, »Ein Emissär der Monodie in Deutschland: Francesco Rasi«, in *Festschrift für Johannes Wolf zu seinem sechzigsten Geburtstage*, Berlin 1929, S. 31–34.
Einstein, »Grillo«	–, »Abbot Angelo Grillo's Letters as Source Material für Music History«, in *Essays on Music*, London 1958, S. 159–178.
Eitner	EITNER, Robert, *Biographisch-Bibliographisches Quellenlexikon der Musiker und Musikgelehrten christlicher Zeitrechnung bis zur Mitte des 19. Jahrhunderts*, Leipzig 1900–04 [Neuausgabe in 11 Bdn., Graz 1959].
Errante,	ERRANTE, Guido, »Il processo per l'annullamento

490 Bibliographie

»Il Processo« del matrimonio tra Vincenzo II duca di Mantova e donna Isabella Gonzaga di Novellara.« *Archivio Storico Lombardo* XLIII, 1916, S. 645–764.

Errante, »Forse che sì« ERRANTE, Vincenzo, »Forse che sì, forse che no.« *Archivio Storico Lombardo* XLII, 1915, S. 15–114.

Eubel EUBEL, Conrad, *Hierarchia Catholica medii aevi, sive summorum Pontificum, S.R.E. Cardinalium, ecclesiarum antistitum series*, Münster 1898–1913.

Fabbri FABBRI, Paolo, ›Inediti Monteverdiani‹, *Rivista Italiana di Musicologia* XV (1980), S. 71–86.

Federhofer FEDERHOFER, Hellmut, »Graz Court Musicians and their Contributions to the *Parnassus Musicus Ferdinandaeus* (1615).« *Musica Disciplina* IX, 1955, S. 167–244.

Fenlon, »Vespers« FENLON, Iain, »The Monteverdi Vespers: Suggested answers to some fundamental questions«, *Early Music* V (1977), 380–387.

Fenlon, *Mantua* –, *Music and patronage in sixteenth-century Mantua*, Cambridge 1980.

Gallico, »Assalito« GALLICO, Claudio, »Assalito da briganti Monteverdi sulla via di Venezia.« *Civiltà Mantovana* I, 1966, S. 24–26.

Gallico, »Documents« –, »Newly Discovered Documents concerning Monteverdi.« *The Musical Quarterly* XLVIII, 1962, S. 68–72.

Gallico, »Dazi« –, »Monteverdi e i dazi di Viadana.« *Rivista Italiana di Musicologia* I, 1966, S. 242–245.

Gallico, »Dimore« –, »Dimore mantovane di Claudio Monteverdi.« *Civiltà Mantovana* I, 1966, S. 27–31.

Gallico, »Lettera« –, »La Lettera amorosa di Monteverdi.« *Nuova Rivista Musicale Italiana* I, 1967, S. 287–302.

Gallico, »Contra C. M.« –, »Contra Claudium Montiviridum.« *Rivista Italiana di Musicologia* X, 1975, S. 346–359.

Gallico, *Monteverdi* –, *Monteverdi: Poesia musicale, teatro, e musica sacra*, Turin 1979.

Gams GAMS, P. Pius Bonifacius, *Series Episcoporum Ecclesiae Catholicae*, Regensburg 1873.

Giustiniani GIUSTINIANI, Vincenzo, *Discorso sopra la musica*, übers. von Carol MacClintock, Rom 1962.

Hansen HANSEN, Henry Harald, *Costumes and Styles*, New York 1956.

Hazlitt	HAZLITT, W. Carew, *The Venetian Republic*, London 1915.
Hitchcock	HITCHCOCK, H. Wiley, »Caccinis ›Other‹ *Nuove Musiche.*« *Journal of the American Musicological Society* XXVII, 1974, S. 438–460.
Honour	HONOUR, Hugh, *Venice*, New York 1966 [dt. Venedig, München 1966].
Jeppesen	JEPPESEN, Knud, »Monteverdi, Kapellmeister an S.ta Barbara?«, in *Claudio Monteverdi e il suo tempo*, Verona 1969, S. 313–322.
King	KING, Archdale A., *Liturgies of the Religious Orders*, London 1955.
Kinsky	KINSKY, Georg, *Versteigerung von Musikbüchern praktischer Musik und Musiker-Autographen des 16. bis 18. Jahrhunderts aus dem Nachlaß des Herrn Kommerzienrates Wilhelm Heyer in Köln*, Berlin 1927.
Kirkendale	KIRKENDALE, Warren, *L'aria di Fiorenza, id est Il ballo del Gran Ducca*, Florenz 1972.
Kirkendale, »Rasi«	–, »Zur Biographie des ersten Orfeo, Francesco Rasi«, in *Festschrift Reinhold Hammerstein zum 70. Geburtstag*, Laaber 1986, S. 297–335.
Lavin	LAVIN, Irving, »Lettres de Parme (1618, 1627–28) et débuts du Théâtre baroque«, in *Le Lieu Théâtrale à la Renaissance*, Paris 1969, S. 105–158.
Lea	LEA, Kathleen M., *Italian Popular Comedy*, Oxford 1934.
Levi Pisetzky	LEVI PISETZKY, Rosita, *Storia del costume in Italia*, Mailand 1964–69.
Litta	LITTA, Pompeo, *Famiglie celebri italiane* (Mocenigo di Venetia: Dispensa 157), Mailand 1868.
Logu	LOGU, Giuseppe de, »An Unknown Portrait of Monteverdi by Domenico Feti.« *The Burlington Magazine* CIX, 1967, S. 706–709.
Luisi	LUISI, Leila Galleni, »Il Lamento d'Arianna di Severo Bonini (1613)«, in *Claudio Monteverdi e il suo tempo*, Verona 1969, S. 573–582.
Luzio	LUZIO, Alessandro, *La galleria dei Gonzaga venduta all' Inghilterra nel 1627–28*, Mailand 1913.
MacClintock, *Wert*	MACCLINTOCK, Carol, *Giaches de Wert (1535–1596): Life and Works*, Rom 1966.

MacClintock,   –, »A Court Musician's Songbook: Modena MS C
»Songbook«   311.« *Journal of the American Musicological Society*
                          IX, 1956, S. 177–192.

MacClintock,   – [Communication], *Journal of the American Musi-*
[Communication]   *cological Society* XXIII, 1970, S. 360–361.

Malipiero   MALIPIERO, Gian Francesco, *Claudio Monteverdi*,
                          Mailand 1929.

Mantova: Le Lettere   *Mantova: Le Lettere*, hrsg. von Emilio Faccioli, Man-
                          tua 1962.

Marinoni   MARINONI, Giovanni Battista (Hrsg.), *Fiori poetici*,
                          Venedig 1644.

Monteverdi   *Monteverdi Companion, The*, hrsg. von Denis Ar-
Companion   nold und Nigel Fortune, London 1968.

Moore, *Vespers*   MOORE, James H., *Vespers at St. Mark's: Music of*
                          Alessandro Grandi, Giovanni Rovetta and Francesco
                          Cavalli, 2 Bände, Ann Arbor 1981.

Moore [Review]   –, Review of *The Letters of Claudio Monteverdi* in
                          Journal of the American Musicological Society XXXV
                          (1982), S. 554–565.

Moore, »Venezia«   –, »*Venezia favorita da Maria:* Music for the Madon-
                          na Nicopeia and Santa Maria della Salute.« *Journal*
                          of the American Musicological Society XXXVII,
                          1984, S. 299–356.

Moser   MOSER, Hans-Joachim, *Heinrich Schütz. Sein Leben*
                          und Werk, Kassel 1936.

Müller von Asow   MÜLLER VON ASOW, Erich Hermann, *Heinrich*
                          Schütz. Gesammelte Briefe und Schriften, Regens-
                          burg 1931.

Nagler   NAGLER, Alois Maria, *Theatre Festivals of the Medici*,
                          1539–1637, New Haven 1964.

Nani   NANI, Battista, *Storia della Republica di Venezia*,
                          Venedig 1662–79.

Newcomb,   NEWCOMB, Anthony, »Girolamo Frescobaldi,
»Frescobaldi«   1608–1615: A Documentary Study...«, *Annales*
                          Musicologiques VII (1964–77), S. 111–158.

Newcomb   –, *The Madrigal at Ferrara, 1579–1597*, 2 Bände,
                          Princeton 1980.

Osthoff   OSTHOFF, Wolfgang, »Monteverdis *Combattimento* in
                          deutscher Sprache und Heinrich Schütz«, in *Fest-*
                          schrift für Helmuth Osthoff zum 65. Geburtstage,
                          Tutzing 1961.

Padoan PADOAN, Maurizio, »Tarquinio Merula nelle fonti documentarie«, in *Contributi e studi di liturgia e musica nella regione padana*, Bologna 1972, S. 229–330.

Palisca, »Artusi« PALISCA, Claude, »The Artusi-Monteverdi Controversy«, in *The Monteverdi Companion*, London 1968, S. 133–166.

Palisca, »Cavalieri« –, »Musical Asides in the Correspondence of Emilio de' Cavalieri.« *The Musical Quarterly* XLIX, 1963, S. 339–355.

Panigada PANIGADA, C. (Hrsg.), *Guido Bentivoglio: memorie e lettere (Scrittori d'Italia Nr. 150)*, Bari 1934.

Paoli, *Monteverdi* PAOLI, Domenico de', *Claudio Monteverdi*, Mailand 1945.

Paoli –, *Claudio Monteverdi: Lettere, dediche, e prefazioni*, Rom 1973.

Paoli [1979] –, *Monteverdi*, Mailand 1979.

Pirrotta PIRROTTA, Nino, *Scelte poetiche di Monteverdi*, Rom 1968. [Seitenverweise beziehen sich auf dieses Buch und nicht auf die Aufsätze in der *Nuova Rivista Musicale Italiana* II, 1968, S. 10–42 und 226–254.]

Pontiroli, *Monteverdi* PONTIROLI, Giuseppe, *Notizie sui Monteverdi, su personaggi ed artisti del loro ambiente. La casa natale di Claudio Monteverdi*, Cremona 1968.

Pontiroli, »Musicisti« –, »Notizie di musicisti cremonesi dei secoli XVI e XVII.« *Bolletino Storico Cremonese* XXII, 1961–64, S. 149–192.

Portioli PORTIOLI, Attilio, *Viaggio e nozze del Duca di Mantova Ferdinando*, Mantua 1882.

Possenti POSSENTI, Pelegrino, *Canora Sampogna*, Venedig 1623.

Prod'homme PROD'HOMME, Jacques-Gabriel, *Écrits de musiciens (XVIe–XVIIe siècles)*, Paris 1912.

Prunières, *Monteverdi* PRUNIÈRES, Henry, *Claudio Monteverdi*, Paris 1924 (erweitert ²1931).

Prunières –, *Monteverdi: His Life and Works*, übers. von Mary D. Mackie, London und New York 1926.

Prunières, *La vie* –, *La vie et l'œuvre de Claudio Monteverdi*, Paris 1926.

Quazza, *Mantova* QUAZZA, Romolo, *Mantova e Monferrato nella politica europea alla vigilia della guerra per la successione (1624–27)*, Mantua 1922.

Quazza, *La guerra* –, *La guerra per la successione di Mantova e del Monferrato (1628–31)*, Mantua 1926.

Quazza, *Diplomazia* –, *La diplomazia gonzaghesca*, Mailand 1941.

Rasi RASI, Luigi, *I comici italiani*, Florenz 1897.

Read READ, John, *Prelude to Chemistry*, London 1937.

Redlich REDLICH, Hans, *Claudio Monteverdi*, Olten 1949.

Reed REED, Henry, *»Vincenzo«*, in *»The Streets of Pompeii« and Other Plays for Radio*, London 1970.

Reiner REINER, Stuart, *»Preparations in Parma – 1618, 1627–8.«* The Music Review XXV, 1964, S. 273–301.

Reiner, *»Angioletta«* –, *»La vag'Angioletta (and others)«*, Studien zur italienisch-deutschen Musikgeschichte IX: *Analecta musicologica* XIV (1974), S. 26–88.

RISM Répertoire International des Sources Musicales, *Recueils imprimés, XVIe–XVIIe siècles: I – Liste chronologique*, München 1960.

Rosand ROSAND, Ellen, *»Barbara Strozzi, virtuosissima cantatrice: The composer's Voice.«* Journal of the American Musicological Society XXXI, 1978, S. 241–281.

Rosenthal ROSENTHAL, Albi, *»A Hitherto Unpublished Letter of Claudio Monteverdi«*, in *Essays Presented to Egon Wellesz*, Oxford 1966, S. 103–107.

Rovetta ROVETTA, Giovanni, *Salmi concertati*, Venedig 1626.

Sachs SACHS, Kurt, *The History of Musical Instruments*, New York 1940.

Sansovino SANSOVINO, Francesco, *Venetia città nobilissima* (mit Ergänzungen von Guistinian Martinioni), Venedig 1663.

Santoro, *Monteverdi* SANTORO, Elia, *Claudio Monteverdi: Note biografiche con documenti inediti*, Cremona 1967.

Santoro, *Iconografia* –, *Iconografia Monteverdiana*, Cremona 1968.

Sartori, *Bibliografia* SARTORI, Claudio, *Bibliografia della musica strumentale italiana stampata in Italia fino al 1700*, Florenz, Bd. I 1952; Bd. II 1968.

Sartori, *Dizionario* –, *Dizionario degli editori musicali italiani*, Florenz 1958.

Sartori, *»Monteverdiana«* –, *»Monteverdiana.«* The Musical Quarterly XXXVIII, 1952, S. 399–413.

Sartori, »Sala« –, »Giulio Cesare Monteverdi a Salò: Nuovi documenti inediti«, *Nuova Rivista Musicale Italiana* I (1967), 3–14.

Schaal SCHAAL, Richard, »Ein unbekannter Brief von G. B. Doni.« *Acta Musicologica* XXV, 1953, S. 88–91.

Schneider SCHNEIDER, Louis, *Claudio Monteverdi*, Paris 1921.

Selfridge-Field SELFRIDGE-FIELD, Eleanor, *Venetian Instrumental Music from Gabrieli to Vivaldi*, Oxford 1975.

Senn SENN, Walter, *Musik und Theater am Hof zu Innsbruck*, Innsbruck 1954.

Smith SMITH, Logan Pearsall, *The Life and Letters of Sir Henry Wotton*, London 1907.

Solerti, *Origini* SOLERTI, Angelo, *Le Origini del melodramma*, Turin 1903.

Solerti, *Albori* –, *Gli albori del melodramma*, Palermo/Mailand 1904–05.

Solerti, »Balletto« –, »Un balletto musicato da C. Monteverde.« *Rivista Musicale Italiana* XI, 1904, S. 24–34.

Solerti, *Musica* –, *Musica, ballo e drammatica alla corte Medicea del 1600–1637*. Florenz 1905.

Sommi, *Monteverdi* SOMMI-PICENARDI, Giorgio, *Claudio Monteverdi a Cremona*, Mailand 1895.

Sommi-Picenardi SOMMI-PICENARDI, Guido, »D'alcuni documenti concernenti Claudio Monteverde.« *Archivio Storico Lombardo* XXII, 1895, S. 154–162.

Stevens, *Monteverdi* STEVENS, Denis, *Claudio Monteverdi: Sacred, Secular and Occasional Music*, London 1978.

Stevens, »Ornamentation« –, »Ornamentation in Monteverdi's Shorter Dramatic Works«, in *Bericht über den siebenten Internationalen Musikwissenschaftlichen Kongreß Köln 1958*, Kassel 1959, S. 284–287.

Stevens, »Madrigali« –, »Madrigali guerrieri, et Amorosi.« *The Musical Quarterly* LIII, 1967, S. 161–187.

Stevens, »Church Music« –, »Monteverdi's Venetian Church Music.« *The Musical Times* 108, 1967, S. 414–417.

Stevens, »Necklace« –, »Monteverdi's Necklace.« *The Musical Quarterly* LIX, 1973, S. 370–381.

Stevens [Communication] – [Communication], *Journal of the American Musicological Society* XXVI, 1973, S. 501–503.

Stevens, »Bracciano«
–, »Monteverdi, Petratti, and the Duke of Bracciano.« _The Musical Quarterly_ LXIV, 1978, S. 275–294.

Strozzi, _Fratelli_
STROZZI, Giulio, _I cinque fratelli_, Venedig 1628.

Strozzi, _Proserpina_
–, _Proserpina rapita_, Venedig 1630.

Strunk
STRUNK, Oliver, _Source Readings in Music History_, New York 1950.

Tagmann
TAGMANN, Pierre, »La cappella dei maestri cantori della basilica palatina di Santa Barbara a Mantua (1625–1630).« _Civiltà Mantovana_ IV, 1971, S. 376–400.

Tiepolo
TIEPOLO, Francesca Maria, »Minima Monteverdiana.« _Rassegna degli Archivi di Stato_ XXIX, 1969, S. 135–143.

Tomlinson
TOMLINSON, Gary, »Madrigal, Monody, and Monteverdi's »via naturale alla immitatione««, _Journal of the American Musicological Society_ XXXIV (1981), S. 60–108.

Tomlinson, »Finta pazza«
TOMLINSON, Gary, »Twice Bitten, Thrice Shy: Monteverdi's »finta« _Finta pazza«, Journal of the American Musicological Society_ XXXVI, 1983, S. 303–311.

Vatielli
VATIELLI, Francesco, _La Lyra Barberina di G. B. Doni_, Pesaro 1909.

Vecchi
VECCHI, Giuseppe, _Le accademie musicali del primo seicento, e Monteverdi a Bologna_, Bologna 1969.

Vitali
VITALI, Carlo, »Una lettera vivaldiana . . . un inedito monteverdiano del 1630 . . .«, _Nuova Rivista Musicale Italiana_ XIV (1980), S. 404–412.

Vogel
VOGEL, Emil, »Claudio Monteverdi.« _Vierteljahrsschrift für Musikwissenschaft_ III (1887), S. 315–450.

Vogel, _Bibliothek_
–, _Bibliothek der gedruckten weltlichen Vocalmusik Italiens aus den Jahren 1500–1700_, Berlin 1892. [Mit Nachträgen von A. Einstein erneut Hildesheim 1962, 2 Bde.]

Vogel, _Bibliografia_
–, EINSTEIN, Alfred; LESURE, François; SARTORI, Claudio – _Bibliografia della musica italiana vocale profana pubblicata dal 1500 al 1700_, 3 Bde., Pomezia 1977.

Wake
WAKE, Sir Isaac, »Of the State of Italy«, in _A_

	Threefold Help to Political Observations, London 1665.
Walker	WALKER, Frank [Brief an den Herausgeber], *Music and Letters* XXIX, 1948, S. 433–434.
Weiss	WEISS, Piero, *Letters of Composers through Six Centuries*, Philadelphia 1967.
Worsthorne	WORSTHORNE, Simon Towneley, *Venetian Opera in the Seventeenth Century*, Oxford 1954.
Wotton	WOTTON, Sir Henry, *Elements of Architecture*, London 1624.
Ziino	ZIINO, Agostino, »Pietro della Valle e la ›musica erudita‹: Nuovi documenti.« *Studien zur italienisch-deutschen Musikgeschichte* IV, 1967, S. 97–111.

Ergänzende Literaturhinweise
für die deutsche Ausgabe

Anna Amalie Abert, Claudio Monteverdi und das musikalische Drama, Lippstadt 1954.

Dies., Die Opernästhetik Claudio Monteverdis, in: Claudio Monteverdi e il suo tempo, Venedig, Mantua, Cremona 1968.

Dies., Claudio Monteverdis Bedeutung für die Entstehung des musikalischen Dramas, = Erträge der Forschung CVII, Darmstadt 1979.

Denis Arnold, Nigel Fortune (Hg.), The New Monteverdi Companion, London 1985.

Heinz Becker (Hg.), Quellentexte zur Konzeption der europäischen Oper im 17. Jahrhundert, = Musikwissenschaftliche Arbeiten XXVII, Kassel 1981.

Ludwig Finscher (Hg.), Claudio Monteverdi. Festschrift Reinhold Hammerstein zum 70. Geburtstag, Laaber 1986.

Wulf Konold, Claudio Monteverdi, = Rowohlts Monographien 348, Reinbek 1986.

Silke Leopold, Claudio Monteverdi und seine Zeit, Laaber 1982.

Reinhard Müller, Basso ostinato und die »imitatione del parlare« in Claudio Monteverdis »Incoronazione di Poppea«, AfMw XL, 1983.

Wolfgang Osthoff, Monteverdistudien I. Das dramatische Spätwerk Claudio Monteverdis = Münchner Veröffentlichungen zur Musikgeschichte III, Tutzing 1960.

Ders., Maske und Musik. Die Gestaltwerdung der Oper in Venedig, Castrum Peregrini LXV, 1964.

Ders., Claudio Monteverdi. Leben und Werk = Musikerreihe VI, Olten 1949.

Niccolò Sabbattini, Pratica di fabricar Scene, e Machine ne' Teatri, Ravenna 1638; u. d. T. Anleitung Dekorationen und Theatermaschinen herzustellen, hg. und übersetzt von Willy Flemming, Weimar 1926.

Leo Schrade, Monteverdi. Creator of Modern Music, New York 1950, London ²1964.

Andreas Sopart, Claudio Monteverdis »Scherzi musicali« (1607) und ihre Beziehungen zum ›Scherzo‹-Begriff in der italienischen Barocklyrik, AfMw XXXVIII, 1981.

André Tessier, Monteverdi e la filosofia dell'arte, Rassegna musicale II/10, 1929.

Bildnachweis

Verzeichnis

der in den Briefen und Kommentaren erwähnten Werke Monteverdis

* bezeichnet ein Werk, dessen Musik nicht erhalten geblieben ist.

Register

Volkmar Braunbehrens
Mozart in Wien

512 Seiten mit 42 Abbildungen auf Tafeln und im Text. Leinen
(Auch in der Serie Musik 8233 lieferbar)

»Dieses Buch ist nicht nur spannend zu lesen, sondern ein Gewinn für alle, die
Mozart – gereinigt von den Mythen der Romantik – aus der Perspektive seiner
eigenen Zeit kennenlernen wollen. Mozart wird als ein bewußt und intellektu-
ell auf der Höhe seiner Zeit stehender, wirtschaftlich durchaus erfolgreich und
vor allem unabhängig agierender Künstler im aufgeklärten josephinischen
Wien vorgestellt. Ein wichtiges Buch, das mehr Beachtung finden sollte!«

Fono Forum

Volkmar Braunbehrens
Salieri

Ein Musiker im Schatten Mozarts. 312 Seiten mit 12 Abbildungen auf Tafeln
und 8 im Text. Leinen

»Eine sehr lesenswerte Musiker-Monographie, die schon zu schreiben reizvoll
gewesen sein dürfte angesichts der biographischen Außergewöhnlichkeit dieses, so möchte man meinen, vom Glück geradezu verfolgten Antonio Salieri:
ein gefundenes Fressen für einen Biographen.«   Hessischer Rundfunk

Harald Goertz
Mozarts Dichter Lorenzo Da Ponte

Genie und Abenteurer. 248 Seiten mit 27 Abbildungen und 13 Notenbeispielen.
Serie Musik 8236

»Das gelehrte Buch, nahezu eine Lebensarbeit, liest sich teils wie ein Abenteu-
erroman, teils wie ein wissenschaftliches Feuilleton.«

Karl Schumann, Süddeutsche Zeitung

Gernot Gruber
Mozart und die Nachwelt

323 Seiten. Serie Piper 592

»Was das Buch für jeden anziehend und nützlich macht, ist – neben der Eleganz der unterschwellig witzigen Diktion – der kulturgeschichtliche Überbau.
Rezeptionsgeschichte wird eingeordnet in den geistesgeschichtlichen Zusammenhang, verständlich gemacht aus den Wechselbeispielen des Zeitgeistes.«

Karl Schumann, Süddeutsche Zeitung

Piper